智海勤航
——关于知识产权的思与行

陶凯元 ◎ 著

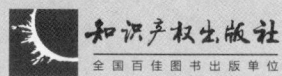
知识产权出版社
全国百佳图书出版单位

图书在版编目（CIP）数据

智海勤航：关于知识产权的思与行/陶凯元著. —北京：知识产权出版社，2014.5
ISBN 978-7-5130-2581-2

Ⅰ.①智… Ⅱ.①陶… Ⅲ.①知识产权—文集 Ⅳ.①D913.04-53

中国版本图书馆 CIP 数据核字（2014）第 026871 号

内容提要

本书分为见证历史、全局工作、专项工作、保护工作、区域工作、交流合作、社会工作、工作思考、对话传媒、文化建设等 10 个部分，近百篇文章，全面展示了作者从知识产权司法工作转型到知识产权行政管理的六年时间里的工作心得、思考成果。

读者对象：知识产权领域的行政管理工作者及相关专业的高校学者。

责任编辑：卢海鹰　王祝兰		责任校对：董志英	
装帧设计：张　冀		责任出版：刘译文	

智海勤航：关于知识产权的思与行

陶凯元　著

出版发行：知识产权出版社有限责任公司		网　　址：http://www.ipph.cn	
社　　址：北京市海淀区马甸南村1号		邮　　编：100088	
责编电话：010-82000860 转 8555		责编邮箱：wzl@cnipr.com	
发行电话：010-82000860 转 8101/8102		发行传真：010-82000893/82005070/82000270	
印　　刷：北京科信印刷有限公司		经　　销：各大网络书店、新华书店及相关专业书店	
开　　本：720mm×1000mm　1/16		印　　张：36.25	
版　　次：2014年5月第1版		印　　次：2014年5月第1次印刷	
字　　数：666千字		定　　价：128.00元	

ISBN 978-7-5130-2581-2

出版权专有　侵权必究
如有印装质量问题，本社负责调换。

六年征程　天道酬勤

4月1日，于中国知识产权事业，于我而言，都是一个具有特别纪念意义的日子。二十九年前的这一天，即1985年4月1日，《中华人民共和国专利法》正式施行。（饶有意味的是，该法是在我20周岁生日那天即1984年3月12日由第六届全国人大常委会第四次会议审议通过的，这似乎注定了我和知识产权的不解之缘。）六年前的这一天，即2008年4月1日，我褪下法袍，告别了工作九年整的广东省高级人民法院，来到了广东省知识产权局，开启了智海的勤航。

离开法院时，一位友人送给我一副对联：九载峥嵘岁月，难舍法律帝国梦；一片赤诚丹心，不负知识产权情。我以为，这位友人甚解我，上联，是对我过往九年经历的高度提炼，也贴切地描述了一个法律人离开她所挚爱的事业时的依依不舍之情；下联，是对我即将开始的新使命的殷切寄望，期盼和嘱咐之情尽在其中。几年之后，我结合切身感受，为这副对联添加了横批：矢志初衷。六年后的今天，当我凝思已经走过的路和即将启程的路，我愈加体味到友人这副对联的寓意深长，也愈加笃定了对自己添加的横批的坚守和执著。

回首六年走过的征程，我最大的感受莫过于四个字：天道酬勤。六年，2000多个日日夜夜，岁月在无情流逝，双鬓在渐渐添白，一切都在改变。不变的，唯有那份执著追求和不懈拼搏。六年里，我们广东知识产权人怀着逆水行舟、不进则退的危机感，以众志成城的团结精神，以敢为天下先的开拓精神，以无须扬鞭自奋蹄的拼搏精神，以咬定青山不放松的执著，办成了许多大事，办妥了许多好事，办好了许多难事。我们刷新了广东知识产权事业的记录，谱写了广东知识产权事业新的辉煌。广东知识产权大省地位进一步巩固，强省曙光已显露绚丽多姿的光芒。

"2008年以来，在省委、省政府的正确领导下，在国家知识产权局的精心指导下，在全省知识产权人的共同努力下，在全社会的关注与支持下，广东知识产权工作屡创佳绩，为促进我省经济和社会发展起到了极其重要的作用。截至 2012 年底，全省累计专利申请量 1336065 件，发明专利申请量 302678 件，有效发明专利量 78902 件，均位居全国第一。发明专利授权量连续五年位居全国第一。PCT 国际专利申请量连续十一年居全国第一。根据国家知识产权局 2012 年 5 月 23 日发布的 2011 年全国地区专利综合实力排名，广东专利综合实力排名位居全国首位。经过五年的快速发展，广东在全国专利大省的地位进一步巩固，专利质量不断提升，为向知识产权强省跨越创造了重要的基础性条件。"

——引自《广东省知识产权局关于印发五年来广东省知识产权工作十大亮点的通知》

"雄关漫道真如铁，而今迈步从头越"。回望是为了更好地前行。今天，站在新的起点上，当我的战友们再一次整装待发时，遗憾的是，我却不能与他们同行。命运赋予了我新的使命，让我再一次重返法律帝国，去续写我不解的法律缘、不了的法律情、永恒的法治梦。为此，谨以过往六年的所思所言所行，表达我对知识产权事业最深切的眷恋、最真挚的敬意和最虔诚的祝福！

陶凯元

2014 年 4 月 1 日于北京

目录

自序　/1

01　见证历史（2008~2014年工作照片精选）　/3

02　全局工作　/35

解放思想　开拓创新　谱写知识产权事业发展的新篇章　/37
　　——在2008年全省知识产权工作会议上的讲话（2008年7月14日）

全面实施知识产权战略　推动我省知识产权工作迈上新台阶　/47
　　——在2008年全省知识产权局局长会议上的讲话（2008年7月14日）

立足新起点　形成新优势　努力实现我省知识产权工作的新跨越　/56
　　——在2009年全省知识产权工作座谈会上的讲话（2009年4月14日）

抢抓机遇　重点突破　促进我省知识产权事业科学发展　/71
　　——在2009年全省知识产权局局长会议上的讲话（2009年4月14日）

在局系统机构改革动员大会上的讲话　/77
　　（2009年10月9日）

立足新起点　形成新优势　努力实现我省知识产权工作的新跨越　/82
　　——省知识产权局近两年来主要工作情况汇报（2010年7月19日）

充分发挥知识产权制度的支撑和引领作用
　为我省加快转变经济发展方式作出应有的贡献　/93
　　——在2010年全省知识产权局局长会议上的讲话（2010年7月20日）

周密部署　整体推进　不断加快知识产权强省建设进程　/101
　　——在2010年全省知识产权工作会议上的讲话（2010年7月20日）

目录

实施知识产权战略　发挥知识产权作用
　为加快转型升级　建设幸福广东作贡献　／111
　　——在2011年全省知识产权工作座谈会上的讲话（2011年8月18日）

开拓创新　锐意进取　推进知识产权工作迈上新台阶　／121
　　——在2012年全国知识产权局局长会议上的发言（2012年1月5日）

乘势而上　奋发有为　加快建设知识产权强省　／125
　　——在2012年全省知识产权局局长会议上的讲话（2012年2月28日）

抢抓机遇　乘势而上　全面推进知识产权强省建设　／136
　　——在2012年全省知识产权工作会议上的讲话（2012年7月24日）

突出重点　统筹推进　全面落实专利事业发展战略推进计划　／143
　　——在2012年度全国专利事业发展战略推进工作总结会议上的发言（2012年10月30日）

在广东省知识产权局2012年年终工作总结形势分析会议上的讲话　／146
　（2013年1月16日）

在新起点上再谱广东知识产权事业发展华章　／149
　　——在2013年全省知识产权局局长会议上的讲话（2013年2月26日）

在第二轮知识产权高层次战略合作协议签署仪式暨
　2013年会商工作会议上的工作报告　／158
　（2013年4月11日）

以十八大精神为指引　以新一轮知识产权高层次战略合作为契机
　全方位推进知识产权强省建设　／163
　　——在2013年全省知识产权工作座谈会上的讲话（2013年7月23日）

03　专项工作　／171

在广东专利代理协会成立大会上的致辞　／173
　（2008年8月28日）

在全省专利代理管理工作会议上的总结讲话　／175
　（2008年8月28日）

认清形势　明确任务　努力推动我省专利工作实现科学发展　／177
　　——在2008年全省专利申请形势分析会上的讲话（2008年10月16日）

在全省区域与企业知识产权试点示范工作会议上的讲话　／183
　（2008年11月11日）

统一思想　坚定信心　以科学发展观统领专利事业发展全局　/186

　　——在2009年全省专利申请形势分析会上的讲话（2009年8月13日）

在平板显示和LED产业专利态势分析报告会上的讲话　/192

　　（2009年9月10日）

在广东省知识产权局、华南理工大学共同推进知识产权

　　强校建设协议书签署仪式上的讲话　/194

　　（2009年9月30日）

认清形势　真抓实干　确保我省专利申请的领先地位　/196

　　——在2010年全省专利申请工作座谈会上的讲话（2010年8月20日）

在全省企事业单位知识产权试点示范工作会议暨

　　"百所千企知识产权服务对接工程"启动仪式上的讲话　/201

　　（2010年11月23日）

建设专利联盟　集成创新资源　大力促进产业转型升级　/207

　　——在全省建设专利联盟促进产业转型升级经验推广会上的讲话（2011年9月27日）

04　保护工作　/217

2007年广东省知识产权保护状况发布报告　/219

　　（2008年4月24日）

2008年广东省知识产权保护状况发布报告　/224

　　（2009年4月24日）

2009年广东省知识产权保护状况发布报告　/229

　　（2010年4月20日）

突出重点　狠抓落实　确保全省打击侵犯知识产权和

　　制售假冒伪劣商品专项行动取得更大成效　/234

　　——在全省打击侵犯知识产权和制售假冒伪劣商品专项行动中期部署会议上的讲话

　　（2011年2月21日）

着眼长远　深入推进　巩固"双打"成果　营造良好环境　/243

　　——在全省打击侵犯知识产权和制售假冒伪劣商品专项行动总结表彰大会上的讲话

　　（2011年8月18日）

2011年广东省知识产权保护状况发布报告　/251

　　（2012年4月19日）

目 录

在全省打击侵犯知识产权和制售假冒伪劣商品工作
　电视电话会议上的讲话 ／257
　　（2012年7月9日）

在中山知识产权快速维权工作现场会上的致辞 ／263
　　（2012年7月24日）

再接再厉　乘胜追击　推动"三打两建"工作再上新台阶 ／265
　　——在全省知识产权局系统"三打两建"工作推进会上的讲话（2012年7月25日）

再接再厉　打建并举　开创全省知识产权局系统
"三打两建"工作新局面 ／270
　　——在全省知识产权局系统"三打两建"工作会议上的讲话（2012年9月18日）

在广东打击侵权假冒绩效现场考核汇报会上的讲话 ／279
　　（2013年3月15日）

05　区域工作 ／281

积极谋划　共促发展　推动粤新知识产权事业共同迈上新台阶 ／283
　　——在东中西知识产权合作联席会议和对口支援合作协议签订仪式上的发言
　　（2008年8月12日）

在粤东六市知识产权局长联席会议上的讲话 ／287
　　（2008年10月24日）

在2008年全省区域及企业知识产权试点示范工作会议上的讲话 ／290
　　（2008年11月11日）

在知识产权质押融资试点推进大会暨专题论坛上的讲话 ／293
　　（2009年3月25日）

在东莞市知识产权工作会议暨专利奖励大会上的讲话 ／295
　　（2009年4月21日）

在第五届泛珠三角区域知识产权合作联席会议上的发言 ／298
　　（2009年7月6日）

在2009年全省知识产权区域发展计划总结会暨合同签署仪式上的讲话 ／302
　　（2009年8月13日）

在佛山市禅城区实施国家知识产权强县工程推进大会上的讲话 ／304
　　（2009年8月27日）

在东莞市知识产权工作会议上的讲话 ／307
  （2010年4月27日）
在第六届泛珠三角区域知识产权合作联席会议上的发言 ／311
  （2010年7月6日）
在惠州市知识产权工作会议上的讲话 ／314
  （2010年8月13日）
在汕头市创建国家知识产权示范城市考核评定会议上的讲话 ／320
  （2010年9月10日）
围绕中心促转变　夯实基础谋发展
  努力开创我省县域知识产权工作的新局面 ／324
  ——在全省县域知识产权工作会议上的讲话（2010年10月26日）
在粤渝两省市专利行政执法协作协议签署仪式暨
  首次执法协作会议上的致辞 ／337
  （2010年12月31日）
在粤渝两省市专利行政执法协作第二次会议上的致辞 ／339
  （2011年12月16日）
在2012年东莞市知识产权工作会议上的讲话 ／342
  （2012年4月27日）
在第二次全国知识产权系统对口援疆工作会议上的发言 ／346
  （2012年7月26日）
在粤渝两省市专利行政执法协作第三次会议上的致辞 ／351
  （2012年12月11日）
在东莞市高标准建设国家知识产权示范城市动员暨
  全市科学技术奖励大会上的讲话 ／354
  （2013年11月27日）

06　交流合作 ／357

在2008年广东知识产权保护与发展论坛上的致辞 ／359
  （2008年8月22日）
在欧洲知识产权制度——外观设计与专利国际研讨会上的致辞 ／361
  （2008年9月17日）

目 录

在粤港知识产权与中小企业发展（中山）研讨会上的致辞 ／363
 （2009年4月7日）

在2009知识产权南湖论坛——国家知识产权战略实施策略
 与绩效评价国际研讨会上的致辞 ／365
 （2009年5月9日）

在粤港保护知识产权合作专责小组第八次会议记者招待会上的致辞 ／367
 （2009年7月20日）

在珠江三角洲地区创新与知识产权国际研讨会招待酒会上的致辞 ／369
 （2009年10月27日）

在国际知识产权争端仲裁和调解培训班闭幕式上的致辞 ／370
 （2009年11月25日）

在东盟各国知识产权局代表团访粤活动晚宴上的致辞 ／372
 （2010年4月15日）

在中日（广东）知识产权研讨会上的致辞 ／373
 （2010年5月28日）

在粤港知识产权与中小企业发展（广州）研讨会上的致辞 ／375
 （2010年6月25日）

在粤港保护知识产权合作专责小组第九次会议新闻发布会上的致辞 ／377
 （2010年7月30日）

在粤港保护知识产权合作专责小组第十次会议记者招待会上的致辞 ／379
 （2011年7月28日）

深入推进粤港知识产权合作 ／381
 ——在粤港合作联席会议第十四次会议上的发言
 （2011年8月23日）

在《粤澳知识产权合作备忘录》签署仪式暨粤澳知识产权
 工作小组第一次会议上的致辞 ／383
 （2012年5月10日）

在粤港保护知识产权合作专责小组第十一次会议记者招待会上的致辞 ／385
 （2012年7月19日）

在2012年亚太地区外观设计研讨会上的致辞 ／387
 （2012年11月11日）

在2013年粤港"正版正货承诺"十周年总结交流会上的致辞 ／389
 （2013年6月27日）

强化知识产权运用　促进企业发展和产业升级　／391
　　——在第二届香港国际知识产权产业化会议上的致辞（2013年7月31日）
在粤港保护知识产权合作专责小组第十二次会议新闻发布会上的致辞　／395
　　（2013年8月6日）
强化知识产权运用　推动经济发展及产业升级　／397
　　——在2013年广州国际知识产权商业化研讨会上的致辞（2013年11月26日）

07　社会工作　／399

在广东知识产权保护协会第二次会员代表大会上的讲话　／401
　　（2009年1月26日）
在2010年广东省知识产权宣传周活动方案发布会上的讲话　／405
　　（2010年4月18日）
在广东知识产权服务中心开放日活动上的致辞　／407
　　（2010年4月26日）
在《广东省知识产权事业发展"十二五"规划》新闻发布会上的讲话　／409
　　（2011年9月15日）
2012年致南方网网友新年贺辞　／414
　　（2012年1月12日）
在《广东知识产权年鉴》出版十周年纪念大会上的致辞　／415
　　（2012年3月16日）
在2012年广东省知识产权宣传周活动方案发布会上的讲话　／417
　　（2012年4月10日）
在广东省知识产权研究会第四届会员代表大会上的讲话　／419
　　（2012年12月28日）
2013年致南方网网友新年贺辞　／422
　　（2013年2月6日）

08　工作思考　／423

培育自主知识产权企业群体　实现中国经济在金融危机中的"弯道赶超"　／425
　　（2009年3月）
关于加快专利代理条例修订工作　促进专利代理行业发展的建议　／429
　　（2009年3月）
关于进一步完善我国展会知识产权保护立法的若干建议　／431

目录

(2009年3月)

充分发挥知识产权制度的作用　为加快实现经济发展方式转变
　　提供创新动力、制度保障和文化支撑　／436

(2011年3月)

关于要高度重视战略性新兴产业发展中的知识产权问题的建议　／442

(2012年3月)

关于完善产、学、研协同创新体系的建议　／445

(2012年3月)

大力发展知识产权服务业　为加快经济发展方式转变提供支撑　／451

(2012年3月)

关于提升国家高新开发区自主创新能力的建议　／454

(2013年3月)

关于建立国家知识产权人才评价体系的建议　／457

(2013年3月)

关于加快建立重大经济活动知识产权审查机制的建议　／460

(2013年3月)

大省的光荣·强省的梦想　／462

(2008年10月)

全面实施知识产权战略　努力建设知识产权强省　／463

(2008年12月23日)

以优质高效的服务为知识产权的创造和运用提供有力支撑　／466

(2009年4月10日)

自主知识产权：应对金融危机的强大利器　／469

(2009年5月3日)

自主知识产权：经济社会发展的稳定器和助力器　／471

(2009年9月29日)

站在新的起点上　／473

　　——写在广东省知识产权局成立十周年之际(2010年4月10日)

加快转变经济发展方式　知识产权：转方式的创新引擎　／475

(2010年6月27日)

知识产权为加快实现经济发展方式转变提供创新动力、

制度保障和文化支撑　／478
　　（2010年7月30日）
知识产权制度是推动自主创新的持久动力与保障　／484
　　（2010年8月）
关键在于进一步优化环境　／487
　　（2011年6月10日）
积极为广东建设知识产权强省鼓与呼　／489
　　——写在《中国知识产权报·广东专刊》创刊之际（2013年1月4日）
让知识产权为"走出去"保驾护航　／491
　　（2013年3月）
中国梦　强省梦　／493
　　（2013年10月）

09　对话传媒　／495

以新一轮思想大解放推动广东知识产权事业新一轮大发展　／497
　　——访广东省知识产权局局长陶凯元（2008年4月25日）
贯彻落实纲要　向知识产权强省跨越　／504
　　——访广东省知识产权局局长陶凯元（2008年9月5日）
粤高层次推进知识产权战略　／506
　　——与国家局携手合作共建两岸三地交流平台（2009年3月12日）
广东：从知识产权大省向强省跨越　／508
　　（2009年8月12日）
广东局：推动普法执法立法齐头并进　构建立体专利保护体系　／511
　　（2010年1月20日）
知识产权是产业结构升级的核心推动力　／513
　　——访全国政协委员、广东省知识产权局局长陶凯元（2010年3月12日）
广东：专利制度支撑经济发展方式转变　／514
　　（2010年3月31日）
深入推动专利战略实施　争当专利强国建设排头兵　／516
　　——访广东省知识产权局局长陶凯元（2010年11月12日）
让县域知识产权工作成为经济发展助推器　／519
　　——访广东省知识产权局局长陶凯元（2010年11月17日）
保护知识产权　培育和发展战略性新兴产业　／522

（2011年3月12日）

粤"十二五规划"知产战略提至新高度 / 524
　　——今年与国家知识产权局共推十项重点工作（2011年3月13日）

用心谋划广东知识产权发展大局 / 526
　　——访全国政协委员、广东省知识产权局局长陶凯元（2011年3月16日）

唯冠阻击新iPad / 528
　　（2012年3月9日）

知识产权是创新者的"佩剑" / 530
　　——对话省知识产权局局长陶凯元（2012年5月15日）

广东：励精图治　谱写强省建设新篇章 / 534
　　（2013年3月8日）

以第二轮知识产权高层次战略合作助广东知识产权工作新发展 / 541
　　（2013年3月12日）

为预警与规避知识产权风险提供制度保障 / 543
　　——访全国政协委员、广东省政协副主席、广东省知识产权局局长陶凯元
　　（2013年3月15日）

10　文化建设 / 545

一次关于知识产权文化传播的大胆尝试 / 547
　　——《知识产权之歌》创作始末（2009年12月）

一首承载着粤港知识产权人智慧的友谊之歌 / 550
　　——《粤港携手　共创未来》创作始末（2012年7月）

附录　广东省知识产权主要法规政策文件目录（2008～2014年） / 561

后记 / 566

01 见证历史

(2008~2014年工作照片精选)

见证历史

❶ 2008年4月1日，到任广东省知识产权局局长

❷ 2008年4月16日，接受《中国知识产权报》记者专访

❸ 2008年4月22日，在"智慧之光——4·26世界知识产权日"专题电视晚会上接受主持人访谈

❹ 2008年7月19日，与时任香港知识产权署署长谢肃方（右三）共同出席在香港举行的"'正版正货承诺'计划成立十周年纪念活动"

❺ 2008年8月19日，率团出席在新疆举行的"东中西部知识产权对口支援合作签字仪式"

❻ 2008年8月28日,出席"全省专利代理管理工作会议暨广东专利代理协会成立大会"并讲话

❼ 2008年9月18日,出席在广东顺德举行的"欧洲知识产权制度——外观设计与专利国际研讨会"并致辞

❽ 2008年10月29日,与时任国家知识产权局专利复审委员会常务副主任廖涛(前排左)分别代表广东省知识产权局和国家知识产权局专利复审委员会签署《委局合作共建协议》

❾ 2008年12月,在瑞士世界知识产权组织世界学院参加"WIPO中国知识产权局局长高级研讨班"

❿ 2008年12月3日,随"WIPO中国知识产权局局长高级研讨班"访问WIPO总部,WIPO总干事 Francis Curry(弗朗西斯·加利)(左七)接见了研讨班成员

⓫ 2008年12月8日,随"WIPO中国知识产权局局长高级研讨班"代表团访问英国知识产权局

⑫ 2008年12月29日，时任广东省省长黄华华与时任国家知识产权局局长田力普在广州科学城分别代表广东省人民政府与国家知识产权局签署《关于建立知识产权高层次战略合作关系的议定书》

⑬ 2008年12月29日，与时任广州开发区管委会主任薛晓峰分别代表广东省知识产权局和广州开发区管委会签署《合作共建广东省知识产权服务中心的协议》

⑭ 2009年2月26日，在全省"首届'自主创新十大女杰'座谈会"上向"十大女杰"颁发证书

⑮ 2009年3月7日，陪同时任广东省省长黄华华（右六）、时任广东省副省长宋海（左五）拜会国家知识产权局

⑯ 2009年4月2日，会见美国贸易代表署知识产权代表团

⑰ 2009年4月20日，出席在广州科学城举行的"自主知识产权的力量——高新技术企业自主创新与知识产权论坛"并作主题演讲

⑱ 2009年4月24日，陪同全国政协副主席罗富和（右三）到广州科学城考察企业

⑲ 2009年7月16日，在"粤港保护知识产权合作专责小组第八次会议暨记者招待会"上，与时任香港知识产权署署长谢肃方（右）共同发布《粤港澳知识产权简明手册》

⑳ 2009年8月27日，出席在佛山市禅城区举行的"知识产权强县工程推进大会"并讲话

㉑ 2009年9月30日,与时任华南理工大学校长李元元(前排右)出席"共建知识产权强校签约仪式"并受聘担任华南理工大学兼职教授

㉒ 2009年10月14日,率团访问挪威工业产权局,与该局局长鲍德维克(左)合影

㉓ 2009年10月27日,出席"珠江三角洲地区创新与知识产权国际研讨会"并致辞。国家知识产权局副局长贺化(右二)、时任美国驻华大使洪博培(右三)和时任美国商务部部长骆家辉(左三)出席该研讨会

㉔ 2009年11月25日，出席由广东省知识产权局、香港城市大学、WIPO和联合国贸易与发展委员会等联合主办的"国际知识产权争端的仲裁和调解培训班"并作结业讲话

㉕ 2009年12月2日，出席并主持"《泛珠三角区域内地九省（区）专利行政执法协作协议》签署仪式暨首次执法协作会议"

㉖ 2009年12月10日，出席"香港第三届'创新知识企业奖'颁奖典礼"并担任颁奖嘉宾

㉗ 2010年1月26日，出席"广东知识产权保护协会第二次会员代表大会"并讲话

㉘ 2010年2月4日，广东省知识产权局领导班子合影

㉙ 2010年2月25日，陪同时任国家知识产权局局长田力普（右五）、时任广东省省长黄华华（左五）等领导出席国家知识产权局和广东省人民政府在广州市科学城举行的"广东知识产权服务中心启用仪式"

㉚ 2010年4月20日，会见时任日本特许厅长官细野（左）一行

㉛ 2010年4月20日，陪同时任广东省副省长宋海（左二）视察广交会知识产权纠纷投诉站

㉜ 2010年4月26日，在广东知识产权服务中心"知识产权开放日"活动上致辞

㉝ 2010年5月28日，出席"中日（广东）知识产权研讨会"并致辞

㉞ 2010年7月19日，中共中央政治局委员、时任广东省委书记汪洋视察广东知识产权服务中心

㉟ 2010年7月19日，中共中央政治局委员、时任广东省委书记汪洋（右）视察广东省知识产权服务中心及维权援助中心

㊱ 2010年10月25日，出席"全省县域知识产权工作会议"并讲话

㊲ 2010年11月11日,出席在广州大学城华南理工大学举行的"国家知识产权培训(广东)基地授牌仪式"

㊳ 2010年11月23日,出席"全省企事业单位知识产权试点示范工作会议暨百所千企知识产权服务对接工程启动仪式"并讲话

㊴ 2010年12月1日,在广州进行《广东省专利条例》宣讲

㊵ 2010年12月12日，率团访问印度专利局

㊶ 2010年12月14日，率团访问印度新德里国家法律大学

㊷ 2010年12月16日，率团访问新加坡知识产权局，与时任新加坡知识产权局局长廖媛然女士（右三）等进行工作会谈

㊸ 2010年12月31日，出席“粤渝专利行政执法协作协议签署仪式暨首次执法协作会议”

㊹ 2011年3～7月，在中央党校第30期中青一班学习

㊺ 2011年7月21日，会见日本知识产权官民代表团

㊻ 2011年8月1日，会见美国专利商标局副局长Tereasa Rea（特丽莎·蕾，左八）一行

㊼ 2011年8月18日，出席"全省打击侵犯知识产权和制售假冒伪劣商品专项行动总结表彰大会"并讲话

㊽ 2011年9月15日，出席广东省人民政府新闻办公室召开的"《广东省知识产权事业发展'十二五'规划》新闻发布会"，介绍《规划》编制的相关情况

㊾ 2011年9月27日，出席在顺德召开的“广东省建设专利联盟 促进产业转型升级经验推广会”并讲话

㊿ 2011年12月，率领广东省知识产权代表团访问西班牙马德里知识产权局

(51) 2011年12月20日，在“全国专利信息传播与利用工作会议”上接受国家知识产权局副局长甘绍宁（右）向广东省知识产权局颁发的“国家知识产权局（广东）专利信息传播利用基地”牌匾

㊷ 2012年1月11日，陪同广东省副省长陈云贤（中）视察广东省知识产权研究与发展中心

㊸ 2012年2月8日，陪同时任国家知识产权局局长田力普（右二）出席"深圳市知识产权局挂牌仪式"，中共广东省委常委、深圳市委书记王荣（左二）、市长许勤（左一）出席。深圳在全国率先实现大知识产权统一管理格局

㊹ 2012年2月28日，出席并主持"全省知识产权局系统'三打两建'工作会议"

(55) 2012年3月5日，出席在北京国家知识产权局召开的“省部会商第四次会议”并作工作报告

(56) 2012年3月27日，出席在北京中国知识产权培训中心举办的“广东省地市（区）领导干部知识产权战略专题高级研究班”开班式，广东省副省长陈云贤（左二）、国家知识产权局副局长贺化（右二）出席并讲话

(57) 2012年4月10日，与泛珠三角内地九省（区）知识产权局局长签署《专利信息运用合作协议》

(58) 2012年4月10日，出席“国家知识产权局区域专利信息服务（广州）中心”揭牌仪式，广东省副省长陈云贤（右四）、国家知识产权局副局长杨铁军（左二）为中心揭牌

㉙ 2012年4月26日，出席广州获授"国家知识产权示范城市"称号仪式。时任国家知识产权局田力普局长（前排左）向广州市市长陈建华（前排右）颁牌

㊱ 2012年5月10日，出席"《粤澳知识产权合作备忘录》签署仪式暨粤澳知识产权工作小组第一次会议"

㊶ 2012年7月19日，出席在香港举行的"粤港保护知识产权合作专责小组第十一次会议暨粤港知识产权合作十周年庆祝活动"

㉖ 2012年7月24日,陪同时任国家知识产权局局长田力普(右四)、世界知识产权组织副总干事王彬颖(左三)考察中国中山(灯饰)知识产权快速维权中心

㉗ 2012年7月25日,陪同广东省委副书记、省长朱小丹(左六)在广州会见来粤参会并调研的时任国家知识产权局局长田力普(左五)一行

㉘ 2012年8月9日,率团访问日本特许厅

㉙ 2012年8月13日,率团访问韩国特许厅,与时任韩国特许厅厅长金昊源先生(右五)等进行工作会谈

㊻ 2012年9月16日，中共中央政治局委员、时任广东省委书记汪洋视察首届中国加工贸易博览会知识产权投诉站

㊼ 2012年10月16日，陪同广东省副省长陈云贤（左三）视察第112届广交会知识产权保护工作

㊽ 2012年11月12日，出席在广东顺德举行的"亚太地区外观设计研讨会"并致辞

㊾ 2012年12月28日，出席"广东省知识产权研究会第四届会员代表大会"并讲话

⑦ 2013年2月17日,广东省知识产权局领导班子合影

⑦ 2013年3月27日,陪同广东省副省长陈云贤(右四)在"审协广东中心"调研

⑦ 2013年4月11日,出席"国家知识产权局 广东省人民政府第二轮知识产权高层次战略合作协议签署仪式暨2013年会商工作会议"并作工作报告

㉗ 2013年4月11日,中共中央政治局委员、广东省委书记胡春华(右六)会见时任国家知识产权局田力普局长(左五)一行

㊼ 2013年4月12日,陪同时任国家知识产权局田力普(前排中)局长视察"审协广东中心"

㊄ 2013年6月27日,出席"粤港'正版正货承诺'总结交流会"并致辞

76 2013年7月24日，主持"审协广东中心"奠基仪式

77 2013年7月31日，在香港出席"第二届香港国际知识产权商业化会议"并作主题演讲

78 2013年9月25日，率团访问台湾，并与台湾工业总会签署合作协议

㉗ 2013年10～11月，受中组部和国家外国专家局选派，赴美国哈佛大学肯尼迪政府学院参加"高级行政管理者"国际培训项目

㉘ 2013年10月29日，在美国哈佛大学学习期间，拜访美国专利商标局，与该局副局长Teresa Rea（特丽莎·蕾，右三）等进行了工作会谈

㉛ 2013年11月26日，出席"2013年广州国际知识产权商业化研讨会"，与来自美国、韩国、中国香港的各主办单位和支持单位的代表合影

㉜ 2013年11月28日，在武汉大学120周年校庆庆典上获评"第七届武汉大学杰出校友"，图为武汉大学党委书记韩进（右）、校长李晓红（左）为其颁奖

㊏ 2014年1月24日，依依惜别工作了六年的广东省知识产权局，并与新领导班子成员合影

㊎ 2014年1月24日，依依惜别工作了六年的广东省知识产权局。中共广东省委常委、组织部部长李玉妹（左五）、组织部副部长张辉（右四）等出席新老班子交接会并与领导班子成员合影

⑧⑤ 2008年全国"两会"知识产权界代表、委员合影

⑧⑥ 2009年全国"两会"知识产权界代表、委员合影

❽❼ 2010年全国"两会"知识产权界代表、委员合影

❽❽ 2011年全国"两会"知识产权界代表、委员合影

❽❾ 2012年全国"两会"知识产权界代表、委员合影

❾⓪ 2013年全国"两会"知识产权界代表、委员合影

02 全局工作

全局工作

解放思想　开拓创新
谱写知识产权事业发展的新篇章

——在2008年全省知识产权工作会议上的讲话

（2008年7月14日）

今天，省政府在这里召开全省知识产权工作会议，主要任务是学习《国家知识产权战略纲要》，总结近两年我省知识产权工作情况，表彰我省获得第10届中国专利奖的单位，并部署我省知识产权战略纲要实施工作。

受省政府知识产权办公会议和宋海副省长的委托，我向各位报告近两年来我省知识产权工作的基本情况，并就下一阶段实施我省知识产权战略纲要的主要任务作出安排。

一、近两年来我省知识产权工作的基本情况

"十一五"时期以来，在国家有关部委的大力支持下，在省委、省政府的高度重视下，全省各级部门、各有关单位共同努力，在创新发展环境、构建发展体系、营造发展氛围等方面开展了大量工作，我省知识产权事业呈现出良好的发展态势，在促进经济社会科学发展中发挥了重要作用。主要工作成绩体现在以下八个方面。

（一）科学谋划发展，知识产权战略纲要正式颁布实施

实施知识产权战略，促进全省知识产权事业实现又好又快发展是省委、省政府的一项重要战略部署。近年来，全省各级部门将战略纲要的研究制定工作作为一项全局性重要任务来抓。2005年8月，我省专门成立了由宋海副省长任组长、34个政府部门组成的省知识产权战略工作领导小组。同年9月，召开领导小组第一次会议，正式启动纲要的研究和制定工作。随后，纲要的制定按四个阶段有序开展。第一阶段是深入开展调查研究，结合调研结果撰写了《广东省知识产权战略研究总体报告》；第二阶段是在认真学习领会省委主要领导关于知识产权战

略的重要指示精神、综合汇总各相关部门意见的基础上，起草战略纲要的初稿；第三阶段是向省直、中央驻粤等单位和各地级以上市人民政府广泛征求意见，并吸纳相关建议59条；第四阶段是先后提请省府常务会议、省委常委会议审议战略纲要，并根据会议精神进行修改完善。在各部门的共同努力和积极参与下，《广东省知识产权战略纲要（2007~2020年）》（以下简称《纲要》）经十易其稿后，于去年11月6日由省政府正式颁布实施。《纲要》成为统领我省未来十余年知识产权事业发展的重要纲领性文件，《纲要》的颁布实施标志着我省知识产权事业正式进入战略发展期。

在《纲要》颁布实施之后，省直、中央驻粤单位认真做好《纲要》的学习和宣传普及工作，努力做到《纲要》进培训、进会议、进政策；同时，认真组织起草了《广东省知识产权战略纲要2008~2009年度实施方案》，将《纲要》确定的政策措施与本部门的发展政策融会贯通。各级人民政府高度重视《纲要》的学习领会和贯彻落实，按照省政府的统一部署和安排，整合各方资源、明晰任务措施、形成工作合力、畅通工作渠道，将年度重点工作任务与《纲要》的实施及推进紧密结合。目前，在全省范围内已经形成了以战略统领发展、以战略促进发展、以战略保障发展的知识产权工作新局面。

（二）健全保障措施，有效增强知识产权创造能力

近两年来，在建设创新型广东的大环境下，我省各部门积极创造条件，健全完善激励机制，不断提升各类创新主体的积极性，激发全社会知识产权创造活力。省科技厅逐步完善了以企业为主体、产学研相结合的区域创新体系，有效地增强了区域创新能力，同时着力推进核心技术和关键技术攻关，在重点领域拥有大量自主知识产权；同时还与省知识产权局共同抓好高新技术产业开发区、民营科技园以及民营科技企业知识产权试点示范工作，增强企业创新热情，提高知识产权拥有数量及质量。省信息产业厅利用产业集群作为创新的载体和平台，在电子信息产业、网游动漫产业等领域积极培育并形成知识产权。为了提升我省创新主体的国际竞争力，省财政专门在自主创新专项资金中安排了500万元用于资助我省国（境）外专利申请，省知识产权局和省财政厅共同出台了《国（境）外专利申请资助办法》，对提高我省国（境）外知识产权拥有量起到了积极的推动作用。省农业厅和省林业局不断加强植物新品种培育工作，使我省的植物新品种创造能力得到了稳步提升。随着创新体系的不断完善，创新主体积极性的充分发挥，全省知识产权数量不断增长、质量显著提升，我省在专利申请量和授权量、发明专利申请量、PCT专利申请量、注册商标申请量和拥有量、中国驰名商标拥有量、中国世界名牌产品拥有量、中国名牌产品拥有量、地理标志保护产品拥有量等十个方面取得了全国第一的佳绩,再次巩固了知识产权大省的地位,为全省知识产权事业实现由大到强的跨越创造了重要的基础性条件。

(三)强化促进机制,大力提升知识产权运用能力

我们一直坚持将强化知识产权运用促进机制作为发展经济、优化产业结构的重要切入点,通过构建政策体系和支撑平台,深化知识产权试点示范工作,为提升全省知识产权运用能力注入了强劲的动力。省政府连续多年对在知识产权运用方面作出突出贡献的单位给予重奖,迄今为止,共安排奖励名牌资金达2.15亿元,奖励中国专利奖资金达2800万元。省知识产权局、省人事厅自2003年起共同开展广东专利奖评选及表彰工作,对原创性强、技术水平高、产生突出经济效益或社会效益的专利技术给予奖励。省知识产权局加快推动"广东省专利技术实施计划",累计投入几千万元资金专项支持358个优秀专利项目实施和产业化。省版权局大力实施"版权兴业工程",2005年以来认定"广东省版权兴业示范基地"三批24家,全省核心版权产业及相关版权产业得到了不断地发展和壮大。省工商局积极做好农业品牌的培育和发展工作,引导和支持农业组织、企业和农户注册和使用地理标志证明商标。省信息产业厅牵头启动了新型平板显示和数字家庭行动计划战略项目,以此为龙头加快推动产业发展,带动行业创新。经过不懈地努力,我省知识产权运用工作走在了全国前列,不仅涌现出了一批以华为、中兴为代表的具有较强国际竞争力的大型企业,而且在提升重点产业和核心产业发展水平中发挥了积极的作用。

(四)完善执法体系,着力加大知识产权保护力度

近两年来,我们继续坚持"保护体系网络化、保护行动常规化、日常执法规范化"的工作思路,不断强化知识产权保护力度,使之成为保护创新、促进发展的一柄"利剑"。全省各知识产权职能部门一方面将专项行动和日常执法相结合,将重点整治与整体推进相结合,通过开展"反盗版百日行动""山鹰二号行动""知识产权边境保护——龙舟行动"、保护注册商标专用权专项行动、打击非法预装计算机软件专项行动、打击网络侵权盗版专项行动等,严厉打击侵犯知识产权违法犯罪行为;同时,还不断加强日常执法,努力建立健全知识产权保护长效机制。另一方面,进一步完善机构建设,充实专业人员,不断创新工作方法,探寻新的工作突破点。至2007年底,全省法院系统受指定审理部分知识产权民事案件的基层法院增至15家,为全国之最;广东海关运用风险分析手段,加强信息的共享及分析,对于重点企业、重点商品进行专门布控查验,提高查获

侵权货物的准确性；省公安厅推动重点联系企业经营安全指引制度，提高企业知识产权保护意识；省外经贸厅积极指导和支持企业应对出口产品涉外知识产权纠纷。同时，各部门继续进驻广交会、深圳高交会、深圳文博会、音像制品博览会、中小企业博览会等大型展会，制定并完善投诉管理办法和处罚办法。其中，广交会在增设进口展区后，专门制定了《进口展区保护知识产权工作预案》，受到了一致好评。省外经贸厅积极配合商务部开展展会知识产权保护"蓝天行动"。省知识产权局继续实施会展和行业协会知识产权保护试点工作，积极发挥会展主办单位和行业协会自律保护、自律维权作用。以上工作的顺利开展既整顿和规范了我省的市场经济秩序，又优化了投资环境，促进了对外开放的不断深化。

（五）积极营造氛围，全面增强社会知识产权意识

近两年来，我省各相关部门不断创新宣传思路、加大宣传工作力度，使知识产权意识不断深入人心。省委、省政府十分重视提升各级党政领导干部的知识产权意识，2007年12月27日，在第47期"广东学习论坛"上首次组织知识产权专题报告会，中共中央政治局委员、省委书记汪洋出席了报告会，省委中心组全体成员，省人大常委会、省政协其他领导同志，省军区党委常委，省法院院长、省检察院检察长，省武警总队军政主官，省直各单位、各人民团体现职正厅级领导干部共320人参加了报告会。同时，全省各级知识产权职能部门坚持专项宣传与日常宣传相结合的工作方式，广泛普及知识产权知识。特别是在每年的"4·26"世界知识产权日活动中，打造了"广东省知识产权保护状况新闻发布会"等系列品牌活动，取得了很好的宣传效果。2006年4月，我省还组团参加了全国保护知识产权成果展览，得到温家宝总理的充分肯定。2006年至2007年，省级各知识产权职能部门相继举办了包括"中美（知识产权）圆桌会议""2007中国知识产权刑事保护论坛""版权保护与创新型国家"巡回演讲活动在内的20余场大型论坛及研讨会，有效地促进了各部门与社会各界及国际社会的交流和沟通。在去年年底我省开展的知识产权公民意识调查中，广州、深圳两地受访人员中逾半数对知识产权概念具有一定的了解和认识，说明知识产权已经进入社会公众的视野。

（六）围绕关键环节，完善知识产权人才培养体系

全省各知识产权部门积极优化和整合培训资源，加强培训体系建设，加快人才培养步伐。全省知识产权学院及研究所充分发挥高素质知识产权人才培养基地作用，稳步推进知识产权学历教育，在校知识产权专业（方向）本科生、研究

生已达近500名；省法院成功举办了第九届全国部分省市知识产权审判研讨会，有效地提高了知识产权法官的专业水平；2007年，省知识产权局组织实施了"广东省百千万知识产权（专利）人才培育工程"，全年面向社会举办知识产权培训班222期，参加培训人员31261人次；省版权局专门与清华大学联合举办了"清华—广东省版权局版权管理高级研修班"，提升版权行政管理人员业务能力；省外经贸厅在全省分片举办了"国际贸易风险防范与规避"专题法规培训班。这些工作有力地促进了我省高素质知识产权专业人才队伍的建设，为知识产权事业实现可持续发展奠定了坚实的基础。同时，我省中小学校、职业学校知识产权教育工作不断深化，省知识产权局与省教育厅、团省委、省少工委共同确定三批107所省级知识产权教育试点学校，遍及全省21个地级以上市；部分地市、县区也相继启动了当地知识产权教育试点工作。据统计，第一批省试点学校在第一年试点期间共有654个班级开设了知识产权教育课程，受教育学生近6万人。

（七）立足共同发展，推进知识产权区域合作及对外交流工作

近两年来，我省以"粤港、泛珠、对外"三点为支撑的知识产权区域合作及对外交流工作已经成为全国的一大亮点，所取得的成绩有力地推动了区域资源共享、优势互补和共同发展。粤港知识产权合作继续深入。截至2007年底，在粤港保护知识产权专责小组的组织下，两地知识产权部门召开了6次专责小组会议，开展了20余个合作项目。2007年8月，在粤港合作联席会议第十次会议上，粤港双方共同签署了《2007年~2008年粤港保护知识产权合作协议》。粤港澳海关跨境知识产权保护体系不断健全，2006年至2007年，粤港、粤澳海关共形成各类知识产权情报通讯300余份，在罗湖等口岸举行双边联合执法行动11次，查获侵权案件59宗。泛珠三角区域知识产权合作不断发展。截至2007年底，区域各协作单位成功召开了4届知识产权合作联席会议、3次合作论坛，开展合作项目20项。广东海关积极参与泛珠三角地区海关知识产权保护合作。省经贸委建立了泛珠三角整规协作联席会议机制。省工商局建立泛珠三角信息交流渠道，相互交换著名商标名单，建立案件协查和信息通报方式。省质监局依托泛珠平台，发布了9项区域联盟标准。知识产权对外交流合作活跃。各部门继续坚持"请进来、走出去"的工作模式，不断学习和借鉴国外先进做法和经验；同时，通过外事交流活动，注重广泛宣传我省知识产权工作，有效地增进了外方对我省知识产权工作的了解和认识，为双方进一步开展合作奠定了基础。据不完全统计，2006年至2007年，省知识产权局就接待了来自美国、日本等10个国家29个政府及民间知识产权代表团近100人次来访并确定多个合作项目。

（八）加强沟通协调，提升全省知识产权工作合力

在省政府知识产权办公会议的组织协调下，各成员单位及各有关单位积极创造条件，不断推进和完善全省知识产权制度建设，全面提升我省知识产权工作合力。省发改委、省经贸委高度重视知识产权政策导向作用，在组织实施国家高技术产业发展项目计划、省级工程技术研究中心建设、关键领域重点突破项目招标、支持中小企业发展等工作中，将知识产权作为重要指标或工作内容之一。省国资委将知识产权工作纳入国有企业改革发展整体规划，并指导企业制定知识产权战略规划，从战略管理层面抓好企业知识产权工作。省版权局及省质监局分别印发《广东省版权兴业发展纲要（2007～2015年）》及《关于进一步做好地理标志产品保护工作的意见》，不断建立和完善政策体系。全省知识产权行政执法、公安、检察和司法部门高度重视沟通协作，提高知识产权保护工作整体效能。全省知识产权系统与公安系统加强了行政执法和刑事司法衔接工作，21个地级以上市全部成立了"执法联络室"，逐步建立了专利执法协作长效机制。省质监局与司法公安机关建立了刑事案件快速移送"绿色通道"，严厉打击生产假冒知名品牌违法行为。省保护知识产权举报投诉服务中心（12312）继续发挥知识产权保护网络平台作用，至2007年底共接收举报投诉34件，转办31件，办结案件29件。我省知识产权工作整体性的提升为全省进一步实现科学发展创造了重要条件。

总结我省知识产权工作近两年的发展历程，全省各级知识产权职能部门勇于探索、敢于创新，在知识产权创造、运用、保护、管理等领域取得了可喜的成绩，为推进全省产业结构优化升级、经济社会转入科学发展轨道作出了应有的贡献。这些成绩的取得得益于全省经济社会良好的发展大局，得益于国家各有关部委的大力支持，得益于省委、省政府的高度重视，得益于全省各地级以上市市委、市政府的积极推动，得益于省直、中央驻粤各单位的密切配合，得益于全省各级知识产权职能部门的不懈努力，得益于社会各界人士的广泛参与。在此，我谨代表省政府知识产权办公会议办公室向各位领导、同志们以及在座的各位代表表示衷心的感谢！

在取得成绩的同时，我们也要清醒地看到，我省知识产权工作仍然存在薄弱环节和突出问题，与我省经济社会发展和国内外竞争形势所提出的要求还存在较大的差距。主要表现为：一是知识产权创造能力有待进一步提高，人均知识产权拥有量偏少，如2007年，我省百万人口发明专利申请量和授权量分别为北京的1/4和1/6；二是高层次知识产权人才匮乏，人才数量及结构与知识产权事业发展需求相距甚远，涉外知识产权人才和具有较强实务操作经验的高级专门人才十分紧缺；三是知识产权政策体系有待完善，我省已有的知识产权政策措施较少，系统性及完整性不够，政策支撑力度较弱；四是区域发展不平衡问题突出，各地市在知识产权创造、运用、保护和管理方面存在差距较大；五是社会知识产权意识仍较为淡薄，如2007年，我省14万家工业企业中的96%没有申请专利。对于这些问题我们应该高度重视、居安思危，通过全面实施知识产权战略不断加以改进和提高。

二、全面实施《广东省知识产权战略纲要（2007~2020年）》，努力开创知识产权工作新局面

今年是全面贯彻落实党的十七大精神的第一年，是我省经济社会全面转入科学发展轨道，推进建设小康社会，开创社会主义和谐社会新局面的关键一年。根据党中央、国务院、省委、省政府对知识产权工作提出的新目标和新要求，当前及今后一段时期，我省知识产权工作要以实施《广东省知识产权战略纲要（2007~2020年）》为核心，以新一轮思想大解放推动我省知识产权事业取得新一轮大发展。

（一）高度重视2008~2009年度知识产权战略实施工作

今年6月5日，国务院颁布实施了《国家知识产权战略纲要》。6月19日，省委、省政府出台了《关于争当实践科学发展观排头兵的决定》，明确要求"实施知识产权战略，加强知识产权创造、应用、保护和管理，实现从知识产权大省向知识产权强省跨越。"好的开始是成功的一半。今明两年，做好实施知识产权战略纲要开局工作，分步实现战略发展目标是贯彻、落实党的十七大会议精神、《国家知识产权战略纲要》以及《关于争当实践科学发展观排头兵的决定》的重要实践，是争当知识产权事业发展排头兵的重要举措。今年年初，省知识产权局在广泛征求有关部门意见的基础上，牵头研究并制定了《广东省知识产权战略纲要2008~2009年度实施方案》，即将于近期发布实施。各有关部门要从全局和战略的高度重视和推进战略实施开局工作，加强组织领导，完善和落实领导责任制和工作责任制，做到认识到位、人员到位、措施到位、投入到位，形成工作合力，畅通工作渠道，保证2008~2009年度实施方案的顺利推进。同时，要将实施方案中的战略任务和政策措施与本地区、本部门的发展计划、年度工作和重要政策紧密结合，相互贯通、相互承接、相互补充，确保实施工作落到实处，取得实效。

（二）以增强创造能力为中心，为知识产权事业发展注入新动力

提升知识产权创造能力关系到我省未来知识产权事业发展的大局。我们一是要实施十大产业技术自主创新专项，加强建设企业技术中心、区域技术创新中心和行业技术创新中心，发挥政府各类专项资金导向作用，努力创造一批具有自主知识产权的核心技术；二是要实施"千百亿名牌培育工程"，推进国际区域名牌创建，充分发挥名牌带动效应；三是要继续开展并推动知识产权试点示范工作，进一步实施"版权兴业工程"，努力培育自主知识产权企业，提高企事业单位知识产权创造能力；四是要继续强化商标、地理标志证明商标、地理标志产品、非物质文化遗产等类型知识产权的创造；五是要建立政府采购自主知识产权产品机制及政府首购机制，推进专利申请、植物新品种权激励工作，完善知识产权创新激励机制。

（三）以提升保护能力为重点，为知识产权事业发展提供新保障

加强知识产权保护是我省鼓励自主创新、建设创新型社会的内在要求。我们一是要建立并完善知识产权法律法规体系，健全并充实全省知识产权司法审判力量和省市县三级知识产权行政执法力量；二是要加大对各类知识产权的保护力度，坚决打击侵犯知识产权违法犯罪行为，提高涉外知识产权应对能力，建立维权援助机制；三是要继续开展保护知识产权专项行动，加强对重点行业、领域和地区的知识产权保护；四是要加强知识产权行政执法、公安、检察和司法部门之间的沟通与协调，形成联合执法协调机制和纠纷快速解决机制；五是要加强对会展知识产权保护工作的监督和管理，进一步推进会展及行业协会知识产权保护试点示范工作。

（四）以加强运用能力为核心，为知识产权事业发展搭建新平台

运用知识产权，要充分体现知识产权市场价值，促进经济可持续发展。我们一是要出台有利于知识产权运用的政策措施，培育知识产权交易市场，构建知识产权交易体系，推动拥有自主知识产权的创新成果实现商品化、产业化；二是要加强培育省级知识产权试点优势区域，创建国家知识产权示范城市、示范园区及知识产权强县（市、区）；三是要实施"自主知识产权技术标准培育工程"及"中小企业知识产权引导计划"，继续推进国有企业知识产权工作；四是要启动"知识产权优势评估机构培育计划"，推进知识产权评估和质押工作。

（五）以强化管理服务为保障，为知识产权事业发展构筑新支撑

知识产权管理服务体系建设是知识产权工作的重要组成部分。我们一是要不断强化知识产权政策导向，充分发挥省政府知识产权办公会议职能，增强知识产权发展合力；二是要研究探索建立"广东省重大经济活动知识产权审查制度"和知识产权统计指标体系及统计调查制度；三是要成立"广东省专利代理协会"，加大对专利代理及从业人员的监督和管理，推动专利代理行业健康发展；四是要开展"知识产权综合交易平台扶持计划"，建设和完善知识产权公共信息平台和技术性贸易壁垒公共信息服务平台。

（六）以人才队伍建设为基石，为知识产权事业发展奠定新基础

高素质的人才队伍是知识产权事业发展的基础和保障。我们一是要以实施"百千万知识产权人才培育工程"为重点，培育及认定省级知识产权培训基地，分步骤完成知识产权人才培养工作；二是要逐步将知识产权课程列入省内高等院校在读本科生、研究生的公共选修课或专业必修课程，加快培养应用型和复合型人才；三是要将知识产权科目纳入专业技术人员继续教育考核登记内容，开展知识产权公需科目继续教育培训工作；四是要探索研究建立知识产权从业人员职称评定体系，加强知识产权从业人员管理工作。

（七）以促进区域协调发展和交流合作为纽带，为知识产权事业发展创造新格局

推进知识产权区域发展及交流合作是知识产权战略确定的一项重点任务。我们一是要继续深化实施"广东区域知识产权发展计划"，实现全省知识产权工作协调发展；二是要进一步加强粤港知识产权合作，推进泛珠三角区域知识产权合作，高质量完成合作项目，继续发挥泛珠三角区域商标行政保护合作机制作用，发挥泛珠三角区域海关知识产权保护执法合作机制作用；三是要加强与国外机构及组织的沟通和交流，促进我省知识产权对外交流与合作工作深入发展。

（八）以提高社会意识为抓手，为知识产权事业发展营造新氛围

提高知识产权意识是一项长期性、战略性的工作，必须常抓不懈。我们一是要将2008年及2009年度确定为我省"知识产权战略宣传年"，大力宣传知识产权战略在促进我省经济社会发展中的积极作用；二是要继续坚持全方位、多渠道开展知识产权宣传工作，增强全社会知识产权意识；三是要继续组织好"4·26"世界知识产权日系列宣传活动，突出重点，体现实效；四是要加强对各级党政领导干部和公务员的知识产权教育力度，在全省范围内建立党校（行政学院）系统知识产权培训骨干队伍；五是要继续推进中小学、职业学校知识产权教育，确定知识产权教育示范区及示范学校。

站在新的历史起点，我们要立足全局、立足长远，用战略眼光前瞻性分析判断知识产权事业的重大变化，主动适应新时期对知识产权工作的要求，不断加深

理解和准确把握党的十七大对新时期知识产权工作提出的新要求、新任务，把思想统一到党的十七大精神上来，把力量凝聚到实现党的十七大确定的任务上来。让我们乘着《国家知识产权战略纲要》颁布实施的东风，以《中共广东省委、广东省人民政府关于争当实践科学发展观排头兵的决定》为行动纲领，进一步振奋精神，增强信心，凝聚力量，开拓进取，为实现我省知识产权事业又好又快发展作出新的更大的贡献！

全面实施知识产权战略
推动我省知识产权工作迈上新台阶

——在 2008 年全省知识产权局局长会议上的讲话

(2008 年 7 月 14 日)

今天下午，我们召开全省知识产权局局长会议，主要任务有三：一是传达、学习和贯彻全国知识产权局局长会议精神，部署我省知识产权局系统实施知识产权战略的具体工作；二是各市知识产权局进行工作情况交流；三是征求对我局《关于建立局领导联系地市工作制度的意见》的建议。下面，我首先向大家传达全国知识产权局局长会议精神，并就如何贯彻落实国家和我省知识产权战略纲要提几点要求。

一、全国知识产权局局长会议基本情况及会议主要精神

6 月 5 日，国务院颁布实施《国家知识产权战略纲要》（以下简称《纲要》）。《纲要》的颁布，标志着知识产权战略正式成为国家的重要发展战略。为了深入学习和贯彻落实《纲要》，研究部署实施知识产权战略的主要任务，7 月 8～9 日，国家知识产权局在宁夏银川召开了全国知识产权局局长会议。中纪委委员、国家知识产权局党组书记、局长田力普同志出席会议并作了题为《提高认识 抓住机遇 全面贯彻落实〈国家知识产权战略纲要〉》的报告。宁夏回族自治区副主席张来武，国家知识产权局党组成员、副局长张勤，国家知识产权局党组成员、纪检组长邢胜才出席了会议。会议就进一步学习贯彻《纲要》进行了充分的讨论，并围绕实施国家知识产权战略研究部署了相关工作。各省、自治区、直辖市知识产权局、各计划单列市、副省级城市、新疆生产建设兵团、知识产权工作示范城市、示范创建城市知识产权局主要负责人以及国家知识产权局有关部门和单位主要负责人共 150 余人参加了会议。

田力普局长指出，《纲要》的颁布实施是关系国家前途和民族未来的一件大

事，是中国知识产权制度发展史上的一个新的里程碑，是知识产权事业发展的新起点，必将对国家经济社会发展带来深远的影响，必将有力推动知识产权事业全面科学发展，具有重大历史意义。他回顾了党和国家领导人对《纲要》制定工作的高度重视和亲自指导，回顾了各个部门、地区和行业对《纲要》制定工作的大力支持，回顾了知识产权战线广大干部群众对《纲要》制定工作的积极配合；同时强调国家知识产权战略已经成为国家重要发展战略，实施国家知识产权战略是建设创新型国家的迫切需要，是完善社会主义市场经济体制的必然要求，是提高国家核心竞争力的关键举措；《纲要》的颁布实施为知识产权事业大发展大繁荣创造了重大机遇，为开展知识产权工作提供了有利的环境，必将推动全国知识产权工作掀开新的历史篇章。

田力普局长详细解读了《纲要》的核心内容和精神实质，将《纲要》的核心内容概括为"112579"，即"一条主线""一个方针""两个阶段性目标""五个战略重点""七大专项任务"和"九项战略措施"，并用16个字概括了《纲要》的主要特点，即"立意深远、方针科学、目标明确、任务重大"。他指出，《纲要》明确了各项战略任务和措施，既根据职能分工，部署了各领域知识产权工作，又根据实际需要，从整体上部署了知识产权创造、运用、保护和管理等方面要采取的综合措施，涉及经济、科技、文化、社会、外交等各个领域，对政府、企事业单位、社会公众都提出了要求。为完成《纲要》所确定的任务和措施，国家知识产权局初步考虑将其分解为三个层面、六个方面：一是宏观层面，包括完善制度和专项措施两个方面；二是中观层面，包括区域和行业两个方面；三是微观层面，包括企事业单位和社会公众两个方面。

田力普局长还对全面实施《纲要》提出了明确要求，要求全国知识产权局系统要明确任务，依照职能承担两个重要的角色，完成两个不同层面的任务。一是要承担起组织协调战略实施的重任，二是要贯彻落实《纲要》部署的涉及专利的各项措施。具体工作包括四个方面：一是把《纲要》的宣传和学习工作摆在重要位置，结合自身实际，采取积极行动，借助各类平台，组织动员各级领导干部、科技人员、文化工作者、企业管理者等深入学习《纲要》，领会《纲要》精神，在本地掀起《纲要》宣传和学习的高潮。二是要充分认识制定和实施地区知识产权战略的重要意义，切实做好地区知识产权战略工作。一方面，地区知识产权战略是国家知识产权战略的有机结合、实施途径和重要支撑，国家战略的各项任务和措施要通过地区战略进行分解落实，实施国家战略的成效需要地区战略实施成效综合体现；另一方面，以地区知识产权战略统领本地知识产权工作，是统筹协调实施战略的有力手段，更是各地开拓工作、促进事业发展的重要抓手。已经实施战略的地区，要围绕落实《纲要》，对地方战略实施效果进行全面审视，根据国家战略的要求进行调整和对接，进一步加强实施工作，并及时总结经验，做好和国家知识产权战略的衔接工作；尚未制定和实施战略的地区，要做好借鉴和准备工作，可以启动本地知识产权战略制定工作，也可以根据《纲要》制定相关实施方案。总之，地方战略或实施方案要具有地方特色并能发挥实效。三是要集中力量，突破重点，大力推进专利战略，在完善专利法律制度及配套政策、加强专利宏观管理和公共服务、加强专利支撑体系建设三个方面组织开展专利战略的实施和落实工作。四是要在自身建设上下工夫，大力提高知识产权局系统的干部队伍能力，不断适应工作需要，创新工作方法，开拓工作空间，要抓住机构改革的机遇，合理调整知识产权管理职能，理顺管理体制，加强县级知识产权机构建设，充实知识产权管理队伍，努力提高知识产权工作的统筹协调能力。

会上，田力普局长还专门介绍了国务院机构改革的有关情况。2008年3月21日，国务院连续发出了《国务院关于机构设置的通知》（国发〔2008〕11号）、《国务院关于部委管理的国家局设置的通知》（国发〔2008〕12号）和《国务院关于议事协调机构设置的通知》（国发〔2008〕13号），明确了在本次机构改革中，国家知识产权局依然是国务院的直属机构，国家知识产权战略制定工作领导小组和国家保护知识产权工作组（原设于商务部内）撤销，相关工作由国家知识产权局承担。

按照国务院的要求，国家知识产权局认真组织开展了局三定方案的研究和修订工作。三定方案已于6月25日经国务院审议通过。根据修订后的三定方案，国家知识产权局的工作职能由原来的6项调整为7项，具体调整包括：明确保护知识产权工作组的职能和知识产权战略的组织实施工作由国家知识产权局承担；明确在专利宏观管理职能中新增信息服务职能；进一步明确国家知识产权局统筹涉外知识产权事宜的职责。在机构设置方面，决定增设"保护协调司"，职能是组织协调知识产权保护工作和战略纲要的实施工作，并负责执法协作机制的运作和管理；原国际合作司加挂港澳台办公室牌子；原协调管理司更名为专利管理司。

田力普局长还对地方贯彻国务院机构改革工作提出了要求，要求各地一是要积极争取接管保知工作和举报投诉中心，接管后不能削弱工作力度，要按照《纲要》的要求进一步强化知识产权保护，确实将保护知识产权工作做好；二是要务必组织好战略的实施工作，提高认识，坚定信心，调整工作中心，在组织协调上下更大的力气，并不断提升自身能力和水平；三是要将实施知识产权战略延伸至各地方，加强地方知识产权管理机构建设，积极争取县级以上人民政府设立知识产权管理机构。

二、我省贯彻落实全国知识产权局局长会议精神的意见

在今天上午召开的全省知识产权工作会议上，华华省长明确提出了近两年我省知识产权事业发展的奋斗目标，要求全体知识产权工作者以思想大解放推动我省知识产权事业大发展，用科学发展观统揽我省知识产权工作全局，积极探索知识产权科学发展的新路子，争当实践科学发展观的排头兵。下面，我结合全省知识产权工作的具体情况，对贯彻和落实全国知识产权局局长会议的精神提以下几点意见。

（一）及时把握发展机遇，推动我省知识产权工作迈上新台阶

知识产权制度作为鼓励和保护创新、促进经济社会发展的基本法律制度，地位越来越重要，作用越来越突出。在这种新形势下，我国制定并实施了国家知识产权战略，提出了通过不断优化和完善知识产权制度，加快创新型国家建设步伐，提高国家的核心竞争力。多年来，我省知识产权工作一直走在全国前列。省委、省政府对知识产权工作寄予了殷切期望，在国内率先出台了审议层次最高、时间跨度最长的省级知识产权战略纲要，为今后发展创造了重要基础条件。这就要求全省知识产权局系统一定要提高认识，进一步解放思想，勇于开拓创新，增强责任感和使命感，坚定做好工作的信心和决心，抓住机遇、乘势而上，充分发挥"百舸争流，奋楫者先"的精神，通过实施知识产权战略，推动知识产权事业迈上新的台阶。

各市知识产权局要以敏锐的眼光，抢抓机遇，充分把握知识产权战略实施这一有利时机，积极争取当地党委和政府的支持。一是要认真贯彻落实国家和我省知识产权战略纲要，结合当地实际，研究制定本地实施知识产权战略纲要的实施计划和具体方案；二是要努力把战略实施工作纳入当地政府的重要议事日程，纳入经济社会发展总体规划，加强组织领导，层层落实责任制，确保各项任务措施落到实处；三是要切实承担起实施知识产权战略的组织协调职能，凝聚各方力量，努力推动建立健全统一领导、部门分工负责的实施知识产权战略纲要的工作机制；四是要不断加强与相关部门的沟通协调，争取多方支持，在机构、职能、人员、政策体系等方面要敢于寻求突破，从根本上保障战略纲要的贯彻落实。

为了落实国家和我省知识产权战略纲要，经过反复研究和多次征求意见，《广东省知识产权战略纲要2008～2009年度实施计划》即将在近期发布实施。在实施方案发布后，各市局要切实抓好贯彻落实工作，将年度工作重点与方案中的任务及措施紧密结合，找准当地工作的着力点和突破点，积极拓展工作领域，不断提高工作成效，创造性地开展战略实施工作，以更科学、更高效的工作思路和工作方式，确保战略实施切合本地实际，体现本地特色，解决本地问题，服务本地发展。一方面，对已经持续开展的工作，要确保按照实施计划的要求，扎扎实实地圆满完成。另一方面，对实施计划中明确的新的工作任务，要不断开拓思路，发掘新的工作渠道，充分发挥知识产权制度的作用，推进知识产权事业的全面进步。同时，各市局要高度重视所辖各县（区、市）贯彻落实战略纲要的情况，并充分调动基层知识产权工作的积极性，对各县（区、市）在工作开展中出现的新问题进行及时的指导和帮助，切实将纲要实施方案逐级、逐步贯彻好、落实好、实施好。

（二）提升宣传工作层次，将学习领会知识产权战略纲要作为当前一个时期的首要任务

当前一个时期，各级知识产权局要切实做好知识产权战略纲要的学习领会和宣传普及工作。在学习和宣传的过程中进一步贯彻落实科学发展观，不断解放思想、创新思维，采取形式多样和行之有效的工作方式，充分发挥报刊、广播电视、网络等平面媒体和立体媒体的作用，向领导、政府、企事业单位、社会公众广泛宣传和普及知识产权战略知识，让大家了解和理解知识产权战略的重要意义和重大举措，掀起学习知识产权战略的热潮。各市局更要积极主动地向市委、市政府汇报国家以及我省知识产权战略纲要的颁布和实施情况，积极争取市委和市政府的支持，在纲要的学习及宣传工作中不断加强组织领导，加强部门协调力度，强化部门协调职能。

为了切实做好纲要的宣传学习工作，省知识产权局近期将开展以下四项工作：一是7月16日再次在广东学习论坛上举办专题报告会，邀请国家知识产权局田力普局长向省委中心组全体成员，省人大常委会、省政协其他领导同志，省军区党委常委，省法院院长，省检察院检察长，省武警总队军政主官，省直各单位、各人民团体现职副厅级以上领导干部宣讲《纲要》核心内容与实施要点；二是在《南方日报》等重点媒体上刊登"广东学习论坛"专题报告内容，并刊登纲要学习体会专版；三是在局网站上开设国家知识产权战略纲要宣传专栏，向社会宣传战略纲要的重大意义和作用；四是在较长一段时间内，在全省各类知识产权工作会议中，将纲要的宣讲、学习和贯彻工作作为会议的重要内容，长期加以宣传和推进。各市可借鉴我局做法，推动当地党委和政府集中学习《纲要》，不断增强各级党政领导干部的知识产权战略观念。

（三）找准工作突破口，全面促进我省知识产权事业又好又快发展

今年下半年，全省知识产权局系统要以战略实施工作为重点，按照实施方案以及全省知识产权工作要点，主要抓好以下八个方面的工作。

一是要将提升发展质量作为下一阶段工作的重点。田力普局长在年初召开的全国知识产权局局长会议中明确要求：防止片面追求数量的倾向，将工作重点放在促进知识产权质量提升、国外知识产权拥有量提高、知识产权运用能力建设和知识产权竞争力发挥上来。在这次的全国知识产权局局长会议上，又专门强调《纲要》确定的目标是"自主知识产权水平大幅度提高，拥有量进一步增加。本国申请人发明专利年度授权量进入世界前列，对外专利申请大幅度增加"，进一步突出了重质量和水平的要求。虽然我省专利申请量连续13年位居全国第一，但大而不强一直是困扰我省建设创新型广东的关键问题。今年1～6月，我省发明专利申请量已被北京超越1721件，面临着难保全国第一的危机。同时，我省还存在非正常专利申请比较严重的问题。从去年开始，国家知识产权局高度重视非正常专利申请情况，专门成立了工作组进行筛选和处理，并将有关情况向部分省市进行了通报。目前，我省非正常专利申请数量位居全国前列。针对这一情况，我局已经加大了对非正常专利申请的监管力度，对已经发生的问题进行了详细调查，并计划及时将调查处理情况向有关地市知识产权局通报。面对以上形势，各市在开展日常工作时，首先要树立科学正确的评价观念，打破片面追求数量的习惯思维方式，改变层层下指标、层层考核数量的工作做法，扭转只看申请数量、不重质量和结构的观念，将工作重心由只重数量向质量数量双并重、双提升转变；二是要加强正确引导，采取有力措施，将各类政策措施有机结合，不断激励本地区发明创新的热情，努力提升专利申请的质量和数量；三是对发生非正常专利申请的地区，要认真查找产生原因，有针对性地进行治理整顿，对涉及套取资助资金的一定要严肃查处；四是要在激励创造、有效运用、依法保护、科学管理各个方面多下工夫，为创新者营造一个良好的发展环境和社会文化环境，促进我省专利申请实现稳定健康发展。

二是要努力改善地区发展不平衡的现状。多年来，我省一直存在知识产权工作发展不均衡的情况。为了改变这一现状，我局于去年启动了"广东省区域知识产权发展计划"，在体系建设、宣传培训、行政保护、企事业单位知识产权工作

和专利信息化等方面给予各地市一定的支持。在一年的实施工作中,各市认真部署,悉心组织开展各项工作,使我省各地区知识产权工作的整体水平得到了一定的提升。下一步,我局将继续把实施区域知识产权发展计划作为促进知识产权事业协调发展的工作抓手,并计划在全省范围内建立省知识产权局局领导联系地市工作制度,对每一个地市都明确一位或两位局领导进行工作联系和工作指导,与地市知识产权局共同努力,切实将地方知识产权工作抓好抓实。同时,我局将选择适当时机对各市实施计划的贯彻情况进行全面评估,客观评价各市知识产权工作发展现状和工作成效。希望省市知识产权部门同心同德,协同作战,努力推进全省知识产权事业持续稳定均衡发展。

三是要加强行政执法,大力推动知识产权保护。保护知识产权的根本是保护创新。下半年,我局将继续抓好《广东省专利条例》(草案初稿)的修改、论证和完善工作,力争明确行政执法手段和措施,并争取在年底前后形成送审稿上报省政府;适时出台《广东省专利行政执法操作指南》,全面规范专利行政执法行为,着力提高全省专利行政执法水平和效率;积极建立专利行政执法监管系统,进一步加强对全省专利行政执法的指导监督和重大执法的协调;大力推进专利行政执法协作机制,不断加大知识产权保护和市场监管力度。各市局要按照国家局和我局的部署,积极组织开展"雷雨"、"天网"知识产权执法专项行动,继续抓好会展和行业协会知识产权保护工作,认真探索涉外应对、维权援助机制和重点企业联系制度;同时,要继续加强专利法制建设,建立和完善行政执法责任制,为开展行政执法工作创造更为有利的条件,营造出更加浓厚的保护知识产权的法制环境和氛围。

四是要加强政策引导,继续深化企事业单位知识产权工作。企事业单位是知识产权事业发展的主战场。各市局要继续深入开展知识产权试点示范单位的培育和认定工作,不断推动我省知识产权试点城市和试点园区建设,支持和鼓励试点示范单位、试点城市及园区纳入国家和省级行列;在全省范围内开展企业知识产权战略试点工作,推进企业运用知识产权战略提升核心竞争力。同时,根据不同企事业单位的特点,有针对性地引导中小企业、国有企业、事业单位提升知识产权综合能力,努力推动企事业单位知识产权工作向深层次高水平发展。继续开展专利技术实施计划和专利奖励工作,扶持和推动优秀专利技术项目实现产业化和商品化,为促进当地经济发展发挥积极作用。各市局要认真按照国家知识产权局《关于专利申请资助工作的指导意见》及我局提出的贯彻意见的要求,调整和修改地方专利申请资助政策,进一步明确资助目标,牢固把握资助原则,完善审批流程，严格资金管理，使资助资金真正发挥出提升国内专利申请质量、提高国外专利申请数量的作用，坚决避免出现资助非正常专利申请的现象发生。

五是继续完善知识产权服务支撑体系建设。专利信息服务平台、专利代理行业等是我省知识产权服务体系的重要内容。下半年，我们将继续完善省市专利信息服务平台建设，推进九大重点工业产业行业专题专利信息数据库建设，筹建广东省重点产业专利信息服务平台，加大对知识产权综合交易平台的扶持力度，提高知识产权评估质量和水平。在专利代理行业发展方面，将成立省专利代理协会，加大对代理队伍执业培训力度，进一步加强行业自律。同时，将继续做好全国专利代理人资格考试广州考点的组织和考前培训工作，不断扩大全省专利工作专业人才队伍。近期，针对非法专利代理情况比较严重的现状，我局和省工商局决定联合在全省范围内开展打击非法专利代理专项行动，通过近半年的清查处理，力争达到净化专利代理中介服务市场的目的。各市局要按照省里的统一部署，主动与市工商局取得联系，密切配合，分步骤、有计划地组织好专项行动的开展，促进本地区专利代理行业健康有序发展。

六是要继续加强知识产权宣传及人才培养工作。下半年，我们将迎来纪念改革开放30周年的宣传热潮。各市要抓住机遇，围绕各地纪念"中国改革开放30周年"中心活动，全面总结和回顾当地知识产权事业从无到有、从弱到强的发展历程，勾画出知识产权事业发展新的宏伟蓝图，通过制作专题专版，组织专项活动，形成强大的知识产权宣传声势。同时，要继续推动省市两级中小学知识产权教育试点工作，在新学期中，让更多的中小学生和职业技术学校学生了解知识产权知识。在人才培养方面，各市局要以实施"百千万知识产权（专利）人才培育工程"为重点，不断加强全省知识产权培训体系建设、师资库建设及人才信息库建设，积极组织开展知识产权公需科目继续教育活动，全方位培养知识产权人才。各市局要加强知识产权政策研究工作，特别是要认真开展列入我局2007年和2008年软科学研究计划项目的研究工作，发扬深入调查研究的良好工作作风，使软科学研究成为省市各级政府部门实现科学决策的重要参考。

七是要深化知识产权区域合作及对外交流工作。在粤港知识产权合作方面，我们要继续发挥毗邻港澳的优势，与港澳知识产权界建立更为紧密的合作关系，相互交流成功经验，共同推进粤港两地知识产权工作的不断深入。7月18日，第七次粤港保护知识产权合作专职小组会议将在香港举行，双方代表将确定下一阶段的合作项目。19日，8个"正版正货"承诺活动试点市的代表也将赴港参加"正版正货"10周年纪念活动。希望各市局在我局的统一部署下，积极创造条件，加入到粤港知识产权合作当中，不断推动粤港知识产权合作向纵深发展。在对外合作交流中，各市要认真学习掌握国家外事工作方针和政策，加强与外事部门的协调与配合，坚持外事无小事的工作理念，严肃认真地开展工作，通过举办国际研讨会、互访、讲座等多种方式，切实加强国际知识产权交流与合作。同时，还要加强对国外知识产权制度的研究，跟踪国外特别是主要发达国家的知识产权发展动态，不断提高知识产权涉外应对能力；要继续加大对我省知识产权保护工作的对外宣传力度，不断增进国外政府机构及工商企业界对我省知识产权保护工作的了解。此外，省知识产权局还要继续做好泛珠三角区域知识产权合作及粤哈知识产权协作的工作。

八是要不断加强本系统自身能力的建设和提高。全面加强系统内部的自身能力建设是更高水平、更高效率、更高成效开展工作的重要基础。各市局要按照国家知识产权局的要求，积极争取在机构改革中落实保知组和投诉中心的接管工作，强化自身工作职能。同时，采取有效措施，切实加强自身能力建设，特别是要加强自身的组织协调能力、宏观管理能力、综合服务能力和人员业务能力，进一步加强知识产权行政管理能力建设，建立健全和强化知识产权协调工作机制，提高知识产权工作的宏观管理水平和服务水平，在本地区经济社会发展等重点工作中，不断强化知识产权的地位和作用；同时，要充分利用国家和我省的各种条件，努力培养自己的业务骨干，打造出一支勇于创新、精明强干、精通业务的工作队伍，圆满完成知识产权事业发展赋予的各项任务。

2008年是我省知识产权事业发展历程中极为关键的一年，也是振奋人心的一年。我们要继续解放思想，把握机遇，紧紧围绕"激励创造、有效应用、依法保护、科学管理"的工作方针，脚踏实地地开展各项工作，认真贯彻国家和我省知识产权战略纲要，积极完成好各项战略实施任务，为推动我省实现从知识产权大省向知识产权强省的跨越而努力奋斗！

立足新起点　形成新优势
努力实现我省知识产权工作的新跨越

——在2009年全省知识产权工作座谈会上的讲话

（2009年4月14日）

全省知识产权工作座谈会暨2009年广东专利奖表彰大会今天在此召开。会议的主要任务是，以党的十七大精神为指导，深入学习实践科学发展观，贯彻落实国家、我省《知识产权战略纲要》和《珠江三角洲地区改革发展规划纲要》，传达全国知识产权局局长会议精神，总结我省2008年知识产权工作，分析当前形势，部署2009年我省知识产权工作任务，表彰2009年度广东专利获奖单位。此外，还将进行《专利法》第三次修改的专题学习辅导。根据会议的安排，下面我向各位作工作报告。

一、全国知识产权局局长会议的主要精神

（一）全国知识产权局局长会议的基本情况

今年2月4~5日，全国知识产权局局长会议在珠海市召开。中纪委委员、国家知识产权局党组书记、局长田力普，中纪委派驻国家知识产权局纪检组组长肖兴威出席会议，国家知识产权局党组成员、副局长张勤主持会议。广东省政府宋海副省长，珠海市政府钟世坚市长出席会议开幕式并致辞。会上，田力普局长作了题为《深入贯彻落实科学发展观，大力实施国家知识产权战略，努力开创知识产权工作新局面》的工作报告。国家知识产权局条法司尹新天司长作了《专利法》第三次修改情况的说明。国家知识产权局副局长张勤作了会议的总结讲话。各省、自治区、直辖市、新疆生产建设兵团知识产权局有关负责同志，各国家知识产权工作示范城市、示范创建市知识产权局负责人参加了会议。广东、上海、天津、陕西、深圳和成都六省市知识产权局先后向大会介绍了开展知识产权工作的经验。

（二）田力普局长工作报告的主要内容及精神

田力普局长所作的工作报告包括四个部分的内容。

报告首先回顾了改革开放 30 年来中国知识产权事业的发展历程，将我国知识产权事业的发展归纳为三个阶段。从 1978 年党中央作出我国应当建立专利制度的重大决策开始，到 1994 年各省区市建立起省级知识产权办公会议制度为初级发展阶段；从 1998 年中国专利局更名为国家知识产权局，到 2007 年党的十七大报告明确提出"实施知识产权战略"为快速发展阶段；从 2008 年 6 月《国家知识产权战略纲要》颁布实施开始，进入第三个阶段，即全面协调、可持续的科学发展阶段。田力普局长强调，知识产权事业要进一步实现科学发展，必须始终坚持从基本国情出发、改革创新、统筹协调和科学的效益观。

报告的第二部分对 2008 年全国知识产权工作取得的新进展进行了总结。2008 年作为国家知识产权战略实施的开局之年，知识产权工作在贯彻落实《国家知识产权战略纲要》，法律和制度体系建设，专利申请、授权及审查能力建设，管理效能及利用行政资源能力，知识产权执法保护，创造和运用能力，服务体系建设，全社会知识产权文化建设，国际合作与交流工作等九个方面取得了新进展。报告多处对我省的知识产权工作给予肯定：广东实施粤港两地高校及科研机构知识产权管理工作交流活动和粤港知识产权教师交流计划，积极打造"珠江知识产权及创新论坛""知识产权半月谈"及"鹏城论坛"等对外合作品牌；广东局组建省市联合执法队伍进驻广交会；各地联合工商部门整顿专利代理市场；深圳市人大常委会审议通过的《深圳经济特区加强知识产权保护工作若干规定》，是全国第一个以立法形式出台的对知识产权各领域综合性保护的地方性法规，并在全国率先出台《企业知识产权海外维权指引》，首次公布知识产权指标数据，举办知识产权十大事件评选；广州成立知识产权专家顾问团，建立知识产权仲裁中心，在全市范围内开展打击专利"黑代理"专项行动，等等。

报告接着深刻分析了国内外发展形势，明确了新形势下知识产权事业发展的方向，提出了做好知识产权工作必须牢牢把握的六项原则：第一，必须牢牢把握实施国家知识产权战略这个总纲，创新发展方式；第二，必须牢牢把握增强知识产权科学发展能力这个根本要求，提升管理水平；第三，必须牢牢把握健全知识产权工作体系这个组织保障，拓展管理空间；第四，必须牢牢把握完善知识产权制度这个基础，健全管理机制；第五，必须牢牢把握知识产权执法保护这个重要手段，发挥特点与优势；第六，必须牢牢把握优化市场环境和文化环境这个基本着眼点，着力促进自主创新与经济繁荣。

报告的第四部分对 2009 年工作进行了全面部署，提出了 12 项重点工作：一是大力推进实施国家知识产权战略；二是进一步完善专利法律法规和政策体系建设；三是进一步推进知识产权工作体系建设；四是加大行政执法与维权援助工作力度；五是进一步推进企事业单位知识产权工作；六是推进全国专利运用与产业化工作体系建设；七是着力培育知识产权市场化运作机制；八是大力完善专利信息服务体系；九是有效落实国家对申请国外专利的资助政策；十是开展省级知识产权绩效评估工作；十一是完善专利统计服务机制；十二是加大对内和对外宣传力度，加快人才队伍建设步伐。田力普局长强调，我国知识产权事业正处在前所未有的发展时期，党的十七大已对知识产权工作提出了明确的任务和目标，大家一定要继续解放思想，坚持改革创新，努力开创知识产权工作的新局面。

（三）张勤副局长总结讲话的主要内容及精神

张勤副局长在总结讲话中就贯彻落实会议精神，做好全年工作提出了三点要求：一是大力推进地方知识产权战略的制定与实施工作；二是提高工作能力，深化服务意识；三是加强协调，深化落实，形成工作合力。他要求大家团结一心，积极进取，开拓创新，扎实工作，切实推进战略实施，为知识产权事业又好又快发展作出贡献。

二、2008 年全省知识产权工作情况

2008 年是我省知识产权事业全面发展进步的一年。在省委、省政府的正确领导下，在国家知识产权局的精心指导下，我省的知识产权工作坚持以邓小平理论、"三个代表"重要思想和十七大精神为指导，深入学习贯彻落实科学发展观，紧紧围绕我省经济社会发展和知识产权事业发展的重大问题，认真研究新情况、努力解决新问题，积极主动地履行职责，扎实做好知识产权各项工作，为促进全省经济社会又好又快发展、争当实践科学发展观排头兵作出了积极贡献。全省全年专利申请量为 103883 件，同比增长 1.4%；其中发明专利申请量 28099 件，同比增长 5.27%。专利授权量为 62031 件，同比增长 9.88%；其中发明专利授权量 7604 件，同比增长 104.74%。PCT 国际专利申请量 3120 件，同比增长 17.9%，占全国 PCT 专利申请的 53.3%。全省专利授权量连续 14 年保持全国第一；发明专利授权量首次跃居全国第一位，PCT 国际专利申请量连续第七年位居全国第一。在第十届中国专利奖评选中，我省获金奖 2 项，优秀奖 19 项，获奖总数居全国第一。

（一）坚持以科学发展观为统领，不断创新工作思路和工作目标

2008年，我省知识产权部门深入学习实践科学发展观，继续解放思想，积极推进知识产权战略的宣传和贯彻实施，不断创新工作思路，进一步明确工作目标。

1. 知识产权强省建设目标得以确立。根据省委《继续解放思想，坚持改革开放，争当实践科学发展观的排头兵》活动的要求，省局针对现阶段我省知识产权事业发展中存在的"大而不强"的问题，及时提出了全面实施知识产权战略，进一步加强知识产权创造、运用、保护和管理，推动我省知识产权事业科学发展，为广东争当实践科学发展观排头兵提供有力支撑，实现从知识产权大省向知识产权强省跨越的奋斗目标，并得到了省委、省政府的认可。去年6月，省委、省政府《关于争当实践科学发展观排头兵的决定》中明确提出"实施知识产权战略，加强知识产权创造、应用、保护和管理，实现从知识产权大省向知识产权强省跨越"。在《广东省建设创新型广东行动纲要》等政策文件中也提出"建设知识产权强省"的相应举措。去年下半年，我省各级知识产权部门积极研究应对金融风暴的具体办法，制定知识产权相关的配套政策措施，以实际行动贯彻落实省委、省政府的决策部署，使知识产权工作在应对金融风暴中有所作为，发挥作用。我省知识产权部门通过进一步解放思想，深入学习实践科学发展观，促进了全省知识产权事业的协调发展，增强了服务经济社会发展的能力。

2. 知识产权战略纲要宣传贯彻开局良好。2007年11月和2008年6月，《广东省知识产权战略纲要（2007～2020年）》和《国家知识产权战略纲要》先后颁布。为落实国家和我省知识产权战略纲要确定的任务和措施，省局会同有关部门组织制定了《广东省知识产权战略纲要2008～2009年度实施方案》，在全省范围开展了声势浩大的战略纲要宣讲活动。省委邀请国家知识产权局田力普局长在广东学习论坛上专题宣讲《国家知识产权战略纲要》；省局领导结合联系指导地市工作制度，带队分赴全省各市宣讲战略纲要；各地市局在很短的时间内，就展开了推进国家和省知识产权战略纲要的各项活动。广州市利用市委、市政府推动广州科学发展建设全省"首善之区"的良好时机，积极推进知识产权战略纲要落实，在创建示范、自主创新工作中，着力加强知识产权的各项工作，取得新的进展和成效；深圳、珠海、汕头、惠州、汕尾等市制定了各市的《知识产权战略纲要实施方案》；云浮市制定了本市知识产权战略纲要。各地市充分利用各种资源，开展多种形式的宣传贯彻活动。通过取得地市党政领导支持，邀请国家局和省局领导、院校专家教授专题宣讲和艰苦细致的具体工作，在全省形成了声势浩大的

宣传、推进和实施知识产权战略的良好氛围，大大增强了全社会的知识产权意识，取得了良好效果。

3. 省部知识产权高层次战略合作取得重大进展。为进一步发挥知识产权对我省经济社会发展的促进作用，省局立足全省知识产权工作实际和未来发展目标，围绕我省自主创新能力提高和产业结构优化升级的需要，积极促成国家知识产权局和省政府建立知识产权高层次战略合作关系。12月29日，国家知识产权局与省政府签署《关于建立知识产权高层次战略合作关系的议定书》，标志着省部知识产权高层次战略合作关系正式确立，这为解决当前我省在知识产权体制、人才、信息等方面的实际问题，逐步解决未来事业发展的深层次问题，共同推进知识产权战略实施提供了有力支撑。为进一步扩大专利无效案件审理的影响，优化我省专利无效案件审理的环境和条件，省局与国家知识产权局专利复审委在无效案件审理、互派骨干学习交流、构建信息沟通平台等方面开展了合作共建工作。10月29日，合作共建协议的签署仪式和国家知识产权局专利复审委员会第一巡回审理庭的揭牌仪式同时举行，标志着国家知识产权局专利复审委在地方巡回审案进入新的发展阶段。这对我省进一步强化知识产权保护、拓展知识产权工作新一轮发展空间具有重要意义。

（二）坚持以政策激励和扶持为导向，不断推动知识产权的有效运用

2008年，我省的知识产权工作继续强化知识产权的激励政策和扶持措施，加大工作力度，推动知识产权的转化和运用。

1. 推动奖励政策的落实。推动省政府落实重奖我省获第十届中国专利奖项目。在去年召开的全省知识产权工作会议上，黄华华省长作了重要讲话，充分肯定了我省重奖政策对自主创新的激励和引导作用，并亲自为我省获得第十届中国专利奖的获奖单位颁奖。省政府拨款1150万元用于奖励我省的获奖项目。同时，我们还修改完善了《广东专利奖评奖办法》，并与省人事厅组织开展了2009年广东专利奖的评审工作。

2. 企业知识产权工作进一步深入。2008年，我省认定了首批10家省知识产权战略试点企业，增加认定了10家省知识产权示范企业、50家省知识产权优势企业，以此带动企业积极研究、制定和运用知识产权战略，不断增强企业参与国内外市场竞争的能力。选择了70个专利项目列入2008年专利技术实施计划给予资金支持，逐步形成了企业投入为主、社会支持为辅的省市县联动机制，拓展渠道，整合资源，共同推进知识产权实施和产业化的良好局面。

3. 重点产业专利态势分析收效明显。从2007年开始，我省开展了电池、平板显示、LED产业等重点产业专利态势分析的研究工作，通过专利信息的分析，研究产业的未来发展态势，为政府、产业、企业的科学决策提供依据。2008年4月，电池产业专利态势分析报告向社会发布后，引起了社会各界的强烈反响，广大企业和研究人员给予充分的肯定，经调查统计，满意度高达100%。东莞市根据产业特色，开展太阳能、RFID、无铅焊料、OLED等四个产业的专利预警分析，得到企业的积极响应。

4. 知识产权运用能力不断增强。积极协调、推荐我省机构纳入国家专利技术展示交易平台计划。2008年，佛山、东莞、广州、深圳4家专利技术展示交易中心现场展示专利项目1323项，网上展示28400项，成交38项，成交额11849万元。成功举办了第二届中国专利技术展示交易活动周和第五届专博会。交易活动周展区总面积达到10300m^2、展位1120个，现场展出项目573项、实物样品近500件，网上发布项目2万多项，参观人数达到10500多人次，成交专利项目20项，成交金额高达8320万元。第五届专博会现场汇集了3200多项专利技术、200多个各类名牌和2000多项最新工业设计成果，参观人数超过5万人。展会规模、涉及领域、参展企业和参观人数，均创下了专博会历史之最。我们还组织企业和项目分别参加了中国国际专利技术与产品交易会、第十届高交会、第十一届中国北京国际科技产品博览会、第十五届农业高新科技成果博览会和无锡工业设计博览会。会展活动的开展，为发明人和投资者搭建了对接桥梁，对专利技术和产品推广运用产生了积极的效果。

（三）坚持以法制建设和制度健全为重点，不断完善知识产权保护机制

开展行政执法和知识产权保护，是维护公平有序市场秩序、规范市场竞争的重要手段，也是知识产权管理部门发挥职能作用，参与市场监管的重要工作方式。

1. 专利法制建设不断完善。积极推进《广东省专利条例》立法工作，省局与省人大、省法制办等部门广泛调研和充分沟通，拟定并形成了《广东省专利条例》（草案文稿）。广州市制定了《亚运会知识产权保护规定》和《展会知识产权保护办法》。深圳市颁布了《深圳经济特区加强知识产权保护工作若干规定》，这是全国第一个以立法形式出台的对知识产权各领域综合性保护的地方性法规。深圳还修订了《企业技术秘密保护条例》，制定了《互联网软件知识产权保护办法》、《数字作品备案办法》和《展会知识产权保护办法》。各地市通过制定地方性法规和制度，构建了全方位多领域的知识产权政策法规体系，为本地区、本部门提供了"有法可依"的知识产权法制环境。广州市知识产权局还积极探索知

识产权保护的新途径,建设完成了"专利侵权网上举报投诉系统",为知识产权维权与执法提供了互动平台,方便了企事业单位与社会各界的维权活动;与广州仲裁委合作成立了我省首家"知识产权仲裁中心",形成了行政、司法、仲裁多渠道保护知识产权的新格局。

2. 专利行政执法水平不断提高。继续开展"雷雨""天网"知识产权执法专项行动,认真查处恶意专利侵权、冒充专利和专利诈骗案件。按照行政执法"重心下移"的思路,各地市加大了开展专利行政执法的力度,全省专利侵权及假冒他人专利、冒充专利等违法行为得到有效遏制。积极探索知识产权维权援助和涉外应对机制。广州市制定了《保护知识产权行动纲要》和《重点商品知识产权专项行动工作方案》,组织开展了"春雨"、"08 羊城维权"、"重点商品保护"、"犀牛行动"和"展会保护"等专项行动,加大对重点区域、重点市场、重点展会的执法检查力度;深圳市开展计算机预装软件查处和打击盗版专项行动;佛山市组织市、区、县三级执法人员,对批发市场的涉嫌冒充专利行为的商铺进行了突击检查;湛江、阳江、梅州、潮州等市知识产权局主动与市公安局协商,制定了执法联络制度和工作职责;惠州、珠海等市知识产权局与工商部门成立了专项行动联合清查小组。通过专项行动和联合执法,极大地提高了我省知识产权行政执法的力度和保护水平,为促进我省经济发展作出了积极贡献。2008 年,全省各级知识产权局共立案受理各类专利纠纷案件 199 件,结案 198 件;立案查处假冒、冒充专利案件共 41 件,结案 44 件。潮州、阳江、中山市知识产权局被国家知识产权局授予"全国专利执法先进集体"。

3. 会展和行业协会知识产权保护力度不断加大。按照市场监管"端口前移"的工作思路,继续开展以广交会为龙头的会展和行业协会知识产权保护工作。省市知识产权管理部门进驻第 103 届和 104 届广交会、第 5 届中博会、第 28 届和 29 届美博会等,积极指导各地市开展相关会展和行业协会的知识产权保护工作。2008 年,全省各级知识产权局指导各类会展解决专利纠纷 918 宗,指导行业协会调解专利纠纷 165 宗。通过开展会展和行业协会监管,调动了会展和行业协会参与知识产权保护工作的积极性,把一批侵权和纠纷解决在萌芽状态,使自律保护成为行政保护和司法保护的有益补充,既维护了各类会展正常的交易秩序,推动了有关行业产业和企业的健康发展,同时又节约了行政执法资源,提高了保护效率。

(四)坚持以加强体制建设和人才队伍建设为抓手,不断提高管理能力

2008 年,我省各级知识产权管理部门积极推进知识产权管理体系建设,加大人才培养力度,我省知识产权管理能力和水平进一步提高。

1. 知识产权管理体系进一步完善。2008年,我省各级知识产权管理体系不断健全完善,事业有了新发展。汕头市知识产权局升格为正处级局;珠海市恢复建立了"珠海市知识产权联席会议制度",4个区新成立了知识产权局;广州市专利信息研究发展中心正式列编为"广州市知识产权信息中心",有两个区已率先落实区级知识产权局人员编制,9个区(县)成立了知识产权办公会议或协调领导小组,3个区(县)成立了知识产权保护协会和维权援助中心;清远连州市、清新县新成立了知识产权局,有4个县(市)正在筹备挂牌;汕尾市建立了知识产权工作助理员制度,有效地解决知识产权工作力量不足的问题。我省知识产权管理机构体制的不断完善,极大地提高了我省知识产权事业为经济发展服务、为建设和谐社会服务的能力和水平。

2. 区域知识产权事业发展进一步协调。继续实施《广东区域知识产权发展计划》和《广东省区域知识产权试点示范工作方案》,通过明确工作任务和目标,各地市知识产权体系建设、知识产权行政保护、知识产权宣传培训、企事业单位知识产权工作和专利信息工作得到较大发展,逐步建立了市、县(区)、镇(街道)、园区的知识产权管理网络。

3. 知识产权人才培养力度进一步加强。认真落实国家知识产权局"百千万知识产权人才工程",组织参加国家知识产权局专题培训班39人次;制定并实施了"广东省百千万知识产权(专利)人才培育工程"方案,举办知识产权行政管理及执法研修班2期,培训180余人次。各地市局采取多种形式和途径,加强知识产权人才培养。全省全年举办各类知识产权培训班、研讨会、讲座169期,培训2.4万多人次。

(五)坚持以提高服务能力为目标,不断强化知识产权服务体系建设

知识产权服务体系和支撑体系,是知识产权事业的重要组成部分,对知识产权事业健康快速发展具有重要作用。

1. 专利代理行业进一步规范。2008年,我们组织召开了首次全省专利代理管理工作会议,推动成立了省专利代理协会,发挥专利代理惩戒委员会的作用,加强了专利代理执业培训和行业自律,并与省工商局联合开展打击专利"黑代理"专项行动,开展非正常专利申请的查处与监管工作,净化了专利代理市场的环境。截至去年底,全省共有专利代理机构84家,分支机构74家,执业专利代理人541人,其中具有涉外代理资格的代理机构22家,新增3家。

2. 知识产权信息基础建设进一步完善。制定了《广东省知识产权公共信息综合服务平台建设方案（2009~2012年）》和《关于加强专利信息服务与管理的意见》，完善广东专利信息服务平台建设，发挥省中心平台、地市分平台和使用分站的作用，为社会各界提供专利信息服务。通过开发专利信息分析系统、企业知识产权管理系统、不断扩充专利基础数据源、建设重点产业专利分类数据库等个性化的服务方式和手段，为企事业单位了解现状、了解对手、研发自主知识产权和核心竞争力专利产品，提供了有力的保障。中山市还根据本市的产业特点，建立了世界灯具照明专利专题数据库。

3. 知识产权服务环境进一步改善。积极探索专利质押融资工作，知识产权运用的投融资环境有了明显改善；积极推动专利实施许可合同备案工作，促进专利技术转让和实施的进一步规范；与国家知识产权局建立了专利登记簿副本快速出证合作机制，为进一步规范专利管理和保护提供了重要支撑；开通了首个国家知识产权局远程会晤系统，为我省专利申请提供了沟通平台。2008年，广州代办处的各项业务均呈增长态势，全年共受理专利申请57081件，收缴专利费用过亿元（10423万元），分别增长24%和5.2%，是全国首个突破亿元大关的代办处，并连续第7年被国家知识产权局评为"先进代办处"。深圳代办处以扎实的作风建设和谐文明窗口，争当作风建设、业务攻坚排头兵，被深圳市政府评为"文明示范窗口"，被国家知识产权局授予"质量进步奖"。

（六）坚持以世界眼光和开放思维谋划事业发展，不断加强知识产权交流合作与宣传普及

2008年，我们继续做好"走出去""引进来"的工作，深入推进知识产权国际交流与合作，深化区域合作的各项内容，采取有效措施，加强知识产权的宣传普及。

1. 知识产权对外交流的范围不断扩大。积极发挥协调涉外知识产权事宜的机构职能，协调全省各知识产权管理与保护部门共同开展对外知识产权工作。2008年全省接待了美国、英国、德国等9个国家政府及民间组织23个知识产权代表团、75人次的来访交流；与美国专利商标局合作举办了"珠江知识产权及创新论坛2008"；与国家知识产权局、欧洲专利局、欧共体商标局联合举办了"欧洲知识产权制度——外观设计与专利国际研讨会"；广州市组织知识产权代表团首次赴台湾访问。对外的交流与合作，极大地拓展了我省知识产权工作的影响力。

2. 区域知识产权合作取得新进展。粤港合作成效明显。2008年，召开了粤港保护知识产权合作专责小组第七次会议，总结交流了粤港知识产权合作经验，确定了下一阶段的合作项目；开展了粤港"正版正货承诺"计划十周年庆祝活动；举办了"粤港知识产权与中小企业发展研讨会"、知识资本管理等讲座；开展了粤港两地高校、科研机构知识产权管理工作交流活动和知识产权教师交流计划。泛珠三角区域合作进展顺利。积极配合做好第五届泛珠三角区域知识产权合作联席会议暨第四届泛珠三角区域知识产权合作论坛的筹备工作，提交2008～2009年底建议合作项目；开展了"泛珠三角区域有效专利存量调查及分析"工作，提取有效发明专利数据7万余件。粤哈知识产权合作力度逐步加大，2008年增加了"中小学知识产权教育""万亩优质哈密瓜科技示范园"和"哈密大枣系列产品深加工"三个项目。此外，潮州市与江西景德镇开展了陶瓷行业知识产权保护的交流与探讨。汕头、汕尾、潮州、揭阳、梅州、河源粤东六市深化"粤东合作"，茂名、云浮、阳江、湛江西部四市首次开展"粤西合作"，在专利信息交流、人员培训、侵权纠纷案件查处和管理等方面达成合作协议，广泛开展合作交流，推动区域知识产权工作的发展。

3. 知识产权宣传取得良好的社会效应。2008年，全省各知识产权管理部门结合"保护知识产权宣传周"、知识产权战略纲要颁布实施、纪念改革开放30周年等重大事件，开展了一系列形式新颖、内容丰富、声势浩大、影响深远的宣传活动。通过举办"智慧之光——世界知识产权日"专题电视晚会，制作"实施知识产权战略"电视公益广告片，召开广东知识产权保护状况新闻发布会、组织改革开放30年广东知识产权十大成就评选和发布等大型活动，努力营造尊重知识、尊重人才、尊重创造的社会氛围。各地市知识产权管理部门通过采取新闻发布会、广场宣传、保护知识产权论坛、展览、知识竞赛、专栏、咨询服务等形式，充分运用政务信息、电视、广播、报纸、网站、墙报、板报等手段，进行全方位、立体化宣传。深圳市着力打造知识产权"半月谈""名人讲堂""鹏城论坛"等品牌文化。全省各地市全年共举办知识产权专题报告会和宣传活动102场次，宣传对象达30余万人，极大地提高了我省知识产权大众认知度，引起了各政府部门和领导的广泛关注。继续深化中小学生知识产权普及宣传工作，认定了第三批42所"省中小学知识产权教育试点学校"，全省的试点学校达到107所；继续支持"广东省少年儿童发明奖"、第二届"全国青少年创意大赛暨知识产权宣传教育活动"，推动省少工委在"雏鹰奖章"活动中增设"知识产权章"，在全国率先将青少年知识产权教育与"雏鹰奖章"活动有机结合起来。

一年来，在省委、省政府的正确领导下，在国家知识产权局的精心指导下，在各级党委、政府和各有关部门的支持配合下，经过我省各级知识产权管理部门的共同努力，我省的知识产权工作取得了明显的进步。但与此同时，我们也要看到我省的知识产权工作还有许多不足，与国内外发展的形势和任务相比，与国家知识产权局、省委、省政府的要求相比，与全国排头兵地位和知识产权强省的目标相比，还有不小的差距。主要表现在六个方面：一是全社会对知识产权的重要性认识仍然不足；二是拥有自主知识产权的产业核心专利仍然不多；三是企业运用知识产权参与竞争的能力仍然不强；四是知识产权保护力度和手段仍然很弱；五是知识产权资源和投入仍然不足；六是知识产权管理体制和机制与形势发展仍然不相适应。这些都需要我们在今后的工作中采取切实可行的措施逐步加以解决。

三、2009年全省知识产权工作安排

2009年，全省知识产权工作的指导思想和总体要求是：坚持以邓小平理论和"三个代表"重要思想为指导，全面贯彻落实科学发展观，按照党中央和省委精神，继续解放思想、坚持改革创新，深入实施国家和我省知识产权战略纲要以及《珠江三角洲地区改革发展规划纲要（2008～2020年）》，紧紧围绕全省经济社会发展大局和省委、省政府的中心工作，深化省部知识产权高层次战略合作，激励知识产权创造，促进知识产权运用，加强知识产权保护，完善知识产权管理，充分发挥知识产权制度在推动全省科技创新、经济社会发展中的重要作用，以更加科学、务实的作风，推动知识产权强省建设。重点抓好以下八个方面的工作。

（一）贯彻实施《珠江三角洲地区改革发展规划纲要（2008～2020年）》，推进知识产权战略纲要的进一步实施

全面贯彻落实《珠江三角洲地区改革发展规划纲要（2008～2020年）》（以下简称《规划纲要》），是省委、省政府今年的中心工作。《规划纲要》的实施，在于通过保持珠江三角洲地区经济平稳较快增长，带动周边地区的经济发展；通过"科学发展，先行先试"，为我国实现科学发展探索新路，提供经验。应该说，《规划纲要》的颁布，为我省推进知识产权战略纲要带来了政策，带来了条件，带来了机遇。我省各级知识产权管理部门要加强《规划纲要》的学习和研究，找准《规划纲要》和知识产权战略纲要的联系点和工作切入点，从中找出知识产权事业的发展机遇、发展空间和政策依据，在贯彻实施《规划纲要》的同时，乘势而上，在知识产权激励创造、有效运用、依法保护和科学管理等方面开展知识产权强省建设的各项活动。

（二）积极推进省部知识产权高层次合作项目落实，进一步破解我省知识产权事业科学发展的难题

要加快推进省部知识产权高层次合作项目的落实，高效利用直接沟通、对话的便利渠道，在知识产权的体制创新、体系建设、人才培养、信息运用等方面取得国家知识产权局的指导和支持，克服和解决我省知识产权事业发展中遇到的管理体制和运行机制亟待创新、人才队伍能力素质亟待提高、信息资源不完整、信息运用能力不强以及涉外应对及对外宣传交流等方面存在的困难和问题。

（三）全面开展知识产权政策研究，进一步加强宏观协调能力

要围绕我省经济社会发展中的知识产权热点、难点和重点问题，积极开展知识产权发展重大问题研究，特别是针对制约我省知识产权事业发展的瓶颈性问题开展深入调研。做好知识产权"十二五"规划的前期调研工作，开展运用知识产权制度应对全球金融危机调研活动，争取在条件成熟时以省委、省政府名义制定颁布《关于加快建设知识产权强省的决定》，为我省知识产权事业发展提供有力的政策保障。继续实施"软科学研究计划"，大兴调研之风，理清发展思路，完善相关政策，努力解决知识产权事业发展中存在的问题。要加强和完善省政府知识产权办公会议制度，充分发挥办公会议在整合优化部门资源、促进知识产权协调管理、制定知识产权宏观政策等方面的积极作用，增强知识产权事业发展的合力，逐步形成统一管理、结构合理、协调有序、联动发展的知识产权工作新格局。

（四）大力鼓励自主创新，继续强化知识产权有效运用

目前，我省专利授权量、发明专利授权量、PCT国际专利申请量等主要指标仍位居全国第一位，但专利申请量的增幅有放缓趋势。2008年，我省专利申请总量和发明专利申请量分别被江苏省和北京市赶超，退居全国第二位。对此，全省各级知识产权管理部门要高度重视，认真分析原因，采取针对性措施，进一步强化企业创造知识产权的主体地位和作用。要继续实施国内发明专利申请及国（境）外专利资助政策，探索建立专利申请奖励制度，加大专利申请资助资金投入和引导力度，认真组织实施国家和省专利奖励工作。强化专利统计及分析工作，定期发布全省专利申请、授权数量，探索建立更加科学的专利统计指标体系及评价制度。在引导重点产业、行业、企事业单位在稳步提升专利申请数量的同时，更加注重专利申请的质量，不断优化我省专利申请和授权的结构。要探索制订中小企业知识产权引导计划，继续认定一批省级知识产权优势企业、试点事业单位和试点区域，积极创建知识产权示范企业，推动示范企业研究制定知识产权战略。进一步推进国家知识产权强县工程、国家知识产权城市和园区试点示范工作，深入开展高新区知识产权工作，落实专业镇知识产权专项行动方案。要编制2009年专利技术实施计划，提升专利技术产业化水平。推进知识产权质押融资工作，开展知识产权评估试点，探索资产评估、质押融资和知识产权转移的有机结合新模式。继续实施全国专利技术展示交易平台计划，举办中国专利周活动，支持国家知识产权局认定的展示交易中心，探索展示交易模式。继续抓好专利实施许可合同备案和专利登记簿副本出证工作。要围绕全省产业结构调整和优化升级，继续组织开展重点产业的专利态势分析，完善并试运行企业知识产权数据采集系统，启动"自主知识产权技术标准培植工程"。针对当前金融海啸引发的中小企业发展面临的困难，开展利用全球创新成果支持中小企业创业专项行动。

（五）加大知识产权保护力度，维护公平有序市场秩序

要积极开展第三次修改的《专利法》宣讲活动，抓好《专利法》及其实施条例的贯彻实施。推动加快《广东省专利条例》立法进程。要抓住机构改革的有利机遇，加强省、市、县三级知识产权行政执法保护体系的建设，充实执法力量，规范执法行为，建立行政执法监管系统和重大事项通报制度。落实行政执法和刑事司法相衔接的工作机制，强化部门间的定期沟通和重大案件会商、通报制度，形成联合执法协调机制和纠纷快速解决机制。进一步推进行政执法重心下移，深入开展"雷雨""天网"知识产权执法专项行动。启动"5·26"区域专利行政执法保护试点工作，强化省际、部门间和区域间的专利执法协作。改善地市专利执法条件和装备，提高专利行政执法效率和水平。进一步加强与国家知识产权局专利复审委的合作共建，建立广东专利无效案件快速处理机制。要做好知识产权维权援助中心的筹建和建章立制工作，继续开展知识产权涉外应对调研活动，稳步推进知识产权涉外应对试点和维权援助工作。加快建立重点企业联系制度、重大涉外案件上报制度和信息采集、发布机制，加强对涉外知识产权纠纷案件的指导与援助。要深入开展会展和行业协会知识产权保护试点示范工作，进一步加强对各类会展知识产权保护工作的指导和管理，积极维护展会的正常交易秩序。引导和推动省内各行业、区域建立知识产权保护联盟，形成强有力的知识产权保护网络。探索建立行政、司法和自律保护的全方位的知识产权保护体系，加大知识产权保护和市场监管力度。下半年召开全省专利行政执法工作会议，总结交流专利行政执法经验。

（六）加强知识产权管理，强化服务支撑体系和能力建设

要抓紧建设和完善相关信息服务平台，组织实施《广东省知识产权公共信息综合服务平台建设方案》，完善我省专利信息服务平台的各项功能，扩大信息源。开展产业发展专利信息服务平台，重点产业、行业外观设计专利图像分析服务平台建设。各地市要根据全省信息平台的建设布局，配合开展信息平台的建设和平台功能的完善。要加强对专利代理行业的监管。加快制定推动专利代理行业健康发展的政策措施，开展专利代理执业能力提升专项培训，提高专利代理业务水平。加大市场监管力度，建立查处取缔非法从事专利代理行为长效机制。继续做好专利代理机构及分支机构成立审核、审批和年检工作，完善行政审批电子监察系统。充分发挥广东专利代理协会的作用，探索建立行业奖惩制度，加强行业自律和规范发展。认真履行省专利代理惩戒委员会职责，严肃查处专利代理违规违纪行为。要加强专利代办处专利受理和收费的管理，配合国家知识产权局做好专利审查电子审批系统上线的各项工作，启动代办处专利审查远程查询系统的相关试点工作，进一步完善远程会晤及查询系统的建设，抓紧设立专利代办业务在广东知识产权服务中心的服务窗口。

（七）进一步扩充渠道，促进知识产权交流合作深入开展

要继续实施"请进来、走出去"战略，开展知识产权国际合作交流，加强与外国有关机构和组织的沟通交流，加强对国外知识产权制度及发展动向的研究，促进知识产权对外合作深入开展。要完善粤港保护知识产权合作专责小组会议制度，全面落实粤港保护知识产权合作专责小组第七次会议确定的合作项目，组织召开粤港保护知识产权合作专责小组第八次会议。积极探索建立粤台知识产权交流与合作机制，争取承办国家知识产权局主办的"两岸三地知识产权研讨会"。要做好第五届泛珠三角区域知识产权合作联席会议暨第四届泛珠三角区域知识产权合作论坛的筹备组织工作，启动第二轮粤哈知识产权协作计划，鼓励有条件的地市开展对哈知识产权协作。

（八）强化宣传教育力度，推进知识产权文化建设

要大力开展知识产权宣传活动，创新知识产权宣传工作形式内容、方法手段、体制机制，充分发挥舆论导向作用，实施"知识产权彩虹工程"，推动知识产权文化建设。精心组织开展"4·26"全国知识产权宣传周活动，举办高新技术企业知识产权论坛，召开全省知识产权保护状况新闻发布会和十大典型案件新闻发布会，开展知识产权联合执法及宣传活动。启动第二次广东省公民知识产权意识调查。推进中小学及职业技术学校知识产权教育，认定青少年发明创造特色基地，争取创建全国知识产权教育示范区。争取开展"广东省巾帼发明家"和"南粤青少年发明之星"评选活动。要加强知识产权人才培训体系建设，开展多层次知识产权培训,争取建立国家知识产权人才培养基地。推荐优秀人才纳入国家第二批百名高层次人才培养计划,继续大力实施我省"百千万知识产权(专利)人才培育工程"。探索建立党校(行政学院)系统知识产权培训骨干队伍。支持知识产权学院开展学历教育,培养高素质知识产权人才队伍。继续开展专业技术人员知识产权公需科目培训工作。探索建立知识产权从业人员职称评定体系。

2009年是我省战胜金融危机影响的关键之年,深入学习实践科学发展观的实践之年,也是我们进一步贯彻实施知识产权战略的重要之年。希望与困难同在,机遇与挑战并存。站在新的历史起点上,我省的知识产权工作要在省委、省政府的正确领导下,在国家知识产权局的精心指导下,坚持以党的十七大精神为指导,深入学习实践科学发展观,进一步解放思想、开拓创新、真抓实干,以形成知识产权工作的新优势,确保顺利完成2009年的各项工作任务,努力实现我省知识产权工作的新跨越,为促进我省经济保持平稳较快增长作出应有的贡献。

抢抓机遇　重点突破
促进我省知识产权事业科学发展

——在 2009 年全省知识产权局局长会议上的讲话

(2009 年 4 月 14 日)

今天,省政府召开全省知识产权工作座谈会暨 2009 年广东专利奖表彰大会。上午,宋海副省长亲自出席会议并作了重要讲话,全面部署了实施知识产权战略和建设知识产权强省的各项任务。

下午,我们将进入座谈讨论阶段。在讨论之前,首先由我就近期关系到全省知识产权事业发展大局的三项重要工作提几点要求,主要目的是向大家通报情况、沟通信息。

一、关于知识产权战略实施工作

2007 年和 2008 年,《国家知识产权战略纲要》(以下简称《纲要》)和《广东省知识产权战略纲要(2007~2020 年)》先后颁布实施。2008 年 7 月,省政府召开全省知识产权工作会议,黄华华省长对贯彻和实施知识产权战略作了重要指示,我局也对各市实施知识产权战略工作提出了明确要求。

会后,全省各市都积极行动起来,按照省政府的统一部署和安排,将推进知识产权战略的实施作为年度重点工作任务来抓。深圳、云浮和湛江颁布了市的知识产权战略纲要;深圳、云浮、汕头、珠海结合国家和省的战略,制定了本地的战略推进计划或者实施方案;广州启动了知识产权战略纲要研究工作;佛山将战略任务分解落实到相关部门;韶关、惠州、汕尾、东莞、江门、茂名和清远也纷纷研究、制订当地的战略实施方案,目前正在广泛征求意见或者提请市政府审议过程中。可以说,实施知识产权战略已经成为各市促进经济社会发展的重要内容之一。

但是,我们也看到,我省还有 7 个地市没有启动战略或实施方案的研究和制定工作，换言之，全省还有三分之一的地市没有真正有效地开展战略实施工作。这种情况与黄华华省长在全省知识产权工作会议上提出的要求相差很远，与我省知识产权事业发展的形势不相适应，必须引起相关地市知识产权局的高度重视。

今年是《国家知识产权战略纲要》和珠三角改革发展规划纲要实施的关键时期，各市知识产权局一定要充分认识实施知识产权战略的重要意义，紧紧围绕当地经济社会发展的实际，全方位地开展战略实施工作，为"三促进、一保持"服务，促进经济社会又好又快发展。这既是实施国家和省知识产权战略的明确要求，又是推动我省由知识产权大省向知识产权强省跨越的重要举措，更是我省经济社会发展对知识产权工作提出的现实需求。

借本次会议召开之际，就加强地方知识产权战略实施工作，我再提出三点要求。

一是各市知识产权局要紧紧把握战略实施这一有利时机，积极争取当地党委和政府的支持，努力把战略实施工作纳入当地政府的重要议事日程，纳入经济社会发展总体规划。已经出台战略或者实施方案的地市，要切实做好战略的具体实施工作；正在制订战略或实施方案的地市，要充分领会国家和省战略的主要内容和精神实质，确保出台的战略或实施方案既与国家、省的战略措施相互承接，又能充分体现本地工作实际。同时，要坚持边制定边实施的原则，加快落实步伐；尚未制定和实施战略的市，要充分借鉴其他市的成果和经验，抓紧时间，加快研究，争取尽快以市政府的名义制定和颁布当地的战略或实施方案。

二是各市局要切实承担起实施知识产权战略的组织协调职能，建立健全知识产权统筹协调机构，推动形成统一领导、分工明确的战略实施工作新机制。在战略实施的过程中，各市局要加强与相关部门的沟通协调，争取在完善政策措施、加大资源投入、加强队伍建设等方面勇于创新、敢于突破，重点解决制约当地知识产权事业发展的瓶颈性问题。要善于总结经验，各市在实施知识产权战略的过程中，要认真研究战略实施的主要方法，深入分析存在的问题，扎实推进和落实具体工作任务，及时总结成功做法和经验。各市要把本地实施知识产权战略的成绩、经验以及存在的问题及时向省局反映，为省、市共同及时完善和加强战略实施工作提供宝贵的意见和建议。各市还要高度重视所辖各县（区、市）贯彻落实战略纲要的情况，充分发挥基层实施知识产权战略工作的积极作用和影响，对各县（区、市）在工作中出现的新问题进行及时的指导和帮助，切实将纲要实施方案逐级、逐步贯彻好、落实好、实施好。有条件的县（区、市）可以针对本地工作特点，研究制订具有地方特色并能发挥实效的县（区、市）知识产权战略实施方案。

三是要着眼于抓落实，把实施知识产权战略纲要与贯彻落实珠三角改革发展规划纲要紧密结合起来。制定和实施珠三角改革发展规划纲要，是国家从当前、长远和全局出发作出的战略部署，既是对珠三角改革发展成就的充分肯定，又是在广东改革发展的关键时期，推动珠三角改革发展迈上新台阶的重大举措。《纲要》以一个创新的载体，从国家战略的高度，为珠三角乃至全省发展"定向导航"，搭建了一个新的更高平台，是当前和今后一个时期推动我省特别是珠三角地区改革发展的行动纲领。省委十届四次全会强调今年是各项工作的"落实年"，首先就是要抓好《纲要》的落实。知识产权战略纲要作为一个系统工程，应当全面推进，但是应当与党委政府中心任务紧密结合。从这个意义上讲，能否做到与贯彻落实珠三角改革发展规划纲要紧密结合是知识产权战略能否成功实施的关键。因此我们重点是要在构建现代产业体系、提高自主创新能力和构建开放合作新格局等方面发挥知识产权制度的重要作用。

二、关于机构改革工作

今年3月，中共中央办公厅、国务院办公厅印发了《广东省人民政府机构改革方案》（以下简称《方案》），我省正式启动省政府机构改革。3月19日，省委、省政府发出了《关于印发〈广东省人民政府机构改革方案〉的通知》（粤发〔2009〕8号），明确了在我省此次机构改革中，省知识产权局是省政府的直属机构。

《方案》中调整优化了组织结构，进一步精简和规范议事协调机构，理顺了职责关系，坚持一件事原则上由一个部门负责，确需多个部门管理的事项，要求明确牵头部门，分清主办与协办关系，形成工作合力。改革后，全省设置省政府工作部门42个，其中省政府办公厅和组成部门24个、直属特设机构1个、直属机构17个，另设置部门管理机构（规格为副厅级）6个。省知识产权局作为省政府正厅级直属机构保留。

按照省政府的要求，省局在省编办的指导下，认真组织开展了局三定方案的研究和修订工作，对省局的工作职能进行调整，并力求增设局内设机构，增加人员编制。目前，省局三定方案初稿已提交省编办，争取作为省编办第一批研究讨论的单位之一，尽早完成省知识产权局机构改革工作。

按照《方案》的部署，我省政府机构改革将于今年6月底前基本完成，市县政府机构改革也将于今年12月底前基本完成。下面，我想就此次政府机构改革对各市知识产权局的工作提几点希望。

一是要高度重视，加强领导。这次我省政府机构改革，是我省贯彻落实中央决策部署和胡锦涛总书记重要讲话精神的具体体现，是新形势下各级政府进一步加强自身建设、全面正确履行政府职能的必然要求，是完善社会主义市场经济体制和发展社会主义民主政治的重要内容。各市知识产权局要高度重视，认真组织学习有关政策和文件，深刻领会我省机构改革的指导思想和主要任务，加强领导，认真完成各项改革任务。

二是要抓住机遇，乘势而上。我省这次机构改革，省委提出了在深圳等地先行先试大部门体制的意见，指出深圳市和佛山市顺德区要因地制宜设置党政机构，在大部门体制改革方面进一步加大力度，并明确"为强化知识产权统一管理，可整合专利、著作权等管理职责，重新组建知识产权主管部门"。同时还指出，广州市和珠海市可参照这种做法，结合社会管理体制改革创新，推动大部门体制改革。在这种有利条件下，各市局，尤其是珠三角地区各市，一定要抓住有利条件，增强紧迫感，抓紧制定本市知识产权机构改革思路和三定方案，争取时间积极主动地与当地政府有关部门多沟通、多联系，争取得到更多的支持和帮助，力争实现大部门体制改革的突破，在新一轮的机构改革中，走在全省、乃至全国的前列。

三是要周密部署，精心组织。各市局要严格按照有关政策法规，对照我省知识产权战略纲要的任务和要求，合理界定部门权限，理顺部门职能。省局在"三定"方案的拟订过程中，按照我省关于转变政府职能的有关意见，初步提出要划出咨询、宣传、教育、培训等具体实施工作的职责，交给社会组织和事业单位；取消已由省政府公布取消的行政审批事项；并结合我局现在的工作重点，加强知识产权行政执法、市场监督检查和对外合作交流等职责。各市局要对照原有的"三定"方案和新形势下承担的工作和面临的任务，认真梳理工作任务，作出职能调整。

三、关于专利申请工作

2008年，在全球经济危机对我省产生重大影响的情况下，全省专利申请量和授权量分别同比增长1.4%和9.88%，专利授权量连续14年居全国第一，发明专利授权量首次跃居全国第一。在我省专利申请授权结构不断优化、企业自主创新主体地位突显、PCT国际专利申请优势明显的同时，我们应当清醒地认识到我省专利申请工作存在的严重问题和面临的严峻挑战。

（一）2008 年我省专利申请存在的问题和面临的挑战

我省专利申请工作主要存在三个方面的问题。

一是专利申请增幅连续两年明显放缓。在我省专利申请连续 8 年保持 20% 以上增速的情况下，2007 年增幅大幅放缓，为 12.7%，较上年度回落了 13.1 个百分点。2008 年增幅仅为 1.4%，年专利申请总量及三类专利申请量的增速均低于全国平均水平 10~20 个百分点，与江苏、北京、浙江、山东、四川等重点省市相比更差了 20~40 个百分点。我省专利申请量和发明专利申请量分别被江苏省和北京市赶超，双双退居全国第二位；外观设计专利申请量在 2007 年被江苏省超过的情况下，2008 年又被浙江省赶超，退居全国第三位。

二是珠三角地区各市专利申请增幅急剧下降。珠三角地区是我省专利申请的重点地区，集中了我省九成以上的专利申请，2008 年该地区专利申请增幅由 2006 年的 25% 锐减至 0.15%，直接导致我省专利申请增幅明显放缓。其中，深圳市 1.3% 的低增幅和佛山市 22% 的负增长将我省专利申请增幅拉低了 10 个百分点。

三是外观设计专利申请量出现负增长。2008 年，我省外观设计专利申请量为 46901 件，出现了 15 年以来的首次负增长，同比下降了 6.88%，占全国外观设计专利申请量的比例由上年度的 19.9% 下降至 2008 年的 15.7%。其中，陶瓷、家具、玩具、灯具、五金等产业中的外观设计专利申请出现了大幅度下滑。

与此同时，兄弟省市你追我赶的发展势头给我省专利申请工作带来了严峻挑战。江苏省年专利申请增幅连续 7 年超过我省，年专利授权增幅连续 6 年超过我省。按照现有增长速度计算，预计到今年年底，江苏省的发明专利申请量和实用新型专利申请量可能会超过我省，届时，其年专利申请量和三类专利申请量将全部超过我省；到 2010 年中期，江苏省专利授权量也可能超过我省。此外，浙江省专利申请近几年增速迅猛，按照现有增长速度计算，预计到今年年底和 2010 年中期，浙江省专利申请量和授权量均有可能超过我省，意味着我省年专利申请量和授权量面临着退居全国第三位的危机。此外，北京、山东等省市的专利申请特别是发明专利申请近几年也呈现出迅猛增长的态势，四川省在遭遇特大地震灾害的情况下，专利申请增幅仍然超过 20%。这些情况对我省专利申请工作形成了巨大的压力，必须引起我们的重视和警觉。

（二）省委、省政府主要领导对专利申请工作的批示精神

在得知 2008 年我省专利申请量和发明专利申请量双双退居全国第二位的情况后，省委、省政府主要领导高度重视，汪洋书记、黄华华省长和宋海副省长迅速对加强专利申请工作作出了重要指示。2月12日，汪洋书记批示："请知识产权局对此做进一步分析，找出原因，提出对策建议。"2月11日，华华省长指示："采取针对性措施，确保广东的'首位'地位。"同日，宋海副省长要求："请省科技厅、教育厅、知识产权局领导高度重视此事，切不可掉以轻心，要时刻保持清醒头脑，我们要在发明和实用新型上下工夫。"

在收到省主要领导的批示后，我局立即行动，认真分析了专利申请量落后的主要原因，提出了加强全省专利申请工作的对策措施及建议，并形成专题报告分别呈送汪洋书记、华华省长和宋海副省长。汪书记、黄省长和宋海副省长在审阅报告后再次作出重要指示，将由宋海副省长牵头召开相关部门参加的协调会，商讨对策，采取措施。

（三）就加强专利申请工作提几点要求

面对如此严峻的发展形势和省主要领导的殷切期望，各市知识产权局一定要提高认识，统一思想。

一是要树立科学发展理念，既不能唯数字论，仅凭专利申请量一个指标来衡量地方专利工作的成效，同时也绝不能忽视或轻视专利申请数量在专利工作中的重要作用，要将专利申请工作作为一项重要的基础性工作，下大力气抓好抓实。

二是要严肃认真地对待专利申请工作，深入调研，认真思考和客观分析自身存在的问题，查找制约和影响本市专利申请的关键性因素，寻找促进专利申请工作的突破口，有针对性地提出具体办法和举措，统筹兼顾三类专利申请协调发展。

三是在推动专利申请工作的同时，要坚决防范非正常专利申请的发生。一年来，在省市的共同努力下，我省非正常专利申请得到了有效遏制，数量退居全国第三位，非正常专利申请率退居全国第九位。为了巩固成效，大家在促进专利申请的同时，一定要加强正面宣传引导和日常监管，认真把好政策和服务关口，杜绝出现恶性的非正常专利申请情况，保障专利申请实现科学合理增长。

今年，省局计划从两个方面推动专利申请工作。

一是设立专利申请量建议目标。省局计划在充分征求各市知识产权局意见的基础上，按照各市GDP和工业增加值等经济发展情况，客观地确定各市的专利申请增长建议目标并下达至各市，由各市局通过加强具体工作措施努力实现发展目标。

二是建立专利申请奖励制度。设立专利申请奖励资金，对专利申请量和专利申请增幅位居全省前列的市知识产权局给予奖励，对代理专利申请成效突出的专利代理机构给予奖励，不断提升各市及代理机构促进专利申请工作的积极性。

目前，上述两项工作的具体实施方案还在研究制订。

在局系统机构改革动员大会上的讲话

(2009年10月9日)

今天,我们召开局系统机构改革动员大会,主要任务是对局机关及下属事业单位机构改革及人员调整工作进行动员和部署,进一步统一思想认识,明确任务,提出要求,确保我局机构改革工作顺利进行。下面,我讲三个方面的意见。

一、把握大局,统一思想,充分认识机构改革的重要性和紧迫性

行政管理体制改革是政治体制改革的重要内容,是上层建筑适应经济基础客观规律的必然要求,贯穿于我省改革开放和社会主义现代化建设的全过程。2008年3月15日,第十一届全国人民代表大会第一次会议通过了国务院机构改革方案。这次国务院机构改革,围绕转变政府职能和理顺部门职责关系,探索实行职能有机统一的大部门体制,合理配置宏观调控部门职能。这次国务院机构改革是在我国改革开放30年之际启动的新一轮国家行政管理体制改革,是对改革开放以来5次政府机构改革的进一步深化。

今年3月,中共中央办公厅、国务院办公厅印发了《广东省人民政府机构改革方案》(以下简称《方案》),我省正式启动新一轮的省政府机构改革工作。《方案》中调整优化了组织结构,进一步精简和规范了议事协调机构,撤销了工作任务已完成的议事协调机构,规范了原来关系不顺的议事协调机构;理顺了职责关系,坚持一件事原则上由一个部门负责,确需多个部门管理的事项,要求明确牵头部门,分清主办与协办关系,形成工作合力。6月,省政府陆续印发各部门的"三定"方案,我局的"三定"方案也于9月3日经省政府批准印发。现在,从中央到地方,全国各行各业,都无不进行着机构改革。改革已成当今时代潮流,我们理应坚持与时俱进,才能顺应潮流,加快发展。

推进机构改革,是理顺关系、转变服务职能的根本途径。应该讲,我局现有的行政机构体系,在过去的各个历史阶段,对促进全省知识产权事业的发展发挥了很大作用。但随着我国知识产权事业发展步入新的阶段,新的形势对我们的体

制建设和职能调整等方面提出了新的要求。因此，我们必须抓住这次机构改革的良好时机，抓紧机制创新和体制创新，进一步转变职能，理顺关系，提高管理水平。

我们要深刻理解这次政府机构改革的重大意义，增强做好改革的使命感和责任感。具体到这次机构改革，我们要努力实现以下目标：

一是促进职能转变，提高行政水平。通过机构改革，优化机构设置，转变政府职能，加强宏观管理，加强政策调研，突出工作重点，提高行政水平。

二是优化队伍结构，适应发展要求。通过岗位调整，优化干部结构，增强干部管理能力和水平，提高工作效率，使干部队伍建设更加适应广东知识产权科学发展的迫切要求。

三是促进机关和谐，激发干部干劲。通过公开遴选，提拔一批干部，使优秀的年轻干部脱颖而出，适当解决干部任职遗留问题，营造风清气顺的和谐氛围，激发广大干部的积极性和工作热情。

我们做好我局系统机构改革的实施工作具有十分有利的条件。我们已经经历过几次机构改革，这次改革的精神此前也向大家作了宣传，广大干部职工也都有了较充分的认识和了解，只要我们高度重视，精心操作，我局这次机关机构改革就一定能达到预期的目的。

二、明确思路，抓住关键，认真做好机构调整和定员定岗工作

在我局机关"三定"方案及所属事业单位分类改革方案起草拟订过程中，我局对近年来制约我省知识产权事业发展的体制机制等问题进行了梳理，对促进知识产权体系建设、理顺外部职责关系以及内设机构和编制等长期存在的突出问题进行了认真研究。在省政府领导和有关部门的充分理解和大力支持下，我局机关"三定"方案及所属事业单位分类改革方案在解决上述问题方面取得了较大进展。

这次机构改革，我局职责调整较多，取消了已由省人民政府公布取消的行政审批事项，将一些具体的事务性工作交给了事业单位和社会组织；划入了原整规办的有关知识产权职责；增加了统筹、协调、指导知识产权战略的实施、推进知识产权高层次战略合作、组织开展全省重大经济活动知识产权特别审查以及组织建立知识产权预警、涉外应对、维权援助机制及统计和考核制度等职责；加强了全省知识产权创造、运用、保护和管理的政策制定和落实、行政执法及市场监督检查的职责。

根据局机关新"三定"方案规定的主要职责，我局设内设机构6个，行政编

制37名，比现在多了2名，另有10名行政执法编制。根据局属事业单位分类改革方案，代办处增加编制2名，信息中心更名为"省知识产权研究与发展中心"，挂"省知识产权维权援助中心"牌子。这次机构改革，我局机构变化较大，涉及的人员调整也会较多，工作头绪多、任务重，我们要理清思路，做好机构调整、人员定岗、机制完善等工作。

在全面贯彻国家和省关于机构改革精神的基础上，我局这次机构改革和人员调整的原则是：

一是全面改革与局部轮岗相结合。干部轮岗是优化干部结构、培养锻炼干部的重要措施。在按照《规定》进行机构、人员改革的同时，要与干部轮岗工作结合起来，使部分在一个岗位任职时间较长的干部在其他岗位得到锻炼。

二是干部配备与常规晋升相结合。根据这次副厅级干部遴选晋升的情况和《规定》的安排，我局新增处职岗位3个，拟在局内符合提拔条件的干部中，优选若干干部走上处级岗位。其他岗位有空缺的，也按照有关规则晋升提任。

三是岗位需要和干部特点相结合。党组在研究确定干部调整和任职时，应充分考虑干部的能力和特点等，尽量把干部安排在适合自己能力和特点的工作岗位；所有干部应当努力学习以适应新岗位的要求。

四是平稳过渡与适度竞争相结合。为保证机构改革时期常规工作的顺利推进，这次干部调整尽量采取平稳的方式进行，只对少数需要用竞争方式任职的岗位采取竞争机制。

五是机关岗位与下属岗位相结合。长期以来，我局机关和下属单位的岗位任职相对分离，这不利于队伍的建设和干部的培养，也不利于机关处室与下属单位的协调、合作。这次机构改革和人员调整，打破原有界限，使局机关处室和局属单位处级干部可以交叉任职。

这次机构改革和人员调整的范围比较广。在机构方面，包括局机关各处室、局系统各单位，同时打破局机关处室和局属单位处级干部任职界限；在任职层次上，包括处级、副处级、科级及以下各层级。处级尽量轮岗，副处级适度调整，科级及以下干部略作调整。

关于这次机构改革的具体实施工作，将分步推进。

第一阶段，做好机构调整工作。按照我局新"三定"方案的规定，重新设置我局内设机构，确定各处室领导岗位和编制。这一阶段的工作要在10月中、下旬完成。

第二阶段，做好人员定岗工作。采取干部轮岗、竞争上岗等方式，配备各处室副职领导,确定各处室人员和岗位,并按有关规定,做好非领导职务干部选拔工作。同时做好有关办公场地的安排。这一阶段的工作从10月下旬开始,争取到11月中旬完成。

第三阶段,机制完善阶段。要按照我局新"三定"方案规定的各处室职责,在工作中不断理顺关系,明确职责,确保机关工作正常、良好运转,争取在年底前完成新机构的平稳过渡。

三、精心组织,严肃纪律,确保我局系统机构改革实施工作顺利进行

这次机构改革,我局机构变化较大,人员调整也多,具体实施工作任务重,难度大,需要做很多细致的工作。我就我局系统机构改革的实施提几点要求。

(一)要切实提高思想认识。各处室要认真组织大家学习和深刻领会有关文件精神,把思想和行动统一到机构改革方案的要求上来,使全体同志充分认识这次改革的重要意义,正确对待机构调整和可能出现的岗位变化,以对事业负责的态度积极支持改革、参与改革,做到服从大局、服务全局,确保改革的平稳推进。

(二)要切实做好干部到位和人员定岗工作。坚持公开、公平、公正的原则,严格遵守干部管理规定和人事工作纪律,选准用好各级领导干部,完成人员定岗和竞争上岗工作,努力做到人岗相适、人尽其才。在推进机构改革中,要与加强机关作风建设和干部队伍建设相结合,与调整优化干部队伍结构和提高整体素质相结合,增强活力,提升机关凝聚力和战斗力,发挥行业排头兵的作用。

(三)要正确对待个人工作岗位的调整。这次机构改革由于受编制的限制,会对部分同志的岗位进行调整,这是事业发展的需要,希望大家顾全大局,正确对待个人岗位的变化,正确对待个人职务的调整,听从安排,服从调整,不讲条件,坚决贯彻执行,确保机构改革的顺利进行。有的同志有个人意见、个人想法,可以通过组织程序反映,不能闹情绪干扰工作。

(四)要做好交接工作。实行轮岗后和竞争上岗后,很多岗位将发生变更,涉及的有关人员要认真、负责地进行工作交接。新到任的要尽快进入角色,熟悉工作,尊重老同志,多请教,保持工作的连续性,接好接力棒。不能因个人的疏忽、个人不负责任或者工作马虎而影响工作。

(五)要做到机构改革与日常工作两不误。在机构改革期间,全体机关工作人员要保持良好的思想状态、工作状态和精神状态,切实负起责任。要处理好机构改革和日常工作的关系,该办的业务要继续办,各项工作一定要尽力做好。在未明确新岗位之前,要各就各位,履行好原有岗位职责,确保思想不散、秩序不

乱、工作不断。

  我局机构改革工作不仅关系到每一位机关干部职工的切身利益，而且也关系到我省知识产权事业的健康发展。我们要积极参与改革、支持改革，要从改革的大局出发，主动配合，做好我局系统机构改革的每项工作，顺利圆满地完成机构改革各项任务。

立足新起点 形成新优势 努力实现我省知识产权工作的新跨越[*]

——省知识产权局近两年来主要工作情况汇报

(2010年7月19日)

近两年来，我省的知识产权工作在国家知识产权局的精心指导和大力支持下，在中共广东省委、省政府的正确领导和英明部署下，坚持以科学发展观为统领，紧紧围绕我省中心工作和主要任务，大力推进国家和我省知识产权战略纲要的实施，不断深化省部知识产权高层次战略合作，认真研究知识产权工作应对国际金融危机、促进我省经济社会发展的新举措，使知识产权工作在实施《珠江三角洲地区改革发展规划纲要》中大展宏图，在推进"三促进一保持"工作中大有作为，在战胜金融危机中大显身手。特别是省委十届六次全会召开后，全省知识产权系统认真学习和落实汪书记关于"自主创新是加快经济发展方式转变的核心推动力"的重要讲话精神，进一步转变观念，提高认识，拓展工作思路，以饱满的热情投入到发挥知识产权作用、为我省加快实现经济发展方式转变提供支撑的工作中，全省知识产权工作实现了全面提升。截至2009年底，我省专利申请总量757369件、授权总量455068件、有效专利221131件，均居全国第一位；全省PCT国际专利申请量连续8年保持全国第一位；发明专利申请量、授权量于2009年底首次双双位居全国第一位；我省获第十一届中国专利奖金奖4项、优秀奖25项，金奖数、优秀奖数及获奖总数均居全国第一位，并创历史新高。

一、全省知识产权系统基本情况

在省委、省政府的高度重视下，我省初步建立了各级知识产权管理体系。2000年3月，省政府组建广东省知识产权局，为省政府正厅级直属机构，主管全省专利

---

[*] 本文为2010年7月19日中共中央政治局委员、时任广东省委书记汪洋同志视察广东知识产权服务中心时的汇报材料。

工作和负责统筹协调涉外知识产权事宜。2009年新一轮机构改革中,在省委、省政府的高度重视和关怀下,我局的职能、机构、编制等得到进一步加强。目前,全局内设6个处室,编制47人。下辖2个正处级事业单位:国家知识产权局专利局广州代办处,是参公管理单位,编制16人;广东省知识产权研究与发展中心,是一类公益事业单位,编制13人。各地级以上市知识产权管理部门设置各异,广州市知识产权局是政府组成部门,深圳市在国家大部制机构改革试点中将知识产权管理的职能归入深圳市市场监督管理局,其他地市都是在科技或经信部门加挂知识产权局牌子,大部分内设1个知识产权科,有2~3名工作人员;全省有77%的县(市、区)设立了知识产权管理部门,基本是参照地市的做法,在科技或经信部门加挂知识产权局的牌子,大部分县(市、区)没有人员和工作经费。

二、两年来主要工作成效

(一)知识产权强省建设目标得以确立

2008年4月,我局在解放思想学习讨论活动中,经过深入调研,针对现阶段我省知识产权事业发展主要存在的"大而不强"的问题,及时提出了今后一段时期全面实施知识产权战略,推动我省知识产权事业科学发展,为广东争当实践科学发展观排头兵提供有力支撑,实现知识产权大省向知识产权强省跨越的奋斗目标。这一工作目标,得到了省委、省政府的认可。2008年6月,省委、省政府在《关于争当实践科学发展观排头兵的决定》中明确提出"实施知识产权战略,加强知识产权创造、应用、保护和管理,实现从知识产权大省向知识产权强省跨越"。在随后出台的《广东省建设创新型广东行动纲要》《广东省实践科学发展观重点行动纲要》等政策文件中也提出了"建设知识产权强省"的相应举措,为今后一个时期我省知识产权事业的发展明确了奋斗目标和努力方向。省委、省政府还把"百万人口发明专利申请量"纳入《珠江三角洲地区改革发展规划纲要》重点监测指标,把"知识产权产出指数"纳入我省市厅级党政领导班子和领导干部落实科学发展观评价指标体系,把"百万人口发明专利申请量、授权量"纳入我省2010年国民经济和社会发展计划。知识产权工作在省委、省政府的中心工作和主要任务中的比重逐步加大。

(二)知识产权战略纲要得以有效实施

2007年11月,我省率先颁布实施了《广东省知识产权战略纲要(2007~2020年)》;2008年6月,《国家知识产权战略纲要》颁布实施。我局采取有力措施,积极推动国家和我省知识产权战略纲要的实施。2008年7月和2009年4月,我局促成省政府先后召开全省知识产权工作会议和工作座谈会，部署了《广东省知识产权战略纲要 2008~2009 年度实施方案》；2008 年 10~11 月，我局开展了全省知识产权战略纲要大宣讲活动；2009 年初，经过努力，在省财政预算中增设了实施知识产权战略的专项经费；2009 年 10 月，我局拟制上报了《广东知识产权"十二五"战略规划（草案）》，截至 2010 年 6 月 15 日，由我局牵头，省直和各有关单位共 14 个部门参与的《广东知识产权"十二五"规划》已草拟完毕，这是我省首个综合性的知识产权五年规划。省直、中央驻粤各有关单位稳步落实战略任务，全面增强工作合力。各地市政府及有关部门积极贯彻落实战略，全省绝大部分地市已经制订了本地区的战略纲要或实施方案。我省已经自上而下形成了思想统一促战略、齐心协力谋发展的良好局面。

（三）省部知识产权高层次战略合作关系得以建立和深化

为破解制约我省知识产权事业发展的"瓶颈"问题，我局积极争取国家知识产权局和省委、省政府的支持，努力搭建省部合作会商平台。2008 年 12 月 29 日，国家知识产权局和广东省政府签署《关于建立知识产权高层次战略合作关系的议定书》，省部知识产权高层次战略合作关系得以建立。据此，双方先后拟定了《国家知识产权局、广东省人民政府 2009 年度知识产权高层次战略合作工作安排》和《国家知识产权局、广东省人民政府 2010 年度知识产权高层次战略合作工作安排》，从多个方面商定并落实了多项具体工作，有效推动了我省知识产权工作的发展。作为省部知识产权高层次战略合作的重点项目，2008 年 12 月，6000 多平方米的"广东知识产权服务中心"在世界 500 强企业云集的广州科学城挂牌，并于 2010 年 2 月正式启用。国家知识产权局田力普局长和黄华华省长先后共同为该中心揭牌和启用剪彩。省部会商主要合作项目中国（广东）知识产权维权援助中心、中国专利信息中心广东信息服务基地、中国（广州）专利技术展示交易中心、国家知识产权局专利复审委员会第一巡回审理庭第二审理室、国家知识产权局专利局审查员实习基地和国家知识产权局专利局广州代办处广州开发区受理点等均在广州科学城落户。该服务中心的启用，为我省知识产权事业发展打开了新局面。我们将努力把广东知识产权服务中心打造成为我国知识产权综合服务中心、信息处理中心、合作交流中心、文化培育中心和全国知识产权聚集和辐射中心。

（四）知识产权推动《珠江三角洲地区改革发展规划纲要（2008~2020 年）》实施的作用得以强化

我局深刻认识到，《珠江三角洲地区改革发展规划纲要（2008~2020 年）》

的颁布实施，为我省推进知识产权战略纲要提供了一个难得的发展机遇，经过努力和积极争取，我局在《珠江三角洲地区改革发展规划纲要实施方案》中强化了知识产权工作的内容和力度。并制定了《珠江三角洲地区改革发展规划纲要知识产权专项实施方案》，从加快法制建设、推动区域发展、提升创新能力、推进核心专利技术转化等方面制定了33项具体措施，提出要努力将珠三角地区打造成为全国知识产权创造的核心区、知识产权运用的密集区、知识产权保护的示范区和知识产权管理体制的创新区，推动我省由"广东制造"向"广东创造"转变。

（五）知识产权引领我省重点产业提升核心竞争力的作用得以彰显

企业是自主创新的主体和主角，也是知识产权工作的主战场，近年来，我们通过以试点促普及推广、以优势促提升带动、以示范促深化发展和企业专利经验交流等活动，促进我省企业提高运用知识产权制度的能力。

一是积极开展应对金融危机研究，帮助企业渡难关。2009年3月，我局对省知识产权优势企业开展了"企业运用知识产权应对金融危机"调研工作。调研显示，在金融危机深度影响的情况下，我省169家知识产权优势企业生产经营的各项主要指标稳步增长。我局将调研报告分别报送国家知识产权局、省委、省政府，中共中央政治局委员、广东省委书记汪洋在我局报送的调研报告上批示："印发全省学习，各媒体进行重点宣传"。根据汪书记的批示精神，我们及时起草了《关于贯彻落实汪洋书记重要批示精神的工作初步设想》，为我省企业应对金融危机提出了具体的应对方案和措施，同时在各主流媒体进行了广泛深入的宣传。在全省形成了"我省知识产权优势企业表现出强大的抗风险能力，整体上实现了逆市而上"及"知识产权是应对国际金融危机的利器"的共识，极大地激发了我省企业创造和运用知识产权的积极性。

二是深入开展专利态势分析，引导重点产业科学发展。2008年以来，我局开展了对我省经济拉动面广、促进作用大的"电池""平板显示"和"LED"等龙头产业的专利态势分析工作，及时发布态势分析报告，为政府制定产业政策，企事业单位选择科研项目、开拓市场方向等提供了决策依据，引起社会各界强烈反响，受到省内广大企业的广泛好评。

三是大力促进专利实施，为企业运用知识产权提供平台。积极组织创新性企业和优秀专利项目参加高交会等各类大型会展，促进专利项目实施。于2008年和2009年成功举办了第一、第二届顺德国际工业设计与创意博览会。在短短3天的展期内，第一届参观人数超过5万人，第二届参观人数超过7万人，是迄今为止国内机构、专业人士参加最多的专业展会。

四是知识产权质押融资工作取得实质性进展。继南海成为国家知识产权质押融资的首个试点后，广州、东莞、佛山等市，结合国家知识产权局试点，积极推进知识产权质押融资工作，建立了知识产权质押融资企业信用和风险控制体系。广州市政府与五大银行签署了"广州市促进知识产权质押融资合作协议"，在三年内提供200亿元知识产权质押融金授信额度。

据国家知识产权局2009年3月公布的调查结果显示，我省2005~2007年专利实施率为86%，高于全国平均水平16个百分点。

（六）知识产权工作规范我省经济社会发展秩序的作用得以提升

我省知识产权行政执法坚持"执法重心下移、执法端口前移"的指导思想，从完善法规、加大保护力度入手，积极规范我省经济社会秩序，充分发挥知识产权维护市场公平和有序竞争的作用，努力营造良好的投资环境，为我省经济发展保驾护航。

一是健全法规制度，专利行政执法有法可依。大力宣传和普及新修订的《专利法》，并根据实际制定了《广东省专利行政执法操作指南》，加快《广东省专利条例》的立法进程，提请省政府将《条例》补充列入省政府2009年立法计划。目前，《条例》已通过省政府审议，并于今年3月30日提请省人大常委会审议，可望年内正式颁布实施。积极开展"雷雨"、"天网"知识产权执法专项行动，进一步加强与公安、文化、工商、版权、药监等部门的联系和协作，知识产权行政执法行动取得了积极的社会效果。每年"4·26"期间，都召开年度的广东省十个知识产权典型案件发布会。

二是创新执法机制，知识产权保护能力不断提高。开展省际、区域间和部门间的执法协作，强化跨省市协作机制和部门间协作机制的建设，充分发挥了区域专利行政执法的优势，减少维权成本，提高执法效率。2009年12月初，我局牵头举行了"泛珠三角区域内地九省（区）专利行政执法协作协议签署仪式暨首次执法协作会议"，该机制的确立，首次实现了区域内省、市两级行政执法协作和执法标准的统一，有利于促进泛珠三角区域经济的健康协调发展。两年来，我省各级知识产权局共立案受理各类专利纠纷案件300件，结案274件；立案查处假冒、冒充专利案件共50件，结案57件；广交会等会展快速查处专利侵权案件2520件；出动执法人员2200余人次，检查商业场所369次，检查商品192329件。分别向天津、广西、贵州、四川、福建等省区移送案件5件，并分别向省内深圳、汕头、江门、揭阳、潮州等市指定管辖案件6件，较好地维护了我省市场经济秩序。

三是积极开展会展和行业协会知识产权保护，树立我省经济秩序的良好形象。努力打造广交会知识产权保护的"金字招牌"，进驻"中博会""美博会""外博会""玩博会"等大型展会，向国内外客商全方位展示我国政府高度重视知识产权保护工作的良好形象，受到参展商和采购商的高度赞誉。在首届外博会上，汪洋书记亲自到会场看望知识产权执法人员，并强调："知识产权工作很重要，是外博会的保障条件"，极大地鼓舞了全省知识产权系统同志们的工作热情。

四是探索知识产权维权援助机制，为我省经济发展保驾护航。根据国家知识产权局统一部署，我省2009年"4·26"期间开通了"12330"维权援助与举报投诉公益服务热线。中国（广东）知识产权维权援助中心已于2010年2月正式启用。同时，我们还实行了重点企业专利保护联系制度，指导企业规避侵权风险，为重点企业开辟海外维权"绿色通道"。被称为"中国IT行业海外维权第一案"的深圳朗科公司"闪存盘"海外维权案，在美国赢得专利维权胜诉，为企业赢得了可观的经济效益，成为全国海外维权典范。2009年5月，广东食品企业"三氯蔗糖"、广东生益科技股份有限公司"粘结片、覆铜板和PCB成品板"应对"337"知识产权调查案的胜诉，成为我省应对贸易保护主义特别是应对"337"调查的范例。

五是加强专利代理监督管理，维护我省行业秩序。在全省范围内开展打击专利"黑代理"专项行动，惩戒专利代理违规行为，建立了非正常专利申请处理工作机制，非正常专利申请数量大幅下降，已实现良性发展态势。

（七）知识产权对外交流与区域合作得以拓展和增强

随着经济全球化步伐的加快，知识产权保护已上升为国际合作与投资最重要的因素之一。我局坚持以推进"三促进一保持"工作为根本目标，坚守省内、国内宣传主阵地，积极开展国际交流与合作，宣传我省知识产权保护现状，向国内外展示我省良好投资环境的新形象。同时，通过交流与合作，汲取国内和世界经济发达国家知识产权管理的先进理念、经验和做法，借"它山之石"来完善自我，推进我省知识产权工作，取得明显成效。两年来，我局先后与国家局共同主办或承办了一系列层次高、有影响力的国际研讨会。如"欧洲知识产权制度——外观设计与专利国际研讨会"，"促进和鼓励中英知识产权制度的使用和理解研讨会"和"中美日欧外观设计保护论坛"。其中，2009年10月，由我局与美国全国商会共同主办的"珠江三角洲地区创新与知识产权国际研讨会"是我局主办的层次最高、影响最大的研讨会。美国商务部长骆家辉、美驻华大使洪博培等均参会并发表演讲，汪洋书记会见了骆家辉一行，重点交换了对知识产权问题的看法。此外，来自美英日等发达国家的一批知识产权高层官员也先后率团拜访我局，如：美国国会政府问责办公室副主任鲍德瑞克、美国贸易代表署助理贸易代表夏尊恩、美国驻广州总领事高来恩、英国知识产权局局长伊恩·福莱德、美国专利商标局副局长白珊润、日本特许厅长官细野、东盟十国知识产权局局长代表团等。这些来访和交流增进了外方对我省知识产权工作的认知度和赞许度。此外，由我局牵头，联合省公安厅、外经贸厅、工商局、新闻出版（版权）局、海关总署广东分署等6个知识产权相关部门与香港知识产权署等香港知识产权有关部门开展的粤港知识产权合作不断深化，硕果累累，已成为粤港合作的重要组成部分。我局在泛珠三角知识产权合作中也发挥了重要和积极的作用，先后完成了6个重点课题研究，并于2009年12月初，牵头组织了前述的泛珠三角区域内地九省区行政执法协作协议签署仪式暨第一次执法协作会议。

（八）知识产权机构改革和人才队伍建设得以全面加强

2008年以来，我局紧紧抓住政府机构改革的时机，推动我省知识产权事业发展，大力开展人才培养，提高素质能力，为我省知识产权促进经济社会发展打下了坚实基础。

我局坚持"有为才能有位"的原则，推进知识产权工作的深入开展，提升知识产权工作的影响力和显示度，借机构改革的"东风"促进知识产权事业发展。在2009年机构改革方案拟制过程中，我局坚持"积极主动、多方协调、争取支持"的工作思路，及时向省委、省政府主要领导汇报有关情况，与省编办反复沟通，先后对方案进行了12次修改，以对我省知识产权事业发展负责的精神提出了我局机构改革设置方案。在省委、省政府的关怀下，最终方案基本体现了我省知识产权工作的发展要求。通过这次机构改革，我局在职能、机构、编制、领导职数等方面都得到了加强。

知识产权宣传和培训工作成效显著。2008年，促成省委理论学习中心组"广东学习论坛"组织知识产权战略的专题学习，经过努力，知识产权课程已进入省委组织部、省市人事部门年度培训计划以及各级党校培训课程。组织实施了"广东省百千万知识产权（专利）人才培育工程"，两年内遴选64名中青年优秀人才赴美国、德国学习。千名、万名人才培育工作扎实推进。由我局支持建设的我省三家高校的知识产权学院逐步组建了较强的师资队伍，结合本校优势探索学历教育模式。全省知识产权意识的不断提升和培训教育体系持续完善，为我省建设知识产权强省提供了有力支持。

此外，近两年来我局在思想作风、廉政建设、制度建设和机关建设等方面也取得了显著的成绩，对此，我们另行准备了一份书面汇报材料，在此就不再赘述。其中特别值得一提的是，2009年8月18日，为探索建立党政沟通机制，加强党政统一领导，推动多党合作和政治协商制度，结合我局的实际，我局制定实施了《广东省知识产权局党政联席会议制度》（试行）。

三、工作中存在的主要困难和问题

主要有来自外部和内部的三大制约，即：体制机制的制约、保障措施的制约和人才队伍的制约。

体制机制方面的制约主要表现在：一是知识产权职能分散，难以形成工作合力，工作协调难度大，与国际交流合作存在不对称的问题。目前，我省直接或间接涉及知识产权工作的职能部门多达近30个，其中，专利、商标、版权这三种最主要的知识产权也是由三个部门"分而治之"，这就导致知识产权职能分散，工作难以形成合力，并增加了工作协调的难度。同时，在进行国际交流合作时，由于世界贸易组织成员中有90%以上的国家或地区都是专利、商标、版权"三合一"或"二合一"的管理模式，仅中国和个别国家或地区是分散管理，从而导致在进行国际交流与合作时频频出现因不对称而带来诸多不便。二是基层基础薄弱。目前，全省121个县（市、区）中加挂知识产权局牌子的只有90个，另有3个设立知识产权办，只占县（市、区）总数的76.86%，且大多数没有编制和工作经费。而山东、江苏、浙江等省90%以上的县（市、区）均已建立管理机构并编配工作人员，形成了相对完善的知识产权管理体系，在促进当地经济发展中发挥了重要作用。

保障措施方面的制约主要表现在：一是政策导向不明。目前，我省尚未制定专门的知识产权政策措施，有关知识产权的政策措施，主要散见于其他有关政策措施中。在涉及全省性政策制定过程中，知识产权参与度较低，知识产权工作内容吸纳较少或根本没有体现；在许多地市，知识产权工作在政府工作报告中得不到体现。二是财政保障乏力。资金投入的不足，致使许多重要工作无法开展，已成为制约我省知识产权工作实现新一轮发展的主要因素。

人才队伍方面的制约主要表现在：一是专门人才极其匮乏。由于我国知识产权制度建立时间不长，再加上长期以来没有开展知识产权学历教育，在加入WTO后涉外知识产权纠纷频发之时，知识产权专门人才极度匮乏的困境便不断显现，熟悉国际知识产权规则、能熟练应对和处理涉外纠纷的复合型人才奇缺，与我省外向型经济发展的需要和企业的急切需求严重不相适应。二是管理队伍的素质和能力有待提高。知识产权工作是集技术、经济和法律于一身的复合性工作，培养合格的管理和执法人才需要持续的锻炼和长期的岗位实践，但由于我省大多数地市和所有县区的知识产权局都是在科技局加挂牌子，难以保证知识产权管理和执法人员的稳定性，给持续提高整个队伍的素质和能力带来了较大的难度。三是知识产权研究力量亟待加强。在我省加快经济发展方式转变的过程中，有效发挥知识产权制度的作用是迫切需要研究和付诸实践的问题，但目前我省无论是党政政策研究层面，还是专业研究层面和社会研究层面，都还难以系统化、团队化地为政策决策提供全面的知识产权顾问服务，高层次、复合型的知识产权研究人才同样匮乏。

此外，社会公众的知识产权意识仍有待进一步提高，全省创新性企业群体尚未形成，企业创新能力不强等也是我省知识产权事业进一步发展的制约因素。

我局已就上述主要问题提出工作建议并形成专门报告报省委、省政府，希望在省委、省政府的高度重视和关怀下，在有关部门的大力支持下得以解决。

四、下一步工作设想

下一步，我局将坚持以科学发展观为指导，全面贯彻落实党的十七届四中全会、中央经济工作会议、胡锦涛总书记视察广东重要讲话和省委十届六次全会精神，坚持"五个更加注重"，落实"五个扎实推进"，围绕省委、省政府坚定不移调结构、脚踏实地促转变的中心，以知识产权强省建设为目标，从八个方面进一步加大工作力度：进一步推进知识产权战略纲要和《珠三角改革发展规划纲要》的全面深入实施，进一步深化省部知识产权高层次战略合作的内容，进一步加强对知识产权政策研究及其对经济发展的促进作用，进一步强化知识产权的保护力度及其成效，进一步提升知识产权管理和服务能力，进一步拓展知识产权对外交流与区域合作，进一步加强对地市知识产权工作的指导、监督和扶持，推动我省知识产权工作再上新台阶。当前，将围绕发挥知识产权作用，为我省加快转变经济发展方式提供支撑这一核心，切实抓好以下十个方面的重点工作。

（一）**加速全球知识产权资源聚集，大力挖掘、开发和合理利用**。紧紧围绕广东支柱产业、战略性新兴产业和关键领域，建立包含全球专利技术信息的"重大产业专利信息数据库"，引导创新要素和知识产权资源向企业聚集。建立"特色产业专利信息发布系统"，及时向全省中小企业发布全球专利技术信息。

（二）**密切跟踪世界知识产权态势，深刻把握重点产业发展方向**。开展重点行业和重点产品专利态势分析，分类绘制知识产权地图，明晰创新路径，为企业和相关产业发展提供决策依据。加强创新与知识产权的协同作用，努力形成突破一项核心技术、形成一批知识产权、带动一片产业发展的格局。开展知识产权预警，提高知识产权保护的前瞻性和预告性。

（三）**建立健全重大经济活动知识产权特别审查制度，为自主创新提供体制机制保障**。在重大投资计划、重点研发项目实施前，全面评估涉及知识产权特别是专利的状况，防范重复研发、盲目引进、无效投入、创新成果流失或可能发生的知识产权侵权等问题。

（四）**加快知识产权转化，推进专利技术运用和产业化**。深入推进"专利技术实施计划"，培育一批专利技术实施企业和专利产品，并逐步形成规模。开展"专业镇知识产权专项行动"，促进产业集群内企业的专利实施、运用和产业化。构建知识产权交易展示平台和机制，积极探索知识产权质押融资机制。

（五）**强化创新成果知识产权化能力，提高知识产权质量和效益**。实施"百所千企知识产权对接工程"，组织百家专利代理机构与千家创新型中小企业及培育期的高新技术企业开展知识产权对口合作，全面提升企业运用知识产权制度的意识与水平。加大国内发明专利申请、国（境）外专利申请、PCT专利申请资助力度。

（六）**实施"战略性新兴产业知识产权战略"，全力支持我省企业抢占竞争制高点**。围绕战略性新兴产业发展，鼓励引导企业通过自主研发、委托研发、购买等方式增加知识产权积累，力争在产业链上游获得核心专利，并发挥产业链下游专利技术研发优势，构建政、产、学、研、金知识产权联盟。支持相应的行业协会或企业建立运营"专利池"、构筑专利联盟。

（七）**建立知识产权维权援助和涉外应对机制，促进外经贸稳定发展**。建立重点外贸出口企业联系制度，有效应对国外"知识产权伏击"、维护产业安全、促进产业可持续发展和进出口贸易健康发展。

（八）**加大知识产权保护力度，维护和规范市场经济秩序**。加强专利行政执法体制机制建设，加大执法力度，提升办案质量和水平。积极开展联合执法和执法协作。完善会展和行业协会知识产权保护。

（九）**大力培育发展知识产权服务业**。建设知识产权服务平台，整合资源，大力开展知识产权信息开发和推广运用，着力发展包括知识产权代理、登记、许可、转让、管理、鉴定、评估、认证、咨询、公证、诉讼、预警、培训、法律援助、市场调查、检索分析、战略研究等内容的知识产权服务业，逐步形成覆盖面广、形式多样、政府与市场协同推进的知识产权服务体系，发挥知识产权服务业对建设现代产业体系的战略支撑作用。

（十）营造知识产权事业科学发展的大环境。以专利奖励提高发明创造质量，有效激励自主创新，激发企业、科研机构和高等院校创新的积极性。培育和引进各类知识产权人才，为自主创新提供人才智力保障，着力引进我省急需的各类知识产权人才。持续开展广泛全面的知识产权宣传培训工作，形成"崇尚创新精神，尊重知识产权"的文化氛围。

充分发挥知识产权制度的支撑和引领作用 为我省加快转变经济发展方式 作出应有的贡献

——在2010年全省知识产权局局长会议上的讲话

（2010年7月20日）

根据会议安排，下面我向各位传达全国知识产权局局长会议的精神，并部署今后一段时期知识产权系统的工作任务。

一、全国知识产权局局长会议的主要精神

（一）全国知识产权局局长会议基本情况

2010年2月1日至2日，全国知识产权局局长会议在北京召开。中纪委委员、国家知识产权局局长田力普，国家知识产权局副局长李玉光、贺化、杨铁军，中纪委派驻国家知识产权局纪检组组长肖兴威，副局长鲍红、甘绍宁等领导出席了会议。会上，田力普局长作了题为《围绕中心，服务大局，不断开创知识产权工作新局面》的讲话。甘绍宁副局长作了会议总结讲话。国家知识产权局和世界知识产权组织在会上联合颁发了第十一届中国专利金奖。来自全国各省、自治区、直辖市、计划单列市、新疆生产建设兵团、副省级城市和知识产权工作示范城市、知识产权示范创建城市知识产权局主要负责人，特邀中央有关部委代表，以及国家知识产权局有关部门、单位的主要负责人近200名代表参加会议。会议期间，与会代表对田局长的讲话以及《关于加强企业知识产权战略实施工作的若干意见》《企业知识产权战略专项任务与实施指南》《关于加强地方知识产权战略实施工作的若干意见》和《编发〈全国知识产权发展状况报告〉工作方案》等4个文件的征求意见稿进行了分组讨论。

（二）田力普局长讲话的主要内容及精神

田力普局长的讲话共分为三个部分。

讲话首先回顾了2009年的主要工作。2009年，在党中央、国务院的正确领导下，按照年初全国知识产权局局长会议的部署，全国知识产权工作在推进知识产权战略实施、运用知识产权积极应对金融危机、增强知识产权创造能力、提高知识产权运用水平、加强知识产权保护、增强知识产权管理能力建设、建设知识产权人才队伍和完善知识产权支撑体系等八个方面取得了新进展。田力普局长在讲话中多处对我省的知识产权工作给予肯定：广东出台地方战略年度推进计划，着重促进珠江三角洲地区成为知识产权核心区与密集区；中国（顺德）国际工业设计博览会为知识产权转移和实施提供了交易服务平台；广州知识产权投融资促进工作取得明显成效，争取到银行为企业提供200亿元授信额度，首批向企业发放专利权质押贷款13亿元；泛珠三角等跨区域知识产权执法协作机制相继建立并逐步完善；在新一轮机构改革中，广东的编制有较大幅度增加；广东开展了知识产权人才培育工程，深圳建立了专利人才专业技术职称评定体系；广东与高校等联合建设知识产权培训基地等。

在总结工作的基础上，讲话提炼了2009年工作的五点体会：必须始终坚持以科学发展观为统领，必须始终坚持以实施知识产权战略为中心，必须始终坚持以服务党和政府的中心工作为出发点和落脚点，必须始终坚持以统筹协调为基本工作方法，必须始终坚持以改革创新为动力。

讲话的第二部分深刻分析了国内外发展形势，明确了新形势下知识产权事业发展的方向，提出了知识产权事业与经济社会发展不相适应的四方面的主要问题：一是知识产权制度的作用尚未充分发挥；二是社会公众知识产权文化素养与经济社会发展要求存在差距；三是知识产权创造和运用水平仍需进一步提高；四是知识产权管理机构体系尚未健全，执法保护工作仍需进一步加强。田局长在讲话中特别指出，解决上述问题，真正发挥知识产权在国家经济社会发展中的重要战略资源作用，将是一项长期的、艰巨的任务，需要全体知识产权工作者用客观的眼光、求实的心态、发展的思维和坚定的信念，迎难而上，有所作为。

讲话的第三部分对2010年工作进行了全面部署，提出了11项工作任务：一是以服务经济建设为宗旨，不断加大知识产权战略实施力度；二是以促进知识产权战略实施为目标，认真做好"十二五"规划编制工作；三是以提高知识产权管理的科学化水平为要求，进一步加强政策体系和工作机制建设；四是以促进发展方式转变为出发点，继续深化企业知识产权工作；五是以保障中小企业等主体的知识产权权利为工作重点，切实加强知识产权资助和援助工作；六是以服务社会主义新农村建设为主线，着力加强县域知识产权工作；七是以实现知识产权价值为目的,大力推动知识产权运用及产业化工作;八是以营造良好的创新和发展环境为导向,扎实推进知识产权保护工作;九是以充分发挥知识产权制度作用为落脚点,切实加强知识产权服务能力建设;十是以为经济社会发展提供人才支持和保障为指引,切实加强知识产权人才队伍建设;十一是以树立全社会知识产权文化意识为着力点,进一步加大知识产权宣传工作力度。

最后,田力普局长强调,2010年知识产权事业将面临更多的机遇和挑战,将承担更加光荣的使命和更加繁重的任务。我们要紧密团结在以胡锦涛同志为总书记的党中央周围,高举邓小平理论和"三个代表"重要思想伟大旗帜,深入贯彻落实科学发展观,全面实施知识产权战略,坚定信心,振奋精神,开拓创新,扎实工作,不断开创知识产权工作新局面,为我国经济社会又好又快发展作出新的贡献。

(三)甘绍宁副局长总结讲话的主要内容及精神

甘绍宁副局长在总结讲话中围绕会议部署的工作任务,提出了四点要求:一是要全面把握党中央、国务院对知识产权工作的新要求,强化知识产权在经济社会主战场的融入度和显示度;二是要全面加强对重点难点问题的研究,强化知识产权政策的制定和落实;三是要全面推进知识产权工作一盘棋建设,强化知识产权工作机制的建立健全;四是要全面推进企业知识产权工作,强化知识产权综合能力的提升。

二、2010年全省知识产权工作安排

《2010年全省知识产权工作要点》已于今年3月印发并展开实施,按照《工作要点》的要求,今年及今后一段时期,全省知识产权工作要紧紧围绕省委十届六次全会精神和省委、省政府坚定不移调结构、脚踏实地促转变的工作中心,继续解放思想,改革创新,深入实施国家和省知识产权战略纲要,落实《珠江三角洲地区改革发展规划纲要知识产权专项实施方案》,深化省部知识产权高层次战略合作,充分发挥知识产权制度在我省加快转变经济发展方式中的支撑和引领作用,加快知识产权强省的建设。要重点抓好以下十个方面的工作。

(一)深入实施知识产权战略,促进创新型广东建设。省委十届六次全会强调要"把自主创新作为加快经济发展方式转变的核心推动力",为我省今后一段时间的知识产权工作指明了方向。为此,要贯彻落实国家知识产权局《关于加强地方知识产权战略实施工作的若干意见》,深化我省知识产权战略的实施。要充分发挥省局统筹、协调和指导广东省知识产权战略实施工作的重要职能,将实施

《珠江三角洲地区改革发展规划纲要（2008～2020年）》与实施知识产权战略紧密结合起来。组织检查《广东省知识产权战略纲要（2008～2009年）实施方案》的执行情况，研究制定《广东省知识产权战略纲要（2010～2011年）实施方案》。探索建立战略纲要考核评估指标体系，对战略纲要实施情况进行考核评估。推动全省各市结合本地发展实际，科学规划，因地制宜，贯彻和落实知识产权战略纲要。全面开展知识产权强省建设的各项活动，以珠江三角洲地区知识产权发展为"龙头"，辐射带动广东省知识产权事业科学发展，促进广东省经济社会又好又快发展。

（二）**深化省部知识产权高层次战略合作，增强我省创新发展后劲**。要围绕现代产业体系与自主创新能力建设的需要，立足全省知识产权工作实际和未来发展，不断深化知识产权高层次战略合作。组织召开国家知识产权局与省政府知识产权高层次战略合作工作委员会第二次会议，制定《2010年度知识产权高层次战略合作工作安排》并付诸实施，加快知识产权体制创新、体系建设、人才培养、信息利用等合作项目的落实。充分利用直接沟通、对话的便利渠道，在提高我省自主创新能力、促进产业结构调整升级、推进知识产权战略实施等方面，取得国家知识产权局的指导和支持，推动我省知识产权事业向高层次发展。

（三）**加强专利法制建设和政策研究，营造激励创新的法制政策环境**。要积极配合省人大和有关部门，开展《广东省专利条例》（以下简称《条例》）立法调研，推动《条例》的立法进程，力争2010年省人大审议通过并实施。同时，启动相关规章的调研、起草工作，加强对全省现有和拟定的有关政策及相关规范性文件进行梳理和合法性审查。要围绕我省产业结构优化升级以及经济社会发展中的知识产权热点、难点和重点问题，积极开展知识产权发展重大问题研究，特别是针对制约我省知识产权事业发展的瓶颈问题，组织开展"关于加快建设知识产权强省，促进经济发展方式转变的决定"等政策的研究工作，争取在条件成熟时以省委、省政府名义颁布实施。要结合《珠江三角洲地区改革发展规划纲要（2008～2020年）》的实施，组织制定《广东省知识产权"十二五"规划》。继续实施"知识产权软科学研究计划"，大兴调查研究之风，理清发展思路，完善相关政策，努力解决知识产权事业发展中存在的问题，为知识产权事业的发展提供坚实的理论基础。

（四）**加强区域工作，推动全省知识产权工作协调发展**。要根据省委、省政府的工作部署，理清工作思路，明确工作目标，加大扶持指导力度，采取得力措施，突破发展瓶颈。要加强对重点区域知识产权工作的扶持和引导。进一步推进国家知识产权城市和园区试点示范工作和强县工程，继续实施"广东区域知识产权发展计划"和广东省区域知识产权试点示范工作。争取开展专项计划，加强县级管理体系建设，充实人才队伍，提升知识产权创造、运用、保护和管理水平。力争全省各市县知识产权基础工作有突破、重点工作有创新、特色工作有亮点，有效推动全省区域知识产权事业协调发展。各市要进一步健全和完善当地的知识产权办公会议或联席会议制度，充分发挥协调机构重要作用，逐步形成统一管理、结构合理、协调有序、联动发展的知识产权保护工作新格局。

（五）**落实激励知识产权创造政策措施，推进知识产权的有效运用**。大力宣传中国专利奖我省获奖项目及其单位，落实奖励中国专利奖政策。启动2010年广东专利奖评奖工作，并推荐我省优秀项目参加第十二届中国专利奖评选活动。继续实施国内发明专利申请及国（境）外专利资助政策，加大专利申请资助资金投入力度。各市要结合本地区的实际，积极推进专利奖励、资助政策，认真做好各项落实和配套工作。进一步推进企事业知识产权工作。探索开展广东省《企业知识产权管理规范》《广东省知识产权许可操作指引》的研究和制定工作，探索制订中小企业知识产权引导计划，帮助企业提高知识产权运用和规避风险的能力。继续做好省级知识产权优势、示范企业的认定工作，推动有条件的企业研究制定知识产权战略。开展事业单位知识产权试点工作。积极推进"中小企业知识产权战略推进工程"的实施，开展"利用全球创新成果促进中小企业创业创新专项行动"活动，加快培育拥有自主知识产权、知名品牌和较强竞争力的中小企业，促进中小企业转变发展方式，培育一批示范性知识产权优势中小企业集聚区。推进2010年专利技术实施计划，提升专利技术产业化水平。推进知识产权质押融资工作，进一步探索知识产权评估试点、资产评估、质押融资和知识产权转移有机结合的新模式。加快专利技术展示交易平台建设，促进专利技术成交，向社会发布公知公用技术信息。继续抓好专利实施许可合同备案、专利技术合同认定登记和专利登记簿副本出证工作。

（六）**探索建立重大经济活动的知识产权特别审查制度和预警机制，提高知识产权信息资源的应用能力**。要通过调研，建立相应的工作机制，联合与知识产权密切相关的政府职能部门，共同推进特别审查制度工作的开展。在制定重大产业技术、装备引进政策和重大引进技术的消化吸收再创新工作中，对有关知识产权问题进行审查，准确了解涉及知识产权特别是专利的相关状况，避免重复研发、盲目引进技术以及自主知识产权流失和因知识产权问题导致的重大经济损失，预防并降低重大经济活动的知识产权风险，促进产业和企业健康发展。要通过产业专利态势分析，研究预警机制的相关理论问题，通过深入调查研究，建立各方参与和关注的知识产权预警机制，加强知识产权权利状况信息、法律规则信息、技术性贸易壁垒信息等的分析利用，防范知识产权风险，提出有针对性的有效化解措施。要进一步完善并试运行企业知识产权数据采集系统，及时掌握重点企业的知识产权工作动态。启动"自主知识产权技术标准培植工程"，培育一批知识产权与技术标准有机结合的骨干企业。针对金融危机引发的中小企业发展面临的困难，开展利用全球创新成果支持中小企业创业专项行动。强化专利统计及分析工作，定期发布广东省专利申请、授权数据，探索建立更加科学的专利统计指标体系及评价制度。引导企事业单位在专利申请数量稳步增长的同时，更加注重专利申请质量，不断优化我省专利申请结构。

（七）加大知识产权保护力度，维护公平有序的市场秩序。要加强省、市、县三级知识产权行政执法保护体系的建设，进一步充实执法力量，改善地市专利执法条件。加大全省专利行政执法人员培训力度，提高专利行政执法的效率和水平。落实行政执法和刑事司法相衔接的工作机制，强化部门间的定期沟通和重大案件会商、通报制度，完善联合执法协调机制。积极探索专利纠纷快速解决机制。进一步推进行政执法重心下移，协调和指导全省专利行政执法协作工作，推动珠三角、粤北建立联席会议制度。深入开展"雷雨""天网"知识产权执法专项行动。强化省际、部门间和区域间的专利执法协作。进一步加强与国家知识产权局专利复审委的合作共建，探索建立广东专利无效案件快速处理机制和处理侵权程序与确权程序无缝衔接机制。进一步推动专利行政执法和监管端口前移工作，加强对全省知识产权维权援助中心的指导，继续开展知识产权涉外应对试点工作，稳步推进知识产权涉外应对试点、维权援助工作。深入开展会展和行业协会知识产权保护试点示范工作，进一步加强对世博会、亚运会、广交会、中博会和外博会等重要展会知识产权保护工作的指导和管理，提高展会知识产权保护水平。进一步引导和推动企业间建立知识产权保护联盟，提高企业的知识产权保护能力。探索建立行政、司法和自律保护的全方位的知识产权保护体系，加大知识产权保护和市场监管力度。

（八）拓展对外交流和区域合作，实现知识产权事业发展的共赢。继续实施"请进来、走出去"战略，巩固和深化合作平台建设，加强与美日欧及东南亚等国家和地区的知识产权合作交流，不断提升我省知识产权工作的国际影响力。切实增强境外企业及相关机构对我省良好投资环境的信心。加强国外知识产权制度及发展动向的研究，提高应对重大涉外知识产权案件和纠纷的能力。完善粤港保护知识产权合作专责小组会议制度，认真落实《2009年至2010年粤港知识产权合作协议》和《粤港合作框架协议》部署的合作任务，组织召开粤港保护知识产权合作专责小组第九次会议。开展粤澳知识产权合作，争取启动对台知识产权交流。深化泛珠三角区域知识产权合作，推进区域专利行政执法协作。组织实施粤哈知识产权协作项目，争取开展与西藏林芝地区的合作。

（九）加大宣传教育力度，推进知识产权文化建设。要大力开展知识产权宣传活动，创新形式内容、方法手段和体制机制，充分发挥舆论导向作用，推动知识产权文化建设。要加大知识产权日常宣传力度，努力营造尊重和保护知识产权的良好社会氛围。要深化青少年知识产权教育，做好中小学知识产权教育示范学校及试点学校评审认定工作。争取开展"大专院校知识产权教育普及计划"，提升在校学生的知识产权能力。继续支持广东省青少年科技创新大赛及少年儿童发明奖等活动，培养青少年创新意识和实操技能。要结合《国家中长期人才发展规划纲要（2010～2020年）》的实施和国家知识产权局正在编制中的人才"十二五"规划等工作，加大我省知识产权人才培养的力度，特别是培养高层次、复合型和国际化的知识产权专业人才。要推进建设国家及我省知识产权人才培训基地。继续实施"百千万知识产权（专利）人才培育工程"，组织广东省完成百千万人才培育工程年度计划。进一步完善广东省知识产权培训体系，指导和支持各培训主体开展内容丰富的知识产权培训活动。继续支持我省知识产权学院建设，推动知识产权学科建设和学历教育。

（十）强化服务意识，完善知识产权服务体系建设。继续实施《广东省知识产权公共信息综合服务平台建设方案》，全面建设集基础数据与公共服务于一体的知识产权信息综合服务体系。加快《广东省产业发展专利信息综合应用服务平台》建设，着力开发面向企业、产业/行业、政府三种应用层面的专利技术路线图的制定系统，形成重点产业专利服务链。做好《广东省重点产业、行业外观专利图像分析服务平台》《广东省平板显示技术专利信息平台》的验收、推广应用工作。积极争取在广东建设覆盖泛珠、辐射全国的国家级区域专利信息服务中心，带动和提升专利信息利用能力和水平，更好地为泛珠三角区域经济社会发展服务。加快制定推动和规范专利代理行业和社团组织健康发展的政策措施。实施"百所千企知识产权服务对接工程"，提升我省企业运用知识产权制度的意识和水平。开展专利代理执业能力提升专项培训，提高专利代理业务水平。加强对专利代理行业和社团组织的监管，继续做好专利代理机构及分支机构成立审核、审批和年检工作，完善行政审批电子监察系统。继续加强专利代办工作的管理，做好专利受理和收费工作。全力做好电子审批系统上线的各项工作,以该系统为依托,利用国家知识产权局审查资源,进一步完善专利代办"绿色通道"。不断完善广东专利申请信息分析系统和远程会晤及查询系统的建设。逐步开展广州开发区受理点业务。

  2010年是深入推进知识产权战略实施的关键之年,也是我省推动经济发展方式转变的重要之年。我们落实好2010年的各项工作任务,充分发挥知识产权制度的支撑和引领作用,为我省加快转变经济发展方式作出应有的贡献。

周密部署　整体推进
不断加快知识产权强省建设进程

——在 2010 年全省知识产权工作会议上的讲话

（2010 年 7 月 20 日）

今天，省政府召开全省知识产权工作会议，主要任务是全面落实科学发展观，深入贯彻省委十届六次全会精神，总结近两年我省知识产权工作情况，分析当前工作形势，部署我省知识产权工作主要任务，并表彰第十一届中国专利奖广东获奖单位。

受省政府知识产权办公会议主持人宋海副省长的委托，下面，我代表省政府知识产权办公会议向会议报告近两年来我省知识产权工作的基本情况，并就下一阶段实施知识产权战略、建设知识产权强省的主要任务作出安排。

一、近两年来我省知识产权工作的基本情况

2008 年和 2009 年，是我省应对国际金融危机和破解科学发展难题取得了阶段性成果的重要时期，同时也是我省知识产权事业实现科学发展的关键时期。在国家有关部委的精心指导和大力支持下，在省委、省政府的正确领导和英明部署下，全省各级知识产权职能部门深入贯彻落实科学发展观，紧紧围绕我省中心工作，顺应转变经济发展方式的形势要求，全面实施知识产权战略，扎实推进各项工作，为促进全省经济社会科学发展发挥了重要作用。主要工作成绩体现在以下八个方面。

（一）围绕中心、服务大局，深入落实知识产权战略纲要

实施知识产权战略，是我省知识产权事业实现科学发展及以知识产权促进经济发展方式转变的必由之路。根据国家和我省的统一部署，全省各地级以上市人民政府、各级知识产权职能部门紧密结合《珠江三角洲地区改革发展规划纲要（2008～2020 年）》，采取有力措施，切实做好战略纲要实施工作，全省自上而下

形成了思想统一促战略、齐心协力谋发展的良好局面。省委、省政府高度重视知识产权工作，在2008年6月出台的《关于争当实践科学发展观排头兵的决定》中明确将"实现从知识产权大省向知识产权强省跨越"作为我省知识产权事业的发展目标；省政府于2008年7月和2009年4月先后两次召开全省知识产权工作会议和座谈会，黄华华省长和宋海副省长亲自出席会议并部署战略实施任务；2008年11月，省政府办公厅印发《广东省知识产权战略纲要2008~2009年度实施方案》，确定了50项战略措施及其承担单位；2008年12月29日，省政府与国家知识产权局签署《关于建立知识产权高层次战略合作关系的议定书》，省部联手共促战略实施和强省建设工作。省直和中央驻粤部门全面落实战略实施方案，认真部署并高质量地完成了各项战略任务。各市政府将实施知识产权战略作为本市年度重点工作来抓，截至目前，共有18个市结合当地经济社会发展需求，出台了地区战略纲要或实施方案，明确了知识产权工作的方向、任务和措施，为未来的全面发展奠定了坚实基础。

（二）健全措施，加强保障，有效巩固知识产权大省地位

强有力的知识产权创造能力是巩固知识产权大省地位的重要基础。我省各部门积极创造条件，不断健全和完善激励机制，推动创新成果迅速形成知识产权。省委组织部、省发展改革委、统计局将"专利产出指数"纳入市厅级党政领导班子和领导干部落实科学发展观评价指标体系，将其作为衡量地区自主创新能力的重要指标。省发展改革委、经济和信息化委、科技厅将知识产权与自主创新工作紧密结合，加强自主创新政策与知识产权政策的衔接，积极促进创新成果的知识产权化。省财政厅、知识产权局开展国（境）外和PCT专利申请资助工作，支持企业不断提升国际竞争力。省经济和信息化委、工商局、质监局等部门大力实施名牌带动战略，推进"千百亿名牌培育工程"，促进产业集群和区域国际品牌发展壮大。省农业厅和林业局加强植物新品种培育工作，全省植物新品种创造能力稳步提升。随着创新体系的不断完善、创新主体积极性的充分发挥，全省知识产权数量和质量实现了双提升：2009年，我省有效专利数量继续位居全国首位，发明专利申请量和授权量首次双双位居全国首位，PCT国际专利申请量连续8年保持全国首位，有效注册商标总量连续15年居全国首位，中国驰名商标拥有量继续保持全国第一，软件产品登记备案量位居全国前列，省著名商标数量和名牌产品数量再创新高。

（三）搭建平台、完善机制，大力提升知识产权运用能力

我省紧扣产业发展需求全面提升知识产权运用能力，为全省经济转型升级提供了有力支撑。省发展改革委组织实施高技术产业专项计划，大力支持数字家庭等新兴产业的知识产权运用工作，将知识产权智力资源高效转化为生产力。省发展改革委、经济和信息化委、国资委、知识产权局等部门联合认定创新型企业和自主创新产品，鼓励知识产权优势企业发展壮大。省知识产权局与省人事厅继续开展广东专利奖评选表彰工作，2009年授予金奖13项、优秀奖55项，获奖项目经济和社会效益显著。省版权局大力实施"版权兴业工程"，累计认定"广东省版权兴业示范基地"42个。全省软件产业快速发展，软件产业收入位居全国第二位。省知识产权局积极探索知识产权质押融资工作，帮助创新型中小企业解决资金紧张难题。省质监局推进知识产权标准化工作，将知识产权有效融入国家标准和联盟标准。省知识产权局继续培育试点区域和优势企业，2008~2009年，全省新增国家知识产权工作示范城市2个、示范城市创建市2个、试点城市1个，首批"全国企事业知识产权示范单位"8家。2008年以来，在金融危机冲击下，当众多生产加工型企业举步维艰、难以为继时，我省百家知识产权优势企业不但经受住了严峻考验，而且还实现了逆势增长。这一实践深刻表明，有效运用知识产权制度是企业实现转型升级、寻求全面发展的重要利器。

（四）提升能力、强化执法，着力加大知识产权保护力度

知识产权保护工作是发展知识产权事业的重要基石。两年来，全省各级知识产权职能部门将日常执法与专项行动紧密结合，在加强法制建设、健全长效机制等方面都取得了可喜成绩。2009年，《广东省专利条例》被列为省人大常委会立法计划新制订项目，今年经省政府常务会议审议后已提请省人大审议并有望在年内颁布实施。2009年，省政府印发《广东省著名商标认定和管理规定》，有效规范著名商标认定工作。全省各级专利、商标、版权、文化、质监、公安、海关等职能部门各司其职、密切配合，通过开展"雷雨""天网"、保护商标专用权、打击网络侵权盗版、清查非法音像制品等专项行动，有效地保护了权利人合法权益。为了确保奥运会、世博会和亚运会的成功举办，全省奥林匹克标志保护工作、世博会和亚运会知识产权保护工作高效开展。各部门继续进驻广交会、中博会、高交会、外博会等国际知名展会，开展知识产权保护工作，有效维护会展正常交易秩序。全省知识产权保护协调机制不断健全，知识产权维权援助工作正式启动，"12330"知识产权维权援助与举报投诉公益服务热线正式开通，《全省举报侵犯注册商标权犯罪奖励办法》颁布实施。两年来，我省知识产权保护成效显著，有效地规范我省的市场经济秩序，优化了投资环境。

（五）突出特色、完善功能，不断提升知识产权服务水平

完善和高效的知识产权公共服务体系是知识产权事业快速发展的重要保障。两年来，全省各部门不断提升知识产权服务水平，省经济和信息化委着力构建产业集群公共服务平台，推动建立公共创新服务中心等公共服务机构。省科技厅加快发展科技服务业，组建珠江三角洲技术转移联盟和广东工业设计创新服务联盟。省知识产权公共信息综合服务平台逐步健全并不断完善。省知识产权局结合我省产业特点，深度挖掘专利信息资源，建设了9个省级重点行业和4个地方特色行业专利分类数据库，开发了互联网版本的专利信息分析及预警应用系统，为企业提升产业竞争力提供重要参考信息；同时，联合有关部门发布了LED等三大产业专利态势分析报告，帮助企业把握未来技术发展趋势。国家专利局广州专利代办处建立"绿色通道"，为企业提供专利申请等便捷服务。广州、深圳、佛山、东莞4家"国家专利技术展示交易中心"充分发挥平台作用，大力促进专利技术的商品化和产业化。省知识产权局、工商局加强对专利和商标代理行业的执业监管，规范代理行为，不断提升行业的法律服务能力。

（六）把握脉搏、创新方式，营造良好知识产权社会氛围

加强知识产权文化建设是实践社会主义核心价值体系引导社会思潮的有效途径。我省始终围绕事业发展需求，大力开展内容新颖、形式多样的宣传活动，2008年，各部门围绕实施知识产权战略和纪念改革开放30周年两大任务，组织开展了一系列大型宣传活动，如：省委理论学习中心组在"广东学习论坛"上专题学习知识产权战略纲要；省知识产权局在全省深入开展"实施知识产权战略宣讲计划"、举办改革开放30周年纪念活动并发布"广东知识产权十大成就"；省工商局在《南方日报》刊登12个宣传专版，报道全省商标管理工作成绩。2009年，在面对金融危机的巨大冲击下，省知识产权局及时联合《中国知识产权报》《南方日报》等开展"发展自主知识产权，积极应对金融危机"系列报道，引导企业运用知识产权制度有效化危为机。在近两年的"知识产权宣传周"期间，全省通过组织大型现场活动、刊登宣传专版、打造品牌活动、播放公益广告等方式，全面普及知识产权意识，取得了良好效果。如省府新闻办和知识产权办公会议召开全省知识产权保护状况新闻发布会和十大案例发布会；省法院在"金羊网"和"广东法院网"上同时开展在线访谈，等等。同时，我省中小学、职业学校知识产权教育试点工作不断深化，2008~2009年，新增省级知识产权教育试点学校2批共84所。

（七）突出重点、强化抓手，大力推进知识产权人才队伍建设

知识产权人才匮乏一直是制约我省知识产权事业发展的一个重要因素。两年来，各部门结合经济社会发展需求，充分调动各方力量，逐步形成了结构完备、运行有效的教育培训体系。省委组织部、宣传部将知识产权纳入领导干部"转变经济发展方式"培训内容，全面提高领导干部对知识产权制度的认知度。省人力资源社会保障厅指导深圳市开展知识产权专业技术人才评价试点工作。省知识产权局大力实施"广东省百千万知识产权（专利）人才培育工程"，两年内遴选64名中青年优秀人才赴美国、德国进行专题学习，全系统面向社会举办各类培训班325期，参加人员6.8万人次。省工商局、版权局、广东海关高度重视本系统人员的培养工作，通过举办培训班、研讨会等，不断提高一线人员业务水平和执法水平。省法院、检察院、公安厅、农业厅等部门举办多期专题培训班，培养知识产权专业人才。暨南大学、华南理工大学和中山大学3所知识产权学院大力加强学历教育，华南理工大学还在全国高校率先面向理工科本科生开设知识产权公共必选课程。我省知识产权专业人才队伍的不断壮大，为未来事业发展提供了重要智力支撑。

（八）加强合作、实现共赢，不断深化知识产权区域合作与对外交流

我省努力深化知识产权区域合作与对外交流，促进区域资源共享、优势互补和共同发展。一是粤港知识产权合作继续深入。2008年和2009年，在粤港保护知识产权专责小组的组织下，两地知识产权部门分别召开了第7次和第8次专责小组会议，开展了近30个合作项目。在2009年8月19日召开的粤港合作第十二次联席会议上，双方共同签署了《2009年至2010年粤港知识产权合作协议》。今年年初，有关知识产权合作的内容被纳入《粤港合作框架协议》。粤港澳海关跨境知识产权保护体系不断健全，两年间，粤港、粤澳海关共形成知识产权情报通讯近200份，开展联合执法行动10余次，查获侵权案件80余宗。二是泛珠三角区域知识产权合作不断发展。2009年6月11日，区域各协作单位在广西南宁召开了第五届知识产权合作联席会议暨第四届知识产权合作论坛，并确定了新一年度的合作项目。2009年12月2日，《泛珠三角区域内地九省（区）专利行政执法协作协议》在广东正式签署，首创区域内省、市两级执法协作机制。工商、版权、质监、海关等部门加强沟通，共促区域合作工作。三是知识产权对外交流合作十分活跃。各部门加强与境外机构的沟通交流，大力宣传广东知识产权事业的成就，学习借鉴境外知识产权先进经验：省知识产权局与美国全国商会共同举办"珠江三角洲地区创新与知识产权国际研讨会"；省公安厅与境外知识产权执

法机关协查涉外案件 14 宗；省外经贸厅派员赴欧洲开展会展知识产权保护交流活动；省法院与美、日等国家的相关机构开展司法保护交流活动等。

回顾两年来我省知识产权工作所取得的成绩，我们有以下三点体会：一是必须始终坚持以科学发展观为统领，按照全面、协调、可持续发展的要求，不断适应形势变化，坚持用发展的眼光解决前进中的问题，为知识产权事业开拓新的发展空间，走出新的发展道路；二是必须坚持以服务中心工作为着力点和落脚点，知识产权工作必须为省委、省政府的中心工作任务服务，必须为全省的经济社会发展大局服务，必须为转变经济发展方式和调整产业结构服务；三是必须坚持省市县携手联动、各部门齐心协力、全社会共同参与的原则，有效凝聚各方力量，使知识产权工作得以整体推进。

我省知识产权工作的顺利开展，得益于国家有关部委的精心指导和大力支持，得益于省委、省政府的正确领导和英明部署，得益于全省各地级以上市、中央驻粤各有关单位、省直各有关单位、各级知识产权职能部门的密切配合和不懈努力。借此机会，我代表省政府知识产权办公会议，向国家各有关部委长期以来对广东知识产权事业给予的关怀表示崇高的敬意！向省委、省政府对广东知识产权事业给予的重视表示衷心的感谢！向全省各地级以上市、中央驻粤各有关单位、省直各有关单位、各级知识产权职能部门的辛勤付出表示诚挚的谢意！

在总结成绩的同时，我们也要清醒地看到，我省知识产权战略实施工作还面临着一些问题和挑战，与我省经济社会发展的要求相比还存在较大差距。主要表现为：一是知识产权工作与经济社会发展的紧密度有待增强，知识产权战略工作在促进经济发展方式转变中的重要作用尚未得到充分发挥；二是知识产权政策体系不够完善，已有的知识产权政策措施较少并相对分散，系统性及完整性不强，政策对事业发展的支撑力度较弱；三是区域知识产权事业发展不平衡问题依然突出，珠三角地区和粤东西北地区的差距不断拉大，县（市、区）的知识产权工作能力亟待提升；四是利用知识产权制度参与国际竞争的能力有待加强，深入挖掘知识产权资源、加速全球创新要素向广东聚集的能力亟需强化。这些问题一定要引起我们的高度重视。我们要在大力实施知识产权战略、建设知识产权强省的过程中，用坚定的信念、发展的眼光、求实的作风，迎难而上，切实将这些问题解决好。

二、全面实施知识产权战略，向知识产权强省目标迈进

2010 年是我省巩固经济企稳向好势头的关键之年，是全面实现"十一五"

规划目标的决胜之年,同时也是知识产权战略实施的重要一年。虽然今年国内外经济形势明显好于去年,但是我省经济增长内生动力仍然不足,结构调整和转变经济发展方式压力不断加大的问题仍然突出。因此,我们必须切实把思想和行动统一到省委、省政府"坚定不移调结构,脚踏实地促转变"的部署上来,按照"激励创造、有效运用、依法保护、科学管理"的十六字方针,大力实施知识产权战略,更好地发挥知识产权制度对经济社会发展的支撑和引领作用,为实现从知识产权大省向强省跨越的目标努力奋斗。下一阶段,要重点完成以下十方面的工作。

(一) 健全机制,加大知识产权战略实施力度

6月24日,国家知识产权局召开了地方知识产权战略工作会议,会上公布了知识产权战略实施的最新进展情况:目前,在国务院领导下,在国家知识产权战略实施工作部际联席会议的统筹协调下,知识产权战略实施力度不断加大,科技部、工业和信息化部、司法部等7部门专门成立了贯彻落实《国家知识产权战略纲要》的领导机构,农业部、文化部、国资委等15个部门制定了落实《国家知识产权战略纲要》的实施意见或具体工作方案,22个省(区、市)颁布了地方战略纲要或实施意见。部际联席会议于今年3月制订了《2010年国家知识产权战略实施推进计划》,确定了222项具体措施。会议要求各地方在加强知识产权战略的工作中重点做好六项工作:一是要继续推进地方知识产权战略的制定和实施工作;二是要加强分类指导,制定区域性知识产权战略或政策;三是要深化战略实施,推动开展战略实施评估工作;四是要以点带面,开展战略示范创建工作;五是要推动地方开展重大经济活动知识产权评议工作;六是要提供支撑服务,营造战略实施良好氛围。根据会议精神,为进一步推进我省的战略实施工作,我省应深入贯彻国家和我省知识产权战略纲要,认真落实国家有关部委及我省关于实施知识产权战略的有关意见或方案,真正将各项战略任务落到实处、取得实效;应加强知识产权统筹协调力度,完善知识产权办公会议职能,指导各市健全协调制度,形成协调有序、联动发展的工作格局;应找准知识产权工作与经济社会发展的结合点,在各类产业发展政策和区域发展规划中充分发挥知识产权政策导向作用。

(二) 鼓励创新,提升知识产权创造能力

培育发展战略性新兴产业,实施"战略性新兴产业知识产权战略",支持广东企业抢占竞争制高点;实施建设创新型广东行动计划,深化省部、省院产学研合作,着力提升知识产权创造能力;加快发展高新技术产业,健全各类园区知识产权管理机构，推动自主创新与产业竞争能力双提升；继续抓好知识产权试点示范和创建区域国际品牌试点工作，实施"版权兴业工程"，扶持"版权兴业示范基地"；大力激发知识产权创新主体热情，提升各类知识产权创造能力。

（三）搭建平台，鼓励知识产权转化运用

推进现代产业体系建设，编制实施现代产业体系建设总体规划；实施高技术产业化专项计划，开展专利奖评选及表彰活动，鼓励知识产权产业化；加速全球知识产权资源向广东聚集，建立重大产业专利信息数据库；开展"利用全球创新成果促进中小企业创业创新专项行动"，培育知识产权优势中小企业聚集区；推广应用具有知识产权的技术标准，实施"自主知识产权技术标准培育工程"；完善专利展示交易平台，构建综合性版权要素市场，推进知识产权评估和质押融资工作，探索知识产权转移新模式。

（四）完善体系，加大知识产权保护力度

健全省市县三级知识产权行政执法体系，提高行政执法效率和水平；建立长效机制，开展专项行动，有效保护各类知识产权；加大刑事司法保护力度，严厉打击侵犯知识产权犯罪行为；落实行政执法和刑事司法相衔接的工作机制，强化案件移送和重大案件合作会商制度；大力开展世博会和亚运会知识产权保护工作，确保盛会成功举办；深化会展和行业协会知识产权保护试点示范工作，继续推进"正版正货"承诺活动；推进知识产权维权援助和举报投诉工作。

（五）突出重点，加强知识产权宏观管理

加强法制建设，配合省人大做好《广东省专利条例》审议工作，制定和出台相关知识产权行政规章，优化知识产权法制环境；加强政策研究，起草制定《关于加快知识产权强省建设促进经济发展方式转变的决定》等政策措施；深化省部知识产权高层次战略合作，完成年度工作安排；落实《市厅级党政领导班子和领导干部落实科学发展观评价指标体系及考核评价办法》关于"自主创新指数"的考评工作；制定并实施《广东省知识产权"十二五"规划》；探索建立重大经济活动知识产权特别审查制度，防范知识产权风险。

（六）创新模式，提升知识产权服务水平

加快健全服务体系，为社会提供高质量的知识产权服务；推动发展高技术服务业，扶持科技服务业百强企业，构建科技服务平台；继续完善知识产权公共信息综合服务平台，争取成为国家知识产权局区域专利信息服务中心首批建设单位；密切跟踪世界知识产权态势，开发专利信息应用系统；实施"百所千企知识产权服务对接工程"，提升企业知识产权制度运用水平；提高专利代办服务效率，完善专利代办"绿色通道"；加强知识产权代理行业监管，提升行业执业能力，促进行业规范发展；加强指导和管理，支持各类知识产权社会团体健康发展。

（七）完善体系，培养知识产权专业人才

健全人才培养体系，指导和支持各培训主体开展知识产权培训活动；大力实施"百千万知识产权（专利）人才培育工程"，支持国家知识产权培训基地落户广东，培养高层次和国际化的知识产权专业人才；继续支持我省知识产权学院建设，推动知识产权学科建设和学历教育；开展大专院校知识产权教育普及计划，实施国际知识产权制度巡回讲座计划，探索建立知识产权从业人员职称评定体系；加强各级知识产权行政管理人员队伍建设，加快知识产权法官和检察官职业化进程。

（八）加大宣传，推进知识产权文化建设

加大宣传力度，创新宣传模式，提升宣传效果，建设知识产权文化；认真开展"知识产权宣传周"活动，展示我省知识产权发展最新成果；开展"广东十大创新人物"和"广东十大创新企业"评选活动；组织开展"知识产权制度与转变经济发展方式"大讨论，研讨发挥知识产权制度促进经济发展方式转变的有效途径；加大对党政领导干部研修班的知识产权培训力度；深化青少年知识产权教育，增强中小学生的知识产权意识。

（九）扩充渠道，深化知识产权交流合作

加强知识产权国际交流合作，提升知识产权国际规则运用能力；加大知识产权对外宣传力度，宣传我省知识产权保护成效；建立知识产权涉外应对机制，促进产业和进出口贸易稳定发展；执行《粤港合作框架协议》，完善粤港保护知识产权合作专责小组会议制度，落实年度合作项目；开展粤台知识产权交流活动，启动粤澳知识产权合作；深化泛珠三角区域知识产权合作，形成优势互补、互利共赢的良好局面。

（十）全面推进，促进区域知识产权事业协调发展

全省各市要紧紧围绕区域经济社会发展大局，通过大力实施知识产权战略，全面加强地区知识产权工作。珠江三角洲地区要将发展知识产权事业与落实《珠三角地区改革发展规划纲要（2008~2020年）》紧密结合起来，着力解决知识产权工作中的前沿问题、难点问题，充分发挥知识产权制度在地区经济结构战略性调整中的关键作用；粤东地区要把实施知识产权战略作为其承接国际产业转移、加快开放型经济发展的重要抓手，全力推进具有粤东地区特色的现代产业体系迅速形成；粤西地区在新型工业化的进程中，要充分发挥知识产权制度在促进重化工、地方特色工业、战略性新兴产业中的重要支撑作用；粤北地区要把实施知识产权战略与建设山区科学发展示范区有机结合，利用知识产权制度构建绿色现代产业体系，走集约化发展道路。促进我省区域知识产权事业的协调发展，必将成为建设知识产权强省的重要环节和必由之路。

实施知识产权战略、建设知识产权强省，意义重大，影响深远。让我们以科学发展观为指引，充分发扬广东先行先试的优良传统，牢记使命，强化责任，全力以赴做好知识产权工作，努力开创我省知识产权事业发展新局面，为我省努力当好推动科学发展促进社会和谐的排头兵作出积极贡献！

实施知识产权战略　发挥知识产权作用 为加快转型升级　建设幸福广东作贡献

——在 2011 年全省知识产权工作座谈会上的讲话

(2011 年 8 月 18 日)

今天我们召开全省知识产权工作座谈会暨 2011 年广东专利奖励大会，主要任务是深入贯彻国家和我省知识产权战略纲要及《珠江三角洲地区改革发展规划纲要（2008~2020 年）》，传达全国知识产权局局长会议精神，总结我省 2010 年以来的工作情况，奖励 2010 年度专利获奖单位，分析当前形势，部署下一阶段工作任务。

一、全国知识产权局局长会议主要精神

（一）全国知识产权局局长会议基本情况

今年 3 月 29 日至 30 日，全国知识产权局局长会议在江苏南京召开，国家知识产权局党组成员、副局长贺化出席会议并受田力普局长委托，作了题为《实施知识产权战略，支撑经济社会发展，不断开创知识产权工作新局面》的工作报告，党组成员、纪检组长肖兴威主持会议。各省、自治区、直辖市、新疆生产建设兵团知识产权局有关负责同志，全国各国家知识产权工作示范城市、示范创建市知识产权局负责人参加会议，江苏、山东、河南、四川、武汉和长沙六省市向大会介绍了各自开展知识产权工作的经验。

（二）贺化副局长工作报告的主要内容及精神

贺化副局长的工作报告包括三个部分。

第一部分全面总结了"十一五"期间中国知识产权事业所取得的巨大成就：知识产权综合能力大幅提升；战略实施工作稳步推进；法律制度进一步完善；创造运用水平明显提升；执法保护切实加强；管理能力进一步提升；宣传培训工作成效显著；专利审查支撑能力大幅增强；社会服务能力不断加强。

第二部分深入分析了"十二五"时期知识产权事业所面临的形势，明确了新形势下知识产权事业发展的方向。报告结合"十二五"时期知识产权事业发展的主要目标、指导思想和原则，提出了全方位推进知识产权战略实施工作、完善专利法规政策体系、大力加强行政执法工作、不断创新行政管理工作体制机制、进一步优化企事业单位管理格局、加强转移转化体系建设、加速构建综合服务体系、全面加强人才队伍建设、积极培育知识产权文化等9项主要任务。

第三部分对2011年13项重点工作进行了部署：一是认真做好"十二五"规划的发布和实施工作；二是继续深入实施知识产权战略；三是全力做好《国家中长期人才规划纲要（2010～2020年）》专项工作；四是不断完善法律制度建设；五是大力加强执法保护工作；六是进一步完善管理工作机制；七是继续强化企业工作；八是创新转化服务；九是着力打造工作品牌；十是继续加大宣传工作力度；十一是切实加强人才队伍建设；十二是不断深化信息服务；十三是加强国际及港澳台交流合作。贺化副局长最后在报告中强调，知识产权系统要以高度负责的精神、科学严谨的态度、不畏艰难的意志、求真务实的作风，全面完成今年的各项工作任务，实现"十二五"发展的良好开局。

二、2010年以来全省知识产权工作的基本情况

2010年以来，在省委、省政府的正确领导下，在国家知识产权局的精心指导下，我省知识产权工作紧紧围绕省委、省政府的中心工作，积极主动，开拓进取，为促进全省加快转型升级、争当实践科学发展观排头兵作出了积极贡献。2010年，我省专利申请量152907件，其中发明专利申请量40866件；专利授权量119346件，其中发明专利授权量13691件，继续位居全国第一；PCT国际专利申请量6676件，连续第9年位居全国第一。截至2010年底，我省累计专利申请总量、授权总量及有效专利总量、有效发明专利量和有效实用新型专利量均位居全国第一。今年1～6月，我省专利申请受理量81893件，同比增长30.73%。其中发明专利申请量22628件，同比增长30.88%；专利授权量63739件，其中发明专利授权量9038件，同比增长58.31%，位居全国第一。PCT国际专利申请受理量4151件，占全国总量的57.11%，位居全国第一。截至6月底，我省有效发明专利量50240件，位居全国第一。在第十二届中国专利奖评选中，我省获金奖7项，优秀奖34项，金奖项目数量、优秀奖项目数量、获奖项目总数量均创历史新高，其中金奖项目数量居全国首位。

（一）以建设知识产权强省为目标，深入实施知识产权战略纲要和珠三角规划纲要

我省各级知识产权部门继续解放思想，明确目标，创新思路，深入推进知识产权战略纲要及珠三角规划纲要的贯彻实施。

1. 知识产权战略纲要深入实施。我省各地各部门结合2011年国家知识产权战略实施推进计划，采取多项措施深入推动战略实施工作，确保国家和我省战略实施各项任务落到实处。至今，已有20个地级以上市出台了本地区战略纲要或实施方案，深圳、惠州、东莞还召开了本地知识产权工作会议。广州努力争取创设"知识产权保护市长奖"。同时，我省认真做好深圳世界大学生运动会知识产权保护各项工作。

2. 知识产权政策法规体系建设硕果累累。我省以建设知识产权强省为目标，深入推进省部知识产权高层次战略合作，制定出台了一系列政策法规。2010年9月29日，《广东省专利条例》获省人大常委会审议通过并于同年12月1日开始实施。省局积极配合省委政研室起草《关于加快建设知识产权强省的决定》，牵头制定知识产权"十二五"规划，我省首个综合性知识产权发展规划——《广东省知识产权事业发展"十二五"规划》已经省政府批准颁布实施。省局还出台了《关于加强县级知识产权工作的意见》。肇庆市将知识产权工作纳入市委、市政府重大政策决策中，河源市政府出台了《关于大力推进知识产权工作的实施意见》。此外，我省注重加强知识产权软科学研究工作，推动决策科学化和规范化，省知识产权局与香港生产力促进局联合研制的《创新知识企业知识产权管理通用规范》，通过审议成为我省推荐性地方标准。

3. 珠三角规划纲要实施成绩喜人。我省大力推动规划纲要的贯彻实施，至2010年底，珠三角地区百万人口发明专利申请量达804件，比当年目标设定值超额完成116件，提前完成了实现"四年大发展"设定的2012年知识产权考核目标。

（二）以专利奖励和资助为抓手，全面激发专利创造积极性

我省继续强化知识产权激励政策和扶持措施，推动知识产权的转化和运用。

1. 专利奖励机制不断健全。省政府拨款2400万元专门奖励我省第十二届中国专利奖获奖项目。我省精心推荐68个项目入围第十三届中国专利奖评选。2011年度广东专利奖共评出金奖13项、优秀奖55项。深圳市首次将专利奖纳入市科技奖范畴，肇庆、清远等地政府首次出台了当地专利奖励政策。

2. 推动专利申请措施得力。21个地级以上市"专利产出指数"指标测评结果在省委十届九次全会上公布。黄华华省长对省知识产权局《关于2010年我省专利申请授权情况的报告》作出重要批示。我省积极向国家争取国外申请专利资助资金。各地市采取有效措施，充分调动各类主体创造知识产权的积极性。深圳将各区"专利申请量增长率"纳入全市绩效考核，珠海出台《促进专利申请十项工作措施》。韶关、云浮重新修订资助办法，中山、潮州、梅州加大资助力度，韶关推动旅游产业专利申请。湛江、揭阳实施专利申请奖励。各地市充分发挥专利中介服务机构及协会作用，针对"零专利"企业加大宣传和扶持力度，挖掘出大批专利申请。

3. 专利申请相关工作有序开展。广州、深圳不断提高专利代办质量和效率，受理质量居全国代办处前列。广州专利代办处积极拓展职能，认真开展专利申请数据返还、专利申请文件本地化扫描等试点工作。我省大力推动专利电子申请，今年6月，全省专利电子申请率为73.24%，专利代理机构电子申请率为96.11%，实现了国家知识产权局下达任务"双达标"。我省采取有效措施，及时监控遏制非正常专利申请，截至6月30日，全省非正常专利申请率排位下降至全国第十七位。

(三) 以实现知识产权市场价值为动力，全面提升知识产权运用能力

我省继续强化知识产权激励政策和扶持措施，大力推动知识产权的运用。

1. 专利技术实施力度有效加强。全省择优扶持21个专利技术实施项目，并对10个战略性新兴产业项目予以重点扶持。广州数字家庭基地获批"国家专利产业化试点基地"。肇庆、清远新设立了本市计划。珠海市知识产权局还与市质监局共同实施"科技成果专利化标准培育"工程。

2. 知识产权市场交易不断活跃。我省成功举办第四届中国（顺德）国际工业设计创意博览会。2010年，受理专利实施许可合同备案1549件，合同涉及金额15306万元；今年1~6月，合同备案598件，涉及专利984项。广州、深圳、佛山、东莞4个国家专利技术展示交易中心积极开展工作，有效带动社会加大投入，促进我省专利技术产业化。

3. 知识产权投融资进展迅速。我省积极推动知识产权与金融资本的有机融合，知识产权质押融资纳入省政府重大政策文件。全国首个国家知识产权投融资南海综合试验区54家企业获得近3.8亿元知识产权质押贷款。广州市9家银行通过知识产权放贷总额达2.5亿元。东莞3家企业获银行专利质押贷款授信670多万元，1家企业获贷款391万元。佛山市禅城区与保险公司和代理机构合作推出"专利侵权调查费用保险"，100余家企业的逾千件专利投保信达财险。

（四）以营造良好环境为目标，大力提高知识产权保护水平

上半年，全省积极开展知识产权保护和专利行政执法工作，加强市场监管，有效维护公平有序的市场秩序。

1. "打击侵犯知识产权和制售假冒伪劣商品专项行动"成效显著。去年10月以来，根据国务院的统一部署，全面推进打击侵犯知识产权和制售假冒伪劣商品专项（简称"双打"）行动的各项工作，取得了显著成效，获得国务院督查组的高度评价。省知识产权局和20个地级以上市知识产权局分别承担省、市"双打"领导小组办公室职能，通过不懈努力和积极工作，知识产权系统统筹协调和组织推进知识产权工作的能力得到空前提升。

2. 专利执法保护进一步强化。全省积极贯彻实施《广东省专利条例》，进一步加大专利保护力度。2010年全年及2011年上半年，全省共立案受理各类专利纠纷案件195件，结案168件；立案查处假冒专利案件51件，结案35件；出动执法人员1625人次，检查商业场所457次，检查商品51967件，各类会展和行业协会解决专利纠纷1526宗。我省继续打造会展知识产权保护的"金字招牌"，广交会等重大展会知识产权保护取得新成效，国家知识产权局专利复审委首次派员进驻展会。中山市政府与省知识产权局联合开展省市区（县）知识产权联合执法及集中销毁活动。广州市成立知识产权仲裁院。汕头、阳江成功处理涉外专利案件。东莞成立"三审合一"知识产权庭。梅州对专利广告进行有效监管。顺德探索建立专利纠纷诉调对接机制。我省不断加强省际、区域间专利行政执法协作，召开粤东、粤西知识产权局长联席会议，认真做好跨地区案件移交受理及调处工作。

3. 知识产权维权援助稳步推进。我省5个维权援助中心积极开展知识产权举报投诉、维权援助、咨询服务和宣传推广工作，努力增进社会公众对维权援助工作的认识。中山市成立了全国首个行业知识产权维权中心——"中国中山（灯饰）知识产权快速维权中心"，建立起专利案件行业调解、行政处理、司法审判一条龙快速反应通道。佛山市将"12330"知识产权公益服务热线与"12345"行政服务热线并网开通，确保维权援助通道更为顺畅。

（五）以促进经济发展方式转变为导向，不断强化知识产权管理能力

我省积极推进知识产权管理体系建设，努力提高知识产权工作能力和水平，发挥知识产权对产业发展的引领作用。

1. 知识产权管理体系不断完善。我省各级知识产权管理体系不断健全。20个地级以上市建立了知识产权协调机制，深圳率先以立法形式确定了知识产权保

护协调机制的法定地位。截至6月底,全省121个县(市、区)中,109个已挂牌建立知识产权局,比例达90.1%,15个地市实现县(市、区)100%挂牌。韶关将知识产权工作纳入县(市、区)科技进步考核,东莞、中山不断完善市镇互动机制。

2. 知识产权工作投入明显增加。各地注重发挥财政资金的杠杆引导作用,逐步增加财政对知识产权的投入,深圳、东莞、惠州增幅明显,河源、清远、云浮取得突破。惠州市政府以2011年1号文件颁发了《关于推进惠州市专利工作的实施意见》,将原先每年100万元的专项资金大幅度提高到1000万元,政策的扶持涵盖了专利工作的各个环节。顺德设立"知识产权专项资金",并出台《实施知识产权专项资金实施办法》。

3. 区域知识产权事业协调发展。我省继续推进国家知识产权城市试点示范及强县工程建设工作,实施《广东省区域知识产权发展计划》及区域知识产权试点示范工作,新认定广州番禺区等20个省试点区域,继续深化高新区及专业镇知识产权工作。推进《关于加强县级知识产权工作的意见》的贯彻落实,促进县级知识产权工作科学发展。

(六)以服务经济社会发展为宗旨,努力提升知识产权服务水平

知识产权服务体系和支撑体系,是知识产权事业的重要组成部分,对知识产权事业健康快速发展具有十分重要的作用。

1. 以知识产权引领战略性新兴产业科学发展取得突破。我省实施"战略性新兴产业专利资源开发利用计划",举办"广东省战略性新兴产业专利分析及预警系列报告会",积极推动重大经济活动知识产权审议工作制度建设。全省各地切实加大行业培训及服务力度,积极将工作重点向战略性新兴产业倾斜,努力发挥知识产权对战略性新兴产业的引领和促进作用。

2. 企业知识产权工作扎实推进。我省继续认定和培育知识产权优势示范企业,截至目前,共培育认定省知识产权优势企业403家、示范企业80家,形成了一批知识产权工作明星企业群。设立了国家知识产权局广东专利巡回审查厅。佛山与香港生产力促进局联合开展"企业国际知识产权评估管理体系建设及提升创新能力计划"。深圳探索知识产权"定制式"服务,建立"深圳市知识产权重点企业联络机制"。东莞等地市出台企业知识产权管理指南、指引及标准。中山每年对300多家重点企业给予贴身指导。顺德积极筹建知识产权服务中心,打造具有全国影响力的知识产权投融资平台。

3. "百千对接工程"全面铺开。我省"百所千企知识产权服务对接工程"

列入省委常委会 2011 年工作要点和省政府 2011 年重点工作，至今已确定 44 家代理机构与 43 家企业和专业镇实施对接。我省进一步加强专利代理执业监督，大力推动专利代理能力提升。

4. 知识产权联盟建设快速发展。我省积极推进知识产权联盟发展，全省已建立知识产权（专利）联盟 21 个。6 月，顺德电压力锅专利联盟提出的电压力锅国际标准修订提案成为首个由中国家电企业提出并获通过的国际标准修订提案。佛山市清洁生产知识产权战略联盟"大规格超薄建筑陶瓷砖技术"已成功实现专利产业化。知识产权联盟的成功运作模式得到汪洋书记的充分肯定，并批示要求大力推广。

5. 专利信息化建设步伐加快。2010 年，经积极争取，全国首个区域专利信息服务中心落户广东。我省探索建立国家知识产权局（广东）专利信息传播利用基地，加快建设"广东省知识产权公共信息综合服务平台"。各地市积极搭建各类创新知识产权服务平台，加速推进专利信息与经济社会发展的融合。

（七）以知识产权文化建设为主线，大力推动知识产权宣传培训

我省不断拓展思路，创新方式方法，切实加大知识产权宣传培训力度，努力营造尊重和保护知识产权的良好氛围。

1. 知识产权人才培养力度持续加大。我省积极推荐人员参加国家知识产权专家库及"百千万知识产权人才工程"百名高层次人才的选拔。继续实施"百千万知识产权（专利）人才培育工程"，发动全省开展多层次、全方位的知识产权人才教育培训工作。深圳完善知识产权研究员专业资格评审体系，支持深圳大学开办知识产权学院。汕头、肇庆在当地市委党校建立知识产权教育培训基地。东莞开展首届应届毕业生知识产权就业培训，培养 200 名应届毕业生成为知识产权专业人才。上半年，省知识产权局主办和支持举办各类知识产权培训班 14 期，参加培训近 1300 人次。

2. 全社会知识产权意识显著提高。我省深入贯彻落实汪洋书记关于加强知识产权宣传工作的指示，紧密围绕省委、省政府"加快转型升级，建设幸福广东"的战略部署，切实加大知识产权宣传力度。全省结合"双打"、知识产权宣传周等契机，开展了内容丰富、形式多样的宣传活动，在全社会形成前所未有的宣传热潮。继续推进中小学知识产权教育，截至目前，累计认定省试点学校 191 所、示范学校 20 所；继续支持青少年发明创新活动，参加广东省职业技能大赛及"省长杯"工业设计大赛各项工作，继续支持举办"广东省青少年科技创新大赛""广东省少年儿童发明奖"及全省物流创新大赛。

（八）以提升知识产权影响力为指引，不断加强知识产权交流合作

我省继续实施"走出去""引进来"战略，深入推进知识产权国际交流与区域合作。

1. 知识产权国际交流不断深化。省知识产权局积极发挥协调知识产权涉外事宜的机构职能，促成汪洋书记与日本国际知识产权保护联盟代表团的会谈；广泛开展外事交流合作，接待来自日本、美国、欧洲等国家和地区数十个知识产权代表团逾百人次来访，与朝鲜发明局局长、美国专利商标局副局长、美国驻华大使馆知识产权专员等高级官员进行了深入交流。广州、深圳、东莞等地市积极推进知识产权国际交流工作。

2. 区域知识产权合作有效拓展。我省深入开展粤港澳台知识产权合作，圆满完成粤港保护知识产权合作专责小组第九次会议确定的14个年度合作项目，探索签署粤澳知识产权合作协议，落实对台合作项目一批，落实推进粤哈合作，启动对新疆喀什的知识产权协作工作，推动泛珠三角区域知识产权合作不断深化。2010年以来，在省委、省政府的正确领导下，在国家知识产权局的精心指导下，在各级党委、政府和各有关部门的支持配合下，经过我省各级知识产权部门的积极努力，我省知识产权工作成效显著，特色分明，成绩喜人。但面对当前知识产权工作面临的新形势和新挑战，我们必须清醒地认识到，与经济社会发展的要求相比，与建设幸福广东的要求相比，我省知识产权工作尚存在不少薄弱环节：一是知识产权工作未完全融入我省经济社会发展主战场；二是知识产权创造运用能力仍显薄弱；三是知识产权管理体制需进一步完善；四是知识产权服务水平需继续提高；五是知识产权人才队伍建设需进一步加强。这些都需要我们在今后的工作中采取切实可行的措施逐步加以解决。

三、2011年全省知识产权工作安排

2011年，全省知识产权工作的指导思想和总体要求是：认真贯彻落实省委十届八次、九次全会精神，紧紧围绕"加快转型升级，建设幸福广东"的核心任务，大力实施国家和我省知识产权战略纲要、《珠江三角洲地区改革发展规划纲要（2008~2020年）》和《广东省知识产权事业发展"十二五"规划》，不断加强知识产权创造、运用、保护和管理，推动知识产权强省建设，充分发挥知识产权制度对加快经济发展方式转变的重要支撑作用，促进经济社会平稳较快发展。重点抓好以下十个方面的工作。

（一）进一步加强知识产权政策研究。积极做好《关于加快建设知识产权强

省的决定》的修改完善及报送审议工作,力争年内以省委、省政府的名义出台《决定》。研究制定《广东省专利奖励办法》和《广东省展会专利权保护办法》。鼓励各地市结合当地实际,大胆创新,出台各类知识产权激励政策。

(二) **加强知识产权战略实施和统筹协调**。继续大力实施知识产权战略纲要和年度实施方案,探索建立战略纲要考核评估指标体系,鼓励地方定期召开知识产权工作会议,推动战略实施各项任务的贯彻落实。充分发挥各级政府知识产权协调机制的作用,进一步加强知识产权统筹协调,年内实现地市知识产权协调机制100%建立。巩固"双打"行动成果,推动形成制度化、常态化和规范化的知识产权保护长效机制。切实做好深圳大运会知识产权保护工作。

(三) **推进"十二五"规划和《珠三角规划纲要》实施**。大力宣传《广东省知识产权事业发展"十二五"规划》,抓好规划和省部高层次战略合作各项任务的贯彻落实。做好珠三角各市专利申请量指标的制定、落实和考核工作。根据省委对"省市厅级党政领导班子和领导干部落实科学发展观评价指标体系"进行调整,以及"百万人口发明专利申请量"已列为《珠三角规划纲要》重点监测指标的情况,各市要在制定专利申请年度目标时,加强研究,综合考虑,避免设定目标出现冲突或矛盾。

(四) **激励知识产权创造和有效运用**。认真执行《关于促进我省专利申请工作的意见》,完善专利申请资助政策措施,促进我省专利申请数量、质量实现双提升。大力实施"战略性新兴产业专利信息资源开发利用计划",加快推进重大经济活动知识产权评议及知识产权预警机制建设。切实加强对企业的扶持和引导,推动《创新知识企业知识产权管理通用规范》实施。推动知识产权联盟建设,促进产业转型升级。完善知识产权投融资机制,加快知识产权交易平台建设。

(五) **加大知识产权保护力度**。全面实施《广东省专利条例》,加强全省专利行政执法工作,提高专利行政执法能力和实操水平。有效发挥专利行政执法监管信息系统的作用,探索新形势下专利行政执法的新模式和新路子。完善专利执法协作和重大案件沟通协调机制,加强知识产权举报投诉工作,探索建立知识产权维权援助与涉外应对机制。

(六) **提升知识产权管理和服务水平**。加强专利代办服务,加大电子申请推广力度。采取得力措施,切实加强对非正常专利申请的监督控制。深入推进"百千对接工程",加强专利代理执业监管及行业自律,依法严厉打击非法专利代理行为。加快建设国家知识产权局区域专利信息服务中心,加快专利信息资源的开发和有效利用。

（七）**推进知识产权文化建设**。深入贯彻落实汪洋书记关于加强知识产权宣传工作的指示，尽快出台《关于加强全省知识产权宣传工作的意见》，在全社会广泛持续地宣传普及知识产权知识；继续深化青少年知识产权教育及创新活动；形成省市县三级联动宣传机制，全面推进知识产权文化建设。

（八）**加大知识产权人才培育力度**。大力实施"百千万知识产权（专利）人才培育工程"，完成年度培训计划。加强全省知识产权培训体系建设，建设知识产权培训基地，实施"国际知识产权制度巡回讲座计划"和"大专院校知识产权教育普及计划"。加强知识产权学历教育，吸引社会力量加大投入，开展形式多样的知识产权培训。

（九）**促进知识产权交流合作**。继续实施"走出去""请进来"战略，不断加强知识产权对外交流合作。不断创新途径和领域，深化粤港澳台知识产权合作。推进泛珠三角区域知识产权合作，落实泛珠三角区域专利行政执法协作协议。加强与新疆喀什地区的互访交流，落实知识产权协作项目。

（十）**推动区域知识产权协调发展**。大力实施国家知识产权城市试点示范工作和强县工程，推动珠三角地区各市尽快加入试点示范行列。落实《广东省市厅级党政领导班子和领导干部落实科学发展观评价指标体系及考核评价办法》关于自主创新的考核评价工作，探索建立地市知识产权工作考核评价体系。与中国知识产权研究学院联合举办地市领导干部知识产权战略研究班。继续实施"区域知识产权发展计划"和区域知识产权试点示范工作，贯彻落实《关于加强全省县级知识产权工作的意见》，有效推进全省各市及县级知识产权事业全面协调发展。

开拓创新 锐意进取
推进知识产权工作迈上新台阶

——在 2012 年全国知识产权局局长会议上的发言

(2012 年 1 月 5 日)

一、2011 年广东省知识产权工作基本情况

2011 年,在国家知识产权局的大力支持和精心指导及广东省委、省政府的正确领导下,我局坚持以科学发展观为统领,开拓创新,锐意进取,推动全省知识产权事业实现了新发展。突出表现在:

一是知识产权战略实施取得新进展。我省采取有效措施加大战略实施推进力度,至 9 月底,全省 21 个地级以上市全部出台战略纲要或实施方案,部分县(市、区)也颁布了战略实施方案,形成了以战略统领事业发展、以战略支撑事业发展的良好局面。

二是知识产权"十二五"规划实现新突破。8 月 17 日,省政府印发实施《广东省知识产权事业发展"十二五"规划》,这是我省第一部集专利、商标、版权、商业秘密、植物新品种和地理标识等于一体的五年发展规划,为未来五年我省知识产权事业发展指明了前进方向和道路。

三是知识产权保护统筹协调职能大大强化。我局充分发挥省打击侵犯知识产权和制售假冒伪劣商品专项行动领导小组办公室作用,在全省范围内组织开展了声势浩大的"双打"专项行动,确定重点整治地区和市场 249 个,出动执法人员 70 万人次,组织联合执法行动 806 次,查处案件 2 万余件,涉案金额达 16.7 亿元,工作成效受到国务院督查组和全国"双打"办的充分肯定和高度评价。同时,稳步推进专利行政执法、展会知识产权保护和维权援助工作,成立了全国首家中国中山(灯饰)知识产权快速维权中心,搭建起集专利申请、维权援助、调解执法于一体的一站式综合服务平台。

四是战略性新兴产业专利信息资源开发利用计划全面启动。我局围绕新一代通信、物联网、数字家庭、新能源汽车等7大重点产业，发布专利信息及预警报告，为重点产业可持续发展提供决策依据。同时积极探索实现知识产权价值运用的长效机制，知识产权质押融资纳入省政府重大政策文件，国家知识产权投融资（南海）综合试验区54家企业获得3.8亿元质押贷款。

五是知识产权管理服务体系建设全面加强。在国家知识产权局的支持下，我省与国家知识产权局率先签署了省部共建专利审查协作中心协议，将共同投入12亿元建设审协广东中心；此外，省政府还将再投资2亿元建设广东知识产权服务业园区。同时，我局积极推进国家区域专利信息服务中心、国家专利信息传播与利用基地和省知识产权公共信息综合服务平台等各项建设工作。大力实施"百所千企知识产权服务对接工程"，全省一大批企业和专业镇与63家专利代理机构成功实现对接。努力提升专利代办水平，至11月底，全省专利电子申请率达77%，代理机构电子申请率达98%。

六是积极拓展知识产权交流合作空间。我局频繁接待美、日、英等国相关机构高层人员来访，联合举办高水平交流研讨活动，并与相关机构就建立互访及信息通报机制、加强人才培养等合作事宜达成多项共识。粤港澳知识产权合作纳入政府间框架协议，粤台知识产权合作迅速推进，成效显著。

二、主要做法和经验

一是知识产权工作必须围绕中心、服务大局，有力助推经济社会发展。2010年7月19日，中央政治局委员、省委书记汪洋在到广东知识产权服务中心调研时强调要求：知识产权工作要真正成为经济社会发展的助推器。2011年初，广东省委、省政府提出了"以加快转变经济发展方式为主线，以加快转型升级、建设幸福广东为核心"的工作要求。全年，我局根据汪洋书记的指示精神，牢固树立中心意识、大局意识和服务意识，扎实有效地开展各项工作，有力地助推了全省经济社会发展。为了推进战略性新兴产业发展，我局及时启动战略性新兴产业专利信息资源开发利用计划，争取到了2000万元专项资金，专门用于专利信息资源的深度分析和开发利用，有效地支撑和促进重点战略性新兴产业科学发展。同时，我局还深入挖掘并找准新的工作着力点，大力支持并推动知识产权联盟发展建设，帮助企业提升自主创新和知识产权保护能力，推动我省重点行业成功实现转型升级，工作成效得到省委、省政府的充分肯定。

二是知识产权工作必须着眼未来、敢为人先，抢抓新发展机遇。广东作为改革开放的先行省，对外开放程度高，经济发展活力强，进而对知识产权事业发展提出了更高和更新的要求。今年年初，为了将广东打造为全国重要的高层次知识产权人才聚集中心、知识产权服务业发展辐射中心，我局及时向省委、省政府提出争取国家专利审查协作中心落户广东的建议，并多次向国家知识产权局和省委、省政府进行专题汇报，获得国家局和省委、省政府主要领导的高度重视和大力支持。经过各方的共同努力，9月22日，省政府和国家知识产权局共同签署了国家专利审查协作广东中心合作共建协议，全国第一家建设于北京之外的审协广东中心落户中新广州知识城，预计占地面积100亩，总投入概算12亿元。审协广东中心的成立，是一件具有里程碑意义的大事，必将为我省知识产权事业发展注入新的动力和活力。

三是知识产权工作必须加大宣传、广造声势，努力提升社会影响力和辐射面。在知识产权理念远未被全社会广泛认识的情况下，扩大知识产权工作声势，是现今形势下十分必要的工作手段。全年，我局紧扣国家和省中心工作部署，对广东、深圳、华为发明专利授权位居全国首位等重要新闻在国内和省内主要媒体上展开多角度的宣传报道，对《广东省专利条例》进行全省巡回宣讲，针对知识产权事业发展"十二五"规划、知识产权保护状况、全省知识产权公民意识调查等召开多场新闻发布会，进行广泛宣传，引起了社会各界的强烈反响。在"双打"期间，我局联合省委宣传部开展了前所未有、声势浩大的宣传，通过中央电视台、人民日报、经济日报、央视网等中央媒体和南方日报、南方网等地方媒体，详细报道广东"双打"做法、效果及典型案例，仅省内几大媒体集团刊播专题报道数多达1300余条，有效形成了"双打"舆论高压态势，获得国内外的广泛关注。强大的宣传声势，一方面有效地提升了广东保护知识产权的良好国际形象，进一步增强了国（境）外投资者的信心，另一方面也提高了知识产权工作的社会影响力，特别是提高了各级领导对知识产权工作的重视程度，有效拓展了知识产权事业的发展空间。

虽然我省知识产权工作取得了一定成效，但与经济社会发展及建设幸福广东的要求相比还存在不少薄弱环节，如知识产权创造运用能力相对薄弱，知识产权管理体制需进一步完善，知识产权服务业水平亟需提高，知识产权人才队伍需进一步加强等，有待在今后的工作中进一步解决。

三、2012年广东知识产权工作设想

2012年，我局将紧紧围绕省委、省政府中心工作以及知识产权事业发展需

求，重点做好以下工作：一是深入实施知识产权战略，大力贯彻落实《关于加快建设知识产权强省的决定》；二是深化省部高层次战略合作关系，加快建设审协广东中心；三是强化知识产权统筹协调，建立健全打击侵权和假冒伪劣行为长效机制；四是扎实推进战略性新兴产业知识产权专项计划，全面加强对企业的引导和服务；五是发挥政策作用，激励知识产权创造、交易、转移和运用；六是加大知识产权保护力度，探索建立维权援助和海外应对机制；七是完善知识产权服务体系，加快建设广东省知识产权服务业园区；八是深化知识产权交流合作，形成互利共赢良好局面；九是推进知识产权宣传教育，强化人才队伍建设；十是加强管理创新，建立适应新形势的知识产权管理队伍。

最后，我想借用唐朝诗人杜审言的名句"寄语洛城风日道，明年春色倍还人"来结束我的发言。我相信，在大家的共同努力下，知识产权事业之花将会更加绚丽绽放！

乘势而上 奋发有为
加快建设知识产权强省

——在2012年全省知识产权局局长会议上的讲话

(2012年2月28日)

这次全省知识产权局局长会议的主要任务是：贯彻党的十七届六中全会和省委十届十一次全会精神，传达全国知识产权局局长会议精神，总结2011年知识产权工作情况，部署今年主要工作任务。

一、全国知识产权局局长会议的主要精神

（一）全国知识产权局局长会议基本情况

2012年1月5日至6日，全国知识产权局局长会议在北京召开。国家知识产权局党组书记、局长田力普传达了中央政治局委员、国务院副总理王岐山的重要指示，并作了题为"深入实施知识产权战略，有力支撑创新型国家建设"的工作报告。党组成员、副局长贺化主持会议并作总结讲话。副局长李玉光、杨铁军，纪检组长肖兴威，副局长鲍红、甘绍宁出席会议。会议表彰了全国专利系统先进集体和先进工作者。辽宁、上海、湖北、广东、广西五省（市、区）代表在会上作交流发言。

（二）王岐山副总理对知识产权工作的重要指示

王岐山副总理指出，2011年，各级知识产权局都取得了很好的成绩，要认真总结工作成效，讲透成绩，振奋精神，提升信心。他要求，2012年，要紧紧围绕党中央关于"稳中求进，平稳增长"的工作部署，精心谋划新一年的工作任务。他强调，我国正处于快速工业化和城镇化的重大转型期，为创新和知识产权的实践提供了很好的现实基础，各级知识产权局要用足机遇期，努力为知识产权事业的全面发展作出更大的贡献。

（三）田力普局长工作报告的主要内容及精神

田力普局长所作的工作报告分为三个部分。

第一部分从九大方面全面总结了 2011 年全国知识产权工作，主要包括：知识产权战略实施取得新成果；知识产权工作服务经济社会发展迈上新台阶；知识产权执法保护取得新成效；创造和运用能力再上新水平；管理效能得到新提升；工作支撑和服务体系建设呈现新面貌；人才队伍建设实现新进展；文化环境得到新改善；涉外交流和港澳台工作取得新进展。报告中共有 23 处对广东知识产权工作成效给予了充分肯定。

第二部分深刻分析了国内外发展形势，明确指出目前我国正处在加快转变经济发展方式、建设创新型国家、全面建设小康社会的关键时期，知识产权事业发展迎来了难得的历史机遇。面对新形势，要在更新理念、明晰路径、深化内容、完善机制、强化重点、优化环境等方面务必做到"六个更加注重"，深入推进知识产权事业科学发展。

第三部分提出了 2012 年工作的总体思路，并从十个方面进行了全面部署：一是全力推进战略和规划的贯彻落实；二是着力推动产业与企业知识产权工作；三是积极完善知识产权法规政策体系；四是全面加强执法维权体系建设；五是有效构建知识产权运用体系；六是切实强化专利审查体系建设；七是全面优化知识产权服务体系；八是继续夯实知识产权人才体系建设；九是切实强化知识产权区域管理工作；十是深入开展知识产权文化建设。最后，报告强调，全国知识产权局系统要化挑战为机遇，变压力为动力，乘势而上，奋发有为，全力把知识产权事业推向前进，以优异成绩迎接党的十八大召开。

二、2011 年全省知识产权工作基本情况

2011 年，在国家知识产权局的大力支持下，在省委、省政府的正确领导下，全省知识产权系统坚持以科学发展观为统领，认真贯彻落实省委十届八次、九次全会精神，结合我省经济社会和知识产权事业发展实际，拼搏进取，开拓创新，实现了"十二五"时期知识产权事业发展的良好开局。全年，全省专利申请受理量 196275 件，同比增长 28.36%，其中发明专利申请受理量 52012 件，同比增长 27.27%；专利授权量 128415 件，同比增长 7.60%，其中发明专利授权量 18242 件，同比增长 33.23%，连续 4 年位居全国首位；PCT 国际专利申请量 8941 件，同比增长 33.9%，占全国总量的 55.57%，连续 10 年位居全国首位。全省有效发明专利量累计 58648 件，同比增长 40%，占全国总量的 18.4%，位居全国首位。专利密度（百万人口有效发明专利量）为 562.3（件/百万人），是全国的 2.37 倍。在第十三届中国专利奖评选中，我省获得金奖 6 项、优秀奖 34

项，金奖数量居全国首位。

（一）围绕全省核心任务，知识产权重点工作实现突破

一是知识产权战略实施工作全面推进。各地各部门扎实推进战略实施各项工作，至2011年9月底，全省21个地级以上市全部出台战略纲要或实施方案，部分县（市、区）也颁布战略实施方案。广州在全国首创"广州市保护知识产权市长奖"，重奖知识产权保护工作先进单位；深圳成功开展大运会知识产权保护专项行动，制定《深圳市知识产权与标准化战略纲要（2011~2015年）》；深圳、东莞、清远召开全市知识产权工作会议；汕头对战略实施情况进行总结评价并及时制定下阶段实施意见；佛山市划拨214万元重点支持16个"知识产权战略推进"项目。

二是省部高层次战略合作深入推进，首个省部共建专利审查协作中心落户广东。国家知识产权局和省政府联合确定《2011年度知识产权高层次战略合作工作安排》，共同推进"十二五"规划实施等十大任务。在汪洋书记和黄华华省长的高度重视下，经全力争取，国家知识产权局和省政府于9月22日签署协议，共同投资12亿元在广州中新知识城合作共建"国家知识产权局专利局专利审查协作（广东）中心"。该中心是第一个在北京地区外设立的专利审查协作中心，也是省部共建的首个专利审查协作中心。至"十二五"期末，中心将形成2000名左右的专利审查员队伍，年发明专利审查能力达11万件。

三是"双打"专项行动成效斐然。根据国务院统一部署，从2010年10月至2011年6月，我省全面推进打击侵犯知识产权和制售假冒伪劣商品专项行动，取得了显著成效，获得国务院督查组和全国"双打"办的高度评价，称赞广东"认识有高度、工作有力度、整治有广度、打击有深度、成效显著，多项工作走在全国前列"。特别值得一提的是，省知识产权局和20个地级以上市知识产权局分别承担了省市"双打"领导小组办公室职能，极大地锻炼了队伍、凝聚了力量、积累了经验、树立了威信，使知识产权局系统统筹协调和组织推进重大知识产权工作的能力得到了空前的展示和提升。

四是首部知识产权事业"十二五"规划颁布实施。2011年8月17日，省政府印发《广东省知识产权事业发展"十二五"规划》，这是我省首部集专利、商标、版权、商业秘密、植物新品种和地理标识等于一体的五年发展规划。各地纷纷将知识产权发展目标和工作举措纳入本地区经济社会发展规划，汕头研究制定了全市专利工作"十二五"规划。

五是《珠三角规划纲要》目标超额完成。全省大力推进规划纲要的贯彻实施，圆满完成规划纲要设定目标，2010年珠三角地区百万人口发明专利申请量达697件，超过目标设定值9件，珠三角九市完成度均超过200%。省评估考核组对此给予了"扎实、有效、多亮点，体现我省在全国知识产权工作中的主力军和排头兵作用"的评价。

（二）强化政策体系建设，知识产权政策环境不断优化

省知识产权局联合省委政策研究室深入开展政策研究，经过一年多的不懈努力，今年1月20日，省委、省政府颁布《关于加快建设知识产权强省的决定》。《决定》是全省首个以省委、省政府名义颁布的全面推进知识产权事业改革和发展的重要纲领性文件。我省还在《广东省自主创新条例》中充分突出知识产权导向。惠州以市政府一号文件颁布实施《关于推进惠州市专利工作的实施意见》；河源市政府下发《关于大力推进知识产权工作的实施意见》；深圳提请市政府审议《深圳市促进知识产权运用办法》。

（三）加大资助奖励力度，知识产权创造热情持续高涨

一是专利奖励激励作用显著。2011年，省政府投入奖励经费2400万元，重奖我省第十二届中国专利奖获奖单位。广东专利奖评奖活动共评出省专利金奖13项、优秀奖55项。广州启动首届专利奖评选活动，奖金总额高达420万元；深圳首次将专利奖纳入市科技奖范畴；惠州修订《惠州市科学技术奖励办法》，增设专利类奖项；清远市政府设立专利奖项并对获得国家和省专利奖的获奖单位给予配套奖励；肇庆首次出台专利奖励政策。

二是专利申请促进措施得力。全省高度重视专利申请工作，省级专利申请资助经费新增2000万元。各地采取有效措施，充分调动各类主体专利创造积极性，广州开展"灭零行动"和"倍增计划"，市资助经费达2900万元；深圳将"专利申请量增长率"指标纳入各区绩效评估指标体系；珠海实施《促进专利申请十项工作措施》；汕头实施灭零倍增四大计划；韶关、阳江、潮州提出县区专利申请建议指标；东莞、阳江推进专利提升工程；韶关、梅州修订专利申请资助办法，湛江实施年度激励措施；肇庆培育发明专利申请大户群；潮州市政府通报表彰发明专利权利人。

三是专利申请相关工作有序开展。广州、深圳代办处不断提高专利代办质量和效率，受理数量和质量继续位居全国前列。广州代办处拓展性开展专利申请数据返还、专利申请文件本地化扫描试点工作，年度收费金额首次突破2亿元。全省大力推动专利电子申请工作，专利电子申请率超过70%，专利代理机构电子申请率高达96%，提前实现国家知识产权局"双达标"任务。我省采取积极措

施监控、遏制非正常专利申请，初步确认非正常专利申请量5194件，列全国第四位，非正常专利申请率5.97‰，列全国第十五位；最终确认非正常专利申请3222件，位居全国第五位。

（四）发挥制度引领作用，产业核心竞争力大幅提升

一是战略性新兴产业知识产权工程成效明显。我省实施战略性新兴产业专利信息资源开发利用计划，安排专项资金2000万元，围绕七大重点产业深度开发专利信息。积极开展专利态势分析，发布三大产业专利分析及预警报告。推进重大经济活动知识产权审议制度及知识产权预警机制建设，制定"十二五"期间评议制度建设及试点工作方案。

二是企事业单位运用能力有效增强。强化企事业单位试点示范工作，遴选省知识产权示范企业20家、优势企业50家。截至目前，累计认定省知识产权示范企业80家、优势企业403家。积极推动国家知识产权局广东专利巡回审查庭建设，大力推广"创新知识企业知识产权管理通用规范"。深圳安排专项资金2.3亿元，培育优势企业120家，建设知识产权应急及预警公共平台项目40个；汕头支持企业开展知识产权战略研究，落实重点企业跟踪联系制度；惠州、东莞、江门、茂名、清远等市继续开展市级优势企业认定及培育工作。

三是知识产权产业化工作持续开展。继续实施省专利技术实施计划，选择扶持10个重点项目和21个一般项目。组织开展第五届"中国专利周"系列活动，首次在广东工业设计城举办第四届中国（顺德）国际工业设计创意博览会。落实国家专利技术展示交易中心引导扶持建设项目，4个展示交易中心实际交易额达1.97亿元。建设国家专利产业化（广州数字家庭）试点基地，实现年产值56亿元。珠海安排410万元推进专利技术实施工作；广州、汕头、中山、清远、肇庆等市继续推进市级专利实施计划；广州完成"省市专利发展成果展示馆"的建设与开馆工作。

四是产业联盟建设稳步发展。全省建立22个知识产权（专利）联盟，涵盖数字家庭、LED、新能源等战略性新兴产业和陶瓷、红木家具、电压力锅等传统产业。各专利联盟通过知识产权信息沟通、许可交易及保护调解，对内自律、对外维权，有效地起到了集成知识产权资源、催化知识产权应用的作用。其中，顺德电压力锅专利联盟提出的电压力锅国际标准修订提案，在第83届国际电工委员会会议上获得审议通过，首次实现由中国家电企业提出国际标准修订提案并被采纳。

（五）服务社会创新发展，专利行政执法力度持续加大

一是打造综合性知识产权保护新平台。全国首个综合性的行业知识产权维权中心——中国中山（灯饰）知识产权快速维权中心落户广东。省知识产权局和中山市指导中心积极整合各方资源，初步构建了集灯饰专利快速授权、维权援助、信息运用、调解执法、司法诉讼于一体的一站式综合平台。田力普局长亲赴中山考察指导，对中心各项工作给予充分肯定并要求我省将中心建设成为全国知识产权保护示范单位。

二是专利行政执法力度切实加强。全省积极贯彻实施《广东省专利条例》，进一步加大专利保护力度。2011年，全省共立案受理各类专利纠纷案件220件，结案147件，分别同比增长52%和37%；查处假冒专利案件立案41件，同比增长14%，结案23件，同比减少26%，涉案金额820万元；通过各类会展和行业协会解决专利纠纷1216宗，同比增长12%。继续开展广交会等大型展会知识产权保护工作。不断加强泛珠三角区域、中南五省、粤闽沿海、粤渝等专利行政执法协作机制。顺德积极创新专利纠纷解决模式，与佛山市中院搭建专利纠纷诉调对接机制。

三是知识产权维权援助稳步推进。全省5个维权援助中心积极开展知识产权举报投诉、维权援助、咨询服务和宣传推广工作，有效提升社会认知度。省维权援助中心启用语音系统，优化工作效率。深圳在重点行业、领域及企业设立维权援助工作站，编辑发布《知识产权参考》；汕头制定出台《重大项目和高层次人才知识产权维权援助服务工作方案》，在区和街道设立维权援助联络站，及时发布预警通报；佛山开展知识产权维权知识库编撰、论证及培训工作。

（六）健全工作体制机制，知识产权宏观管理能力全面加强

一是知识产权管理体系不断优化。我省不断加强知识产权行政管理体系建设，全省20个市建立了知识产权协调机制。深圳市在市场监督管理局加挂市知识产权局牌子，全面实现集专利、商标、版权于一体的大知识产权管理格局。全省市级专职人员超过150人，其中广州、深圳、汕头、惠州、东莞5个市超过10人。县级机构不断加强，112个县（市、区）挂牌成立知识产权局，比例达92.6%，15个市实现100%挂牌。梅州兴宁市局增加3名事业编制，并设立2名副局长职数。

二是知识产权工作投入持续增长。科学发展观考核工作引导作用持续显现，地方党委和政府对知识产权工作领导力度不断加大，时任梅州市委书记拜访省知识产权局。各地注重发挥财政资金的杠杆引导作用，努力增加财政对知识产权的

投入，市级专项资金总额超过3亿元。其中，深圳过亿，东莞6000万，广州超3000万，惠州1000万元，珠海、江门、肇庆等均实现新突破。

三是区域知识产权事业协调发展。继续推进国家知识产权城市试点示范及强县工程建设，实施《广东省区域知识产权发展计划》，落实《关于加强县级知识产权工作的意见》，稳步推进高新区及专业镇知识产权工作，新认定省试点区域20个、试点镇街10个。各地加大对县区的支持指导力度，梅州、惠州、清远、潮州向县区下拨工作经费，韶关、湛江奖励工作突出县区。

（七）构建公共服务平台，知识产权服务水平全面提升

一是知识产权服务体系不断完善。省政府投资2亿元在中新知识城建设广东知识产权服务业园区，带动我省高技术服务业蓬勃发展。继续推进国家区域专利信息服务中心和国家知识产权局（广东）专利信息传播利用基地建设，加快建设知识产权公共信息综合服务平台。汕头围绕八大支柱产业建成10个专利数据库，围绕战略性新兴产业发展方向建立LED专利数据库；广东石化产业知识产权公共信息平台在茂名正式启用。

二是"百所千企对接工程"全面铺开。"百所千企知识产权服务对接工程"列入省委常委会2011年工作要点和省政府2011年重点工作，迄今共有63家代理机构与700余家企业实现对接，新增专利申请9310件。

三是知识产权投融资工作取得新进展。我省完善知识产权质押融资政策体系，推动质押融资纳入省政府重大政策文件。稳步推进南海建设国家知识产权投融资综合试验区，19家企业获得2.04亿元的知识产权质押贷款。广州投入250万元重点支持企业利用质押融资实现产业化，银行业知识产权放贷总额达2.5亿元；顺德开展投融资服务试点工作，3家企业获得3000万元质押贷款；佛山禅城首创专利保险合作社，97家企业为1000项专利购买侵权保险。

四是专利代理行业健康发展。我省加大对专利代理机构的监管与扶持，截至2011年底，专利代理机构107家，分支机构102家，执业专利代理人753人，专利代理机构数量和执业专利代理人数量均继续居全国第二位。深圳起草《专利代理机构管理规范》；东莞联合市工商部门严肃查处非法代理机构，净化专利代理市场。

（八）加强文化建设和人才工作，知识产权发展基础有效夯实

一是知识产权舆论宣传声势浩大。全省深入贯彻落实汪洋书记关于加强宣传工作的指示精神，紧密结合省委、省政府中心工作，充分利用各类媒体，围绕"双打"专项行动、"4·26"世界知识产权日、专利周等重大活动和热点工作开展深入宣传，全面展示广东"双打"成效，营造强大舆论宣传声势，掀起了前所未有的宣传高潮。惠州市政府主办"运用知识产权设计惠州未来"、"4·26"宣传活动；深圳开通"深圳知识产权"微博；东莞举办"尊重知识产权，建设文明东莞"知识产权文艺晚会；深圳、湛江、清远、潮州、云浮等市发布手机宣传信息；清远在《清远日报》开设5期宣传专栏；云浮、阳江、茂名、潮州、揭阳、梅州、湛江等地联合多部门开展综合性宣传活动。

二是知识产权教育活动深入普及。全省不断加大对各级领导干部的知识产权教育力度，汕头大力发挥市级培训基地作用，在市委党校科级班和中青班等主体班次开设知识产权培训课程；肇庆在市委党校挂牌成立党政干部知识产权培训基地。各地因地制宜推动中小学知识产权教育工作向纵深延伸，新增省级示范学校10所；汕头、佛山、河源、清远等市积极开展市级中小学教育试点示范工作；汕尾联合共青团、科协举办全市首届青少年科技创新创意展览。

三是知识产权人才工作全面深化。大力推进"百千万知识产权（专利）人才培育工程"，积极落实百名高层次和千名人才培养工作，首次引进台湾师资队伍，有效提升人才培养层次。省知识产权局组织省市县三级行政管理人员赴美国和台湾进行专题培训，并安排市局负责同志赴井冈山干部学院研修。据统计，全省共举办各类培训班149期，参加培训人数17937人次。东莞选送优秀人才赴清华大学系统学习，连续举办企业专利工作者培训班和大学毕业生知识产权就业培训班；佛山高新区举办"一区六园"巡回培训活动；惠州、中山制定人才发展规划；深圳开展专业技术资格评审试点，3年共有124人通过评审；东莞获批开展知识产权专业中、初级资格评审试点工作。

（九）深化国际和区域交流合作，知识产权发展空间不断拓展

一是知识产权国际交流合作成效显著。省知识产权局充分发挥涉外知识产权统筹协调职能，积极推动协调国外相关机构与我省开展交流合作，配合完成汪洋书记会见日本国际知识产权保护论坛、外国领事团及新任美国驻华大使，宋海副省长会见美国贸易代表团等重要活动，组织赴西班牙、葡萄牙、巴西、阿根廷等国家进行专题考察，并与美国、日本、欧盟等国家和地区建立了长期友好的合作关系，有效拓展知识产权事业发展平台。

二是粤港澳台和泛珠区域合作进展顺利。推动省政府将粤港知识产权合作内容纳入粤港政府间2011年重点工作，签署《2011年至2012年粤港知识产权合作协议》，圆满完成粤港保护知识产权合作专责小组确定的合作项目；将知识产权内容纳入粤澳政府间合作框架协议，探索建立粤澳知识产权合作机制；积极推动

泛珠三角区域知识产权合作；与台湾在知识产权教育与培训方面开展多项合作，形成了合作共赢的良好局面。

在过去的一年中，我省知识产权工作成效显著、亮点突出、特色鲜明。这些成绩的取得与省委、省政府的正确领导密不可分，与各市县党委政府、各部门的大力支持密不可分，与全省知识产权局系统广大干部职工开拓创新、扎实工作密不可分。在此，我代表省知识产权局向长期以来对我省知识产权工作给予关心支持的各级领导致以崇高敬意！向辛勤工作在知识产权战线上的广大干部职工表示衷心的感谢！在取得成绩的同时，我们也清醒地认识到，与经济社会发展和建设幸福广东的要求相比，我省还存在许多薄弱环节，如知识产权参与宏观决策的程度不高，知识产权创造运用能力仍然薄弱，知识产权管理体系有待进一步完善，知识产权区域发展不均衡问题依然突出，知识产权服务业水平亟需提高，知识产权人才队伍亟需加强等，有待在今后的工作中逐步加以解决。

三、抢抓机遇、突出重点，加快建设知识产权强省

2012年，全省知识产权工作的指导思想和总体要求是：认真学习贯彻党的十七届六中全会、省委十届十一次全会、全国知识产权局局长会议精神和省委、省政府重大决策部署，深入贯彻落实科学发展观，紧紧围绕"加快转型升级，建设幸福广东"的核心任务和建设知识产权强省的总目标，努力解放思想、开拓创新，扎实推进知识产权战略实施，深化省部知识产权高层次战略合作，激励知识产权创造，促进知识产权运用，加强知识产权保护，完善知识产权服务和管理体系，充分发挥知识产权在推动全省科技创新、经济发展和社会进步中的作用，重点抓好以下十二个方面的工作。

（一）贯彻实施《关于加快建设知识产权强省的决定》。《决定》的颁布实施，是我省知识产权事业发展进程中的一件具有里程碑意义的大事。省知识产权局将组织开展全省宣讲、媒体宣传等系列活动。各地要进一步增强紧迫感、责任感和使命感，认真做好学习领会和贯彻实施工作，采取得力措施，确保扎实有效推进强省建设各项任务。

（二）推进知识产权战略实施和考核评估工作。省知识产权局将通过制定年度战略纲要实施方案、开展战略实施5周年专题纪念活动、考核评估战略实施成效等多种方式，大力推进战略纲要的贯彻实施。各地要分阶段制订实施或推进计划，进一步明确战略实施方向，强化实施体系，完善实施机制，充分发挥统筹协调指导战略实施的重要作用，推进战略实施各项任务落到实处、取得实效。

（三）切实做好"双打"和"三打两建"专项工作。目前，省政府已正式发文明确省"双打"领导小组办公室设在省知识产权局，各地要积极推动建立市级"双打"工作协调机制并争取承担办公室职能，牵头开展统筹协调和组织推进工作，保质保量按期完成各项任务。要认真落实省委、省政府"三打两建"工作部署，严厉查处专利侵权、群体侵权、重复侵权和假冒专利等违法行为，充分保护权利人的合法权益。要继续推进中国中山（灯饰）知识产权快速维权中心建设，力争早日将其打造为全国知识产权保护示范单位。

（四）健全知识产权政策法规体系。省知识产权局将不断加强知识产权政策体系建设，研究制定《广东省展会专利保护办法》、《广东省专利奖励办法》和《广东省专利申请资助办法》等重要政策文件。各地要加强对重大知识产权问题的调查研究工作，积极制定配套的政策措施，形成与新形势、新要求相适应的制度规范和执行机制，为当地知识产权工作的全面推进提供坚实保障。

（五）推进"十二五"规划和《珠三角规划纲要》实施。大力抓好"十二五"规划和省部高层次战略合作各项任务的贯彻落实。做好《珠三角规划纲要》2011年实施自查总结工作。监控珠三角地区百万人口发明专利申请量达标情况及完成度。珠三角地区各市要加强研究，科学合理制定发明专利申请年度目标，确保按期完成年度任务。

（六）有效激励知识产权创造活力。大力促进专利申请，努力提高专利申请质量。监督和指导各地完成科学发展观专利产出指标，建立各市工作考核评价体系。继续重奖中国专利奖获奖单位，开展广东专利奖评选活动。认真做好专利统计分析工作，监控非正常专利申请行为。不断提高专利代办质量，深入推广专利电子申请。

（七）着力搭建知识产权运用体系。大力实施"战略性新兴产业专利信息资源开发利用计划"，建立战略性新兴产业专利信息数据库，开展重点产业专利态势分析及预警。加快推进重大经济活动知识产权评议及预警机制建设。深化企事业单位知识产权优势示范工作，实施专利技术实施计划。加强国家专利技术展示交易平台和国家专利产业化（广州数字家庭）试点基地建设。

（八）全面提升专利行政执法能力。加强专利行政执法力度，研究探索专利行政执法新模式和新路子，推广案前调解制度。继续做好展会知识产权保护工作，建立专利行政执法监管信息系统和展会案件信息通报制度。完善区域专利保护协作机制。建立知识产权维权援助工作体系。开展涉外应对试点和海外展会维权指引工作。

（九）**大力发展知识产权服务业**。启动国家专利审查协作广东中心和广东省知识产权服务业园区的建设工作，加快建设国家区域专利信息服务中心，充分发挥国家知识产权局专利信息传播利用基地作用。深入推进"百所千企知识产权服务对接工程"，开展"专利代理行业发展促进工程"。推进国家知识产权投融资综合试验区及试点建设，制定质押融资工作指导意见。

（十）**推进区域知识产权事业协调发展**。实施国家知识产权城市试点示范及强县工程，推动更多市县加入试点示范行列。推进区域知识产权发展计划和知识产权区域试点工作。切实加大对欠发达地区知识产权工作的扶持力度。珠三角九市要切实发挥知识产权制度在地区经济结构战略性调整中的关键作用，粤东要全力推进知识产权工作与建立现代产业体系的有机融合，粤西要突出知识产权服务地方特色工业发展的功能作用，粤北要利用知识产权构建绿色现代产业体系，推进知识产权与经济社会发展的紧密结合。

（十一）**加强知识产权文化和人才工作**。贯彻落实汪洋书记关于加强知识产权宣传工作的指示精神，制定并落实《关于进一步加强知识产权宣传工作的意见》。大力开展强省政策、"4·26"宣传周、"战略实施五周年"、"双打"和"三打两建"系列专题宣传活动。继续深化青少年知识产权教育及创新活动。制定全省知识产权人才发展规划，推进从业人员职称评定体系试点工作，实施人才培育专项工程。加强知识产权学历教育，支持知识产权培训基地和知识产权学院建设，建设中国知识产权远程教育广东分平台。

（十二）**深入开展知识产权交流与合作**。继续实施"走出去""请进来"战略，创新知识产权对外合作形式，拓宽合作领域，提升合作层次。继续深化粤港澳台知识产权合作，建立粤澳合作机制。继续推进泛珠三角区域和粤喀知识产权合作，探索与江苏、重庆、广西等省市区开展全面合作，实现合作共赢良好局面。

二十年前的春天，世纪伟人邓小平同志发表了著名的南巡讲话，提出了"发展才是硬道理"的著名论断。这一重要论断对指导我省当今的知识产权工作具有十分重要的现实意义。知识产权事业要取得进步、要实现突破，就必须勇于变革、勇于创新、永不僵化、永不停滞！让我们再次从春天出发，乘势而上、奋发有为，共同携手加快建设知识产权强省，奔向美好未来！为我省切实当好推动科学发展、促进社会和谐的排头兵而努力奋斗！以优异成绩迎接党的十八大和省第十一次党代会的胜利召开！

抢抓机遇　乘势而上
全面推进知识产权强省建设

——在 2012 年全省知识产权工作会议上的讲话

(2012 年 7 月 24 日)

受陈云贤副省长委托,下面,我代表省政府知识产权办公会议向大会报告近两年来我省知识产权工作的基本情况,并就下一阶段建设知识产权强省的主要任务作出安排。

一、近两年来我省知识产权工作的基本情况

2010 年和 2011 年,我省坚持以科学发展观为指导,认真贯彻落实国家和省委、省政府各项决策部署,紧紧围绕加快转型升级、建设幸福广东的核心任务,开拓创新、攻坚克难,扎实推进知识产权创造、运用、保护和管理等各项工作,全省知识产权事业呈现出"目标明确、措施有力、发展迅速、成效显著"的特点,为我省经济社会发展作出了积极贡献,突出表现在八个方面。

(一)**强化知识产权政策体系建设,强省建设迈出新步伐。**省委、省政府高度重视知识产权政策体系建设,2010 年 7 月,省委书记汪洋同志在考察广东知识产权服务中心时作出了"尽快以省委、省政府的名义出台《关于加快知识产权强省建设的决定》(以下简称《决定》)等有关政策文件,推动广东知识产权强省的建设"重要指示。此后,省委政研室与省知识产权局加紧研究起草工作,2011 年 11 月,《决定》经省政府常务会议审议通过,2012 年 1 月 20 日由省委、省政府正式颁布实施。《决定》是进一步推进我省知识产权事业改革和发展的重要纲领性文件,《决定》的颁布实施是我省知识产权事业发展进程中具有里程碑意义的大事。同期,我省多项重大知识产权政策法规相继出台,《广东省专利条例》《广东省自主创新促进条例》先后颁布实施。省政府印发首部集专利、商标、版权、商业秘密、植物新品种和地理标识等于一体的《广东省知识产权事业

发展"十二五"规划》，为未来五年知识产权事业描绘了广阔的发展蓝图。

（二）**大力实施知识产权战略纲要，服务经济社会发展大局**。根据国家和省委、省政府的统一部署，全省大力实施知识产权战略纲要。2010年，省政府办公厅出台《2010～2011年实施广东省知识产权战略纲要（2007～2020年）工作方案》，确定了105项任务措施及承担单位；2010年和2011年，省政府与国家知识产权局全面深化高层次战略合作关系，共推进20项年度工作安排扎实落实；2012年，国家工商总局出台《关于支持广东加快转型升级、建设幸福广东的意见》，省政府办公厅印发《关于实施商标品牌战略的指导意见》。全省21个地级以上市全部出台知识产权战略纲要或实施方案：广州将实施知识产权战略列为市政府重点督办事项，市知识产权工作领导小组升格为市长亲自担任组长，并在全国首创"保护知识产权市长奖"；深圳、东莞、清远召开全市知识产权工作会议；广州、东莞、惠州大幅增加知识产权专项经费投入；汕头对战略实施情况进行总结评价并及时制定下阶段实施意见；广州、深圳成为首批国家知识产权示范城市，广州、深圳、佛山成为首批国家商标战略实施示范城市，广州成为"全国版权示范创建市"。

（三）**激励知识产权创造，提升产业核心竞争能力**。我省不断健全和完善知识产权激励机制，将每百万人口发明专利申请量纳入省"十二五"经济社会发展规划，将每百万人口发明专利授权量纳入省年度国民经济和社会发展计划；省发改、经信、科技、教育等部门积极推进知识产权创造；省经信、工商、质监部门推进名牌带动战略，实施千百亿名牌培育工程；省财政新增省级专利申请资助经费2000万元；省农业和林业部门加强植物新品种培育。两年来，全省知识产权数量持续增长、结构明显优化、质量显著提升，有效发明专利申请量、PCT国际专利申请量、注册商标申请量和拥有量、中国驰名商标拥有量、中国专利奖金奖数量等重要指标继续位居全国首位。

（四）**提高知识产权运用水平，促进产业转型升级**。省政府连续多年对获得中国专利奖、"中国世界名牌产品"、"中国名牌产品"和"中国驰名商标"的单位和个人给予重奖，并在全国率先设立"省政府质量奖"。各地各部门积极发挥知识产权助推产业发展的重要作用，支持知识产权重大项目转化。省知识产权局和省人社厅继续开展广东专利奖评选，近半数地市出台地方专利奖励办法；省工商局强化驰名及著名商标管理，首次实现全省各地市全部拥有中国驰名商标；省版权局实施"版权兴业工程"，累计认定"版权兴业示范基地"62个和最具价值版权产品21个；省文化厅推动文化产业发展；省质监、工商、出入境检验检疫部门注重发挥地理标志保护作用;广州数字家庭产业基地被批准为行业内唯一的专利产业化试点基地;深圳出台全国首个知识产权与标准化战略纲要;省知识产权局支持全省建设25个知识产权(专利)联盟,顺德电压力锅专利联盟首次实现由中国家电企业提出国际标准修订提案并被采纳,汪洋书记专门作出推广顺德经验的重要批示。2011年9月,省政府在顺德召开"全省建设专利联盟促进产业转型升级经验推广会",总结推广专利联盟建设的成功做法和实践经验。

(五)加大知识产权保护力度,营造创新发展良好环境。2010年10月~2011年6月,根据国务院的统一部署,全省深入开展"双打"专项行动,紧紧围绕侵权假冒突出问题,加强行政执法、强化刑事打击、狠抓大案要案,有效形成打击侵权假冒高压态势,得到国务院督查组和全国"双打"办的高度评价。为建立长效工作机制,今年,省政府成立了常态化的打击侵权假冒工作领导小组。全省软件正版化工作取得突破性进展,省政府建立推进使用正版软件工作联席会议制度,103个省直单位计算机软件正版率达到100%。全省各级专利、商标、版权、文化、质监等部门不断加大行政执法力度,知识产权系统开展"护航"行动,公安机关深入开展"亮剑"行动,司法系统充分发挥审判职能,检察系统加快建设"两法衔接"机制,海关系统强化边境保护措施,知识产权保护力度持续加强。全省跨地区、跨部门、跨领域执法协作顺利推进,省食品药品监管局在全国率先成立公安食品药品联合执法办公室;省工商局与海关广东分署联手加强商标保护;省检察院与外资企业品保委签署保护知识产权备忘录。各地纷纷强化保护措施,广州在全省首创"知识产权仲裁院";佛山市中级人民法院建立知识产权诉调对接机制;亚运会、大运会及世博会知识产权保护工作圆满完成。展会和行业协会知识产权保护进展迅速,广交会被认定为唯一一个省级"会展知识产权保护示范单位"和"全国会展版权保护示范基地"。

(六)加快构建知识产权服务体系,培育知识产权服务产业发展新优势。2011年9月,省政府与国家知识产权局签署《关于共建国家知识产权局专利审查协作广东中心合作框架协议》,决定共同投资12亿元在广州知识城建设"国家知识产权局专利局专利审查协作广东中心",2012年3月,双方决定共同创建知识产权服务业示范省;省财政决定拨款2亿元建设省知识产权服务业集聚中心。各地各部门积极搭建知识产权服务平台,省发改委制订高技术服务业发展方案;省科技厅扶持科技服务业百强企业(机构)发展;省知识产权局推进全国首个综合性行业知识产权维权中心——中国中山(灯饰)知识产权快速维权中心落户中山古镇;省工商局制定《商标管理工作指南》,商标保护预警服务系统在深圳、佛山、东莞等地不断铺开；省版权局建设版权基层工作站，批准17个作品登记代办机构。知识产权信息服务全面加强，首个国家知识产权局区域专利信息服务中心和专利信息传播利用基地先后落户广州，省知识产权公共信息综合服务平台正式运行。"国家专利技术展示交易中心""百所千企知识产权服务对接工程"、知识产权维权援助和举报投诉等工作深入推进。全省知识产权质押融资成效显现，近150家企业通过约280项知识产权获得逾5.65亿元的质押贷款。各职能部门加强对服务机构的监督和管理，促进行业自律和规范发展。

（七）稳步推进知识产权文化建设和人才工作，夯实知识产权事业发展基石。各地各部门紧紧围绕"双打"专项行动、"3·15"消费者权益保护日、"4·26"知识产权宣传周等重大活动，充分利用传统和新兴媒介手段，通过召开新闻发布会、发布典型案例、刊登专栏专版、建立"双打"网站、联合组织现场执法和销毁活动、发布微博信息等各种形式，加强宣传力度，大力营造知识产权文化氛围。知识产权人才工作不断加强，国家知识产权培训（广东）基地落户华南理工大学；省人力资源社会保障厅指导深圳开展知识产权专业技术资格评审省级试点，启动东莞中、初级资格评审试点工作；省教育厅组织开展知识产权法律法规培训活动；工商、版权、广电、海关系统提高执法人员业务水平；法院、检察院、公安、农业、外经贸系统等举办专题培训班。暨南大学、华南理工大学、中山大学、深圳大学知识产权学院大力加强学历教育；华南师范大学挂牌成立知识产权研究所；中小学知识产权教育工作不断深入，省级示范学校达20家，试点学校191家。

（八）积极开展知识产权对外交流合作，巩固深化交流合作成果。一是对外交流合作十分活跃。汪洋书记亲自会见日本国际知识产权保护联盟代表团；省知识产权局、工商局举办国际研讨会；省法院派员参加"国际访问者计划"；公安机关加强境外案件协查；省外经贸厅指导企业开展海外知识产权维权工作。二是粤港澳台合作全面铺开。粤港和粤澳知识产权合作先后纳入《粤港合作框架协议》和《粤澳合作框架协议》；粤港双方每年推进十多个合作项目；粤澳知识产权工作小组正式成立并签署《粤澳知识产权合作备忘录》；粤港澳海关首次联手开展打击侵权货物跨境运输"海龙行动"；省知识产权局加强对台知识产权交流。三是区域合作不断发展。泛珠三角区域专利、商标行政执法协作有序推进，区域知识产权专家库完成建设；省版权局积极推进签署《泛珠三角区域版权合作协议》；公安、质监、海关等部门不断加强区域知识产权执法协作。

两年来，我省知识产权工作的上述成绩，是在国家各有关部委的精心指导和大力支持下，在省委、省政府的英明部署和正确领导下，在各地各部门的密切配合和不懈努力下所取得的。借此机会，请允许我代表省政府知识产权办公会议，表示崇高的敬意和衷心的感谢！

我省知识产权工作虽然取得了可喜成绩，但仍面临着一些亟待解决的问题，突出表现在：知识产权制度功能作用的发挥与建设创新型广东、加快转型升级的要求还存在一定差距；知识产权融入经济增长、服务产业发展的举措和方式需要进一步探索；知识产权创造、运用主体有待进一步扩大；知识产权管理体系亟待全面完善；区域发展不均衡问题依然突出；知识产权服务业和人才工作亟需提高，等等。这些问题要引起我们的高度重视，并采取有效措施加以解决。

二、扎实工作，狠抓落实，全面推进知识产权强省建设

面对机遇与挑战并存的新形势，各地各部门必须牢牢把握科学发展的主题和加快转变经济发展方式的主线，紧紧围绕"加快转型升级、建设幸福广东"这一核心，深入贯彻省委、省政府"三打两建"工作部署，按照知识产权强省建设的总目标，扎实推进实施战略纲要工作方案确定的各项任务，重点抓好以下十个方面的工作。

（一）**贯彻落实《决定》，扎实推进战略实施**。各地各部门要进一步增强紧迫感、责任感和使命感，把实施战略纲要与建设强省目标有机结合起来，认真做好《决定》的学习领会和贯彻实施工作，努力完善强省建设的政策体系和工作措施。今年11月6日，我省将迎来战略纲要实施5周年纪念日，我们将在全省开展战略实施考核评估工作。各地各部门要找准知识产权工作与经济社会发展的结合点，及时制订下一阶段战略实施推进计划，落实各项工作任务。

（二）**增强知识产权创造活力**。加快发展战略性新兴产业，推进核心技术攻关；大力实施自主创新条例，加快创新型产业集群试点工作，建设重大自主创新平台，构建区域创新体系；发挥行业主管部门作用，提升行业知识产权创造活力；制定专利申请资助经费管理办法，做好中国驰名商标保护及省著名商标评审工作；加强文化强省建设，推进"版权兴业"工程；落实国家税收优惠政策；实施软件和集成电路重大项目专项扶持政策；加强地理标志和农林业植物新品种培育；完善非物质文化遗产资源和传统知识保护。

（三）**推进知识产权价值实现**。抓好高新区、高技术产业基地建设，打造重大产业集聚区实施高技术产业化专项计划，推进知识产权产业化；组织开展中国专利奖推荐工作，制定《广东省专利奖励办法》；推动实施《创新知识企业知识

产权管理通用规范》，加强国有企业知识产权工作，开展优势、示范企业培育工作，实施专利技术实施计划，支持知识产权联盟发展；加快建设知识产权交易平台和专利产业化试点基地，开展"中国专利周"广东活动。

（四）加大知识产权保护力度。全力做好"三打两建"专项行动和"打击侵权假冒"工作；大力推进软件正版化；加强专利、商标、版权行政执法，推进"十大打假"专项行动；开展文化市场专项整治，深化农林业专项执法保护，加强医疗、药品行业监管；开展打击侵权假冒"破案会战"和"国门之盾"行动；及时批捕、审查起诉知识产权犯罪分子；依法高效审理知识产权案件；建设知识产权"两法衔接"机制；做好展会和行业协会保护工作，出台《广东省展会专利保护办法》；继续推进知识产权举报投诉和维权援助工作。

（五）提升知识产权管理能力。贯彻落实各项知识产权政策法规、规章和发展规划，在省级重大决策中进一步突出知识产权政策导向；深化省政府与国家相关部委合作协议，落实年度工作安排；推进国家城市试点示范工作，落实"广东区域知识产权发展计划"，开展省知识产权区域试点工作；加快重大经济活动知识产权评议及知识产权预警机制建设；开展《广东省版权条例（草案）》前期立法调研；大力实施质量强省、技术标准和名牌带动战略，创建产业集群示范区品牌；加强医药卫生领域、农林业领域的知识产权管理工作。

（六）搭建知识产权服务平台。加快建设国家知识产权服务业示范省，构建知识产权现代服务业体系；继续实施"战略性新兴产业专利信息资源开发利用计划"，促进重点产业高端突破；建设商标综合服务平台和版权登记平台；完善知识产权质押融资体系机制，加快建立知识产权评估管理体系；建设知识产权预警机制，推进百所千企知识产权服务对接工程，大力推广专利电子申请；加强对知识产权服务机构的执业监管。

（七）强化知识产权人才工作。制定实施全省知识产权人才发展规划，实施百千万人才培育工程；推进知识产权从业人员职称评定体系试点工作，启动版权经理人资格认证试点工作；加强知识产权学历教育和培训基地建设；实施企事业单位知识产权人才开发计划和专业技术人才知识更新工程、大专院校知识产权教育普及计划、国际知识产权制度巡回讲座计划、知识产权律师人才队伍建设规划；建设中国知识产权远程教育广东分平台。

（八）加快知识产权文化建设。深入宣传省委、省政府知识产权重大决策和工作部署，大力宣传"三打两建"专项行动和"打击侵权假冒"工作成效；推进知识产权法制宣传教育活动，开展"3·15"消费者权益保护日、"4·26"世界知识产权日和战略实施 5 周年专题宣传活动；加强对各级党政领导干部的培训力度；深入开展中小学教育试点示范工作，推进职业技术学校知识产权教育；引导各级播出机构开展知识产权法制宣传教育主题活动。

（九）深化知识产权交流合作。拓宽知识产权国际合作领域，提高合作层次，提升合作水平；深化粤港澳台知识产权合作交流，落实知识产权合作项目；推进区域知识产权合作，促进优势互补和互利共赢；加强知识产权海外维权工作，支持企业拓展海外市场。

（十）促进区域知识产权事业协调发展。珠江三角洲地区要当好知识产权事业科学发展的试验区和深化改革的先行区，大胆探索、先行先试，着力解决前沿和难点问题，率先建设知识产权"强区"；粤东地区要将知识产权工作与打造新的经济增长极有机结合；粤西地区要充分发挥知识产权制度在新型工业化进程中的重要支撑作用；粤北地区要将知识产权工作融入构建绿色现代产业体系中，推进全省区域知识产权事业协调发展。

我们幸逢知识产权事业发展的盛世，肩负知识产权强省建设的重任，广大知识产权工作者要以等不起的紧迫感、坐不住的责任感、慢不得的危机感，抢抓机遇、真抓实干、团结奋进、锐意创新，全力以赴推进强省建设，努力开创知识产权事业发展新局面，为加快转型升级、建设幸福广东作出新的更大的贡献！

突出重点　统筹推进
全面落实专利事业发展战略推进计划

——在 2012 年度全国专利事业发展战略
推进工作总结会议上的发言

（2012 年 10 月 30 日）

非常感谢国家知识产权局为我们搭建了这样一个难得的平台，使我们有机会与全国各省市区代表交流专利工作情况。下面，我代表广东省知识产权局作汇报发言，我发言的题目是"突出重点、统筹推进，全面落实专利事业发展战略推进计划"。

一、2012 年广东省专利事业发展战略推进工作取得的成效

按照国家知识产权局《〈2012 年全国专利事业发展战略推进计划〉组织实施方案》（以下简称《实施方案》）的部署及《广东省贯彻实施〈2012 年全国专利事业发展战略推进计划〉工作方案》，积极推进我省专利创造、运用、保护、管理工作，不断提高区域专利综合实力，提升专利工作对区域经济社会发展特别是对转型升级的支撑作用，我省专利工作实现了新发展，主要表现在：

（一）专利质量不断提高

今年，我局与省财政厅联合出台了《广东省专利申请资助专项经费管理办法》，并推动百万人口发明专利申请量指标首次纳入我省"十二五"经济社会发展主要指标体系。今年 1 月至 8 月，我省发明专利申请量 3.7 万件，同比增长 18.97%；发明专利授权量 1.5 万件，同比增长 23.49%，发明专利授权量位居全国第一。每万人口发明专利拥有量为 6.93（件/万人），是全国每万人口发明专利拥有量 2.93（件/万人）的 2.37 倍。PCT 申请量连续 10 年居全国第一。日前，第十四届中国专利奖评审结果公示，我省有 55 项专利获奖，获奖项目数量、优秀奖数量、发明专利获奖数量和外观设计获奖数量均创历史新高。

（二）专利助推经济发展作用日益凸显

在助推我省经济发展方式转变和产业结构升级方面，一方面通过推动专利与金融结合，助推企业转型升级。南海区获批成为全国首家也是目前唯一一家知识产权投融资综合试验区；顺德区组建知识产权投融资服务联盟，帮助3家企业获得3000万元的知识产权质押贷款。截至2012年6月，广州、东莞、南海等地已有100多家企业通过逾400项知识产权获得近7亿元的知识产权质押贷款。另一方面通过重大经济活动知识产权评议机制建设、专利信息助推战略性新兴产业发展等，促进产业结构调整。目前，我们形成了《广东省重大经济和科技活动知识产权审查与评议暂行办法》，并顺利通过国家知识产权局2011年首批"重大经济活动知识产权审议试点"工作考核验收，初步构建了知识产权评议机制，打造了我省战略性新兴产业专利分析及预警系列报告平台及品牌。

（三）专利保护体系建设全面加强

我省充分借助"护航""双打"和省委、省政府组织开展的"三打两建"等专项行动，全面加强专利保护体系建设。通过持续推进重点商品、重点领域、重点环节和重点市场的整治，不断加大专利刑事司法打击力度，市场经济秩序得到有效规范。截至9月7日，全省知识产权局系统在专项行动中共受理专利案件1306件，其中，专利侵权案件和假冒专利案件共620件，是去年同期的5倍。同时，总结推广全国首家中国中山（灯饰）知识产权快速维权中心经验，出台《广东省展会专利保护办法》，该办法于10月15日起正式实施。

（四）专利综合服务能力大幅提升

在国家知识产权局的支持下，3月份，我省与国家知识产权局共同决定创建知识产权服务业示范省，围绕示范省创建工作，我省努力提升专利综合服务能力。配合国家局稳步推进审协广东中心建设，积极筹建广东知识产权服务业聚集中心。4月10日，国家知识产权局区域专利信息服务（广州）中心顺利挂牌试运行，泛珠三角区域内地九省（区）知识产权部门共同签署了《合作协议》；广东省知识产权公共信息综合服务平台上线试运行。5家机构被评为首批"全国知识产权服务品牌机构培育单位"，此外，我省大力实施"百所千企知识产权服务对接工程"，努力提升专利代办水平，至9月底，全省专利电子申请率达77.48%，代理机构电子申请率达99.06%。

二、主要做法和经验

一是统筹协调，抓好重点突破与整体推进相结合。根据《实施方案》专项多、范围广的特点，我们按照"计划先行、重点带动、统筹推进"原则，一方面制定《广东省贯彻实施〈2012年全国专利事业发展战略推进计划〉工作方案》，明确发展目标、思路、机构和具体推进措施，加强整体统筹协调，根据各项工作特点，进行统一部署，促进形成分工合作、协调有序的工作格局。另一方面加快推进重点项目建设，"以点带面"带动我省专利事业全面发展。我们特别注重带有创新性质的工作，重点推进专利质量提升工程、专利投融资工作、战略性新兴产业专利助推工程及专利综合服务能力提升工程，充分发挥其带动作用，在专利工作全面推进的同时做出新亮点，取得新突破。

二是审时度势，抓好专利工作与经济社会发展相结合。为落实中央政治局委员、省委书记汪洋在到广东知识产权服务中心调研时提出的"知识产权工作要真正成为经济社会发展的助推器"要求，结合省委、省政府"加快转型升级，建设幸福广东"核心工作，我局扎实有效地开展各项工作，有力地助推了全省经济社会发展。我们投入2000万元专项资金，用于战略性新兴产业专利信息资源的深度分析和开发利用，有效地支撑和促进重点战略性新兴产业科学发展。同时，我们还深入挖掘并找准新的工作着力点，大力支持并推动重大经济活动知识产权评议机制和专利联盟发展建设，开展海外维权援助及纠纷应急救助工作，帮助企业提升自主创新和专利保护能力，推动我省重点行业实现转型升级。

三是开拓创新，抓好专利运用与金融创新相结合。广东作为改革开放的先行省，对外开放程度高，经济发展活力强，进而对专利事业发展提出了更高和更新的要求。为适应高要求，我们着力寻找专利工作的创新点。今年我们积极探索专利与金融结合的有效路径，搭建了投融资服务平台，探索知识产权价值分析机构认证管理体系，取得很好的试点成效。省层面，我们研究制定了《关于加快推进广东省知识产权质押融资工作的若干意见》。地市层面，南海区构建了质押融资企业信用及风险控制体系及协同推进机制，并形成知识产权质押融资的"南海模式"；广州市搭建了市、区知识产权质押融资服务平台；东莞市颁布了《专利权质押管理办法》和《专利资产评估及交易资助办法》；深圳市出台了《促进知识产权质押融资若干措施》；顺德区制定了《知识产权投融资服务工作方案》和《知识产权反担保质押融资业务操作管理办法》，并组建了知识产权投融资服务联盟。我省知识产权特别是专利投融资工作取得实效。

虽然我省专利工作取得了一定成效，但许多工作还存在"短板"，与经济社会发展及建设幸福广东的要求相比还存在不少薄弱环节。许多兄弟省市的后发优势对我们形成紧逼态势，我们已经有"逆水行舟不进则退"的危机感。下一步，我们将进一步推进《全国专利事业战略发展推进计划》的全面深入实施，努力推动我省专利工作再上新台阶！

在广东省知识产权局 2012 年年终工作总结形势分析会议上的讲话

(2013 年 1 月 16 日)

今天,我们召开年终总结会,既务实又务虚,探讨和思考广东知识产权事业下一步发展的思路和路径。希望大家能记住今天这个日子,因为这个日子注定是要载入我省知识产权事业发展史册的。五年前,也就是 2008 年的年初,省委掀起了一场思想解放大讨论的热潮,就是在那场思想解放的热潮中,我省知识产权局系统抓住了机会,厘清了发展方向和奋斗目标,才有了之后五年的发展和成绩。今天,在五年后的年初,虽然新一届省委没有提出思想大解放大讨论,但是对我们局来说,在某种意义上,也是一次思想解放的大讨论。昨天,我们认真学习了全国局长会议的有关材料和经验,大家学习得很深很透,从各位刚才的发言中,我觉得我们也进行了一场或大或小的思想风暴,从而实现了我们这次会议的主要目的。

今年的年度总结会,既同于往年,又远远不同于往年。说同于往年,是因为我们也要对过去一年的工作进行总结,对新一年的工作进行布置。说不同于往年,是因为我们不但要对一年的工作进行总结,我们还要对过去五年的工作进行回首;我们不但要对来年的工作进行部署,还要对未来的发展进行谋划。更不同于往年的是,今年的形势和任务有了全新的变化,十八大、中央经济工作会议、全国知识产权局长会议都刚刚召开,习近平总书记视察广东发表了重要讲话,胡春华书记在广东各地调研作出了一系列重要指示。接下来还即将召开省委十一届二次全会,这些都会成为我省今后和未来工作的指引。如果让我们从上述各次会议中梳理一些思路、重点,查找一些关键词,我认为,下面一些是我们从事知识产权工作的同志不容忽视和特别需要注意的方面。比如说,在十八大报告中与我们最密切相关的,是要实施创新驱动发展战略、实施知识产权战略、加强知识产权保护。中央经济工作会议的关键词是"稳中求进、扩大内需"。其中,稳中求进的内涵之一,就是要调整和改进经济结构,这也是和我们的工作密切相关的。

习近平总书记视察广东时的重要讲话中,对我们最重要的是他对广东的要求和期许,即"三个定位、两个目标"。这"三个定位、两个目标",应该深深地烙在每个广东人的心中,也是我们未来应该为之奋斗的方向和目标。全国知识产权局局长会议的标题里,旗帜鲜明地讲清楚了要实现知识产权事业的科学发展,为全面建成小康社会提供有力支撑。这是知识产权人的使命,是知识产权事业的奋斗目标。这一系列的会议和讲话精神,都让我们感到巨大的使命感和责任感。在这样的背景和形势下召开我们这次总结会,意义非同寻常。

回首过去五年,是我省知识产权事业实现大跨越、大发展,取得了大丰收的五年。在省委、省政府空前的高度重视下,在国家知识产权局的大力支持下,通过全省知识产权局系统广大干部职工的奋力拼搏,我们这五年来办成了一些大事、办妥了一些难事、办好了一些好事。所有的成绩,都令我们自豪,令我们骄傲,令我们鼓舞。站在今天,回首往日,我们确实感到今非昔比、换了人间。五年来的成绩,可用六句话来概括:一是明确了奋斗目标,二是抓住了历史机遇,三是搭建了高层平台,四是高举了战略旗帜,五是整合了各方资源,六是创新了工作举措。最后,当然也就结出了累累硕果。这是大家共同努力的结果,确实值得自豪和骄傲。昨天,各处室都对五年的工作进行了总结,点点滴滴,犹在眼前。我们都是这五年奋斗史的参与者、见证者,希望大家认真梳理五年来的重点工作,我们将评选五年来广东知识产权事业发展的十大亮点,以此鼓舞我们有更好的精神状态、更强的斗志投入新一轮的奋斗。

应该说,在过去的五年中,我们特别注重了以下几个方面,这也可以说是我们的经验和体会:

一是注重厘清了知识产权事业的发展方向和奋斗目标。那就是建设知识产权强省。二是注重知识产权政策法规的引导作用。近几年,在知识产权政策法规建设方面取得的成果可以说是史无前例。三是注重高层合作平台的影响。国家局在政策、智力、资源等方面给予了我省大力支持,通过高层合作平台的搭建,对广东知识产权事业产生了巨大影响。四是注重企业主体地位的发挥,充分体现了广东知识产权工作的特色。五是注重专利结构的优化和质量的提升。六是注重知识产权文化建设和人才队伍建设。通过以上六个方面的努力,我们实现了全省知识产权事业规范、有序、健康和可持续的发展。

2013年是五年整体工作的一个部分,是前几年工作的延续,故此,许多的成果也就产生在2013年。所以,2013年是再创佳绩、再结硕果的一年。为此,办公室已梳理了去年工作的十大亮点。展望2013年和未来五年,我们将迎来大机遇，同时又面临大挑战。这就要求我们要以大智慧和大勇气，真抓实干，才能不被淘汰，不负时代。

今天大家的发言中，频率出现最高的一个词是"危机感"。确实，提到差距和存在的问题，我们的确需要反思。在一定程度上，我们是不是确实存在观念陈旧、精神懈怠、创新不足、保障乏力的问题。为此，对于2013年工作有三个方面的期待：

成为大调研、大思考的一年。过去，我们即使有调研，也是调研不深入，没有取得真经，这比不去调研更可怕。如果调研流于形式，那还不如不调研。我希望今年的调研，是动真格的、取真经的调研，是结合我们的工作提出举措的调研。

成为创品牌、上台阶的一年。要发挥和挖掘我们的长处，拿出在全国叫得响的项目和工作，真正成为全国的排头兵。

成为真抓实干、再创佳绩的一年。如果我们能把今天感受到的危机感和压力转化为动力，成为我们继续前行的鞭策，就一定能在2013年做出成绩来。

这是我对2013年的三个期待。同时，2013年，我们将正式推行局系统处室绩效考核，希望通过这种考核，能推动大家争先创优。

关于未来五年的发展思路和路径，值得我们认真思考，也有赖于我们在今年的大调研大思考的基础上进行提炼和总结。目前，通过和国家局第二轮的合作会商的初步磋商，我们先尝试性地提出了一个思路，即三个目标：一是共同创建知识产权服务业示范省，二是共同建设知识产权多元国际合作试验区，三是共同打造知识产权助推产业转型升级的先行地。这样的提法，是否科学合理，是否具有前瞻性，是否符合广东的实际，希望大家一起研究和思考。

总的来说，这次会议，开得非常成功，达到了预定的目的。接下来，需要全局、全省知识产权局系统的干部职工以正能量为引导，把压力变为动力，以逆水行舟、不进则退的危机感，以众志成城的团结精神，以敢为天下先的开拓精神，以无须扬鞭自奋蹄的拼搏精神，继续奋力前进。

著名女作家冰心有一首题为《成功的花》的小诗，写得很有启发意义，我在这里与大家分享。她说："成功的花，人们只惊羡她现时的明艳，然而当初她的芽儿，浸透了奋斗的泪泉，洒遍了牺牲的血雨。"这说明，要成就一番事业，是必须付出艰辛的。

最后，我衷心地希望，让我们团结，团结，再团结！拼搏，拼搏，再拼搏！在未来，用我们的汗水和智慧，共同浇灌出我们知识产权事业的满园春色！

在新起点上再谱广东知识产权事业发展华章

——在 2013 年全省知识产权局局长会议上的讲话

(2013 年 2 月 26 日)

今天会议的主要任务是：深入学习党的十八大和习近平总书记视察广东重要讲话精神，贯彻落实省委十一届二次全会和全国知识产权局局长会议部署，总结 2012 年全省知识产权工作情况，部署 2013 年主要工作任务，坚定不移地实施知识产权战略，加快知识产权强省建设。

一、全国知识产权局局长会议的主要精神

（一）全国知识产权局局长会议基本情况

2013 年 1 月 8 日至 9 日，全国知识产权局局长会议在北京京西宾馆举行。国家知识产权局局长田力普作了题为《深入学习贯彻十八大精神 推动知识产权事业科学发展 为全面建成小康社会提供有力支撑》的工作报告。他强调，要抓住重要战略机遇期，坚定不移地实施国家知识产权战略，为全面建成小康社会宏伟目标提供有力支撑。副局长贺化主持会议并作总结讲话，副局长李玉光、杨铁军，纪检组长肖兴威，副局长鲍红、甘绍宁出席会议。北京、天津、上海、江苏、新疆和武汉等六个省市的代表在会上作交流发言。

（二）田力普局长工作报告的主要内容及精神

田力普局长所作的工作报告分为四个部分。

第一部分从 10 个方面总结 2012 年全国知识产权工作进展，包括：知识产权战略实施工作进入新阶段，知识产权政策法规体系建设取得新进展，知识产权执法维权体系建设成效显著，知识产权运用体系建设取得新成绩，专利审查体系建设迈上新台阶，知识产权服务体系建设开创新局面，知识产权人才队伍体系初步形成，知识产权管理能力显著提升，知识产权文化建设取得新进步，知识产权对

外交流取得积极进展。其中有 10 处对广东知识产权工作的做法和成效给予了积极肯定。

第二部分深刻分析了国内外发展形势，明确提出实施知识产权战略、为全面建成小康社会提供有力支撑的奋斗目标。田力普局长指出，要围绕中心，服务大局，坚定不移地实施知识产权战略，更加积极地服务于加快完善社会主义市场经济体制，服务于加快转变经济发展方式，服务于创新驱动发展；他要求各地紧密联系工作实际，总结经验，查找不足，积极探索破解之策，重点抓好推进专利事业发展战略、加强知识产权保护、加强转化运用、加强企业工作、加强系统自身能力建设 5 个着力点。

第三部分提出 2013 年工作的总体思路，从 10 个方面进行重点部署。一是深入实施知识产权战略，重点做好 5 周年阶段总结和专利事业发展战略推进工作；二是完善法律法规，重点推进专利法、代理条例、职务发明条例等制定和修订；三是加强执法维权体系建设，重点提升专利执法能力，创新执法机制；四是加强运用体系建设，重点发挥专利引导产业发展作用；五是加强专利审查体系建设，重点提高审查能力；六是加强服务体系建设，重点推进专利代理行业发展和专利信息公共服务；七是加强人才体系建设，重点开展知识产权人才培养工作；八是创新管理方式，重点开展战略性新兴产业知识产权工作；九是培育文化，重点做好宣传和普及；十是拓展对外交流合作，重点提升国际话语权和影响力。

田力普局长最后强调，全国知识产权局系统要大力贯彻执行中共中央《十八届中央政治局关于改进工作作风、密切联系群众的八项规定》，切实改进作风，务求取得实效。

二、2012 年全省知识产权工作基本情况

2012 年，在省委、省政府的正确领导下，在国家知识产权局的精心指导下，全省知识产权局系统紧紧围绕主题主线和省委、省政府中心工作，结合广东实际，努力推动各项工作扎实开展，成效显著。全年，全省专利申请量 229514 件，同比增长 16.9%，发明专利申请量 60448 件，同比增长 16.2%。专利授权量 153598 件，发明专利授权量 22153 件，同比增长 21.4%，连续 5 年位居全国第一；PCT 国际专利申请量 9211 件，占全国总量的 50.7%，连续 11 年保持全国首位；有效发明专利量 7.89 万件，继续居全国第一位；每万人口发明专利拥有量 7.51 件，是全国平均值的 2.33 倍；在第十四届中国专利奖中获得金奖 2 项、优秀奖 53 项，再创历史新高。

（一）知识产权战略实施和强省建设深入推进

一是全面启动知识产权强省建设工作。省委、省政府出台《关于加快建设知识产权强省的决定》（以下简称《决定》），省政府办公厅制定任务分工，对未来五年知识产权事业发展作出全面部署。省局通过在《南方日报》刊登专版、组织巡回宣讲活动等，有效增强共建强省的认知度和凝聚力。全省深入落实省部高层次战略合作机制和年度工作安排，取得建立第二轮会商机制的重大突破。惠州、潮州、云浮出台《市委市政府关于贯彻落实〈决定〉的实施意见》，惠州还在实施意见中要求各县（区）每年安排知识产权经费总额达1000万元，使全市经费总额达2000万元，极大地增强了当地事业发展的动力和后劲；汕头澄海出台加快建设强区意见。

二是深入贯彻实施知识产权战略纲要。全面落实国家和省年度战略纲要实施方案，组织开展战略实施5周年宣传和期中评估活动。广州将战略与新型城市化工作有机结合；汕头加强对重点战略工作的跟踪落实和阶段总结；云浮市政府与各县（市、区）政府和产业专业园签订知识产权目标责任书；广州、江门、茂名、韶关出台新年度实施方案；深圳、东莞、清远、云浮召开全市知识产权工作会议；汕头5个行业十多家企业实施知识产权战略。

三是积极落实《珠江三角洲地区改革发展规划纲要（2008～2020年）》。顺利完成规划纲要"四年大发展"任务，成效得到省评估考核组的充分肯定。全面开展"六项行动计划"，形成"改善创新环境行动计划"报告。珠三角九市签订《专利行政执法合作协议》；广州发挥中心城市辐射带动作用；佛山加强广佛同城合作。

（二）知识产权政策法规体系建设取得新进展

省政府颁布全国首部展会专利保护规章——《广东省展会专利保护办法》；省局联合相关部门出台《广东省专利申请资助专项经费管理办法》和《关于加快推进广东省知识产权质押融资工作的若干意见》。广州制定新型城市化专利工作"1+4"方案和配套措施；深圳制定《促进知识产权质押融资若干措施》；珠海出台《进一步加强专利工作的若干意见》；东莞制定《专利促进项目资助办法》；湛江制定《促进专利申请工作的激励措施》；珠海、云浮修订《专利申请资助管理办法》；东莞探索开展重大经济科技活动知识产权评议工作。

（三）知识产权创新热情得以极大激发

一是专利奖励激励作用凸显。省政府投入2350万元重奖我省第十三届中国专利奖获奖单位，开展第十四届中国专利奖项目推荐和省专利奖评奖活动。广州起草《广州市保护知识产权市长奖评审奖励办法》；汕头将市专利奖励评选周期缩短至一年一次；东莞、清远表彰市专利奖获奖单位；阳江、茂名评选市专利奖，并对优秀发明人、先进企业给予奖励。

二是专利申请促进成效显著。省级专利申请资助专项经费管理制度不断完善，资助力度有效加强。国家资助国外专利申请工作顺利完成。广州实施"示范年专利推进计划"；汕头联合发改局制定《关于进一步推动全市专利产出科学发展的通知》，并向县区下拨资助资金；湛江出台专利申请激励措施；潮州下发年度县区申请指标。

（四）知识产权助推产业发展作用得以有效发挥

一是助推战略性新兴产业健康发展。实施战略性新兴产业专利信息资源开发利用计划，围绕新一代通信、物联网等7个重点产业，实施专利信息资源开发重点项目11个。强化战略性新兴产业专利态势分析，召开态势分析和预警报告会9场。省专利技术实施计划重点扶持战略性新兴产业项目10个，普及推进一般项目21个。各市加大对专利技术实施的支持力度，全省知识产权（专利）联盟达24个。

二是促进知识产权和标准化结合成效显著。顺德电压力锅专利联盟积极参与国际标准修订，2012年6月，联盟提出的国际标准修订提案在国际电工委员会（IEC）TC61委员会第85次会议上获得通过，并于11月正式发布，标志着以专利联盟为纽带争夺国际标准话语权的积极尝试取得了全面胜利。深圳组建生物医药专利联盟和新能源标准与知识产权联盟。

（五）知识产权运用能力全面提升

一是企业运用能力显著增强。推进《创新知识企业知识产权管理通用规范》贯标工作，新增省级知识产权示范企业20家、累计100家，新增优势企业50家、累计453家。广州出台《关于进一步加强国有企业知识产权工作的意见》；惠州实施"工业产品外观设计重点企业专项扶持计划"；江门、韶关等加大对市级试点示范企业的指导和扶持力度。

二是园区工作取得新进展。肇庆高新区成为我省第三个国家知识产权试点园区；深圳高新区积极建设知识产权服务平台和辅导站；佛山推进"中德知识产权保护和服务试验区"前期调研工作；惠州仲恺高新区与韩国专利厅R&D专利中心签约，共建知识产权与技术服务中心。

三是知识产权投融资稳步推进。知识产权质押融资纳入省委、省政府重大政策文件。国家知识产权投融资（南海）综合试验区和广州、东莞、顺德全国知识产权质押融资试点工作成果显著，广州、东莞通过试点验收，江门启动融资工作。至 2012 年底，近 200 家企业 520 余项知识产权获得逾 9.85 亿元质押贷款。广州、深圳、东莞、佛山禅城启动全国专利保险试点工作，禅城形成新的专利保险方案并指导全国首例专利保险赔付案件结案。

（六）知识产权保护工作取得突出成效

一是"三打两建"专项行动成果显著。全省各级知识产权局成立专项行动领导小组，制定专项行动实施方案和市场监管体系、社会信用体系、知识产权保护综合监管分体系建设方案，落实领导包案督办制度，坚持打建结合，以打促建，加强试点，强力突破大案要案，深入开展专项行动，取得突出成效。全省立案受理专利纠纷案件 489 件，同比增长 122%；查处假冒专利案件 614 件，同比增长 1397%；查处专利案件总量是 2011 年的 4 倍，居全国前列。在全省"三打"专项行动全年绩效考评中，省局获得"优秀"佳绩。各市积极探索执法新措施，佛山建立诉调对接和仲裁机制；茂名开展企业自查自纠假冒专利商品活动；阳江首次处理恶意专利侵权案件；云浮制定专利系统行政执法和刑事司法衔接机制，珠海、惠州、湛江强化专利领域两法衔接。

二是"双打"实现工作机制常态化。省政府成立省打击侵权假冒工作领导小组。省局承担领导小组办公室职责，加强统筹协调和组织推进，出台工作方案、规则和要点等指导性文件，加大对重点地区、领域、市场和线索的整治和跟踪查处力度。广州、东莞、中山开展专业市场保护试点，深圳、汕头、揭阳、佛山南海开展电子产品、日化用品、药品市场、汽配产品集中执法行动，梅州首次应第三方请求出具专利侵权鉴定意见。

三是展会和维权援助工作稳步推进。各级知识产权局进驻 30 多个大型展会开展保护工作，处理专利纠纷 300 余件。全省 6 个维权援助中心积极开展举报投诉、维权援助和咨询服务；汕头建立大知识产权举报投诉平台和维权援助新机制；佛山建立维权援助工作联络站和首批志愿者队伍；东莞配备专职工作人员；河源举办专题培训班。

（七）知识产权宏观管理能力全面加强

一是管理体系不断优化。至 2012 年底，全省实现各市全部建立知识产权协调机制，20 个市和顺德区局承担"双打"领导小组办公室职责，广州市市长亲任工作领导小组组长。各级知识产权局努力加强机构建设，各市专职人员总数近 200 人，专项经费超过 3 亿元；挂牌成立知识产权局的县（市、区）115 个，比例上升至 95%，19 个市实现 100% 挂牌。广州出台《关于进一步加强区（县级市）知识产权工作体系建设的指导意见》；汕头推动区县完善政策体系；河源联合市法制局举办执法培训班并颁发执法资格证；汕尾出台《关于加快知识产权行政执法队伍建设的通知》；阳江为县区配备执法设备，阳春和阳东组建执法队伍。

二是区域知识产权事业实现协调发展。大力推进国家知识产权城市试点示范工作和强县工程建设，广州、深圳荣获全国首批示范城市称号；东莞通过示范创建市考核验收；肇庆成为新一批试点城市。省局与东莞市政府签订合作会商协议，推进年度合作项目10个。区域发展计划和区域试点工作继续实施，新增省级试点区域16个，累计达103个。

（八）知识产权服务水平实现有效提升

一是创建知识产权服务业示范省开局良好。省局调研起草《知识产权服务业示范省建设规划纲要（2013～2020年）》，推进省知识产权服务业集聚中心和审协广东中心建设，努力争取PCT国际专利受理审查中心落户深圳。全省5家机构被评为首批"全国知识产权服务品牌机构培育单位"。深圳面向自主创新优势单位提供专利审查"绿色通道"和"定制式"服务，面向战略性新兴产业企业提供"处方式"服务。

二是知识产权快速维权工作示范全国。中山灯饰知识产权快速维权中心不断完善专利申请快速授权、维权、确权三大通道，开通国家外观设计专利智能检索和快速审查系统，可在1周内获得专利电子授权。至年底，300件专利申请进入快速通道，实现审批速度与灯饰产品研发上市周期同步。田力普局长亲自出席在中山召开的全国知识产权快速维权工作现场会，世界知识产权组织代表充分肯定中山模式，新华社和省委政研室向各级领导报送快速维权专题报告。

三是知识产权信息公共服务建设不断完善。省知识产权公共信息综合服务平台上线试运行，国家知识产权局区域专利信息服务中心（广州中心）正式挂牌并进入全面运行阶段。湛江建立省专利信息服务平台湛江分站，东莞建立分平台松山湖工作站，江门建立行业专利专库；顺德成立专家顾问团，开通咨询服务电话和网站。

四是专利代办工作再上新台阶。广州、深圳代办处不断提升代办质量和效率，受理数量和质量继续位居全国前列。全年专利电子申请率达81.21%，专利代理机构电子申请率达99.3%，按时高效完成年度达标任务。全省采取有效措施严控非正常专利申请，非正常专利申请量同比下降41.98%。

五是专利代理行业健康发展。继续推进百千对接活动，扎实落实行业防治腐败工作方案，开展"黑代理"查处工作，专利代理行业服务水平不断提升。至年底，全省专利代理机构和分支机构分别达113家和109家，执业专利代理人848人。

（九）知识产权文化建设和人才工作取得新突破

一是知识产权文化蓬勃发展。全省紧紧围绕强省决定、"4.26"世界知识产权日、专利周等重大活动和热点工作深入开展宣传，积极创新手段，有力营造知识产权文化氛围。深圳、汕头、佛山、惠州、东莞、顺德推进"正版正货"承诺活动；汕头开展企业专利扫盲；佛山进入产业园宣传"保护知识产权，引领转型升级"；河源多部门联合开展知识产权法制宣传"六进"活动；东莞打造品牌论坛；汕尾认定专利诚信单位；深圳、湛江、清远、潮州等发送宣传短信。

二是知识产权教育活动深入开展。大力加强对领导干部的教育力度，省委组织部在广东干部大讲坛专题学习知识产权；肇庆发挥市委党校干部培训优势，在各班次开设知识产权课程。各地因地制宜推进中小学教育，省示范学校累计达30所，汕头、河源、清远、惠州等开展市级试点工作；东莞、汕头在高校和职业学院开设教育课程，拓宽学生择业方向；惠州联合惠州学院举办宣传月系列活动。

三是知识产权人才工作全面深化。新增国家培训基地1家，累计2家；认定省级培训基地6家；11名优秀人才荣获全国领军人才称号，占全国的13.6%；积极落实百名高层次和千名人才培养工作，继续组织行政管理人员赴国（境）外专题研修，有效提升人才培养层次；全省举办培训班111期，培训人数2万人次。深圳、东莞推动专业技术资格评审试点工作；汕头成立市讲师团；汕尾充实专家库；清远依托代理机构开展培训工作。

（十）知识产权国际交流和区域合作持续深化

一是知识产权国际交流成效突出。充分发挥涉外知识产权统筹协调职能，推动高层会见，组织考察活动，举办大型国际知识产权研讨和巡回演讲活动，与多个国家和地区建立长期友好合作关系；不断加强对外宣传，增进外方对我省知识产权工作的了解和认识，努力营造良好的国际舆论环境。

二是粤港澳台和泛珠区域合作进展顺利。圆满完成粤港保护知识产权合作专责小组第十一次会议暨粤港知识产权合作10周年庆祝活动，推进实施年度合作项目十余个；粤澳知识产权工作小组正式成立并签订合作协议，知识产权成为《粤澳合作框架协议》重要内容；对台合作不断加强，交流研讨频繁举办；泛珠、粤喀合作持续发展。

过去一年我省知识产权工作的扎实开展，为加快转型升级、建设幸福广东提供了有力的支持。这些成绩的取得，是在省委、省政府的正确领导下，全省知识产权工作者奋斗拼搏的结果。借此机会，我向全省知识产权局系统广大干部职工表示衷心的感谢和亲切的问候！在肯定成绩的同时，我们也要清醒地看到，我省知识产权工作与国家知识产权局和省委、省政府的要求相比，与兄弟省区市相比还存在一些差距和问题，如知识产权工作为经济发展保驾护航的作用还未得到充分发挥，专利导航产业发展的作用有待充分显现，高质量、多元化的知识产权聚集区尚未全面形成，知识产权管理体制尚需进一步完善，知识产权服务业发展水平急需提高，知识产权人才队伍建设尚需大力加强等。

三、2013年全省知识产权工作重点

2013年，全省知识产权工作的指导思想和总体要求是：全面贯彻党的十八大和习近平总书记视察广东重要讲话精神，按照省委十一届二次全会和全国知识产权局局长会议要求，紧紧围绕"三个定位、两个率先"的总任务和"实施创新驱动发展战略"的总要求，扎实推进知识产权战略实施，大力促进知识产权创造和运用能力，加强知识产权保护，完善知识产权服务，推动知识产权强省建设，为推动全省自主创新、加快产业转型升级作出积极贡献。重点抓好以下6方面的工作：

（一）**加快建设知识产权强省，推动知识产权事业科学发展**。深入实施知识产权战略纲要，制定并落实年度工作方案，开展5周年评估工作，强化统筹协调力度；推动知识产权强省建设配套政策研究，完善政策体系；推进专利事业发展战略，落实《珠三角规划纲要》知识产权专项任务，开展新一轮知识产权高层次战略合作；加强国家试点示范和强县工程工作，促进区域协调发展。

（二）**加强知识产权创造与运用，发挥专利对产业发展的导航作用**。实施"战略性新兴产业专利信息资源开发利用计划"，促进产业健康发展；出台《广东省重大经济和科技活动知识产权审查与评议暂行办法》，建立评议机制；继续推动知识产权与金融资本融合，不断深化企事业知识产权工作，促进专利技术实施和知识产权转移；出台《关于促进我省专利申请工作的意见》，制定《广东省专利奖励办法》，重奖中国专利奖获奖单位。

（三）**健全知识产权执法维权体系，创新执法保护工作机制**。稳步推进"双打""两建"工作，落实年度重点任务，实施知识产权保护综合监管分体系建设五年规划；大力推动专利行政执法，建立执法监督制度，加强展会和行业协会保护工作，完善执法协作机制，完善维权援助工作体系，探索建立涉外应对机制。

（四）完善知识产权服务体系，创建知识产权服务业示范省。创建知识产权服务业示范省，制定服务业示范省规划，加快建设省知识产权服务业聚集中心和审协中心；巩固和拓展信息服务，推进国家基地和中心建设；实施"百所千企知识产权服务对接工程"，加强专利代理和社团组织管理；全面提高专利代办质量和效率。

（五）推进知识产权文化建设与交流合作，提升知识产权社会影响力。深化人才工作，起草《关于加强全省知识产权人才工作的意见》，加强培训基地建设，推进人才培养专项任务；创新人才机制，推进专业人才技术职称评价试点工作，推进远程教育；培育知识产权文化，建立立体化的宣传模式，形成强大宣传合力，深化青少年教育；构建多元国际合作试验区，拓展粤港澳台和泛珠、粤喀合作。

（六）加强市县知识产权管理机构建设，夯实事业发展基础。目前大部制改革正在持续推进，各市局要主动对县区知识产权机构改革加以关注、指导和协调，积极争取政府和关键部门的重视和支持，同时密切与省局的沟通联系，把握机遇，想方设法、千方百计地强化县区知识产权管理机构建设，力争年内实现县区机构100%挂牌。

做好新时期知识产权工作责任重大，任务艰巨。希望各级知识产权局按照中央和省委、省政府的决策部署，凝聚力量、攻坚克难、真抓实干，在新起点上再谱广东知识产权事业发展华章，为我省努力成为发展中国特色社会主义的排头兵、深化改革开放的先行地、探索科学发展的实验区，率先全面建成小康社会、率先基本实现社会主义现代化作出新的更大的贡献！

在第二轮知识产权高层次战略合作协议签署仪式暨2013年会商工作会议上的工作报告

(2013年4月11日)

根据会议的安排,下面由我对国家知识产权局、广东省人民政府第一轮知识产权高层次战略合作的情况作一扼要总结,并对第二轮知识产权高层次战略合作的内容作一简要介绍。

首先,我对第一轮知识产权高层次战略合作的情况作一扼要总结。

2008年,国家知识产权局与我省建立了知识产权高层次战略合作关系。5年来,双方共同实施完成了37个合作项目,取得了显著成效,实现了合作预定的目标,充分发挥了知识产权制度对广东经济、社会发展的助推作用。主要体现在以下十方面:

一是知识产权战略实施和规划编制取得新突破。合作期间,国家知识产权局加强了对我省实施知识产权战略纲要和规划编制工作的指导,至2011年9月,我省21个地级以上市人民政府全部出台本地区的战略纲要或实施方案,全省形成了以战略统领发展、以战略促进发展、以战略保障发展的知识产权事业发展新格局。同时,在双方共同努力下,《广东省知识产权事业发展"十二五"规划》顺利编制实施,这是我省第一个集专利、商标、著作权、商业秘密、植物新品种和地理标识等各类知识产权于一体的知识产权事业发展五年规划。

二是知识产权管理体制和法制环境进一步优化。合作期间,双方共同创新广东知识产权管理体制,在新一轮机构改革中,省知识产权局充实了管理力量,新增行政处室2个、执法编制10名,整合协调机构职能,强化了服务功能。全省21个地级以上市均成立了知识产权局或加挂知识产权局的牌子,县域知识产权管理体系建设初见成效,知识产权管理体制进一步完善。同时,在国家知识产权局的支持下,我省不断完善知识产权法制环境建设。2010年9月,省人大颁布地方性法规《广东省专利条例》；2012年1月，省委、省政府出台《关于加快建设知识产权强省的决定》；2012年9月，省政府常务会议审议通过《广东省展会专利保护办法》。一系列法规规章、政策文件的出台，为我省知识产权事业提供了良好的发展环境。

三是知识产权转移运用工作实现新发展。推动知识产权转移运用，是双方合作的重点之一。在双方的共同努力下，我省在知识产权投融资和专利技术展示交易方面成效明显：知识产权投融资方面，国家知识产权局大力支持广东开展知识产权投融资试点工作，在佛山南海创建了国家知识产权投融资（南海）综合试验区；同时，支持广州、东莞纳入全国知识产权质押融资试点城市，将顺德区纳入国家知识产权投融资服务试点。我省积极推动南海综合试验区建设，成功构建了三种类型的市场化运作模式，目前正在珠海、中山、肇庆等地推广运用。2012年12月，省知识产权局等9部门联合印发《关于加快推进广东省知识产权质押融资工作的若干意见》，从建立促进机制、完善服务体系、构建风险控制机制、加强保障体系建设等方面提出了推进知识产权质押融资的具体措施。专利技术展示交易方面，双方共同支持广州、深圳、佛山、东莞4个国家专利技术展示交易中心建设。截至2012年，4个中心专利技术与产品展示数量共13762件，交易额52745万元，发明专利交易量2478件，参与组织举办中国专利周地方活动、研讨会等各类活动，服务企业逾万家，人数达11.5万人次。

四是知识产权为战略性新兴产业发展提供有力支撑。在国家知识产权局指导下，我省针对战略性新兴产业发展，开展了国家专利产业化（广州数字家庭）试点基地建设，并实施"战略性新兴产业专利信息资源开发利用计划"，省财政投入专项经费2000万元，围绕新一代通信等7个重点产业，开展了11项专利信息资源开发利用项目。先后举办LED、生物医药、物联网等10场战略性新兴产业专利分析及预警报告会，面向逾2300家企事业单位发布了专利分析及预警成果；编撰《广东省战略性新兴产业知识产权工作动态》和《广东省战略性新兴产业专利统计简报》，建成新一代通信、物联网、数字家庭、生物医药4个产业专利信息专题数据库，为社会各界提供优质和专业的战略性新兴产业专利信息及行业动态。此外，国家知识产权局将我省纳入全国首批重大经济活动知识产权评议工作试点，在国家知识产权局的指导下，我省稳步推进了"插电式混合动力乘用车研发及产业化"、"高清互动数字电视嵌入式软件平台研发及产业化"、"锂离子动力电池研发及产业化"和"数字高清互动传输接口技术标准"等战略性新兴产业重大项目知识产权评议工作的开展。

五是中小企业知识产权工作深入推进。合作期间,双方着力推进中小企业知识产权工作。在国家知识产权局的指导下,我省出台实施了地方标准《创新知识企业知识产权管理通用规范》;省内部分地市也积极引导中小企业完善知识产权管理制度,深圳市制定了《中小企业发展初期知识产权指引》和《中小企业成长期知识产权指引》,东莞市制定了《企业知识产权管理指引》,营造了中小企业知识产权战略推进工程实施的政策环境。在国家知识产权局的支持下,我省还开展了"百所千企知识产权服务对接工程",通过搭建专利代理机构与企业之间的知识产权服务平台,提升我省企业运用知识产权制度的意识与水平,增强了企业自主创新能力和核心竞争力。在双方共同推进下,全省建立了24个特色产业知识产权战略联盟,合作共赢的发展模式进一步完善,实现了企业知识产权从单一竞争到竞争合作的战略转型。

六是知识产权涉外应对和维权援助工作取得新成果。在维权援助方面,在国家知识产权局大力支持下,我省健全了维权援助机制,并成立了行业快速反应保护维权机制。合作期间,我省成立了省中心以及深圳、汕头、佛山、东莞、中山6家知识产权维权援助中心,制定了维权援助办法,建立了维权援助协作机构和专家库,全省知识产权维权援助机制进一步健全。2010年11月,在国家知识产权局的直接指导下,我省建立了全国首家单一产业的中国中山(灯饰)知识产权快速维权中心,集知识产权快速维权、授权、确权机制于一体,实行"一站式"知识产权快速维权,实现了专利审查效率、执法维权效率和企业专利意识的三大提升。在涉外应对方面,在国家知识产权局的指导下,我省开展了知识产权保护(涉外应对)重点联系单位认定工作,选择部分产业集群、专利联盟、商会、服务机构、企事业单位作为重点联系单位,研究分析重点涉外案件,探索建立长效涉外知识产权纠纷预警及应急机制;出台了《出口企业参加欧盟展会知识产权维权指引》,以提高全省知识产权涉外应对能力。

七是知识产权信息传播与利用取得新成效。合作期间,在双方的共同努力下,我省建立了全国首个国家级区域专利信息服务中心和首个国家级专利信息传播利用基地。双方共同加强区域专利信息服务中心和传播利用基地建设,国家知识产权局派出挂职人员进行专门指导,省财政投入建设经费1200万元,建设工作稳步推进、圆满完成。2011年12月,专利信息传播利用基地正式授牌;2012年4月,区域专利信息服务中心挂牌试运行。此外,在国家局的指导下,我省完成省知识产权公共信息综合服务平台建设,建立了22个省级重点产业/行业专利数据库,开发了多个应用系统,推进了专利信息与经济的融合。

八是知识产权国际交流和区域合作实现新发展。在合作双方的共同推动下，我省知识产权国际交流和区域合作不断深化，知识产权工作的国际影响力全面提升。省知识产权局与美国、英国等20多个国家和地区的政府机构、社会团体、企业建立了合作关系，与日本、欧盟等国家和地区广泛开展国际交流研讨活动和圆桌会议数十次；粤港知识产权合作深入推进，5年来，在跨境保护、培训教育、研究服务方面开展合作项目71个；粤澳知识产权合作全面启动，成立粤澳知识产权工作小组并签订合作协议；粤港、粤澳知识产权合作内容均纳入《粤港合作框架协议》和《粤澳合作框架协议》内；对台知识产权合作不断加强，在公共服务平台建设等领域开展深入交流；泛珠三角区域知识产权合作深入发展，参与开展区域合作项目数十项。

九是知识产权人才培养开拓新局面。合作期间，双方共同推动知识产权人才工作，华南理工大学和省知识产权研究与发展中心先后获批为国家知识产权培训基地，其中，省知识产权研究与发展中心成为全国首个建立于高校之外的国家基地；共同建立了中国知识产权培训中心广东省知识产权远程教育分平台。我省全面推进知识产权人才培育专项工程，落实高层领军型人才和中层实务型人才的培养工作，全省11人入选国家知识产权领军人才、13人入选国家知识产权专家库、24人入选"百千万知识产权人才工程"百名高层次人才培养人选、3人入选专利信息领军人才。同时，加强了知识产权学历教育和研究工作，创新了知识产权人才培育机制，认定6家省级知识产权培训基地，打造地方人才培养新平台，开展知识产权专业人才技术职称评价试点工作，实施"国际知识产权制度巡回演讲"计划。全面推进中小学知识产权教育工作，现有省级示范学校30家、试点学校191家，累计受教育学生达数十万人次。

十是知识产权服务能力获得新提升。合作期间，双方在提升知识产权服务能力方面做了大量工作：双方共建了集知识产权信息运用、专利申请受理、维权援助、专利展示交易、复审无效审理、审查员实践基地于一体的广东知识产权服务中心；双方共同投资12亿元，在中新广州知识城共建首个京外专利审查协作中心；同时，省财政安排2亿元，毗邻审协广东中心配套建设省知识产权服务业集聚中心，促进广东知识产权服务业集聚发展。双方还共同推进专利复审等业务。国家知识产权局将部分业务延伸到我省，在广东设立第一巡回审理庭第一、第二审理室，合作期间共审理案件225件；支持广州、深圳代办处开展审查业务和流程服务试点工作，自2008年以来，广州代办处先后拓展专利登记簿副本出证、专利权质押登记等14项工作职能，进一步提高了我省知识产权服务能力。

国家知识产权局与广东省人民政府第一轮知识产权高层次战略合作取得了丰硕的成果，通过合作，我省知识产权创造、运用、管理和保护能力得到进一步提升，为继续开展第二轮知识产权高层次战略合作打下了坚实的基础。

接下来，我简要介绍第二轮知识产权高层次战略合作的主要内容。

第二轮知识产权高层次战略合作将紧密结合广东产业转型升级对知识产权工作的需求，围绕广东经济结构战略性调整的中心任务，以"服务转型升级、服务创新驱动、服务扩大内外需"为切入点，共同将广东打造成为知识产权服务经济结构战略性调整的创新地。合作内容主要包括三方面：

一是共同探索推动产业转型升级新路径。主要包括开展专利导航工程、实施企业贯标计划、探索知识产权高端运用试点、研究制定知识产权服务广东产业转型升级实施意见等工作内容，通过合作，力争创新知识产权融入经济结构战略性调整的路径，实现知识产权助推产业转型升级。

二是共同构建增强创新驱动发展能力新机制。主要包括以创建知识产权服务业发展示范省为主线，着力构建创新资源高效配置的有效模式；以营造良好的创新发展环境为要求，着力构建省际知识产权执法协作新机制；以建立适应企业创新发展的金融体系为目的，着力构建以知识产权为纽带有机融合科技、金融和产业的运行机制；以国家重点知识产权项目为依托，着力构建吸引知识产权高端人才集聚的工作机制。通过合作，力争形成创新驱动发展的新机制。

三是共同培育促进开放型经济发展新优势。主要包括通过建设知识产权多元国际合作试验区、加强知识产权涉外应对和海外维权援助、开展华侨知识产权交流合作、加强粤港澳、粤台知识产权交流合作等工作，力争创新广东知识产权对外交流与合作工作模式，形成多层次、有重点的合作交流模式。

在新一轮的知识产权高层次战略合作中，我们恳请国家知识产权局继续加大对我省的扶持和指导力度，在各类资源布局、委托项目、试点示范及扶持政策等方面给予我省倾斜。我省也将加大财政投入力度，对合作共建项目给予相应经费支持。诚望省各有关单位能一如既往给予大力支持和帮助，共同完善省部知识产权高层次战略合作平台。最后，我衷心祝愿，通过新一轮知识产权高层次战略合作的深入开展，我省知识产权强省建设的目标早日实现！

以十八大精神为指引
以新一轮知识产权高层次战略合作
为契机 全方位推进知识产权强省建设

——在 2013 年全省知识产权工作座谈会上的讲话

(2013 年 7 月 23 日)

今天，我们召开 2013 年全省知识产权工作座谈会暨广东省专利奖励大会，主要任务是以十八大精神为指引，深入贯彻《国家知识产权战略纲要》《广东省知识产权战略纲要（2007~2020年）》及《珠江三角洲地区改革发展规划纲要（2008~2020年）》，总结我省 2012 年以来的知识产权工作情况，奖励 2012 年度国家和广东省专利奖获奖单位，分析当前形势，部署下一阶段工作任务。

一、2012 年以来全省知识产权工作基本情况

2012 年以来，在党中央、国务院和省委、省政府的正确领导下，在国家知识产权局的精心指导和大力支持下，全省各级政府知识产权部门贯彻落实国家和省委、省政府决策部署，紧紧围绕加快转型升级、建设幸福广东的核心任务，扎实推进各项工作，努力开创知识产权强省建设新局面，为全省经济社会发展做出了积极贡献。

（一）知识产权强省建设和战略实施有序推进

一是知识产权强省建设全面启动。2012 年 1 月 20 日，省委、省政府出台《关于加快建设知识产权强省的决定》（以下简称《决定》），省政府办公厅进行重点任务分工，各地级以上市人民政府大力推进落实工作。惠州、云浮、潮州、茂名、汕头等市先后出台市委、市政府贯彻落实《决定》的实施意见。

二是知识产权战略实施持续推进。省知识产权局牵头制定年度知识产权战略工作方案，组织全省开展战略实施五周年宣传活动。汕头、东莞出台年度战略实施方案。在国家知识产权局公布的《2012 年全国知识产权发展状况报告》和

《2012年全国专利实力状况报告》中，我省的知识产权综合、保护、环境发展指数和专利综合实力指数均居全国首位，其中专利综合实力指数连续两年蝉联全国之冠。

三是新一轮知识产权高层次战略合作成功开启。2013年4月11日，省政府和国家知识产权局召开第二轮知识产权高层次战略合作协议签署仪式暨2013年会商工作会议，田力普局长与朱小丹省长签署议定书。省财政安排专项资金予以保障，朱小丹省长和陈云贤副省长对合作会商工作和项目实施情况亲自督办。

四是《珠江三角洲地区改革发展规划纲要（2008~2020年）》和《专利事业发展战略》专项任务顺利执行。珠三角百万人口发明专利申请量超额完成《珠三角规划纲要》"四年大发展"既定目标，"实施知识产权战略"纳入"九年大跨越"主要任务，新增"万人有效发明专利拥有量"为"九年大跨越"监控指标。《全国专利事业发展战略推进计划》在全省范围内逐步落实。

（二）知识产权政策法规建设成效显著

省知识产权局联合各有关部门，先后于2012年7月、9月和12月颁布实施《广东省专利申请资助专项经费管理办法》、《广东省展会专利保护办法》和《关于加快推进广东省知识产权质押融资工作的若干意见》。《广东省专利奖励办法》和《关于促进知识产权服务业发展的若干意见》等政策文件正在研究制定中。广州起草《广州市专利行政执法办法》，深圳制定《深圳市促进知识产权质押融资若干措施》，珠海出台《珠海市进一步加强专利工作的若干措施》，珠海、梅州、阳江、云浮修订专利资助办法。

（三）知识产权创造水平持续提升

一是专利奖励激励作用显著。省政府投入2850万元重奖第十四届中国专利奖获奖单位。省知识产权局组织评选省专利奖并推荐第十五届中国专利奖。广州评选第二届保护知识产权市长奖；近半数地级以上市评选专利奖，汕头、阳江将市专利奖评奖周期缩短至一年一次，东莞增加市专利奖的奖项和奖金。

二是专利申请促进得力。省知识产权局健全专利申请资助经费管理制度，加大专利申请资助力度。广州、汕头、顺德开展专利申请专项推进计划，湛江、揭阳实施专利申请鼓励措施，韶关、茂名、揭阳奖励专利促进工作成效突出单位。

（四）知识产权导航产业发展作用持续发挥

一是知识产权助推战略性新兴产业实现高端突破。省知识产权局组织实施"战略性新兴产业专利信息资源开发利用计划"，建立专题数据库7个，召开专利分析及预警报告会11场，发布专利分析和预警报告16份；大力推进国家专利导航试点工程,首次启动"重点出口产品专利预警分析计划"。

二是知识产权分析评议工作顺利开展。省知识产权局研究制定《重大经济和科技活动知识产权审查与评议暂行办法》,全面推进重点项目通过全国重大经济科技活动知识产权评议试点验收。深圳起草《深圳市重大经济活动知识产权评议办法》并成为全国重大经济科技活动知识产权评议试点单位,东莞探索重大经济科技活动知识产权评议方式。

三是专利联盟持续发展。省知识产权局首次认定省专利联盟示范培育单位3家,全省专利联盟总量达25家。顺德电压力锅联盟争夺国际标准话语权获得全面胜利,深圳组建新能源和生物医药联盟,佛山、江门分别成立塑料行业和电声联盟。

(五)知识产权运用体系建设成效显著

一是知识产权商用化进程不断加快。2012年,我省492项专利获得19.38亿元质押贷款,金额居全国首位。全省知识产权质押评估技术规范起草和专利价值分析体系标准制订工作顺利推进,国家知识产权投融资(南海)综合试验区和全国知识产权质押融资试点工作成果显著。深圳推广知识产权质押融资"南山模式",中山出台《中山市知识产权质押贷款专项扶持资金管理实行办法》,顺德起草《顺德区知识产权质押融资实施细则(暂行)》,江门启动知识产权质押融资试点。广州、深圳、东莞、佛山不断深化专利保险试点工作。

二是企业知识产权运用能力有效提升。全省深入推进国家和省企业知识产权管理规范的贯彻实施工作,10家企业率先达到省级标准。截至目前,省级知识产权示范企业达120家,知识产权优势企业达510家。深圳制定《深圳市企业知识产权贯标与服务工作指引》,东莞、惠州进行贯标培训;中山建立重点企业指导机制,东莞开展企业知识产权托管工作,揭阳实施"暖企"工程,珠海、阳江、云浮培育知识产权试点示范企业。

三是园区和专业镇知识产权工作实现新发展。惠州仲恺高新区顺利通过知识产权国家试点园区验收,肇庆高新区成为我省新的国家试点园区;省知识产权研究与发展中心与专业镇签署《提升知识产权运用能力 助推专业镇转型升级合作框架协议》;阳江培育试点园区,肇庆依托华南智慧城和高新区探索知识产权市场化运作模式,清远加强对华侨工业园的培训。

(六)知识产权保护工作迈上新台阶

一是打击侵权假冒常态化工作机制有效运转。省市知识产权局认真履行打击侵权假冒领导小组办公室职责,结合"两建"部署,加强统筹协调和组织推进。

各地加大打击力度，有效净化市场环境。汕头建立知识产权民事纠纷诉调对接机制，阳江搭建知识产权执法协作机制，肇庆成立打击侵权假冒违法犯罪专项工作组，清远建立知识产权行政执法信息共享和协作机制。我省在2012年度全国打击侵权假冒绩效考核中获得满分佳绩，珠海获市场监管体系建设考核全省第一。

二是专利行政执法有力开展。全省知识产权局系统全力配合"三打两建"专项行动，加强执法监管体系建设，开展"护航"专项行动，推进行政执法协作，省知识产权局获全省"三打"绩效考核优秀。广州县（区）建立执法科（队），独立办案10件；汕头制定《专利行政执法自由裁量基准》，中山委托镇区开展专利行政执法，阳江加大行政执法透明度，顺德建立两法协调保护专利快速维权机制。我省连续两年在全国专利行政执法绩效考评中名列前茅。

三是会展、行业和维权援助工作持续推进。全省各级知识产权局进驻数十个展会开展知识产权保护工作，省知识产权局完善广交会纠纷投诉处理程序。全省6个知识产权维权援助中心积极开展举报投诉和维权援助工作。省打击侵权假冒领导小组首次在中国加工贸易产品博览会上设立知识产权保护服务中心，获得汪洋副总理高度评价。

四是专业市场知识产权保护顺利启动。广州、东莞探索推进专业市场知识产权保护工作，深圳选择专业市场试点知识产权授权经营管理，汕尾建设"专利产品诚信市场"，中山成立专业市场知识产权保护示范基地，省知识产权局承担的专业市场知识产权保护项目成功通过国家验收。

（七）知识产权管理机制有效完善

一是知识产权管理机构持续健全。圆满完成全部地级以上市建立知识产权统筹协调机构和打击侵权假冒常态机制的工作目标。广州、深圳成立由市长亲自牵头的高规格知识产权工作领导小组，全省1/3地级以上市召开全市知识产权工作会议；江门增设专利执法科室1个、执法编制2名；佛山、中山分别增加市级专项经费至1500万和800万；全省104个县（市、区）成立知识产权局，占比达85.95%。

二是知识产权管理能力明显提升。各地级以上市知识产权局切实加强能力建设，积极将各类资源向县（市、区）倾斜，上半年，部分县（市、区）专利申请增幅达200%。广州、深圳率先成为国家知识产权示范城市并在2012年度全国考核中获评先进，东莞提出进入国家知识产权示范城市序列的申请，佛山、中山、惠州推进国家知识产权示范城市创建工作，肇庆推进国家知识产权试点城市工作；今年上半年，新增4个城市（含县级市）申报国家知识产权试点城市，10

个县（区）申报国家知识产权强县工程试点示范。

（八）知识产权服务体系建设成效初显

一是创建知识产权服务业示范省开局顺利。省政府和国家知识产权局将建设知识产权服务业示范省纳入新一轮省部会商重点工作，省知识产权局初步草拟建设规划。省知识产权服务业集聚中心各项建设工作顺利推进；审协广东中心共建工作全面开展。佛山联合国际服务机构共建中德服务中心，清远推动专利预警机构与企业开展对接，揭阳建设"中德金属生态城"服务体系。

二是知识产权快速维权工作领先全国。中国中山（灯饰）知识产权快速维权中心不断加强制度和机制建设，世界知识产权组织代表专程赴中山调研，中山模式入选2012年度全国知识产权保护重大事件。东莞积极筹建中国东莞（家具）知识产权快速维权中心，建立家具行业专利侵权判定咨询机制，起草专利侵权判定咨询办法。

三是知识产权公共信息服务能力有效强化。省知识产权公共信息综合服务平台不断完善，国家专利信息传播利用基地发展规划顺利实施。省知识产权维权援助中心在专业镇设立中小微企业公共服务站，东莞推广专利信息国际检索平台，江门建设重点产业专利信息库。

四是专利代理行业蓬勃发展。百千对接工程持续开展，专利代理人实务技能培训顺利完成，专利代理行业服务水平和能力有效提高。至今年6月底，全省专利代理机构和分支机构分别达117家和128家，执业专利代理人达903人。

五是专利代办工作再上新台阶。广州、深圳代办处努力提高专利代办质量和效率，广州代办处连续11年获评全国先进代办处。今年上半年，全省专利电子申请率为82.6%，专利代理机构电子申请率为99.9%。非正常专利申请控制工作有序推进。

（九）知识产权文化普及和人才工作全面加强

一是知识产权文化普及深入开展。全省深入实施知识产权文化建设工程，积极营造尊重知识产权文化氛围。省知识产权局在《中国知识产权报》上首创广东专版；同时，认真落实"八项规定"，创新"4·26"宣传周网上启动方式，举办微访谈等系列宣传活动。河源播放知识产权公益宣传广告，中山举办知识产权图文展览活动，各地级以上市组织开展知识产权联合宣传活动。

二是知识产权人才体系持续完善。全省已建设国家知识产权培训基地2家，省级知识产权培训基地7家。全省持续推进知识产权人才培养工程，构建知识产权人才工作体系，建设知识产权领军人才队伍。广州实施知识产权人才聚集工程，佛山南海启动企业专利管理师千人培训计划，惠州学院开设法学·专利代理方向双学位（辅修），清远引进优秀师资深入基层开展知识产权培训活动。

三是知识产权教育培训深入开展。全省持续加强对各级党政领导干部的知识产权教育培训力度。我省中小学知识产权教育模式获国家有关部委的高度关注，1/3地级以上市开展了中小学知识产权教育试点工作，省级知识产权教育示范学校达40家；汕头、河源、东莞、揭阳在高校普及知识产权知识，湛江、顺德举办学生专利发明设计大赛。

（十）知识产权国际交流和区域合作取得新进展

一是知识产权国际交流持续深化。省知识产权局有效发挥涉外知识产权统筹协调职能，积极开展高层会见、接待来访、交流培训、国际研讨和巡回演讲，与美国、日本、韩国等多个国家和地区建立了友好的合作关系。

二是粤港澳台知识产权合作有效推进。省知识产权局落实粤港保护知识产权合作专责小组和粤澳知识产权工作小组确定的年度合作项目近20个。在粤港粤澳合作框架协议2012年度实施考核中，省知识产权局获评优秀。对台知识产权合作不断强化，交流研讨活动频繁举行。

三是区域知识产权合作稳步开展。省知识产权局持续推进泛珠三角区域和粤喀知识产权合作工作，启动粤蒙、粤桂知识产权协作工作，深化粤鄂、粤琼、粤滇知识产权合作。

2012年以来，我省知识产权工作取得了可喜的成绩。但在肯定成绩的同时，我们必须清醒地认识到，我省的知识产权工作仍存在不少薄弱环节，如知识产权导航产业转型升级和经济社会发展的重要作用有待进一步发挥；具有核心知识产权的产业聚集区尚未形成；知识产权人才尚不能满足经济社会发展需求等，这些问题亟待在今后的工作中不断加以改进。

二、下一阶段全省知识产权工作的重点

下一阶段，全省知识产权工作要以十八大精神为指引，认真贯彻习近平总书记视察广东重要讲话精神，紧紧围绕"三个定位、两个率先"总目标，以实施知识产权战略为手段，以推进新一轮高层次知识产权战略合作为契机，以建设知识产权强省为目标，大力加强各项工作，力争为创新驱动发展做出更大的贡献。

（一）深入实施知识产权战略，大力建设知识产权强省。各地级以上市要把实施知识产权战略和建设知识产权强省摆上核心议事日程，狠抓落实。已经出台知识产权战略年度方案和《决定》贯彻意见的市，要切实抓好任务落实；尚未

出台的市，务必抓紧时间尽快制定，力争本年度内全部出台。

（二）**完善政策体系，构建知识产权事业发展良好环境**。尽快出台《广东省专利奖励办法》、《广东创建知识产权服务业示范省规划》、《关于促进知识产权服务业发展的若干意见》、《关于运用知识产权促进产业转型升级的意见》和《广东省重大经济和科技活动知识产权审查与评议暂行办法》等，抓紧研究制定《关于加强全省知识产权人才工作的意见》等政策文件。各地级以上市要主动推动和积极参与地方立法和政策制定，着力构建有利于事业发展的知识产权政策体系。

（三）**强化创造与运用，发挥知识产权导航产业发展重要作用**。制定提升专利质量促进政策，明确专利资助政策导向，引导专利申请科学发展。加强企业知识产权贯标工作，大力支持大型骨干企业壮大规模增强实力，培育知识产权优势企业群体和产业聚集区。构建知识产权审查分析评议机制，发挥知识产权导航产业发展作用。促进知识产权与金融资本有机融合。

（四）**提升保护力度，持续增强知识产权保护合力**。完善打击侵权假冒工作机制，强化行政司法打击力度，建设打击侵权假冒"两法衔接"信息平台，有效增强保护合力。全面推进"两建"工作，努力建设社会诚信体系和市场监管体系。加强专利行政执法，完善执法程序，建立产业专利纠纷快速处理机制。加强展会、行业协会和专业市场知识产权保护工作，完善知识产权维权援助和涉外应对机制。

（五）**完善服务体系，创建知识产权服务业发展示范省**。出台知识产权服务业发展示范省建设规划和政策文件，完善知识产权服务体系机制，提高知识产权服务能力水平，构建知识产权服务业发展新格局。加快建设省知识产权服务业集聚中心和审协广东中心。加大专利信息推广力度，推进百千对接工程，促进专利代理行业健康发展。加强专利电子申请推广工作，提高专利代办效率和质量，严控非正常专利申请。

（六）**加大工作力度，积极推进知识产权文化建设和人才工作**。实施知识产权文化建设工程，广泛开展宣传教育，加大对外宣传力度，积极营造知识产权文化氛围。推动知识产权教育纳入各类教育体系，加快知识产权人才工作体制机制创新，建立知识产权人才评价、培养、使用、激励机制，推进知识产权专业技术职称体系建设试点，加强知识产权远程教育和继续教育，大力吸引高端人才集聚。

（七）**完善共赢机制，建设知识产权多元国际合作试验区**。加强国内外知识产权交流合作，引入国际先进知识产权管理经验和专业化运作模式，选择重大国际合作平台试点建设"知识产权保护与服务试验区",提升知识产权事业发展的国际化水平。

(八)深化协调发展,全面提升区域知识产权工作能力。深化省知识产权局与市人民政府的合作会商机制,加强区域知识产权试点示范工作,推进队伍作风建设,努力提高全系统依法行政和科学管理能力。鼓励各地级以上市和县(市、区)积极创造条件,早日加入国家知识产权城市和县区试点示范行列。希望各地级以上市知识产权局要切实加大对县(市、区)的指导支持力度,迅速提高基层工作水平。

做好知识产权工作影响深远、意义重大、责任艰巨。希望全省各级知识产权局勇于实践、开拓创新,努力推动知识产权事业不断取得新的发展,为我省实现"三个定位、两个率先"总目标,做出知识产权人新的更大的贡献!

03 专项工作

专项工作

在广东专利代理协会成立大会上的致辞

(2008年8月28日)

经过近两年的筹备,广东专利代理协会今天在广州隆重成立了。协会从筹备到正式成立,得到了国家知识产权局、中华全国专利代理人协会以及省政府和各有关部门的指导和大力支持。今天,国家知识产权局条法司尹新天司长、省政府江海燕副秘书长、中华全国专利代理人协会李建蓉秘书长和省民间组织管理局张元醒副局长又亲临会议指导。在此,我代表广东省知识产权局向前来出席成立大会的各位领导和来宾表示诚挚的欢迎,向关心和支持我省专利代理事业发展的各有关部门表示衷心的感谢,对广东专利代理协会的成立和新当选的各位理事及理事长表示热烈的祝贺!

近年来,在国家知识产权局的指导下,在省委、省政府的领导下,我省专利事业的发展不断取得新突破和新成绩,专利代理行业也进入了快速发展的阶段。目前,全省计有专利代理机构83家,分支机构67家,执业专利代理人500多人,代理机构数量及代理人数量均居全国第二。我省专利代理行业的不断发展壮大,对于我省专利事业的蓬勃发展起到了积极推动的作用。例如,2007年,全省专利申请量102449件,代理量54460件,代理率达53%,同比增长15%。但与此同时,不容忽视的是,我省专利代理行业在进一步发展中遇到的问题和困难也越来越突出。行业自律机制尚不健全,专利代理机构规模普遍偏小、高素质专利代理人才严重缺乏,同行之间的不规范竞争行为时有发生等问题困扰着我省专利代理行业的进一步发展。可以说,我省专利代理行业的发展状况与我省经济社会发展以及全社会创新意识不断提高的现实需求仍存在较大差距。

为了进一步提高我省专利代理行业的服务能力和业务水平,加强行业自律,促进我省专利代理行业的健康有序发展,从2006年底起,我局在多次调研及专利代理机构提议的基础上,着手筹备我省专利代理协会,筹备工作得到了广大专利代理机构的积极响应,并得到中华全国专利代理人协会、省民间组织管理局等有关部门的大力支持和指导。应该说,广东专利代理协会的成立,既是专利代理行业自身发展的需要，也是我省专利事业发展的客观要求。协会的成立不仅有利于加强专利代理行业的自律，推动行业自身的健康发展，也有利于营造良好的社会创新氛围，促进社会创新体系的建设。

我局作为专利代理行业的业务主管部门，将加强对协会工作的指导，继续支持和扶持全省专利代理机构的发展。也希望协会成立后，抓住有利机遇，加强行业合作与交流，拓展行业的发展空间，整合资源，共同推动我省专利代理行业做大做强，促进专利代理事业的持续、健康发展。

最后，再一次感谢关心和支持我省专利代理工作的各位领导和各有关部门！祝愿广东专利代理协会工作顺利、蓬勃发展！

在全省专利代理管理工作会议上的总结讲话

（2008 年 8 月 28 日）

今天上午，我们召开了全省专利代理管理工作会议暨广东专利代理协会成立大会，会议开得非常成功，达到了预期的效果。

今年是国家知识产权战略纲要颁布之年，也是我省知识产权战略纲要实施的第一年。知识产权战略的颁布和实施是国家和我省的重大战略决策。专利代理工作是知识产权管理服务体系中的重要组成部分，贯穿于知识产权创造、运用、保护和管理的各个环节，是专利制度顺利施行和知识产权战略措施稳步落实的重要支撑之一。专利代理工作不仅促进了大量创新成果的及时知识产权化，而且推动了全社会创新体系的建设，专利代理行业是否能够得到健康有序的发展，直接关系到我省建设知识产权强省这一宏伟目标的实现。因此，建立完善的专利代理服务体系是国内外知识产权发展新态势和适应我省经济社会新发展的客观要求。

刚才朱万昌副局长代表省知识产权局所作的工作报告，我完全同意。我省专利代理行业的发展是伴随我省专利事业的发展而不断建立和完善的，并经历了从无到有、从小到大的发展历程，为推动全省知识产权事业的蓬勃发展作出了重要的贡献，为促进我省创新体系建设发挥了积极的作用。但同时，我们也看到，我省专利代理行业发展存在不少的问题和困难，和北京、上海等发达地区相比，还有不少差距，还远远不能满足建设创新型广东和知识产权强省的需求。这都需要我们付出更多的努力。

今天，在我省首次召开的专利代理管理工作会议上，国家知识产权局条法司尹新天司长和中华全国专利代理人协会的李建蓉秘书长亲自莅临会议并作了重要讲话，省政府江海燕副秘书长代表省政府和宋海副省长专程出席协会成立大会并致贺词，充分体现了国家知识产权局和省政府对我省专利代理工作的高度重视和亲切关怀，我相信在座各位专利工作者必深受鼓舞和激励。

下面我就贯彻落实今天的会议精神，讲三点意见。

一、各市要切实做好今天会议精神的汇报、传达和贯彻落实工作。会议结束之后，各市知识产权局领导要向当地党委和政府汇报会议精神，要把抓好专利代理工作作为贯彻落实国家和我省知识产权战略纲要的重要举措，认真思考如何加强对我省专利代理行业的管理、引导和扶持，研究和制定促进行业进一步发展的具体政策和措施，有效推动本地区专利代理行业的发展。

二、专利代理协会要切实发挥好协会作用，首先，要加强行业自律，尽快研究和制订促进专利代理行业发展的自律性行规；其次，要积极组织开展业务培训、学术交流和研究研讨活动，加强会员之间的交流，努力提高行业整体执业水准和社会形象；第三，要加大对专利代理行业的宣传力度，协助会员维护正当权益，不断提高专利代理行业的社会影响，营造良好的执业氛围；第四，要充分发挥协会的桥梁和纽带作用，成为联结代理机构之间，以及政府和代理行业之间的纽带。

三、全省各专利代理机构和专利代理人要认真学习国家和省知识产权战略纲要，积极贯彻落实全国和我省专利代理管理工作会议的精神，充分认识当前我省知识产权事业和专利代理行业发展所面临的难得机遇和肩负的重任，紧紧抓住实施知识产权战略这一有利时机，遵守法律法规，加强业务学习，严守执业操守，不断提高专业服务水平，完善服务功能，形成服务特色，通过自身的不断努力，努力实现我省专利代理行业的新发展。

今后一段时期，将是我省全面贯彻科学发展观，实施知识产权战略，建设创新型广东的关键时期。我相信，只要我们坚持以科学发展观为统领，在国家知识产权局的指导下，在省委、省政府的领导下，全省专利工作者齐心协力，共同努力，就一定能再创辉煌。

认清形势　明确任务
努力推动我省专利工作实现科学发展

——在 2008 年全省专利申请形势分析会上的讲话

（2008 年 10 月 16 日）

今天，我们在这里召开全省专利申请形势分析会，主要目的是通报全省专利申请与授权情况，讨论和研究促进我省专利申请工作实现科学发展的新举措和新办法。刚才，朱万昌副局长对今年 1~8 月我省专利申请的基本情况、主要特点和存在问题进行了情况通报，并结合全国发展态势和国内重点省市的情况进行了分析和比较。在座的各位同志也纷纷结合当地专利申请工作实际，就如何促进我省专利申请工作健康发展提出了许多好的对策和建议。专利申请是专利工作的重要基石，没有质优量多的专利申请和专利权作为保证，专利的运用和保护就如无源之水，专利管理服务体系的建设就如无本之木，专利战略和知识产权战略便无从实施，建设知识产权强省更是无从谈起。因此，我们必须以科学发展观统领知识产权事业发展全局，进一步推动我省专利申请工作持续稳定健康发展。下面，我谈三点意见。

一、认清形势，把握时机，树立促进专利申请工作科学发展的危机意识和责任意识

今年 2 月，为了进一步解放思想，破解科学发展难题，中央政治局委员、省委书记汪洋，省委副书记、省长黄华华亲自率领由 70 多人组成的党政代表团赴沪苏浙学习考察。在考察过程中，省领导指出："今天的上海、江苏、浙江，不是过去我们所讲的什么追兵，完全是标兵和老师！广东经济总量虽大，但他们在发展理念、发展质量、发展后劲等方面，实际上都已超过广东！"

目前，我省专利申请工作正面临着同样的问题。虽然今年以来，我省专利申请在高基数的基础上继续保持了增长态势，专利申请结构进一步优化，职务申请

比例持续增高，但我们必须清醒地意识到，在国家和我省知识产权战略纲要颁布实施、知识产权事业蓬勃发展的大好时机下，我省专利申请工作却面临着非常严峻的发展态势，可以用"内忧外困"4个字来概括。

"内忧"——专利申请整体形势堪忧。今年8月，我省专利申请量在连续13年位居全国第一的背景下退居全国第二位，发明专利申请在连续3年位居全国第一的背景下退居全国第二位；去年，我省外观设计专利申请在连续20年位居全国第一位的背景下退居全国第二位，今年再退居第三位。特别值得注意的是，三类专利申请及专利申请总量的增幅均低于国内平均水平；专利申请、授权总量中的发明专利比例低于国内平均水平，职务发明比例低于国内平均水平；专利申请，特别是发明专利申请集中度过高，区域发展不均衡问题尤为突出；全省96%的企业从未申请过专利，市场竞争主体专利意识尚未得到有效开发；非正常专利申请现象时有发生，影响较为恶劣。今年1~8月，我省只有7个市的专利申请增幅超过全省平均水平，绝大多数地市专利申请增长缓慢，当年全省专利申请量可能出现负增长，以上种种现状不能不令人忧心忡忡。

"外困"——全国专利申请工作蓬勃发展，国内重点省市专利申请态势强劲。江苏省专利申请增幅连续3年保持在50%以上，专利申请总量已取代我省位居全国第一；北京市企业发明专利申请数量同比翻一番，全市发明专利申请量取代我省位居全国第一；江苏、浙江两省外观设计专利申请增速迅猛，分别取代我省列全国第一、二位；我省专利申请量，发明、实用新型、外观设计专利申请量占国内总量的比例分别由2006年的19.3%、17.5%、14.9%和24.8%下降至目前的15.4%、15.3%、13.3%和17%，降幅最高达7.8个百分点；2007年，全省百万人口专利申请、授权量，发明专利申请、授权量均落后于北京、上海、浙江等省市，百万人口发明专利申请量仅为北京的1/4。

多年来，省委、省政府一直高度重视知识产权工作，在今年新一轮解放思想活动中又对进一步加强知识产权工作、促进知识产权事业发展提出了更新、更高的要求。今年6月19日，省委、省政府在《关于争当实践科学发展观排头兵的决定》中明确提出："实施知识产权战略，加强知识产权创造、应用、保护和管理，实现从知识产权大省向知识产权强省跨越。"9月24日，省政府在《广东省建设创新型广东行动纲要的通知》中明确要求："到2012年，全省发明专利年申请量达到3万件以上，专利质量和效益明显提高，专利申请量和授权量保持全国第一。"省委、省政府确定的高目标、高要求以及兄弟省市抢抓机遇、加快发展的新格局既为我省未来事业的发展注入了强劲动力，同时也带来了极大的压力。

形势逼人，不进则退，慢进亦退。在这个关键时期，我们一定要认清形势，切实增强加强专利申请工作、开创专利事业发展新局面的责任感、使命感和紧迫感，进一步树立促进专利申请科学发展的危机意识和责任意识，采取有效措施，力争推动我省专利申请工作逐步走上可持续发展轨道，推动专利事业实现全面、科学发展。

二、提高认识，统一思想，形成实现专利申请工作科学发展的正确理念

在过去23年里，我省专利申请量随着经济、社会的持续发展不断增长，全省累计专利申请总量、授权总量、发明专利申请总量接连突破50万、30万和10万件大关。但是，在快速发展之后，近年我省专利申请的增幅却出现了逐渐放缓的趋势，2007年全省专利申请同比增长12.7%，今年1~8月也不到20%，全省专利申请量增幅连续2年低于全国平均水平。的确，在发展的过程中，我们要树立科学发展理念，不能唯数字论，仅凭专利申请量一个指标来衡量地方专利工作的成效，但与此同时，我们也绝不能忽视或轻视专利申请数量在专利工作中的重要作用。我们应当客观地认识到，数量是工作成效的直接体现，更是今后工作的重要基础。在过去的20多年里，我省各级专利行政管理部门在区域和企事业试点示范工作、专利实施及产业化、专利行政执法保护、公众专利意识普及提高、专利专业人才培养、专利代理机构队伍建设等方面制定了一系列行之有效的政策措施，开展了大量卓有成效的工作，有力地推动了我省专利申请量、授权量连续13年位居全国第一。国家知识产权局和省委、省政府的领导在对我省专利工作给予肯定和评价时，无一例外地都会强调这个"连续13年位居全国第一"，而我们在争取各方政策、资源时，也都会将"连续13年位居全国第一"作为重要依据和支撑。

因此，在新的发展时期，在省委、省政府提出建设知识产权强省的关键时刻，我们一定要树立科学合理、可持续发展的专利申请工作理念，继续保持全省专利申请数量稳步、合理、可持续增长，同时，要继续优化本地区的专利申请结构，不断提高专利申请质量。在下一步工作中，大家要放下专利大省的架子，深入调查研究，认真思考、客观分析自身存在的问题，查找制约和影响我省专利申请质量和数量的关键性因素，结合当地经济、科技以及专利申请工作的发展现状，寻找专利申请工作的重点环节和薄弱环节，有针对性地提出促进当地专利申请工作的具体办法和举措，统筹兼顾三类专利申请协调发展，切实推动全省专利申请工作迈上科学发展轨道，为知识产权强省建设作出新的贡献。

三、采取措施,狠抓落实,努力推动专利申请工作实现科学发展

面对省委、省政府提出的新目标和新要求,面对兄弟省市千帆竞发、百舸争流的新局面和新形势,我们一定要敢于解放思想,勇于开拓创新,积极创造条件继续争当全国专利申请工作的排头兵。在此,我特别提出以下四项具体要求。

(一)立足本职,促进专利申请工作又好又快发展

各地级以上市知识产权局要立足本职,不断整合资源,形成工作合力,想方设法推动本地专利申请工作又好又快发展。一是要以实施知识产权战略为工作突破口,全面提升知识产权工作能力和水平。各市知识产权局要紧紧抓住实施知识产权战略这一大好时机,不断完善和落实领导责任制和工作责任制,制定实施当地的知识产权战略实施方案或实施计划,将专利工作与科技、经济、外贸、教育等工作有机结合,定新策、出新招,特别要争取解决诸如机构力量薄弱、工作经费短缺等制约当地专利事业发展的突出问题和瓶颈问题,全面提升知识产权工作在国民经济和社会发展中的显示度,为我省专利申请工作迈上新的台阶提供保障。二是要创新思路,制定出台和完善促进专利申请的若干政策措施。各市要针对当地产业特点,发挥地区优势,制定出台或者修改完善一系列促进创新和专利申请的政策措施,带动当地专利事业健康发展。例如,继续完善各级专利申请资助、奖励政策,最大限度地发挥资金的使用效用和放大效应,同时要切实加强资金管理,确保资金使用安全。再例如,在当地出台促进核心产业和重点产业发展的政策措施中增加推进专利申请工作的政策,以重点带动全局发展。三是要坚持深化与拓展并重,搭建多级工作平台,在保持现有重点区域、行业、企事业单位专利申请稳步增长的同时,要逐步将那些创新能力较强、具有一定专利发展潜力的区域、行业、企事业单位拓展为我们新的工作对象和重点,不断扩大本地专利申请的主体范围,通过深入到位的宣传引导、政策支持、贴身服务等措施,使我省高新技术企业、国有企业、中小企业、科研单位尽快发展成为专利申请新的生力军,促进当地专利申请工作实现可持续发展。此外,新修改的《专利法》一旦颁布实施,平面印刷品的图形、色彩或其结合将不再被授予外观设计专利权,我们一定要加大宣传力度,推动我省相关产业好好把握住这一关键时机,通过尽快申请外观设计专利以谋求得到有效的保护。

(二)学习借鉴,探索适宜专利申请工作发展的新路子

知识产权事业是一项新兴事业。近年来,国内各省市结合实际,突出特色,创造了一系列卓有成效的新鲜管理经验,这些经验给我们提供了生动的教材,非

常值得学习借鉴。例如，在政策措施制定方面，年初，江苏省无锡市委、市政府发出了今年的第一号文件，即《关于开展"质量与知识产权立市"促进年活动的实施意见》，确立了"质量与知识产权立市"战略，明确了10大工作措施和16项重大活动，力争将无锡建设成为省级质量工作优质达标城市群和国家知识产权示范创建城市。在企业专利工作方面，北京市实施首都知识产权"百千对接工程"，由政府搭建对接平台，充分利用百家知识产权代理服务机构的人才优势，将其与千家企业的实际需求紧密结合起来，实现资源的整合和利用，并在此基础上成立了重点产业知识产权联盟。在宏观管理方面，江苏省在全国率先研究制定了《江苏省企业知识产权管理标准》，规范了重大科技成果转化项目的知识产权审查工作，对337个重大科技成果转化项目进行了知识产权审查，为政府决策提供重要依据。在人才培养方面，上海市实施人才培养"653"项目，为高级知识产权专业人才培养探索出一条成功的途径；江苏省制定并发布了知识产权工程师评审办法，开展知识产权工程师培育工作。我省很多地市在促进知识产权事业发展中同样也积累了丰富经验，例如，深圳市在全省率先开展知识产权专业高、中级专业技术资格条件试行工作，汕头市成立知识产权服务小分队开展专利扫盲活动，河源市联合市直11个部门共同促进中小学知识产权教育工作，东莞市颁布《东莞市专利促进实施办法》并重奖中国专利金奖、优秀奖获奖者和代理机构，等等。大家要充分利用各种机会，多走出去看看、学学，更多地去学习借鉴兄弟省、市的先进经验，在学习中总结自身的长处和工作教训，科学地研究新情况，积极探索新方法，灵活解决新问题，努力寻求新突破，为进一步促进当地专利申请工作注入新动力。

（三）形成合力，共同开创地方专利申请工作新局面

由于我省专利管理体系不够完善，各地专利管理部门掌握的政策、经费、人力资源都比较有限，很多地市仅凭一个科室、两三个人的力量，很难使当地的专利申请工作取得重大突破。这就要求我们必须学会借助外力、形成合力，学会将专利申请工作与地方重点工作有机结合，学会将更多的单位或者部门纳入我们的工作范畴，学会不断拓展工作领域和不断扩大工作覆盖面。今年4月，国家科技部、财政部、税务总局共同印发了《高新技术企业认定管理办法》，将是否拥有自主知识产权作为高新技术企业认定的第一要求，大幅度提高了高新技术企业的知识产权准入门槛，将大量只具备产品生产加工能力，不从事自主研发，长期处于高新技术产业链和价值链低端的加工型企业排除在认定范围之外。面对新办法，我们应该及时抓住机遇，与相关部门联合采取措施，一方面通过开展政策引导、宣传发动、人才引进等工作，促进高新技术企业在专利申请方面取得突破，消除高新技术企业零专利现象；另一方面充分发挥专利代理机构的作用，开展代理机构与高新技术企业的对接工作，促进高新技术企业常设专利顾问，为企业及时解决专利问题。同时，我们还应想方设法利用兄弟单位的资源，不断扩大专利申请工作的覆盖面，例如，可以逐步将发改、经贸、科技等部门的工程研究中心、重点实验室、企业技术中心、民营科技企业、技术创新产业镇等一大批具有一定创新能力的单位作为重点工作对象，力推将他们雄厚的研发力量转化为高质量的专利申请。同时，我们还要在地方重要政策措施制定、重大文件出台的过程中，将专利申请工作纳入其中，争取更多的支持和帮助，逐步建立起一整套推动专利申请工作持续健康稳步发展的政策扶持体系。

（四）科学发展，正确处理加强专利申请工作与防范非正常专利申请的关系

今年5~10月，我们采取了很多措施，共处理了6批非正常专利申请，并且将处理情况及时向国家知识产权局和省领导进行了汇报。虽然非正常专利申请在我省专利申请总量中所占的比例不大，但影响很坏，严重损害了我省正常的专利申请秩序，破坏了几代专利工作者共同构筑的事业长堤。因此，各级知识产权局在促进专利申请工作的同时，要加强正面宣传引导和日常监管，认真把好专利资助政策和其他相关政策的关口，使其既能真正起到激励发明创造和专利申请的作用，又能最大限度地降低非正常专利申请的发生几率，保障专利申请量实现科学合理增长，促进我省知识产权事业实现科学发展。对于已经发生非正常专利申请的地区，要认真查找原因，制定措施，督促当事人尽快解决问题，对于被骗取的资助资金要进行追缴，对情节恶劣的当事人要给予严肃处理。同时，省市知识产权局要继续加强对合法专利代理机构宣传及监管，杜绝专利代理机构代理非正常专利申请现象的发生；各地区要在开展查处取缔无证无照代理专利申请专项行动中重点查处代理非正常专利申请的非法代理机构，尽量为专利申请工作营造良好的市场氛围。

经过大家的不懈努力，我省专利工作在过去的20多年里取得了辉煌的成绩。今天，随着国家知识产权战略的颁布实施，我国专利事业将步入前所未有的发展时期。我们一定要紧紧把握这个重要的战略机遇期，继续高举解放思想的大旗、保持敢为人先的锐气、弘扬改革创新的精神，在新的历史起点上开创全省专利工作发展新局面，为促进我省专利工作实现科学发展作出新贡献。

在全省区域与企业知识产权试点示范工作会议上的讲话

（2008年11月11日）

今天我们召开全省区域及企业试点示范工作会议，总结开展区域和企业知识产权试点示范工作的经验，为今后工作提供有益借鉴，具有重要的现实意义，很有必要。借此机会，我讲三点意见。

第一，加强知识产权工作是形势发展的必然要求，要从科学发展的角度，充分认识我们肩负的历史使命。随着知识经济时代的到来和经济全球化的迅猛发展，知识产权在经济、政治、社会、文化和科技发展中发挥越来越重要的作用。知识经济使得信息和知识成为能创造财富的主要资产，国家的经济增长比过去更明显地依赖于知识的产生、传播和利用。经济全球化使世界范围内的产业结构进一步调整，世界各国的经贸往来更加紧密，知识和信息流动更加频繁和迅速，对知识这一财产进行保护的要求更加迫切。对发达国家而言，保护知识产权越来越多地被作为一种手段、一种战略，用来维护其技术领域、经济领域、国家实力方面的领先地位。

党中央、国务院深刻洞悉国际形势的发展趋势，高屋建瓴地提出了要大力实施知识产权战略的要求，使我国知识产权工作实现了从单一的"保护"到"战略"的重大跨越，这一转变意味着今后我国的知识产权工作将在知识产权的创造、运用、保护和管理等方面全面开展，意味着我们工作的舞台将更加宽广，更意味着我们背负的责任愈加重大。我们一定要有时代的责任感和历史的使命感，将我们的各项工作做实做好。

当前我省正处于产业结构调整的关键时期，产业结构优化升级，就是要加快以企业为主体的技术创新体系建设，促进具有自主知识产权的产业的发展，增强企业核心竞争力。前不久，省政府相继出台了《广东省建设创新型广东行动刚要》和《广东自主创新规划纲要》，使我省创新型广东建设的步伐进一步加快，以企业为主体、市场为导向、产学研相结合的技术创新体系正在建立。知识产权应充分发挥其在引导产业结构调整方向、激励自主创新中的重要作用,参与到全省产业结构优化升级和创新型广东建设的整个过程中,为我省经济增长方式转变提供制度保障,使我们的市场经济快速发展、文化产业蓬勃健康发展。

第二,开展知识产权试点示范工作,以试点促推广普及,以示范促深化发展,是推动知识产权工作全面深入开展的重要举措,也是知识产权工作的重要着力点,对推动知识产权事业的发展具有重要意义。近年来,我省各试点示范城市、园区和企事业单位在实践中大胆创新,取得了丰硕的成果,积累了丰富的经验。各试点示范单位的知识产权拥有量和运用知识产权制度的能力明显提高,自主创新能力进一步增强,带动了更多区域和企业运用知识产权制度获取竞争主动权,为带动和促进经济、科技可持续发展起到了积极作用。在区域试点方面,我们通过省知识产权局与市(县、园区)政府共同推进的办法,有步骤、有重点地扶持一批有一定工作基础的市(县、园区),加大其对知识产权机构、人员和经费的投入力度,增强其知识产权运用、保护和管理的能力,从而优化整个市(县、园区)的知识产权环境,实现快速协调发展。

在企业知识产权工作方面,我们一直把工作重点放在企业,经过多年的努力,在总体科研实力不如一些内地省市的情况下,我省的专利申请量和授权量很快就从《专利法》刚刚颁布实施的1985年处于全国第十五位上升到第一位,到2007年底止,我省专利申请量、授权量以及商标的注册量均已连续13年位居全国首位。实践证明,以企业作为知识产权工作的主战场的工作思路是完全正确的。开展企业试点示范工作的意义在于,通过对知识产权工作做得好的企业进行强化指导,在不同的企业中形成不同的模式和经验,对全省企业起到示范带头作用。今年新开展的企业知识产权战略试点工作,则是为了配合国家及省知识产权战略的实施,顺应形势发展,提升企业知识产权工作水平。通过试点,总结经验,以点带面,使更多的企业了解、重视知识产权战略的制定和实施,在激烈的市场竞争中掌握主动权,立于不败之地。

第三,区域和企业试点示范工作取得了很大成效,但还要进一步解放思想,争取更大的成绩。今年是我国改革开放30周年,我国知识产权事业从无到有,仅用几十年的时间就走完了发达国家几百年所走过的路程,成绩举世瞩目。而广东更是得益于改革开放先行一步,成为名副其实的知识产权大省。然而在看到成绩的同时,我们必须看到面临的形势、存在的问题仍十分严峻。我省的自主创新能力仍较为薄弱,对外贸易缺乏知识产权支撑,海外被诉侵权数量较多,在近年来美国涉华"337"知识产权案中,我省是涉案企业最多的省份之一。因此,我们应以科学发展的眼光,谋划未来发展之路。在此我提两点建议。

一是要进一步解放思想,创新工作思路。今年年初,我省开展了解放思想调研活动,6月,省委、省政府出台了《关于争当实践科学发展观排头兵的决定》。这一决定是我省今后几年发展的纲领性文件,为我们指明了道路和方向。《决定》要求我们要"实施知识产权战略,加强知识产权创造、应用、保护和管理,实现从知识产权大省向知识产权强省跨越。"要实现从知识产权大省向知识产权强省的跨越,就必须解放思想,创新工作思路。

二是要认真总结工作经验,改进工作方法。经过多年的试点示范工作,我们已有一套成熟有效的工作方式方法,对此要好好加以总结和发扬。然而,世界上没有一成不变的发展模式和工作方法,随着经济社会发展阶段的不同,知识产权工作的方向、思路、方法也要进行调整,以适应形势变化的要求,因此,我们一定要时刻跟踪形势的发展和变化,不断调整和完善我们的工作方式方法。

在座各位都是我省知识产权优秀企业和区域的代表,实现从知识产权大省向强省的过渡,建设创新型广东的战略目标,要靠你们和我们的共同努力,我对你们寄予非常大的厚望。我希望通过这次会议,在相互交流、学习的基础上,进一步明确试点示范工作的重点任务,认清我们所肩负的历史重任,在我省新一轮大发展的历史进程中发挥应有的作用。

统一思想 坚定信心
以科学发展观统领专利事业发展全局

——在2009年全省专利申请形势分析会上的讲话

(2009年8月13日)

今天,我们召开全省上半年专利申请形势分析会,主要目的是学习领会省领导关于加强我省专利申请工作的重要指示精神,通报上半年专利申请授权情况,交流加强专利申请工作的做法,讨论促进我省专利申请实现科学发展的新举措和新办法。

在我省专利申请数量连续多年保持高速增长、年专利申请超过10万件之后,很多同志可能会认为我们的专利申请工作已经发展到了一个平台期,很难再实现新的突破。但是,事实却是,我省的专利数量不是趋于饱和,更不是达到顶峰,而是与国外发达国家、国内重点省市的差距越来越大,占国内专利申请总量的比例越来越低。仅从专利申请人的群体来看,我省95%以上的工业企业没有申请过专利,绝大多数的中小企业,甚至很多大型的国有企业更是不知如何运用专利制度。因此,在全省经济企稳回升向好发展的大环境下,我们省市知识产权局必须统一思想,坚定信心,克服自满和畏难情绪,真正做到迎难而上,以科学发展观破解专利事业发展难题,进一步推动我省专利申请工作持续稳定健康发展。下面,我谈三方面意见。

一、认真研究,客观分析专利申请工作的发展现状

去年下半年以来,国际金融危机给我省实体经济的发展带来了严峻挑战。我省的知识产权工作,特别是专利申请工作受到了严重冲击。2008年,全省专利申请增幅仅为1.4%,专利申请总量及三类专利申请量的增速均低于全国平均水平10~20个百分点,专利申请量和发明专利申请量分别被江苏省和北京市赶超,双双退居全国第二位。为了推动专利申请工作,今年4月14日,在全省知识产权工作座谈会上,我局专门对我省和江苏、浙江等国内重点省市的专利申请发展

态势进行了深入分析,并对各市如何加强专利申请工作提出了明确要求。经过大家的不懈努力,今年上半年,我省专利申请工作总体呈现出"平稳上升"的良好态势,但是仍然"喜忧参半"。

可"喜"的方面有四点:一是全省专利申请量同比增长超过20%,基本摆脱了专利申请增幅连续2年低水平徘徊的被动局面;二是全省发明专利申请量和授权量首次双双位居全国第一位,发明专利申请和授权量占全国的比例不断上升;三是企事业单位申请专利的积极性显著增强,专利申请中的职务比例10年来首次实现逆转,职务比例超过非职务比例2.2个百分点;四是各地级以上市专利申请发展态势良好,20个地级以上市专利申请保持正增长,18个地级以上市的发明专利申请保持正增长。

堪"忧"的问题有五点:一是专利申请量继续位居全国第二位,被江苏省赶超了8289件,占全国的比例继续下降;二是发明专利申请量仅仅领先北京市118件,虽暂居全国第一的位置,但领先优势不断缩小,随时存在被赶超的可能性;三是实用新型、外观设计专利申请量分别落后于浙江省和江苏省,双双位居全国第二位;四是专利申请总量增幅和三类专利申请量的增幅仍然低于全国平均水平4~9个百分点,更是低于江苏省50~70个百分点;五是全省发明专利申请占专利申请总量中的比例出现3年来的首次下降,较2008年同期降低了2.1个百分点。按照目前的发展趋势推算,今年年底,我省专利申请总量和三类专利申请量可能会全部退居到全国第二位,甚至第三位。

基于以上分析,我们可以看出,上半年以来,全省各级知识产权局在促进当地专利申请的工作中确实采取了很多行之有效的措施,也取得了较好的成效,但是与全国总体发展水平相比仍有一定差距。这就要求我们必须统一思想,坚定信心,进一步推动全省的专利申请工作。

二、统一思想,以科学发展观统领我省专利申请工作

省委、省政府一直十分关注我省的专利申请数量和质量。2008年9月24日,省政府在《广东省建设创新型广东行动纲要的通知》中明确要求:"到2012年,全省发明专利年申请量达到3万件以上,专利质量和效益明显提高,专利申请量和授权量保持全国第一。"今年年初,黄华华省长在《广东专利申请总量退居全国第二,授权总量全国首位受到挑战》的统计信息上亲笔批示,要求我们"采取针对性措施,确保广东的'首位'地位"。

专利申请是专利事业和知识产权事业发展的重要基础,是建设创新型广东、

提升国际竞争力的重要保证。没有量多质优的专利申请和专利权作为保障，建设知识产权强省便如无源之水，转变经济增长方式、提升产业竞争力便如无本之木。因此，要在落后的情况下奋起直追，要在各类专利申请量接连退居全国第二位的情况下确保首位地位，就要求我们必须高度重视专利申请工作，必须树立促进专利申请科学发展的理念，必须以科学发展的手段大力推动专利申请。要全面加强专利申请，实现专利申请工作的科学发展，就要求全省上下必须统一对发展理念、发展模式、发展目的、发展战略取向等问题的认识，破除小富即安、小成则满的思想和怨天尤人的情绪，增强忧患意识、机遇意识，深入调查研究，认真思考、客观分析自身存在的问题，准确把握专利申请工作的发展规律，创新工作理念，着力转变不符合科学发展观的、单一依靠部分重点地区、个别重点企业的思想观念，寻找专利申请工作的重点环节和薄弱环节，破解影响和制约专利申请科学发展的突出问题和难点问题，统筹兼顾三类专利申请协调发展，为完成省委、省政府交付的任务，实现知识产权强省建设目标而作出更大的贡献。

三、省市协力，上下联动，共同促进全省专利申请实现科学发展

（一）上半年，省市共同采取有效措施大力推动了专利申请工作

今年以来，省、市、县各级知识产权局在全面激发企事业单位专利申请积极性，深化全省专利申请工作中开展了很多针对性强、新颖独特、富有成效的工作。从省局方面主要采取了以下五项举措：一是向省委、省政府专题报送《关于广东省专利申请授权情况的报告》，起草《推动专利申请工作的建议措施》，促成省政府召开由13个部门参加的"促进专利申请工作，提高我省自主创新能力"协调会，形成会议纪要，提出了十一项推动专利申请健康、可持续发展的政策措施，在省级层面上明确了责任承担单位；二是继续做好每月专利数据分析、专利统计简报的制作和向各市的发放工作，便于各地及时了解掌握当地专利申请授权最新动向；三是通过召开全省知识产权工作座谈会，通报专利申请工作情况，研究讨论对策措施；四是与省科技厅联合召开专题座谈会，共商在省部（院）合作、科技计划项目、高新区、专业镇、特色产业基地、高新技术企业等环节上努力促进专利产出的新措施；五是加强对各市专利申请资助工作的指导，下拨2008年度国（境）外专利申请资助经费，对PCT国际专利申请量、PCT国际专利申请代理量名列前茅的企业及代理机构进行奖励，并将新设经费专门用于专利激励工作。

各市知识产权局也纷纷结合当地情况，在实施知识产权战略、完善政策体系、拓展工作领域等多个方面出新招、定新策。主要包括以下七个方面：一是通

过积极制定知识产权战略纲要实施方案或意见，构建体系完备的激励专利创造的政策体系。深圳、珠海、汕头、惠州、湛江、茂名、揭阳、云浮 8 个市已经制定了本地区的战略纲要或实施方案，韶关、汕尾、东莞、清远 4 个市的实施方案正在报批中。二是召开促进地区专利申请工作的专题会议。广州市召开区域知识产权创造与运用座谈会，各区、县级市汇报推动企业专利申请"灭零"和"倍增"工作的进展情况；汕头市召开全市知识产权工作会议，通报专利申请情况，部署下半年促进专利申请工作的具体任务；云浮市召开专题工作会议，要求继续鼓励和帮助企业做好专利申请工作。三是制定完善政策措施，激发创新主体专利申请热情。珠海市出台了新的《珠海市专利申请资助管理办法》，增加对国外专利申请和 PCT 国际申请的资助；惠州市仲恺高新区出台《中小企业专利申请费用资助暂行办法》；汕头市出台促进全市专利申请十项工作措施；东莞市修订《东莞市专利促进实施办法操作规程》，从开展专利奖励、专利申请资助等方面加大工作力度，有效提升企业运用知识产权制度的综合能力。四是积极拓展新的专利申请工作阵地。广州市通过积极走访建筑业龙头企业、举办市属国有企业知识产权报告会、对市属国有企业提出"灭零""倍增"要求等措施，促进国有企业和建筑业企业成为专利申请工作新的主力军；汕头市潮南区以行业知识产权宣传培训为抓手，在巩固文具和精细化工两大重点行业专利申请龙头带动作用的同时，加大了对其他薄弱行业的推动工作，在纺织服装行业实现专利申请零的突破。五是积极帮助企业通过运用知识产权制度应对金融危机。深圳市制定《深圳市知识产权局服务企业保增长若干措施》，从营造良好发展环境、构建完善发展体系等方面提出了 18 条措施，促进企业健康发展；汕头市针对企业在金融危机影响下对知识产权工作的迫切需求，制定了《关于帮助企业提升应对金融危机能力的若干服务措施》，提出 25 条帮扶举措。六是深入开展调查研究工作，面对面为企事业单位解决专利工作难题。阳江市在调研过程中发现，五金刀剪企业受金融危机影响发展步履维艰，他们立即采取措施，通过开展专利信息服务、调动专利中介机构积极性、加强专利申请资助工作等多项措施帮助企业运用专利渡过难关；汕头市金平区会同有关街道深入知识产权基础薄弱企业开展专利扫盲活动，指导企业解决在生产经营过程中遇到的知识产权问题；肇庆市深入企业，就如何实施知识产权战略增强企业竞争力开展专题调研。七是加强宣传引导作用。茂名市组织相关媒体对知识产权优势企业进行采访报道，广泛宣传以自主知识产权应对危机的经验与成效，提振企业发展知识产权的信心；阳江市联合多家部门举办"4·26"世界知识产权日宣传咨询暨现场资助专利申请活动，接受公众现场咨询并办理专利申请资助。

（二）下一阶段，各市要继续解放思想，创新思路，全面加强专利申请工作

下半年，各市知识产权局要继续立足本职，在促进专利申请工作中下足力气，用足功夫，想方设法地推动当地专利申请工作实现科学发展。主要抓好以下六个方面的工作：

一是要继续加强知识产权战略的贯彻实施工作，全面提升知识产权工作能力和水平。各市要紧紧把握实施知识产权战略这一有利时机，积极争取当地党委和政府的支持，努力把战略实施工作纳入经济社会发展总体规划，为专利申请工作取得更大的进步提供坚实保障。已经出台战略或实施方案的市，要切实做好实施工作；正在制定的市，要确保出台的战略或实施方案既与国家、省的战略措施相互承接，又能充分体现本地工作实际；尚未制定和实施战略的市，要抓紧时间，加快研究，争取尽快以市政府的名义制定和颁布当地的战略或实施方案。（机构改革中以战略纲要为依据，受益匪浅，不能错过千载难逢的机会，年底各市战略实施方案都要出台，希望抓紧，有紧迫感。）

二是要继续创新思路，制定出台和完善促进专利申请的政策措施。各市要紧紧把握住实施《珠江三角洲地区改革发展规划纲要（2008~2020年）》和市县政府机构改革的契机，针对当地工作特点，制定出台或者修改完善促进专利申请的系列政策措施，带动专利事业健康发展。例如，尽力争取更多的专利奖励或资助资金，完善各级资助、奖励政策，最大限度地发挥资金的使用效用，同时要切实加强资金管理，确保资金使用安全。再例如，要积极参与地方重要政策和重大文件的制定过程，将促进专利申请的举措纳入其中，争取更多的支持，逐步建立整体推动专利申请工作持续健康发展的政策体系。（机会要看会不会抓，今年战略、珠三角、机构改革3个机遇，能抓住几个效果完全不同；一条政策比什么都强，一条政策可以带来几千万，通过政策渗透提高工作成效。）

三是要坚持深化与拓展并重，在保持现有重点区域、行业、企事业单位专利申请稳步增长的同时，将专利申请工作与地方的重点工作有机结合，将更多的单位或者部门纳入推动工作的范围，通过深入到位的宣传引导、政策支持、对接服务，逐步将那些创新能力较强、具有一定专利发展潜力的工程研究中心、重点实验室、企业技术中心、专业镇、高新技术企业等发展为新的工作对象，将他们雄厚的研发力量转化为高质量的专利申请，不断扩大本地专利申请的主体范围（是根本）。（增加专利申请工作的新的增长点，巩固老阵地、开拓新阵地，把一部分工作精力转向新的工作领域或工作对象。）

四是要充分发挥专利代理机构的作用。经过多年的发展，我省专利代理行业不断壮大，已经形成了由 86 家专利代理机构、95 家分支机构和 648 名执业专利代理人组成的专业代理队伍（各项都列全国第二位）。这支队伍是全省专利事业发展的重要力量。各市要想方设法地创造条件，最大限度地调动和发挥专利代理机构和专利代理人的积极性，可以考虑参考科技特派员的工作模式，建立企业专利特派员制度，让代理机构与高新技术产业园区、高新技术企业、民营科技企业等创新要素实现对接（省局计划百所千企），帮助企业挖掘专利申请，尽快了解并掌握专利制度，提高专利申请和运用的积极性。尚不拥有专利代理机构和分支机构的市，要积极做好机构的引进工作，学会利用外部资源，共同推动当地的专利申请工作。

五是要大力加强专利保护工作。2008 年，我省对授权专利的实施状况进行了抽样调查，结果显示，专利不能得到有效保护是专利权人在实施专利过程中遇到的一个主要困难，71.8%的受访企业表示将对已有的专利进行维权。这个结果一方面表明了企业的专利维权意识在不断提升，另一方面也反映了我省专利保护的力度需进一步加强。专利得不到充分保护，专利权人将对专利制度失去信心，自然而然地不会继续申请新的专利。因此，要实现专利申请的可持续发展，各市一定要加大专利行政执法力度，强化部门间、各市间的定期沟通和重大案件会商、通报制度，有效维护权利人的合法权益。

六是加强沟通交流，加强学习借鉴。兄弟省市区和我省各市都在推动专利申请工作中做出了很多有益的探索和尝试，取得了丰富而宝贵的经验。各市要利用各种机会，多走出去学习学习、借鉴借鉴，更多地汲取和吸纳兄弟省、市的先进经验，结合本地实际创造性地开展工作，在专利申请工作中切实形成"比学赶帮超"的良好局面，为进一步促进当地专利申请工作注入新动力。

（三）在加强专利申请的同时，要继续有效防范非正常专利申请问题

监控和处理非正常专利申请是一项长期而艰巨的任务，不能掉以轻心或者有丝毫懈怠。国家知识产权局下大决心要彻底消灭非正常专利申请现象，这就要求各级知识产权局在促进专利申请工作的同时，要加强正面宣传引导和日常监管，认真把好专利资助政策和其他相关政策的关口，使其既能真正起到激励发明创造和专利申请的作用，又能最大限度地降低非正常专利申请的发生几率，保障专利申请量实现科学合理增长，促进我省知识产权事业实现科学发展。同时，省市知识产权局要继续加强对合法专利代理机构宣传及监管，杜绝专利代理机构代理非正常专利申请现象的发生；各地要继续开展无证无照代理专利申请行为的查处取缔工作，要重点查处代理非正常专利申请的非法代理机构，为专利申请工作营造良好的市场氛围。

在平板显示和 LED 产业专利态势分析报告会上的讲话

(2009 年 9 月 10 日)

随着科技创新和经济全球化的发展,知识产权被推向了国际竞争的前沿,在经济社会发展中的作用不断提升。知识产权已成为提高国际竞争力的战略性资源和各国、各地区经济社会发展态势和后劲的关键性因素,同时也成为各国、各地区摆脱危机、突破困境的重要手段之一。鼓励发明创造、保护知识产权、推动知识和智力资源从创造到运用的良性循环,正在成为各国、各地区追求的重要目标。全世界约 20 个创新型国家拥有全球 90% 以上的发明专利,在全球 500 强企业里,以知识产权为核心的无形资产对企业的贡献已超过 80%。

在我国,知识产权工作在国民经济和社会发展全局中的地位和作用与日俱增。2008 年 6 月 5 日,《国家知识产权战略纲要》正式颁布实施,知识产权战略业已成为与科教兴国战略、人才强国战略并重的国家三大重要战略之一。

充分发挥知识产权对产业发展的导向和引领作用,是适应经济社会发展要求的客观需要,是进一步推动科技创新、实现产业结构优化升级、经济发展方式转变的重要手段。从 2007 年开始,省知识产权局联合省信息产业厅,以"开展产业专利态势分析研究"工作为切入点,有计划地针对我省重点发展的产业进行深度研究,并编纂发布《产业专利态势分析报告》,旨在配合全省产业结构调整和优化升级,发挥知识产权对于产业的促进作用,帮助政府部门和企事业单位了解产业(行业)的专利布局,预测技术发展方向,为政府宏观决策、企事业单位科研立项、产品开发和市场开拓提供科学依据。

这次发布的《平板显示器产业专利态势分析报告》(以下简称《平板显示报告》)和《LED 产业专利态势分析报告》(以下简称《LED 报告》)主要有以下特点:一是内容丰富,信息量大。《平板显示报告》不仅介绍了平板显示领域市场及技术发展情况、通过分析给出了研发建议,而且通过对 LCD、PDP 和 OLED 等当前三大主流平板显示技术专利现状的分析,剖析了其专利技术发展历程、动态发展趋势及市场前景。《LED 报告》既介绍了 LED 产业技术及专利发展情况、进行了广东省 LED 产业专利战略研究，又从原材料、设备、驱动电路、外延、芯片、封装、应用等 LED 产业链的七大环节入手对专利现状进行了分析研究。二是在全面介绍全球相关专利技术的同时，突出分析了中国及广东的情况。《平板显示报告》和《LED 报告》不仅介绍了全球公开的相关专利申请、对全球主要申请人相关的专利技术进行了分析，而且着重介绍了中国及广东申请人申请专利的类型和区域分布情况、重点领域所申请专利的专利现状，对有关专利申请及发展态势进行了分析，兼顾国内地区比较，从不同层面和角度，介绍了产业专利态势发展情况。三是定性与定量相结合、把握现状与展望未来相结合。《平板显示报告》和《LED 报告》既有对国内外大量专利及专利申请的定量统计和研究、提供了翔实的数据分析结果，又有对产业重要专利技术的定性研究分析；既有对现状的分析，又有对未来技术研发方向和以专利支撑产业发展的建议。

希望通过《平板显示报告》和《LED 报告》，进一步加强创新与知识产权的协同作用，为产业技术创新导航导向，为企业开拓发展蓄势蓄能，推动知识经济高地的形成和知识密集型产业的壮大，为培育和运用更多重大自主知识产权、促进创新型广东建设作出贡献。

在广东省知识产权局、华南理工大学共同推进知识产权强校建设协议书签署仪式上的讲话

（2009年9月30日）

今天，我们在这里举行《广东省知识产权局、华南理工大学共同推进知识产权强校建设协议书》的签署仪式，这是双方以科学发展观为指引推动知识产权事业全面发展的重要举措，更是双方共同破解制约高等院校知识产权发展难题的又一项积极实践。

华南理工大学从1952年建校至今，秉承"博学慎思，明辨笃行"的优良校风，名师荟萃、人才辈出，为我省经济建设和社会发展培养了一大批高层次人才，成为全省重要的人才培养基地。与此相适应，华南理工大学的知识产权工作同样具有鲜明的特色。学校在2007年成为我省高校中唯一的"全国知识产权示范创建单位"，在全省高等院校知识产权工作中发挥着"排头兵"和"领头羊"的重要作用。学校知识产权创造实力雄厚，年度专利申请量和授权量连续10余年位列全国高校前10位、我省高校第一位，有效专利拥有量位居全国高校第五位；知识产权运用措施得力，专利技术产业化成效突出，早在1997年即获得了我省第一个中国专利金奖，累计获得中国专利奖和广东专利奖的数量位列全省高校第一位；学校制定了知识产权管理办法，设立了知识产权管理部门并配置了专职人员，知识产权管理体系初步建立；学校在全省首创"3+2"双学位培养方式，以知识产权学院为基地培养知识产权专业本科生和硕士研究生，知识产权教育与人才培养工作从无到有、扎实推进。这些成绩无一不体现了华南理工大学知识产权工作敢为人先、勇于探索和抢抓机遇、加快发展的精神。广东省知识产权局与华南理工大学有着十分坚实的合作基础。多年来，我局尽可能地在知识产权管理、专利资助奖励、知识产权运用及产业化等方面向学校提供了一定的支持和帮助。2004年，我局又与学校签署了共建知识产权学院协议书，支持学校深入

开展知识产权人才培养和教学研究工作。这些都为双方进一步深化合作创造了良好的开端。

当今世界，随着科学技术进步、知识经济兴起和经济全球化进程的不断加快，知识产权在国家经济社会发展中的作用越来越突出，知识产权制度已成为推动国家发展的一项重要的基本制度。当前，国际国内经济、社会发展大环境正在发生着深刻的变化，知识产权工作面临的形势更加复杂。从国际形势来看，随着全球金融危机对世界经济影响逐步加剧，知识产权已经成为发达国家拉动本国经济复苏、保持实体经济优势的重要手段。可以预见，由知识产权引发的各种贸易摩擦势必大幅增加，我们面临的知识产权国际压力将不断加大。从国内而言，我国知识产权工作既面临前所未有的发展机遇，也面临科学发展的更高要求。经过31年的改革发展，虽然我国的经济实力得到显著增强，但是生产力水平总体上还不高，自主创新能力还不强，长期形成的结构性矛盾和粗放型增长方式尚未根本改变。2009年，党中央将"保增长，扩内需，加快发展方式转变和结构调整"作为经济工作的总体要求，并且把加快发展方式转变和结构调整作为保增长的主攻方向，将提高自主创新能力作为优化产业结构的重点之一。知识产权制度作为保障自主创新的根本制度，必将在我国加快发展方式转变和调整产业结构的过程中，发挥更加关键的支撑作用，并成为社会经济科学发展的重要助推器。

2008年6月5日，国务院颁布实施《国家知识产权战略纲要》；同年11月19日，胡锦涛总书记指出："要坚持走中国特色自主创新道路，大力实施科教兴国战略、人才强国战略、知识产权战略，加快建设国家创新体系。"高等院校是知识产权事业的重要环节和中坚力量，大力提升高校知识产权工作能力是有效落实知识产权战略的重要体现。今天，我们在这里与华南理工大学签署"共同推进知识产权强校建设"的协议书，一方面为推进知识产权战略在高校的深入实施、探索知识产权制度在推动高校科学发展中的作用进行全新的尝试；另一方面，也为华南理工大学逐步建立、健全完备有效的知识产权创造、运用、保护和管理体系，推动知识产权强校建设提供了新的战略机遇和发展舞台。今后，我衷心希望广东省知识产权局与华南理工大学能够在协议书确定的工作框架下，积极探索，大胆实践，不断深化合作内容，拓展合作领域，共同提高学校的知识产权教学和研究能力，提升学校的知识产权创造、运用、保护和管理水平，将华南理工大学早日建设成为全省乃至全国的知识产权强校！为将广东建设为知识产权强省贡献力量！

认清形势 真抓实干
确保我省专利申请的领先地位

——在 2010 年全省专利申请工作座谈会上的讲话

（2010 年 8 月 20 日）

今天，我们在这里召开全省专利申请工作座谈会，主要是通报全省专利申请工作情况，讨论和研究促进我省专利申请工作实现可持续、健康发展的新举措和新办法。我谈三点意见，供同志们参考。

一、认清形势，统一思想，切实增强做好下半年专利申请工作的紧迫感和责任感

今天我想着重讲一下我省专利申请工作面临的严峻形势。去年 8 月 13 日，我们也是在这里召开全省专利申请工作分析会。当时谈到我省专利申请面临的形势时，我用了"喜忧参半"4 个字来概括；今天，我再用 4 个字来概括当前的形势，那就是"危机四伏"。

首先，我省发明专利申请首位的地位岌岌可危，随时可能失去。今年上半年，我省发明专利申请量虽然暂居首位，但比第二位的江苏仅仅多了 1013 件。而且，发明专利申请增速相对缓慢（16.26%），在全国仅居第 15 位，与居首位的江苏（26.95%）比，低了 10.69 个百分点。

其次，我省三种专利申请总量增长放缓，增幅在低位徘徊。今年上半年，我省专利申请增速较去年同期水平大幅降低，在全国仅列第 15 位，与国内重点省市相比也存在较大差距。上半年，我省只有 13 个地级以上市专利申请保持正增长，而去年同期这个数字是 20 个，负增长的市大幅增多，在相当程度上拉低了全省的平均水平，影响了全省专利申请增长速度。其实，近年来我省专利申请增速放缓问题一直比较突出。自 2005 年以来，5 年中除了 2006 年我省专利申请增幅略高于全国平均水平外，其余几年均低于全国平均水平。这最终导致了我省 2

年前被江苏赶超,专利申请量退居第二位。今年上半年,江苏专利申请总量多出我省9819件,较去年同期多了1530件,而且差距有进一步扩大的趋势。与此同时,全国各地专利申请工作蓬勃发展,国内重点省市专利申请态势强劲,西部地区专利申请突飞猛进。以四川为例,2000年,四川专利申请量为4496件,2005年首次突破万件,而在2009年,专利申请量达到3.3万余件,跃居全国第7位,专利申请量不断刷新纪录。今年上半年,四川三种专利申请增长率和专利申请总量增长率均超过24%,4个增长率数据在国内专利申请数量居前7位的省市中均遥遥领先,高居首位。我省作为专利大省的地位受到严峻挑战。

第三,专利申请不平衡问题一直困扰我省,始终没有得到解决。今年上半年,珠三角9个市的专利申请量和发明专利申请量分别占了全省专利申请量、发明专利申请量的87.78%和96.80%。其中,仅广州、深圳、佛山3个市的专利申请就占了全省申请总量的61%,而广州、深圳、东莞、佛山4个市的发明专利申请则占到全省发明专利申请总量的89%。这几个数据在让我们对珠三角主要城市的成绩感到欣慰的同时,也对全省专利申请布局深感忧虑。我们常讲木桶效应,即木桶装水的能力不取决于最长的那块木板,而是受限于最短的那块木板,我们的专利申请工作也是同样道理。而且,对重点区域的依存度过高,全省专利申请工作应对风险的能力也就相应降低,当这些重点区域有一点风吹草动,就会牵一发而动全身,全省专利申请就会受到严重影响。因此,区域专利申请不平衡问题也到了亟待解决的时候。

综上所述,我省专利申请工作形势空前严峻,在全国专利申请千帆竞技、百舸争流的大形势下,我们不进则退,慢进亦退。我们一定要认清形势,统一思想,切实增强进一步做好专利申请工作的责任感、使命感和紧迫感。

二、抓住机遇,扬长避短,坚定做好我省专利申请工作的信心和决心

多年来,省委、省政府一直高度重视知识产权工作。2008年6月,省委、省政府在《关于争当实践科学发展观排头兵的决定》中提出了我省要实现从知识产权大省向知识产权强省跨越的奋斗目标。2008年底,省政府与国家知识产权局签署《关于建立知识产权高层次战略合作关系的议定书》,省部联手共促强省建设工作。知识产权强省目标的确立,为我省知识产权事业的蓬勃发展,提供了前所未有的大好机遇,要求我们以更高的站位和更宽阔的视野,不断推动包括专利申请工作在内的全省知识产权工作实现新发展。

专利申请是知识产权事业发展的重要基础,是提高自主创新能力、加快转变

经济增长方式的重要保障。没有量多质优的专利申请和专利权作为保障，建设知识产权强省便如无源之水，转变经济增长方式、提升产业竞争力也就成为了无本之木。省委、省政府领导对我省专利申请工作高度关注。2009年，汪洋书记、黄华华省长和宋海副省长分别就促进我省专利申请工作数次作出重要批示。今年7月19日，汪洋书记在视察广东知识产权服务中心时指出，江苏、浙江的专利申请量快速增长，反映出他们的自主创新能力有很大提高，要求我们认真做好专利申请工作。特别是，继《珠江三角洲地区改革发展规划纲要实施方案（2008～2020年）》将百万人口发明专利申请目标值作为珠三角9市考核指标后，去年省委、省政府又将"专利产出指数"纳入市厅级党政领导班子和领导干部落实科学发展观评价指标体系，并将其作为衡量地区自主创新能力的重要指标。这是我局经过反复努力才争取到的，也是在汪洋书记、华华省长的直接关心下才得以解决的，可谓来之不易。在这个问题上，省市县各级知识产权局面临同样的压力，而且压力随着兄弟省市的追赶会越来越大。这就要求我们把压力转化成协调各部门共同推动专利申请的动力。

  在过去的20多年里，我省各级专利行政主管部门在区域和企事业试点示范工作、专利实施及产业化、专利行政执法保护、公众专利意识普及提高、专利专业人才培养、专利代理机构队伍建设等方面制定了一系列行之有效的政策措施，开展了大量卓有成效的工作，加上改革开放和市场经济的推动，大大激发了企事业单位和社会公众申请专利的热情，我省专利申请量、授权量自1996年起连续13年位居全国第一。国家知识产权局和省委、省政府的领导每每在对我省专利工作给予肯定和评价时，无一例外地都会强调这个"连续多少年位居全国第一"。应该说，在专利申请工作方面，我省有丰富的实践经验和良好的工作基础。而且，我省作为改革开放的先行地区，很多专利工作方面的新情况、新问题都是最先在广东出现，为适应形势发展，我们一直在研究新情况、解决新问题。因此，我省专利工作形成了很多新理念。去年底，胡锦涛总书记在我省视察工作时，要求广东努力当好推动科学发展、促进社会和谐的排头兵，这一要求同样适用于专利工作。这又给了我们一把加强专利申请工作先行先试的尚方宝剑。这些，都是我省专利申请工作的优势。可以说，"天时""地利""人和"我们都具备了，只要我们拿出坚定的信心，立下不达目标不罢休的决心，并采取积极有效的措施，就一定能推动我省专利申请实现突破性发展，为巩固大省地位、迈向强省目标作出新贡献。

三、上下齐心，共同努力，合力推动我省专利申请工作再创新辉煌

做好下半年专利申请工作，关键在于全省上下一盘棋，团结一心，目标一致，狠抓落实。各市、各部门要进一步加强对专利申请工作的领导，精心组织，真抓实干，政策措施落实进一步到位，形成促进专利申请健康、快速发展的强大动力和合力。

（一）上下联动，共同促进全省专利申请工作的科学发展

从 2008 年起，我们就提出要实现专利申请工作科学发展。什么是科学发展？科学发展的含义就是要全面、协调、可持续性发展。要实现专利申请科学发展，就要求各级知识产权局必须有所谋划、有所作为，而不是放任自流、听凭其任意发展。长期以来，我省各级知识产权局推动专利申请科学发展的措施并不多，特别是经济欠发达的地市，经费有限往往成为无法开展工作的理由。今天，我想在这里强调，经费是推动工作开展的有效手段之一，但并不是唯一手段。我希望在座的各市局领导、省局各处室负责人在专利申请这项工作上，拿出点大庆精神，有条件的要积极推动，没有条件的要努力创造条件去推动，少讲困难，多想办法。对于绝大部分地市来说，尤其要善于利用和发挥知识产权局与科技局或经信局合署办公的优势和合力，在制定科技政策，进行科技立项、评估、验收等工作中增加知识产权的内容和指标。全省上下务必同心协力，切实推动我省专利申请工作实现科学发展。

（二）精心策划，全力确保我省专利申请的领先地位

我省在连续 13 年专利申请量和授权量保持全国第一后，现在是发明专利申请量和授权量保持全国第一。总的来说，我省专利申请工作一直走在全国前列。这个成绩的取得，是同各市的共同努力特别是深圳、广州、佛山、东莞、中山等珠三角地区的贡献分不开的。在专利申请工作的问题上，各市都有自己的经验和措施，大家要取长补短，相互学习。刚才，4 个市局介绍了经验。今年 2 月汕头市政府办公室下发了《印发汕头市 2010 年推动专利申请工作措施的通知》，采取实施企业专利产出促进计划、开展企业专利扫盲活动、强化对服务机构的扶持和对区县局的支持等有力措施，推动专利申请工作，上半年专利申请增长率达 121.31%。而韶关市局发出《关于下达 2010 年度专利申请量建议指标的通知》，以保证今年全市专利工作目标任务的全面完成，上半年专利申请较去年同期增长了 70.62%。汕头、韶关二市推动专利申请的成效非常明显，他们的做法可供其他市局尤其是粤东西北地区参考借鉴。希望各市局结合当地情况，在实施知识产

权战略、完善政策体系、拓展工作领域等多个方面,为专利申请工作多出新招,为保持我省专利申请领先地位、促进本地经济社会发展作出新的贡献。

(三)周密部署,认真做好《关于促进我省专利申请工作的意见》的贯彻落实

刚才,大家已经对《关于促进我省专利申请工作的意见(征求意见稿)》进行了初步讨论,会后我们会研究和吸纳大家的意见和建议,对文件进行修改和完善,尽快印发执行。省局机关各处室、直属单位和各市县要各负其责,齐抓共管,共同落实。省局各处室、直属单位要在规划处的统一协调下,按职能分工尽快拿出年度具体实施方案,指导市县开展工作。请各市周密部署,积极制定贯彻落实的工作方案,以清晰的工作思路、前瞻的工作视角和创新的工作精神,不断拓展工作领域,丰富工作手段,切实把专利申请工作做实、做好,千方百计提高各地专利申请的数量和质量。

(四)科学发展,正确处理加强专利申请工作与防范非正常专利申请的关系

经过2年的努力,我省恶意抄袭、骗取政府资助资金的非正常专利申请已经得到有效遏制,工作成效受到了国家知识产权局的充分肯定。但是,我们要清醒地认识到,监控和处理非正常专利申请是一项长期而艰巨的任务,如果掉以轻心,非正常专利申请现象可能会卷土重来。这就要求各级知识产权局在促进专利申请工作的同时,加强对非正常专利申请工作的监管和处理,为专利申请工作营造良好的氛围,保障专利申请量科学合理增长。

我们要进一步统一思想、统一步调,以科学发展观为指引,充分发扬广东先行先试的优良传统,牢记使命,强化责任,全力以赴做好专利申请工作,实现保增长、保质量、保成效的工作目标,为我省努力当好推动科学发展、促进社会和谐的排头兵作出积极贡献。

在全省企事业单位知识产权试点示范工作会议暨"百所千企知识产权服务对接工程"启动仪式上的讲话

(2010 年 11 月 23 日)

今天,我们在深圳隆重召开全省企事业单位知识产权试点示范工作会议暨"百所千企知识产权服务对接工程"启动仪式,认真总结前一阶段企事业单位知识产权工作情况,研究探讨新形势下企事业单位知识产权工作思路,十分必要和及时。

这次会议是我省近年来规模最大的一次企事业单位知识产权试点示范工作会议,也是首次启动"百所千企知识产权服务对接工程"。"百千对接工程"是针对我省提升自主创新能力和产业竞争力的需要,由政府部门搭建平台,充分发掘和统筹利用广东知识产权代理等中介机构人才资源,与企事业单位的实际需求紧密结合、实现对接,提升自主创新能力的一项重要举措,也是面对面为企事业单位提供知识产权服务的一项基础性工程。从百千对接工程试点地区知识产权部门代表发言、专利代理机构代表承诺、企事业单位代表倡议中,我们可以看到该项工程有着良好的实施环境和坚实的社会基础,希望该项工程能有效促进我省企事业单位知识产权能力建设和产业竞争力提升。在此,我代表省知识产权局,向参与实施该项工程的知识产权服务机构,表示衷心的感谢!

本次会议为我省最新一批全国企事业知识产权试点单位,我省知识产权示范、优势、试点企事业单位和会展、行业协会,分别颁发了牌匾。这标志着我省企事业单位、会展和行业协会知识产权制度的运用能力得到进一步提高,知识产权综合实力再上新台阶。在此,我代表省知识产权局,向获得授牌的企事业单位和会展、行业协会,表示热烈的祝贺!

下面,我围绕企事业单位及中介服务机构知识产权工作的进一步推进,讲几点意见,供大家参考。

一、企事业单位及中介服务机构为知识产权强省及创新型广东建设作出了突出贡献

今年是我省"十一五"规划的收官之年。应该肯定的是,在整个"十一五"期间,我省企事业单位及中介服务机构的知识产权工作取得了很大的成绩,有力地推动了我省经济社会的发展和知识产权战略的实施,有效地提升了全省的创新能力和产业竞争力。企事业单位特别是企业,在我省知识产权制度运用和自主创新中的主体地位日益凸显,发展到目前,已不容置疑地成为知识产权创造运用及自主创新的绝对主力,为创新型广东建设作出了卓越贡献。借用一句古诗:"问渠哪得清如许,为有源头活水来"。可以说,广大企事业单位就是我省自主创新能力长盛不衰的"活水"。

仅就企业而言,2009年,全省企业专利申请量为60450件,是"十五"末期2005年的2.52倍,占全省申请总量的比例由2005年的33%提高到48%。其中,企业发明专利申请量24151件,是2005年的2.78倍,占全省发明专利申请总量的比例由2005年的67%提高到75%;企业发明、实用新型、外观设计专利申请量占总量的比例为40:35:25,比2005年的比例(36:28:36)更为优化。同年,全省企业专利授权量36706件,是2005年的3.19倍,占全省授权总量的比例由2005年的31%提高到44%。其中,企业发明专利授权量8839件,是2005年的8.63倍,占全省发明专利授权总量的比例由2005年的55%提高到78%,占企业专利授权总量的比例由2005年的9%提高到25%;企业发明、实用新型、外观设计三种专利授权量占总量的比例为25:40:36,比2005年的比例(9:36:55)大为优化。2010年1~10月的情况仍维持此格局,部分数据甚至更加乐观。企业不断进行的知识产权创造,有效促进了我省产业的可持续发展,提升了我省的产业竞争力。

我省专利代理机构也迅速发展,由2005年的64家发展为目前的91家,同时还有专利代理分支机构95家。专利代理机构的数量和从业人员的数量仅次于北京,均居全国第二。这些代理机构是帮助我省社会各界特别是企事业单位创新成果知识产权化的中坚力量。

二、企事业单位及中介服务机构要增强知识产权工作的使命感和紧迫感

在肯定成绩的同时,我们也必须看到,我省企事业单位知识产权工作乃至全省的知识产权制度建设,都面临着新的压力和挑战。

一是加快转变经济发展方式对企事业单位及中介服务机构提出了新任务、新要求。我省改革开放30多年来在经济社会发展及现代化建设方面取得了辉煌成就，但也日益暴露出土地、空间、资源、环境等方面难以为继的突出问题，迫切需要实现从要素驱动到创新驱动。省委、省政府立足当前，着眼长远，明确提出加快转变经济发展方式，提高自主创新能力。汪洋书记今年年初在省委十届六次全会上直接引用林肯"专利制度是为天才之火添加利益之油"的名言，透彻阐明知识产权对于创新发展的强大推动作用。深入实施知识产权战略、加快建设知识产权强省，是我省加快转变经济发展方式的现实和必然选择。全省上下加快经济发展方式转变的形势，要求作为我省产业发展主体的企业、作为产业发展重要技术源的事业单位、作为创新成果知识产权化媒介的中介机构，进一步加强知识产权的创造、运用、管理和服务。

二是建设现代产业体系及创新型广东必须加强企事业单位及中介服务机构的知识产权工作。企事业单位是知识产权制度运用的主体和绝对主力，没有企事业单位层面的知识产权战略实施，全省知识产权战略实施及知识产权强省建设目标就难以真正达成，我省调整产业结构、建设现代产业体系、建设创新型广东的战略目标就难以真正实现。近年来，我省积极培育和发展战略性新兴产业，将其作为加快现代产业体系建设的突破口。根据黄华华省长今年4月在"全省领导干部深入贯彻落实科学发展观加快转变经济发展方式专题研讨班"上重要讲话的定义，所谓战略性新兴产业，就是指对国民经济社会发展具有战略影响的新兴产业；而所谓新兴产业，是指受新知识、新技术和新业态带动和催生的，处于成长期阶段的，并有望在一定时期内形成新的增长点的产业。我省决定重点发展的一系列战略性新兴产业，如高端新型电子信息、电动汽车、LED、新能源新材料等，都是技术密集、知识产权密集型产业，没有知识产权的支撑，我省战略性新兴产业很难攀升价值链高端，发展上难免沦为屡见不鲜、受制于人的"打工经济"。

三是目前企事业单位及中介服务机构知识产权工作与知识产权强省建设的要求还不相适应。近年来，我省企事业单位大力创造和运用知识产权，使得我省知识产权大省的地位不断巩固，知识产权强省建设步伐日益加快。但我们也清醒地看到，企事业单位及中介服务机构知识产权工作仍存在一些问题和不足：一是企业拥有专利的数量和质量与创新型广东建设的新要求不相适应，事业单位作为产业发展技术源的作用仍有待充分发挥，中介机构促进企事业单位知识产权综合能力建设的意识和能力有待提高；二是全省广大企事业单位的整体知识产权能力、知识产权代理机构的整体实力与竞争力，与经济社会发展的新需求、与企事业单位作为创新主体的地位不相适应，与江苏、北京等省市相比仍有不少差距；三是企事业单位知识产权工作仍然存在管理制度不完善、重视程度不够、人才匮乏、投入不足等制约因素。应该说，今天参会的企事业单位都是我省深刻理解并比较重视知识产权工作、知识产权制度运用能力较强的企业。但我省广大企业总体上知识产权意识仍然不强。不少企业特别是中小企业，将知识产权视为"成本"而非"资本"。美国苹果公司的 iPhone、iPad 目前正在全球热销，每日都有巨额收益。但必须明确，苹果公司真正的资产、最大的资本，不是制造出来的产品本身（事实上这些产品的制造者不是别人，而也许正是我们广东东莞的企业），而是围绕这些产品的专利技术、外观设计、品牌等大批自主知识产权。从这些知识产权的研发、维护费用看，它们似乎是苹果公司数亿美元的"成本"，而从这些知识产权的价值来看，它们是苹果公司数百亿甚至上千亿美元的"资本""资产"。只有透过"成本"现象看到"资本""资产"本质，从而义无反顾地致力于发展知识产权、提升自身优势的企业，是我省知识产权强省建设、加快经济发展方式转变中的脊梁和支柱。

三、企事业单位及中介服务机构要提升知识产权工作境界

国学大师王国维曾说，"古今之成大事业、大学问者，必经过三种之境界：'昨夜西风凋碧树。独上高楼，望尽天涯路'。此第一境也。'衣带渐宽终不悔，为伊消得人憔悴。'此第二境也。'众里寻他千百度，蓦然回首，那人却在，灯火阑珊处'。此第三境也。"这三种境界，我认为同样适用于我省的知识产权制度建设，适用于我省企事业单位及中介机构的知识产权工作。据我们近年的统计，目前我省工业企业19.4万多家中，有过专利申请的不足8000家，96%的企业仍未实现专利申请"零"的突破。也就是说，我省大多数企业，实际上是连第一种境界都没有达到，目前在知识产权工作领域仍未"入门"。我认为，包括今天参会企事业单位在内的我省知识产权示范、优势、试点企事业单位和会展、行业协会等，都已登上知识产权工作舞台。其中大部分处于第一种境界，即已开始重视知识产权工作，有了相对长远的战略规划和构想；一小部分处于第二种境界，即已经在切切实实地落实自身的战略计划，脚踏实地地开展知识产权工作，提升知识产权制度运用水平；极少一部分处于正在向第三种境界过渡，即知识产权管理完善，制度运用熟练，通过知识产权营造了牢不可破的竞争优势，打开了广阔的世界市场。

今天获得授牌的企事业单位、会展和行业协会，我相信都已初步建立了自身

的知识产权工作制度及发展规划，这无疑很好，但这其实只是以知识产权促进自身创新发展的第一步。下一步，就需要一个境界性的提升，需要从制定制度和规划转向真正实施制度和规划，需要从"望尽天涯路"的高楼上走下来，开始脚踏实地地进行创新，进行知识产权创造、运用和管理。进入这个境界往往是漫长的，需要投入的人力及财力等各类资源较大。在这里，我向正在向这种境界奋斗的企事业单位及知识产权工作者致敬！祝福你们，通过艰辛而扎实的努力，早日破茧成蝶，实现自身更强劲的发展和更辉煌的成功！

四、以"更高、更快、更强"的国际体育运动的精神追求，进一步推动企事业单位及中介服务机构知识产权工作

今天的会议恰逢第16届亚运会在我省举办。亚运会让我们不禁联想到国际体育运动的精神追求：更高、更快、更强！实际上，这完全可作为我们下一阶段推进全省企事业单位及中介服务机构知识产权工作的要求。

推进企事业单位及中介服务机构知识产权工作，需要政府部门、企事业单位、行业协会、知识产权服务机构等社会各方的共同努力。相应地，下一阶段，各方都需要以"更高、更快、更强"为追求，推动知识产权工作的开展。

一是对政府部门而言，要在更高的层面为产业及企事业单位发展着想，更高要求自身的工作水平，更快地掌握了解企事业单位的知识产权发展需求，更快地为企事业单位知识产权及创新工作服务，出台实施更强力的促进产业及企业知识产权发展的政策措施，为产业及企事业单位发展提供更强大的知识产权财政投入支持和保护支持。

二是对企事业单位而言，要将知识产权工作提升到更高的战略地位，努力创造更多数量、更高质量的自主知识产权，将创造和运用知识产权作为攀升价值链高端的利器；更快地实现创新成果知识产权化和知识产权的产业化、商品化及资本化，更快地将知识产权变现为竞争优势和发展优势；制定实施更强有力的保障措施，坚定不移地实施企业知识产权战略。

三是对行业协会而言，要以更高、更宽的视野，研究制定和推动实施行业知识产权战略，推动行业建设知识产权战略联盟，努力提高行业的知识产权综合实力；更快、更有效地开展行业知识产权信息开发，更快、更准确地追踪行业全球最新专利技术及知识产权发展动态，促进本行业企业更快、更及时应对涉外知识产权问题；创新思路和方式方法，更强地发挥行业协会在知识产权发展与保护中的重要作用。

四是对中介机构而言，要以更高的标准为社会各界特别是企事业单位提供更优质的知识产权服务；以更高的理念拓展知识产权服务领域，从单一专利申请代

理服务模式转变到综合全面服务的模式上来,充分发挥专利代理机构在提升企业知识产权保护意识、科学立项、专利预警、专利申请、知识产权市场化运作以及科学应对国际知识产权争端等方面的积极作用。今天启动的"百所千企知识产权服务对接工程"的目的之一,就是促进中介服务机构拓展服务领域,提升服务能力和服务水平,推进我省专利代理行业的健康发展。同时,中介服务机构要更快地了解企事业单位的知识产权发展需求,实现与企事业单位的对接,更快地实现企事业单位创新成果的知识产权化;提升自身业务水平,加强服务能力建设,一方面更强地发挥代理机构的专业优势,为创新主体服务,另一方面促进自身做大做强。

建设专利联盟 集成创新资源
大力促进产业转型升级

——在全省建设专利联盟促进产业
转型升级经验推广会上的讲话

(2011年9月27日)

今天,全省建设专利联盟促进产业转型升级经验推广会在顺德举行,主要任务是:交流广东各地建设专利联盟的成功做法,总结广东建设专利联盟促进产业转型升级的经验,研究部署下一阶段促进专利联盟建设的相关工作。

下面,我将当前全省建设专利联盟促进产业转型升级的工作情况报告如下。

一、广东省专利联盟建设的基本情况

近年来,全省各地结合各自实际,逐步探索出一条以政府为后盾、以市场为导向、以企业为主体、以专利共享和共同维权为纽带、以创新服务平台为运作载体的专利联盟新路子,实现了企业知识产权从单一竞争到竞争合作的战略转型。

(一)应运而生,市场竞争催生专利联盟

伴随着激烈的市场竞争,专利联盟应运而生。至今,全省已建立知识产权(专利)联盟21个,分布在广州、深圳、汕头、佛山、中山等地区,涵盖数字家庭、LED、新能源等战略性新兴产业和陶瓷、红木家具、电压力锅等传统产业。燃气热水器、半导体照明等产业知识产权联盟等处于积极筹建之中。专利联盟的产生,来自企业竞争发展的需求,因应产业共赢发展的呼声。

从产生原因看,一是专利诉讼催生专利联盟。顺德电压力锅专利联盟、佛山"微晶玻璃陶瓷复合板材生产方法"专利联盟、中山红木家具知识产权联盟等都是相关企业为避免拉锯式"专利战",本着求大同、存小异、促进产业健康发展的理念,在政府部门的协调和倡议下,自愿组建的。二是涉外应对催生专利联盟。深圳市LED专利联盟、中国彩电专利联盟等都是在产业内企业卷入美国

"337调查"或面临跨国公司巨额专利收费的背景下,由多家企业联合成立的,旨在推动企业实现专利信息共享,把握国内外知识产权动态,降低产业运营成本,促进产业可持续发展。三是转化应用催生专利联盟。广州数字家庭专利联盟、深圳市新能源标准与知识产权联盟、佛山市医疗产品知识产权战略联盟等都是为了适应产业优化升级的要求,由相关各方联手推动创建的,旨在充分整合创新资源,发挥知识产权对于产业集群黏结剂和催化剂的作用,促进知识产权的商品化和产业化,努力形成产业高端集聚效应和知识经济高地。

从创建模式看,一是企业自发创建,政府积极支持。以中国彩电专利联盟为例。美国联邦通信委员会颁布了美国数字电视 ATSC 标准,要求出口到美国市场的彩电产品一律要符合 ATSC 标准,该标准含有包括汤姆逊、MPEG LA、索尼、日立、LG 等在内的几十个专利权人的专利,因此出口到美国市场的彩电必须向专利权人缴纳专利费,累计报价达到 41 美元/台。面对这一严峻形势,在政府部门的积极支持下,由 TCL、康佳、创维、长虹、海信等国内知名彩电企业联合发起成立了中国彩电专利联盟。二是协会统筹创建,政府培育推动。如汕头市金平区机电商会轻工装备产业知识产权联盟,由机电商会内 8 家轻工装备制造骨干企业共同组建,旨在促进联盟企业运用知识产权提升国内外竞争优势。市、区知识产权局上下联动,指导联盟制定《轻工装备产业知识产权保护联盟公约》;引导联盟编制汕头市轻工装备产业技术路线图,对产业专利状况和发展趋势进行前瞻性论证;帮助联盟建立起轻工装备产业专利信息服务平台,促进企业有效配置专利信息资源。三是政府主导创建,各方联动发展。如深圳市新能源标准与知识产权联盟,在深圳市政府接连出台《新能源产业振兴发展规划(2009~2015年)》、《推进生物互联网新能源产业发展工作方案(2010~2012年)》和《知识产权与标准化战略纲要(2011~2015年)》等一系列政策文件的背景下,由深圳市标准技术研究院、深圳市新能源行业协会、深圳市太阳能学会、比亚迪、富士康、五洲龙等 17 家单位于 2011 年 4 月发起成立,其主要任务是建设专业服务平台,推动技术创新、知识产权与标准化有机结合,推进应用项目示范工程,促进产业化等技术服务开展。

(二)有效运作,专利联盟稳步发展

各专利联盟结合产业发展的实际要求,建立良好运行架构,通过知识产权信息沟通、许可交易、保护协调和优化发展机制,对内自律、对外维权,不断完善开放式知识产权创造、运用及保护体系,集成知识产权资源,催化知识产权应用,助力产业转型升级。

一是建立完善良性运转工作机制，不断发展壮大联盟。良好的管理机制和稳定的核心专利是专利联盟成功运作的基础。2008年顺德电压力锅专利联盟根据联盟协议，成立了联盟秘书处，并由联盟成员选举产生财务监督人员；同时，联盟委托专业机构作为代管机构，负责联盟的法律事务，形成了以秘书处为核心的内外兼备的管理、运营架构。联盟还制定了加盟和许可合同的标准文件，明确了加入联盟和接受许可的条件。中国彩电专利联盟的工作机构是深圳市中彩联科技有限公司，由9家彩电骨干企业合资组建，注册资本1000万元。中彩联着力构建专利池，至今，已放入国内骨干彩电企业的专利2605件，发明专利超500件；拥有国外专利10件。2011年6月，中彩联与台湾彩电同业促进会签订知识产权框架协议，标志着大中华区彩电行业知识产权战略联盟的形成。

二是整合利用各类知识产权服务资源，推动联盟发展。专利联盟的发展需要有效整合各类知识产权服务资源。中国彩电专利联盟积极参与并构建知识产权战略合作体系，与香港应科院、台湾"工研院"、美国摩根律师所、广东三环知识产权集团等数十家海内外知识产权服务机构建立了良好的合作关系。中山市红木家具产业知识产权联盟与多家机构开展合作，这些机构在专利申请、专利许可交易、专利维权、产业知识产权发展状况分析等各个方面都发挥了积极作用。佛山市内各知识产权联盟引来了清华大学、北京航空航天大学、华南理工大学等几十家著名高校，以及国家机械科学研究院、中科院上海硅酸盐研究所等十多家国家级科研机构加盟，成为联盟新的技术源、成果源、人才源的主要提供者和创新成果二次开发的重要参与者；吸引了各类民间资金、创投和风投资金的目光，金融机构、知识产权中介机构纷纷与联盟洽谈合作投资等事宜。其中，精密制造知识产权联盟还得到了香港风投企业的巨额投资，为专利技术商品化、产业化找到了坚实"靠山"。

三是积极搭建创新服务平台和专利信息平台，为联盟发展提供服务和信息支撑。如果把专利联盟比作飞天的火箭，产业创新服务平台和专利信息平台就是发射基地。佛山精密制造知识产权联盟、清洁生产知识产权联盟分别依托华南精密制造技术研究开发院和华夏陶瓷研究开发中心这两个省级创新平台，整合著名知识产权代理机构、行业协会、发明协会、专利协会的资源，筛选利用已过期失效的专利，帮助企业开展创新，促进知识产权交流、共享，提供实验室、中试基地和人才支持等，成为知识产权联盟各种创新资源的大集成者。深圳市LED专利联盟搭建了国内首个LED专利数据库，供会员单位免费使用；数据库具有实用的专利分类体系和强大的专利搜索功能，有效降低了企业专利信息平台建设成本。中山市照明灯饰产业知识产权联盟、红木家具产业知识产权联盟分别建立起世界灯具照明专利数据库和家具外观设计图像检索服务平台。中国彩电专利联盟建立了数字电视专利数据库及预警平台，从数字电视牵涉的一万多条专利信息中选出有用信息分类建库；平台可对彩电行业知识产权现状进行分析、研究，可提供专利地图，帮助企业了解技术发展方向、进行专利布局，可为企业研发、市场销售等提供决策帮助。

四是协调推进专利许可交易和转化应用，发挥专利联盟知识产权效益。专利的交叉许可和交易转化，可以实现联盟成员专利技术的开发、实施和共享，推动专利技术的应用和扩散，最大限度发挥知识产权效益。深圳市LED专利联盟的专利池拥有国内专利369件，发明专利近百件；联盟加入了全国专利技术展示交易中心联盟，与43家专利交易服务机构建立了长期合作关系；搭建网上交易系统并投入日常运行；2010年专利展示交易总额超1100万元。广州数字家庭专利联盟通过强基扩容，内联外合，专利池内双向高带宽改造系列产品、公共网关、综合性核心管理系统等领域的专利已达1700多件。佛山市"镀金属抛釉陶瓷专利制品"专利联盟成立后，其他缺乏专利技术的新加盟成员需要交纳加盟费20万元以共享联盟专利技术，其中一半为原有的3家公司共享，另一半作为联盟运作和发展经费。汕头市濠江区工艺行业专利保护联盟设立了专项基金，进行专利产品开发和专利申请，获得的专利权由联盟企业共享；而由企业自主开发的专利产品，则由该企业独享3年权益后，再供联盟企业使用。

五是着力加强知识产权保护，切实维护联盟成员的合法权益。知识产权维权难一直是创新型企业发展的苦恼。联盟通过集体维权等方式加强知识产权保护，效果良好。顺德电压力锅专利联盟成员各方于2008年5月各出资5万元，设立联盟维权基金，至今共筹集维权基金近百万元。至今，联盟共起诉涉嫌侵权企业23家，累计提起专利侵权诉讼46宗；其中17家涉嫌侵权的企业与联盟达成和解，8家企业与联盟签订专利许可协议，缴纳专利使用费，并补偿联盟诉讼费用；9家侵权企业停止生产侵权产品，赔偿损失。中山市照明灯饰产业知识产权联盟、红木家具产业知识产权联盟积极开展侵犯专利权案件的调解工作；开展专利巡查行动，一经发现有侵权产品，立即投诉；依托中国中山（灯饰）知识产权快速维权中心、中山法院知识产权巡回审判庭、"12330"等知识产权维权平台和手段，充分发挥联盟在知识产权保护方面的统筹协调和整体推进作用。汕头市濠江区工艺行业专利保护联盟企业统一打出"濠江纸盒工艺"标识参加国内外展会和维权，从102届广交会开始，通过投诉已使50多家侵权企业撤架，其中还有 1 家侵权企业因多次侵权等原因而被大会投诉站列入黑名单,有效地打击了专利侵权行为,保护了企业利益。

六是大力推动行业标准制定,确立联盟企业核心竞争力。专利联盟是专利向标准转化中最重要的一环,可以将企业的技术研发转化为现实的竞争力,助推企业腾飞。顺德电压力锅专利联盟发起人起草制定的顺德地方《电压力锅联盟标准》于 2009 年 3 月上升为广东省地方行业标准。联盟成员单位全部加入国家电压力锅标准化工作组。2010 年 10 月,在美国西雅图召开的第 74 届国际电工委员会(IEC)大会上,联盟代表中国标准化委员会提出了修订电压力锅国际标准的提案申请。2011 年 6 月,在印尼巴厘岛召开的第 83 届 IEC–TC61 会议上,电压力锅国际标准修订提案审查获得通过。由中国家电企业提出国际标准修订提案并获通过尚属首次。广州数字家庭专利联盟引导联盟成员加强专利与标准的结合。2006 年至今,广联标工委已组织制定或参与数字家庭产业国家标准 9 项、行业标准 4 项、地方标准 31 项,实现了专利价值的最大化。深圳市新能源标准与知识产权联盟成员单位拥有国内专利数量超 10000 件、国外专利超 500 件;在此基础上,联盟积极推动专利标准化工作。目前,《电动车用磷酸铁锂电池通用技术要求》《电动汽车充电桩验收检定规程》等联盟标准已立项起草。

二、广东省专利联盟建设的主要成效

(一)专利联盟推动企业实现互利共赢

专利联盟在一定程度上规范了行业秩序,实现利益共享,分摊维权成本,保护知识产权,使企业可以共同致力于扩大国内外市场份额,谋求合作共赢。汕头市濠江区工艺行业专利保护联盟的建立改变了以往工艺制品行业门槛低、无序竞争的局面,在国内外树立了"好的纸盒工艺就在濠江"的整体形象。联盟成立的 2007 年,会员企业专利申请量同比增长 83.5%。中山市照明灯饰产业知识产权联盟与中国中山(灯饰)知识产权快速维权中心紧密合作,至今联盟已涵盖了 48 家创新型企业、6 家知识产权中介服务机构以及中山市照明电器行业协会等单位,专利池数量扩容至 342 件,联盟企业生产的灯饰产品占国内市场 60% 的份额。顺德电压力锅专利联盟成员由创始时的 4 家发展至 11 家,专利池数量由 46 件扩容至 308 件,而且大多是技术含量较高的专利,联盟企业生产的电压力锅产品占国内市场份额 75% 以上。联盟正计划以"EPCA"申报集体商标,并努力将其发展成为电压力锅产业的"食品安全 QS 标识"。

(二) 专利联盟助力企业共同应对国际知识产权纠纷

随着国际贸易的激增和"走出去"战略的实施,跨国公司对我企业设置了种种专利壁垒并进行层出不穷的专利进攻。专利联盟可以帮助企业建立知识产权保护体系,抱团应对国外专利"大棒",助推产业悄然实现"华丽转身"。中国彩电专利联盟依靠资深的知识产权专家、法律专家和彩电研发等综合人才团队,从专利技术分析入手,详细解剖数千项的打包专利,提出部分专利可规避设计的方案以及许多有效合作、共赢发展的方式。经过 3 年的艰苦谈判,联盟于 2010 年初与全球彩电专利的鼻祖——汤姆逊达成专利战略合作协议,完成 8 家中国彩电企业的联合签约仪式;专利收费从每台彩电约 41 美元降低到 20 美元以下,在降低彩电专利费方面作出了突出贡献。

(三) 专利联盟促进企业提高创新水平

专利联盟对内进行专利的交叉许可,对外进行专利的批量许可和出售转让,通过"专利组合拳",打破"专利围墙",促进创新技术的推广运用;同时,联盟内的企业在技术上进行强强联合,不断提升研发能力,完善技术链条。深圳市 LED 专利联盟积极帮助深圳中庆公司发展,引导其购买了 52 件国内专利;通过接受培训和指导,该公司开展了专利挖掘和申请工作,目前共申请 58 件发明专利,研发出拥有自主知识产权的新一代高端 LED 显示控制系统 V9。该系统能够在 LED 大型显示控制领域发挥作用,在提高显示性能、优化显示效果、增强用户体验等方面均获得认可。佛山市精密制造知识产权战略联盟内的企业成功开发出带自动检测、自动打包、自动码垛等功能的全自动陶瓷生产自动化设备,该项目在 2008 年第 22 届国际陶瓷工业展览会上受到热烈欢迎,仅 1 家企业就要求订购 10 条生产线,还成功打破了欧洲在该领域的专利垄断,提高了企业的国际竞争力。

(四) 专利联盟给力产业转型升级

专利联盟可以推动专利向技术标准转化,使企业的核心技术、知识产权优势转化为核心竞争力,为企业带来巨大的商业利益。这既是倒逼机制,使没有核心知识产权的企业被市场淘汰出局;也是激励机制,使注重自主创新的企业分享更丰厚的市场回报,最终推动了整个产业的转型升级。顺德电压力锅专利联盟通过建设专利和标准"双联盟",实现联手出击、双剑合璧,成功修订电压力锅国际标准,突破了国外技术壁垒,极大地拓展了电压力锅产业在国内外市场的发展空间。佛山市清洁生产知识产权战略联盟"大规格超薄建筑陶瓷砖技术"已成功实现专利产业化;在日前于意大利举行的国际陶瓷标准大会上,联盟内蒙古娜丽莎陶瓷有限公司代表中国参与世界陶瓷薄板标准的起草工作,这是中国陶瓷企业第一次在世界标准上掌握话语权。

(五) 专利联盟为产业和企业优化提升构筑强大的发展软实力

专利联盟通过与各类知识产权服务机构开展交流合作,在提升联盟建设发展水平的同时,强化了产业知识产权人才体系建设,为产业发展提供了可靠的智慧资源和智力支撑。佛山市有关知识产权联盟成功举办了蔡鹤皋院士、叶声华院士的精密制造论坛和德国联邦尤利斯科学院职业技能培训中心技术及专利管理培训等系列活动,打造出一支本土研发和知识产权管理人才队伍。中国彩电专利联盟通过持续密切的知识产权人才合作与交流,发挥促进产业发展的"知识产权智库"作用,推动了高级专业人才的供应和这些人才在知识结构、信息资源等方面的更新和知识产权实务经验的分享。中山市照明灯饰产业知识产权联盟、红木家具产业知识产权联盟积极开展专利信息利用和态势分析工作,逐渐培养起一支产业专利信息分析运用人才队伍。

三、广东省专利联盟建设存在的主要问题

专利联盟早在19世纪中叶就已在美国诞生。近年来,我省各地陆续涌现了一批专利联盟,这些联盟在提升企业创新能力、促进产业科学发展方面做了许多卓有成效的工作。但与各类国际专利联盟相比、与兄弟省市各类专利联盟相比、与我省产业发展的需求和形势的要求相比,还存在一些差距。问题主要体现在:

一是与国际专利联盟相比。我省的专利联盟大多是防御性的,旨在避免无序竞争、共同防御外部冲击、规避专利风险。而发达国家专利联盟大多是进攻性的,通过一定的专利组合或者搭配,来抢占或分割市场。进入21世纪以来,不断有国外专利联盟,通过收取高额的专利许可费,遏制中国企业及其产品在国内外市场的拓展。如:2002年,DVD"6C"与"3C"专利联盟向我国DVD生产企业索取高额的专利费;2007年,MPEG、杜比、MP3标准中的国外企业委托MPEG-LA、VIA licensing、Sisvel等公司组建专利池,向国内音视频企业收取专利许可费。国外专利联盟都有着相当的经济实力和丰实的社会资源作后盾,基本上能主导着产业的发展趋势;他们之所以敢向我产业收取巨额专利许可费,其底气在于国外企业掌握了一大批产业发展的重要核心专利,并通过专利的优化配置,做好了专利布局。丰富的专利储备为其掌握话语权和抢占产业发展高地打下了坚实基础。反观我省,虽然近年来企业自主创新能力不断增强,专利申请的数量与质量不断提高,但在很多产业,特别是一些战略性新兴产业和高新技术产业,大量的

关键性基础专利都掌握在国外企业手中，专利联盟的建立也就只能更多地以防御为主。

二是与兄弟省市建设专利联盟的实践相比。我省的专利联盟建设尚处于"摸着石头过河"的起步阶段，而外省的专利联盟在发展速度、水平和规范化有效运作等方面都已取得显著成绩。如：北京市工作思路清晰，先后成立了三个层次的知识产权联盟，即重点产业知识产权联盟、产业知识产权分支联盟以及细分产业知识产权联盟；出台《重点产业知识产权联盟章程》和《产业知识产权联盟工作办法》，不断规范和完善知识产权联盟工作。江苏省镇江市政府推动有力，出台《新兴产业知识产权战略联盟章程》，引导新兴产业知识产权联盟及分支产业知识产权联盟的发展。而我省在专利联盟建设方面，由于对专利联盟的研究还不够深入，政府的引导作用还不够明显。

三是与我省产业发展的需求和形势的要求相比。专利联盟促进产业可持续发展的作用亟待进一步发挥。当前，我省正处于加快产业转型升级、建设现代产业体系的关键时期，而我省专利联盟建设的步伐和力度与产业发展的需求相比还有一定距离，在很多重点产业领域尤其是技术承载高、市场前景广、带动系数大、综合效益好的许多新兴产业，专利联盟尚属空白。我省要大力培育发展战略性新兴产业，抢占未来产业发展战略制高点；要大力推动传统产业优化升级，促进产业内涵式、智慧型增长；亟需发挥知识产权的支撑和保障作用，而专利联盟恰恰是产业发展的"专利"强心针，专利联盟促进产业可持续发展的作用应充分发挥。

四、下一步工作思路

我省的专利联盟大部分是近年来受到跨国公司专利联盟和技术标准的攻击或者面对国内马拉松式的"专利战"后痛定思痛的产物，总体上以对知识产权纠纷的集体防御为主要目的。我省专利联盟无论在数量上还是在质量上都处于起步阶段，需要大力倡导与发展；要想为产业创新发展赢得充裕的时间和空间，就必须加强对专利联盟的研究，充分挖掘专利资源的价值。

（一）加强对专利联盟的专业研究

一是要加强专利联盟的理论研究，厘清专利联盟对产业发展的积极作用和消极影响，使专利联盟的建立更好地促进产业的发展；二是要加强对国内外专利联盟建立运行的经验和专利联盟规制的法律制度的研究，借鉴国外经验促进我省专利联盟的发展，防范我省实施"走出去"战略过程中的知识产权风险；三是要及时总结我省不同类型的专利联盟运作的经验和做法,对专利联盟进行分类指导。

(二) 加快专利联盟建设步伐

围绕产业发展的需要,在创新活力旺盛的重点产业以及遭受跨国知识产权纠纷较多的产业,加大对专利联盟的扶持和服务力度,进一步整合资源,发挥协同效应,促进现有专利联盟成长壮大;结合实际,以产业中有实力的企业为骨干,新组建若干家专利联盟。

(三) 提高专利联盟的创新发展水平

要着力提高专利联盟的发展水平,充分发挥专利联盟整合集聚专利资源、给力产业创新发展的促进作用。推动专利联盟不断增强知识产权储备、持续积累知识产权实力,充实产业发展的根基和内涵;完善专利联盟发展运作机制建设;引导专利联盟继续完善专利许可制度、必要专利评估制度、专利更新机制和纠纷解决机制,建立必要的反垄断审查和垄断预警机制;指导专利联盟深化对专利信息的深层次开发利用,发挥专利信息的预警功能;鼓励专利联盟共同攻克关键共性技术;加强联盟的开放性,力促联盟专利和技术标准的结合,打造专利和标准"双联盟"。

(四) 建立有效的利益协调机制

专利联盟是一个复杂的创新体系,涉及多层次的利益分配与调整,有效的利益协调机制是专利联盟成功运行的首要条件。专利联盟的运作应坚持以市场为导向、以企业为主体,充分发挥行业协会的指导作用。政府有关部门要针对各类专利联盟发展的具体状况,分阶段、分层次地给予积极支持。研究出台相应的政策及发展对策;推动联盟成员加强沟通与交流,及时梳理和有效应对共性知识产权问题;支持专利联盟构建利益协调机制,并以利益导向为切入点,强化联盟成员的战略伙伴关系。

建设专利联盟,对推动知识产权强省建设和产业转型升级,意义重大。我们要立足全局,立足长远,凝聚共识,深刻洞察专利联盟对产业发展的重大意义,着力引导和推动专利联盟成为促进产业转型升级的全新引擎,成为集聚各类创新要素和知识产权资源的重要载体,成为产业创新体系和自主创新能力建设的重要战场,为我省产业和知识产权事业的发展作出新的更大的贡献。

── 04 ──

保护工作

保护工作

2007年广东省知识产权保护状况发布报告

(2008年4月24日)

2007年，广东知识产权事业实现了长足的发展，各项工作取得了新的成绩。

一、全省知识产权事业进入新的历史发展阶段

2007年11月6日，省政府颁布实施《广东省知识产权战略纲要（2007~2020年）》，对全省知识产权事业的发展进行了全面部署。纲要围绕知识产权创造、管理、保护、运用、服务、人才等主要内容，确定了一系列重点任务和政策措施。目前，我省知识产权战略已进入实施期，标志着全省知识产权工作将迈入一个全新的历史发展阶段。

二、专利管理与保护迈上新台阶

截至2007年底，全省累计专利申请总量及授权总量分别达到529305件和309416件，突破了50万件和30万件大关。2007年，全省专利申请量、授权量分别为102449件及56451件，同比增长12.7%和29.7%。其中，发明专利申请量为26692件，同比增长25%。全省专利申请量、授权量连续13年居全国第一，发明专利申请量连续3年居全国第一。

2007年，全省通过《专利合作条约》（PCT）途径申请国外专利2646件，连续6年保持全国首位。

全省专利行政执法力度不断加大。全年各级知识产权局共立案受理各类专利纠纷案件256件，结案214件；立案查处假冒他人专利、冒充专利案件共90件。

三、商标管理与保护呈现新面貌

截至2007年底，全省商标注册量超过38万件，注册商标申请和拥有量连续13年居全国首位。2007年，新增国家工商总局认定的驰名商标24件，全省中国

驰名商标总量达108件，居全国首位；新增认定广东省著名商标338件，延续认定311件，全省著名商标总量达1611件。

全省各级工商行政管理部门扶持农产品品牌战略的实施，全年新增地理标志证明商标4件，累计总量达9件。

2007年，全省各级工商行政管理部门查处各类商标案件3056宗，其中移送司法机关案件31宗，涉案人员19人。同时，开展保护商标专用权及奥林匹克标志专用权专项执法行动，有效地维护了市场经济秩序。

四、版权管理与保护取得新进步

2007年，省版权局开始实施《广东省版权兴业发展纲要（2007~2015）》，培育发展重点版权产业，同时继续积极推进企业使用正版软件工作。省信息产业厅积极推动软件产品版权保护，新增登记备案软件产品1965个，累计11838个，位居全国前列。

2007年，全省版权行政管理部门开展了大规模的保护知识产权专项行动，一是开展了打击非法预装计算机软件专项行动，立案查处案件15件，调解案件20件，收缴非法电子出版物、盗版光盘7.8万余张，盗版软件5497张。二是开展了打击网络侵权盗版专项行动，重点查处"三无"网站和违法服务器，加大网络刑事案件的移送力度，依法关闭违法侵权盗版网站40家。

五、音像制品知识产权保护措施得力

2007年，全省文化行政管理部门出动检查人员38万余人次，检查各类文化市场经营单位22万余家次；受理举报5670件，立案调查4928件，移送案件167件，办结案件3548件；收缴非法音像制品6287万余张（盒）。

2007年，全省文化行政管理部门开展多次专项整治行动，清理收缴并统一销毁非法音像制品，推进反盗版天天行动夏季战役，加强节日期间文化市场管理，加强对合法音像门店的监督检查力度，查处和取缔销售非法音像制品的无证照音像制品经营店档及游商。

六、名特优产品保护与打假工作稳步推进

2007年，全省新增中国世界名牌产品1个，合计4个，居全国第一；新增中国名牌产品81个，合计299个，连续7年居全国第一。新增工业类广东省名牌产品354个，累计达1031个；新增农业类广东省名牌产品150个，累计达349个。

2007年,全省新增地理标志保护产品9个,累计数量31个,居全国第一。

截至2007年底,全省申请农业植物新品种71项,获得授权22项;申请林业植物新品种7项,获得授权3项。

全省质监系统严厉打击生产假冒伪劣产品、侵犯知识产权违法行为,立案查处案件1801宗,涉案货值8464.14万元,移送公安75宗。

七、海关知识产权保护成效突出

2007年,广东海关共查获侵犯知识产权案件1662宗,同时加强了对来自重点国家和地区、重点企业和重点商品的布控查验,提高了查获侵权货物的准确性。

2007年10月起,广东海关开始开展为期半年的保护知识产权"龙舟行动",至12月底,共查获侵权案件348宗。全年,广东海关共查获行邮涉嫌侵权案件769宗。

广东海关强化奥林匹克标志专有权保护,查获侵权案件一批。其中,广州海关查获侵犯第29届奥林匹克运动会吉祥物"福娃"标志专有权模具案,从源头上防止了大规模侵权行为的发生。

八、知识产权刑事保护效果显著

2007年,全省各级公安机关立案侦办侵犯知识产权犯罪、生产销售伪劣商品犯罪案件503宗,破案345宗,抓获犯罪嫌疑人894名,涉案金额约4.5亿元。

在打击盗版软件方面,省公安厅在公安部的指挥下,与美国FBI进行直接执法协作,破获了一起特大跨境销售假冒美国微软公司系统软件光盘案件,抓获犯罪嫌疑人18人,涉案金额约5亿美元。

在打击制售假烟方面,省公安厅牵头开展打击制售假烟网络犯罪行为"金剑行动",抓获犯罪嫌疑人16人,涉案金额3000多万元。全年,全省公安机关共立案侦办涉烟案件195宗,破案152宗,抓获犯罪嫌疑人636名。

九、知识产权司法保护全面加强

2007年,全省法院新收一审知识产权民事案件3122件、审结3104件,新收二审知识产权民事案件576件、审结572件;新收一审知识产权刑事案件86件157人、审结86件157人,依法对157人作出了有罪判决;新收一审知识产权行政案件19件、结案15件。

经最高法院批准，截至 2007 年底，全省受指定审理部分知识产权民事案件的基层法院增至 15 家。全年，知识产权刑事、民事、行政审判"三审合一"的三家基层法院共受理知识产权民事案件 311 件、刑事案件 17 件、行政案件 3 件。

十、会展及行业协会知识产权保护不断深化

2007 年，省市知识产权行政执法部门应邀进驻第 101 届和 102 届广交会、第 4 届中国国际中小企业博览会等大型展会。第 101 届及 102 届广交会共受理涉嫌侵犯知识产权投诉 1165 宗，被投诉企业 1621 家，认定涉嫌侵权企业 991 家。

全省知识产权局系统通过指导各类会展和行业协会协调解决的专利纠纷达 1077 宗；其中，指导会展解决纠纷 949 宗，指导行业协会调解纠纷 128 宗。

十一、区域知识产权合作与保护进展顺利

粤港知识产权合作继续深入。截至 2007 年底，粤港保护知识产权专责小组共召开了 6 次专责小组会议，开展了 20 余个合作项目。

粤港澳海关知识产权保护不断推进。全年粤港、粤澳海关共形成知识产权情报通讯 100 余份，举行双边联合执法行动 5 次，查获侵权案件 29 宗。

泛珠三角区域知识产权合作不断发展。截至 2007 年底，共召开了 4 届知识产权合作联席会议、3 次合作论坛，开展合作项目 20 项。

十二、知识产权保护合力显著增强

2007 年，全省知识产权行政和司法部门加强沟通与交流，省法院与国家知识产权局专利复审委建立互派人员交流工作机制，全省知识产权系统与公安系统在 21 个地级以上市全部成立了"执法联络室"，省工商局与省公安厅形成了对商标侵权犯罪行为的打击合力，省国资委与省版权局共同推进省属国有资产企业使用正版软件工作，省质监系统与司法机关建立了刑事案件快速移送"绿色通道"，有效地提高了知识产权保护的整体效能。

十三、社会知识产权意识普遍提高

2007 年，省委理论学习中心组举办第 47 期广东学习论坛，党政军领导集体学习知识产权。全省各知识产权部门相继举办十余场大型论坛，增进与社会各界的交流和沟通。在"4·26"世界知识产权日期间，各知识产权职能部门组织开展了大量内容丰富、形式多样的知识产权宣传活动，为培育和发展知识产权文化

营造了良好的氛围，有效提高了全社会知识产权意识。

2007年，全省中小学知识产权教育工作继续推进，省中小学知识产权教育试点学校达65所。其中，第一批省试点学校中共有654个班级开设知识产权教育课程，受教育学生近6万人。

2008年广东省知识产权保护状况发布报告

（2009年4月24日）

2008年是我国改革开放30周年，同时也是我国发展进程中极不平凡的一年。经过全省知识产权工作者的不懈努力，我省知识产权保护工作取得显著进步。下面，我代表省政府知识产权办公会议办公室，发布2008年我省知识产权保护状况。

一、知识产权强省建设目标首次确立

2008年，是实施知识产权战略的重要之年。6月5日，《国家知识产权战略纲要》颁布实施。6月19日，省委、省政府明确将"实现从知识产权大省向知识产权强省跨越"作为今后一个时期我省知识产权事业的发展目标。7月14日，省政府召开全省知识产权工作会议，部署战略实施和强省建设工作。11月17日，省政府办公厅印发《广东省知识产权战略纲要（2008~2009年）实施方案》。12月29日，省政府和国家知识产权局签署知识产权高层次战略合作议定书。全省贯彻落实知识产权战略和建设知识产权强省工作稳步推进。

二、专利管理与保护取得新进展

2008年，全省专利申请量、授权量分别为103883件和62031件，同比增长1.40%和9.88%。全省专利授权量连续14年位居全国第一位，发明专利授权量首次跃升全国第一位。截至2008年底，全省累计专利申请量和授权量分别为631816件和371447件，均居全国第一位；全省有效专利177144件，居全国第一位，占全国总量的19.2%。

2008年，全省PCT国际专利申请连续7年保持全国第一，年申请量达3120件，占全国申请总量的53.3%。

全年全省各级知识产权局立案受理各类专利纠纷案件199件，结案198件；

立案查处假冒、冒充专利案件41件，结案46件。专利行政执法力度不断加强。

三、商标管理与保护取得新成绩

2008年7月，《广东省著名商标认定和管理规定》经省政府常务会议审议通过，自今年1月1日起施行。

截至2008年底，全省有效注册商标总量已逾48万件，连续14年居全国首位。2008年，全省新增驰名商标30件，累计驰名商标总数达138件，位居全国首位；新认定省著名商标407件，延续认定339件，省著名商标总数达1969件；新增地理标志证明商标4件，累计总量12件。

2008年，各级工商行政管理部门共查处各类商标违法案件4414件，同比增长44%，移送司法机关案件22宗，涉嫌商标犯罪当事人27人。

四、版权管理与保护取得新进步

2008年，省版权局积极推进"版权兴业工程"和企业使用正版软件工作，新增省版权兴业示范基地12家，省属国有企业基本实现通用软件正版化；省信息产业厅继续做好软件产品认证登记工作，2008年新增认定软件产品2572个，累计登记14410个，位居全国前列。

2008年，全省版权行政管理部门大力开展打击著作权侵权盗版行为专项行动，查处非法音像制品仓库12个，大型地下图书批发窝点14个，收缴非法音像制品、电子出版物等110余万张（份、册）；继续开展打击非法预装计算机软件和网络侵权盗版专项行动，收缴侵权盗版软件并严肃处理侵权网站一批。

五、奥运知识产权保护成果突出

全省各级工商行政管理部门组织开展保护奥林匹克标志专有权专项整治行动，查处侵犯奥林匹克标志专有权案件362件，进行行政指导等行政措施1616次。省版权局、省通信管理局与省公安厅组建处理非法转播奥运赛事案件工作组，快速查处16宗互联网站非法转播奥运赛事案件。全省文化行政管理部门开展以"创建平安文化市场"为主题的"奥运保障行动"，查处违法违规经营的音像制品经营单位1095家，查获非法音像制品11844153张（盒）。广东海关全年共查获涉嫌侵犯奥林匹克标志专有权的案件169宗，查获侵权嫌疑货物167批次、共计22万件。

六、音像制品知识产权保护力度加强

2008年,全省文化行政管理部门开展多项音像市场专项整治行动,加强对合法音像门店的监督检查力度,查处和取缔销售非法音像制品的无证照音像制品经营店档及游商。全年,共出动行政执法人员341998人次,检查各类文化市场经营单位356665家次,查处违法违规经营的音像制品经营单位1713家,查获非法音像制品18151630张(盒);受理举报、信访4639宗,立案调查3844宗,移送司法机关案件88宗。

七、名特优产品保护与打假工作措施得力

名牌带动战略和技术标准战略成效显著。截至2008年底,广东省名牌产品1512件,其中工业类1104件,农业类408件;落户广东的TC/SC/WG(注:全国专业标准化技术委员会、分技术委员会和工作组)共76个,高新技术产业标准化示范区试点和现代服务业标准化试点工作稳步实施。

2008年,全省新增地理标志产品10个,累计41个,继续保持全国第一。

截至2008年底,全省累计申请农业植物新品种90项,授权34项;累计申请林业植物新品种12项,授权7项。

全省质量技术监督管理部门严厉打击生产假冒伪劣产品和侵犯知识产权的违法行为,全年立案查处案件1504宗,涉案货值5439.44万元,移送公安64宗。

八、打击侵犯知识产权犯罪取得新成效

2008年,全省各级公安机关立案侦办侵犯知识产权案件387宗,破案250宗,抓获犯罪嫌疑人482名,涉案金额约8.7亿元人民币。

省公安厅开展"鹰眼行动",成功捣毁集销售、加工、仓储于一体的假冒药品窝点3处,抓获主要犯罪嫌疑人15名;6月,成功侦破特大跨境制售假货案件,查获假冒外国品牌香烟200多件、假冒厨具900多套,抓获犯罪嫌疑人14名。

9月,全省公安机关开展打击非法运输假冒伪劣烟草制品专项行动,查处涉嫌非法运输、仓储假冒伪劣烟草专卖品案件110起,抓获犯罪嫌疑人48名,查获假烟4.2万件,涉案价值1亿多元。

九、海关知识产权保护成效突出

2008年,广东省内海关共采取保护知识产权措施2422次,查获侵权嫌疑货

物6.4亿件，同时加强对来自重点国家和地区、重点企业和重点商品的查验，运用风险分析技术，提高查获侵权货物的准确性。

在海关总署的统一部署下，广东海关继续开展保护知识产权"龙舟行动"，采取措施1025次，查获涉嫌侵权货物2138批次，共计1.1亿件。

十、知识产权司法保护成绩显著

2008年，全省法院新收一审知识产权民事案件4427件，同比增长41.8%，审结4304件，同比增长38.7%。新收二审知识产权民事案件690件，同比增长19.8%；审结671件，同比增长17.3%。新收一审知识产权刑事案件381件804人，审结380件801人。新收一审知识产权行政案件37件，审结37件。

司法保护重心进一步下移，全省共有8家中级法院管辖一审专利案件，16家基层法院有权受理部分一审知识产权案件。全年基层法院受理一审知识产权案件2065件，占全省案件总数的46.3%。省法院增强审判工作透明度，全年向中国知识产权裁判文书网上传生效裁判文书4025件。

十一、会展及行业协会知识产权保护进一步加强

2008年，各级知识产权行政执法部门在第103届和104届广交会、第5届中国国际中小企业博览会暨中韩中小企业博览会、第10届中国国际高新技术成果交易会等各类展会上积极开展知识产权保护工作。第103届及104届广交会共受理涉嫌侵犯知识产权投诉1179宗，同比增长1.2%，被投诉企业1592家，同比下降1.8%，认定涉嫌侵权企业968家，同比下降2.3%。

全省各级知识产权局系统通过指导各类会展和行业协会协调解决专利纠纷共1083宗；其中，指导会展解决专利纠纷918宗，指导行业协会调解纠纷165宗。

十二、对外及区域知识产权合作与保护不断深化

知识产权对外交流合作工作进一步深化。省知识产权局与美国专利商标局合作举办"珠江知识产权及创新论坛2008"，与国家知识产权局、欧洲专利局、欧共体商标局联合主办"欧洲知识产权制度——外观设计与专利国际研讨会"。省公安厅、省工商局、省外经贸厅、省法院等部门与美国、欧洲、日本等国家和地区的知识产权管理和保护机构开展了一系列交流活动。

粤港知识产权合作继续深入。截至2008年底，粤港保护知识产权专责小组共召开7次专责小组会议，两地知识产权部门共同举办多场研讨会、讲座和互访

活动。

粤港澳海关知识产权保护不断推进。全年粤港、粤澳海关在知识产权保护合作领域共形成各类情报通讯近100份,举行双边联合执法行动5次,查获侵权案件40余宗,开展案件协查10余宗。

十三、知识产权保护合力显著增强

2008年,省知识产权局与国家知识产权局专利复审委员会签署了共建协议,在粤设立复审委第一巡回审理庭。省法院与国家知识产权局专利复审委员会签订合作协议,促进专利司法保护与行政保护协调发展。省版权局与省公安厅、省通信管理局共同开展打击网络侵权盗版专项行动,与省国资委共同推进省属国有企业使用正版软件工作。省知识产权局和省工商局在全省范围内联合开展查处取缔非法从事专利代理行为专项行动。各级工商、质监、海关、公安等部门加强联系,有效地提高了知识产权保护的整体效能。

十四、知识产权文化意识氛围浓厚

2008年7月,国家知识产权局田力普局长应邀在省委理论学习中心组"广东学习论坛"上宣讲《国家知识产权战略纲要》,广东党政军领导近400人参加学习。省知识产权局在全省21个地级以上市开展国家和我省知识产权战略纲要的宣讲行动。全省各知识产权部门全年举办多场大型论坛和宣传活动,营造了浓厚的尊重和保护知识产权的良好社会氛围。在"4·26"世界知识产权日期间,全省各知识产权部门组织开展形式多样的宣传活动,全社会知识产权意识普遍提高。全省知识产权界还隆重举行了改革开放30周年纪念活动,评选并发布了"改革开放30年广东知识产权十大成就"。

全省中小学知识产权教育工作进一步深化。至2008年底,省中小学知识产权教育试点学校共三批107所,受教育学生近22万人。

省版权局、省信息产业厅、广东海关、省农业厅等组织内容丰富的知识产权培训活动。省知识产权局实施"广东省百千万知识产权(专利)人才培育工程"。全年全省知识产权局系统共面向社会举办各类知识产权培训班、研讨会、讲座169期,参加培训人员达2.4万多人次。

2009 年广东省知识产权保护状况发布报告

（2010 年 4 月 20 日）

2009 年，是我省积极应对国际金融危机、保持经济社会平稳较快发展、改革开放和现代化建设取得显著成绩的一年。在这一年中，经过全省各级知识产权职能部门和广大知识产权工作者的共同努力，我省知识产权保护事业实现了长足发展。

一、知识产权强省建设步伐不断加快

2009 年，广东实施知识产权战略纲要各项工作进展顺利，各有关部门扎实推进战略任务，各市政府制定并出台市级战略纲要或实施方案。截至年底，全省共有 15 个市出台了战略纲要或实施方案，有效地形成了思想统一促战略、齐心协力谋发展的良好局面。

2009 年，省知识产权局制定了《珠江三角洲地区改革发展规划纲要知识产权专项实施方案》，明确了珠江三角洲地区知识产权事业的发展目标。省版权局积极促成珠三角地区 9 市版权局签署了协作框架协议。

国家知识产权局与广东省人民政府知识产权高层次战略合作工作有序推进，高层次战略合作工作委员会正式成立，年度合作事项全面落实，战略合作年度目标圆满完成。

二、专利管理与保护工作成绩显著

2009 年，全省专利申请量和授权量分别为 125673 件和 83621 件，同比增长 20.98% 和 34.8%。其中，发明专利申请量和授权量分别为 32247 件和 11355 件，首次双双位居全国第一位。截至 2009 年年底，全省累计专利申请量、授权量和有效专利量均居全国第一位。

2009 年，全省职务专利申请比例平稳上升，企业自主创新主体地位更加凸显，企业发明专利申请量继续保持全国首位。

全省 PCT 国际专利申请量连续 8 年保持全国首位，年申请量达 4418 件，占全国总量的 55.2%，再创历史新高。

专利法制建设步伐不断加快，《广东省专利条例》列入省人大常委会立法计划新制定项目，至年底，该《条例》已提请省政府审议。省知识产权局出台了《专利行政执法操作指南》，开通了"12330"维权援助与举报投诉公益服务热线。全省各级知识产权局全年立案受理专利纠纷案件 144 件，结案 92 件；立案查处假冒、冒充专利案件 14 件，结案 15 件。

三、商标管理与保护工作快速发展

截至 2009 年底，全省有效注册商标总量逾 50 万件，连续 15 年居全国首位。2009 年，全省新增驰名商标 54 件，累计总量达 192 件，继续居全国首位。

2009 年，全省各级工商行政管理部门大力实施商标战略和名牌带动战略，推进创建区域国际品牌试点工作，全省累计地理标志集体商标、证明商标达 19 件。

各级工商行政管理部门组织商标专用权保护专项行动，全年查处商标违法案件 4587 件，案值 7094 万元，罚款 5300 万元，收缴和消除商标标识 250 万件，没收、销毁侵权商品 474 万件。移送司法机关 9 宗，涉嫌犯罪当事人 6 人。

2009 年，省工商局协助亚组委做好 2010 年亚运会知识产权保护工作，并开展了商标代理机构专项整顿行动。

四、版权管理与保护工作取得实效

2009 年，省版权局新增认定"广东省版权兴业示范基地"6 个，累计达 42 个；同时，打造区域版权产业集群，建立"版权基层工作站"2 个。全年全省新增认定软件产品 3669 个，累计达 18079 个，位居全国前列；当年全省软件业务收入、软件产品收入和系统集成收入均居全国第二位。

2009 年，各级版权行政管理部门成立了"广东省打击网络侵权盗版专项治理行动工作办公室"，连续第 5 年开展"打击网络侵权盗版专项行动"。期间，主动监管网站 228 家，查处网络侵权案件 104 宗，关闭网站 66 家，行政罚款 10 万余元，移送司法机关 11 件。

2009 年，各级文化行政管理部门开展保护知识产权整治活动，出动检查人员 30 余万人次，检查经营单位 16 余万家次，责令改正 2233 家次，没收非法出版物 421 余万册，没收非法音像（电子）出版物 1700 余万张，没收非法印刷物 68 万件。

五、名特优产品保护与打假工作不断深化

2009 年，全省大力实施"千百亿名牌培育工程"，截至年底，全省拥有广东省名牌产品 1547 个。

地理标志产品工作稳步推进，截至年底，全省共有地理标志保护产品 53 个，地理标志产品年总产值达 91.4 亿元，受惠农户 64 万余户。

植物新品种工作顺利开展，全省累计申请农业和林业植物新品种 119 项和 15 项，授权 50 项和 7 项。

全省质监系统严厉打击伪造厂名厂址、产地和假冒商标等制售假冒国内外知名品牌产品违法行为，全年立案查处案件 1498 宗，捣毁窝点 374 个，涉案货值 4700 余万元，移送案件 59 宗。

六、打击侵犯知识产权犯罪工作成效明显

2009 年，全省各级公安机关立案侦办侵犯知识产权犯罪案件 585 宗，破案 361 宗，抓获犯罪嫌疑人 874 名，涉案价值约 2.98 亿元，挽回经济损失 6148 万元。

全省公安机关积极推进警企合作，建立刑事保护"绿色通道"和"便捷通道"，并在全国首创"举报侵犯注册商标专用权犯罪奖励制度"。

省公安厅与省烟草专卖局联合开展打击制售假烟犯罪活动，2009 年，抓获制售假烟犯罪嫌疑人 475 名，查获大型制假烟机 106 台、假烟 9.2 万件。

七、海关知识产权保护有力加强

2009 年，广东省内海关采取知识产权保护措施 3828 次，扣留侵权嫌疑货物 18359 批次，案值 1.479 亿元，分别同比上升 136%、343% 和 11%。

广东省内海关在快递渠道采取知识产权保护措施 2388 次，扣留侵权嫌疑货物物品 17118 批次，案值约 787.93 万元，分别同比上升 320%、418% 和 25%。

广东省内海关开展世博会和亚运会的知识产权风险分析和布控工作，加强与权利人的沟通，提升企业知识产权边境保护意识。

八、知识产权司法保护再创佳绩

2009年，全省法院新收一审知识产权民事案件6144件，同比增长38.8%；审结6067件，同比增长40.96%。新收二审知识产权民事案件1246件，同比增长80.6%；审结1374件，同比增长104.8%。案件收结实现良性循环，权利人合法权益得到有效保障。新收一审知识产权刑事案件393件765人，审结395件764人；新收一审知识产权行政案件23件，审结24件。

2009年，最高人民法院批复同意扩大汕头市中级人民法院专利纠纷案件地域管辖范围；全省新增5家基层法院管辖部分一审知识产权案件。至年底，全省共有8家中级法院管辖一审专利案件，21家基层法院管辖部分一审知识产权案件。

九、会展及行业协会知识产权保护稳步推进

2009年，全省各级知识产权行政执法部门在中国进出口商品交易会、中国国际中小企业博览会暨中西中小企业博览会、中国国际高新技术成果交易会、广东外商投资企业产品（内销）博览会等大型展会上开展侵犯知识产权行为查处和法律咨询工作。其中，第105届和106届广交会受理涉嫌侵犯知识产权投诉1291宗，同比增长9.5%；被投诉企业1861家，同比增长16.9%；认定涉嫌侵权企业1135家，同比增长17.3%。

会展和行业协会积极发挥保护知识产权作用。省版权局印发《广东省展会版权保护工作指引》，省法院与广东音像协会在全国率先制定《关于审理侵犯音像著作权纠纷案件若干问题的指导意见》。全年，全省知识产权局系统指导各类会展和行业协会协调解决专利纠纷1191宗。

十、对外及区域知识产权合作与保护全面拓展

知识产权对外交流合作进一步加强。省知识产权局与美国全国商会举办"珠江三角洲地区创新与知识产权国际研讨会"，美国商务部长骆家辉和美国驻华大使洪博培出席会议；省工商局与中国欧盟商会联合举办网络商标侵权座谈会；省法院与中国外商投资企业协会优质品牌保护委员会召开"国家知识产权战略架构下的司法保护论坛"；省公安厅积极开展与境外知识产权执法机关的案件协查工作。

粤港知识产权合作不断深入，双方签署了《2009年至2010年粤港知识产权

合作协议》，召开了第八次专责小组会议，联合举办了多场研讨会、讲座和交流互访活动。

粤港澳知识产权保护力度持续加强。2009年，粤港、粤澳海关交换知识产权情报近100份，协查重大跨境侵权案件10余宗，开展联合执法行动5次，广东海关在行动中共查获侵权案件40余宗。

2009年，泛珠三角区域内地九省（区）在粤共同召开首次区域专利行政执法协作会议，签署了《泛珠三角区域内地九省（区）专利行政执法协作协议》，首创省、市两级执法协作机制。

十一、知识产权保护合力全面增强

全省各级知识产权局加强与相关职能部门的合作，开展"雷雨""天网"知识产权执法专项行动。省法院积极参与《专利法》和《著作权法》修改工作。省知识产权局与国家知识产权局专利复审委员会的合作共建工作不断深入。省工商局与广东海关加强商标行政保护合作，与省公安厅探索建立案件移送机制。广东海关加强与司法部门的沟通，为定牌加工企业生产经营活动提供指引。省外经贸厅积极指导企业应对国际知识产权纠纷。

十二、知识产权文化氛围日趋形成

2009年，省知识产权局联合中国知识产权报、南方日报等媒体开展"发展自主知识产权，积极应对金融危机"系列报道，引导企业积极运用知识产权制度化"危"为"机"。省公安厅宣传知识产权刑事保护工作。省司法厅、省普法办等举办知识产权卫星远程普法讲座。省版权局与东莞市版权局做好首届"中国国际影视动漫版权保护和贸易博览会"版权服务工作。

在"知识产权宣传周"期间，各部门围绕"文化·战略·发展"主题，组织开展了内容丰富、形式新颖的系列宣传活动，如播出电视公益广告、举办论坛及研讨会、刊登专版、派发宣传资料等，有效地提升了全社会的知识产权意识。

中小学知识产权教育扎实推进，省级试点学校达149所，累计受教育学生近31万人。版权行政管理部门与团组织联合开展了"创新与未来"青少年版权保护主题教育活动。

各职能部门积极组织内容丰富的知识产权培训活动，全面加强我省知识产权人才队伍建设。

突出重点 狠抓落实
确保全省打击侵犯知识产权和制售假冒伪劣商品专项行动取得更大成效

——在全省打击侵犯知识产权和制售假冒伪劣商品专项行动中期部署会议上的讲话

(2011年2月21日)

2010年11月以来,按照国务院的统一部署,打击侵犯知识产权和制售假冒伪劣商品专项行动(以下简称"双打"行动)在我省得以全面开展和深入推进,并取得了阶段性成果。2011年1月25日,国务院"双打"行动领导小组(以下简称"全国领导小组")在北京召开了地方领导小组办公室主任会议,对前一阶段全国"双打"行动进行了总结。对下一阶段进一步开展"双打"行动提出了要求。下面,我代表省"双打"行动领导小组办公室(以下简称省"双打"办)传达全国会议的精神,报告前一阶段我省开展"双打"行动的进展情况,并对下一阶段工作作出安排。

一、"全国打击侵犯知识产权和制售假冒伪劣商品专项行动地方领导小组办公室主任会议"主要精神

(一)**会议的基本情况**。1月25日,全国领导小组在北京召开了地方领导小组办公室主任会议,通报全国"双打"行动督查情况,河北、山东、广东等六省市汇报"双打"行动进展情况,全国领导小组办公室主任、商务部副部长姜增伟作重要讲话。

(二)**商务部王镇钢副司长通报全国"双打"专项行动督查情况及信息上报情况**。王镇钢副司长指出,1月,国务院成立9个督查组分赴18个省市对"双打"行动进行督导检查。督查组认为,各地"双打"行动成效明显:一是领导

高度重视、组织实施有力;二是工作重点突出、执法力度较强;三是分工部署严密、各部门各司其职;四是政府软件正版化工作有序推进;五是媒体宣传营造良好社会氛围。但同时仍存在七大问题:一是各部门、各地对"双打"行动重要性认识有待加强;二是各部门、各地推进"双打"行动力度不够均衡;三是对重点案件的打击整治和跟踪处理不够及时;四是地方"双打"行动特色不够突出;五是部门间协调亟需加强;六是政府软件正版化工作亟需强化;七是宣传声势有待扩大。

他同时要求各地认真做好每周案件信息和重点督办案件进展情况报送工作(以下简称"周报"),及时向全国领导小组报送周报。他强调,全国领导小组在汇总各部门和各地方数据后,于每周一上午将相关报表呈送王岐山副总理和领导小组副组长。

(三) 商务部姜增伟副部长讲话精神。姜增伟副部长强调各地要进一步增强做好"双打"行动工作的责任感和使命感,将此项行动作为我国实现可持续发展和融入全球化大潮的必然选择。他要求,各地方领导小组办公室要充分发挥统筹协调、组织推进、督导检查、宣传报道、数据统计、信息报送等各方面的重要作用,下一阶段重点抓好以下任务:一是做好各部门、各地区"双打"行动重点工作、重大案件及宣传报道等情况的统计上报工作,及时编发简报报送省委、省政府主要领导同志,自本次会议召开之后,全国"双打"办将定期向各地政府主要负责人通报当地周报报送情况;二是按照国务院确定的"双打"行动重点,会同相关部门进一步梳理、细化本地工作重点,根据当地产业特点和案件线索,确定"双打"重点区域、重点市场、重点产品,加强对重大案件的督查督办,严肃查处一批典型案件;三是充分发挥协调服务作用,密切部门间的执法协作和沟通协调,形成打击侵权和假冒行为的强大合力;四是大力组织开展宣传报道,通过文字图片、电视网络等多种形式,加大对内对外宣传力度,深入报道一批"双打"行动中查办的重大案件,形成打击侵权假冒行为的高压态势,为"双打"行动深入开展营造良好的舆论氛围;五是深入分析典型案件,查找工作漏洞和薄弱环节,完善法律法规和政策体系,探索建立保护知识产权长效机制。

二、全省打击侵犯知识产权和制售假冒伪劣商品专项行动基本情况

2010年11月以来,根据国务院的统一部署,我省切实加强对"双打"行动的组织领导,从加大生产源头治理力度、加强市场监督管理、强化刑事司法打击力度、深化知识产权保护宣传等多个方面大力推进各项工作,取得了显著成效。

具体体现在以下十个方面：

（一）高度重视、加强领导，为"双打"行动顺利开展提供有力保障。2010年11月5日，在国务院召开全国知识产权保护与执法工作电视电话会议的当天，黄华华省长立即主持召开了全省电视电话会议，就贯彻落实温家宝总理重要讲话精神和做好"双打"行动各项工作进行再动员和再部署。省政府专门制定印发《广东省打击侵犯知识产权和制售假冒伪劣商品专项行动实施方案》，成立了由宋海副省长任组长，28个核心部门组成的"广东省打击侵犯知识产权和制售假冒伪劣商品专项行动领导小组"（以下简称"省领导小组"），领导小组办公室设在省知识产权局。"双打"行动开展至今，省领导已作出批示达35次，亲自组织召开各类工作会议达6次。省领导的高度重视和迅速部署为我省推进"双打"工作提供了强有力的组织保障。

（二）精心部署、大力保障，确保"双打"行动扎实有序推进。根据国务院和省政府的统一部署，各部门、各市立即行动起来，将"双打"行动纳入本部门和本地区重要议事日程，纷纷结合自身实际，制定实施方案，落实领导和工作责任制，从人力、财力、物力等各方面给予保障，扎实有序推进"双打"工作。截至目前，省法院等14个部门成立了领导小组，制定了工作方案并组织召开上百次专题工作会议；全省21个地级以上市人民政府全部成立了领导小组并出台了实施方案，深圳等19个市政府专门召开了由市长或主管副市长主持的工作会议。

（三）加强统筹、强化协调，充分发挥领导小组办公室作用。省知识产权局认真履行领导小组办公室职责，竭尽全力做好"双打"行动统筹协调和组织实施工作。一是专门制定《广东省知识产权局贯彻落实〈广东省打击侵犯知识产权和制售假冒伪劣商品专项行动实施方案〉工作计划》，由3位局领导牵头成立"广东省知识产权局贯彻落实专项行动领导小组"，并紧急从全局系统抽调12名业务骨干组建统筹协调、联合执法、大案要案、宣传信息等多个工作小组，负责办公室各项具体工作；二是认真做好"双打"行动的上通下达、信息传递工作，至目前共向全国领导小组上报大案要案31件、周报5期、月度工作总结2期、宣传计划1期、简报26期，保质保量地完成了全国领导小组下达的工作任务；三是圆满完成"全国'双打'行动第七督查组"和"全国'双打'办对非打假保知专项执法行动督导组"来粤督查的组织接待和汇报工作，全面汇报和展示了我省"双打"行动的丰富成果；四是积极推进国家和我省"双打"行动重点任务的部署和落实，组织召开专题工作会议11次，组织省市执法部门联合开展打击对非洲出口联合执法专项行动2次；五是及时分转案件线索，向各部门和各市下达大案要案任务9件，向全国"双打"办转办案件线索1件，提请协助查处案件1件；六是及时开通信息和简报公共邮箱，畅通信息交流渠道。

（四）依法行政、履行职责，切实加强"双打"行动行政执法工作。"双打"行动实施以来，我省各级相关行政执法部门大力开展行政保护工作，取得显著成效。至今，工商系统出动执法人员7.7万人次，检查经营单位1.9万户，捣毁制售假冒窝点248个，查处商标侵权等案件3888宗，案值过亿元。质监系统以查处伪造产地、伪造或者冒用认证标志或质量标志、伪造或冒用他人厂名等为工作重点，出动执法人员3.6万人次，检查生产企业1.1万家，立案查处案件1612宗，捣毁窝点187个，涉案货值近6700万元，移送公安机关案件23宗。农业系统深入落实农业部"全国农资打假秋季行动"和"打击侵犯品种权和制售假冒伪劣种子专项行动"，以假种子为重点查处对象，严厉打击制售假冒伪劣产品坑农害农行为。林业系统深入开展打击制售假劣林木种苗、依法查处无证无签生产经营林木种苗违法行动，整顿和规范种苗生产经营秩序。药监系统以规范互联网药品交易、打击互联网渠道销售假冒食品药品行为为重点，立案查处案件362宗，涉案货值3000万元，移送公安机关25宗。知识产权系统坚决打击反复、群体、恶意专利侵权行为及假冒专利行为，立案查处专利案件93件，涉案金额294.2万元，结案28件，涉案金额6.73万元。

（五）完善体系、优化资源，知识产权刑事司法保护力度不断加大。全省各地各部门不断落实行政执法和刑事司法相衔接的工作机制，切实加强执法协作，形成了强有力的"双打"工作整体合力。各级刑事司法部门严肃查处一大批重大知识产权犯罪案件，有效形成"双打"行动高压态势。各级公安机关认真开展"亮剑"行动，立案497宗，破案441宗，捣毁生产窝点221个，打掉犯罪团伙64个，刑事拘留犯罪嫌疑人734名，逮捕499人。各级检察机关认真履行批捕、起诉、诉讼监督和查办职务犯罪职责，依法及时批捕侵犯知识产权和制售假冒伪劣商品犯罪案件174件301人，起诉131件267人。全省法院充分发挥知识产权审判职能，依法从严惩处一批犯罪分子，有力地打击和遏制侵犯知识产权和制售假冒伪劣商品犯罪行为。

（六）结合实际、明确目标，集中力量做好重点地区、重点领域和重点产品查处工作。各部门、各市将开展"双打"行动和发展特色产业有机结合，大力加强"双打"重点地区、重点领域和重点产品的整治工作。省知识产权局等十部门共同印发了《关于开展打击对非洲出口假冒伪劣和侵犯知识产权商品专项治理的通知》，三级执法部门联手在广州成功开展两次联合执法行动，查获侵犯知识产权和假冒伪劣商品一批；广东出入境检验检疫局专门组建督查组到黄埔、南沙和广州机场三局开展对非出口商品督查工作；汕头市制定实施《汕头市开展打击对非洲出口假冒伪劣和侵犯知识产权商品专项治理实施方案》。深圳市加强手机专项执法检查，查处一大批违法案件；惠州市积极开展打击制造、运输、销售假冒伪劣烟草违法行动；中山市加强家具、灯饰等重点产品专利保护工作；湛江市开展旅游景点、繁华街区、车站码头文化市场经营秩序监管工作；云浮市强化印刷、皮具加工、凉果加工、服装零售等重点行业假冒商标、冒充合格产品违法行为查处力度。

（七）突出重点、集中力量，查办一批侵犯知识产权和制假售假大案要案。全省各级行政、司法保护部门集中优势兵力，主动出击，查处了一大批侵权假冒情节突出、国内外影响力较大的大案要案，极大地提高了"双打"行动的针对性和实效性。工商系统查处大要案件156宗，移交公安机关45宗，涉及"路易威登""迪士尼""多乐士""Calvin Klein"等国外知名商标。文化系统查处国内最大的侵权盗版网络音乐网站之一——"偶爱mp3音乐网"。质监系统查处大案要案37宗，在广州开展皮具、箱包出口商品专项执法行动，查获各种涉嫌假冒产品3000多套，货值约330万元。食品药品监管系统联合省公安厅捣毁制售假冒万艾可窝点，缴获假伟哥80万粒，货值超过500万元。知识产权系统联合查处制造假冒台湾"飘逸杯"窝点1个，查处销售商铺10家，查获假冒专利产品1.7万件。公安系统破获涉案价值100万元以上案件84宗，破获涉案价值500万元以上案件20宗。省检察院督办侵犯知识产权大案要案12件。据省"双打"办目前掌握的信息，"双打"行动开展至今，全省破获或处理涉案金额超千万的案件达8件。

（八）迅速行动、创新手段，有效强化进出口环节和互联网等领域的知识产权保护。我省将进出口环节和互联网领域的知识产权保护作为"双打"行动重点任务。省内海关在口岸加强查控堵截，查获侵犯知识产权案件2058批，涉案货物164.7万件，案值逾1284.7万元。粤港澳三地海关联手开展打击侵权货物跨境运输"海龙"专项行动，加大对跨境侵权违法行为的查处力度。出入境检验检疫系统深入开展打击大宗假冒伪劣消费品出口行为等十大专项行动，立案调查违法违规案件36宗，涉案金额达786万元。省经济和信息化委牵头制定《广东省网络购物领域打击侵犯知识产权和制售假冒伪劣商品实施方案》，大力净化网络购物市场环境。版权系统开展打击网络侵权盗版专项治理"剑网"行动，认真查处国家版权局交办重点案件，严厉打击网络侵权盗版行为。文化管理系统严厉打击文化娱乐、网络文化等领域的侵权盗版行为，出动执法人员15万余人次，检查经营单位6万多家次，立案查处非法经营单位503家次，有效净化全省文化市场经营秩序。

（九）加大力度、强化措施，政府机关正版软件使用工作全面推进。我省进一步加强政府机关使用正版软件工作，省领导先后多次作出重要批示，省政府专门印发《关于贯彻国发办〔2010〕47号文件精神，进一步做好政府机关使用正版软件工作的通知》，对全省各级政府、各级部门和直属机构做好正版软件工作提出明确要求。省版权局制定并印发《关于进一步做好政府机关使用正版软件工作实施方案》，对政府机关使用正版软件工作进行分解细化。为加强经费保障，省财政厅要求各级财政部门将政府机关需要采购的正版软件经费纳入财政预算，并加强政府采购中的知识产权审核管理，防止侵权仿冒产品进入政府采购渠道。在全省的统一部署下，各市政府也在不断大力推进政府机关正版软件使用工作，并取得了积极成效。

（十）加大宣传、加强引导，积极营造保护知识产权的良好社会氛围。全省各部门、各市充分利用多种媒体，宣传报道我省"双打"行动主要成果，在全社会营造尊重知识产权、保护知识产权的良好氛围。省"双打"办会同省委宣传部、省政府新闻办认真制定并全面落实宣传方案，及时报道并大力宣传我省"双打"行动进展成果，在广东卫视上滚动播出专项行动公益广告并组织各市同步播出。省广电局组织广东电视台等省级播出机构积极采制相关宣传报道，省工商局、知识产权局等部门在网站上开设"双打"行动专栏，积极开展宣传工作。各部门广泛宣传"12330"、"12312"、"12315"、"12390"、"12365"等举报投诉电话，努力为社会公众提供快速、便捷的举报、投诉和咨询渠道。各市也不断加大宣传力度，至目前，广州等17个市建立了"双打"行动简报编发制度；广州市制作公益广告宣传片并在公交车、楼宇和珠江游轮广告视频终端连续播放；珠海市充分发挥中央媒体和境外媒体作用，在"粤港澳海关加强知识产权保护合作协调会"召开的短短两天内，在32家重要媒体发表宣传文章45篇次；佛山市着力构建集"网络、媒体、户外"三位于一体的公益宣传机制；中山市举办首届"十大创新人物"和"十大创新企业"评选活动，弘扬尊重和保护知识产权的文化精神。

经过全省上下的不懈努力，我省"双打"行动取得了可喜成绩，得到了全国领导小组的高度评价和充分肯定。全国"双打"行动第七督查组在督导检查后的反馈意见中认为："广东省委、省政府对'双打'工作高度重视，部署周密，行动及时有力，工作富有成效，取得了阶段性成果"。借此机会，我谨代表省"双打"办向全省各部门、各市对"双打"行动的高度重视和不懈努力表示衷心的感谢！向奋斗在"双打"行动第一线的同志们的辛勤付出和无私奉献表示诚挚的问候！

在取得成绩的同时，我们也要清醒地认识到，我省"双打"行动还存在不少薄弱环节：一是各部门、各市对开展"双打"行动重要性和紧迫性的认识有待增强，工作推进力度和深度与国务院的要求尚存在差距；二是各部门、各市开展"双打"工作的措施不均衡情况较为突出，个别部门和地方存在工作力度薄弱、手段欠缺、成效不明显的问题；三是"双打"行动的宣传广度和深度都有待加强，舆论氛围不够浓厚；四是各部门、各市信息报送和流转的效率不高，各类数据、信息时效性不强。对这些问题我们要高度重视，采取有效措施认真加以解决。

三、下一阶段开展"双打"行动的工作部署

近期，根据国务院的最新要求，为确保持续时间达半年，我省"双打"行动将可能有所延长。下一阶段，将是我省打好"双打"行动战役的攻坚阶段。我们要按照国务院和省政府的部署，继续坚持整体推进、重点突出、打防结合的原则，全面深入推进"双打"行动，重点完成好以下五个方面的工作。

（一）抓好"双打"行动各项重点工作。 各部门和各市要进一步增强大局意识，把思想和行动统一到中央和省的重大决策部署上来，全面加强对"双打"行动的组织领导和督促检查，确定工作重点，明确牵头部门及工作责任，大力推动"双打"行动深入开展。一是要在已经取得成绩的基础上，认真分析本部门和本地区推进"双打"行动中存在的薄弱环节和突出问题，不断梳理、细化工作重点，确定一批重点整治地区、重点整治领域和重点查处产品，并有针对性地开展下一阶段的工作任务，确保各项任务落到实处，取得实效；二是要通过梳理已有案件、联系执法部门、鼓励社会举报、强化网上信息监控等手段，不断拓展大案要案案源，明确案件的来源去向、查办和督办的责任主体、重点挂牌督办等，切实做好大案要案的查处工作，真正起到震慑和警示作用；三是要坚持执法的严肃性、行动的有效性和工作的连续性，切实做到依法行政和文明执法，不断改进执法作风，树立良好执法形象；四是要进一步落实行政执法和刑事司法相衔接的工作机制，强化部门间的定期沟通和重大案件会商、通报制度，形成"双打"工作联合执法协调机制和案件快速解决机制；五是要加强刑事司法保护力度，切实做到违法必究，严惩侵权假冒犯罪分子。

（二）抓好"双打"行动进展和成果的宣传。 各部门和各市一是要进一步加

强"双打"行动的宣传报道工作,统筹安排宣传重点,制订月度宣传计划,在加强宣传广度和深度上下足功夫,形成高强度、持续性、系列化的宣传报道热潮,迅速形成打击侵权假冒、保障民生安全、促进创新发展的舆论氛围;二是要在加强对内宣传的同时,重点抓好对外宣传力度,一方面落实与本地外资企业的沟通交流制度,听取企业诉求,另一方面要大张旗鼓宣传国际知名公司对"双打"行动的赞誉,报道外商的积极评价,有效掌握宣传工作主动权,营造良好的外部舆论环境;三是要筛选一批大案要案,通过电视、网络、报刊、新闻发布会等形式,向全社会公开曝光,重点宣传报道案件查处过程和结果,形成打击侵犯假冒行为的高压态势;四是要加强与新闻媒体的沟通,强化对新闻报道的引导,确保"双打"行动案件事实、数据报道准确无误,严禁出现虚报、瞒报数据或有悖事实真相的报道,切实维护"双打"行动新闻报道的准确性和真实性。

(三)抓好"双打"行动各项信息报送工作。各部门和各市要高度重视"双打"行动信息收集统计和报送工作,建立专人负责制度,将信息报送任务切实抓紧、抓好、抓实。一是根据全国领导小组的要求,省法院、检察院、公安厅、知识产权局、工商局、版权局等13个重要职能部门务必按照规定时间,及时准确地向省"双打"办报送《专项行动案件查办周报表》,坚决避免虚报、错报、迟报和不报现象,确保我办及时汇总提交全国领导小组;二是各部门和各市务必按照规定时间做好"双打"行动月度工作报告、月度宣传计划、重点地区和重点市场整治情况周报表、大案要案查办进展表、宣传情况周报表报送工作;三是各部门和各市要随时向省"双打"办报送本部门、本地阶段性工作成果、成效,便于省"双打"办全面掌握工作进展情况,做好各项任务的统筹安排;四是要进一步加强简报报送工作,没有建立简报编发制度的部门和市要尽快开展简报编制工作,已经建立简报编发制度的部门和市要进一步加强简报信息收集、编制工作,迅捷快速地将工作亮点和成绩第一时间报送至省"双打"办。同时,省"双打"办也将及时以简报的形式,向各部门和各市通报全省情况、介绍工作经验、展示工作成效,并向全国"双打"办报送我省工作成绩。

(四)抓好"双打"行动的督导检查。开展"双打"行动的督导检查是及时发现问题、解决问题的重要手段。目前,省工商局等3家部门和中山等4个地市已经启动了督导检查工作,体现了有关部门和市政府对"双打"工作的高度重视。下一阶段,各部门和各市要切实加强对"双打"行动的督导和检查,有效推进"双打"工作向纵深发展。本次会议召开之后,省领导小组将派出5个督查组分赴各市开展督导检查,通过听取情况汇报、查阅相关文件、调查大案要案处理情况、赴重点整治地区开展检查等多种措施,切实解决个别地方执行不力、行动迟缓、做表面文章、搞形式主义的问题,力求通过督查,将全国领导小组的工作要求不折不扣地贯彻下去。各市领导小组务必认真配合省督查组的督导检查工作,真实、客观、全面地反映本地区"双打"行动工作成效及存在问题,确保全省"双打"工作取得全面胜利。

(五)抓好知识产权保护长效机制建设。通过开展此次"双打"行动,各部门和各市要深入分析典型案例,查找工作漏洞和薄弱环节,健全相关政策措施,不断完善知识产权保护重大问题沟通、重大案件和政策法律问题协调会商机制,继续推进行政执法和刑事司法的有效衔接,加强部门间的联动和配合;要注重从机制上、制度上研究解决知识产权保护深层次问题,建立健全防范机制、监督机制和查处机制,形成制度化、常态化的知识产权保护长效机制。

着眼长远　深入推进
巩固"双打"成果　营造良好环境
——在全省打击侵犯知识产权和制售假冒伪劣商品专项行动总结表彰大会上的讲话

(2011年8月18日)

2010年10月以来,我省按照国务院的统一部署,积极开展打击侵犯知识产权和制售假冒伪劣商品专项行动(以下简称"双打"行动),从加大生产源头治理力度、加强市场监督管理、加大刑事司法打击力度、建立长效治理机制等方面大力推进,经过9个多月的努力,"双打"行动取得了突出成效,得到了国务院"双打"行动督查组的高度评价。

一、我省开展"双打"行动的基本做法

(一)加强领导,周密部署

省委、省政府高度重视"双打"工作。2010年11月5日,在国务院召开全国知识产权保护与执法工作电视电话会议的当天,黄华华省长立即主持召开了全省电视电话会议对我省"双打"行动进行部署,要求各地、各有关部门必须做到认识到位、人员到位、措施到位、投入到位。2011年1月14日和27日,海燕副秘书长主持召开专题会议,分别部署开展对非洲出口假冒伪劣和侵犯知识产权商品专项治理(以下简称"对非洲打假保知专项治理")集中联合执法行动及研究落实国务院"双打"行动第七督查组工作要求的具体措施。2月21日,宋海副省长主持召开全省"双打"行动中期部署会议,对我省"双打"工作进行再动员、再部署。4月2日,我省召开全省"双打"行动暨对非洲打假保知专项治理现场会,要求各地、各部门进一步加大整治力度。4月13日,省委常委、副省长肖志恒主持召开对非洲打假保知专项治理汇报会,并就落实全国"双打"办主任来粤督查提出的工作要求进行部署。6月20日,省政府召开全省知识产

权保护长效机制建设研讨会,专题研究建立我省"双打"长效机制的措施和方法。"双打"行动开展以来,中共中央政治局委员、省委书记汪洋,省委副书记、省长黄华华以及朱小丹、肖志恒、雷于蓝、宋海等省领导作出相关批示、指示达100余次,组织召开各类工作会议10余次。

（二）精心组织、扎实推进

省政府成立了由宋海副省长任组长、28个部门组成的"双打"行动领导小组。全省28个省有关部门、21个地级以上市政府以及各县（区、市）政府均成立了"双打"行动领导小组,制定了具体实施方案。全省各地共召开"双打"工作会议204次,印发相关文件389个,出动执法人员70万人次,组织集中联合执法行动806次,查处案件2万余件,涉案金额高达16.7亿元。省"双打"行动领导小组办公室认真抓好统筹协调、组织推进、督导检查、宣传报道、数据统计、信息报送等各项工作,共召开专题会议20余次,印发文件100余个,组织迎接国务院及全国"双打"办督查7次,确定全省重点整治地区和重点市场249个,下达重点案件督办任务67件,分转举报投诉线索8件,提请相关部门协助查处案件1件,协调跨省联合办案1件,组织省市大型联合集中执法行动2次,编发工作简报113期,并与海南省"双打"办联合查处跨省生产、销售假冒"椰树"牌椰汁系列案件。各部门充分发挥"12330"、"12312"、"12315"、"12390"、"12365"、"12318"、"12358"等举报投诉电话的作用,努力为社会公众提供快速、便捷的举报、投诉和咨询渠道。

（三）强化督导、狠抓落实

省"双打"领导小组副组长、省政府副秘书长江海燕多次率领督查组到广州、深圳、云浮等市,深入基层开展督导检查,并在广州市白云区组织开展了对非洲打假保知专项治理省市区三级联合执法行动。省政府共派出9个督查组分三次赴全省19个城市,通过调查大案要案处理情况、到重点整治地区和重点市场明察暗访、检查文件资料、听取社会公众反映等多种方式,对各地"双打"工作开展情况进行督查,督促指导各地不断加大行动力度。各地、各部门也按照省的统一部署,认真开展督导检查工作。通过督查,切实起到了敦促各地各部门统一思想、提高认识、明确责任、狠抓落实的作用,极大地推动了全省"双打"工作的深入开展。

（四）大力宣传、扩大影响

省"双打"领导小组和省委宣传部联合制定并印发了宣传方案。全省各大电视台滚动播出"双打"行动公益广告2万次。省"双打"办在省知识产权局网站建立"双打"专栏，与南方网合作建立"广东双打在行动，向侵权假冒说不"网站专栏，筹办广东"双打"行动成果展，并在《南方日报》刊登宣传专版。《南方日报》2011年4月19日关于广东省高级人民法院公布的十大知识产权案例的整版报道，不仅受到中宣部新闻局的肯定，还被汪洋书记作为礼物送给了来访的日本国际知识产权保护联盟座长志贺俊之。省政府新闻办召开了一系列"双打"新闻发布会，公布"双打"十大案例，引起社会强烈反响。各地、各部门也充分利用各种媒体，结合"12·4"、"3·15"、"4·26"等重点时节，广泛开展各种宣传教育活动，掀起了"双打"行动的宣传热潮。美国、法国、意大利等国驻广州总领事馆十分关注我省的"双打"行动。其中，美国专利商标局、美国驻华大使馆、日本特许厅、日本贸易振兴机构等的高层官员专门访问省"双打"办，对我省"双打"行动成效给予高度评价。法国路易威登马利蒂公司、韩国三星株式会社等多家企业专门致函有关部门，对我省在知识产权保护方面所做的不懈努力和取得的显著成效表示感谢和敬意。日本办公与信息系统产业协会、美国雅诗兰黛公司等向相关部门赠送了"执法先锋""秉公执法、专业高效"的锦旗或牌匾。根据全国"双打"办《地方宣传情况统计表》，我省"双打"宣传在地方电视媒体新闻联播和广播媒体新闻报道方面位居全国第一位，在中央和地方报刊及媒体采用、专题节目播出等多个方面位居全国前列。

二、我省开展"双打"行动的主要成效

（一）依法行政、公正司法，"双打"案件查处工作深入有力

全省各主要行政机关共立案查处"双打"案件19778件，涉案金额4.8亿元，其中重大案件252件，捣毁生产、销售窝点961个，罚没物品916万件。工商系统共查处案件5078件，案值9899万元，捣毁窝点358个。质监系统共查处案件5007件，案值1.99亿元，捣毁窝点473个。卫生系统共查处案件719件，案值640万元。食药监系统共查处案件2011件，捣毁窝点88个，缴获假冒食品药品货值超过3100万元。经济和信息化系统查处假冒伪劣酒类案件1127件，没收违法商品货值4906万元。文化系统共查处案件359件，案值2367万元。知识产权系统共受理专利侵权案件124件，查处假冒专利案件22件，指导各类会展和行业协会解决专利纠纷1913件。农业系统查处各类农资违法案件263件，捣毁制假窝点2个。林业系统认真开展林木种苗经营执法检查，大力推进植物新品种权保护。物价系统积极开展价格专项检查，加强涉案物品价格鉴定管理工作。海关系统查获侵权货物4792批次，涉案货物2608.6万件，案值约5809万元。检

验检疫系统查处案件 126 件，涉案金额 1503 万元。全省公安机关共立案 1743 件，抓获犯罪嫌疑人 2163 人，逮捕 1609 人，捣毁窝点 2343 个，挽回经济损失约 6.5 亿元。在"双打"行动中，我省公安系统考核总分排名全国第一，公安部领导先后 15 次批示表扬广东。检察机关依法从快批捕、起诉了一批涉嫌犯罪人员，监督行政机关移送案件 27 件。法院系统共受理相关案件 385 件，涉及刑事被告 982 人，涉案金额 6169 万元，开庭审理 368 件，其中审结 198 件，已追究刑事责任 453 人。此外，我省公安机关为外省公安机关提供破案线索 1543 条，协助外省破案 1831 起，协助外省抓获网上逃犯 242 名。

（二）集中力量、重拳出击，大案要案查处工作成果显著

全省各级行政、司法部门将涉外、民生等领域作为"双打"重点，集中优势兵力，主动出击，查处了一大批侵权假冒情节严重、具有国内外影响的大案要案，查办了一批涉及"微软"、"路易威登"、"迪士尼"、"多乐士"、"CK"、"万艾可"等国外知名品牌的案件，查处了多起外国人在华生产、销售、出口假冒侵权产品案件，查处了大量制售假冒食品、药品、烟草、建材、农资等关乎人民群众生命健康安全的民生案件，还查处了国内最大的侵权盗版网络音乐网站之一——"偶爱 mp3 音乐网"等新型案件。据统计，"双打"期间我省共查处亿元以上大案 3 件，千万元以上大案 11 件，其中，仅销售美国微软公司盗版软件一案，涉案金额就达 1.28 亿元。全省行政机关共向公安机关移送案件 657 件，公安系统破获涉案价值 100 万元以上案件 222 件，破获涉案价值 500 万元以上案件 93 件。截至 6 月 30 日，全国"双打"办督办的 25 个重点案件已结案 13 个，省"双打"办督办的 67 个重点案件已结案 23 个，其余未结案案件已全部进入司法程序。

（三）结合实际、明确目标，重点地区、重点领域和重点产品整治实效突出

各地结合实际，对全省 249 个重点整治地区和重点市场进行了集中整治，取得了明显实效。广州市对全市的专业市场、"老鼠街"、步行街展开了地毯式清理，查处案件 6368 件，涉案金额 8.95 亿元，罚没 7.92 亿元。深圳市查处案件 1057 件，查获违法产品货值 1.2 亿元；重点开展手机专项整治，仅华强北商圈就有 2385 家"黑手机"经营户退出市场；重拳整治罗湖商业城，对售假实行"零容忍"，已杜绝该地区公开售假现象。佛山市连续破获假冒名牌服装和运动鞋重大案件，查获假冒名牌服装、运动鞋货值近 9000 万元。中山市将家具、灯饰产品作为重点产品，成立中国中山（灯饰）知识产权快速维权中心，成为全国首家单一产业维权中心。汕头、潮州、惠州市积极开展打击制造、运输、销售假冒伪劣烟草违法行动，接连破获烟草大案。东莞市以专项整治促进和规范企业发展，调动企业创新的积极性。珠海市开展生产、加工领域假冒伪劣商品查处专项行动，查获假冒伪劣商品货值3000万元。云浮市强化印刷、皮具加工、凉果加工、服装零售等重点行业假冒商标违法行为查处力度，宣判一起案值达8162万元的特大假冒世界知名品牌注册商标案。通过重点整治，全省一大批专业市场完善了商品追根溯源、信用承诺公示、守法经营奖惩和违法主体退场制度，市场开办方签订了《不经销侵权假冒商品责任书》，场内经营户签订了《不经销侵权假冒商品承诺书》，尊重知识产权、守法经营意识得到极大提高，市场经营环境得到不断优化。

（四）联合执法、密切配合，对非洲打假保知专项治理成绩明显

我省召开全省对非洲打假保知专项治理专题会议，出台了实施方案，省"双打"办组织省市执法部门在广州三元里地区开展了两次集中联合执法行动，并对各地对非打假保知工作进行量化评估。省外经贸厅对近年来我省对非出口商品信息及国际贸易纠纷情况进行了集中分析，加强了对非洲出口企业和渠道的管理。广州市对全市对非贸易市场进行了重点专项整治，关闭了售假问题严重的中非商贸城。广东省内海关共查获出口至非洲的侵犯知识产权货物36批次，涉案货物39万件，货物价值人民币1108万元。广州海关查获两起非洲籍公民携带侵权手机闯关出境案，案值达610万元。公安部门加强对在粤非洲籍商人的管理，对非法居留、不法经营等问题坚决予以处理。海关和出入境检验检疫部门牵头对我省大宗出口商品特别是对非出口商品的质量和知识产权状况进行评估，并提出了监管建议。专项治理对整顿和规范我省对非洲出口秩序，促进中非经贸关系健康发展产生了十分积极的影响和作用。

（五）加大力度、强化措施，政府软件正版化工作稳步推进

省政府办公厅印发了《关于贯彻国办发〔2010〕47号文件精神，进一步做好政府机关使用正版软件工作的通知》（粤府办〔2011〕3号），对全省各级政府机关做好正版软件工作提出明确要求。省版权局制定并印发了具体实施方案，对政府机关使用正版软件工作进行分解细化，并组织开展了督导检查工作。为加强经费保障，省财政厅要求各级财政部门将政府机关需要采购的正版软件经费纳入财政预算，并加强政府采购中的知识产权审核管理，防止侵权仿冒产品进入政府采购渠道。2011年6月底前，省级各部门已基本完成政府机关软件正版化工作，8月底前，全省各市级政府机关也将完成此项工作，10月底前，全省省、市、县三级政府机关将全面完成正版化工作。

（六）积极探索、应对挑战，打击网络购物领域假冒侵权行为有序开展

省经济和信息化委等10个单位联合制定了具体实施方案，与工商、公安等部门协作查办全国"双打"办交办的案件34个。省通信管理局查处违法违规网站353家，注销违规网站72家，暂停网站接入520家，清理不良信息25876条。工商部门组织了5次全省网站专项监测行动，查处网购侵权案件24宗，案值180万元。版权部门开展"剑网"专项治理行动，打击网络侵权盗版。文化部门严厉打击网络文化领域侵权盗版行为，共立案221宗，涉案金额1294.87万元。药监部门严厉打击网购食品药品违法犯罪行为，立案1675宗，移送公安机关64宗，涉案金额2721.86万元。公安部门在打击网购侵权领域共立案36宗，破案28宗，移送检察机关9宗，抓获嫌疑人31人，涉案金额2061.1万元，关闭网站56个，捣毁窝点12个，罚没物品276件。

（七）驻会执法、加强保护，展会知识产权保护工作不断深化

"双打"期间，省外经贸厅等部门继续大力推进展会知识产权保护工作。各级知识产权执法部门先后在第108、109届中国进出口商品交易会（广交会）、第8届中国（广州）国际汽车展览会、第25届国际名家具（东莞）展览会和第33、34届美博会和第3届外博会等大型展会上开展侵犯知识产权行为查处和法律咨询工作，获得了展会组织单位、参展商和与会客商的高度评价。在第108、109届广交会期间，省知识产权局、工商局、版权局派出了精干的执法队伍驻会执法，省知识产权局还邀请国家知识产权局专利复审委员会6名专家到会指导。据统计，在两届广交会上，省知识产权局共处理专利投诉953宗，省工商局共处理商标投诉255宗，省版权局共处理版权投诉111宗。

（八）集中销毁、震慑违法，"双打"警示教育活动影响空前

2011年4月15日，省"双打"办联合海关组织集中销毁了15万只假冒手表和2万余盒假冒蚊香。2011年1月23日，省食品药品监管局、广州市公安局联合销毁一批侵犯知识产权产品和假冒伪劣商品，数量超过500件，总货值超亿元；3月10日，省质监局在中山市集中销毁一批假冒伪劣商品，货值740万元；3月11日，广东出入境检验检疫局集中销毁多批假冒伪劣商品，货值达581万元；3月11日，汕头市集中销毁一批假冒伪劣产品，货值约40万元；3月16日，广州市集中销毁假冒伪劣农资产品7.36吨，总货值60多万元；4月21日，中山市举行集中销毁现场会，销毁假冒商品5万多件；5月25日，黄埔海关举行销毁现场会，销毁侵权货物51万件；7月26日，深圳市福田区集中销毁假冒伪劣和侵犯知识产权商品8万多件，货值约3000万元。系列集中销毁活动的开展，极

大地震慑了违法犯罪分子，达到警示教育的目的，扩大了"双打"行动的影响。

三、下一阶段工作安排

"双打"行动虽然告一段落，但是保护知识产权、打击侵犯知识产权和制售假冒伪劣商品是一项长期而艰巨的任务。下一阶段，我省将注重从机制上、制度上研究解决深层次问题，建立健全防范机制、监督机制和查处机制，推动形成制度化、常态化的知识产权保护长效机制。

（一）**进一步强化知识产权保护协调机制**。充分发挥知识产权办公会议、打假办等协调机构的作用，加强各部门间沟通协作，推动部门间信息互通、资源共享、联合执法，形成监管合力。定期召开成员单位会议，交换通报工作动态和案件信息，组织开展重大案件督查行动，认真研究工作中存在的问题，及时予以协调解决。建立重点地区定期督查制度，推动地方政府建立知识产权保护工作责任制。

（二）**完善行政执法与刑事司法相衔接机制**。加强知识产权法规建设，充实基层知识产权执法力量，加大行政执法和市场监管力度。继续大力推进行政执法与刑事司法相衔接机制的建设，强化部门间的定期沟通和重大案件会商、通报制度，形成联合执法协调机制和纠纷快速解决机制。统一案件移送标准及程序，加强"两法衔接"平台建设。完善知识产权司法保护体系，加大对恶意侵权、重复侵权等案件的打击力度。强化行政监察和检察监督，健全刑事案件移送的责任追究制度。

（三）**推动知识产权保护自律机制建设**。按照政府主导、行业自律、社会参与的原则，支持建立知识产权保护自律制度及企业诚信评价体系。切实加强对各类会展知识产权保护工作的指导、监督和管理，维护展会的正常交易秩序。加强对行业协会知识产权保护工作的指导、协调和服务，提高行业知识产权保护和管理水平。鼓励省内各行业、区域建立知识产权保护联盟，形成强有力的知识产权保护网络。

（四）**加强知识产权预警及维权援助机制建设**。建立知识产权预警机制，监测和发布我省重点区域、重点行业、重点企业和重点技术领域的境外知识产权状况、发展趋势和竞争态势。建立世界各国特别是发达国家知识产权政策法规和动态资料库，及时掌握各国知识产权政策的变化和调整情况，为政府决策及我省企事业单位发展服务。建立知识产权法律援助机制，加大对中小企业和民营企业涉外知识产权维权的组织、协助及服务力度，保护权利人在境外的合法权益。

（五）营造良好的知识产权文化氛围。坚持日常宣传与专项宣传相结合、普及宣传与重点宣传相结合，广泛开展知识产权的宣传普及活动，增强全社会的知识产权意识。充分利用报刊、广播电视、网络等媒体，多渠道、多形式地宣传知识产权知识、法律法规和政策，介绍我省保护知识产权的政策措施和重大活动，客观报道知识产权重大案件和典型案例，不断扩大知识产权的影响力，在全社会形成尊重知识产权、保护知识产权的良好氛围。发挥举报投诉机制作用，为社会提供快速便捷的举报、投诉、申诉和咨询渠道，调动社会力量参与监督。

保护知识产权、打击侵犯知识产权和制售假冒伪劣商品是关系到我省转变经济发展方式、加快转型升级、建设幸福广东的一件大事。让我们以科学发展观为指引，牢记使命，强化责任，全力以赴做好保知打假长效机制建设工作，为我省当好坚持改革开放、推动科学发展、促进社会和谐的排头兵做出新的更大的贡献！

2011年广东省知识产权保护状况发布报告

(2012年4月19日)

2011年,是实施"十二五"规划的开局之年。在这一年中,经过全省各级知识产权职能部门和广大知识产权工作者的共同努力,全省知识产权保护状况得到显著提升。

一、知识产权强省建设迈出新步伐

2011年,省委、省政府高度重视知识产权强省建设,11月25日,《关于加快建设知识产权强省的决定》经省政府常务会议审议通过。

知识产权战略纲要深入实施,至2011年9月底,21个地级以上市全部出台当地战略纲要或实施方案。《广东省知识产权事业发展"十二五"规划》于8月10日正式颁布。百万人口发明专利申请量纳入全省"十二五"经济社会发展规划。

国家知识产权局与广东省人民政府知识产权高层次战略合作工作有序推进,年度合作事项全面落实,战略合作年度目标圆满完成。

二、打击侵犯知识产权和制售假冒伪劣商品专项行动取得突出成效

2010年10月至2011年6月,全省深入开展打击侵犯知识产权和制售假冒伪劣商品专项行动。省政府成立"双打"专项行动领导小组,出台实施方案,狠抓统筹部署和督导检查。全省各市县政府成立领导小组,建立工作责任制,大力开展专项行动。省知识产权局认真履行"双打"领导小组办公室职责,有效发挥综合协调和组织推进作用。

"双打"期间,全省共出动执法人员70万人次,组织开展联合执法行动806次,集中整治重点地区和重点市场249个,查处案件2万余件,涉案金额达16.7亿元,有效形成打击侵权和假冒伪劣的高压态势。全省"双打"工作得到国务

院督查组和全国"双打"办的高度评价。

三、专利管理与保护工作实现新发展

截至 2011 年底，全省有效发明专利量逾 5.8 万件，继续居全国首位；专利密度达每百万人口 562.3 件，为全国平均水平的 2.37 倍。2011 年，全省发明专利授权量连续 4 年居全国首位。在第 13 届中国专利奖评选中，广东省获得金奖 6 项、优秀奖 34 项，金奖数量继续居全国首位。

2011 年，全省 PCT 国际专利申请量 8941 件，连续 10 年保持全国首位，中兴通讯有限公司和华为技术有限公司的 PCT 专利申请公布量分别位居全球企业第一位和第三位。

2011 年 9 月 22 日，国家知识产权局和省政府签署协议，决定共同投资 12 亿元在广州中新知识城合作共建"国家知识产权局专利局专利审查协作广东中心"。

2011 年，全省知识产权局系统立案受理专利纠纷案件 220 件，结案 147 件；查处假冒专利案件立案 41 件，结案 23 件。

2011 年，全省 6 家知识产权维权援助中心积极开展知识产权举报投诉、维权援助、咨询服务和宣传推广工作。6 月，全国首个综合性的单一产业知识产权维权中心——中国中山（灯饰）知识产权快速维权中心正式揭牌。

四、商标管理与保护工作再上新台阶

至 2011 年底，全省有效注册商标总量逾 84.8 万件，连续 17 年居全国首位；中国驰名商标总量 343 件，连续 6 年居全国首位；广东省著名商标总量 2568 件。2011 年，3 家企业获首届中国商标金奖。

2011 年，全省工商行政管理部门积极开展商标行政执法工作，共立案查处商标违法案件 6573 件，案值逾 1.2 亿元；移送涉嫌商标犯罪案件 68 件，涉嫌商标犯罪当事人 65 人。

2011 年，全省区域国际品牌建设工作稳步推进，产业集群综合竞争力不断提升，地理标志注册与运用不断加强，全省注册地理标志商标总量 28 件。

第 26 届世界大学生夏季运动会知识产权保护工作圆满完成。深圳市政府出台《深圳第 26 届世界大学生夏季运动会特殊标志保护规定》；深圳市开展大运会知识产权保护专项行动，处理侵权案件 120 多宗，查获侵权物品近 1 万件。

五、版权管理与保护工作取得新成效

2011年,全省大力推进政府软件正版化工作,省政府印发《关于贯彻国办发〔2010〕47号文件精神进一步做好政府机关使用正版软件工作的通知》,省版权局制定方案并会同相关部门对省直单位和市县政府使用正版软件情况进行督查。

2011年,省版权局实施"版权兴业"工程,全省新增作品著作权登记7667件,"广东省版权兴业示范基地"共55家,版权基层工作站共12个。

2011年,全省文化行政管理部门加强文化市场监管工作,检查文化市场经营场所37.9万家次,行政处罚违法违规经营单位3735家次,罚没金额逾1000万元,依法取缔无证照文化市场经营场所2261家。省广电局牵头开展打击非法"网络共享"网站及设备产品专项治理行动,检查企业、市场6300多家次,收缴网络共享设备产品1900多件。

六、名特优产品保护与打假工作再上新水平

2011年,质量强省工作深入推进,名牌带动战略大力实施,广东省名牌产品总量共1876个。积极推进技术标准战略,《广东省实施技术标准战略"十二五"规划》正式出台。

全省质监系统积极开展打假治劣专项行动,检查生产、经销、使用单位和仓储点2147家,查处知识产权案件1080宗,涉案产品货值逾6000万元,移送涉嫌犯罪案件87宗。

至2011年底,全省累计申请农业植物新品种188件,授权58件;林业植物新品种32件,授权9件。省农业和林业行政管理部门不断加强对侵犯品种权等违法行为的查处力度,维护市场经营秩序。

省卫生厅加大人类遗传资源保护力度。省食品药品监管系统联合相关部门查处制售假冒食品药品案件4063宗,捣毁制假售假窝点88个,缴获假劣食品药品货值近亿元。

七、边境知识产权保护能力得到新提升

2011年,广东海关查扣侵犯知识产权货物7751批次,涉案货物数量约3218万件,案值约2.4亿元。

广东海关充分运用风险分析、风险布控等监管技术手段,提高查获侵权货物

的准确性。全年,通过风险分析方式查获侵犯知识产权货物 3599 批次,涉案货物数量 2072 万件。

广东海关组织开展六类大宗出口商品的知识产权专项整治行动,查获出口侵权六类大宗出口商品案件 1861 批次,涉及货物数量 19.6 万件,案值约 77 万美元。

八、打击侵犯知识产权犯罪工作取得新突破

2011 年,全省公安机关强力推进"亮剑"专项行动,破获侵犯知识产权和制售假冒伪劣商品犯罪案件 2202 宗,逮捕犯罪嫌疑人 2688 名,抓获网上逃犯 593 名,捣毁生产窝点 3071 个,打掉批发、销售犯罪团伙 691 个,涉案总价值 45 亿元。

9 月至 12 月,全省公安机关开展决战"亮剑"行动,参与跨省专案集群战役 63 起,协助完成并取得重大战果 45 起。

省公安厅启用"全省情报综合应用平台",全省公安机关充分利用情报平台、指纹系统等手段,首创网警经侦工作站,成功实现多警种捆绑合作作战,有效提高打击效能。

九、知识产权司法保护工作取得新佳绩

2011 年,全省检察机关履行法律监督职责,全年批捕侵犯知识产权犯罪案件 607 件 1099 人,起诉 582 件 1117 人。

2011 年,全省法院新收一审知识产权民事案件 16094 件,审结 15012 件;新收二审知识产权民事案件 2155 件,审结 2129 件;新收知识产权刑事一审案件 884 件 1715 人,审结 832 件 1626 人,依法对 1428 人作出有罪判决;新收一审知识产权行政案件 28 件,审结 27 件。知识产权审判工作良性发展,一批疑难复杂、社会影响较大的案件得到妥善处理。

全省法院合理扩大基层法院审判范围,优化审判格局,截至 2011 年底,全省共有 8 家中级法院管辖一审专利案件,22 家基层法院管辖部分一审知识产权案件。全省中级和基层法院全面深化"三审合一"审判机制改革工作,受理知识产权刑事和行政案件(不含民事)403 件,审结 333 件。

十、会展及行业协会知识产权保护取得新进步

2011 年,全省各级知识产权行政执法部门在第 109 届和第 110 届中国进出口

商品交易会、中国国际中小企业博览会暨中泰中小企业博览会、中国国际高新技术成果交易会、中国国际影视动漫版权保护和贸易博览会、广东外商投资企业产品（内销）博览会上开展侵犯知识产权行为查处和法律咨询工作。其中，第109届和第110届广交会受理涉嫌侵犯知识产权投诉1269宗，被投诉企业1660家，认定涉嫌侵权企业947家，同比均呈下降趋势。

会展和行业协会大力发挥促进知识产权保护的积极作用。省法院与行业协会探索建立诉调联动机制。全省知识产权局系统通过指导会展和行业协会解决专利纠纷1216宗。

十一、知识产权保护协作工作实现新拓展

2011年，全省检察机关建设"两法衔接"机制，监督公安机关立案侦查侵犯知识产权犯罪案件24件，监督行政机关移送涉嫌侵权知识产权犯罪案件150件。

省知识产权局等14家部门联合颁布《广东省知识产权举报投诉工作规定（试行）》。省工商局和广东海关签署《关于加强知识产权保护合作的协议》。全省公安机关与行政执法部门合作建立涉假行政案件人员黑名单库。省检察院与外资企业品保委签署保护知识产权备忘录。省外经贸厅积极指导企业开展海外知识产权维权工作。全省各类知识产权维权援助和举报投诉热线有效运行，为权利人和社会各界提供畅通的维权和监督渠道。

十二、对外及区域知识产权合作与保护交流呈现新面貌

2011年，全省加强对外合作，努力树立知识产权执法到位、侵权必究、保护有力的良好形象。省委书记汪洋亲自会见日本国际知识产权保护联盟代表团，全省公安机关协助美国等国家调查知识产权案件35件。

粤港澳台合作持续深入。粤港签署《2011年至2012年粤港知识产权合作协议》，联合开展合作项目；粤澳将知识产权纳入政府合作框架协议并建立粤澳知识产权工作小组；省知识产权局组织对台知识产权交流与人才培养工作。

粤港澳边境和刑事知识产权保护合作纵深发展，三地海关首次联手开展打击侵权货物跨境运输"海龙行动"，仅广东海关查获涉及港澳侵权货物543万件，案值3200余万元。12月，粤港海关开展打击海运侵权活动"海港行动"。

泛珠三角区域合作不断推进。省知识产权局建设国家知识产权局区域专利信息服务（广州）中心，各职能部门不断加强省际执法协作。

十三、知识产权文化环境得到新改善

2011年,全省各级知识产权职能部门围绕"双打"专项行动、"4·26"世界知识产权日等重大活动和热点工作,通过组织召开新闻发布会、播出电视公益广告、建立专题网站、刊登宣传专版等形式多样、内容丰富的宣传活动,掀起知识产权宣传热潮,营造知识产权事业发展的良好氛围。

全省社会知识产权教育活动深入普及,省级中小学知识产权教育示范学校达20家,全省累计受教育学生70万人次。

知识产权人才工作不断加强,中国知识产权培训中心远程教育分平台落户广东,知识产权专业技术人才评价试点不断深化,各职能部门积极组织内容丰富的知识产权培训活动,全面加强知识产权人才队伍建设。

在全省打击侵犯知识产权和制售假冒伪劣商品工作电视电话会议上的讲话

（2012年7月9日）

根据安排，我代表省打击侵权和假冒伪劣工作领导小组办公室，传达全国打击侵权和假冒伪劣工作的部署和要求，报告前一阶段我省相关工作开展的情况，并对下一阶段工作作出安排。

一、全国打击侵权假冒工作的部署和要求

2010年10月至2011年6月，国务院在全国范围内组织开展了打击侵权和假冒伪劣商品专项行动，取得了显著成效。专项行动结束后，国务院召开常务会议对建立打击侵权和假冒伪劣工作长效机制进行专门研究和部署，于2011年11月出台《关于进一步做好打击侵犯知识产权和制售假冒伪劣商品工作的意见》（国发〔2011〕37号），并成立了由中央政治局委员、国务院副总理王岐山任组长的全国打击侵权和假冒伪劣工作领导小组（以下简称"领导小组"），统一组织领导全国打击侵权和假冒伪劣工作。领导小组办公室设在商务部，姜增伟副部长任办公室主任。

2011年11月15日，领导小组召开第一次全体会议。王岐山副总理指出，当前我国所处的发展阶段决定了打击侵权假冒是一项长期、艰巨、复杂的任务，打击侵权假冒伪劣专项行动有结束之日，保护知识产权绝无收兵之时。他强调，各地区、各有关部门要认真贯彻国务院常务会议和国发〔2011〕37号文件精神，立即行动起来，做好打击侵权假冒工作，切实维护人民群众的切身利益，并提出以下工作要求：一是各地区、各有关部门要尽快明确打击侵权假冒工作负责人和机构，明确近期工作任务，落实责任到人；二是要把专项行动有效做法常态化，有针对性地制订整治方案，明确阶段性工作重点，务求取得持续有效遏制侵权假冒行为蔓延势头的实效；三是要加快修订和完善相关法律、法规和规章；四是要增强消费者的维权意识，发挥社会监督作用，形成强大打击声势，震慑犯罪分

子；五是要加强督促检查，落实软件经费保障、资产管理和审计等制度规定，确保按时完成政府机关软件正版化检查整改任务。

为全面推进工作，今年5月15日，国务院办公厅下发《2012年全国打击侵犯知识产权和制售假冒伪劣商品工作要点》，提出围绕侵权假冒突出问题，大力开展商标、版权、专利、网络商品交易网站、进出口环节侵权假冒、药品化妆品打假、农资打假、汽车配件打假、地理标志保护、有机产品认证标志、农村市场重点商品专项整治，以及保持刑事司法打击高压态势、建立完善长效机制和努力夯实工作基础四大任务，并要求坚持标本兼治，突出重点，确保实效。

二、我省打击侵权假冒工作开展情况

国发〔2011〕37号文颁发以来，我省各地区、各有关部门认真按照国务院的部署和省委、省政府的要求，紧密结合"三打两建"专项行动，切实加大工作力度，打击侵权假冒工作不断取得新的成效。

（一）加强领导，打击侵权假冒常态化机构逐步健全

我省根据国务院部署，加快打击侵权假冒工作长效机构建设。省政府及时转发国发〔2011〕37号文件，要求从提高思想认识、加强组织领导、制定落实方案、强化监督管理等方面认真贯彻落实。经朱小丹省长批准，省政府成立了由陈云贤副省长任组长、31个核心部门组成的省打击侵权假冒工作领导小组，制定了领导小组工作规则、领导小组办公室工作制度和任务分工。不少地市根据省政府统一要求，明确了当地打击侵权假冒工作协调机构，部分地市还出台了工作方案，确保工作有序开展。

（二）狠抓落实，政府机关软件正版化工作按期完成

我省采取有力措施推进政府机关软件正版化工作。省财政厅安排专项经费300万元，一揽子解决省级机关、人民团体和全额拨款事业单位办公软件正版化问题；省推进使用正版软件联席会议领导小组办公室加强督促检查，目前，省直103个单位26694台计算机的操作系统、办公软件和杀毒软件均已全面完成正版化任务，各地市、企业软件正版化工作正按计划逐步推进。

（三）精心组织，"十大打假专项行动"迅猛推进

各有关单位紧紧围绕食品、药品和日化用品、酒类、食盐、烟草、建材、箱包皮具、通信产品、汽车配件、证照等十大领域，深入开展专项行动，通过打、防、治、扶、建多措并举，严厉查处一批制假售假生产经营单位，吊销一批违法生产经营单位资质，严惩一批制假售假违法犯罪分子。截至6月25日，全省共立

案查处制售假案件61070宗，捣毁窝点9723个，查获涉案商品货值近68亿元，其中移送公安机关案件1668宗，抓获犯罪嫌疑人7133人，执行逮捕2140人。

（四）突出实效，农村市场重点商品专项整治成效显现

按照全国的统一部署，我省将农村市场重点商品专项整治作为今年上半年重点工作。农业系统全力组织开展农药、肥料、饲料、兽药、生鲜乳、作物种子、水产品和"三品一标一名牌"等多项专项整治，出动执法人员10.49万人次，检查生产、销售、仓储等单位73912个，立案查处1060宗，捣毁窝点10个，涉案商品货值1731.18万元，有效改善了农村市场环境，维护了农民群众的合法权益。

（五）关注民生，食品药品制假售假打击有力

我省严厉打击食品药品行业假冒伪劣现象，省食品药品监管系统出动执法人员29万人次，清查企业单位20多万家，打击非法窝点703个，立案4015宗，涉及总货值2.1亿元；省打假专项办联合央视社会新闻部，查清备受社会关注的佛山市高明区威极调味食品有限公司涉嫌使用井矿卤盐水加工酱油案；全省知识产权系统查获一批涉嫌假冒专利保健品；广州、珠海、佛山、汕头、揭阳等市捣毁多个假药生产窝点；深圳连续侦破多起网络制售假药大案。

（六）重拳出击，大案要案查处成绩突出

我省集中优势兵力，主动出击，查处了一大批侵权假冒情节突出、国内外影响力大的大案要案。全省工商系统查办多宗商标侵权大案，有的案件案值过亿；深圳市连破假冒伪劣手机大要案，查获大批涉嫌假冒名牌手机成品及半成品；佛山市连破"2·23"假红酒案和"3·11"特大跨市制售假洗发水案；5月18日，经最高人民法院核准，制造2.86亿假币的方×凤、吴×玲被依法执行死刑，其余13名罪犯被判处有期徒刑以上刑罚。

（七）加强合作，联合执法优势明显

我省加强省内外沟通协作，力求形成打击合力。粤港海关开展打击海运渠道进出口侵权违法行为"海港"行动，粤澳海关开展旅检渠道水客携带侵权物品进出境专项治理；粤闽皖公安机关联合实施"蓝色计划"集群战役，查获涉嫌假冒货物涉案金额约1.07亿元；深港有关部门召开中英街管理工作座谈会，确定建立联席会议等长效机制，共同维护中英街良好的经商环境和品牌形象。

（八）保持高压，刑事司法保护力度不断加大

各级公安机关认真开展打击假冒伪劣犯罪"破案会战"，共立制假售假案件2080宗，破案1681宗，刑事拘留2180人，执行逮捕1126人，移送审查起诉730

人；各级检察机关认真履行批捕、起诉、诉讼监督和查办职务犯罪职责，依法及时批捕侵权假冒犯罪案件417件829人，起诉287件464人；全省法院充分发挥知识产权审判职能作用，依法从严惩处一批犯罪分子，形成打击侵权假冒高压态势。

（九）完善制度，法规体系逐步健全

我省加大法规制度建设力度，组织修订《广东省查处生产销售假冒伪劣商品违法行为条例》、《广东省商品市场管理条例》、《广东省查处无照经营行为条例》和《广东省实施〈中华人民共和国消费者权益保护法〉办法》，研究制定《广东省展会专利保护办法》，努力构建保护知识产权的良好法制环境。各地也纷纷结合本地实际，不断完善地方性法规政策，《深圳经济特区加强知识产权保护工作若干规定》和《汕头市专利保护和促进条例》等均在强化保知打假手段方面取得了突破。

（十）深入宣传，打击侵权假冒社会氛围日渐形成

全省充分利用各类传统和新兴媒体，广泛开展内容丰富、形式新颖的宣传活动，通过组织现场活动、刊登宣传专版、召开典型案例发布会等多种方式，大力普及保知打假知识，并在"3·15"消费者权益保护日、"4·26"知识产权宣传周期间掀起宣传热潮。不少单位积极创新宣传载体，部分单位负责同志与网友展开网上讨论，取得了良好的社会效果。

虽然我省打击侵权假冒工作开局良好并取得一定成效，但还存在不少亟待解决的问题。一是侵权假冒现象依然存在，甚至在有些地区还比较严重；二是侵权假冒手段越来越隐蔽，打击难度越来越大；三是一些地区和部门重视程度不够，工作推进的力度和深度与国务院的要求尚存在不少差距，到目前为止，只有深圳、清远、肇庆3个市上报了地市领导小组成立的正式文件，部分地市至今未确定重点区域、重点领域、重点市场和重点产品；四是信息报送效率不高、时效性不强。全国领导小组要求各省每月报送《月报表》，至今，我省个别地市和成员单位连续几个月无数据上报；五是打击侵权假冒工作舆论氛围不够浓厚，宣传的深度和广度亟待加强。这些问题，必须引起我们的高度重视，并在今后的工作中采取有力措施加以解决。

三、下一阶段我省打击侵权假冒工作安排

我省制定了《2012年广东省打击侵犯知识产权和制售假冒伪劣商品重点工作安排》，即将由省政府办公厅下发。各地各有关部门要根据安排，认真抓好贯

彻落实。下面，就今年打击侵权假冒工作，我再强调以下四个方面。

（一）依法严厉打击，着力解决人民群众反映强烈的热点难点问题

一是以专项行动为抓手，加大行政执法力度。各地各部门要进一步增强大局意识，把思想和行动切实统一到中央和我省的重大决策部署上来，明确牵头部门、工作重点和工作责任，大力开展商标权、版权、专利权、网络商品交易网站、进出口环节、药品、化妆品等13个领域的专项整治，对发现的侵权假冒线索追根溯源，深挖生产源头和销售网络，依法取缔无证照生产经营的"黑窝点""黑作坊"。

二是以大案查处为重点，强化震慑警示作用。各地各部门要根据实际，确定一批重点整治地区、重点整治领域、重点整治市场和重点查处产品，有针对性地推进工作，确保各项任务落到实处；要通过梳理已有案件、联系执法部门、鼓励社会举报、强化网上信息监控等手段，不断拓展大案要案案源，明确案件的来源去向、查办和督办的责任主体、重点挂牌督办等，切实做好大案要案的查处工作，真正起到震慑和警示作用。

三是以制度建设为保障，完善长效机制建设。要探索建立打击侵权假冒工作考核方法，加大督查考核力度，督促各地将打击侵权假冒工作纳入政府绩效考核体系，并推动纳入社会治安综合治理考评范围；要完善跨地区跨部门行政执法协作机制，建立线索通报、案件协办、联合执法、定期会商等制度，完善立案协助、调查取证、证据互认、协助执行及应急联动工作机制，增强打击效果。

（二）保持高压态势，加大对侵权假冒犯罪案件的刑事司法打击

一是开展打击假冒伪劣"破案会战"。要以打击制售假冒伪劣食品、药品、农资、酒类、消防器材以及网上售假等关系群众切身利益的突出犯罪为重点，每季度发起一次对各类假冒伪劣犯罪的专案集群战役行动，全链条、全覆盖摧毁制假售假犯罪网络和窝点。

二是强化刑事司法打击。要加大涉嫌犯罪案件移送及受理工作力度，依法及时批捕、起诉涉嫌侵权假冒犯罪案件。加强对行政执法机关移送涉嫌犯罪案件、公安机关刑事立案和侦查活动的监督。要依法从快审理侵权假冒案件，妥善处理新型、疑难复杂、社会影响大的案件。

三是强化行政执法与刑事司法衔接机制。要进一步落实行政执法和刑事司法相衔接的工作机制，强化部门间的定期沟通和重大案件会商、通报制度，形成打击侵权假冒工作联合执法协调机制和案件快速解决机制；要加快建设打击侵权假冒领域行政执法和刑事司法衔接工作信息共享平台，实现信息互联互通。

（三）不断夯实基础，建立健全打击侵权假冒工作的保障措施

一是加强执法能力建设。要坚持执法的严肃性、行动的有效性和工作的连续性，切实做到依法行政和文明执法，不断改进执法作风；要加强执法队伍业务和作风建设，严格执法人员持证上岗和资格管理制度，做到严格执法、规范执法、公正执法、文明执法。

二是加快诚信体系建设。要完善企业和个体经营者诚信评价制度及标准，建立并完善企业和个体经营者诚信档案，推进信用信息系统互联互通，实现信息共享；要建立侵权假冒行为"黑名单"制度，完善违规失信惩戒机制，利用市场机制和法律手段惩处质量失信行为，鼓励金融机构将企业诚信状况与银行授信挂钩。

三是加强国际交流合作。要认真做好海外重点展会知识产权工作，开展企业培训和重点热点问题研究，不断建立健全海外预警、维权和争端解决机制，提升企业知识产权创造、保护、运用和管理能力。

（四）强化宣传引导，动员社会力量参与打击侵权假冒工作

一是深化宣传报道。要进一步加强对打击侵权假冒工作的宣传报道，统筹安排宣传重点，在加强宣传广度和深度上下足功夫，形成高强度、持续性、系列化的宣传报道热潮，迅速形成打击侵权假冒、保障民生安全、促进创新发展的舆论氛围。

二是加强信息报送和简报编辑。要切实加强信息报送工作，各行政执法和刑事司法部门及各地领导小组办公室务必及时准确报送《月报表》，坚决避免虚报、错报、迟报和不报现象，以确保我省及时汇总上报全国领导小组；要进一步加强简报编辑和报送工作，没有建立简报编发制度的地区和部门要尽快开展简报编制工作。

三是引导公众积极参与。要通过建设我省打击侵权假冒工作网、完善打击侵权假冒工作有奖举报等制度，鼓励社会公众参与打击侵权假冒行为的积极性；要加强举报投诉平台和举报处置指挥信息化平台建设，充分发挥"12330"、"12312"、"12315"、"12390"、"12365"、"12318"、"12360"和"12358"等举报投诉电话作用，畅通权利人举报投诉和维权渠道。

做好打击侵犯知识产权和制售假冒伪劣商品工作任务艰巨、责任重大，让我们不断增强政治意识、大局意识和责任意识，坚定信心、真抓实干、开拓创新、再接再厉，努力开创打击侵权假冒工作新局面，以优异的成绩迎接党的十八大的胜利召开！

在中山知识产权快速维权工作现场会上的致辞

(2012年7月24日)

今天,国家知识产权局在中山古镇隆重召开知识产权快速维权工作现场会,充分体现了国家知识产权局对广东知识产权工作的关心和支持,我代表广东省知识产权局对会议的召开表示祝贺,对各位领导、专家和同行的到来表示热烈的欢迎!

近些年来,在广东省委、省政府的正确领导下,广东区域特色产业集群发展迅速,以中山古镇为代表的产业聚集度高、产供销一条龙的专业镇快速成长,逐步形成一种新兴的、富有活力的经济形态,为带动区域经济发展和推进城镇化建设作出了积极贡献。

当前,全国和广东都处在加快转型升级的关键时期。为充分发挥知识产权制度在促进产业转型升级和转变经济发展方式中的激励和保障作用,国家知识产权局审时度势,选择中山古镇作为探索建立适应区域特色产业集群发展的知识产权快速维权机制试点,并批准古镇成立全国第一个中国中山(灯饰)知识产权快速维权中心。

我省各级党委和政府对快速维权中心的建设高度重视,尤其是中山和古镇党委、政府对中心建设倾注大量心血。中心成立以来,创造性地开展工作,成功整合知识产权联盟、版权基层工作站、法院巡回审判庭、世界灯具专利数据库等多种资源,搭建起集知识产权管理、信息运用、专家咨询、维权援助于一体的一站式服务平台,调解了大量业内知识产权纠纷,并在国家知识产权局的支持下,建立了专利授权、维权和确权的快速通道,为提升产业集群的自主创新能力、促进产业转型升级发挥出积极和重要的作用。中心工作受到各方面的欢迎,多次获得广东省领导的充分肯定。

快速维权中心的建设和发展,得到了国家知识产权局的亲切关心和大力指导。在短短两年的时间内,田力普局长三次亲临古镇调研指导。国家知识产权局各有关司部如人事司、专利受理司、审业部、自动化部都给予了大量的指导和支持。在此，我代表广东省知识产权局再次表示衷心的感谢和诚挚的敬意！

虽然我省在知识产权快速维权工作方面做了一些尝试，取得了一定的成绩，但与各级领导的期望相比还存在很大的差距。希望出席今天会议的各位领导和专家、各兄弟省区市的同行们，对我们的工作多提宝贵意见和建议，帮助我们进一步改进工作。这次现场会放在古镇召开，我认为既是对我省尤其是中山市知识产权工作的肯定，但更多的是对我们的期望和鞭策，我们将一如既往地努力工作、大胆创新，为把我省建设成为知识产权强省而不懈奋斗！

再接再厉　乘胜追击
推动"三打两建"工作再上新台阶

——在全省知识产权局系统"三打两建"工作推进会上的讲话

（2012 年 7 月 25 日）

今天，全省知识产权局系统"三打两建"工作推进会隆重召开。主要任务是：传达汪洋书记重要讲话精神，总结前一阶段全系统开展"三打"行动的情况，交流工作经验，并对下一阶段工作作出安排。下面，我谈三点意见。

一、全系统开展"三打两建"专项行动成效明显

自省委、省政府部署"三打两建"行动以来，我局迅速行动，大力推进，取得了积极进展，成效明显。主要表现在以下几个方面：

一是高度重视、迅速启动。2012 年 2 月 8 日，在省"三打两建"领导小组召开首次成员会议后，我局迅速传达会议精神，启动相关工作，于 2 月 20 日召开局办公会，成立了专项行动领导小组，讨论通过专项行动实施方案并于 21 日印发。为尽快推动全省系统的"三打"工作，我局于 2 月 28 日就召开全系统"三打两建"工作会议，部署本系统"三打"工作，并在全省会议结束当天，立即与广州市局召开省市局"三打"工作推进会，推动相关工作落实。各地市局均根据省局的部署，迅速成立了领导机构，制定实施方案并立即展开"三打"各项工作。

二是省市联动、深入推进。在省局的统一部署和协调下，全省各级知识产权局迅速行动起来，深入开展"三打"专项行动，取得了重要的进展：检查了一批重点市场和商品，查处了一批专利违法案件，查获了一批假冒侵权商品，处理了大量展会知识产权纠纷，极大地净化了市场环境。全省各级知识产权局开展了多次不同形式、不同规模的联合执法行动，特别是在广交会知识产权保护工作和

6月6日全省统一执法行动中充分体现了省市联动、齐心协力的协作精神,打出了知识产权局系统的特色和声势。截至目前,全系统受理专利侵权和立案查处假冒专利案件数量比去年同期增长了4.7倍(今年上半年323件,去年同期56件),出动执法人员数量、检查生产经营场所、检查商品数量均大幅增加。

三是宣传及时、反响热烈。"三打"行动开展以来,全系统高度重视"三打"的宣传工作,充分利用各种媒体和手段,为"三打"专项行动宣传造势,利用"4·26"知识产权日这一重要时间节点开展了声势浩大的知识产权宣传教育及执法活动。特别是6月6日全省统一行动查处假冒专利药品案件引起了社会公众和全国众多媒体的广泛关注,我省的南方日报、广州日报、羊城晚报、中国知识产权报和省市电视台等媒体均做了大量的报道,各大网络媒体均做了报道宣传,在网络上全国各地均有大量的报道信息。系列行动既宣传了全系统开展"三打"的成效,又有效提高了社会公众的知识产权意识,营造了良好的社会氛围。

二、统一思想,提高认识,下定决心,坚定信心

"三打两建"工作是省委、省政府今年部署的一项重要工作,省委、省政府对"三打两建"工作高度重视,省里几乎所有的政府部门都调动起来了。截至7月16日,汪洋书记已经7次就"三打"工作作出重要讲话(分别是2月9日全省会议、3月20日传达两会精神、4月26日揭阳调研、6月1日省委常委会听取"三打"汇报、6月20日东莞调研、7月5日听取欺行霸市小组汇报、7月16日听取省纪委和组织部汇报)。汪洋书记的讲话内容丰富、任务明确、要求具体、措施有力。特别是"6·1"讲话,观点更鲜明,一是更加强调"三打"的重要性和必要性,明确指出开展"三打两建"工作是坚持社会主义市场经济改革方向的基础性工作,既是行政举措、法律举措、经济举措,更是一项政治举措。二是更加强调当前"三类"问题的严重性,要求重点解决涉及面广、影响深、群众反映强烈的案件。三是更加强调用倒逼机制推进"三打",纪委、组织部门均要介入"三打"工作。专利行政执法工作是我局落实"三打两建"专项行动及国家局"护航"专项行动的根本内容,也是我局牵头的"双打"工作的重要组成部分。全省各级知识产权局的领导一定要深刻领会汪洋书记的讲话精神,把思想认识真正统一到省委、省政府的决策部署上来,切实增强政治敏锐性,提高政治敏锐力,把握好省委、省政府抓"三打两建"的契机,借势、借威、借力,扎扎实实抓好"三打两建"工作。最近,省"三打"领导小组对各地、各部门下一步"三打"工作要在攻"碉堡"、砍"大树"上下工夫提出了具体要求。具

体措施包括：一是采取组织措施，倒逼思想认识的提高。要处理一些不得力的干部，进一步提高各级领导的认识。二是进一步落实领导包案，强力突破一批大要案。把能否突破大要案、斩断利益链、深挖保护伞作为衡量领导包案质量的唯一标准；同时在进一步加大打赇工作力度、加强典型宣传、深入查找"三类"问题的成因、完善考核机制等方面都制定了具体措施。全省各级知识产权局的领导干部要按照省"三打"领导小组的要求，切实提高对于专利行政执法工作重要性的认识，下定决心，集中精力，加大专利行政执法的力度，切实做到坚决打、彻底打，打出成果，给省委、省政府及人民群众一份满意的答卷。

三、加大力度，突出重点，扩大战果，打建并举

部署下一阶段全系统"三打"行动工作，是今天会议的重要内容。关于下一步"三打"行动的具体工作要求，唐毅副局长在工作报告中要求得十分明确，省局也于近期专门下发了《关于加强全省知识产权局系统"三打两建"工作若干意见的通知》，请大家按照要求认真进行贯彻落实，下面，我想特别强调以下几点：

一是要尽快理顺工作关系。"三打两建"是省委、省政府部署的重要工作，省里几乎所有的政府部门都参与了。我们省局既是省"三打"领导小组成员单位，又是省打击制假售假专项行动领导小组成员单位。但是，可能因为机构设置的问题，目前还有9个地市局（珠海、韶关、河源、汕尾、阳江、清远、潮州、揭阳、云浮）没有被当地同时纳为"两个"领导小组的成员，从而给我们的基层"三打"工作造成一定被动。请各地市局回去之后要认真着手解决这个问题，积极与当地"三打"领导部门进行沟通，有什么需要省局协调的可以提出来。

二是要进一步明确工作任务。专利行政执法是我们知识产权局的法定职能，不认真履行我们的职责，就是我们的失职。在目前开展的"三打"专项行动中，各级知识产权局必须认真履行职责，切实加强日常的行政执法工作。省局在"三打两建"工作方案中部署的任务是明确的，即加大专利行政执法的力度，严厉打击专利侵权和假冒专利违法行为，各地市局要进一步增强工作的主动性，切实落实省局的各项工作要求。

三是要进一步加大专利行政执法力度。"三打"行动开展以来，各地市局集中力量、依法行政，处理了一批专利违法案件，着力突破了一些大案要案。但是部分地市局还是存在执法力度不够的问题，甚至在执法工作上存在"不想打""不敢打"的畏难情绪，开展"三打"工作的积极性和主动性不够，到目前为

止，个别地市局甚至在"三打"行动中没有办理案件。各位局领导回去之后，要亲自过问这个问题，检查一下对于专利侵权处理请求是否依法进行受理，对于假冒专利及重复侵权违法行为的主动查处力度是否到位。各地市局要根据省局的要求，公布举报案件受理规定和举报投诉受理电话，充分利用各种手段不断拓展案源，依法受理专利侵权纠纷，主动查处假冒专利及重复侵权违法行为，切实落实执法办案目标责任制，提高专利行政执法案件的办理数量和质量。

四是要加强案件的立案管理工作。专利行政执法部门的主要职能是处理专利侵权纠纷和查处假冒专利违法行为，根据法律规定，依法受理专利侵权案件，主动查处重复侵权和假冒违法专利行为。已有群众反映有些地市局在对专利侵权案件进行立案审查时，设置的门槛过高，甚至存在推诿现象。各地市局要进一步规范立案工作，依法依规受理和查处案件。各地市局应在本单位网站和办公场所显著位置公开专利案件的受理条件及程序，严格依照国家局《专利行政执法办法》的规定审查受理专利侵权案件，主动查处假冒专利及重复侵权案件。在立案审查中，对于不符合立案条件的，必须在规定时间内书面向当事人说明不立案理由并告知救济途径。

五是要加强大案要案的打击力度。专项行动需要集中力量解决突出问题，解决人民群众最关心的问题，对大案要案进行严厉查处，才能在社会上起到震慑作用。由于执法职能的差异，我们专利系统处理的大案要案在标的额上和其他系统肯定是有差距的。因此，我们要结合工作特点，着力解决人民群众反映强烈的突出问题，切实解决专利权人维权难问题，将群体性侵权、重复侵权、严重假冒专利等违法行为作为我们的打击重点，将食品药品、箱包皮具等专利违法案件及展会案件作为重点案件，还要做好展会案件的跟踪处理工作，防止侵权假冒产品通过展会这一重要商品集散地流向市场和国外。要充分发挥各举报投诉中心和维权援助中心的作用，及时处理群众的举报投诉，加大对知识产权权利人的援助力度，进一步扩大影响力。各地市局领导对于大案要案实行包案制度，强力突破大案要案，深化打击力度，以起到震慑违法行为的作用。

六是要进一步加强信息报送工作。为做好专利行政执法数据统计工作，省局建立了专利行政执法数据报送制度，在"三打"行动期间，又建立了案件周报和信息简报制度。但是，有部分地市局对于信息报送工作不重视，主要问题是：日常的执法数据报送不及时、不完整；"三打"案件周报表存在严重的缺报现象；"三打"简报报送的积极性和主动性不够；日常执法数据报表和"三打"案件周报表的案件数据存在严重出入。各地市局要高度重视"三打"信息和执法数据的报送工作,及时、准确地报送各项数据,在报送省局的同时,要积极主动向当地两个"三打"领导机构汇报工作和报送信息材料,以进一步扩大全系统开展"三打"行动的影响力。

七是要进一步加强宣传力度。各地市局要坚持日常宣传与专项宣传相结合、普及宣传与重点宣传相结合,广泛开展知识产权的宣传教育活动,增强全社会的知识产权意识。充分利用报刊、广播电视、网络等媒体,多渠道、多形式地宣传知识产权知识、法律法规和政策,介绍"三打"行动的成果,重点宣传和正面报道通过"三打"行动改善知识产权保护环境、促进经济发展的知识产权重大案件和典型案例,不断提升人民群众的满意度。为规范"三打"工作数据管理,切实做好相关保密工作,在宣传中还要注意,不对外公布综合性数据,重点宣传典型案件,宣传"三打"的成效,宣传社会、企业和群众对"三打"的反映。

八是要进一步加强督导工作。为加强"三打"的督导检查工作,我局纪检监察室牵头成立了督导组,分赴各地市局进行督查。局领导班子成员均将"三打"工作列为赴地市检查工作的必备内容,多次赴省各地市检查"三打"工作。各地市局也要加强自查和整改工作。重点从五个方面进行整改:一看思想认识,是否高度重视、组织领导是否得力;二看工作措施,围绕目标、突出重点、突破难点的措施是否切实可行;三看工作作风,是否坚持原则、敢打硬仗、依法办事、纪律严明;四看工作成效,侵权假冒等违法犯罪行为是否得到全面遏制,市场环境是否明显好转;五看群众认可,人民群众的满意度、安全感是否明显增强。对在行动中搞地方保护主义、失职渎职、包庇纵容制假售假行为、推诿扯皮的,要严肃追究责任。

九是要进一步强化打建结合。"三打两建"是一项系统工程,打是手段,建是目的。全系统既要强化打击措施,提高打击力度和质量,又要建立健全防范机制、监督机制和查处机制,建立健全知识产权保护长效机制。各地市局要做好"两建"工作的启动准备工作,制订"三打"长效机制建设方案,加强"三打"和"两建"工作的互动互促,推动社会信用体系和市场监管体系建设,实现知识产权行政监管制度化、常态化、科学化的目标。

"三打两建"工作是体现我们知识产权系统服务宗旨,行政能力,维护群众合法利益的关键性工作。希望同志们回去后认真贯彻今天的会议精神,扎实抓好各项工作措施的落实,确保取得更大工作成效,为加快转型升级、建设幸福广东作出新的更大贡献。

再接再厉 打建并举
开创全省知识产权局系统
"三打两建"工作新局面

——在全省知识产权局系统
"三打两建"工作会议上的讲话

(2012年9月18日)

自今年1月6日省委十届十一次全会部署在全省开展"三打两建"专项行动以来,全省知识产权局系统积极投身到"三打两建"工作之中,取得了阶段性的成效,省知识产权局"三打"工作成绩在第二季度被评定为优秀,得到了省委、省政府的充分肯定。

8月16日全省"三打两建"工作电视电话会议后,省知识产权局认真贯彻落实省委、省政府会议精神,对全省知识产权局系统前一阶段"三打"工作进行了总结,并制定了"两建"工作方案。刚才,会议总结了全省知识产权局系统前一阶段开展"三打"专项行动的情况,介绍了全省市场竞争秩序和知识产权保护综合监管分体系建设实施方案,部署了"两建"工作任务和下一阶段全省"双打"工作任务,希望大家认真学习,切实贯彻落实。

下面,我传达全省"三打两建"工作电视电话会议的主要精神,并对全省知识产权局系统下一阶段如何认真贯彻落实会议精神谈几点意见。

一、全省"三打两建"工作电视电话会议的主要精神

(一)会议基本情况

8月16日上午,全省"三打两建"工作电视电话会议在省委隆重召开,会议对今年以来打击欺行霸市、制假售假、商业贿赂的"三打"工作进行了阶段性总结,并对建设社会信用体系、建设市场监管体系的"两建"工作进行了全

面部署。省委书记汪洋主持会议并作重要讲话,省"三打"领导小组组长、省委副书记朱明国对今年以来"三打"工作进行了阶段性总结,省"两建"工作领导小组组长、省长朱小丹对"两建"工作进行动员部署,省政府秘书长唐豪、省工商局局长卢炳辉分别对《广东省社会信用体系建设工作方案》《广东省市场监管体系建设工作方案》作了说明。国家工商总局副局长滕佳材、国家发展改革委财政金融司司长徐林出席会议并分别讲话。省委常委,省人大常委会主任、省政协主席,省政府领导同志,省"三打"工作领导小组成员,省"两建"工作领导小组成员,省委有关部委、省直有关单位、省有关人民团体、中直驻粤有关单位的主要负责同志在省主会场参加了会议,会议还设立了省分会场,各地级以上市、各县(市、区)分别设立分会场。

(二)省"三打"领导小组组长、省委副书记朱明国同志关于"三打"工作总结讲话的主要精神

"三打"专项行动的主要成效表现在五个方面:规范了市场经济秩序,优化了法制化国际化营商环境;维护了群众利益,改善了民生环境;夯实了基层基础,提升了党和政府的形象;提振了群众信心,舆论反映积极正面;规范了工作机制,探索了打建结合路子。

"三打"的成功经验和做法表现在五个方面:领导高度重视、整体谋划推进是根本保证;加强部门联动、落实领导包案是有效举措;依靠群众、专群结合是动力源泉;加强督导考核、落实责任倒逼是有力抓手;严格依法办案、严明办案纪律是重要保障。

"三打"面临的形势和下一步工作的总体思路有五个方面:坚持思想不松,不断深化各级党政领导认识;坚持力度不减,集中力量解决重点问题;坚持温度不降,不断深化宣传发动;坚持常抓不懈,探索"三打"工作常态化机制;坚持打建结合,推进"三打"和"两建"的无缝对接。

明国同志在总结中特别肯定了全省知识产权系统的"三打"成果。他指出:"三打"专项行动保护了知识产权。"三打"期间,全省知识产权系统共解决专利纠纷700余件,732个企业品牌得到保护。"三打"行动中,捣毁了一大批制假售假窝点,重创了制假售假行为,诚信守法企业的产品销售额和市场占有率迅速上升,企业利润增加,自信心增强。深圳市开展专项行动后,金龙鱼、怡宝、益力等一批知名品牌销量大幅攀升,专利申报数同比增长26%。截至7月31日,美国、英国、意大利等3个驻穗领事馆,近20个国家和地区的129家企业或协会发来感谢信,送来锦旗。广州市越秀区公安分局打掉一个特大制售假冒英国知名品牌喷码机的犯罪网络后，相关英国企业两次送上锦旗，英驻穗副领事专程登门致谢。这充分体现了全省知识产权局系统的"三打"成效，充分体现了知识产权工作在全省规范市场经济秩序、优化法治化国际化营商环境中的重要作用，也充分体现了知识产权在省委、省政府中心工作中的地位和作用。

（三）省"两建"工作领导小组组长、省长朱小丹同志关于"两建"工作动员部署讲话的主要精神

小丹省长讲了三点意见：

一要深刻认识加快社会信用体系和市场监管体系建设的重要性和紧迫性。首先，这是我省加快构筑法治化国际化营商环境、完善社会主义市场经济体制的迫切需要；其次，这是我省加强制度环境"软转型"、促进经济社会发展转型升级的重要举措；第三，这是解决社会民生突出问题、建设幸福广东的现实要求；第四，这是我省加快政府职能转变、推进社会管理创新的重要抓手。

二要突出重点、开拓创新，稳步推进社会信用体系和市场监管体系建设。与"三打"行动相比，做好"两建"工作要更加注重系统性、基础性、稳定性、长期性，更加强调从总体设计的高度统筹规划，更加突出从制度建设的层面完善机制，更加注重从体系创新的角度打开局面。尤其要抓好六方面的工作：一是加强系统设计，抓好"两建"规划制定和法制建设；二是坚持自律与他律结合，构建全社会的信用管理体系；三是加快转变监管方式，构筑多元治理的市场监管体系；四是突出信息互通共享，扎实推进"两建"重要平台建设；五是注重解决实际问题，抓好重点领域"两建"工作；六是积极开展抓点示范，扎实做好"两建"试点工作。

三要统筹安排、精心组织，确保"两建"工作取得实效。"两建"工作点多、线长、面广，是一项复杂艰巨的系统工程。各地、各部门务必高度重视、精心组织、真抓实干，确保各项决策部署落到实处、取得实效。一要加强组织领导；二要加强协调联动；三要加强宣传引导；四要加强督促考核。

（四）汪洋书记重要讲话精神

汪洋书记在总结讲话中强调：

一是要推进"三打"工作向纵深发展，进一步夯实"两建"的基础。当前"三打两建"工作的重点从前段时间实施集中的"三打"逐步转到建设社会信用体系和市场监管体系这"两建"上来，但这并不意味着"三打"结束。"三打""两建"是一个有机整体，是一项系统工程，两者密不可分、互相促进。半年来的"三打"虽然取得了一定成效，但从查处案件的情况看，欺行霸市、制假售假、商业贿赂的情况远比估计的要严峻得多，问题和困难远比想象的要严重得

多,"三打"局面依然复杂,"三打"形势依然严峻,"三打"任务依然艰巨,"三打"工作任重道远。下一步,"三打"工作要贯彻"以打促建、以建带打、打建交叉、贯穿全年"的原则,做到思想不松、力度不减、热度不退。各地各部门要从实际出发,进一步明确打击重点、缩小打击范围、强化打击深度,集中力量查办大要案件,推进"三打"工作向纵深发展。要认真研究打击中发现的问题,深刻剖析存在的原因,以打促建;对在"两建"过程中发现的问题,要有针对性地开展打击整治,以建带打。同时,要认真总结"三打"的成功经验做法,建立"三打"常态化机制,通过制度规范防止问题反弹。

二是要坚持抓重点环节,推动"两建"工作全面突破。在社会信用体系建设工作中,要以信用信息的记录、整合和应用为重点,推进信用信息的互通共享,构建全方位、多层次的激励与惩戒机制,使守信者受益、失信者处处受制。在市场监管体系建设工作中,要突出转变政府职能,减少和规范行政审批事项,降低市场准入门槛;理顺部门职能,推进行政执法体制改革,防止多头执法、执法扰民;发动各方参与,着力打造政府负责、部门协作、行业规范、公众参与相结合的市场监管新格局。

三是要加强组织领导,促进各项工作落实。当前我省的"三打两建"工作正处于由阶段性专项行动向长期制度建设转换的关键时期,要在"三打"工作形成的良好基础上,切实加强组织领导,以更坚定的信心、更务实的作风、更有力的措施,不断开创"两建"工作新局面。各地各部门要有长期作战的思想准备,增强大局意识和责任意识,积极主动地谋划"两建"工作。要按照《广东省社会信用体系建设工作方案》和《广东省市场监管体系建设工作方案》的要求,建立健全"两建"工作领导和办事机构,主要领导亲自抓,分管领导具体负责,配备精兵强将,划拨专项资金,为"两建"提供充足的人财物保障。要用改革的思路、创新的手段,打破不符合科学发展的利益格局、行业操作惯例,大胆探索有效途径和方法,特别是要注意建立法律秩序的问题,这是市场秩序的根本保证,目前尤其要注意借鉴香港等发达地区的营商法律制度为我所用。要注意调查研究,实现"两建"工作决策的科学化,增强工作的针对性。要充分发挥各方面的作用,努力实现部门联动机制化,形成"两建"的持久合力。要强化纪检监察监督、人大法律监督、政协民主监督、媒体舆论监督、公众社会监督,防止"两建"工作走过场或执行偏差,尤其要坚决防止"一刀切"、定任务、下指标等容易导致简单化和扩大化的做法,促进"两建"工作持续健康发展。

二、关于贯彻落实全省"三打两建"工作电视电话会议精神的几点意见

（一）认清形势，提高认识，进一步增强做好"三打两建"工作的使命感和责任感

通过半年多的"三打"专项行动，目前全省已处于持续深化"三打"、全面启动"两建"的关键阶段。在这个阶段，首先要在思想认识上解决好两个方面的突出问题。

首先，要正确认识和处理好"三打"与"两建"的关系。"三打"和"两建"不是相互割裂的两件事，而是一个有机的、密不可分的整体，两者的目标是共同的，都是为了建设规范有序的社会主义市场经济体系；二者的区别在于侧重点的不同，"三打"是立足当前解决突出问题的重要举措，"两建"是面向长远建立长效机制的治本之策，"三打"是手段，"两建"是目标，两者相辅相承，有机统一。因此，开展"三打"专项行动阶段性总结决不意味着"三打"工作的结束，谋划"两建"也决不能抛开"三打"的经验。省委、省政府确立了"打是手段、建是目的、以打促建、以建带打、打建交叉"的整体思路，需要我们进一步领会其精神实质，要把在"三打"中获得的经验教训通过"两建"法规化、制度化、长期化，进而建立起行之有效的社会信用体系和市场监管体系。

其次，要正确认识和处理好"三打两建"与实施知识产权战略、建设知识产权强省的关系。"三打两建"的目的在于构建良好的市场运行规则和巩固改革开放取得的经济发展成果，从而优化市场环境，规范市场秩序，完善社会主义市场经济，保障经济社会快速增长和发展。这也是我们实施知识产权战略、建设知识产权强省的根本目的。省委、省政府在广东进入改革发展的攻坚阶段和"加快转型升级，建设幸福广东"的关键时期，下决心摘除当前人民群众深恶痛绝、影响经济发展和社会稳定的"毒瘤"，是对全省各行各业工作的有力促进，知识产权工作也概莫能外。第一，"三打两建"是对加快建设知识产权强省的有力促进。今年年初，中共广东省委、广东省人民政府《关于加快建设知识产权强省的决定》中明确提出："建设知识产权强省要以满足经济发展方式转变的重大需求为主线，以提高企业知识产权创造和运用能力为重点，以加强知识产权公共服务为突破口，以营造知识产权法制和社会环境为基础，努力形成现代产业知识产权竞争优势，培育壮大具有自主知识产权的技术、产品和企业，实现从知识产权大省到知识产权强省的跨越。"要实现建设知识产权强省这一伟大目标，就必须着

力营造良好的知识产权法制环境和社会环境,"三打两建"为我们提供了机会、营造了氛围、创造了条件。第二,"三打两建"是对知识产权服务经济社会的有力促进。围绕中心,服务大局,推动经济可持续发展,维护社会和谐稳定,这是我们知识产权工作的职责所在。"三打两建"对于充分发挥知识产权制度对技术创新与经济社会发展的推动作用,发挥知识产权对经济社会发展的导向和促进作用,切实提升知识产权创造、运用、保护和管理能力起着进一步的推动作用。全面推进国家和我省知识产权战略纲要的贯彻实施,需要"三打"来护航;在服务广东经济又好又快发展上不断总结新经验、研究新办法、建立新制度,需要"两建"来指导。因此,我们要以"三打两建"为机遇和抓手,积极提升知识产权服务创新社会的能力,充分发挥知识产权在加强社会建设中的积极作用。第三,"三打两建"是对知识产权规范企业健康发展、增强国际竞争力的有力促进。规范企业健康发展,就必须营造公平、开放、规范、有序的市场环境。"三打"专项行动的落脚点是维护良好的市场经济秩序,促进企业依法经营,保持经济平稳健康可持续发展;"两建"工作的目标在于优化市场环境,规范市场秩序。我们要借"三打两建"的东风,完善规范企业健康发展的各项工作措施和规章制度,提升维护企业权益必须具备的专利行政执法能力,推动全省专利行政执法工作的常态化、制度化和规范化,为企业健康发展保好驾、护好航。同时,要在"打"中帮"建",帮扶企业整改工作漏洞、建立健全相关管理体系,推动企业成为知识产权创造和运用的主体,促进自主创新成果的知识产权化、商品化和产业化,增强企业的核心竞争力。

(二)思想不松,力度不减,进一步巩固扩大"三打"专项行动的成果。

"三打"专项行动轰轰烈烈开展了半年多的时间,用明国同志的话来讲,是一次"火力侦察",同时让我们看到"三类问题"十分严重、复杂,凡是有利可图的行业和领域,都不同程度地存在"三类问题"。因此,汪书记指出,"三打"局面依然复杂,"三打"形势依然严峻,"三打"任务依然艰巨,"三打"工作任重道远。全省知识产权局系统的"三打"工作要认真贯彻落实全省"三打两建"工作电视电话会议精神,集中力量,突出重点,推动"三打"工作向纵深发展。

一是深化认识,确保"三打"不松懈。"三打"是省委、省政府部署的一次大规模发动、大兵团作战的专项行动,省委、省政府领导高度重视,全省各级知识产权局领导要清醒地认识到"三打"工作的尖锐性、长期性,进一步深刻认识"三打"对坚持社会主义市场经济的改革方向、规范市场秩序,优化法治化国际化营商环境的重大意义,进一步深刻认识"三打"对推动加快转型升级、建设幸福广东的重要作用,进一步深刻认识"三打"对实施知识产权战略、建设知识产权强省的促进作用,坚决克服松懈厌战和急于收兵的思想,大家要下最大的决心,尽最大的努力,切实打出规范健康的市场经济秩序。

二是抓住重点,集中精力办大案要案。当前,全省的"三打"专项行动正处于突破大案要案的关键时期,各级知识产权管理部门要牢牢把握打击重点,保持打击力度,充分发挥专利行政执法主动、快捷、高效的优势,集中精力处理一批权利人反映强烈、社会关注度高的专利侵权和重复侵权、群体侵权大案要案,维护权利人的合法权益。要公开审理一批专利侵权典型案件,扩大社会影响,增强专利行政执法的效果,继续保持打击侵犯专利行为的高压态势。要严厉打击假冒专利违法行为,肃清假冒伪劣商品,引导和督促经营者建立责任制和专利产品备案、审查制度,大力宣传专利标识的使用,敦促和教育专利权人规范使用专利标识,维护市场经济秩序。要做好广交会、高交会等重要展会的专利保护工作,以展会为窗口,向外界展示和传递我省打击假冒伪劣商品的决心和力度。

三是拓宽思路,扩大宣传效果。要进一步扩大"三打"宣传的广度,加强"三打"宣传的深度,围绕"三打"宣传主题不断创新宣传形式,丰富宣传内容,充分利用电视、广播、互联网和报纸等媒体,开展形式多样的宣传活动,形成高强度、持续性、系列化的宣传热潮。要集中宣传一批典型案例,适时曝光一批违法企业,营造"三打"工作强大声势。要集中宣传相关法律法规,强化群众、企业的自律意识和责任意识。要充分发挥"12330"知识产权维权援助与举报投诉电话的作用,接受公众和权利人的知识产权举报投诉,调动社会力量参与监督,充分发挥广大人民群众的主体作用。同时,要重点宣传"三打"的重大意义,揭露制假售假的严重危害,使这次专项工作做到家喻户晓、人人皆知,形成全民动员、全民参与、全民支持的工作局面。

四是建立机制,推动"三打"工作常态化。"三打"工作具有长期性、持续性的特点,绝非一朝一夕之功,也不可能靠一次两次的专项打击行动就可以一劳永逸,所以必须实现"三打"工作常态化,持之以恒地打击整治。各级知识产权管理部门要加强总结和调研,通过分析当前工作形势和"三打"的成败得失,研究和谋划下一步的主要工作;通过固化常态化做法和"三打"的成功经验,建立长效工作机制;通过行政执法和刑事司法相衔接机制,加大对侵权假冒重点市场、重点产品、重点案件的查处和打击力度。

(三)创新思路,统筹规划,稳步推进"两建"工作

当前"三打两建"工作的重点从前段时间实施集中的"三打"逐步转到建

设社会信用体系和市场监管体系"两建"上来。与"三打"行动相比,做好"两建"工作要更加注重系统性、基础性、稳定性、长期性,更加强调从总体设计的高度统筹规划,更加突出从制度建设层面完善机制,更加注重从体系创新角度打开局面。因此,推进"两建"工作,要和"三打"工作的常态化结合起来,要和完善行政执法体系建设结合起来,要和重点难点工作结合起来。

一要加强落实,做到"三打""两建"无缝对接。目前"两建"工作已经开局。各级知识产权局要及时做好打建对接工作,做到边打边建,边建边打,打建交叉,无缝对接。一方面要通过"打"来发现、梳理和总结知识产权保护体系建设中存在的法律法规缺失、机制体制滞后、日常监管不力等问题,从源头查找问题原因,有针对性地提出"建"的意见和建议;另一方面在"两建"工作中要敏锐发现"建"的障碍和阻力,确保打击准确、有的放矢。下一阶段的工作目标已经明确,各级知识产权局要不等不靠,在标本兼治、重在治本的同时,积极开展重点问题整治工作,真正做到"三打""两建"无缝对接。

二要加强规划,抓好法制机制建设。知识产权局系统的"两建"工作,要与实施国家和省知识产权战略、贯彻落实《关于加快建设知识产权强省的决定》紧密结合起来,建立健全知识产权制度机制,完善知识产权法规体系建设。目前,《关于加快建设知识产权强省的决定》的相关配套法规制度正在紧锣密鼓地制定和审议过程中。9月10日,《广东省展会专利保护办法》获省政府常务会议审议通过,并将于10月15起正式实施;《关于加快推进广东省知识产权质押融资工作的若干意见》正在会签和报批之中;《广东省专利奖励办法》和《广东省重大经济和科技活动知识产权审查与评议暂行办法》已完成起草工作,正在征求意见阶段。这一批规章和规范性文件的出台,为我省知识产权局系统的"两建"工作打下了坚实的基础,也必将为全省知识产权事业发展和广东经济社会发展提供有力的政策支撑。同时,我们还要通过"两建"工作,进一步研究加快企业转型升级、推动政府职能转变、做好民生实事的好办法、好制度,加快构建以人为本、法治为基、诚信为魂、效率为先、公平为重的社会主义市场经济体系,推动全省知识产权事业发展的法制和机制建设。

三要加强统筹,快速推进重点领域"两建"工作。要加强统筹规划,开拓创新,丰富手段,加快推进全省知识产权局系统重点工作领域的社会信用体系和市场监管体系建设。通过完善省、市、县三级知识产权行政执法体系,畅通行政执法与公安、司法等部门相衔接,推进省际、区域专利执法协作,建立部门联动、快速反应的执法机制;通过加强对国际知识产权规则和国外知识产权制度的研究，建立涉外知识产权的维权援助机制；通过加强对专利代理机构的培育和扶持，建立专利代理市场的科学监管机制；通过深入开展重点产业专利态势分析研究，建立重大经济活动知识产权评议及知识产权预警机制；通过大力推进知识产权质押融资与资产评估工作，建立知识产权投融资机制和交易机制，等等。加快知识产权重点领域、重点环节的"两建"工作，目的在于着力完善体系框架，构建长效机制，全面提升全省知识产权局系统的社会诚信和市场监管效能。

四要加强考核，务求"两建"取得实效。全省各级知识产权局要在巩固前期"三打"工作成果的基础上，对照省委、省政府的考核要求，结合实际研究制定本地区本部门考核方案。通过认真梳理存在问题，找准工作差距，采取有力措施，扎实做好查漏补缺工作，要加快推进执法办案任务目标责任制工作，科学评价全省知识产权局系统各地区、各部门和各级干部在"三打两建"工作中的表现，把考核结果作为领导干部选拔任用、培养教育、管理监督、激励约束的重要依据，通过考核识别干部、监督干部、检验干部，切实发挥干部考核的指挥棒作用，激发全系统干部在"三打两建"关键时期创造性开展工作的积极性。

开展"三打两建"工作事关全省科学发展大局，事关人民群众切身利益，任务艰巨，使命光荣。承担重大工作任务，既是挑战，更是机遇。面对问题和困难，我们要善于把握机遇，乘势而为，在内强能力素质努力工作的同时，还要积极争取本地区党政主要领导同志对知识产权工作的重视和支持，力争使知识产权工作的"瓶颈"问题在每一次重大活动中都能有所突破，推动全省知识产权事业在"战斗"中成长、发展和壮大，加快推进知识产权强省建设的步伐。让我们把思想和行动统一到省委、省政府的决策部署上来，以坚定的信心、务实的作风、有力的举措，大力推进"三打两建"工作，不折不扣地完成省委、省政府交给我们的任务，以实际行动和优异成绩迎接党的十八大胜利召开！

在广东打击侵权假冒绩效现场
考核汇报会上的讲话

（2013年3月15日）

受广东省副省长、省打击侵权假冒工作领导小组组长陈云贤同志的委托，首先请允许我对考核组莅临广东指导表示热烈的欢迎和衷心的感谢！

从3月12日到今天，考核组马不停蹄，辗转深圳、广州两地，考察了深圳举报申诉中心和行政执法与刑事司法衔接平台，检查了罗湖商业城、华强北赛格电子世界和茂业超市，以及广州的国览医疗器械城和中港皮具城等重点市场，同时还开展了暗访活动，随机访问了消费者，查阅了相关文件和案卷材料。这些情况方才李蕾副司长已经给我们作了通报。每到一处，考核组都认真细致、高效严格地开展工作。我今天虽然是第一次见李司长和考核组各位成员，但是在非常有限的时间里给我留下了很深刻的印象。我觉得以李司长为组长的考核组认真敬业的工作精神确实值得我们学习。

刚才李蕾副司长反馈了几天来考核组考察的情况，对我省的打击侵权假冒工作给予了比较高的评价，总结了广东的比较有特色的亮点，这是对我省各级行政司法机关过去一年来开展打击侵权假冒工作的高度肯定，应该说这一年来，我自己的体会，除了大家刚才在发言中提到的以外，有几个特点：第一个是各成员单位实现了三结合，把国务院部署的打击侵权假冒工作和广东省开展的"三打两建"工作以及每个行业和系统部署的任务，比如公安有"亮剑"行动、知识产权系统有"春蕾"行动，各个部门都有自己的行动，这三项工作结合起来，而且结合得非常好，使得全年的工作有声有色，成效显著。第二个显著的特点也是广东的特点，我省打击侵权假冒工作由省知识产权局牵头，在全国我们了解的情况除了广东，还有重庆和湖南，这个情况起源于2011年的"双打"专项行动，省委、省政府毫不犹豫地指定知识产权局承担领导小组办公室职能，当时经过7个多月的专项行动，国务院组织的几次考核都对广东有较高的评价，包括第一次是质检总局刘平均副局长带队，第二次是监察部姚增科副部长带队，都给予了很高的评价。而且当时姚部长有一个很生动形象的比喻，因为我们局所有人加起来不到100人，才80多人，相对于其他部门来说是一个比较小的单位，所以姚部长说我们是"小马拉大车"，但是跑得挺快，拉得挺好。所以后来我们省领导经常借用姚部长"小马拉大车"的说法比喻我省打击侵权假冒工作。我们省知识产权局是举全局之力，小单位有小单位的好处，关键时候各个部门抽人，我们专职的工作人员有5位，再加上这项工作所在的协调处还有5人，都在围绕打击侵权假冒开展工作。第三个特点就是工作得到了各方的肯定，既有中央领导的批示和肯定，又有省领导的肯定和批示，还有行业协会的各种肯定，还有广东得到境外海外的肯定也很多。比如在一些外国团队企业来访问的时候，我们在工作交流时经常见面，他们对我们的工作印象很深刻，有一些往来的函件都对我们的工作给予了肯定。

我们充分地认识到，国务院将打击侵权假冒工作纳入社会管理综合治理考核体系，并对地方开展现场绩效考核，一方面表明国务院对这项工作的高度重视，另一方面也是对我们工作的鞭策和激励。刚才，考核组也指出了我们工作中存在的不足和问题，提出了明确的建议和工作要求，为我们下一步抓好抓实这项工作指明了方向。会后，我们一定立即把考核组对广东打击侵权假冒工作提出的意见和建议向省委、省政府进行专题汇报，并认真研究和采取有效措施，逐项加以贯彻落实。我们一定要巩固现有成果，防止侵权假冒现象反弹；继续加强对重点地区、重点领域、重点市场的整治和重点案件的查处；进一步推进两法衔接和软件正版化，建立健全社会诚信体系，加快建设并不断完善知识产权保护长效机制，使打击侵权假冒工作为加快转变经济发展方式、建设幸福广东发挥出更大的作用。

今天，我省打击侵权假冒工作各成员单位都在场，我们在这里郑重表态，广东将继续按照国务院和全国打击侵权假冒工作领导小组的部署和要求，紧密结合省委、省政府中心工作，开拓创新，真抓实干，全力以赴推动打击侵权假冒工作不断迈上新的台阶！

05
区域工作

区域工作

积极谋划　共促发展
推动粤新知识产权事业共同迈上新台阶

——在东中西知识产权合作联席会议和
对口支援合作协议签订仪式上的发言

（2008年8月12日）

今天，非常荣幸来到草地如织、风景如画的新疆，参加"国家知识产权局新疆维吾尔自治区人民政府工作会商制度议定书签字仪式"及"东中西知识产权合作联席会议和对口支援合作协议签订仪式"。首先，我代表广东省知识产权局对国家知识产权局与新疆维吾尔自治区人民政府成功签署《共同推进新疆知识产权事业发展合作议定书》表示由衷的祝贺！同时，也对江苏省知识产权局与新疆伊犁州政府、山东省知识产权局与新疆喀什地区行署、湖南省知识产权局与新疆吐鲁番地区行署分别签订对口支援合作协议表示热烈的祝贺！

借此机会，我向各位领导和同志们汇报一下粤哈知识产权对口协作工作的有关情况。

一、共同签署合作协议，全方位开展知识产权对口协作工作

从1998年开始，广东省与新疆哈密地区逐步建立了紧密的合作关系。至今年7月，广东先后派出五批共195名干部支援新疆建设，累计投入资金和物资4.83亿元，援建项目多达240余个，涵盖交通、能源、通讯、文教、广播电视、医疗卫生、政法等多个方面。2006年8月，为了共同促进哈密地区知识产权事业发展，在新疆维吾尔自治区知识产权局的倡议下，根据《广东省与新疆哈密地区经济技术合作框架协议》确定的宗旨，我局与新疆哈密地区行署共同签署了《广东省知识产权局与新疆哈密地区行政公署对口协作协议书》（以下简称《协议》），确定在中小学知识产权教育、知识产权人才交流与培训、专利技术转移与产业化、专利行政执法、专利信息利用等方面开展广泛而深入的交流与合作。

在《协议》签订之后,粤哈双方共同建立了知识产权管理部门的磋商和交流机制,分别明确了对口协作工作的分管领导和联络员,并确定在协作过程中每年进行不定期的互访,或通过召开专题会议通报协作工作进展情况,交流工作做法和经验,共商协作内容。同时,根据《协议》确定的自愿合作、互动互补的工作原则,我局将援疆项目作为粤哈协作的重点,与哈密行署共同开展了推动中小学知识产权教育试点、企事业单位知识产权管理人员培训、科技示范园建设等工作,取得了良好的互利共赢的效果。哈密地区知识产权局在2007年被国家人事部和国家知识产权局评为知识产权系统先进集体。具体体现在以下六个方面。

(一) 互访学习交流活动成效显著

在对口协作的过程中,我局与新疆维吾尔自治区及哈密地区行署先后多次组织知识产权考察团进行了互访和学习交流,就专利行政执法、知识产权宣传培训、企业知识产权工作以及对口协作工作中的具体内容进行研讨和座谈。例如,2008年,哈密地区知识产权局专门选派了两名业务骨干到我省东莞市知识产权局学习3个月,了解东莞市知识产权工作的基本情况和主要做法。通过这些学习交流活动,使双方进一步加深了了解,并在了解中不断学习和借鉴,对促进两地知识产权事业共同发展起到了积极的推动作用。

(二) 中小学知识产权教育试点成绩突出

广东省佛山市南海区是我国中小学知识产权教育的发源地。我局一方面在全省广泛推动中小学知识产权教育试点示范工作,另一方面与哈密地区共同将"中小学知识产权教育"作为对口协作的重点项目之一。为了推动这个项目落到实处,哈密地区专门成立了"哈密地区中小学知识产权教育试点工作领导小组",制定了《哈密地区中小学知识产权教育试点方案》,先后认定了两批中小学知识产权教育试点学校,通过开展形式多样、丰富多彩的活动,不断培育中小学生的知识产权意识。我局连续3年向哈密地区捐赠了由我局及南海市教育局和知识产权局联合编写的中小学知识产权教育读本5000册,并依托佛山市南海区为哈密地区培训了2批10名知识产权教育辅导老师,对哈密地区进一步深化中小学教育试点工作提供支持和帮助。在双方的共同努力下,粤哈两地正在逐步形成从娃娃开始普及知识产权知识的浓厚氛围。

(三) 科技示范园建设项目取得新进展

结合哈密地区的产业特点,我局与哈密知识产权局共同开展了"万亩优质哈密瓜科技示范园"的建设工作。通过引进试验推广哈密瓜优良新品种,建立标准化无公害哈密瓜生产技术体系,全面提升哈密瓜的品质和质量,使该产品在国内外市场上的竞争能力得到了迅速提高。目前，已累计推广哈密瓜新技术1.5万亩，农民实现销售收入6000万元。该项目的顺利实施有效地推动了哈密地区哈密瓜种植产业化工作的蓬勃发展。

（四）企事业单位知识产权意识持续增强

企事业单位是知识产权事业发展的主体。粤哈双方在提高企事业单位知识产权意识、提升知识产权制度运用能力等方面开展了大量工作。我省积极实施了"百千万知识产权人才培育工程"，面向企事业单位组织各类知识产权高级培训班或研讨班；哈密地区对专利实施企业及民营企业重点开展专利战略培训，邀请知识产权专家赴哈进行专题培训，同时及时交流企事业单位知识产权管理的成功经验，两年间，共举办各类专题培训班23期，培训人员达3296人次，有效增强了企事业单位知识产权创造、实施、保护和管理能力。

（五）自身建设不断加强

为了进一步完善知识产权局的自身建设，2006年，我局与哈密知识产权局联手推动双方的无纸化办公和信息化工作，在广东开展了办公自动化系统及专利信息平台建设工作，在哈密完善了信息网络平台，配置了性能优良的终端设备、输入输出设备、网络设备等基础设施，解决了专利行政执法现场取证缺乏器材配置的问题，有效地提高了广东省和哈密地区的知识产权工作的管理水平和服务能力。

（六）地市知识产权对口协作内容丰富

在积极落实粤哈共建项目的基础上，我局还鼓励和支持我省知识产权工作有特色的地市与哈密地区开展合作和共建。例如，从2006年开始，我省佛山市南海区知识产权局发挥他们在中小学知识产权教育工作中经验和优势，为哈密地区开展中小学知识产权教育试点工作提供了强有力的师资支援；2007年，在我局的推动下，我省东莞市知识产权局与哈密地区知识产权局签订了《友好地市知识产权合作协议书》，开辟了知识产权交流与合作工作的新渠道。今年，东莞市知识产权局将率领庞大的企业家代表团访问哈密，考察哈密地区的投资环境，并重点商讨双方在专利技术实施和产业转移等方面的合作前景。

二、充分发挥协议作用，积极促进两地知识产权工作蓬勃发展

粤哈知识产权对口协作工作的顺利开展，为双方充分发挥比较优势和互补优势，进一步整合和优化资源起到了积极的推动作用。在粤哈双方的共同努力下，合作领域不断拓展，合作力度不断加强，合作成效不断显现。在这短短的两年时

间里,通过与新疆及哈密地区的密切联系和广泛交流,我省也开阔了眼界,学到了很多宝贵的经验。比如,新疆以提升地州知识产权行政管理能力为工作的突破点,由自治区局牵头并承担费用,组织各地州知识产权局负责人赴国外进行学习、交流。这种大手笔、敢为人先的做法十分值得我省学习和借鉴。再比如,哈密地区知识产权局在工作条件非常艰苦的情况下,不断开拓工作思路,想方设法破解发展难题,积极探索通过区域合作谋求更大发展空间,这种敢想敢拼的工作作风让我们十分敬佩。目前,在国家知识产权局的指导下,在新疆维吾尔自治区政府的正确领导下,经过大家的共同努力,新疆维吾尔自治区以及哈密地区的知识产权工作亮点频出,知识产权事业取得了突飞猛进的发展。能够为新疆的建设和发展尽一份绵薄之力,我们感到非常欣慰和自豪。我们相信,随着协作工作的不断深入,粤哈双方知识产权事业必将迈上新的台阶。

三、构建区域合作体系,共同开创知识产权事业美好未来

广泛开展区域合作,构建区域合作体系,实现互惠互利、合作共赢已经成为当今社会经济发展的主旋律。去年9月23日,国务院出台了《关于进一步促进新疆经济社会发展的若干意见》,今年7月17日,国家知识产权局出台了《关于进一步促进新疆知识产权事业发展的若干意见》(国知发管字〔2008〕92号)。在东西部地区间建立对口协作即是进一步落实党中央、国务院关于西部大开发战略、统筹区域协调发展战略的重要举措之一,是促进两地知识产权事业共同发展、协同发展的有效途径之一。今后,在东中西知识产权对口支援不断加强的大背景下,我局将按照国务院和国家知识产权局两个意见的要求,不断加强与新疆维吾尔自治区知识产权局的沟通与联系,一如既往地支持并不断深化粤哈知识产权对口协作工作。同时,我也衷心地祝愿,参与对口协助的各个省市和新疆维吾尔自治区各地州的对口援助协作取得丰硕的成果。

最后,祝愿美丽的新疆经济社会和各项事业蓬勃发展,祝福勤劳的新疆人民幸福安康!真诚欢迎各位领导和同志们到广东指导工作!

在粤东六市知识产权局长联席会议上的讲话

（2008年10月24日）

粤东知识产权局长联席会议今年已经是第七届了。这些年来，粤东知识产权合作经历了一个逐步探索和实践发展的过程，内容不断丰富，机制不断完善，队伍不断壮大，对增进粤东地区整体实力和综合竞争力具有重要意义，对加强区域间知识产权合作与交流产生了积极效果，也为我省知识产权事业的健康发展积累了宝贵经验。刚才，同志们围绕这次会议的主题和粤东知识产权工作的发展，进行了认真的研究和探讨，许多问题值得我们省局业务处室特别是法制处在制定政策法规时考虑和借鉴。下面，我讲三点意见。

首先，明确重要性，以开拓创新的意识继续深化粤东知识产权合作。

目前，粤东知识产权合作已成为我省首个知识产权领域联络、协作、交流和服务的工作平台，这个平台对粤东地区自主创新和经济发展起到了积极作用。但是，如何进一步探索、完善和深化粤东知识产权合作，继续保持和发展这个优势，这是我们在座各位都应共同思考的首要问题。在这里，我谈谈自己的看法。第一，要高度重视粤东知识产权合作面临的新形势、新任务。省知识产权局自今年起，建立了局领导联系地市工作制度，同时积极创建省部高层会商制度，贯彻实施国家和省知识产权战略纲要，认真开展知识产权战略纲要宣讲活动，最近还召开了全省专利申请形势分析会，大力推动我省专利工作的科学发展，以实现从知识产权大省向知识产权强省的跨越。面对这些新任务和新要求，我们要深刻认识粤东知识产权合作的重要意义，切实增强使命感和紧迫感，认真做好新形势下的知识产权工作。第二，要努力推动粤东知识产权合作实现新提升、新突破。当前，我省知识产权事业的发展正处在一个新的历史起点上，我们既要看到工作中的矛盾和困难，更应看到发展的机遇和潜力，要以大局的意识和前瞻的眼光，不断加大工作力度，强化工作措施，创新工作方法，积极推进粤东知识产权合作的深入发展。第三，要积极构建粤东知识产权合作的新机制、新环境。今年，河源市局新加入了粤东知识产权联席会议，给区域合作机制增添了新的血液。粤东六市的工作都有自己的特色和亮点，但粤东知识产权合作需要各市密切配合，共同推进。大家要继续完善区域知识产权工作协调机制，强化协作配合力度，拓宽学习交流渠道，积极探索全方位、多层次、高效率的长效协作机制，为粤东社会经济发展创造更好的环境和条件。

其次，注重针对性，以求真务实的态度认真开展粤东专利执法协作。

这些年来，粤东知识产权合作的重点都在专利保护方面，我们这次会议的主题也与专利执法协作密切相关。虽然粤东专利执法协作已经进行了有益探索并取得了一定成效，但今后大家还应以求真务实的态度认真开展和不断深化专利执法协作。一是夯实基础，健全完善联席会议制度和执法体系。要定期召开联席会议，研究交流工作情况，协调解决各种问题，有效促进执法协作的深入开展；要在积极健全县（市、区）知识产权机构的同时，完善市县两级专利执法主体，包括知识产权局局长的正式任命，充实一线执法人员和基层执法力量，保证执法工作的严肃性和权威性。二是加强沟通，完善案件线索移送机制和疑难案件会商机制。要努力推进建立统一的专利案件立案标准、移送制度和案件委托调查制度，减少专利权人的维权成本，有效维护权利人的合法权益；对跨地区的重大、典型和疑难案件，可以实行联合办案、合作办案，共同协商和解决协作工作中出现的疑难问题和对案件定性等认识上产生的分歧，提升专利行政保护的整体水平。三是整合资源，联合组织开展打击和整治专项行动。要通过开展专项行动，统一组织，突出重点，集中整治，实现资源共享，形成执法合力，规范市场经济秩序，营造良好创新环境。比如，今年省局部署开展的"雷雨""天网"专项行动，就是粤东地区开展专项行动的良好时机。

最后，强化整体性，以扎实高效的作风积极推进粤东区域协调发展。

大家知道，知识产权与经济社会的协调发展息息相关。粤东知识产权联席会议制度运行的这些年来，充分表明了粤东各市谋求发展的眼光是长远的。今后，大家还要努力强化知识产权领域的合作与交流，并使之成为促进粤东经济持续健康发展的重要内容，成为推进粤东区域协调发展的客观需要。第一，推进自主创新，促进区域内产业优势互补。要建立定期或不定期的交流与考察学习机制，提高企事业单位运用知识产权制度的能力和水平，增强企事业单位核心竞争力和知识产权国际化能力；要在去年粤东局长联席会议提出的信息共享的基础上，探索和建立区域专利技术合作促进机制，加强专利技术实施和产业化方面的合作与转移，提升区域整体竞争力。第二，加快人才培养，实施知识产权人才培养战略。

要通过举办专题研讨、交流考察等多种形式，学习借鉴成功经验，从不同层面加大知识产权人才的培养力度；同时，还要壮大知识产权人才队伍，提升人才培养能力，以适应知识经济时代日益激烈的国际竞争的需要。第三，强化宣传服务，优化知识产权工作的良好氛围。要推进行政执法与宣传工作的紧密结合，积极组织开展形式多样、针对性强、富有成效的法制宣传教育，努力扩大宣传覆盖面和执法影响力；要消除地区障碍，加强知识产权信息服务交流与合作，促进信息资源共享和优势互补，切实提高信息服务和公众信息利用水平。

我相信，在同志们的共同努力下，粤东知识产权合作一定会继续开拓新局面，迈上新台阶，为实现粤东地区社会经济可持续发展作出更大的贡献。

在 2008 年全省区域及企业知识产权试点示范工作会议上的讲话

(2008 年 11 月 11 日)

今天,我们召开 2008 年全省区域及企业知识产权试点示范工作会议,总结开展区域和企业知识产权试点示范工作的经验,部署今后的工作任务,具有重要的现实意义。在此,我谨代表省知识产权局对会议的召开表示热烈的祝贺!向出席会议的各位代表表示热烈的欢迎和诚挚的问候!

借此机会,我讲三点意见,供大家参考。

第一,认清形势,明确任务,进一步增强做好企业知识产权试点示范工作的责任感和使命感。随着知识经济时代的到来和经济全球化的迅猛发展,知识产权在经济、政治、社会、文化和科技发展中发挥越来越重要的作用。知识经济使得信息和知识成为能创造财富的主要资产,一国的经济增长比过去更明显地依赖于知识的产生、传播和利用。经济全球化使世界范围内的产业结构进一步调整,世界各国的经贸往来更加紧密,知识和信息流动更加频繁和迅速,对知识这一财产进行保护的要求更加迫切。对发达国家而言,保护知识产权越来越多地被作为一种手段、一种战略,用来维护其技术领域、经济领域、国家实力方面的领先地位。知识产权越来越成为一国现实的和潜在的重要战略资源和核心竞争力。

党中央、国务院深刻洞悉国际形势的发展趋势,高屋建瓴地提出了要大力实施知识产权战略的要求,使我国知识产权工作实现了从单一的"保护"到"战略"的重大跨越,这一转变意味着今后我国的知识产权工作将在知识产权的创造、运用、保护和管理等方面全面开展,意味着我们工作的舞台将更加宽广,更意味着我们背负的责任愈加重大。

当前,我省正处于产业结构调整的关键时期,产业结构优化升级,就是要加快以企业为主体的技术创新体系建设,促进具有自主知识产权的产业的发展,增强企业核心竞争力。继我省知识产权战略纲要颁布之后,前不久,省政府又相继出台了《广东省建设创新型广东行动纲要》和《广东自主创新规划纲要》,使我省创新型广东建设的步伐进一步加快，以企业为主体、市场为导向、产学研相结合的技术创新体系正在建立。为此，我们要增强做好企业知识产权试点示范工作的责任感和使命感，充分发挥知识产权在引导产业结构调整方向、激励自主创新中的重要作用，积极参与到全省产业结构优化升级和创新型广东建设的整个过程中，为我省经济增长方式转变提供制度保障。

第二，以试点促推广普及，以示范促深化发展，进一步认识开展企业知识产权试点示范工作的重要意义。企业知识产权试点示范工作是推动知识产权工作全面深入开展的重要举措，也是知识产权工作的重要着力点，对推动知识产权事业的发展具有重要意义。近年来，我省各试点示范城市、园区和企事业单位在实践中大胆创新，取得了丰硕的成果，积累了丰富的经验。各试点示范单位的知识产权拥有量和运用知识产权制度的能力明显提高，自主创新能力进一步增强，并带动了更多的区域和企业运用知识产权制度获取竞争主动权，为促进经济、科技可持续发展起到了积极作用。在区域试点方面，我们通过省知识产权局与市（县、园区）政府共同推进的办法，有步骤、有重点地扶持了一批有一定工作基础的市（县、园区），加大了其对知识产权机构、人员和经费的投入力度，增强了其知识产权运用、保护和管理的能力，从而优化了整个市（县、园区）的知识产权环境，对实现当地经济快速协调发展发挥了积极作用。

在企业知识产权工作方面，我们一直把工作重点放在企业，经过多年的努力，在总体科研实力不如一些内地省市的情况下，我省的专利申请量和授权量很快就从专利法刚刚颁布实施的1985年处于全国第15位上升到第1位，到2007年底止，我省专利申请量、授权量以及商标的注册量均已连续13年位居全国首位。实践证明，以企业作为知识产权工作的主战场的工作思路是完全正确的。开展企业试点示范工作的意义在于，通过对知识产权工作做得好的企业进行强化指导，在不同的企业中形成不同的模式和经验，对全省企业起到示范带头作用。今年新开展的企业知识产权战略试点工作，则是为了配合国家及省知识产权战略的实施，顺应形势发展，提升企业知识产权工作水平。通过试点，总结经验，以点带面，使更多的企业了解、重视知识产权战略的制定和实施，在激烈的市场竞争中掌握主动权，立于不败之地。

第三，解放思想，开拓创新，进一步开创企业知识产权试点示范工作的新局面。今年是我国改革开放30周年，我国知识产权事业从无到有，仅用几十年的时间就走完了发达国家几百年所走过的路程，成绩举世瞩目。而广东更是得益于改革开放先行一步，成为名副其实的知识产权大省。然而在看到成绩的同时，我们必须看到面临的形势、存在的问题仍十分严峻。我省的自主创新能力仍较为薄弱，对外贸易缺乏知识产权支撑，海外被诉侵权数量较多，在近年来美国涉华"337"知识产权案中，我省是涉案企业最多的省份之一。因此，我们应以科学发展的眼光，谋划未来发展之路。

一是要进一步解放思想，创新工作思路。今年年初，我省开展了解放思想大讨论活动，6月，省委省政府出台了《关于争当实践科学发展观排头兵的决定》，这一纲领性的文件为我省未来的发展指明了道路和方向。《决定》明确要求要"实施知识产权战略，加强知识产权创造、应用、保护和管理，实现从知识产权大省向知识产权强省跨越。"而要实现这一战略目标，就必须解放思想，创新工作思路。二是要认真总结工作经验，改进工作方法。经过多年的试点示范工作，我们已有一套成熟有效的工作方法和做法，对此要好好加以总结和发扬。然而，世界上没有一成不变的发展模式和工作方法，随着经济社会发展阶段的不同，知识产权工作的方向、思路、方法也要进行调整，以适应形势变化的要求，因此，我们一定要时刻跟踪形势的发展和变化，不断调整和完善我们的工作方式方法。

在座各位都是我省知识产权优秀企业和区域的代表，实现从知识产权大省向强省的过渡，建设创新型广东的战略目标，要靠我们大家的共同努力。我希望通过这次会议，在相互交流、学习的基础上，进一步明确试点示范工作的重点任务，认清我们面临的形势和肩负的历史重任，在我省新一轮大发展的历史进程中发挥企业知识产权应有的作用。

在知识产权质押融资试点推进大会暨专题论坛上的讲话

（2009年3月25日）

今天，非常高兴参加"知识产权质押融资试点推进大会暨专题论坛"，在这里我谨代表广东省知识产权局，对国家知识产权局长期以来对我省的关心和指导，对佛山市南海区政府承办本次大会所做的工作表示衷心的感谢，对各位领导和嘉宾的到来表示热烈的欢迎。

金融业是承担筹融资、扶持、促进自主创新的重要杠杆。然而近年来中小企业融资难的问题日显突出，尤其是高科技型、成长型民营中小企业，只能运用土地、房产等不动产进行质押取得银行贷款，但是由于中小企业尤其在创业阶段往往缺乏房产等固定资产抵押物，而多被银行拒之门外，使拥有的自主知识产权无法实施，出现了捧着金饭碗要饭吃的尴尬局面。如何建立完善有效的融资渠道，支持更多的自主知识产权成果实现产业化，是目前一个紧迫的研究课题。去年，国家知识产权局开展了"全国知识产权质押融资试点"工作，积极推进知识产权质押融资工作，这是探索解决拥有知识产权企业融资难、落实国家自主创新战略、优化知识产权创造和运用环境的一项重要举措。

作为首批知识产权质押融资试点的佛山市南海区，是我省和我国知识产权发达地区，在知识产权创造、运用、保护和管理方面都创造了不少的经验。去年，南海区又被广东省政府批准为"广东金融高新技术服务区"，给予特殊的扶持政策，将南海区打造成广东的金融高新区。希望南海区再接再厉，充分利用金融高新区的优良环境和特殊政策，通过开展知识产权质押试点工作，积极探索知识产权质押融资的新体系和新机制，为我省乃至全国提供知识产权质押融资的经验。

目前，我省正在抓紧贯彻落实《珠江三角洲地区改革发展规划纲要（2008~2020年）》，并且在为建设知识产权强省而努力。我们将按照《纲要》以及国家和省知识产权战略纲要的精神，积极配合全国知识产权质押融资试点工作。在促进知识产权质押融资方面，采取以下措施：

一是鼓励支持资产评估机构开展知识产权评估业务，建立健全知识产权评估机制，推行知识产权评估制度。

二是建立和完善知识产权交易体系和机制。继续扶持广州、深圳、佛山和东莞四个国家专利技术展示交易中心。制订实施省知识产权综合交易平台扶持计划，促进我省知识产权交易体系的建设。为知识产权质押融资的贷款方退出和变现提供平台。

三是积极争取财政对知识产权质押融资工作的扶持。为重点专利权质押融资贴息，为知识产权质押融资降低风险。

四是建立健全知识产权投融资机制。鼓励、引导和支持金融和风险投资开展知识产权提供质押融资业务，加大对知识产权实施和产业化的资金投入。支持拥有自主知识产权的企业发行企业债券或在境内外上市融资。进一步完善信用担保体系，加大对企业自主知识产权实施的贷款担保力度。支持、鼓励和推广知识产权有偿转让或作价入股。

同时，我希望我们的金融机构在看到知识产权质押融资风险的同时，也要看到这将是知识经济时代银行利润新的追逐点，更要看其对加速知识产权转化、提升企业核心竞争力的积极推动作用，建立贷款风险控制及补偿机制，设计更多的知识产权质押信贷品种、简化该类贷款流程，积极开展知识产权质押融资业务。我也希望广大拥有知识产权的企业，充分认识和利用知识产权资产属性的价值，积极通过知识产权质押融资，以解决企业发展的资金，促进知识产权实施和产业化。

我们的知识产权质押融资工作还处在"襁褓"之中，还只是一个新生的婴儿，需要各方面的呵护和支持。我相信，这次会议的举办将有利于促进政府、金融界和企业界的交流，推动知识产权质押融资的健康发展，从而引导企业实现知识产权的价值，破解创新型企业融资的难题，对我省中小企业尽快走出金融危机的影响，促进我省知识产权强省建设具有重要的意义。

在东莞市知识产权工作会议暨专利奖励大会上的讲话

（2009 年 4 月 21 日）

今天，东莞市首次知识产权工作会议隆重召开。在此，我代表省知识产权局对会议的召开表示热烈的祝贺，对东莞市委、市政府长期以来对知识产权工作的高度重视和大力支持表示衷心的感谢，向获得东莞市专利奖的单位和获得东莞市知识产权先进个人称号的同志们致以崇高的敬意，向东莞市知识产权工作试点示范镇街和专利培育试点企业的代表们以及所有辛勤奋斗在知识产权战线上的同志们致以亲切的问候。借此机会，我讲三点意见。

一、真抓实干、勇于创新，东莞市知识产权事业实现了蓬勃发展

东莞是在改革开放大潮中崛起的新兴工业城市。在短短的 20 多年里，东莞市按照党中央、国务院和省委、省政府的决策部署，深入贯彻落实科学发展观，把握机遇，迎难而上，走过了西方发达国家曾用 100 多年、亚洲"四小龙"曾用 40 多年才完成的工业化历程，迅速从一个农业县发展成一个以国际加工制造业闻名的新兴城市。2008 年，在国际金融危机愈演愈烈，对实体经济产生严重冲击的形势下，全市积极应对，在逆境中寻求突破，年度生产总值（GDP）同比增长 14.0%，占全省生产总值的 10.4%，人均生产总值同比增长 12.4%，是全省人均生产总值的 1.4 倍，全市经济总体保持了平稳较快的发展势头。

近 5 年来，在东莞市委、市政府的高度重视和正确领导下，全市知识产权工作一直走在我省地级市前列，我认为可以用三大特点来概括：一是认识到位，措施有效。市委、市政府将知识产权工作作为支撑全市未来经济社会发展的重要内容，把知识产权工作纳入重要议事日程，在加大投入、完善政策、健全机构等方面采取了一系列强有力的措施，有效地提升了地区知识产权创造、运用、保护和管理的水平。二是重点明确，主体突出。在市政府及各相关部门的积极推动下，东莞市企业自觉运用知识产权制度的意识和能力不断增强，以志成冠军等为代表

的一大批知识产权优势企业脱颖而出，走出了一条将知识产权优势转化为产品优势、企业优势和产业优势的新路子，这些企业已经成为东莞新的经济增长点。三是成效显著，亮点纷呈。全市知识产权创造能力显著增强，专利申请数量和质量双双提升，国际专利申请再创新佳绩，专利投融资试点率先开展，国家专利技术（东莞）展示交易中心高效运作，社会知识产权意识普遍增强。东莞市知识产权工作的扎实推进，不仅为推动全市经济社会又好又快发展作出了积极贡献，同时也对广东知识产权大省地位的确立和巩固发挥了重要作用。

二、认清形势，坚定信心，努力走出一条以知识产权战略促科学发展的新路子

从国际形势来看，随着经济危机的不断加剧和经济全球化的持续发展，知识产权已被推向了国际市场竞争的前沿。各国越来越将知识产权作为重要的战略性资源，作为摆脱危机、突破困境的重要手段，作为提高国际竞争力的核心要素。

从国内形势来看，2008年，国务院颁布实施《国家知识产权战略纲要》，并将知识产权战略作为与科教兴国战略、人才强国战略并重的国家三大重要核心战略之一。2008年12月31日，国家颁布了《珠江三角洲地区改革发展规划纲要（2008～2020年）》，从战略的高度为珠三角的发展搭建了一个更新、更高、更广阔的平台。

从我省形势来看，省委、省政府高度重视知识产权工作。2007年11月6日，《广东省知识产权战略纲要（2007～2020年）》颁布实施；2008年6月19日，省委、省政府在《关于争当实践科学发展观排头兵的决定》中明确提出了我省要"实现从知识产权大省向知识产权强省跨越"的目标；同年7月14日，省政府召开全省知识产权工作会议，黄华华省长对实施知识产权战略和建设知识产权强省作了重要部署。

今年，在全球金融危机的影响下，我省正处在加快转变发展方式、大力推进经济结构战略性调整的关键时期，知识产权战略已经成为扩内需、促增长、调结构、保发展的重要组成部分。在这种情况下，从省到各市，都应当坚持以科学发展观统领知识产权事业发展全局，将加强知识产权能力建设、体系建设、制度建设和环境建设作为工作重点，全面推动知识产权事业取得更大的进步，为建设创新型广东和促进经济社会科学发展提供有力支撑。

三、对东莞知识产权工作的几点希望

2009年，是我省推动经济社会全面转入科学发展轨道的关键一年，是贯彻落实国家和我省知识产权战略纲要的重要一年，也是实施《珠江三角洲地区改革发展规划纲要（2008~2020年）》的开局之年。东莞市的知识产权工作要按照省委、省政府"三促进一保持"的统一部署和要求，把服务经济平稳较快发展作为首要任务，把支撑产业发展方式转变和优化升级作为主攻方向，在激励创造、有效运用、依法保护、科学管理四大环节上下足工夫。下面，我提三点希望。

一是希望市委、市政府继续发扬解放思想、勇于创新、敢为人先的优良传统，认真贯彻落实国家和我省知识产权战略纲要，将实施知识产权战略与贯彻珠三角改革发展规划纲要紧密结合，加快地区知识产权战略实施计划的制定步伐，紧扣知识产权事业发展的关键环节，着力解决制约知识产权事业发展的难点问题，切实加强知识产权管理体系、政策体系和服务体系建设，打破发展瓶颈，使知识产权战略各项工作任务和措施真正落到实处、取得实效，不断提高自主创新能力。

二是希望各知识产权职能部门充分发挥在政策引导和环境建设中的关键作用，针对东莞市遭受金融危机严重冲击的现状，及时出台以知识产权工作应对金融危机的指导意见，进一步加大对企业的扶持引导力度，在创造核心自主知识产权、建立知识产权投融资机制、培养引进知识产权高端人才、加强知识产权涉外纠纷应对能力等方面为广大企业提供实实在在的服务，帮助企业大力提升知识产权制度运用能力，促进产业由低端向高端转变，带动地区产业结构的优化升级和经济社会的平稳发展。

三是希望广大企业能够充分认识知识产权制度在增强自身核心竞争力中的关键作用，一方面继续加大研发投入力度，大力创造高质量的知识产权，努力在关键领域掌握一批核心技术，另一方面下大力气推动知识产权的运用和保护，将研发成果有效地转化为竞争优势和市场优势，迅速在危机中站立起来，不断发展成为拥有自主知识产权、具有较强国际竞争力和影响力的企业，成为东莞市实现新一轮发展的领路军。

面对新的历史起点，我们要以全球视野和战略思维谋划未来，主动适应新时期对知识产权工作提出的新要求，发挥"百舸争流，奋楫者先"的精神，抓住机遇、趁势而上，充分努力开拓知识产权工作新局面，以优异的成绩向新中国成立60周年献礼。

在第五届泛珠三角区域知识产权合作联席会议上的发言

(2009年7月6日)

六月的广西,繁花似锦,生机盎然。今天,我非常高兴能够有机会与大家欢聚在南宁这座绿色文明城市,共谋发展大局、共创美好未来!首先,我谨代表广东省知识产权局对第五届泛珠三角区域知识产权合作联席会议暨第四届合作论坛的成功举办表示热烈祝贺!对广西壮族自治区的精心安排和热情接待表示衷心感谢!

白驹过隙,日月穿梭。转眼间,泛珠三角区域知识产权合作已经步入了第6个年度。在党中央、国务院的正确领导下,在国家有关部委的悉心关怀下,在各省(区、特区)知识产权职能部门的积极努力下,泛珠三角区域合作环境不断优化,合作领域不断拓展,合作力度不断加强,合作成果不断扩大。在合作过程中我们深刻体会到,深入推进泛珠三角区域知识产权合作,是促进区域知识产权事业科学发展的必然要求,是推动区域经济进步和社会繁荣的重要举措。实践证明,泛珠三角合作对区域各省(区、特区)加快发展发挥了重要的推动作用,在国内外产生了积极而广泛的影响。

近年来,胡锦涛总书记、温家宝总理都对务实推进泛珠三角区域合作作出了重要指示。去年12月31日,国务院批准实施的《珠江三角洲地区改革发展规划纲要(2008~2020年)》将泛珠三角合作纳入全国区域协调发展的总体战略。因此,我们有理由相信,今后,泛珠三角区域知识产权合作机制必将更加充满生机和活力。

下面,我介绍由我省牵头承担合作项目的进展情况以及下一年合作项目建议。

一、由我局牵头开展合作项目的进展情况

(一)建立泛珠三角区域专利行政执法协作机制

我局于2006年草拟了《泛珠三角区域专利行政执法协作协议》,2007年在

征求和综合各省（区）修改意见的基础上，对《协议》进行多次修改和反复研究，并第二次向各省（区）征求意见。2008年，我局又对《协议》进行了进一步完善，并拟在适当时候召开泛珠三角区域专利行政执法协作会议，由内地9省（区）知识产权局签署协议，搭建泛珠三角区域知识产权保护工作新平台。

（二）开展泛珠三角区域有效专利分析工作

2007年，第四届泛珠三角区域知识产权合作联席会议确定由我省牵头开展"泛珠三角区域有效专利分析"研究工作。2008年年初，我省从专利数据库中提取了截至2007年底的泛珠三角区域有效专利数据。同年3月，国家知识产权局公布了相同时间段内全国各省（区、市）有效专利数量。这些数量与我省提取的数据存在较大偏差，泛珠三角内地9个省（区）有效专利总量的偏差就高达30%。为了提高分析工作的准确度，在我局的请求下，2008年11月，国家知识产权局向我们提供了泛珠三角区域、长三角区域、环渤海湾区域有效专利数据的部分明细。我省在已有数据和国家知识产权局提供数据的基础上，从地域分布、专利权利人类型、专利技术领域、专利有效率、专利有效期和半衰期等几个方面对60余万条专利数据进行了分析，并起草了《泛珠三角区域有效专利分析》报告。下面我简单介绍一下报告的主要内容。

《泛珠三角区域有效专利分析》共5章约56000余字，从泛珠三角区域、泛珠三角区域各省（区、特区）、三大经济区域三个层面上分析了有效专利的基本情况，并提出了政策建议。

从整体来看，泛珠三角区域的有效专利呈六个特点：

一是有效专利数量大，但专利结构亟待优化。泛珠三角区域有效专利量超过19万件，居三大经济区域之首，但有效发明专利量较少，低于环渤海湾区域和长三角区域，有效发明专利占有效专利总量比例仅为10%。

二是专利总体有效率低，但发明专利有效率高。泛珠三角区域专利总体有效率仅为41.2%，但发明专利有效率却高达67.3%，实用新型专利有效率和外观设计专利有效率分别仅有43%和36%。三种专利的有效率均低于长三角区域。

三是有效专利以非职务为主，有效发明专利以职务为主。泛珠三角区域有效专利中的非职务比例为57%，有效发明专利中的职务比例为68%。区域有效专利和有效发明专利的职务比例均低于环渤海湾区域和长三角区域。

四是百万人口、百亿元GDP有效专利数量低。泛珠三角区域百万人口、百亿元GDP有效专利量、有效发明专利量均低于国内平均水平，仅为长三角区域和环渤海湾区域的1/2~1/4。

五是有效专利技术领域特点突出。泛珠三角区域有效发明专利以电气电子、药品/生物技术、化学品/材料为主,有效实用新型以消费品/土木工程、电气电子和机械装置运输为主,外观设计以包装容器、家具、录音/通讯类为主。

六是专利有效期及半衰期年限都较短。泛珠三角区域有效发明专利的有效期为5.3年,2000年授权发明专利的半衰期在第4年,与长三角区域和环渤海湾区域基本相同。

根据泛珠三角区域有效专利的特点,我们就加强区域专利工作提出了五点建议:一是大力落实国家知识产权战略;二是加大知识产权工作投入力度;三是有效推动区域知识产权创造运用;四是加大区域知识产权保护;五是完善区域知识产权服务体系。

我们已经将报告的全文印刷成册发给各位参会代表,供大家了解本省(区、特区)有效专利的基本情况,为促进当地的专利事业再上新台阶提供参考依据。

二、第五届区域合作项目建议内容及相关说明

今年,根据泛珠三角区域知识产权事业发展需求和目前的合作状况,我省提出一项合作项目建议,即"泛珠三角区域知识产权专家库建设",供会议讨论。

2008年以来,随着《国家知识产权战略纲要》的颁布实施,加快推进区域知识产权事业发展,对充分发挥知识产权专家的重要作用提出了更高、更新的要求。为了有效整合泛珠三角区域知识产权专家资源,充分发挥各位专家学者的专业特长和优势,更好地为地方政府决策及企事业单位知识产权工作服务,我省建议建立"泛珠三角区域知识产权专家库"。"专家库"由"9+2"省(区、特区)在知识产权领域或相关领域中具有较高政策水平和实践经验、对区域或当地经济社会发展情况熟悉的专家学者组成,并根据专业方向、研究特长和工作特点分为若干个组,在知识产权政策制定、发展研究、战略推进、重大问题论证、保护与产业化、宣传培训教育、对外交流合作等方面提供智力支撑。专家库将以网络为载体和平台,采取网上申报、网上审核和公开查询的方式,向区域各省(区)知识产权管理部门开放。

三、关于实施泛珠三角区域知识产权战略的两点建议

2008年11月19日,胡锦涛总书记在中央政治局第九次集体学习时指出:"坚持走中国特色自主创新道路,大力实施科教兴国战略、人才强国战略、知识产权战略,加快建设国家创新体系。"今天,知识产权战略已经成为国家重要发

展核心战略之一。在这种大背景下,我们建议在泛珠三角区域大力实施知识产权战略,切实提升区域的整体发展水平。下面,我将提出两点建议。

一是建议建立泛珠三角区域知识产权战略合作交流机制。在国家知识产权战略颁布之后,全国各省区市积极贯彻实施知识产权战略,全面推进地方战略制定及实施工作。在泛珠三角区域内,落实国家战略措施、实现国家战略目标已经成为各省、区知识产权工作的重要组成部分。湖南、广东、四川、贵州已经颁布了本省的战略纲要并启动了战略实施工作,福建、江西、广西、海南、云南的知识产权战略或实施意见都在紧锣密鼓地研究制定和提请审议过程中。在这种状况下,我们建议搭建区域合作交流平台,建立区域知识产权战略合作交流机制,将各省、区战略制定、实施和评估的成功做法和经验在区域内推广,真正形成区域战略实施工作齐头并进、共同发展的崭新局面。

二是建议将泛珠三角区域建设成为国家知识产权战略实施试点区域。区域和地方的知识产权战略是国家知识产权战略的有机组成、实施途径和重要支撑,国家知识产权战略提出的各项举措,要通过各区域和地方的知识产权战略加以落实。泛珠三角区域横跨我国东、中、西部9个省(区),还包括香港、澳门两个特别行政区,各省(区、特区)的知识产权制度各有特色、知识产权工作各有所长,在一定程度上反映了我国知识产权事业的整体发展状况。因此,如果国家知识产权局能够将泛珠三角区域作为实施国家战略的试点区域,帮助各省(区、特区)在知识产权工作的重点、难点领域不断探索、先行先试,既可以有效地提升区域知识产权事业整体发展水平,为区域经济社会发展起到重要的推动作用,又可以扎实地推进国家知识产权战略实施工作,高质量地完成国家战略确定的各项任务。

各位代表,今天,泛珠三角区域已经进入全方位开放、全方位创新、全方位发展的重要时期。今后,我局将在《泛珠三角区域知识产权合作协议》的框架下,一如既往地支持并积极参与泛珠三角区域知识产权合作;同时,我也衷心期望,泛珠三角区域合作各方不断加深友谊、扩大共识、推动合作、携手发展,为谱写知识产权事业新的篇章而努力奋斗。2010年,第16届亚洲运动会将在广州举办,届时,我们真诚欢迎各位到广东参观考察、交流指导,共享亚运精彩时刻!

在 2009 年全省知识产权区域发展计划总结会暨合同签署仪式上的讲话

（2009 年 8 月 13 日）

今天的会议，对 2007 年以来全省区域知识产权发展计划的实施情况进行了总结，对各地市好的做法给予了肯定，同时就下一阶段如何加强工作提出了要求。这里，我想就如何全面加强和贯彻落实区域知识产权发展计划谈两点意见。

一、提高认识，充分领会区域知识产权发展计划的深远意义

多年来，在省委、省政府的高度重视和正确指导下，我省知识产权工作取得了长足发展和进步，知识产权创造、运用、保护和管理等各方面的工作都走在全国前列。但是，与此同时，一个突出的问题却一直摆在我们的面前，这就是地区发展不平衡的问题。以专利创造能力为例，我省专利申请量，特别是发明专利申请量高度集中在珠江三角洲区域，广州、深圳等市的专利申请量占全省 90.55%，发明专利申请量占全省的 96.40%，专利申请量、发明专利申请量居全省前十位的企业、大专院校和科研机构全部集中在深圳、广州、佛山等市。同时，全省 21 个地级以上市在知识产权管理机构设置、人员配备、专项经费额度、知识产权工作力度等方面存在较大差异。一些地市由于受到经费和人员的严重限制，工作不能深入开展，工作成效迟迟不能得到充分体现，当地政府对知识产权工作的重视程度也难以有效提升。

正是基于这种现实情况，为了更全面、更有效地推动全省知识产权工作的协调发展，2007 年 5 月 8 日，我局正式启动了区域知识产权发展计划的实施工作，并希望通过实施计划，进一步整合省局资源并加大扶持资金投入力度，为各市搭建更加广阔的工作平台，全面形成省市联动的工作局面，实现省内区域知识产权工作的协调发展，全面提高我省各市知识产权事业发展水平作出新的贡献。同年 7 月，我们专门召开了会议，省局和各市局签署首年度合作协议，并就年度工作任务进行了部署。

区域发展计划实施两年来，计划取得了一定的效果和成绩，全省各市的知识产权工作能力明显提高，工作水平显著提升，中心城市在知识产权事业中的龙头带动作用更加明显，珠三角地区的知识产权工作发展层次不断提升，东西两翼和北部山区的知识产权成效逐步显现。但是，在多数地市认真落实计划的同时，部分地市的计划执行情况却很不理想，不少协议内确定的项目未能得到有效的落实，有的地市甚至连指令性计划项目都不能按时完成，还有不少地市连续三年不能按期向省局报送计划执行情况总结。我认为，出现这些问题的根源只有一点，就是认识远远没跟上。一些地市没有把区域发展计划作为一项重要工作认真对待，导致很多计划项目没有能够得到有效落实，很多工作没有切实取得预期实效。

针对区域发展计划实施过程中出现的种种问题，2008年和今年，我们召开局办公会议两次讨论，连续两年调整了经费的分配方式。作出调整的目的，就是要鼓励工作积极、措施得力、成效突出的地市，督促大家将区域发展计划认真实施好、落实好。

二、高度重视，推动区域知识产权发展计划工作取得实效

为了使区域发展计划能够切实发挥效果，真正地起到推动各市知识产权事业发展的作用，我希望各市知识产权局切实要做好三项工作。

一是要高度重视，充分认识实施区域发展计划的重要意义。要建立工作责任制，真正做到主要领导负总责、亲自抓，具体工作由专人负责，层层落实。

二是要认真抓好各计划项目的执行和落实。对于指令性项目，例如专利行政执法、百千万知识产权人才培养、整治专利代理市场、"正版正货"承诺活动等工作，一定要按照省局的统一要求，按时按期、保质保量地完成好、执行好；对于自选项目，各市要选准当地知识产权事业发展的重点问题和薄弱环节，有针对性地申报和实施项目，将区域发展计划作为推动当地知识产权工作发展的重要抓手。

三是要用好经费，充分发挥扶持经费的放大和带动效应。因此，各市一定要把省局下拨的经费用好、用实，要严格按照省财政厅的要求，认真做好经费使用的绩效考核和评价工作，同时，要尽全力争取当地财政的配套支持，为缓解地方工作经费紧缺的问题走出一条新的路子。

我们一定要共同努力、团结奋进，全面推进区域知识产权发展计划落到实处，为建设知识产权强省做出新的贡献。

在佛山市禅城区实施国家知识产权强县工程推进大会上的讲话

（2009 年 8 月 27 日）

今天我们在这里举行广东省实施国家知识产权强县工程佛山宣言签署仪式暨佛山市禅城区实施国家知识产权强县工程推进大会。这次会议是在我省全面贯彻落实《珠江三角洲地区改革发展规划纲要（2008～2020 年）》《国家知识产权战略纲要》《广东省知识产权战略纲要》以及省政府与国家知识产权局签署的《关于建立知识产权高层次战略合作关系的议定书》的形势下召开的，对我省的知识产权工作将发挥积极的推动作用。

为促进国家知识产权战略在县域的实施，充分发挥知识产权制度促进经济社会发展的作用，提升县（区）知识产权综合能力，促进县域经济社会发展，国家知识产权局于 2008 年 8 月启动了国家知识产权强县工程实施工作，这是国家知识产权局的重要工作部署。我省近 20 个县、区积极申报，我局在汇总申报材料的基础上对申报名单进行了审核，按照要求，择优向国家知识产权局推荐了一批区，最终禅城、花都、南山、顺德、龙湖、南海等 6 个区顺利进入首批实施国家知识产权强县工程行列。从数量来看，我省是最多的省份之一，这是国家知识产权局对我省知识产权工作的充分肯定，也是对以上 6 个区知识产权工作的充分肯定。在此，我谨代表广东省知识产权局对国家知识产权局的关心和支持表示衷心的感谢！对禅城区、花都区、南山区、顺德区、龙湖区、南海区进入首批实施国家知识产权强县工程行列表示热烈的祝贺！

近年来，国内外形势正在发生深刻而重大的变化。环顾全球，随着科技创新和经济全球化的发展，知识产权被推向了国际竞争的前沿。知识产权作为一种重要的战略性资源和提高国际竞争力的核心要素，日益成为决定各国、各地区经济社会发展态势和后劲的关键性因素，在经济社会发展中的地位不断提升，作用愈发凸显。在新的发展浪潮中，以知识产权制度运用提升经济社会发展质量和效益已成为各国、各地区的战略选择。鼓励发明创造、保护知识产权、推动知识和智力资源从创造到运用的良性循环，正在成为各国、各地区追求的重要目标。全世界约20个创新型国家拥有全球90%以上的发明专利，在全球500强企业里，以知识产权为核心的无形资产对企业的贡献已超过80%。在这种新形势下，知识产权已经成为各国、各地区摆脱危机、突破困境的重要手段之一。放眼全国，知识产权工作在国民经济和社会发展全局中的地位和作用与日俱增，知识产权战略业已成为与科教兴国战略、人才强国战略并重的国家三大重要战略之一。党中央、国务院对知识产权工作高度重视，胡锦涛总书记和温家宝总理多次就知识产权发表重要讲话，作出重要指示。《国家知识产权战略纲要》经国务院常务会议审定通过，于2008年6月初正式颁布实施。各地区都在抢抓机遇，加快发展，呈现出千帆竞发、万马奔腾、竞相发展的新格局。

当前，我省正处于经济社会发展的关键时期，正处于全面推动"三促进一保持""两转型一再造"的关键时期，我省将进入一个必须更加注重自主创新、更加注重人与自然和谐发展的新的发展阶段。在新的发展阶段，更加突出知识产权在全省经济社会发展中的重要战略地位，加快知识产权发展，提高知识产权创造、运用、保护和管理能力，是适应经济社会发展要求的客观需要，是进一步推动科技创新、产业结构优化升级、经济发展方式转变的重要手段，是当前和今后一段时期我省实现新发展、进一步提升竞争力的必然选择。一言以蔽之，我省未来的发展将更加依赖知识产权制度作用的发挥。

县区是企业、技术、人才密集地区，是创新基地和知识产权主要产生和运用地；创新型县区建设是创新型广东建设的重要组成部分，是建设创新型广东的重要支撑；所以县区也是知识产权工作面向的重点，加强县区知识产权工作意义重大，对拓展区域发展空间、提升区域核心竞争力有着重要作用。

今天我们举办"广东省实施国家知识产权强县工程佛山宣言签署仪式"，目的就是为各区搭建一个工作平台。签署佛山宣言的倡议由禅城区提起动议，由我局发起。我们认为这一活动有利于营造尊重知识产权、鼓励自主创新的氛围，有利于实现知识产权信息交流和资源共享，促进合作发展。6个区的党委、政府都非常重视，积极响应我局的倡议，有的区对宣言的内容进行了认真的修改，丰富和完善了宣言的内容；有的区的分管领导在百忙之中亲自到会。6区都具备较健全的知识产权工作体系，营造了良好的知识产权环境，在政府推动、政策扶持、服务保护、队伍建设等方面做了许多卓有成效的工作，在知识产权创造、运用、保护、管理等方面各具特色。6区都希望以实施国家知识产权强县工程为契机，以推动知识产权制度运用提升综合竞争力为出发点，进一步推进本区域的知识产权工作、提升区域自主创新能力、加快区域转型升级步伐。

6区将在这里向社会作出"建设知识产权强县（区），提高自主创新能力"的庄严承诺。有了承诺就有了好的开端，我希望6区将宣言的内容真正落到实处，通过实施国家知识产权强县工程，在新起点上迈上新的台阶，早日进入国家知识产权优势县（区）的行列。

在东莞市知识产权工作会议上的讲话

(2010年4月27日)

昨天,我们满怀豪情庆祝了属于全世界发明者、创造者和知识产权工作者的光辉节日——第十个"世界知识产权日";今天,我们又满怀喜悦地迎来了2010年东莞市知识产权工作会议暨专利奖励大会。去年4月21日,也是在这个会场,我有幸见证了东莞市首次全市知识产权工作会议,今年再次应邀与会,一是为履行去年的郑重承诺而来;二是为庆贺东莞知识产权工作取得的骄人成绩而来;三是为寄托对东莞知识产权工作的良好期待而来。借此机会,我代表广东省知识产权局对会议的隆重召开和东莞成为国家知识产权示范城市创建市表示热烈的祝贺!对东莞市委、市政府一直以来对知识产权工作高度重视和大力推进表示衷心的感谢!

2009年,在国家知识产权局的精心指导和大力支持下,在省委、省政府的正确领导和英明部署下,经过全省广大知识产权工作者的辛勤耕耘,广大企事业单位的奋力拼搏和全社会的积极参与,我省知识产权工作又取得了新的成绩与进展。以下一组数据可以从一个重要的侧面反映一年来的工作成效:2009年,我省发明专利申请量、授权量分别达32247件、11355件,同比分别增长14.8%和49.3%,首次双双位居全国第一;全省PCT国际专利申请量达到4418件,占全国的55%,连续第8年居全国第一;在第十一届中国专利奖评选中我省获得的金奖数、优秀奖数及获奖总数均居全国第一并创历史新高;截至2009年底,我省有效专利数量以22万余件继续领先全国;去年发布的《中国知识产权指数报告》指出,广东在各项知识产权指标上优势地位突出,综合实力名列全国第一。上述这些成绩的取得,离不开来自东莞市的贡献,因为东莞去年的专利申请授权量、商标注册量在全省所占的比重越来越大,同时,东莞在知识产权的运用、保护和管理等各方面的工作在全省地级市中均位居前列。可以说,东莞已逐步发展成为全省知识产权工作的排头兵。

近两年,在全球金融危机给实体经济带来剧烈冲击的大背景下,东莞市迎难而上,运用知识产权制度有效实现了化"危"为"机",在全省知识产权版图上迅速崛起，各项工作健康发展，全市知识产权事业焕发出勃勃生机。刚才，何跃沛同志已对2009年东莞知识产权工作进行了全面回顾，我认为，东莞的知识产权工作主要具有四个方面的特点。

一是领导高度重视。去年东莞知识产权工作会议期间，刘志庚书记与我进行了会谈，我们就进一步加强和提升东莞市知识产权工作，尤其是加强体制机制建设等问题交换了意见，达成了许多共识。会后，东莞迅速行动，一是在机构改革普遍面临机构编制减少的情况下，为市知识产权局大开绿灯，增加了两个科室，6个编制，二是在松山湖园区专门成立了知识产权局，三是东莞市的基层法院也被授权审理部分知识产权案件。这些都为全省其他地区树立了榜样。今天的知识产权工作会议，李市长又亲临会议并将作重要讲话，进一步体现了市委、市政府对知识产权工作的高度重视。

二是战略稳步实施。根据全省知识产权工作的部署，东莞经过1年的起草和反复征求意见，于今年4月19日出台了《东莞市知识产权战略纲要（2010～2015年）》，对东莞知识产权工作进行了长远规划和科学安排，明确提出了建设知识产权强市，实现"两个三年两步跨越"的目标。东莞的战略纲要内容含金量非常高，不是简单地重复国家和省的战略，而是结合东莞实际创造性地提出了许多新的工作设想和推进措施。例如：在促进专利技术运用方面，将投入资金扶持一批自主知识产权项目，引进优秀专利在莞进行产业化，开展知识产权质押融资等等，这些也都是值得全省各地学习和借鉴的。

三是政策有力有为。东莞市委市政府不断创新，制定了一系列适合东莞市情的知识产权激励政策，通过专利促进、品牌培育、版权审核等政策直接推动知识产权工作，通过科技项目、技术标准、企业认定等政策间接促进知识产权工作，同时还为政策的实施提供了财政保障，仅知识产权投入就达到每年3000万元，并且随着《纲要》的出台还将继续加大投入力度，这为知识产权实现跨越式发展奠定了坚实的基础。

四是保护行之有效。李克强同志在今年出席十一届全国人大三次会议广东代表团审议时希望广东"保持牛的勤劳，展现虎的威风"，我认为这句话也可以用来形容东莞知识产权保护工作的表现。去年东莞的各个部门积极开展知识产权保护工作，仅市中院一年就受理了600多件知识产权案件。东莞还率先推出了《展会知识产权保护指引》，逐步建立了展会知识产权保护机制。去年在东莞举行的首届"外博会"，知识产权保护成为一大亮点，汪洋书记专门检查视察知识产权投诉站并发表重要讲话。他强调"知识产权工作很重要，是外博会的保障条件"。

知识产权制度作为促进经济社会发展的重要制度，要早着手、早准备，乘势而为。过去的两年，东莞在国家试点城市建设中取得了辉煌的成绩，今天，东莞又迈上了创建国家知识产权示范城市的新征程。借此机会，我就东莞进一步加强知识产权工作，努力建设知识产权示范城市提几点希望：

一是要正确分析和判断形势，树立"现代经济的竞争就是知识产权竞争"的理念。从国内外形势看，国际金融危机倒逼机制令知识产权加速发展。面对金融危机的挑战，各国在积极调整产业政策的同时，越来越多的国家和地区将知识产权作为优化结构、鼓励创新、摆脱危机、突破困境的重要手段之一。美国、日本等发达国家正在加速知识产权战略的实施，许多跨国公司纷纷通过知识产权保护以获得市场份额和竞争优势。我们要牢固树立"现代经济的竞争就是知识产权竞争"的理念，理解转变经济发展方式的内涵，思考知识产权工作如何与转变经济发展方式结合，如何为转变经济发展方式做出应有的不可替代的贡献。希望东莞市政府加快引导企业及时将自主创新成果知识产权化，不断提高企业的知识产权创造、运用、保护和管理能力，使知识产权不断为经济发展方式的转变、经济结构的调整和优化升级做出积极贡献。

二是要切实加强管理体系建设，打牢知识产权事业发展的基础。国家知识产权示范城市创建市对东莞建立科学高效的知识产权管理体系提出了新的要求。要打造"知识产权强市"，东莞必须进一步凝聚全市知识产权管理力量，形成推动知识产权工作纵深发展的有效合力。必须进一步完善政策体系，出台一批贯彻落实知识产权战略纲要的操作规程。必须进一步加强机构建设，培育一批强有力的知识产权执法力量。必须进一步加大投入，有效发挥财政资金在促进知识产权事业发展方面的引领作用。

三是要尽快培育一大批知识产权优势企业，提高产业竞争能力。企业是知识产权创造和运用的主体，也是实施知识产权战略的重要力量，知识产权优势企业将是东莞提高产业竞争力的核心力量。希望东莞紧紧抓住出台《东莞市知识产权战略纲要》的契机，及时将知识产权优势企业的培育工作上升为具有战略意义的全局性工作，深入抓好抓实。今后，东莞要进一步加强对企业的指导和服务，通过建立企业联络员和工作交流站等多种服务模式，落实《东莞市企业知识产权工作指引》，完善维权援助和预警机制，努力培育出一批战略意识和保护意识较高、自主创新能力较强的知识产权优势企业，进而形成一批拥有自主知识产权，具有较强市场竞争力的核心产业。

四是要加大知识产权保护力度，构建立体知识产权保护体系。修改后的专利法和专利法实施细则的相继颁布和实施，加强了对专利权的行政保护，特别是加大了对假冒专利的行政处罚力度，这是对专利行政保护的强化。同时，今年1月1日起，《最高人民法院关于审理侵犯专利权纠纷案件应用法律若干问题的解释》已经施行，4月1日起新修订的《知识产权海关保护条例》也已经开始实施。东莞市一定要加大普法宣传力度，使我们的行政执法、打击侵犯知识产权刑事犯罪工作、海关保护和司法保护尽快符合法律法规的新要求，同时，也要使广大权利人尽快适应新的知识产权法律、行政法规要求，积极运用知识产权制度保护自身的创新成果。我们还要继续发扬在知识产权保护工作中形成的好的经验和做法，进一步加强会展和行业协会知识产权保护，对展会和行业知识产权秩序进行有效维护，对假冒专利、假冒注册商标、侵权盗版等扰乱市场经济秩序的违法行为予以严厉打击，构建起全方位的知识产权保护体系。

五是要搭建知识产权服务平台，完善知识产权服务体系。知识产权工作，要体现服务为本的原则。政府部门要为企事业单位创造、运用、保护知识产权提供服务支撑。2008年12月29日，在省部知识产权高层次战略合作协议签署仪式上，国家知识产权局田力普局长和我省黄华华省长共同为"广东知识产权服务中心"揭牌，经过一年多的建设，今年2月25日，服务中心正式投入使用，服务内容主要包含知识产权信息服务、维权援助、展示交易、巡回审理等多个方面。东莞可参考借鉴"广东知识产权服务中心"的模式，结合自身的实际，搭建为企事业单位、为社会提供知识产权服务的平台，并不断予以完善。

六是要加强区域协调合作，实现珠三角知识产权行政资源互补。珠三角地区是全省经济工作的重点区域，也是知识产权工作的重点区域。东莞实施《珠江三角洲地区改革发展规划纲要（2008~2020年）》一年来，区域合作已经初具成效。东莞与深圳、惠州两市共同建立了三市联席会议、政府工作协调机制、专责小组协调推进机制。希望东莞市以实施《纲要》为契机，将三市的知识产权行政资源进行有效整合，推动建立三市知识产权保护协调机制，共享知识产权服务平台，建立区域知识产权协作的新模式，努力推进三地知识产权工作的协调和可持续发展。

东莞市在知识产权工作领域取得了显著的成绩，希望大家借市知识产权战略纲要颁布实施和东莞市迈入国家知识产权示范创建市行列的有利契机，再接再厉，在东莞市委市政府的坚强领导和统一部署下，围绕建设"知识产权强市"的目标，早日将东莞建设成为国家知识产权示范城市！我希望也相信，明年的春天，当我们第三度相聚在东莞知识产权工作会议上时，东莞的知识产权工作又迈上了一个新的台阶。

在第六届泛珠三角区域知识产权合作联席会议上的发言

(2010年7月6日)

榕城七月,繁花似锦,夏树苍翠,生机盎然。今天,非常高兴与大家欢聚在福州这座历史名城,共谋发展宏图、开拓美好未来!首先,我谨代表广东省知识产权局对泛珠三角区域知识产权合作第六届联席会议暨第五届合作论坛的成功举办表示热烈祝贺!对福建省知识产权局的精心安排和热情接待表示衷心感谢!

光阴似箭,日月如梭。转眼间,泛珠三角区域知识产权合作已经步入了第七个年度。在党中央、国务院的正确领导下,在国家有关部委的悉心关怀下,在各省(区、特区)知识产权职能部门的积极推动下,泛珠三角区域合作环境不断优化,合作领域不断拓展,合作力度不断加强,合作成果不断扩大。泛珠三角区域知识产权合作的深入推进,对促进区域知识产权事业科学发展,推动区域经济进步和社会繁荣发挥了重要而积极的推动作用,在国内外产生了积极而广泛的影响。

近年来,党中央、国务院高度重视区域经济发展。2009年,国家接连出台了13个区域经济规划,是政府出台区域经济发展规划最多的一年。而"9+2"泛珠三角区域合作更是区域合作中的一个热点。2009年12月20日至21日,在应对国际金融危机取得初步成效、经济发展企稳向好和贯彻中央经济工作会议精神的重要时刻,胡锦涛总书记亲临广东视察指导工作并发表重要讲话,作出了务实推进泛珠三角区域合作的重要指示。新的一年来,各有关单位积极落实胡总书记的指示,切实加强工作力度,大力推动泛珠三角区域在各项领域的合作,取得了良好效果。我们有理由相信,在大家的共同努力下,今后,泛珠三角区域知识产权合作机制必将更加充满生机和活力。

下面,我将介绍一下我省牵头承担合作项目的进展情况以及下一年合作项目的建议内容。

一、由我局牵头开展合作项目的进展情况

(一) 建立泛珠三角区域专利行政执法协作机制

根据首届泛珠三角区域知识产权合作联席会议确定事项，由我局牵头开展"探索建立泛珠三角区域专利行政执法协作机制"项目。经过大家的共同努力，2009年12月2日，福建、江西、湖南、广东、广西、海南、四川、贵州和云南九省（区）知识产权局的负责人在佛山共同签署了《泛珠三角区域内地九省（区）专利行政执法协作协议》，并就如何推进专利行政执法协作工作进行了深入交流。

《泛珠三角区域内地九省（区）专利行政执法协作协议》首创省、市两级执法协作机制，为泛珠三角区域各省（区）专利行政执法协作搭建起了平台，既实现了区域内省际、市际、省市间的执法协作，同时也实现了各省（区）市际间的执法协作，极大地促进了专利行政执法协作向广度和深度推进。同时，《协作协议》还大大推动了执法标准的一致化，可最大限度地为当事人提供便利，降低维权和执法成本，提高执法效率。自《协作协议》签署以来，我局已分别向广西、四川、福建等省区移送案件5件，并分别向省内深圳、汕头、江门、揭阳、潮州等市指定管辖案件6件。

(二) 为四川省援建"世界药物行业专利数据库"

2009年5月13日，我局支持四川省开通了"世界药物行业专利数据库"，该数据库分为传统医药、生物制药、天然药物、化学药物和医疗机械5个子数据库，技术主题总量超过240个，主要为四川省内医药行业用户提供免费、丰富的医药行业专利信息。数据库开通之后，我局在当地举办了检索实务培训班，并及时提供了技术支持、系统定期升级等后续服务。

(三) 配合泛珠三角区域各省区完成区域合作项目

2009年，我局认真履行《泛珠三角区域知识产权合作协议》，积极落实第五届区域知识产权合作联席会议确定的合作工作。如，配合广西壮族自治区知识产权局开展《国家知识产权战略实施泛珠三角区域建设规划（2010～2020年）》的研制工作，并向国家知识产权局申报设立国家知识产权战略实施泛珠三角试点区域；派员参加香港知识产权署和澳门知识产权厅联合组织的"泛珠三角区域知识产权公务人员交流活动"，介绍我省企业知识产权工作成效，交流学习知识产权工作经验；配合贵州省知识产权局开展全省地理标志现状专题调研工作，商请省农业厅、工商局、质监局和广东出入境检验检疫局提供我省地理标志现状调查表

及经验交流材料一批。

二、第六届区域合作项目建议内容及相关说明

今年，根据泛珠三角区域知识产权事业发展需求和目前的合作状况，我省提出以下合作项目建议。

（一）推动泛珠三角区域专利信息化建设进程

经我局提议，泛珠三角区域内地九省（区）目前正在积极申请建设国家知识产权局区域专利信息服务中心（泛珠三角中心）。2010年5月14日，我局邀请各省（区）代表赴粤召开了泛珠三角区域内地九省（区）专利信息运用座谈会，讨论和研究筹备设立国家知识产权局区域专利信息服务中心（泛珠三角中心）的各项事宜。5月25~27日，又专程邀请国家知识产权局杨铁军副局长到广东进行专题调研。在大家的积极支持下，已完成向国家知识产权局申报区域专利信息服务中心的上报手续，目前，正在等待国家知识产权局的批复。下一阶段，我们将继续积极争取国家知识产权局对项目的批准和支持，进一步完善专利信息资源共享机制和服务功能，推动泛珠三角区域专利信息的广泛传播和有效利用，推进区域专利信息化建设进程，为构建区域专利信息公共服务体系作出不懈的努力。

（二）深化泛珠三角区域专利行政执法协作

落实《专利行政执法协作协议》，深化泛珠三角区域专利行政执法协作，对全面提高区域知识产权保护力度意义重大，建议将深化泛珠三角区域专利行政执法协作作为第六届泛珠合作项目，不断加强信息交流和统计工作，大力提高联合执法、协同作战的能力，逐步形成专利行政保护的合力，并积极探索建立"省市联动、区域互动"的专利执法协作的长效机制。在此我代表广东省知识产权局郑重表态，今后，我局将继续认真遵守和履行《执法协作协议》，在兄弟省市移送案件时，坚决做到不推诿，不拖延，确保案件得到公平、公正、及时、有效的处理，继续为泛珠三角区域经济的共同发展作出新的贡献。

（三）推进泛珠三角区域知识产权专家库建设

"泛珠三角区域知识产权专家库建设"是第五届泛珠联席会议确定的合作项目，由于去年我局机构改革以及工作调整等多种原因，"专家库"的建设项目目前仍在进行之中，我局建议继续将"专家库"建设作为第六届泛珠合作项目，我局将切实组织开展好项目的建设工作。

在惠州市知识产权工作会议上的讲话

(2010年8月13日)

在全省上下认真贯彻落实省委十届六次、七次全会精神,全力以赴推动我省经济发展方式转变的关键时刻,在全省知识产权工作会议刚刚胜利闭幕的大好形势下,惠州市政府今天组织召开全市知识产权工作会议,及时传达贯彻全国知识产权局局长会议、全省知识产权工作会议和全省知识产权局局长会议精神,充分体现了惠州市委、市政府对知识产权工作的高度重视。借此机会,我代表广东省知识产权局,对惠州市委、市人民政府长期以来对知识产权工作的高度重视和大力支持,表示衷心的感谢;向全市从事知识产权创造、运用、保护和管理服务的同仁表示崇高的敬意和诚挚的问候!下面,我讲三点意见,供同志们参考:

一、惠州市的知识产权工作推进力度大,成效明显

(一)起步较晚,但发展较快。 由于历史原因,惠州在从以农业为主体的经济向现代工业城市转型的过程中,经济总量、行业布局的发展和调整,需要一个过程。作为经济发展的晴雨表,惠州市的知识产权工作与珠三角兄弟市相比起步也比较晚。但惠州很努力,奋起直追,发展较快。例如,在政策制定和实施方面,惠州市在国家、省出台知识产权新政策后,都能很快制定出贯彻意见和具体措施,如及时颁布实施了贯彻落实国家和省知识产权战略纲要的措施、出台了国家和省专利奖的配套奖励措施、专利申请资助的措施等等,惠州也是较早设立知识产权专项资金的地级市。近几年,惠州的专利申请增幅一直很高,仅2009年增幅就接近52%,高居全省第二位,其中发明专利的申请增幅高达200%;PCT国际专利申请,以前惠州每年最多只有1~2件,2009年达到12件。这从一个重要的侧面说明惠州公众的知识产权意识在不断提高,企业的创新能力在迅速增强。

(二)总量不大,但特色明显。 实事求是地说,惠州的知识产权在总量上还不够强大,如专利总量还不多,商标和版权的情况也基本类似。但惠州知识产权

工作有自己的特色。仅从专利来说，有效专利、高质量的专利、产业化成效突出的专利较多。近几年来，惠州市连续获得国家和省专利金奖、优秀奖，每届都无空缺，这在全省地级市中是很突出的。惠州的产业结构、行业分布比较合理，有多家实力雄厚的企业集团，有一批创新能力突出的优秀企业，这是发展惠州知识产权事业的宝贵资源。目前，惠州拥有经国家知识产权局认定的"全国企事业知识产权示范单位"1家，"全国企事业知识产权试点单位"2家；经省局认定的省级知识产权示范企业有2家，优势企业12家。自2008年以来，省局每年组织实施10项"广东省专利产业化重点项目"，惠州均有优秀企业入围。去年以来，惠州市和惠州仲恺高新区先后被国家知识产权局批准为"国家知识产权试点城市"和"国家知识产权试点园区"，正是对惠州知识产权工作的不懈努力和良好成绩的肯定。

（三）**潜力很大，前景光明**。近年来，惠州的知识产权工作进步很快，增长势头很好，但与全市经济发展水平仍不相适应，尚未发挥其应有的作用。但我们相信，惠州的知识产权事业，有很大的发展潜力。惠州知识产权发展也具备了一系列有利条件和因素：如知识产权优势企业的示范作用、大企业集团的支撑格局、两个国家级园区的聚集效应。此外，惠州以石油化工和电子信息两大支柱产业为主体所形成的高度关联、互相依存的产业链，也十分有利于形成规模庞大的专利联盟，催生大量的知识产权。更为重要的是，惠州市经济社会又好又快发展的总格局与惠州市委、市政府高度重视、真抓实干的大手笔，是惠州知识产权事业大发展的根本保证。只要政府部门进一步完善政策措施，有效加以引导、激励，整体推进，重点扶持，全市的知识产权发展就完全有望形成井喷之势，实现跨越式的发展。

二、新形势下，惠州市知识产权工作发展空间大，在未来经济发展中将大有作为

（一）**惠州经济的发展形势对知识产权提出了迫切的内在需求**。我来之前在网上看了一下惠州的经济社会发展概况。目前，惠州市经济社会发展势头很猛，2009年全市实现GDP1414.7亿元，位居全省第六位，增幅列珠三角第二位，今年上半年，实现GDP779.3亿元，同比增长18.9%，增速居全省各市第一位，总量继续位居全省第六位。知识产权制度是伴随着经济社会的发展而建立的，经济越发达的国家和地区越重视知识产权制度对经济社会发展的促进作用。知识产权制度促进经济发展的重要作用就在于激励创造、有效运用、依法保护、科学管

理。应该说,惠州加快知识产权事业发展的条件已经成熟。然而,目前惠州全市的专利申请、国家驰名商标、省著名商标的总量,明显偏少,如从专利申请量来看,近几年一直排名在全省的第 8~9 位,今年上半年还退居第十位。在珠三角九市中,多项指标仅高于肇庆。可以说,知识产权的现状与全市经济发展水平不相适应,知识产权制度在促进经济发展方式转变中的助推器作用还未得到充分发挥。古人云:宜未雨绸缪,勿临渴掘井。知识产权制度的落后,在未来知识经济和对外贸易中我们就会陷入别人设置的"围城"里四处碰壁或束以待毙,我们就只能干一些"来料加工"和"贴牌生产"的小买卖,赚一些可怜的"血汗钱"。我相信,这绝不是我们每一位有责任感、有理想、有追求的惠州人所希望的。

(二)惠州经济迅猛发展的大环境为知识产权事业发展提供了沃土。我手上有一份资料,是李汝求市长 2010 年 1 月 18 日在全市第十届人民代表大会第五次会议上的工作报告。报告描绘的惠州市 2010 年的宏伟蓝图中有十个"新突破":其中第一个突破是乘回暖企稳、率先突围之势,全力推动经济增长实现新突破;第三个突破是加快产业优化升级和自主创新,全力推动产业长久竞争力实现新突破。其中包括六个"大力",而其中的四个"大力"——大力推进石化产业基地、电子信息基地、清洁能源生产基地建设、大力推进自主创新都是知识产权工作大显身手、一展风采的地方。比如:在世界 6000 余万件"公知公用"专利技术的矿藏中潜心挖掘"珍宝",不失为一条创新的捷径,站在巨人肩膀上看世界,肯定会看得更远一些;建立完善的知识产权信息服务体系,就可以为自主创新配上"千里眼"和"顺风耳",让经济发展"眼观六路,耳听八方",始终保持正确的方向。加快重大项目知识产权审查、专利态势分析、知识产权预警、知识产权质押融资、知识产权交易等知识产权新事物的研究与运用,就可以减少研发和引进中的失误和浪费,为政府和企业提供决策参考,为企业解决融资难的问题,让企业和产业在自主创新的道路上踏上"风火轮"。

(三)惠州建设和谐社会需要知识产权打造新形象。惠州是广东历史名城,在隋唐已是"粤东重镇",至今 1400 多年,一直是东江流域政治、经济、军事、文化中心和商品集散地,更是有识之士汇集的地方。惠州有辉煌而悠久的历史,同样也会有更加美好的明天。时过境迁,在知识经济化、贸易全球化的今天,建设和谐社会、栽"桐"引"凤"需要与时俱进,需要知识产权积极参与。从世界范围内的大型跨国公司,到我省珠三角地区的创新型企业,都对知识产权保护环境提出强烈要求。特别是国际大型跨国公司,把平等享受知识产权保护的待遇和知识产权保护环境作为选择投资环境的重要条件。去年十月份，在省局与美国商会共同主办的"珠江三角地区创新与知识产权国际研讨会"上，美国的多数知名公司都表达出了这方面的强烈愿望。当然，打造知识产权保护的新形象不是一句空话，需要我们知识产权战线上的同志们付出辛苦与汗水，通过建章立制、加强人才队伍建设、不断提高知识产权执法的能力素质，扎扎实实、脚踏实地地干出一番成绩来，惠州吸引外资的新形象自然就树立起来了，惠州吸收外商投资的竞争力自然就增强了。

三、把握机遇，乘势而为，努力开创惠州知识产权事业发展的新局面

目前，我国的知识产权事业正处在历史上最好的发展时期，无论是应对国际金融危机，还是加快经济发展方式转变，党和国家主要领导人总是反复强调知识产权工作的重要性，温家宝总理每次到企业调研，都强调"现代经济的竞争就是知识产权的竞争"这一企业发展理念。从广东情况看，更是"风景这边独好"。中共中央政治局委员、省委书记汪洋同志去年11月会见美国商务部长骆家辉时，四十多分钟的会晤，基本是在谈知识产权问题，从2009年到今年上半年他又先后五次对知识产权工作作出重要批示，7月19日在全省知识产权工作会议召开前夕还专程到广东知识产权服务中心进行专题调研考察并发表重要讲话，指出"知识产权工作是加快经济发展方式转变的助推器"，并对解决制约我省知识产权事业发展的"瓶颈"问题作出明确指示。华华省长、宋海副省长以及其他省领导也是时刻关心我省的知识产权工作，多次出席全省知识产权工作会议、座谈会和各项重大活动，如出席广东知识产权服务中心揭牌、启动仪式，与国家知识产权局田力普局长一起共商省部知识产权高层次战略合作大计。特别是省委十届六次全会，省委把自主创新定位为加快转变经济发展方式的核心推动力，并强调知识产权在提高自主创新能力方面的激励和引导作用。可以说，省委、省政府已经把知识产权工作由后台推向了前台，由配角调整为主角，由"助攻"变成了"主攻"。我们知识产权战线上的同志在倍感欣喜振奋之余，更感到责任重大，使命光荣，我们已经真正到了"闲不得、懒不了、庸不行、坐不住"地步。我们唯有以百倍的信心、千倍的热情、万倍的干劲努力工作，以优异的工作成效回报各级领导对知识产权工作的重视和支持。借此机会，我对惠州市知识产权工作提三点希望：

（一）**高度重视，着力形成共抓知识产权工作合力的良好氛围**。近几年，惠州市出台了不少推动经济发展的政策措施，这些政策都纳入了知识产权工作的内

容,但总体来看,可操作的具体措施相对较少并且很分散,系统性及完整性不强,知识产权政策措施分散在其他政策文件中,还处于搭车借道的状态。政策对事业发展的支撑力度较弱。而知识产权工作涉及专利、工商、版权、法院、海关、公安等多个部门,贯穿于创造、保护、运用和管理等多个环节。全面实施知识产权战略,大幅提升自主创新能力,需要有一个和谐的社会舆论环境和文化氛围,需要各级政府的科学引导和优质高效的服务,需要社会各界的积极参与。惠州市的知识产权管理部门要多请示、多汇报,积极争取市委、市政府的大力支持,争取早日出台加强惠州知识产权事业全面发展的政策性文件,充分发挥市政府知识产权办公会议的协调职能,把知识产权工作纳入重要议事日程,常抓不懈,形成共同做好知识产权工作的强大合力,形成齐抓共管的良好局面,努力营造公平有序的市场环境。

(二) **放眼未来,积极为知识产权事业发展提供资源保障**。由于我国知识产权制度建立较晚,其经济功能还没有引起足够的重视,各类资源投入不足,各项措施对全社会的引导和带动力较弱,知识产权内容在各项重大决策中体现还不够充分。知识产权事业发展需要有一个精心培育和支持发展的过程。惠州市各级知识产权管理部门要进一步提高对知识产权工作的认识,增强做好知识产权工作的紧迫感,以"有为才有位"的发展理念,加大工作力度,取得更大的成绩,以此来赢得市委、市政府更多的关注和支持,争取市委、市政府加大对知识产权的机构、编制、财力、物力支持和倾斜力度,引导社会资金对知识产权事业的投入。特别惠州市还有惠东、龙门两个县尚未成立知识产权局,在即将进行的县区机构改革中,建议市政府对此予以重视,尽早解决。此外,要加强知识产权人才培养工作,着力培养和引进惠州知识产权事业发展急需的企业知识产权管理人才、中介服务人才和研究人才,为惠州知识产权事业发展奠定坚实的物质基础。

(三) **全力以赴,努力在狠抓工作落实上见成效**。由于受编制体制限制,惠州市的知识产权管理部门和我省其他地市的情况差不多,管理力量普遍比较薄弱,人少事多,任务繁重。在经济社会发展对知识产权提出强烈的内在需求和知识产权管理力量相对薄弱的矛盾面前,希望惠州市各级知识产权管理部门要坚持以科学发展观为指导,进一步解放思想,加强学习,培养能力,锤炼作风,不断提高能力素质和业务水平。要精心组织,通力协作,狠抓落实,在具体工作中抓出成效,在实现市委、市政府加快实现经济发展方式转变的中心工作任务中有所作为。当前,尤其要以贯彻落实国家和省知识产权战略纲要为主线,以完成国家知识产权试点城市建设为抓手,推动惠州知识产权事业实现跨越式发展。

知识产权事业是一项年青的事业，虽然在我国仅有二十多年的发展历史，但已彰显出其促进经济发展的独特魅力和强大生命力，知识产权正以不可抗拒的力量向我们走来，进入我们的生活，影响我们的未来。让我们以省委十届六次、七次全会精神为指导，深入贯彻落实科学发展观，继续解放思想，锐意进取，不断提高知识产权工作水平，努力开创知识产权工作新局面，让知识产权这一新事物在历史悠久、人杰地灵、英才辈出的惠州大地绽放美丽的奇葩。

在汕头市创建国家知识产权
示范城市考核评定会议上的讲话

(2010年9月10日)

今天在这里召开汕头市创建国家知识产权示范城市考核评定会。国家知识产权局顾问、中国专利保护协会会长、前任局长王景川同志亲自带队开展考核评定工作,这充分体现了国家知识产权局对汕头市知识产权工作的高度重视和关心。这里,我谈两点意见,供各位专家和同志们参考。

一、汕头市创建国家知识产权示范城市工作起步早、步伐快、成效显著

近年来,在市委、市政府的高度重视下,汕头市的知识产权工作取得了显著进步,同时也得到了国家知识产权局的充分肯定。2006年,汕头市步入国家知识产权试点城市行列,2007年顺利通过试点验收,2008年8月,汕头市被确定为国家知识产权示范城市创建市,并成为我省继广州、深圳、佛山之后第四个示范创建市,同时也是我省唯一一个珠三角地区以外的示范创建城市。2008年以来,汕头市委、市政府始终将知识产权示范创建工作作为落实科学发展观、促进区域经济社会发展和提升区域核心竞争力的重要举措之一。在宏观管理上,扎扎实实地做到了"四个纳入":一是将知识产权工作纳入市政府重要议事日程;二是将知识产权战略和规划纳入城市发展总体规划;三是将知识产权指标纳入区县政府和市直相关职能部门的考核目标管理体系;四是将知识产权管理纳入政府经济管理范畴。其中特别值得一提的是在机构建设方面,汕头市设置了我省地级市中唯一相对独立的行政正处级知识产权局,内设机构与省知识产权局基本对应;在经费投入方面,市政府专门设立了知识产权专项经费并逐年增加,知识产权投入资金增幅远高于汕头市财政经常性收入增幅;在政策法规体系方面,市人大在2007年颁布了全省首部地级市专利地方法规,市政府设立了专利奖,出台了《汕头市实施国家和省知识产权战略纲要工作意见》等系列文件。可以说,汕头

市委、市政府的高度重视和真抓实干为汕头市顺利完成知识产权示范城市创建工作提供了坚实保障，为全市知识产权事业迈上新的台阶创造了积极条件。

在汕头市委、市政府的正确领导下，汕头市的知识产权工作实现了新突破。主要体现在以下五个方面：一是知识产权创造能力显著增强，全市专利申请量增幅连续多年高于全省平均水平，专利申请量、授权量和发明专利申请量和授权量等核心指标在粤东西北地区12个市中始终位居首位，注册商标、版权登记、地理标志产品等各类知识产权创造工作也取得了全面发展；二是知识产权制度在促进产业升级中的重要作用得以充分发挥，随着奥飞动漫、金刚玻璃等一大批知识产权优势企业的全面崛起，汕头市的动漫产业、装备制造业、精细化工产业在国际市场竞争中利用知识产权制度抢占了发展先机；三是体系完备和高效运作的知识产权保护体系基本形成，全市知识产权行政保护和司法保护部门各司其职、精诚合作、通力配合，有效地维护权利人合法权益，同时，全市区域、行业和会展知识产权保护工作全面推进；四是知识产权服务能力大大增强，专利信息公共服务平台、专利技术网上交易服务平台、知识产权维权援助服务平台三大平台为全市经济社会发展提供了有力支撑；五是知识产权宣传培训工作卓有成效，各职能部门纷纷出新招、谋新策，找准宣传培训的瓶颈问题，大力普及知识产权意识，积极培育知识产权人才，汕头市成为全省首个建立了市级知识产权培训基地的城市。

总体而言，在两年的创建过程中，汕头市的知识产权工作做到了"四个有"：一是有创新，工作思路有创新，工作方法有创新；二是有特色，很多工作都是结合当地实际情况，富有针对性地精心设计并大力实施的；三是有亮点，汕头市虽然地处粤东地区，但是多项知识产权工作开创了全省之先河，可以说是"亮点纷呈"；四是有成效，知识产权工作为当地经济社会发展营造了优质的发展条件和发展环境。在此，我也代表广东省知识产权局建议考核评定小组通过汕头市创建国家知识产权示范城市验收，使汕头市尽快进入国家知识产权工作示范城市的行列。

二、乘势而上、再创辉煌，将汕头市的知识产权优势转化为经济发展优势

在转变经济发展方式、调整优化产业结构的新形势下，党中央、国务院和省委、省政府都非常重视知识产权工作，主要领导在重要会议上多次强调知识产权工作的重要性。今年7月19日，在全省知识产权工作会议召开前夕，中共中央

政治局委员、省委书记汪洋还专程到广东知识产权服务中心进行专题调研考察并发表了重要讲话，他既肯定了全省知识产权工作取得的成效，同时强调指出"知识产权工作是加快经济发展方式转变的助推器"，并对解决制约我省知识产权事业发展的"瓶颈"问题作出了明确指示。目前，知识产权工作面临前所未有的发展机遇和大好形势，全省各级知识产权工作者要有高度的责任感和使命感，以更新的理念、更新的举措、更实的工作和更优异的工作成效回报各级领导对知识产权工作的重视和支持。为此，我想对汕头市的知识产权工作提三点希望。

一是希望市委、市政府紧乘国家知识产权示范创建城市验收之东风，在国家知识产权局的指导下，认真学习汪洋书记在考察广东知识产权服务中心时的重要讲话精神，紧紧围绕中心工作和任务，继续发扬解放思想、勇于创新、敢为人先的优良传统，认真贯彻落实国家和我省知识产权战略纲要，继续加大地区知识产权战略实施力度，紧扣知识产权事业发展的关键环节，着力解决制约知识产权事业发展的难点问题，进一步加强知识产权管理体系、政策体系和服务体系建设，打破发展瓶颈，努力推进全市知识产权事业实现快速、健康、可持续发展。

二是希望继续发挥知识产权制度对经济社会发展的支撑和促进作用，将汕头市的知识产权优势高质量、高效率地转化为经济社会发展优势。从全省来看，汕头市的GDP在粤东西北12个市中位居第2～3位，在全省位居第10～11位，但汕头市的知识产权创造在粤东西北12个市中处于首位，在全省位居第6～7位。从以上数据可以看出，汕头市知识产权事业的发展步伐要略快于经济社会发展步伐。因此，如何将知识产权优势转化为经济发展优势，真正实现经济发展方式从要素驱动向创新驱动转变，如何利用知识产权制度提升竞争实力，真正实现产业结构的全面调整和优化升级，如何使知识产权工作切实融入经济社会发展大局，真正发挥出知识产权"推进器"的作用，这些问题希望能够得到市委、省政府的高度重视，并在今后一段时期重点思考并加以解决。

三是希望大力抓好区县知识产权工作，为知识产权事业的全面进步奠定坚实基础。区县知识产权工作是全市，乃至全省知识产权事业发展的重要基石，区县知识产权工作体系的强弱、工作成效的好坏直接关系到全省、全市事业发展的状况。因此，在加强市级知识产权工作的同时，我也希望汕头市能够继续加大对区县知识产权工作的重视和支持力度。目前，汕头市所辖的7个区县已经全部挂牌成立了知识产权局，并开展了很多形式多样、富有成效的工作。但是，区县机构的工作条件还十分艰苦，人手十分短缺，这些问题都需要国家和省市共同努力，想方设法来解决。因此，我希望汕头市能够在机构建设、人员编制、经费投入等方面尽可能地为区县创造更大的发展空间，为促进区县经济发展，作出新的贡献。最近，省知识产权局正在筹备召开县域知识产权工作会议，为切实加强区县知识产权工作作出新的规划。

最后预祝汕头市尽快成为国家知识产权工作示范城市，并早日迈入国家知识产权示范城市行列。

围绕中心促转变　夯实基础谋发展 努力开创我省县域知识产权 工作的新局面

——在全省县域知识产权工作会议上的讲话

（2010年10月26日）

今天我们在这里隆重召开首次全省县域知识产权工作会议，传达学习汪洋书记视察广东知识产权服务中心时的重要讲话精神和国家知识产权强县工程工作研讨会精神，贯彻落实省人大9月29日审议通过的《广东省专利条例》，总结近年来全省县域知识产权工作的基本情况，分析存在的问题，部署下一阶段工作任务。下面，我代表省知识产权局向会议作工作报告。

一、汪洋书记对新时期知识产权工作提出了新的要求

今年7月19日，中共中央政治局委员、省委书记汪洋专程到广东知识产权服务中心进行专题调研。调研期间，汪洋书记先后视察了知识产权维权援助中心、国家知识产权局专利复审委员会第一巡回审理庭第二审理室、国家知识产权专利局广州代办处广州开发区受理点以及电子查询室，听取了全省知识产权工作汇报，并就如何建设知识产权强省，充分发挥知识产权工作在转变经济发展方式中的重要作用发表了重要讲话。

汪洋书记在讲话中，首先对我省知识产权工作取得的显著成绩给予了充分肯定。他认为，在省委、省政府的正确领导下，我省知识产权工作对经济社会发展起到了重要支撑和促进作用，并用四句话作了概括，即"理念新、思路清、协调顺、成效好"。首先是"理念新"，我省知识产权工作理念很好地适应了形势发展，不断解决新问题和新困难，在全国处于排头兵地位；其次是"思路清"，知识产权工作与经济、科技、贸易紧密关联，紧扣省委、省政府的决策部署，紧贴经济社会发展需求；第三是"协调顺"，在实施知识产权战略、建设知识产权强

省等方面的统筹协调十分到位，工作有声有色；第四是"成效好"，各项知识产权工作位居全国前列，促进了全省实现经济社会又好又快发展。

汪洋书记指出，在广东努力当好推动科学发展、促进社会和谐排头兵的关键时期，知识产权工作一定要成为转变经济发展方式的助推器，这既是应对国内外发展形势新变化的迫切要求，更是促进我省产业结构转型升级、提升自主创新能力的必然选择。他要求，各级知识产权工作部门要紧紧把握历史机遇，努力开创建设知识产权强省新局面，重点抓好五个"突出"，务必做到五个"着力"：一是突出重点，着力深入实施知识产权战略纲要；二是突出企业主体，着力增强我省企业自主创新能力；三是突出知识产权运用，着力提升产业竞争力；四是突出知识产权保护，着力营造公平有序发展环境；五是突出服务体系建设，着力提升知识产权服务能力。

最后，汪洋书记强调，要加强组织领导，为知识产权事业发展提供坚强保障。一是要把知识产权工作摆上重要议事日程。各级党委、政府要强化知识产权意识，把知识产权事业纳入国民经济和社会发展规划，要分步解决县（市、区）知识产权工作部门的编制问题。二是要大力推进知识产权管理体制机制创新。要理顺管理体制，健全管理体系，完善各级政府知识产权办公会议或联席会议制度。三要完善对知识产权事业的投入机制。要加大政府财政投入力度，鼓励和引导金融机构、社会力量增加对知识产权事业发展的投入。四要加大对知识产权工作的宣传力度，创造良好社会氛围。

汪洋书记的讲话经省委办公厅印发全省（粤办通报27期）后，我局及时将汪洋书记的重要讲话报送国家知识产权局。国家知识产权局领导高度重视，田力普局长、甘绍宁副局长、肖兴威纪检组长分别作出重要批示，并决定将汪洋同志的重要讲话转发各省、自治区、直辖市、计划单列市、新疆生产建设兵团、副省级城市知识产权局，同时抄送各省（区、市）人民政府，各计划单列市、副省级城市人民政府，知识产权工作示范城市等，同时要求全国各级知识产权局认真学习汪洋同志重要讲话精神，充分借鉴广东省知识产权工作经验，解放思想，积极探索，引领全国知识产权事业发展。

汪洋书记视察广东知识产权服务中心并发表重要讲话，极大地鼓舞和激励了全省广大知识产权工作者的热情和干劲，同时也为我省知识产权工作的进一步发展指明了方向。我们一定要将省委、省政府对知识产权工作的高度重视和关怀化作工作的动力，将省委、省政府对知识产权工作的新要求和期待化作工作的业绩，以更加出色的成绩，为我省经济社会发展作出新的贡献。

二、国家知识产权局对县域知识产权工作进行了新的部署

国家知识产权局十分重视县域知识产权工作，自 2008 年 8 月启动"知识产权强县工程"以来取得了显著的成效。为深入推进此项工作，今年 7 月 16 日，国家知识产权局在山东烟台召开了国家知识产权强县工程工作研讨会。会议总结回顾了地方推进知识产权强县工程工作的经验和做法，研究讨论了新形势下加强知识产权强县工程工作的政策需求和建议，并对下一阶段主要任务进行了部署。广东、山东等 5 个省和佛山顺德等 5 个强县工程的代表作了交流发言。

国家知识产权局专利管理司马维野司长出席研讨会并作重要讲话。他首先对全国强县工程实施工作进行了全面总结，他认为，各强县工程县（市、区）按照"以机制促产出、以转化带发展、以保护谋优势"的方针，在提高行政管理能力、加强行政保护力度、推动知识产权创造、促进知识产权运用、加强企业知识产权工作、深化知识产权宣传培训、提升知识产权服务能力等方面都取得了明显成效，但仍存在三点问题：一是县局基础条件薄弱，二是工作政策措施缺乏，三是各级合力尚未形成。之后，他强调了做好强县知识产权工程工作的重大意义，并提出了四点工作要求：一是要加强对强县工程工作的管理，并拟将该项工作进一步划分为强县工程试点县、强县工程示范县两个层次；二是要强化强县工程工作机制，包括健全纵向联动工作机制、强化横向协调工作机制、完善工作交流机制；三是要加强工作指导力度，在行政执法、行政管理、企业工作、专利产业化、信息利用、工作拓展六个方面充实县局工作抓手；四是要加强人才培养和交流，提高县级知识产权管理服务能力。

国家知识产权强县工程工作研讨会的精神和工作部署对开展和做好我省县域知识产权工作具有很强的指导性和针对性，希望各位与会代表认真学习和领会会议精神，并在工作中予以贯彻。

三、我省县域知识产权工作成效显著，但面临新形势和新挑战

近年来，随着县域经济的不断发展，县域知识产权工作日益成为全省知识产权事业发展的重要组成部分。在国家知识产权局的精心指导和部署下，在省委、省政府的正确领导下，全省各级知识产权局深入贯彻落实科学发展观，紧紧围绕全省转变经济发展方式、优化产业结构的中心任务，通过实施知识产权战略，有效地推进了县域知识产权事业的发展。主要做法和取得的成绩体现在以下八个方面：

（一）落实国家知识产权强县工程工作成效明显

2008年8月，国家知识产权局印发《国家知识产权强县工程实施方案（试行）》，正式启动了实施知识产权强县工程工作。我省广州花都区、深圳南山区、汕头龙湖区、佛山顺德区、禅城区、南海区等6县区率先进入首批国家知识产权强县工程行列。我省也成为全国拥有强县数量最多的省份。为了有效推进强县工程，我局于2009年8月27日在佛山禅城区举办了广东省实施国家知识产权强县工程佛山宣言签署仪式，各区区领导代表区政府共同签署了"建设知识产权强县（区），提高自主创新能力"联合宣言，力争从实施知识产权战略、推进知识产权强区建设、开展特色知识产权工作、推动创新保护互动发展、促进知识产权紧密合作五个方面共促强县发展。强县工程启动之后，我局指导各区迅速制定了工作方案、建立了领导小组，并充实了知识产权工作人员和工作经费，为强县工作的顺利开展奠定了坚实基础。各区则结合自身经济和产业发展特色，创新性地开展各项工作，有效地提升了知识产权创造、运用、保护和管理水平。仅以六个区的专利申请和授权量为例，2009年，六区专利申请量和授权量分别达32439件和20662件，均占全省总量的1/4，同比分别增长25%和30%；深圳南山区的PCT国际专利申请量达2002件，较2008年大幅度增长了58%。在今年召开的国家知识产权强县工程工作研讨会上，这些县区的经验和做法得到了国家知识产权局的充分肯定，也为加强全省县域知识产权工作积累了宝贵的经验。

（二）省级知识产权区域试点工作逐步深化

2003年，我局印发了《广东省区域知识产权试点示范工作方案（试行）》，着力于从政府角度营造加强知识产权工作的政策环境和法制环境，有效提高区域的核心竞争力。截至2009年底，全省共认定38个省知识产权试点县（市、区）。多年来，我局在政策、资金、工作措施等方面对优势、试点区域给予了积极指导和扶持。实践证明，通过区域试点示范工作的深入开展，我省区域知识产权工作能力得到了普遍提升。各区域以健全知识产权管理体系和政策体系为立足点，以普及知识产权知识、营造知识产权文化氛围为出发点，以推动企业运用知识产权制度提升综合竞争力为着力点，以促进创新型社会建设为根本目的，在政府推动、政策扶持、服务保护、队伍建设等方面做了许多卓有成效的工作，有效地将知识产权优势转化为区域经济发展优势，为当地经济社会实现科学发展作出了积极贡献。2010年，为了加大对非试点县（市、区）的扶持力度，我局启动了"县域知识产权能力提升计划"，并专门安排专项经费，对未列入过省试点区域但已经设立了知识产权管理机构的61个县（市、区）给予了一定的经费支持。

今后，我局将继续加大对县域知识产权工作的投入力度，从择优支持和普惠扶持两大方面为各县（市、区）发展创造良好环境。

（三）县域知识产权管理体制机制不断健全

近年来，各县（市、区）委、政府十分重视知识产权工作，在完善机构、出台政策、充实人员、配置经费等方面都给予了强有力的指导和帮助。截至今年9月底，全省121个县（市、区）中，已经挂牌建立了知识产权局的共有95个，占全省的78.5%；在工作经费方面，共有53个县（市、区）设有知识产权工作经费，占全省的43.8%，经费总额度近6000万元，其中，工作经费超过100万元的有13个县（市、区）；在人员方面，共有63个县（市、区）设有专职从事知识产权工作的人员，专职人数达166名，兼职人数达283名，同时，知识产权管理体系不断向基层延伸，汕头金平区、韶关武江区、惠州惠城区、汕尾陆河县、江门蓬江区、湛江廉江市等均建立了镇街联络员制度；在内设机构方面，共有62个县（市、区）设立了独立的知识产权股或专利股，占全省的51.2%；在县级协调机构方面，共有30个县（市、区）建立了县级知识产权协调领导小组，占全省的24.8%；在地方知识产权战略制定方面，湛江雷州市委、市政府制定了《雷州市实施知识产权发展战略若干规定》，深圳宝安区，韶关曲江区，湛江坡头区、赤坎区、茂名茂港区、揭阳惠来县等先后出台了当地的知识产权战略纲要或实施方案；在宏观政策方面，韶关乐昌市委、市政府出台了《关于加强知识产权管理工作的意见》，河源源城区、紫金县、东源县委办，广州越秀区、海珠区政府，汕头潮阳区政府等都出台了关于加强知识产权工作的若干意见，汕头濠江区、韶关曲江区、惠州惠阳区等还将专利指标纳入政府职能部门及乡镇年度考核内容，很多县（市、区）将知识产权工作纳入区域经济社会发展总体规划，在制定宏观政策时不断强化知识产权导向作用。

（四）县域知识产权创造激励措施日趋完善

各县（市、区）相继制定了一批激励专利创造的政策措施，有力地带动了县域知识产权创造能力的稳步提升。例如：很多县（市、区）在安排科技研究与开发资金时，向拥有知识产权的企事业单位给予倾斜，将是否申请专利或是否拥有专利作为申报省市工程研发中心、省级民营科技企业、省市科技项目和科技奖励的重要考评条件之一；韶关武江区，佛山禅城区、高明区等以政府名义制定了地方专利申请补助政策或资助政策措施；江门江海区制定了《发明和实用新型专利申请费用资助办法》，并在区委《关于增强自主创新能力建设创新型江海的实施意见》中建立健全了知识产权创造激励机制；广州番禺区政府制定了《番禺区发明专利补贴实施细则》，对以发明专利为核心技术的产品，每项一次性给予5万元政府补贴；深圳宝安区制定了《宝安区专利及计算机软件著作权资助办法》；广州萝岗区将资助对象由专利拓展到软件、商标、集成电路布图设计、地理标志，实施全方位的知识产权资助政策；惠州惠东县、韶关仁化县、南雄市、梅州大埔县、汕尾陆丰市、阳江阳东县、肇庆鼎湖区、端州区、四会市、高要市、封开县、云浮郁南县等一大批县（市、区）都实施了专利资助政策，有效地激发了企事业单位和专利申请人申请专利的热情，为当地迅速形成一批具有核心竞争力和竞争优势的自主知识产权作出了重要贡献。

（五）县域知识产权运用水平全面提升

各县（市、区）通过政策引导、加大投入、搭建平台、创新机制等举措，大力促进专利实施及产业化工作。在政策措施方面，深圳龙岗区出台了《发明专利实施资助细则》《知识产权创造与服务资助实施细则》，资助政策由创造环节延伸至运用环节；广州花都区、深圳宝安区、佛山禅城区、三水区、高明区、汕头龙湖区、阳江阳东县等分别设立了县级专利奖并开展评选表彰活动，鼓励知识产权运用。在加大投入方面，惠州惠城区出台奖励办法，对获得中国专利奖金奖的企业奖励50万元，对获得中国驰名商标、省著名商标的企业分别奖励30万元和10万元；广州黄埔区、番禺区每年投入数百万元资金专门支持专利产业化。在搭建平台方面，汕头龙湖区专门建设了占地面积10.35亩、总建筑面积6100平方米的专利技术实施孵化基地，为区内企业技术创新、专利产业化搭建务实高效的服务平台，目前共有32家企业38项专利入园孵化，项目累计产值达8500万元；2009年，经国家知识产权局和省政府批准，佛山顺德区建立了国家工业设计与创意产业（顺德）基地，构建了由一个基地和三个园区共同组成的创意产业发展服务平台。在创新机制方面，佛山南海区以国家知识产权质押融资试点为契机，创立"政府引导，企业参与，市场化运作"的知识产权质押融资模式，至2009年，共有49件专利获得质押融资，在一年内为权利人创造经济效益3.6亿元；广州荔湾区、黄埔区为单家企业提供融资额度超过千万元。同时，各县（市、区）还不断加强企事业知识产权工作，通过开展试点示范、深入企业调研走访、加强宣传培训等，不断提升企事业单位的知识产权制度运用能力，在当地打造了一大批善于运用知识产权提升自身竞争力的优势企业，为区域经济实现快速发展注入了新的活力。

（六）县域知识产权保护措施积极有效

各县（市、区）多渠道加强知识产权保护，一方面认真履行职责，加大专利纠纷调解力度，并配合上级主管部门做好专利纠纷调处工作，开展"雷雨""天网"知识产权专项执法行动，有效地维护了市场经济秩序；另一方面，针对当地实际，创造性地开展知识产权保护工作，不断优化知识产权发展环境。2009年起，佛山顺德区受佛山市知识产权局委托受理专利纠纷案件，当年受理量为10件，分别占全市和全省立案总数的1/2和1/7；清远英德市、阳山县联合公安、工商、文广新局等部门共同开展联合执法活动，打击侵犯知识产权违法行为；深圳南山区法院深入开展知识产权刑事、民事、行政审判"三审合一"试点工作，不断扩大司法审判影响力；广州天河区建立知识产权维权服务中心，并与省电脑商会合作成立石牌电脑市场知识产权工作小组，为商圈企业提供维权服务；佛山禅城区建立专利保险合作社，搭建由政府、保险公司和专利代理机构共同组成的知识产权保护新模式。各县（市、区）还根据全省的统一部署，积极开展重大活动、会展和行业的知识产权保护工作。广州、深圳各区市积极开展亚运会和大运会知识产权保护工作；深圳南山区进驻文博会、江门蓬江区进驻摩托车展会开展知识产权咨询工作；潮州潮安县调动行业协会积极性，推动庵埠镇食品工业协会、包装印刷协会、彩塘不锈钢协会和古巷陶瓷协会建立行业自律公约，增强行业整体竞争能力；梅州丰顺县协助商会制定《电声行业商会知识产权规章制度》；汕头金平区建立轻工装备产业和食品商会知识产权保护联盟，濠江区建立工艺纸盒知识产权保护联盟，两百余家企业加入联盟"抱团"谋发展。

（七）县域知识产权宣传教育培训工作扎实推进

宣传教育和人才培养是县域知识产权事业实现可持续发展的重要基石。各县（市、区）大力推进知识产权宣传工作，通过举办研讨会、文艺晚会和广场活动，开展知识竞赛，在媒体开设专栏，悬挂横幅海报等民众喜闻乐见的方式，使知识产权概念潜移默化地深入民心。中小学知识产权教育工作是我省特色工作之一，佛山南海区作为中小学知识产权教育的发源地，在全区200多所学校开展教育工作，累计受教育学生近30万人，获得世界知识产权组织的高度评价；广州越秀区、荔湾区，深圳罗湖区还开展了区级试点学校认定工作。各县（市、区）将培育知识产权人才作为重要任务常抓不懈，通过选送优秀人才参加国家和省市培训活动、制订实施人才培养计划等，为当地事业发展培育了大批优秀人才。深圳南山区建立知识产权讲师团，开展"百场知识产权讲座进企业"活动，为企业提供"一对一"培训；梅州梅县加强企业知识产权培训，多次邀请省内外专家赴当地授课；珠海金湾区、香洲区每年组织专家深入工业园区举办专题培训班；云浮云安县面向全县专业技术人员开设知识产权公共课程，等等。在领导干部意识培养方面,各县(市、区)都进行了积极探索并取得了可喜成效。广州海珠区自2008年起联合区人事局将知识产权纳入公务员培训体系并形成制度;韶关乐昌、南雄市将知识产权纳入中心学习组学习内容之一;韶关新丰县联合县组织部、人事局和党校举办专题培训班,5000余人参加学习;揭阳揭西县将知识产权纳入年度党政领导干部和公务员教育内容;茂名信宜市每年都在市委党校组织的公务员培训班、中青年干部培训班上开设知识产权课程;清远英德市在全市知识产权工作会议上组织学习国家知识产权战略,等等。

(八) 县域知识产权特色工作亮点纷呈

广东区域发展特点鲜明,各县(市、区)都能因地制宜地开展知识产权工作,为当地经济社会发展提供更好的服务。地处经济发达地区的县(市、区)在加强各项基础工作的同时,不断拓宽工作领域。深圳南山区依托区内家用影视设备制造业发达的有利条件,指导深圳中彩联顺利完成了"彩电专利预警信息服务公共平台"和"中国彩电专利池"建设工作,争取为中国数字电视的发展提供全方位知识产权服务;佛山顺德区在组建国内首个家电(电压力锅)专利联盟之后,于今年正式成立了顺德电压力锅产业发展标准创新联席会议制度,并将在电压力锅产业发展标准化工作中大展身手。地处经济欠发达地区的县(市、区)也在积极探索,紧密结合当地产业发展需求,全面深化知识产权工作。韶关仁化县将旅游产品和特色农产品作为工作突破口,积极引导旅游工艺品和特色农产品包装申请外观设计专利,提高产品品牌价值;清远阳山县积极实施品牌战略,全面发展原产地产品保护工作,有效地提升了阳山农产品的市场竞争力;揭阳揭西县通过开发、培育农业植物新品种,有效地改善了农产品品质,真正实现了农业的优质、高产和高效。同时,各县(市、区)也高度重视培育和发展知识产权服务业,如深圳南山区建立了集专利信息查询、交易展示、软件开发、动漫网游开发等于一体的综合性知识产权服务平台;江门江海区建立了摩托车、LED等支柱产业专利技术信息数据库和"江海区知识产权服务平台",企业专利信息利用率高达70%;阳江阳东县引进专利代理机构在当地设立代办点,零距离为申请人提供服务;佛山顺德区联合香港生产力促进局开展"企业国际知识产权评估管理体系建设及提升创新能力计划项目",对企业知识产权管理情况进行全面评估并提出改进措施。

近年来我省县域知识产权工作取得了显著的成绩。这些成绩的取得,得益于国家知识产权局的精心指导和省委、省政府的正确领导,得益于各市知识产权局的积极引导,得益于各县(市、区)委、政府的大力支持,得益于全省广大知识产权工作者的不懈努力。借此机会，我代表省知识产权局，向一直以来关心和支持我省县域知识产权工作的各级领导和各有关部门表示衷心的感谢！向长期奋斗在各级知识产权战线的同志们表示亲切的慰问！

在总结成绩的同时，我们也要清醒地看到，我省县域知识产权工作还面临许多问题和挑战。主要表现为：一是县域知识产权工作与当地经济社会发展的结合度有待强化，知识产权事业在促进县域经济发展方式转变中的重要作用尚未得到充分发挥；二是县域知识产权工作的管理体系和政策体系尚不完善，一些县（市、区）还没有成立知识产权局，相当一部分县（市、区）没有设立独立的内设机构，各地知识产权政策以资助为主，全面性、综合性不强，政策体系远未形成；三是县域知识产权工作专项经费紧张，绝大多数县（市、区）没有在财政经费中设立知识产权专项资金，宣传、培训、执法等基础性工作无法保障；四是县域知识产权工作人员短缺，很多县（市、区）没有解决知识产权工作人员的独立编制问题，普遍存在一人身兼数职的状况，基层知识产权工作人员缺乏系统培训，业务水平和工作能力亟待提升；五是县域知识产权服务体系发展滞后，专利信息支撑产业发展力度有待提升，专利代理行业不规范的问题较为突出；六是县域知识产权事业发展不平衡问题依然突出，区域之间的差距不断拉大。这些问题一定要引起大家的高度重视。希望各级政府能够努力创造条件、搭建工作平台，指导和支持县域知识产权工作能力持续提升；希望各级知识产权局能够携起手来，认真履行职责，在大力实施知识产权战略、建设知识产权强省的过程中，切实将这些问题解决好。

四、强化抓手，突出重点，努力开创我省县域知识产权工作的新局面

县域知识产权工作是促进县域经济发展的重要抓手，是建设知识产权强省的重要抓手。我们要认真贯彻落实汪洋书记重要讲话精神，通过大力实施知识产权战略，全面提升县域知识产权工作发展水平，切实发挥知识产权制度对经济社会发展的支撑和引领作用。今后一个阶段，我省县域知识产权工作要贯彻落实《关于加强县域知识产权工作的意见》，重点做好以下几方面的工作。

（一）认清形势，充分认识知识产权工作在县域经济社会发展中的重要作用

县域经济是国民经济和社会结构中的重要组成，加快发展县域经济是我省当前的一项重要战略任务。发展县域经济，应当根据本地的实际，选择适当的发展模式。目前我省经济发展模式中存在粗放增长、外延扩张和高消耗、高污染、高投入、低效率、低效益等特征。这种模式在推进我省完成工业化过程，建立工业

体系中起到了重要的作用，但在全球金融危机的冲击下暴露出很多弊端。形势的发展逼迫我们必须提高自主创新能力，推动产业结构的优化和升级，加快经济发展方式的转变，寻求新的经济发展模式。在经济全球化和科技进步日新月异的今天，能否找到推动自主创新能力提高的驱动力，决定了经济发展方式选择的成功与否。从国际上看，世界上自主创新能力最强、科技最先进的国家往往就是知识产权制度最为完善，知识产权意识最为普及的国家。我省的情况也比较类似，经济较为发达的地区知识产权工作常常也比较突出，相反，知识产权工作滞后的地区经济社会的发展往往也较为落后。因此，我们要充分认识到加强知识产权工作对于促进当地经济和社会发展的重要作用，抓住机遇，推动我省县域经济和社会健康持续发展。

（二）把握机遇，大力推进县域知识产权管理体系建设

近期，省编办领导在全省各级编办主任会议上的讲话中明确指出：在县级机构改革中，各县（市、区）一般应在相关部门（如科技部门）挂知识产权局牌子，推广顺德经验深化县级行政管理体制改革的县（市、区）根据本地实际确定是否挂牌；明确2~3名专职或兼职人员用于知识产权工作。请各县（市、区）抓住这一有利时机，大力推动机构建设，充实基层管理队伍，真正形成上下对口、责权明晰、规范统一的知识产权管理体系。已经成立知识产权局的县（市、区）要尽快配置2~3名专职人员，尚未成立的要抓紧时间挂牌成立，力争三年内，使我省县级知识产权局挂牌比例达到95%。同时，各县（市、区）要尽快建立由主管领导牵头负责的县级知识产权协调机构，组织协调和推动当地知识产权工作的全面发展。

（三）高度重视，全面贯彻落实国家和省知识产权战略纲要

要切实增强实施知识产权战略的责任感和使命感，将知识产权战略工作纳入当地"十二五"等经济社会发展规划当中，要结合本地事业发展实际，制定县级落实国家和省的知识产权战略的实施方案或意见，明确目标任务，落实责任部门，确定工作进度。要切实加大对知识产权工作的投入力度，政府要设立知识产权工作专项资金并纳入财政预算，并根据工作情况确保资金逐年增长，有效保障各项工作顺利开展。要加强县域知识产权政策体系建设，在梳理和整合已有政策的基础上，逐步形成一整套支撑自主创新和产业发展的知识产权政策体系。在落实经济、产业、科技发展政策时，要充分体现知识产权导向作用，加强宏观政策与知识产权政策的衔接。

（四）完善政策，提升县域知识产权创造能力

要强化企业创造知识产权的主体地位，联合有关部门和服务机构深入企业开展专利申请"灭零"行动，通过宣传、培训、指导、扶持等多种方式，在高新技术企业、国有企业、中小型科技企业、民营科技企业中逐步消灭"零专利"现象。要完善县级专利申请、奖励机制，加大对发明专利和国（境）外专利的资助力度，在严防非正常专利申请的前提下，加大资助或奖励额度，充分发挥资金的最大效用。要强化科技投入的知识产权导向，在科技立项和验收过程中明确知识产权产出要求。要联合有关部门将知识产权获得和拥有情况作为企事业单位科技人员和管理人员业绩考核、职称评定、职级晋升的重要条件之一。要促进企业认真落实《专利法》有关职务发明"一奖两酬"的规定，鼓励企业提高职务发明的奖励和报酬标准。

（五）搭建平台，鼓励县域知识产权运用和产业化

要制定实施县级专利实施计划，搭建专利产业化基地，促进拥有知识产权的创新成果商品化和产业化。要重点加强企业的知识产权运用工作，推动知识产权政策向企业倾斜、知识产权成果向企业集中、知识产权人才向企业流动。要注意把握宏观管理和具体实施的关系，对企业知识产权运用工作进行分类指导，一方面围绕经济结构调整和产业优化升级需求，择优扶持龙头企业发展为企业集团，切实提升战略性新兴产业的知识产权制度运用能力，另一方面要充分关注中小型高新技术企业实施知识产权的资金难问题，建立知识产权投融资机制，鼓励、引导和支持金融和风险投资加大对知识产权实施和产业化的资金投入，促进中小企业重点知识产权项目的实施和产业化。

（六）健全体系，提升县级知识产权保护能力和水平

要健全县级知识产权行政执法保护体系，努力充实基层行政执法力量，提升行政执法人员素质，加强行政执法能力建设，加大知识产权行政执法力度。要坚持打击与防范相结合，日常执法与专项整治相结合，重点整治与营造环境相结合，加大对重点行业、领域的知识产权保护，维护市场秩序。要加强行政执法与司法部门之间的信息沟通，建设信息平台和通报制度。要配合上级部门开展展会知识产权保护，支持行业建立知识产权维权组织。有条件的县（市、区）要鼓励当地支柱产业和重点行业建立知识产权联盟，集合各方力量共同解决行业共性知识产权问题，保障行业良性健康发展。

（七）夯实基础，深入开展知识产权宣传培训和服务体系建设工作

要将培育知识产权价值观、建设知识产权人才队伍作为重要基础性工作，常

抓不懈。要制定并实施具有地方特色的宣传计划，着力打造品牌宣传活动，在全社会形成尊重知识、崇尚创新、诚信守法的文化氛围。要积极拓宽人才培训渠道，加大人才培养投入，优化人才发展环境。要加大对党政领导干部的培训力度，稳步推进中小学知识产权教育工作。在提升行政管理人员业务水平方面，我局将定期举办县（市、区）知识产权局局长培训班、业务骨干培训班和执法人员培训班等，并适时举办县（市、区）分管知识产权工作领导高级研修班，力争在三年内，对县（市、区）分管知识产权工作的领导和工作人员完成轮训。在服务体系中，各县（市、区）要大力发展县域知识产权服务业，引进高质量中介服务机构和高素质服务人才。要建立知识产权公共服务平台，充分利用省专利信息资源，围绕地区支柱产业和战略性新兴产业，建立产业专利信息平台，为企事业单位提供快速、便捷的检索和信息服务。要指导企业逐步建立专利信息数据库，利用专利信息资源开展技术创新活动。

（八）上下联动，加强对县域知识产权工作的分类指导

各县（市、区）要立足当地实际，因地制宜地做好知识产权工作，服务经济社会发展。珠江三角洲地区的县（市、区）要将知识产权工作与落实《珠三角地区改革发展规划纲要（2008～2020年）》紧密结合，着力解决前沿和难点问题，充分发挥知识产权制度在地区经济结构战略性调整中的关键作用；粤东地区要把知识产权工作作为其承接国际产业转移、加快开放型经济发展的重要抓手，全力推进具有粤东地区特色的现代产业体系迅速形成；粤西地区要充分发挥知识产权制度在促进重化工、地方特色工业、战略性新兴产业中的重要支撑作用；粤北地区要把知识产权与建设山区科学发展示范区有机结合，利用知识产权制度构建绿色现代产业体系。在省级层面上，我局将探索设立"推进县域实施知识产权战略专项资金"，建立省市县三级工作联动机制，为县（市、区）强化比较优势、突出发展特色做好支撑和服务工作。

此外，要特别指出的是，经过五年的不懈努力，《广东省专利条例》（以下简称《条例》）于2010年9月29日经省十一届人大常委会第二十一次会议审议通过，并将于12月1日起正式实施。《条例》的颁布实施，标志着我省知识产权事业即将迈入一个全新的发展阶段。下一步，各县（市、区）知识产权局要按照激励创造、有效应用、依法保护和科学管理的原则，结合当地实际，采取得力措施，认真做好《条例》的学习和贯彻工作，切实形成统一领导、部门分工负责的实施工作机制，全面促进当地专利事业的全面发展。主要工作有三个方面：一是要完善县级专利行政管理和执法体系，建立与《条例》协调配套的政策措

施；二是要大力开展具有区域特色的知识产权工作，提升区域知识产权综合能力；三是要推动企事业单位制定和实施本单位的知识产权战略，按照知识产权导向要求，积极开展自主创新，合理引进外部知识产权资源，提升市场竞争能力。

县域知识产权事业兴，则知识产权强省建设大计成。我们要深入贯彻落实科学发展观，开拓创新，扎实工作，全力以赴提升我省县域知识产权工作的发展水平，为我省建设知识产权强省、努力当好推动科学发展促进社会和谐的排头兵作出新的更大贡献。

在粤渝两省市专利行政执法协作协议签署仪式暨首次执法协作会议上的致辞

（2010 年 12 月 31 日）

今天，粤渝两地知识产权部门的代表，聚集一堂，共同参加《粤渝两省市专利行政执法协作协议》签署仪式暨首次执法协作会议。这是粤渝两地知识产权部门认真贯彻落实《粤渝战略合作协议》的重要举措，是我们粤渝两省市知识产权部门进一步加强合作的新跨越。在此，我谨代表广东省知识产权局对粤渝执法协作协议签署仪式的举行，以及首次执法协作会议的召开表示热烈的祝贺！对前来参会的重庆市知识产权局的嘉宾和各位代表们表示热烈的欢迎！

广东省委、省政府一贯高度重视专利保护和行政执法工作。1996 年，省人大颁布实施全国第一部专利地方法规《广东省专利保护条例》，开创了全国专利地方立法的先河。2007 年 11 月，广东省政府颁布了《广东省知识产权战略纲要》，把知识产权工作当做"构建创新型广东，建设经济强省、文化大省、法治社会、和谐广东"的重要途径，提出了建设知识产权强省的奋斗目标。今年 12 月 1 日，《广东省专利条例》正式实施，将立法内容扩大到专利创造、运用、保护和管理。广东还创造性地通过加强会展和行业协会知识产权保护工作，将专利保护体系在行政保护、司法保护"双轨制"的基础上，扩展到行政保护、司法保护与自律保护"三结合"的保护模式。现在，广交会的知识产权保护工作深受国内外的广泛关注，已经成为广东知识产权保护工作的一面旗帜，成为全国会展业知识产权保护工作的亮点。

多年来的实践证明，专利行政执法具有简便、快捷、高效的独特优势，是维护广大专利权人权益的有效手段。加强专利行政执法协作，是发挥专利行政执法优势，加大专利行政执法力度，促进区域经济共同发展的有效手段。近年来，我省在专利行政执法区域协作方面做了一些探索，先后与有关省市签署了《省际专利行政执法协作协议》、《中南地区专利行政执法协作郑州宣言》以及《泛珠三角区域内地九省（区）专利行政执法协作协议》，并参与粤闽沿海城市和粤东、粤西执法协作联席会议，大力推行案件和线索移送、委托调查取证等执法协作。

重庆正在努力打造"保护知识产权的模范城市"、"让创新者放心的城市"，把建设保护水平一流作为重要工作目标，为重庆的经济发展和招商引资营造了良好的知识产权保护环境。2009年12月，汪洋书记率领广东省党政代表团赴重庆市学习考察，开展粤渝经贸合作交流活动，并签订两省市战略合作协议。汪洋着力强调，广东省要实现产业升级，大力发展现代产业体系，与重庆的经济互补性很强，两地开展经贸合作的潜力巨大，重庆有着传统的人力资源优势，广东也有着产业转移后续发展的优势，在当前深入贯彻落实科学发展观、积极应对国际金融危机、深入实施西部大开发战略的时代背景下，两省市有着坚实的合作基础，加强两地的合作与交流，不仅对于实现优势互补、促进共同发展具有重要的意义，而且对于促进区域协调发展，对于国家的发展大局具有特殊的意义。今天，在新形势下，加强粤渝两省市知识产权合作，签订专利行政执法协作协议，与省委、省政府深入实施扩大内需战略，深入推进"广东产品全国行"等工作内容相契合，也是落实国家区域发展总体战略、促进东中西部地区互动协调发展的重要举措和具体体现。在目前世界知识产权制度不断变革和发展的历史条件下，权利人和社会各界比以往任何时候都更加关注专利行政执法。我们加强与兄弟省市区的专利执法协作，加大行政执法和市场监管力度，必将树立起保护知识产权的良好形象。

今天，在粤渝两地知识产权局签署协议文本后，协议将正式生效，粤渝两地专利行政执法协作机制也就此宣告正式建立，我们将借此东风，和重庆市一起，进一步推进两地的各项合作。我们将认真遵守和履行执法协作协议，坚决做到不推诿，不拖延，使案件得到公平、公正、及时、有效的处理。同时，我们也将不断加强沟通，大力提高协同作战的能力，逐步形成专利行政保护的合力，积极建立"区域互动"的专利行政执法协作长效机制，为两地经济的共同发展作出新的贡献。

在粤渝两省市专利行政执法协作
第二次会议上的致辞

(2011 年 12 月 16 日)

今天,粤渝两地知识产权部门的代表相聚美丽的重庆,共同参加和见证粤渝两省市第二次专利行政执法协作会议,在此,我谨代表广东省知识产权局对会议的召开表示热烈的祝贺!对重庆市知识产权局为此次会议的召开所付出的辛勤劳动和所作的精心安排表示诚挚的谢意!

在即将过去的一年里,广东省知识产权工作围绕"加快转型升级、建设幸福广东"的核心任务,紧紧抓住区域知识产权合作的重要机遇,以促进自主创新能力和广东核心竞争力的提高为目标,紧密结合知识产权战略实施、省部会商合作、环境营造、意识提高等方面,注重发挥知识产权制度的规范、激励和保障作用,取得了明显的工作成效。突出体现在:一是区域发明创造能力进一步增强。1~10 月,我省专利申请受理量 148500 件,同比增长 30.41%。其中,发明专利申请受理量为 39500 件,同比增长 30.04%;专利授权量 104815 件,同比增长 4.28%。专利密度(百万人口有效发明专利量)为 532.3(件/百万人),是全国专利密度 224.4 的 2.37 倍。获得第十三届中国专利奖金奖 6 项、优秀奖 34 项,金奖数居全国第一。二是首个省部共建专利审查协作中心落户广东。广东省政府与国家知识产权局于 9 月 22 日在广州签署国家知识产权局专利局专利审查协作广东中心共建协议。这是国家知识产权局第一个在北京地区外设立的专利审查协作中心。三是"双打"专项行动工作成效显著。2010 年 10 月以来,根据国务院统一部署,我省开展打击侵犯知识产权和制售假冒伪劣商品专项行动,各项工作取得显著成效。"双打"行动中,全省各地共出动执法人员 70 万人次,组织集中联合执法行动 806 次,查处案件 2 万余件,涉案金额达 16.7 亿元。四是《珠三角规划纲要》目标超额完成。2010 年,珠三角地区百万人口发明专利申请量达 697 件,超额完成当年目标设定值 9 件;珠三角九市均超额完成预定目标,完成度都在 200% 以上。五是"十二五"规划实现新突破。8 月 17 日,省政府印发实施《广东省知识产权事业发展"十二五"规划》,这是我省第一部集专利、商标、版权、商业秘密、植物新品种和地理标识等知识产权于一体的五年发展规划。六是首个全省性的专门知识产权政策文件《关于加快建设知识产权强省的决定》即将由省委、省政府发布实施。

与此同时,近年来,我省在专利行政执法区域协作方面也作了一些有益的探索。我们先后同有关省市签署了《省际专利行政执法协作协议》、《中南地区专利行政执法协作郑州宣言》以及《泛珠三角区域内地九省(区)专利行政执法协作协议》,并参与粤闽沿海城市和粤东、粤西执法协作联席会议,大力推动案件和线索移送、委托调查取证等执法协作。今年,我们继续开展区域执法协作工作,启动了与东北三省的专利行政执法协作工作,与辽宁省和黑龙江省知识产权局就开展双方专利行政执法协作工作举行了会谈;在执行方面,全年共接受贵州省、海南省、福建省、上海市知识产权局移送专利案件8件,向广州、东莞、惠州、湛江、茂名、顺德等市(区)知识产权局作出指定管辖案件8件。在执行《粤渝两省市专利行政执法协作协议》方面,加大了展会的知识产权保护合作,探索适应两地特点的展会知识产权保护模式,促进两地展会知识产权保护水平的提高,今年,我们将广交会的专利投诉信息以及涉及重庆市参展企业专利案件的情况向重庆市知识产权局进行了通报。

实践证明,作为维护广大专利权人权益的有效手段,专利行政执法具有简便、快捷、高效的独特优势,在及时制止侵权行为,维持正常市场秩序方面有着不可替代的作用。同时,加强专利行政执法协作,也是发挥专利行政执法优势、加大专利行政执法力度、促进区域经济共同发展的有效手段。在目前世界知识产权制度不断变革和发展的历史条件下,权利人和社会各界比以往任何时候都更加关注专利行政执法。我们加强与兄弟省市区的专利执法协作,加大行政执法和市场监管力度,必将树立起保护知识产权的良好形象。

加强区域知识产权合作,是全面落实科学发展观,增强区域发展活力,提升区域经济实力,推进区域知识产权工作的重大战略举措。粤渝专利行政执法协作工作已迈出了坚实的一步,但依然任重而道远。实践将告诉我们,"务实推进,互补共赢"是粤渝两省市知识产权合作稳步前进和持续发展的动力所在。我相信,通过这次会议深入的研究和探讨,我们能够促进彼此之间的交流,能够达成更多的共识,建立起"区域互动"的专利行政执法协作长效机制,共同推进粤渝两省市知识产权工作不断迈上新的台阶,为粤渝两地的经济和社会发展创造良好的条件。

本月 11 日，广东省与重庆市在京签署了《重庆·广东战略合作框架协议》，从经济社会发展全局高度谋划两省市的长期合作发展。本次会议上，我局也将与重庆局就"粤渝两省市知识产权战略合作"事宜进行研讨，我相信，粤渝两省市在知识产权领域的合作空间将会越来越宽广！

在 2012 年东莞市知识产权工作会议上的讲话

（2012 年 4 月 27 日）

今天是我第三次应邀参加东莞市知识产权工作会议，从 2009 年到 2012 年，我们共同见证了东莞市知识产权事业的蓬勃发展，见证了东莞市知识产权工作者的辛勤耕耘，见证了东莞市知识产权工作的骄人成绩。

下面，我讲三点意见，供同志们参考。

一、东莞市知识产权工作连上新台阶、勇攀新高峰

近年来，东莞市知识产权工作按照党中央、国务院和省委、省政府的各项决策部署，围绕"激励创造、有效运用、依法保护、科学管理"的指导方针，树立大局意识、服务意识和创新意识，从加强管理、健全体系、完善机制、推动创造、促进转化、强化保护、加强服务等方面着手，紧抓发展机遇，创新工作思路，开展了大量务实、细致的工作，取得了明显成效，知识产权强市建设迈出坚实步伐。我认为，东莞市的工作具有四个突出特点。

一是目标明确。2010 年，东莞市委、市政府高瞻远瞩地提出了建设知识产权强市的目标，并连续多年将知识产权工作纳入了经济发展、转型升级、科技创新和文化繁荣的发展规划，有效地形成了大知识产权的工作氛围。东莞市各级知识产权职能部门牢固树立服务经济发展、服务社会发展、服务文化发展的大局意识，紧扣市委、市政府的决策部署，紧贴经济社会发展、科技创新的需求，拓展知识产权工作视野、扩大知识产权工作领域，科学谋划、部署和落实各项工作，取得突出成绩，为全省知识产权事业的快速发展作出了重要的贡献。

二是理念新颖。东莞市一直大力坚持"勇于探索、敢于创新、善于实践"和"服务大局、促进发展、奋勇争先"的精神，坚持以创新的理念和举措破解发展难题，先行先试创造性地开展工作，形成了许多新举措、新理念和新办法。例如，从 2011 年开始，市政府每年安排 6000 万元财政资金全方位促进专利工

作，资金额度为全省各地级市最高；又如，今年东莞市政府提出与我局建立市局会商制度，首创了市政府与省知识产权局的合作机制；再如，东莞市知识产权局面向外资企业开展"专利双提升"专项行动，引导外资企业建立健全知识产权制度，等等。

三是协调畅顺。知识产权工作是一项综合性很强的工作，其涉及的职能部门较多，协调任务很重。东莞市在这方面开展了许多工作，切实形成了横向到边、纵向到底的工作机制，开创了部门协作配合、上下联动衔接的良好工作局面。从横向来看，东莞市建立了知识产权办公会议制度，统筹协调和大力推进知识产权战略实施、国家知识产权示范创建市建设和知识产权政策制定落实等重点任务；从纵向来看，东莞市不断健全镇街和园区的知识产权工作体系，大力推动国家、省、市知识产权工作任务在基层的有效贯彻和落实。

四是成效突出。近年来，东莞市的知识产权创造、运用、保护和管理等各方面的工作均走在全省前列。2010年成为国家知识产权示范创建市；2011年，全市PCT国际专利申请量和国内发明专利申请量均位居全省地级市首位，专利授权量和企业专利授权量均位居全省地级以上市第二位，商标注册量在全省所占的比重也不断增加；全市深入开展"双打"专项行动并取得显著成效，有效提升知识产权保护整体效能。东莞市知识产权工作的突出成效，为下一步实现全市高水平崛起目标争取了主动，打下了坚实基础。这与东莞市委、市政府注重分析形势、遵循规律，善于谋划长远、把握大局密不可分。

二、深刻把握知识产权事业发展的新形势和新要求

（一）知识产权事业步入跨越式发展的新阶段。从国际发展形势来看，全球正在进入创新集聚爆发期和新兴产业加速成长期，知识产权日益成为创新发展的重要支撑和掌握发展主动权的核心要素；从国内发展需求来看，我国正处在加快转变经济发展方式、建设创新型国家、全面建设小康社会的关键时期，国家经济社会发展对知识产权工作的要求明显提高、需求明显增强，与此同时，知识产权事业的发展基础不断夯实，发展环境显著优化，知识产权事业迎来了难得的历史机遇。

（二）转型升级对知识产权工作提出了新要求。今年1月20日，省委、省政府高瞻远瞩，颁布实施了《关于加快建设知识产权强省的决定》，吹响了促进知识产权事业改革和发展的奋进号角，充分体现了省委、省政府对知识产权工作的高度重视和殷切厚望。当前，我省面临的核心任务是转变经济发展方式，加快转

型升级，提高经济综合实力和国际竞争力，这项任务十分繁重、十分艰巨，也十分紧迫，迫切需要知识产权发挥支撑转型、引领升级的重要作用，迫切需要知识产权发挥激励创新、促进发展的关键作用。

（三）**知识产权在经济社会发展中的重要作用不断突出**。进入新时期，省委书记汪洋希望"东莞做广东的'雄鹰'，再次领跑30年"，勉励东莞下定决心进行结构调整，换取更高水平、更长领跑时间的发展。东莞也适时提出"加快转型升级、建设幸福东莞、实现高水平崛起"战略决策，明确"三区四城"建设目标。面对新形势、新任务、新目标，知识产权工作部门必须大力实施知识产权战略纲要，大力推进知识产权强省和强市建设，全面提升运用知识产权资源能力，充分发挥知识产权制度引领和支撑创新的功能，在激烈的竞争中把握先机、赢得主动，使知识产权真正成为促进东莞经济社会发展的重要助推器。

三、对东莞知识产权工作的几点希望

（一）**贯彻落实强省建设任务**。省委、省政府颁布的《关于加快建设知识产权强省的决定》（以下简称《决定》）是省委、省政府进一步推进知识产权事业改革和发展的纲领性文件，是我省知识产权事业发展进程中的一件具有里程碑意义的大事。《决定》对未来五年我省知识产权事业发展的各个环节提供了有重点、有步骤、分层次的政策支撑，对我省各级知识产权职能部门的工作提出了新的更高要求。希望东莞一是要加强对《决定》的学习领会，全面把握其主要内容和精神实质，做到准确把握、深刻理解、融会贯通、正确执行；二是要进一步增强紧迫感、责任感和使命感，结合本地实际，围绕当前重点工作，出台实施意见，明确目标任务，着力落实推进措施；三是要不断完善知识产权工作的领导体制和工作机制，确保决策的权威性和执行力。

（二）**积极落实市局合作会商制度**。刚才，省知识产权局与东莞市政府签署了《关于建立知识产权合作会商关系的议定书》，这是我局首次与地级市政府建立的市局合作会商制度。合作会商制度是共同推动地方知识产权事业发展的创新性工作机制，旨在瞄准地方经济社会发展的实际需求，有效集成省市知识产权政策资源、人才资源和项目资源，推动地市知识产权事业整体发展。东莞市要耕好市局合作这块"试验田"，抓紧时间制定和落实年度工作安排和工作任务，全面提升知识产权事业发展质量和效益。省知识产权局将进一步加强与东莞的沟通协作，不断扩大合作领域、丰富合作内容，争取取得更加丰硕的合作成果，加快推进东莞知识产权强市建设进程。

（三）**全面提升知识产权事业发展水平**。东莞市的知识产权事业发展历程和发展模式在我省具有很强的代表性和示范性，是知识产权促进产业优化调整和转型升级的典型范例。希望东莞市委、市政府能够一如既往地高度重视和大力支持知识产权工作，从知识产权创造、运用、保护、管理和服务五个方面，抢抓机遇、加大力度、下足工夫、奋力发展，在全省乃至全国发挥示范带动作用。当前尤其要重点抓好以下五个方面的工作：一是要进一步完善知识产权创新机制，努力提升知识产权质量，着力优化知识产权结构，加快培育具有东莞优势的核心知识产权群；二是要提高知识产权运用水平，突出企业在知识产权工作中的主体地位，大力推进知识产权与金融资本的有效融合；三是要加大知识产权保护力度，深入开展和"三打两建"专项行动和"双打"工作，全面建立知识产权保护长效机制，不断优化创新创业和投资环境；四是要进一步完善知识产权管理体制，创新知识产权工作机制，着力提升各级政府在知识产权宏观指导、市场监管和社会服务等方面的能力；五是要以国际化的视野规划和发展知识产权服务业，将东莞打造成为全省知识产权服务业的新高地，使知识产权为东莞实现高水平崛起发挥更大的作用、作出更大的贡献。

　　最后，我衷心希望东莞的知识产权事业如其城市口号一样——"每天绽放新精彩"，衷心祝愿东莞早日实现建设成为知识产权强市的目标，早日迈进国家知识产权示范城市的行列。

在第二次全国知识产权系统
对口援疆工作会议上的发言

(2012年7月26日)

一、广东省知识产权工作概况

近年来,在国家知识产权局的正确领导下,在广东省委、省政府的高度重视下,广东省知识产权工作坚持以科学发展观统揽全局,围绕"加快转型升级,建设幸福广东"的核心任务和省委、省政府的中心工作,锐意进取,开拓创新,取得了显著成绩。主要表现在以下几个方面。

(一) 法规和工作体系建设成效显著

2010年,我省颁布《广东省专利条例》。2011年,颁布广东首个集专利、商标、版权、植物新品种和技术秘密等为一体的《广东省知识产权事业发展"十二五"规划》。我省将"每百万人口发明专利申请量"列为省"十二五"经济社会发展主要指标,充分凸显知识产权在全省经济社会发展中的重要地位。2012年3月,广东省委、省政府颁布实施《关于加快建设知识产权强省的决定》,知识产权强省建设的宏图愈发明朗。《决定》是进一步推进我省知识产权事业改革和发展的重要纲领性文件,《决定》的颁布实施是我省知识产权事业发展进程中具有里程碑意义的大事。

(二) 知识产权创造活力不断增强

近年来,广东积极引导和激励知识产权创造,推动各项知识产权指标从数量增长向质量提升转变,促进自主创新能力不断提升。截至2011年底,全省有效发明专利量逾5.8万件,继续居全国首位;专利密度达每百万人口562.3件,为全国平均水平的2.37倍;PCT国际专利申请量受理连续10年位居全国第一;广东获第十三届中国专利奖金奖6项,居全国第一位。全省有效注册商标总量连续17年居全国首位;中国驰名商标总量连续6年位居全国第一位,首次实现全省所有地市全部拥有中国驰名商标。知识产权事业的快速发展有效提升了广东自主创新能力，2011年，广东技术自给率达66.8%，区域创新能力稳居全国第一梯队。

（三）知识产权运用成效明显

广东知识产权工作坚持以企业为主战场，通过以试点促普及推广、以优势促提升带动、以示范促深化发展的运行模式，促进企业提高运用知识产权的能力，推动产业转型升级。全省共建25个知识产权（专利）联盟，涵盖数字家庭、LED、新能源等战略性新兴产业和陶瓷、家具等传统优势产业，有效集成了知识产权资源、催化了知识产权应用。大力推进"版权兴业"工程，累计认定省版权兴业示范基地55个。"百所千企知识产权服务对接工程"全面铺开，63家代理机构与700余家企业实现对接，新增专利申请近万件。大力推进专利技术实施计划，强化企业知识产权试点示范工作，促进了关键领域和发展前沿自主知识产权的涌现。我局会同省财政厅启动实施省战略性新兴产业专利信息资源开发利用计划，在"十二五"期间每年投入2000万在重点产业深度开发专利信息。2011年开展了一批重点产业的专利分析和预警研究，发布了一批高质量的分析预警报告，深受广大战略性新兴产业、企业的欢迎。

（四）知识产权保护力度不断加大

我省每年组织开展"4·26"知识产权执法和宣传活动、"雷雨""天网"知识产权执法专项行动，大力查处专利侵权、假冒专利案件，建立健全行政执法与刑事司法衔接机制，建立完善行政保护、司法保护、行业自律的全方位、多层次的知识产权保护体系。2010年10月以来，根据国务院统一部署，我省开展了打击侵犯知识产权和制售假冒伪劣商品专项行动，领导小组办公室设在我局，各项工作取得显著成效。今年，省政府成立常态化的打击侵权假冒工作领导小组，办公室仍设在我局。我省大力推进展会知识产权保护，积极维护广交会知识产权保护的"金字招牌"，充分展示了我省高度重视知识产权保护的良好形象。

（五）知识产权服务能力稳步提升

2011年，国家知识产权局专利局审查协作中心顺利落户广东。这是国家知识产权局第一次与地方共建，也是北京之外第一个国家专利审查协作中心。该中心选址在中新知识城南起步区，占地面积100亩，建筑面积8万平方米，2014年底完成建设并正式投入使用。工程投资12亿元，2011~2015年底逐步形成2000人以上的国家专利审查员队伍，年审查发明专利申请约11万件。为提升知识产权服务能力，省政府决定，投资2亿元，在中新知识城建设广东知识产权服务业园区，带动我省高技术服务业蓬勃发展。今年3月，国家知识产权局与省政府决定共同创建知识产权服务业示范省,大力推动广东知识产权服务业集聚发展。国家知识产权局区域专利信息服务(广州)中心和国家知识产权局(广东)专利信息传播利用基地先后建立,省知识产权公共信息综合服务平台正式运行。国家专利技术展示交易中心充分发挥服务平台作用,大力促进专利技术商品化。知识产权质押融资有效推进,全省共有国家知识产权质押融资试点单位2个、投融资综合试验区1个、投融资服务试点1个。与此同时,知识产权维权援助工作深入开展,目前已成立省知识产权维权援助中心以及深圳、汕头、佛山、东莞、中山6家知识产权维权援助中心。2011年6月,中山古镇成立中国中山(灯饰)知识产权快速维权中心,并加挂"中国(中山)知识产权维权援助中心"牌子,成为全国第一个单一行业知识产权快速维权机构。

(六)社会知识产权意识显著提高

我省利用各种形式加大知识产权宣传普及,全社会知识产权意识显著提升;积极组织实施"百千万知识产权人才"培育工程,4所高校建立知识产权学院;我省还在中小学中推广知识产权教育,认定省级知识产权示范学校30所,试点学校五批191所,受教育学生达几十万人次。

二、广东省知识产权局对口援疆工作开展情况

为进一步贯彻落实党中央、国务院关于西部大开发战略、促进新疆经济社会发展的一系列重要决策,拓展广东援疆工作的内容与领域,促进广东省与新疆知识产权工作的交流合作,按照国家知识产权局对全国知识产权局系统对口援建工作的安排部署,我局群策群力,大力投入,全力保障,采取多项措施,积极推动对口合作。

(一)紧密对接 建立对口合作机制

2010年,根据中央新疆工作会议的统一部署,我局与喀什地区行政公署签署对口合作协议,粤喀知识产权对口合作工作正式启动。双方商定在知识产权人才交流与培训、加强专利技术转移与产业化、中小学知识产权教育交流与合作、专利行政执法工作交流等领域开展对口协作。

(二)同心协力 大力实施合作项目

近年来,我局不断加强与喀什地区的交流互访,双方领导多次带队开展实地互访考察,围绕合作项目,进行现场座谈交流,了解项目开展过程中存在的问题和困难,保障合作项目的开展落到实处。

2011年,新疆喀什知识产权局先后选派2名执法人员参加第110届中国进出

口商品交易会专利行政执法,学习展会知识产权保护经验。通过学习,不仅提升了新疆知识产权局干部的工作水平与能力,更重要的是为新疆地区学习与借鉴广东省地区知识产权工作经验,促进两地知识产权事业共同发展起到了积极的推动作用。

2012年6月28日至7月2日,应喀什地区邀请,我局和广州市知识产权局派代表参加第八届中国新疆喀什·中亚南亚商品交易会暨首届中亚南亚经济合作论坛,协助喀什局和大会组委会做好知识产权保护工作,对展馆内有专利标识的展品进行检查,其中重点对涉及专利的电器、电子产品等进行了排查,杜绝了假冒专利行为的出现,受到了主办方和参展商的好评。在喀期间,我局和广州市知识产权局、喀什局举行了展会执法工作座谈会,与新疆局的执法人员就展会执法、案件信息移送等进行了交流。

(三) 携手前行 取得丰硕合作成果

自2010年粤喀对口协作开展以来,粤喀双方充分发挥比较优势和互补优势,以合作开展项目为切入点,积极开展知识产权交流合作,有效推动双方开展多层次知识产权合作交流。我们很高兴地看到,喀什在知识产权宣传培训、执法设备改善和办公自动化建设、执法素质和能力提升、知识产权教育等多个方面都取得了明显进步,专利申请量和授权量持续增长。在双方的共同努力下,粤喀知识产权对口合作达到了预期的设想并取得了丰硕的成果。

三、下一阶段对口援疆工作设想

下一阶段,我局将继续加强与喀什的联系,进一步完善合作机制,拓宽合作领域,全面推进对口援疆工作迈上新的台阶,推动两地知识产权事业取得新的发展,为两地经济社会发展做出新的贡献。

(一) 完善合作保障机制

双方将进一步加强交流互访,逐步建立两地知识产权管理部门磋商和交流工作机制,分别明确知识产权协作分管领导和联络员,不定期召开交流会议,通报合作工作进展情况。交流知识产权工作的做法和经验,研讨双方共同关心的问题,确定新的交流合作内容。

(二) 切实落实合作项目

通过开展知识产权人才交流与培训、加强专利技术转移与产业化、加强中小学知识产权教育交流与合作、加强两地专利行政执法工作交流、加强专利信息资源共享等项目,建立定期交流与考察学习机制,鼓励两地拥有自主知识产权的使用技术、高新技术转移，开展执法协作，互通执法信息，对喀什地区给予扶持，切实提升喀什地区知识产权工作水平。

（三）全面提升发展潜力

通过开展知识产权对口协作，进一步推进粤喀知识产权事业发展，加强双方知识产权管理和服务机构的能力建设，提升知识产权工作的整体实力和成效，提高知识产权创造、运用、保护和管理水平，促进运用知识产权带动本地区经济社会发展。

近两年来粤喀两地知识产权合作取得了显著成绩。这些成绩的取得，离不开国家知识产权局的亲切关怀和指导支持，离不开两地政府（行署）的正确领导，更离不开两地知识产权系统广大干部职工的努力工作、奋勇拼搏。在此，我代表广东省知识产权局对各位关心、关注粤喀知识产权合作的各界人士表示感谢，对奋斗工作在粤喀知识产权合作第一线的同志表示慰问，并衷心祝愿粤喀知识产权合作再上新的台阶，为两地经济社会发展做出更大贡献。

在粤渝两省市专利行政执法协作第三次会议上的致辞

（2012 年 12 月 11 日）

在全国上下认真学习贯彻党的十八大精神之际，粤渝两地知识产权部门的代表再一次相聚广州，共同参加和见证粤渝两省市第三次专利行政执法协作会议，在此，我谨代表广东省知识产权局对会议的召开表示热烈的祝贺！对袁杰局长一行的到来，表示诚挚的欢迎！

过去的一年里，广东省知识产权工作围绕"加快转型升级、建设幸福广东"这一核心任务，抓住区域知识产权合作的重要机遇，以促进自主创新能力和广东核心竞争力的提高为目标，紧密结合知识产权战略实施、省部会商合作、环境营造、意识提高等方面，注重发挥知识产权制度的规范、激励和保障作用，取得了明显的成效。一是知识产权快速增长，专利结构不断优化。今年 1~10 月，我省专利申请量 173618 件，同比增长 16.91%，其中，发明专利申请量 46156 件，同比增长 16.85%；专利授权量 124195 件，其中，发明专利授权量 18527 件，同比增长 24.84%；我省有效发明专利量为 75691 件；我省每万人口发明专利拥有量为 7.25（件/万人），是全国每万人口发明专利拥有量 3.09（件/万人）的 2.35 倍、比 2011 年 10 月的 5.32（件/万人）增加 1.93 件。获得第十四届中国专利奖金奖 2 项、优秀奖 53 项，发明 38 项，实用新型 2 项，外观设计 15 项。获奖项目数量、优秀奖数量、发明专利获奖数量和外观设计获奖数量均创历史新高。二是实施知识产权战略，着力推进政策措施的制定。2012 年 1 月，省委、省政府出台了《关于加快建设知识产权强省的决定》，吹响了广东向知识产权强省进军的号角；9 月 10 日，《广东省展会专利保护办法》经省政府常务会议审议通过，于 10 月 15 日正式实施；目前，正在组织拟定《广东省重大经济和科技活动知识产权审查与评议暂行办法》；牵头制定《关于加快推进广东省知识产权质押融资工作的若干意见》；组织起草《广东省专利奖励办法》。三是大力培植服务平台发展壮大，提高专业服务水平。根据国家知识产权局和广东省政府知识产权高层次战略合作第四次会议"共同创建知识产权服务业示范省"的决定，我局积极推动知识产权服务业示范省创建工作；4月10日，国家知识产权局区域专利信息服务（广州）中心正式揭牌，区域中心的基础建设工作圆满完成；审协广东中心项目建设推进顺利，完成项目预立项和土地核发，已进入建筑概念设计。四是积极开展"双打"、"三打两建"、"护航"专项行动工作成效显著。2012年，广东省在全国率先提出组织开展以"打击欺行霸市、打击制假售假、打击商业贿赂、建设社会信用体系、建设市场监管体系"为内涵的"三打两建"、建设幸福广东的活动。我局高度重视"三打两建"专项行动工作，紧密结合"双打"专项行动和国家局开展的2012年知识产权执法维权"护航"专项行动，狠抓涉及民生的专利大案要案，多次组织全省多个地市局统一行动查处案件。我局积极为营造保护知识产权的法治环境、促进经济发展的投资环境和公平竞争的市场环境提供良好保障。1~10月，全省立案处理各类专利纠纷案件299件，立案查处假冒专利案件389件，通过指导各类会展和行业协会解决专利纠纷共1116宗。

近年来，在专利制度不断变革和发展的新的历史条件下，在金融危机波及全球的情况下，建立健全区域知识产权保护协作机制，是进一步加快推进区域知识产权领域合作与交流的客观需要，对促进区域经济联动发展发挥着越来越重要的作用。2010年，粤渝两省市在广州签署了《粤渝两省市专利行政执法协作协议》，并召开了首次会议，共同表达了粤渝两地加强知识产权保护合作的决心；去年，两省市又就完善区域知识产权工作协调机制、强化区域知识产权全面合作、拓宽区域知识产权工作交流渠道等问题展开了深入地研究和探讨；今天，我们再次聚会，回顾两年来两省知识产权保护协作的历程，共谋未来发展大计，这对于提高协作水平，巩固合作成果，推动粤渝两省市知识产权工作向深度和广度发展，具有重要意义。

今年，我省在专利行政执法区域协作方面继续巩固以往所取得的成果，并且有了新的进展。在省际签署了《九省市专利行政执法协作协议》，拓宽了知识产权保护合作区域；在省内，推动成立了珠江三角洲地区专利行政执法联席会议，合作内容包括政策研讨、业务交流、信息共享、执法协作等四个方面，这是我省继粤东、粤西执法协作联席会议成立之后，又一个区域专利行政执法协调机制的建立。全年，在专利行政执法协作执行方面，共接受四川省知识产权局移送专利案件2件，向浙江、贵州、山东、西藏、天津、上海等省市知识产权局移送案件9件，向广州、深圳、中山、揭阳、潮州等市（区）知识产权局作出指定管辖案件8件；今年6月，应新疆喀什地区行政公署的邀请，我省派出执法人员协助喀什局和大会组委会做好第八届中国新疆喀什·中亚南亚商品交易会的知识产权保护工作。在执行《粤渝两省市专利行政执法协作协议》方面，继续将广交会的专利投诉信息以及涉及重庆市参展企业专利案件的情况向重庆市知识产权局进行了通报；与重庆市知识产权局开展了首次专利执法协作，由我省对涉嫌生产假冒专利卫生产品的广州市非一般日用品有限公司进行联合执法行动，由重庆局对该假冒专利产品的重庆总经销商进行了同步查处，共查获涉嫌假冒专利卫生用品21990包，包装袋724933个，货值超过40万元。

党的十八大再次强调"实施知识产权战略，加强知识产权保护"。知识产权战略是我国运用知识产权制度促进经济社会全面发展的重要国家战略，知识产权是国际竞争力的重要内容，只有不断完善知识产权保护制度，加大保护知识产权的执法力度，才能更好地推动自主创新和科技进步，实现经济社会的持续、和谐发展。因此，在新的形势和任务面前，我们要以十八大精神为动力，在推动建设创新型城市和保护知识产权工作等方面进行实践与探索，从而努力形成统一、规范、高效的知识产权协作机制，共同推进两省市知识产权工作不断迈上新的台阶，为粤渝两地的经济和社会发展创造良好的条件。我相信，通过这次会议深入的研究和探讨，大家能够促进彼此之间的交流，能够达成更多的共识，并丰富和发展区域知识产权保护协作的内涵，为粤渝两省市知识产权工作提供更多的理论和实践资源，一定会为增进两省市知识产权同仁间的互相学习借鉴和友谊奠定坚实的基础，促进粤渝两省市知识产权工作的全面开展！

在东莞市高标准建设国家知识产权示范城市动员暨全市科学技术奖励大会上的讲话

(2013年11月27日)

在党的十八届三中全会胜利召开的大好形势下,东莞市政府今天隆重召开高标准建设国家知识产权示范城市动员暨全市科学技术奖励大会,部署国家知识产权示范城市建设工作,表彰奖励东莞科学技术项目,十分重要和及时。国家知识产权局肖兴威组长亲临授牌,体现了国家知识产权局对东莞和广东知识产权工作的亲切关怀和大力支持,徐建华书记亲临会议指导,凸显了市委、市政府对科技和知识产权工作的高度重视和正确领导。借此机会,我代表省知识产权局向国家知识产权局、东莞市委、市政府表示衷心的感谢!向在全市科技和知识产权战线上无私奉献的各位同志表示崇高的敬意!下面,我讲两点意见,供参考。

一、东莞市创建国家知识产权示范城市工作措施得力,成效显著

2007年以来,东莞市以建设国家知识产权试点城市为起点,以创建示范城市为目标,从健全体系、完善机制、推动创造、促进转化、加强管理、强化保护、提升服务等方面着手,大力实施知识产权战略,进展迅猛,成效显著,于今年9月荣获国家知识产权示范城市称号,成为我省继广州、深圳之后的第三个国家示范城市,也是全省首个地级市示范城市。刚才,袁宝成市长回顾了东莞创建示范城市工作的发展历程,我认为,东莞知识产权事业能够取得如此显著的成绩,其根本原因,是市委市政府始终将知识产权工作作为增强城市核心竞争力和推进经济社会双转型的重要举措,是市委市政府从战略高度谋划事业发展大局,扎实推进"四个体系"建设取得的重大战果:

一是领导体系。东莞市将知识产权工作纳入市委市政府重要议事日程,将知识产权指标纳入政府年度考核,充分发挥知识产权办公会议制度作用,在全省率

先与省知识产权局建立市局合作会商制度，并采取一系列措施大力推进各项工作任务的贯彻落实。

二是投入体系。在机构精简的大背景下，全市大力加强知识产权管理机构建设，落实工作人员，充实工作经费，松山湖高新区专门成立了知识产权局，全市所辖镇街全部设专人负责知识产权工作。

三是政策体系。市政府颁布实施市级知识产权战略纲要，大力推进年度战略实施工作，逐步形成了涵盖专利、商标、版权等多种类别，涉及知识产权创造、运用、保护、管理和服务等各个领域的政策体系。

四是工作体系。全市紧紧围绕"加快转型升级、建设幸福东莞"的奋斗目标，大力实施专利导航产业发展计划、开展知识产权质押融资改革、建立预警机制和审议机制、建设专利联盟、加强知识产权保护、搭建知识产权公共服务平台、引进和培育高水平服务机构、培育企业知识产权专业人才，切实将知识产权有效地转化为产业竞争优势，将知识产权打造成为城市发展的新引擎。

在今年国家知识产权示范城市评审中，东莞获得了90.17分的优异成绩，在入选的18个城市中排名第二位，在地级市中排名首位。在刚刚举行的国家知识产权示范城市工作会谈上，我了解到，东莞已经紧锣密鼓地启动了示范城市的建设工作。我相信，在市委市政府的高度重视和正确领导下，东莞市的知识产权示范城市建设工作一定能够取得圆满成功。

二、在新起点上，高标准建设国家知识产权示范城市

党的十八届三中全会审议通过了《中共中央关于全面深化改革若干重大问题的决定》（以下简称《决定》）。《决定》指出，"加强知识产权运用和保护，健全技术创新激励机制，探索建立知识产权法院。"这是党中央就如何进一步深化知识产权事业改革发展作出的重大战略决策，也是我们未来开展工作的重要目标和方向。希望东莞市紧紧抓住建设知识产权示范城市的大好契机，以更新的理念、更实的举措，在更宽的领域、更高的层次上创造出更加优异的成绩。关于如何建设知识产权示范城市，在此，我想再提三点希望：

一是希望将东莞打造成为全省乃至全国知识产权事业改革发展的先行地。东莞是中国改革开放的前沿，也是重要的新兴工业化城市。东莞的知识产权事业不仅基础好、工作实、成效大，同时还具备发展空间大、潜力大、干劲足的优势和特点。我希望，东莞市认真贯彻落实党的十八届三中全会精神，按照《决定》的统一部署，以更加巨大的勇气和更加坚定的决心，锐意推进全市知识产权事业

的改革和发展，努力为广东乃至全国知识产权工作创造新思路、探索新路子、寻求新办法、提供新经验。

二是希望将建设国家知识产权示范城市作为实现事业改革发展的重要手段。建设知识产权示范城市，是提升城市发展水平的重要途径。东莞要高度重视示范城市建设工作，大力促进城市经济的转型与升级，充分发挥知识产权助推经济社会发展的重要作用；认真研究并适时出台适合当地特色和地区发展的示范城市工作方案，成立高规格的工作领导小组，构建横向配合、上下联动的工作机制，推进各项任务扎扎实实落到实处。

三是希望将完善和提升知识产权治理能力作为建设国家知识产权示范城市的核心和关键。党的十八届三中全会提出，全面深化改革的总目标是完善和发展中国特色社会主义制度，推进国家治理体系和治理能力现代化。我相信，构建知识产权治理体系，增强知识产权治理能力，将成为我们的事业未来发展的重要任务。东莞市在建设国家知识产权示范城市的过程中，要将这两项工作作为核心任务，营造有利于创新发展的政策和法治环境，探索并形成具有地方特色的知识产权治理体系，推进治理方式的法治化和制度化，鼓励更多的社会主体积极投入到建设东莞示范城市的工作中来，圆满出色地完成好各项建设工作，绝不辜负国家知识产权局的重托和期望。

东莞的城市核心价值是"活力"。我衷心期望，在这种年轻、包容、积极向上的城市精神的带动下，东莞的知识产权示范城市建设工作也像我们的城市口号一样，能够"每天绽放新精彩"，为实现"高水平崛起"提供坚强有力的保障和支撑。最后，衷心祝愿东莞早日实现知识产权强市的建设目标！也祝愿东莞的经济社会建设取得更大的成绩！

06 交流合作

交流合作

在 2008 年广东知识产权保护与发展论坛上的致辞

(2008 年 8 月 22 日)

今天,由省政协教科卫体委员会与省知识产权局联合主办的"广东知识产权保护与发展论坛"在广州隆重举行。我谨代表论坛主办方之一的省知识产权局,向前来出席论坛的各位来宾表示热烈的欢迎,并对各位对广东知识产权事业的高度关注和满腔热情表示衷心的感谢!

在知识经济时代,知识产权制度作为鼓励和保护创新、促进经济社会发展的基本法律制度,地位越来越重要,作用越来越突出。在这种新形势下,今年 6 月 5 日,国务院颁布了《国家知识产权战略纲要》,决定实施国家知识产权战略。这是在改革开放新时期,党中央、国务院根据国内外新形势作出的一项重大战略部署,是关系国家前途和民族未来的大事。这标志着我国知识产权事业的发展进入了战略机遇期。实施知识产权战略,对于充分发挥知识产权制度的作用,尽快转变经济发展方式,缓解资源环境约束,提升国家核心竞争力,满足人民群众日益增长的物质文化需要,具有十分重要的意义。

多年来,我省在知识产权领域取得了令人瞩目的成绩,各项工作一直走在全国前列,奠定了知识产权大省的地位。主要表现在:知识产权法制建设趋于完善;工作体系逐步健全;知识产权拥有量持续快速增长,并长期居于全国领先地位;知识产权运用能力和保护水平普遍提高。尤其是,省委、省政府对知识产权工作高度重视,在国内率先出台了审议层次最高、时间跨度最长的省级知识产权战略纲要。《纲要》是指导我省知识产权事业未来发展的纲领性文件,为今后我省知识产权事业实现又好又快发展指明了方向和道路。

但与此同时,我们也要看到,虽然我省知识产权事业发展迅速,但存在的一些制约知识产权事业发展的重大问题不容忽视:一是知识产权管理体制和运行机制亟待创新。近年来,随着经济、科技和社会的快速发展,面临的知识产权问题日益增多,对一些重大而又敏感的问题需作出快速反应,采取有效应对措施,而现行知识产权管理体制和运行机制显得较为被动。二是知识产权人才队伍的数量以及结构与经济社会发展的要求相差甚远。作为对外贸易依存度很高的省份，无论是企事业单位，还是管理队伍，都缺乏知识产权专业人才，能够熟练掌握知识产权法律和国际规则、善用知识产权手段保护技术创新和开拓市场以实现知识产权价值最大化的高级人才更为稀缺。三是知识产权信息资源不完整，信息运用能力不强，服务政府决策、产业发展和企业市场竞争的功能作用远未发挥。四是促进知识产权实施与产业化的措施有待进一步加强，知识产权转化渠道不畅，较大程度地影响了专利技术的实施和产业化。五是统筹协调、涉外应对及对外宣传交流仍应持续改进。这些问题已成为制约我省知识产权发展的瓶颈，特别是与我省经济社会发展的要求和国内外竞争的形势需要还有较大的差距。

今天的论坛，是在国家知识产权战略纲要正式颁布和我省知识产权战略纲要进入全面实施的背景下举行的，论坛围绕国家和我省知识产权战略纲要的实施这一主题，研究和探讨当前我省知识产权保护和发展过程中存在的问题，并提出相关的解决方案，形成新的思路和建设性意见，具有非常重要的意义。是以实际行动贯彻落实中共十七大关于实施国家知识产权战略的部署和《中共广东省委、广东省人民政府关于争当实践科学发展观排头兵的决定》精神，以新一轮思想大解放推动广东知识产权事业新一轮大发展，推进创新型广东的建设，实现广东努力争当实践科学发展观排头兵的目标的一项具体举措。

今天到会的各位来宾，都是我省各界在知识产权及相关工作领域的专家，代表着我省知识产权的创造者、运用者、保护者、管理者、研究者，以及关注知识产权制度建设的热心人士，希望论坛能为大家提供一个良好的沟通与交流平台，使各位能从各自不同的角度，通过研究问题、交流观点、探寻对策，为全面促进我省知识产权事业又好又快发展贡献智慧和力量。

最后，预祝论坛圆满成功。

在欧洲知识产权制度——外观设计与专利国际研讨会上的致辞

(2008年9月17日)

今天，由国家知识产权局、欧洲专利局、欧共体商标局和广东省知识产权局共同主办的"欧洲知识产权制度——外观设计与专利国际研讨会"在顺德隆重举行，我谨代表论坛主办方之一的广东省知识产权局，向研讨会的召开表示热烈的祝贺，向出席研讨会的各位专家和来宾，表示诚挚的欢迎！

广东是我国改革开放的前沿地区，也是我国第一经济大省。改革开放30年来，广东省GDP年均增长率接近15%。2007年，全省GDP达到4200多亿美元，约占全国的1/8。在全省经济持续稳定快速增长的同时，广东省政府高度重视知识产权工作，强调保护知识产权是建立和发展社会主义市场经济、不断扩大对外开放和深化经济体制改革的需要，并制定了一系列的政策措施积极推进知识产权事业的发展。在知识产权工作人员和社会各界的共同努力下，我省知识产权工作取得了令人瞩目的成绩，知识产权法制建设不断完善，工作体系逐步健全，知识产权运用能力和保护水平普遍提高，知识产权拥有量持续快速增长。目前，我省专利申请量和授权量、注册商标申请量和拥有量连续13年位居全国第一，发明专利申请量连续3年、PCT专利申请量连续6年领先全国；截至今年7月份，全省累计专利申请量和授权量分别突破58万件和34万件，累计商标注册量近42万件，奠定了广东在全国的知识产权大省的地位。为进一步推动广东知识产权事业的深入发展，去年11月，省政府颁布实施了指导我省知识产权事业未来发展的纲领性文件——《广东省知识产权战略纲要（2007~2020年）》，勾画出了全省知识产权事业发展的宏伟蓝图，标志着我省知识产权工作正式进入战略发展期。

近年来，作为世界贸易组织的三大支柱之一，知识产权在国际经贸关系中的地位与作用日益显现。在经贸关系密切的国家和地区之间，迫切需要加强知识产权领域的交流与合作。作为我国第一外贸大省的广东，2007年，全省进出口总额为6300多亿美元，占全国的1/3，其中欧洲是我省最重要的贸易合作伙伴之一。因此,进一步加强双方在知识产权方面的交流和合作,对于促进双方贸易快速、健康的发展,具有非常重要的现实意义。

今天的研讨会,是今年欧洲在我省知识产权领域举办的一次重要的交流合作活动。参加研讨会的各方代表,都是欧洲与我国知识产权界的专家和企业界的代表。我相信,研讨会的召开,为各方提供了一个交流平台,对于增进各方在知识产权领域的沟通,增强我省知识产权界对欧洲知识产权制度的了解,提高企业知识产权管理和运用水平,促进欧洲朋友对我省知识产权工作的了解等各个方面,都将发挥出十分积极的作用并产生深远的影响。

最后,预祝研讨会圆满成功。

在粤港知识产权与中小企业发展（中山）研讨会上的致辞

(2009年4月7日)

"粤港知识产权与中小企业发展研讨会"是粤港知识产权合作的重要项目，今天的会议是本系列研讨会在广东第十次举行，研讨会已经成为两地知识产权合作的品牌活动。

改革开放以来，港资一直位居广东外来投资的首位，香港是广东最大的贸易伙伴。2008年，广东对香港的进出口贸易总额达到近1400亿美元，占广东全省进出口总额的1/5。特别是CEPA实施以来，粤港经贸关系得到持续快速发展。伴随着两地经贸关系日益紧密，粤港两地政府知识产权部门不断加强合作，形成了定期会议与项目实施相结合的合作机制，在知识产权保护、宣传培训、信息交流和学术研究等多个方面，开展了一系列合作活动，为营造两地良好的经贸合作与经济发展环境作出了积极贡献。

多年来，广东省政府高度重视知识产权工作，制定了一系列的政策措施积极推进知识产权事业的发展。在知识产权相关部门和社会各界的共同努力下，我省知识产权工作取得了令人瞩目的成绩，知识产权法制建设不断完善，工作体系逐步健全，知识产权创造和运用能力普遍提高，知识产权保护力度不断加强，知识产权拥有量持续快速增长。目前，我省专利申请量和授权量、注册商标申请量和拥有量连续多年位居全国前列，PCT国际专利申请量连续7年领先全国；截至2008年底，全省累计专利申请量和授权量分别突破63万件和37万件，累计商标注册量超过47万件，均居全国第一位，奠定了广东在全国的知识产权大省的地位。

自去年以来，国际金融危机大规模爆发，粤港两地很多企业尤其是中小企业受到严重冲击。我省高度重视世界形势的发展变化，采取了一系列政策措施扶持中小企业应对危机。今年2月，黄华华省长在政府工作报告中明确提出要加大对中小企业的财税支持，促进中小企业发展壮大。省财政专门安排22亿元资金支持中小企业技术改造和创新与扩大出口。今年 1 月 16 日，省政府出台《广东省支持港澳台资企业应对国际金融危机和加快转型升级若干政策措施》，通过加大财政支持、减免部分税费、支持企业自主创新、加强金融及知识产权服务等多项措施，扶持港澳台资企业平稳健康发展。

今年，广东省知识产权局就金融危机背景下企业发展状况进行的专项调研发现，我省不少中小企业，包括一些港资企业，以知识产权作为支撑和保障，通过实施知识产权战略，在金融危机中表现出较强的抗风险能力，一批自主知识产权创新型企业还实现了逆势增长和扩张。实践证明，知识产权是帮助企业应对金融危机的有效手段。今天，粤港两地在广东合作举办"知识产权与中小企业发展"研讨会，目的就在于提高两地中小企业的创新意识和运用知识产权制度的能力，提升企业以知识产权应对金融危机的能力，促进两地的创新发展与共同繁荣。今天参加研讨会的有国家知识产权局领导，有两地政府知识产权机构代表及专家，也有在应对金融危机中表现突出的中小企业代表。希望研讨会能为两地企业提供一个知识产权交流平台，对所有参会企业都有所帮助和启迪。

最后，预祝研讨会取得圆满成功，祝各位嘉宾和讲者在广州期间生活愉快，身体健康！

在 2009 知识产权南湖论坛
——国家知识产权战略实施策略与绩效评价国际研讨会上的致辞

（2009 年 5 月 9 日）

今天，2009 知识产权南湖论坛——"国家知识产权战略实施策略与绩效评价"国际研讨会在美丽的广州大学城隆重开幕，群贤毕至，共同商讨知识产权事业发展之大计，实乃广东知识产权界的一件大事和盛事。广东省知识产权局非常荣幸作为论坛的支持单位，在此，我谨代表广东省知识产权局，向论坛的召开表示最热烈的祝贺，向出席论坛的各位专家和来宾表示最诚挚的欢迎。

在人类社会已经迈入知识经济时代的今天，知识产权已日益成为一种现实的和潜在的战略性资源，实施知识产权战略，加快知识产权发展，已成为多数发达国家甚至是发展中国家提升本国经济实力和发展后劲的重要战略举措。此次国际研讨会吸引了来自世界各地的专家学者共同研讨"知识产权战略实施策略与绩效评价"，也从一个侧面反映了知识产权战略的重要性。

去年 6 月 5 日，国务院颁布实施了《国家知识产权战略纲要》，这是党中央、国务院站在新的历史起点上作出的一项重大战略部署，具有重大的历史意义和战略意义。同年 11 月 19 日，胡锦涛总书记在中央政治局第九次集体学习时指出："坚持走中国特色自主创新道路，大力实施科教兴国战略、人才强国战略、知识产权战略，加快建设国家创新体系。"首次把知识产权战略作为创新型国家三大支撑体系之一，深刻表明了知识产权战略的重要地位和作用。今年 3 月 5 日，温家宝总理在政府工作报告中强调："继续实施科教兴国战略、人才强国战略和知识产权战略，提高知识产权创造、运用、保护和管理水平"，标志着知识产权战略正式成为国家发展的核心战略。

广东是我国的经济和外贸第一大省，省委、省政府一直高度重视知识产权工作，强调知识产权对经济社会发展的推动作用。2007 年 11 月 6 日，省政府颁布实施了《广东省知识产权战略纲要（2007～2020年）》。2008年6月19日，省委、省政府在《关于争当实践科学发展观排头兵的决定》中明确提出了"实现从知识产权大省向知识产权强省跨越"的发展目标。11月17日，省政府办公厅印发《广东省知识产权战略纲要（2008～2009年）实施方案》，确定50项年度具体工作任务及措施。12月29日，省政府和国家知识产权局签署《关于建立知识产权高层次战略合作关系的协定书》，省部联动，共同深入推进知识产权战略实施和知识产权强省建设。

近年来，在省委、省政府的正确领导下，在社会各界的共同努力下，我省知识产权工作取得了令人瞩目的成绩，知识产权法制建设不断完善，工作体系逐步健全，知识产权创造和运用能力普遍提高，知识产权保护力度不断加强，知识产权拥有量持续快速增长。目前，我省专利申请量、授权量、有效专利数量、注册商标申请量和拥有量等多项指标连续多年位居全国前列，PCT国际专利申请量连续7年领先全国。截至2008年底，全省累计专利申请量和授权量分别突破63万件和37万件，累计注册商标量超过47万件，全省有效专利达17万件，均居全国首位。知识产权有力地支撑了创新型广东和经济强省的建设，同时也为全面贯彻实施知识产权战略、建设知识产权强省奠定了坚实的基础。

这次论坛，是在国家及广东知识产权战略纲要已进入全面实施阶段的背景下举行的，十分及时，非常重要。论坛将围绕知识产权战略实施，研究和探讨知识产权战略的实施策略、区域知识产权战略的实施经验、知识产权保护、知识产权滥用的规制、知识产权制度的完善、知识产权文化建设、知识产权战略绩效评估等重大问题，主题鲜明，内容丰富，涵盖了知识产权战略实施的方方面面，对于我国及我省汲取世界各地的经验与智慧，推进知识产权战略实施，具有重要的意义。

出席这次论坛的各位来宾，都是国内外知识产权领域的知名专家学者。各位来宾的参与，极大地提升了论坛层次，使本次论坛成为知识产权思想和文化的盛宴，同时也为我省知识产权界提供了良好的学习与交流机会。我相信，论坛必将对所有参会人员都有所帮助和启迪。

最后，预祝论坛圆满成功。

在粤港保护知识产权合作专责小组第八次会议记者招待会上的致辞

(2009年7月20日)

今天,"粤港保护知识产权合作专责小组第八次会议暨记者招待会"在广州隆重召开,粤港双方知识产权部门共同商讨以知识产权促进两地经济社会发展的大计,并向社会发布知识产权合作的最新进展。我谨代表专责小组,向出席招待会的各位记者和来宾表示诚挚的欢迎!

在刚刚结束的粤港合作保护知识产权专责小组第八次会议上,双方回顾了一年来的知识产权合作情况,并就下一阶段的合作计划进行了深入讨论。这次会议强化了自2003年以来的粤港知识产权合作机制,明确了下一阶段知识产权合作的目标和任务,对在新的形势下推动粤港知识产权合作向纵深发展有着重要的现实意义。

粤港保护知识产权合作专责小组成立以来,建立了定期会议制度和项目合作制度。在双方的共同努力下,知识产权合作的广度与深度都不断提升,社会影响力不断提高。自去年7月专责小组第七次会议以来,粤港知识产权合作取得了新的进展,双方合作实施的项目包括:在香港举办国家及广东知识产权战略宣讲会,促进香港各界对内地知识产权战略与政策环境的了解;举办"粤港知识产权与中小企业发展(中山)研讨会",提高两地企业的知识产权意识与能力;推进粤港知识产权案件协作处理机制建设,促进两地联合打击跨境知识产权违法犯罪行为;深入开展粤港两地"正版正货承诺"活动,提升两地尊重和保护知识产权的形象;编印《粤港澳知识产权简明手册》,利用会展加深企业对粤港两地知识产权制度的认知;推进粤港知识产权中介服务机构、创意产业企业、中小学知识产权教师交流以及民间组织机构间的交流;联合开展粤港两地知识产权专题研究;持续更新"粤港澳知识产权资料库";开展香港考生在粤参加全国专利代理人资格考试工作等。这些合作项目的成功实施,有力地促进了两地创新环境的优化和经济贸易的发展。

今年 1 月，国务院批准的《珠三角地区改革发展规划纲要》开始实施，该规划纲要对加强粤港知识产权合作提出了新的要求。下一阶段，粤港双方将结合新的发展形势，以巩固合作成果、提升合作层次、拓展合作领域、发挥辐射带动作用为目标，开展知识产权合作工作。

粤港双方经过协商，计划继续推进现有合作机制及项目，包括：继续推进粤港中小企业创新促进机制，在广东省内巡回举办"知识产权与中小企业发展"研讨会；继续完善粤港知识产权案件协作处理机制，提高打击跨境侵权行为的效能；在两地深入推进"正版正货承诺"活动，将活动推广到珠江三角洲地区所有地市；继续实施知识产权专业人士交流计划，开展粤港创意产业企业知识产权交流和知识产权中介服务机构交流；持续建设粤港澳三地知识产权信息平台，不断维护与更新三地知识产权资料库；开展香港考生在粤参加 2009 年全国专利代理人资格考试工作，并持续推进两地民间知识产权组织机构的交流。此外，结合新的形势，粤港双方计划开展一些新的合作项目，包括：在香港举办"专利法修改与实施研讨会"，促进香港各界对新修改的《专利法》的了解；在粤开展粤港展会知识产权保护实务培训，提高企业在国内外展会上的知识产权保护能力；在粤举办港资企业利用专利信息加快转型升级培训班；举行两地知识产权执法最新科技分享交流活动。

最后，我代表粤港保护知识产权合作专责小组，对各位记者的到来表示衷心的感谢。一直以来，广大新闻媒界的朋友们为推广知识产权理念、建设知识产权文化做了大量工作。我相信，在大家的支持下，粤港两地公众的知识产权意识会不断提升，知识产权事业会得到更大发展。

在珠江三角洲地区创新与知识产权
国际研讨会招待酒会上的致辞

(2009年10月27日)

今晚,我十分高兴出席美国全国商会举办的招待酒会,与各位来宾见面。这个酒会,让来自大洋两岸的知识产权专家会聚一堂,为大家进行交流提供了一个良好的平台。在此,我代表广东省知识产权局,向酒会的举行表示衷心的祝贺!

今天,恰逢我国的传统佳节"重阳节"。值此重阳之夜,我们在广州会面,把酒言欢,与来自各地新老朋友进行交流,我很自然地想起孔子的名言:"有朋自远方来,不亦乐乎。"

重阳佳节,自古以来,我们都是"每逢佳节倍思亲"。但同时,我也相信,"海内存知己,天涯若比邻"。各位朋友今晚相聚此地,都是为了共同的话题而来,而这话题就是创新与知识产权。在创新与知识产权领域,我们都是海内的知己!

明天,经过广东省知识产权局与美国全国商会半年多的携手合作与辛勤劳动,双方共同主办的"珠江三角洲地区创新与知识产权国际研讨会"就要开幕了,我期待着与各位朋友在明天的研讨会上再次会面。经过明天更深入地交流与研讨,我相信,我们这些海内的知己,一定会进一步加深友谊,并促进我们共同的创新与知识产权事业发展。

最后,我提议,为我们的友谊,为各位的健康,干杯!为珠江三角洲地区的创新与知识产权事业的发展,干杯!

在国际知识产权争端仲裁和调解培训班闭幕式上的致辞

(2009年11月25日)

今天,由我局和香港城市大学联合主办的为期三天的"国际知识产权争端仲裁与调解"培训班圆满地落下了帷幕。在此,请允许我代表广东省知识产权局,对本次培训班的合作方香港城市大学法学院及各位同事,表示衷心的感谢!同时,我要特别感谢来自世界知识产权组织、联合国贸易发展会议、联合国贸易法委员会、常设仲裁法庭、国际商会和香港城市大学的各位专家。他们不远万里来到中国广东,围绕国际知识产权争端的仲裁与调解,结合实际案例作了精彩的讲解,与我省的各界学员分享经验,对广东的企业及知识产权服务机构走向国际化、参与知识产权国际竞争提供了十分有益的启发,使我省从事知识产权工作的同仁享受了一顿思想盛宴。

当然,我也要对今天圆满完成培训课程并获得证书的所有企业、高校和知识产权服务机构的学员,表示衷心的祝贺!此次培训班,我们联合了多个国际组织,是我省培养高层次知识产权人才的一次全新探索和有益尝试,并首次采用全英文授课,对我们广东的知识产权从业人员也是一个全新的挑战。我很高兴地看到,我省拥有一支英语过硬、专业过硬的知识产权专业人才队伍。这是我省全面提高知识产权创造、运用、保护和管理能力的生力军。

多年来,我省高度重视知识产权工作,建立健全了知识产权创造体系、政策体系、管理体系、保护体系和服务系统。在发展自主知识产权方面也取得突出的成就,正发展成为知识产权大省。但是,随着我省对外经济贸易不断发展,涉及专利等各类知识产权的国际争端时有发生,企业在遭遇国际知识产权争端时,由于相关准备不足,往往在应对争端过程中处于被动地位,致使遭受不必要的损失。在这样的背景下,我局与香港城市大学一起,携手各位专家,举办了本次高层次、高水平的专业培训班,对进一步提高全省知识产权从业人员的国际知识产权争端应对意识与能力,必将起到十分积极的作用。

精彩而专业的培训班使我们印象深刻,也让我们更加期待下一次的聚会。这次的培训班即将结束,但这只是我省知识产权国际交流与人才培养工作的一个乐章。我们将继续加强知识产权国际交流与合作,加大知识产权人才特别是高层次人才的培养力度,坚持开放、务实的态度,为我省的知识产权事业与经济贸易的长远发展,提供有力的智力支撑和人才保障。

在东盟各国知识产权局代表团访粤活动晚宴上的致辞

(2010年4月15日)

今天,广东省知识产权局设晚宴招待东盟各国官员,首先,请允许我代表广东省知识产权局,对各位的光临表示诚挚的欢迎!

今天上午,各位官员参观和访问了我省大型综合性现代化企业——美的集团,美的集团是中国最具规模的白色家电生产基地和出口基地之一,美的的东盟公司现在已经成为东盟地区最大的电饭煲制造企业和电磁炉制造企业。今天下午,我们和各位官员一起,进行了有关专利行政保护方面的座谈,在座的各位专家,就知识产权的行政执法、会展知识产权保护和知识产权地区协调保护等问题进行了沟通和交流,大家互通了信息,加深了彼此之间的了解,搭建起了友谊的桥梁。

广东省是我国对外开放的前沿,是我国经济第一大省,也是我国对外贸易第一大省,也是我国知识产权大省。东盟具有丰富的自然资源,同时在国际产业链中与广东产业密切相联。2009年,广东与东盟的进出口对外贸易一枝独秀,在与其他主要贸易伙伴都有10%以上降幅的逆境下,仍然保持了0.8%的增长。今年1月1日,中国—东盟自由贸易区建立,推动广东与东盟贸易进一步快速发展,广东省对东盟贸易额占中国—东盟贸易额1/4以上。东盟既是广东的近邻又是广东十分重要的经贸伙伴,双方既有资源互补的优势,也有经济技术互补的优势,更有人缘地缘的优势。

目前,广东一些高端品牌产品已经初步在东盟市场站稳脚跟,特别是一些家电企业的生产布局和营销网络大体成形,建立了一批专卖店和加盟店。我局十分愿意与东盟地区开展知识产权交流合作,共同促进双方经济贸易和社会发展。我相信,今天的访问,是我局与东盟各国开展交流合作的一个良好开端;我希望,在我国国家知识产权局的支持与指导下,我省知识产权界与东盟知识产权界,将不断深化合作,共同促进知识产权事业的深入发展。

我提议,为彼此的良好合作,为两地知识产权事业的发展,干杯!

在中日（广东）知识产权研讨会上的致辞

（2010 年 5 月 28 日）

经过双方的充分酝酿和积极筹备，今天，由广东省知识产权局和日本贸易振兴机构广州代表处联合主办、日本国驻广州总领事馆和广东省对外贸易经济合作厅支持举办的"中日（广东）知识产权研讨会"在广州中国大酒店隆重召开了。首先，我代表广东省知识产权局，对会议的如期顺利召开表示热烈的祝贺！对应邀担任此次研讨会的中日双方的演讲嘉宾表示衷心的感谢，尤其要感谢从日本远道而来的荒井寿光先生、新宅纯二郎先生和加藤秀司先生！同时还要对参加今天研讨会的各位来宾和朋友表示诚挚的欢迎！

广东是我国的经济大省、外贸大省，同时也是知识产权大省，广东省政府一直高度重视知识产权工作，不断加强知识产权法制建设，完善知识产权工作体系，推动知识产权事业迅速发展。多年来，广东知识产权事业的发展为广东经济社会的进步做出了突出的贡献。截至 2009 年底，我省累计专利申请量、授权量分别达 75.7 万余件和 45.5 万余件；经授权并维持有效的专利共计 22 万余件，均居全国榜首。2009 年当年，全省发明专利申请量、授权量分别达 32247 件、11355 件，均居全国第一。全省 PCT 国际专利申请量达 4418 件，占全国的 55%，连续第 8 年居全国首位。专利实施率高达 86%，超出全国平均水平 16 个百分点。华为、中兴等一批拥有自主知识产权的明星企业脱颖而出，成为运用知识产权提升竞争力的典范。知识产权事业的持续发展和进步，为我省提高自主创新能力、推动经济社会又好又快发展作出了重要贡献。可以说，广东的知识产权工作，是中国知识产权工作的一扇窗口，透过这个窗口，各位可以了解和认识中国的知识产权情况。

广东是中国对日贸易额最大的省份，对日贸易额占中日贸易总额的近四分之一，2009 年达到 534.9 亿美元。日本也是我省技术引进的重要地区和吸收外资的重要来源地，广州本田、丰田、日产等汽车企业，以及佳能、索尼、松下等众多日本的知名企业，均在我省建立了大型的生产基地，获得了极大的发展。

日本是亚洲较早建立知识产权制度的国家之一。一百多年来，日本在建立和完善知识产权制度方面取得了令世人瞩目的成就，特别是近年来通过实施"知识产权立国"战略，在引进、消化、吸收西方先进技术、培育企业自主创新能力、促进日本经济国民经济发展方面取得了独到的成功经验。这些宝贵的经验对广东探索科学发展道路，转变经济发展方式具有十分重要的现实意义。今天，我们特别荣幸地邀请到前日本政府内阁官房知识产权战略推进事务局局长、前日本特许厅长官荒井寿光先生和来自日本的嘉宾给我们介绍日本的知识产权制度和企业知识产权管理工作，我相信，这对于推动我省知识产权战略的实施、提高企业知识产权工作水平，必将产生十分积极的影响和作用。

各位来宾，各位朋友，2010年是我省全面完成"十一五"规划、加快转变经济发展方式、促进产业结构调整的关键之年。全省的中心工作就是以自主创新加快经济发展方式的转变，这将成为我省今后相当长一段时期内经济发展的主方向，这对全省知识产权工作提出了新的更高的要求。在新形势下，广东愿与日本进一步深化知识产权领域的交流合作，促进中日战略互惠关系不断向纵深发展。

最后，再一次感谢为本次会议顺利举办贡献智慧和付出辛勤劳动的各方朋友。祝愿研讨会圆满成功！祝愿各位日本朋友度过愉快的广州之行！

在粤港知识产权与中小企业发展（广州）研讨会上的致辞

(2010年6月25日)

今天，由广东省知识产权局、广州市人民政府、香港知识产权署和香港贸易发展局联合举办的"粤港知识产权与中小企业发展研讨会"在广州亚洲国际大酒店隆重举行，这是今年粤港知识产权合作的重要项目，也是粤港知识产权合作的系列品牌活动之一。自2003年以来，粤港双方已在我省多个城市联合举办过11场知识产权与中小企业发展的系列研讨会。今天，国家知识产权局吕国良司长亲自到会致辞并将作专题演讲，充分体现了国家知识产权局对粤港知识产权合作的重视和支持。在此，我谨代表广东省知识产权局，向研讨会的成功举行表示热烈的祝贺，向出席今天研讨会的各位领导、专家和来宾，表示诚挚的欢迎！向本次研讨会的支持机构：省工商行政管理局、省版权局、省公安厅、省对外贸易经济合作厅、海关总署广东分署，香港海关等单位表示衷心的感谢！

广东是我国的经济大省、外贸大省，同时也是知识产权大省，广东省政府一直高度重视知识产权工作，不断加强知识产权法制建设，完善知识产权工作体系，推动知识产权事业迅速发展。多年来，广东知识产权事业的发展为广东经济社会的进步做出了突出的贡献。截至2009年底，我省累计专利申请量、授权量分别达75.7万余件和45.5万余件；经授权并维持有效的专利共计22万余件，均居全国榜首。2009年当年，全省发明专利申请量、授权量分别达32247件、11355件，均居全国第一。全省PCT国际专利申请量达4418件，占全国的55%，连续第8年居全国首位。专利实施率高达86%，超出全国平均水平16个百分点。华为、中兴等一批拥有自主知识产权的明星企业脱颖而出，成为运用知识产权提升竞争力的典范。知识产权事业的持续发展和进步，为我省提高自主创新能力、推动经济社会又好又快发展作出了重要贡献。

改革开放以来，港资一直位居广东外来投资的首位，香港是广东最大的贸易伙伴之一。2009年，广东对香港的进出口贸易总额达到1199.1亿美元，占广东全部进出口总额的近五分之一（2009年全省进出口合计6111.2亿美元）。随着《珠江三角洲地区改革与发展纲要》的实施和《粤港合作框架协议》的贯彻落实，粤港经贸关系得以持续快速发展，粤港两地知识产权部门也在不断加强合作，在知识产权的保护、执法、宣传、培训、信息交流与问题研究等方面，每年都开展一系列合作活动，为营造两地良好的经贸合作与经济发展环境作出了积极的贡献。

今天，粤港两地在广州举行主题为"以知识产权促进企业转型升级"的系列研讨会，目的在于通过营造更加良好的知识产权保护环境，提升两地中小企业运用知识产权制度的能力和水平。我们邀请了国家知识产权局和粤港两地多位资深的知识产权专家担任今天的主讲嘉宾。我相信，今天的研讨活动对于企业加深对两地知识产权制度的了解，促进两地企业完善知识产权管理制度，实现产业的优化和升级，推动广东加快经济发展方式的转变，必将产生十分积极的影响和深远的作用。

最后，感谢广州市知识产权局为筹备本次研讨会所付出的辛勤努力。

祝各位来宾在广州期间愉快！

祝研讨会圆满成功！

在粤港保护知识产权合作专责小组第九次会议新闻发布会上的致辞

（2010 年 7 月 30 日）

今天，"粤港保护知识产权合作专责小组第九次会议暨记者招待会"在香港隆重召开，粤港双方知识产权部门共同商讨以知识产权促进两地经济社会发展的大计，并向社会发布知识产权合作的最新进展。我谨代表出席会议的粤方专责小组成员单位，向出席招待会的各位记者和来宾表示诚挚的欢迎！

刚才，谢肃方署长代表专责小组向大家通报了刚刚结束的粤港合作保护知识产权专责小组第九次会议的情况。在会上，双方回顾了一年来的知识产权合作情况，并就下一阶段的合作计划进行了深入讨论。会议进一步强化了自 2003 年以来的粤港知识产权合作机制，明确了下一阶段知识产权合作的目标和任务，对在新的形势下推动粤港知识产权合作向纵深发展有着重要的现实意义。

粤港保护知识产权合作专责小组成立以来，建立了定期会议制度和项目合作制度。过去的一年，在双方的共同努力下，粤港知识产权合作环境不断优化，合作领域不断拓展，合作力度不断加强，合作成果不断扩大，在推动两地知识产权创造、促进知识产权运用、加强知识产权保护和提升知识产权服务管理水平方面，开展了卓有成效的合作。粤港知识产权合作的深入开展，对促进粤港知识产权事业的发展，推动粤港两地经济进步和社会繁荣发挥了重要而积极的推动作用，在国内外产生了积极而广泛的影响。

2009 年 8 月 19 日，粤港合作联席会议第十二次会议在香港隆重举行，我与香港知识产权署谢肃方署长，在黄华华省长和曾荫权特首等双方代表的见证下，共同签署了作为该次粤港合作联席会议上签署的八项协议之一的《2009 年至 2010 年粤港知识产权合作协议》。在双方知识产权相关部门的通力合作下，协议内所有合作项目现已全部顺利完成。

2010 年 4 月 7 日，在中共中央政治局常委、国家副主席习近平的见证下，广东省省长黄华华和香港特写行政区行政长官曾荫权分别代表广东省人民政府和香港特别行政区政府在北京人民大会堂正式签署了《粤港合作框架协议》。此前，经过双方共同努力，粤港知识产权合作作为独立的一项合作内容纳入《粤港合作框架协议》，合作内容涵盖建立健全知识产权沟通联络和执法协作机制、完善"粤港澳知识产权资料库"，加强知识产权宣传、培训交流、教育及研究合作、鼓励香港居民依法取得内地专利代理人资格，支持双方知识产权中介服务机构交流合作等三个方面。粤港知识产权合作成功纳入《粤港合作框架协议》，充分体现了两地政府对粤港知识产权合作的高度重视和大力支持，也标志着粤港知识产权合作进入崭新的历史发展时期。

下一阶段，粤港双方将结合新的发展形势，以巩固合作成果、提升合作层次、拓展合作领域、发挥辐射带动作用为目标，开展知识产权合作工作，全面推进粤港两地的知识产权的创造、运用、保护和管理工作，为粤港两地经济社会发展作出新的贡献。

最后，我代表粤港保护知识产权合作专责小组，对各位记者的到来表示衷心的感谢。一直以来，广大新闻媒界的朋友们为推广知识产权理念、建设知识产权文化做了大量工作。我相信，在大家的支持下，粤港两地公众的知识产权意识会不断提升，知识产权事业会得到更大发展。

在粤港保护知识产权合作专责小组
第十次会议记者招待会上的致辞

(2011 年 7 月 28 日)

羊城七月,繁花似锦,绿树成荫。今天,粤港双方知识产权部门集聚一堂,举行"粤港保护知识产权合作专责小组第十次会议暨记者招待会",共商以知识产权促进两地经济社会发展的大计,并向社会发布粤港知识产权合作的最新进展。我谨代表专责小组,向出席招待会的各位记者和来宾表示诚挚的欢迎!

在刚刚结束的粤港合作保护知识产权专责小组第十次会议上,双方回顾了一年来两地的知识产权合作情况,并就下一阶段的合作计划进行了深入讨论。这次会议进一步强化了自 2003 年以来的粤港知识产权合作机制,明确了下一阶段知识产权合作的目标和任务,对在新的形势下推动粤港知识产权合作向纵深发展有着重要的现实意义。

时光荏苒,岁月如梭,今年是粤港保护知识产权合作专责小组成立的第 9 个年头,粤港双方共召开了 10 次会议,完成了逾百个合作项目。在双方的共同努力下,粤港知识产权合作的广度与深度不断提升,社会影响力不断提高。自去年 7 月专责小组第九次会议以来,粤港知识产权合作取得了新的进展,双方合作实施的项目包括:在广州举办"粤港知识资本管理与企业标准培训班",促进社会各界对知识资本管理以及创新企业知识产权标准的了解;举办"粤港知识产权与中小企业发展(肇庆)研讨会",促使两地企业有效运用知识产权提升企业竞争力;推进粤港知识产权案件协作处理机制建设,两地联手打击跨境知识产权违法犯罪行为;在粤港两地深入开展"正版正货承诺"活动,提升两地尊重和保护知识产权的形象;举办并参加"国际知识产权执法会议",提升对有组织和跨国侵犯知识产权犯罪的打击能力;开展"打击粤港澳侵权货物跨境运输专项行动",加强粤港澳海关知识产权保护合作;开展粤港版权产业企业交流活动,加强粤港版权合作;支持香港民间组织参加"广东省少年儿童发明奖评比;支持在粤港资企业申请认定广东省著名商标;举办"打击侵犯知识产权犯罪网络侦查、电子取证技术业务培训班";举办"加工贸易知识产权培训班";协助香港考生在粤参加 2010 年全国专利代理人资格考试;持续更新"粤港澳知识产权资料库"与"粤港知识产权合作专栏";开展上海世博会和广州亚运会知识产权保护合作等。这些合作项目的成功实施,有力地促进了两地知识产权事业的发展,为两地经济贸易的深入蓬勃发展营造了良好的创新环境。

2011 年 2 月 28 日,粤港合作第十六次工作会议在广州举行,广东省人民政府招玉芳副省长与香港特别行政区政府政务司唐英年司长共同主持会议,并签署了《实施〈粤港合作框架协议〉2011 年重点工作》。重点工作的明确,为粤港合作的进一步发展明确了方向。下一阶段,粤港双方将结合新的发展形势,以巩固合作成果、提升合作层次、拓展合作领域、发挥辐射带动作用为目标,开展知识产权合作工作。

粤港双方经过协商,计划继续推进现有合作机制及项目,包括:继续推进粤港中小企业创新促进机制,在广东省内巡回举办"知识产权与中小企业发展"研讨会;继续完善粤港知识产权案件协作处理机制,提高打击跨境侵权行为的效能;在广东开展"正版正货承诺"活动,将活动推广到全省 21 个地级以上市;继续支持在粤港资企业申请认定广东省著名商标;持续建设粤港澳三地知识产权信息平台,不断维护与更新三地知识产权资料库与粤港知识产权合作专栏;协助香港考生在粤参加 2011 年全国专利代理人资格考试工作,并持续推进两地民间知识产权组织、中介机构及行业协会的交流;继续支持香港民间组织参加"广东省少年儿童发明奖"。

此外,结合新的形势,粤港双方计划开展一系列新的合作项目,包括:在香港举办"知识产权研讨会 – 粤港澳执法概况",促进香港各界对内地知识产权相关执法部门的了解;组织粤港中小学生版权知识产权和版权保护交流活动;增加"粤港澳知识产权资料库"执法信息的英文版;推动开展粤港知识产权贸易等。

最后,我代表粤港保护知识产权合作专责小组,对各位记者的到来表示衷心的感谢。一直以来,广大新闻媒界的朋友们为推广知识产权理念、建设知识产权文化作了大量工作。我相信,在大家的支持下,粤港两地公众的知识产权意识会不断提升,知识产权事业会得到更大发展。

深入推进粤港知识产权合作
——在粤港合作联席会议第十四次会议上的发言

(2011年8月23日)

自粤港合作联席会议第十三次会议以来,粤港双方知识产权部门认真落实联席会议及粤港保护知识产权合作专责小组第九次会议的部署,在双方的共同努力下,圆满完成了十五项合作项目:合作举办"粤港知识产权与中小企业发展(肇庆)研讨会"、"粤港知识资本管理与企业标准培训班"、"打击侵犯知识产权犯罪网络侦查、电子取证技术业务培训班"、"加工贸易知识产权培训班"等培训活动;积极推进粤港知识产权案件协作处理机制建设;深入开展"正版正货承诺"活动;举办参加香港"国际知识产权执法会议";大力开展"打击粤港澳侵权货物跨境运输专项行动";继续开展粤港版权产业企业交流活动;支持香港民间组织参加"广东省少年儿童发明奖"评比;积极支持在粤港资企业申请认定广东省著名商标;协助香港考生在粤参加2010年全国专利代理人资格考试;持续更新"粤港澳知识产权资料库"与"粤港知识产权合作专栏";主动开展上海世博会和广州亚运会知识产权保护合作;推进知识产权相关民间组织机构交流等。这些项目的成功实施,有效推动了双方知识产权事业的发展,为两地经济贸易的发展营造了良好的创新环境。

2011年7月28日,粤港保护知识产权合作专责小组在广州召开第十次会议,全面总结了上一阶段两地知识产权工作及合作情况,部署了下一阶段的合作工作。

下一阶段,粤港双方将继续以巩固合作成果、提升合作层次、拓展合作领域、发挥辐射带动作用为目标,进一步开展知识产权合作工作。具体项目如下:

一、完善现有合作机制建设,推进中长期项目实施。进一步完善粤港知识产权案件协作处理机制,及时交换两地最新的侵权技术情况及线索;继续举办"粤港知识产权与中小企业发展"研讨会;在广东全省开展"正版正货"承诺活动;大力支持在粤港资企业申请认定广东省著名商标;持续更新"粤港澳知识产权资料库"与"粤港知识产权合作专栏";协助香港考生在粤参加 2011 年全国专利代理人资格考试;继续加强两地民间知识产权组织、中介机构及行业协会的交流,继续开展粤港版权产业交流活动;继续支持香港民间组织参加"广东省少年儿童发明奖"评选。

二、开展新的合作项目,推动粤港知识产权合作再上新台阶。粤港海关联合组织知识产权社会宣传活动,向香港业界介绍粤港澳海关知识产权保护情况;粤港两地联合组织粤港青少年版权知识和版权保护交流活动;陆续增加"粤港澳知识产权资料库"中执法信息的英文版;研究推动两地知识产权贸易发展等。

通过上述项目的实施,进一步加强粤港两地在加强知识产权保护、促进知识产权创造与运用以及知识产权宣传、培训、教育、调查研究和服务等方面的交流合作,完善粤港保护知识产权合作专责小组机制,提高区域知识产权发展与保护水平。

在《粤澳知识产权合作备忘录》签署仪式暨粤澳知识产权工作小组第一次会议上的致辞

(2012年5月10日)

羊城五月,百花盛放,万绿抽新,又适逢中共广东省第11次党代会胜利召开,可谓天时地利人和。今天,我们在广州举行《粤澳知识产权合作备忘录》签署仪式,成立粤澳知识产权工作小组并召开第一次工作会议,共同谱写粤澳知识产权合作的新篇章,这是粤澳知识产权合作史上一件具有里程碑意义的大事。首先,我代表粤方代表团对戴副局长一行的莅临表示诚挚的欢迎!同时,也代表广东省知识产权局对粤方各兄弟单位的鼎力支持表示衷心的感谢!

澳门毗邻广东,倚望香港,是连接葡语国家与中国内地的重要桥梁。广东与澳门两地血脉相连、唇齿相依。当前从中央到地方政府对新时期深化粤澳合作都给予了高度重视和支持。2003年,内地与澳门签署《内地与澳门关于建立更紧密经贸关系的安排》(CEPA),粤澳经贸往来合作日益深入。特别是国务院批准实施《珠江三角洲地区改革发展规划纲要(2008~2020年)》和《横琴总体发展规划》后,粤澳合作被纳入区域经济发展规划,并提升至国家战略层面。

长期以来,粤澳双方在知识产权领域一直保持着良好的合作关系,开展了共同建设粤港澳知识产权信息平台、联合举办知识产权交流研讨活动、澳门考生参加内地专利代理人考试、海关联合执法行动等形式多样、卓有成效的合作,有效地促进了粤澳两地知识产权事业的发展,为两地加速经贸往来和加快经济社会发展作出了积极的贡献。

经过双方的共同努力,粤澳知识产权合作正式纳入2011年3月6日粤澳两地政府在京签署的《粤澳合作框架协议》,《协议》的签署,为粤澳知识产权合作带来了崭新的历史发展机遇。2011年5月,我局朱万昌副局长带队访问澳门知识产权厅,双方共同商讨提出了《关于粤澳知识产权合作的建议》,并提议成立粤澳知识产权工作小组。

今天，粤澳知识产权工作小组各方代表共聚一堂，我们将签署《粤澳知识产权合作备忘录》，成立粤澳知识产权工作小组，并召开粤澳知识产权工作小组第一次会议，共同商讨粤澳知识产权工作小组工作机制，确定未来两年粤澳知识产权合作计划，这必将对两地知识产权工作和经济社会的深入发展产生积极而深远的影响。

最后，我再次衷心感谢各位为推动粤澳知识产权合作付出的辛勤努力，并预祝粤澳知识产权工作小组第一次会议取得圆满成功，预祝粤澳两地知识产权合作迎来更加美好的明天！

在粤港保护知识产权合作专责小组第十一次会议记者招待会上的致辞

(2012年7月19日)

七月流火，铄石流金。今天，粤港双方知识产权部门及来自业界和媒体的代表齐聚金光闪耀的香港中环，举行"粤港保护知识产权合作专责小组第十一次会议暨粤港知识产权合作十周年庆祝酒会"，发布粤港保护知识产权合作的最新进展，同庆粤港知识产权合作十周年之盛事。我谨代表专责小组，向出席招待会和酒会的各位记者和来宾朋友表示诚挚的欢迎！

时光荏苒，岁月如梭，转眼粤港保护知识产权合作步入了第十一个年头，粤港保护知识产权合作专责小组也已成立了十年。十年来，粤港双方携手同心，群策群力，谱写了粤港知识产权合作的华美乐章。在双方的共同努力下，粤港知识产权合作机制日益完善，确立了联络员、定期会议、项目合作等合作机制，形成了完善高效的合作体系，粤港知识产权合作领域不断拓宽，各成员单位涵盖了知识产权宣传、培训、交流互访、执法协作等多个领域。合作层次不断提升，粤港知识产权合作纳入《粤港合作框架协议》，由部门间的合作上升为两地政府间的合作，影响力和辐射度大幅提高。知识产权合作之花在粤港两地盛放，累累硕果为粤港两地经贸蓬勃发展增添了华光异彩。

刚才，张锦辉署长代表专责小组总结了上一阶段粤港保护知识产权合作的情况，在各成员单位的鼎力合作下，粤港保护知识产权合作专责小组圆满并且超额完成了粤港保护知识产权合作项目，再次为粤港知识产权合作增添了浓重的一笔。在刚才的专责小组会上，粤港双方经过进一步协商，商定2012~2013年度，粤港双方将进一步完善现有合作机制，继续推进以下合作项目，包括：举办"粤港知识产权与中小企业发展"研讨会；进一步推广"正版正货承诺"活动；进一步健全粤港知识产权案件协作处理机制；支持在粤港资企业申请认定广东省著名商标；持续更新"粤港澳知识产权资料库"与"粤港知识产权合作专栏"；协助香港考生在粤参加2012年全国专利代理人资格考试；继续开展版权交流活动；

推动两地开展交流研讨活动；继续支持香港民间组织参加"广东省少年儿童发明奖"；积极推动粤港知识产权贸易发展等十个合作项目。

在继续开展粤港保护知识产权合作品牌项目的基础上，结合新的形势，粤港双方计划开展一系列新的合作项目，主要包括：加强商标品牌建设交流合作；举办粤港两地执法人员交流活动；举办打击跨境网络侵权执法交流活动等。

2012年对广东来说，是不平凡的一年，这一年，广东大力开展"三打两建"，全力建设幸福广东；2012年对香港来说，是颇具特殊意义的一年，这一年，香港特别行政区第四任长官获选上任，香港特别行政区的发展迈入了崭新的历史阶段；2012年对粤港知识产权合作来说，更是值得纪念的一年，这一年，粤港知识产权合作挥别了满载辉煌的十年，踏上了全新的征程。回首过去，我们满怀骄傲；展望未来，我们踌躇满志。正所谓：

　　　　十年风雨同程，共护区域发展；
　　　　官方齐心互动，民间奋起争先；
　　　　深入传播理念，更促经济提升；
　　　　培育岭南奇葩，擦亮东方明珠；
　　　　珠江创新潮涌，维港享誉全球；
　　　　粤港合作无间，再许辉煌明天。

衷心祝愿，粤港携手同心，共赢保护知识产权合作更美好明天！

在 2012 年亚太地区外观设计研讨会上的致辞

(2012 年 11 月 11 日)

南粤秋季，气候宜人，景色迤逦。在这个美好时节里，由世界知识产权组织和国家知识产权局联合主办的"亚太地区外观设计研讨会"在岭南强区顺德隆重举行，这是知识产权界的一大盛事。借此机会，我谨代表广东省知识产权局向研讨会的成功召开表示衷心的祝贺，向出席研讨会的各位专家和来宾表示热烈的欢迎！

广东是改革开放的先行地，是中国外向型经济最发达、国际化程度最高的省份之一。多年来，省委、省政府高度重视知识产权工作，始终将知识产权作为加快转型升级、建设幸福广东的重要推动力，并作出一系列战略决策和部署，努力推进知识产权事业全面发展。2007 年 11 月 6 日，省政府颁布实施《广东省知识产权战略纲要（2007~2020 年）》，2012 年 1 月 20 日，省委、省政府在全国率先出台《关于加快建设知识产权强省的决定》，吹响了向知识产权强省建设进军的号角。

在社会各界的共同努力下，广东的知识产权工作取得了可喜成绩：知识产权政策法规体系不断完善；知识产权创造、运用、保护、管理和服务能力全面提升；知识产权区域交流合作日益紧密；知识产权文化氛围和人才工作不断加强；全省发明专利授权量、有效发明专利量、PCT 国际专利申请量、商标有效注册量等均连续多年位居全国首位。

近年来，在全球经济增速放缓的大背景下，亚太地区总体保持了较好的发展势头，在世界经济中的地位和作用更加突出。当前，广东正处于转变经济发展方式的关键时期。2011 年，省政府出台《关于促进我省工业设计发展的意见》，将加快推进工业设计产业发展，作为构建现代产业体系的重要举措。工业产品外观设计是工业设计产业的核心和灵魂。加强外观设计的创造和保护工作，对提高工业设计产业核心竞争力，以工业设计推动区域科学发展，具有非常重要的战略意义。目前，我国正在积极谋求加入"工业品外观设计国际注册海牙体系"，今年8月，我国一家本土企业提交了首个海牙申请，迈出了国内企业运用海牙体系实现国际外观设计保护的第一步。今天，在本次研讨会上，众多国内外知名专家学者将相聚一堂，共议海牙体系下外观设计的国际申请注册、有效保护和充分利用，我认为十分及时、非常重要。我相信，本次研讨会必将对各位参会人员带来新的启迪和帮助，并为广大企业进军海外市场发挥重要的指引作用。

最后，再次感谢国家知识产权局和世界知识产权组织将这一高层次的研讨活动落户广东。秋季是收获的时节，衷心祝愿各位专家和来宾在顺德期间增长见识、收获友谊、健康愉快，祝愿研讨会取得圆满成功！

在 2013 年粤港"正版正货承诺"十周年总结交流会上的致辞

(2013 年 6 月 27 日)

今天，2013 年粤港"正版正货承诺"总结交流会在东莞隆重举行，粤港两地知识产权界的各位新老朋友共聚一堂，交流分享两地推动"正版正货承诺"活动的成功经验和做法。在此，我谨代表广东省知识产权局对会议的成功举办表示热烈的祝贺！对大力支持本次会议和活动的香港知识产权署、广东省版权局、广东省工商局、东莞市人民政府以及东莞市知识产权局表示衷心的感谢！对专程前来出席会议和活动的香港知识产权署张锦辉署长、香港发放"正版正货"标识的行业协会的代表以及各位来宾表示诚挚的欢迎！

近年来，随着知识产权战略纲要的深入实施和建设知识产权强省步伐的进一步加快，在全省专利、商标、版权各条战线及社会各界的共同努力下，广东知识产权工作取得了显著成效，多项指标位居全国前列。根据 6 月 5 日国家知识产权发展研究中心发布的《2012 年全国知识产权发展状况报告》，广东知识产权综合发展指数、保护发展指数和环境发展指数均位居全国第一位，且知识产权综合发展指数连续三年位居全国第一，保护发展指数连续五年位居全国第一。

众所周知，知识产权保护是知识产权事业发展的保障。近年来，广东高度重视知识产权保护，通过建立健全知识产权政策法规、积极推动"打击侵犯知识产权和制售假冒伪劣商品"工作、深入开展"三打两建"专项行动等一系列强有力的举措，不断加大知识产权保护力度，努力营造良好的知识产权法制环境和营商环境，获得了国内外的广泛赞誉，同时也为"正版正货承诺"活动在广东的深入开展创造了有利的条件。

作为粤港保护知识产权重要合作项目之一的"正版正货承诺"活动，于 2004 年由香港引入广东，广东成为内地首个实施该活动的省份。10 年来，在省知识产权局、版权局和工商局的积极推动下，在社会各方的大力关注和支持下，"正版正货承诺"活动在我省从无到有，从小到大，发展迅速，参与活动的地域范围不断扩大，参与承诺的商家和企业不断增多，社会反响日益提升，彰显了广东尊重和保护知识产权的坚定信念，树立了广东制造、销售和购买、使用"正版正货"的良好形象，这一活动的广泛深入开展，也生动地践行了"厚于德、诚于信、敏于行"这一新时期的广东精神。

作为广东先行先试的"排头兵"，东莞在我省率先响应"正版正货承诺"活动倡议，成为首批推行活动的4个试点城市之一。近年来，东莞知识产权事业取得了跨越式发展，知识产权创造、运用、保护和管理协调发展、齐头并进，各项指标在全省各地级市名列前茅，在知识产权战略实施、国家知识产权示范城市创建、市局会商等多个方面走在全省前列。近两年来，东莞市专利、版权、商标等知识产权主管部门，以"三打两建"和"双打"专项行动为契机，以"狠抓执法保护、狠抓诚信建设"为主线，不断探索"正版正货承诺"活动的推进方式，努力建立诚信经营的市场经济秩序，获得了显著成效，为东莞经济社会发展营造了良好的知识产权保护环境。

今天，粤港两地在这里隆重举行"正版正货承诺"总结交流活动，分享交流粤港两地"正版正货承诺"活动开展的成功经验，研究部署下一阶段工作推进的具体措施，意义十分重大。香港知识产权署张锦辉署长亲自带领香港9个"正版正货承诺"发标贴行业协会的代表参会，省知识产权局、省版权局、工商局领导及各地市知识产权、版权和商标行政管理部门全部参加活动，这在粤港知识产权合作的历程中也是前所未有的。希望粤港双方把握这一难得的机会，畅所欲言，互通有无，充分交流，真正实现共促发展！

最后，祝愿"正版正货承诺"活动在粤港两地越办越红火！祝愿粤港两地知识产权事业发展不断迈上新的台阶！

强化知识产权运用
促进企业发展和产业升级

——在第二届香港国际知识产权产业化会议上的致辞

(2013年7月31日)

非常高兴应邀出席今天的会议，与各位就知识产权产业化以及如何更好地服务中小企业成长和工业提升进行交流研讨。

粤港两地一衣带水、血脉相连。特别是自CEPA实施以来，两地经济贸易关系更为紧密。广东连续25年居内地第一经济和外贸大省的地位，与港资和粤港贸易的贡献密不可分，可以说，港资和粤港贸易是广东经济发展的重要推动力。

自2003年开始，作为粤港合作联席会议的重要议题，粤港双方在知识产权领域持续合作10余年，推进实施合作项目100余项，建立起知识产权跨境保护、创新促进、培训研讨、信息交流等多项合作机制，有效地促进了两地的技术创新和经济社会发展。

今天的会议，是香港知识产权界的盛事，同时也是粤港两地知识产权领域共同的盛事。在此，我谨代表广东省知识产权局，对会议的召开表示衷心的祝贺！

今天会议的主题是IP Commercialization，中文意思是"知识产权商用化"或"知识产权运用"，其内容包括知识产权产业化、商品化、资本化及各种形式的运营，其实质是指知识产权的价值实现，也就是将知识产权转化为现实生产力和看得见的财富。下面，我与各位分享一些个人的思考和广东的实践。

一、中国内地及广东省专利发展概况

近年来，内地知识产权事业飞速发展，专利申请持续增长，中国已成为世界专利大国。2012年，国家知识产权局受理的专利和发明专利申请分别为205万件和65万件，数量位居全球第一；其中，来自国内的专利和发明专利申请量，分别达191万件和53.5万件，占总量的93%和82%。2012年7月，国内发明专利授权总量达到 100 万件。截止 2012 年底,国内有效发明专利 43.5 万件,每万人口发明专利拥有量 3.23 件。

广东作为内地改革开放的先行者,20 年来专利创造连续位居全国前列。2012 年,广东省专利和发明专利申请量分别为 22.9 万件和 6 万件,同期,年度发明专利授权量、有效发明专利拥有量及专利密度均位居全国第一;PCT 国际专利申请量占全国 50.76%,连续 11 年位居全国第一。根据国家知识产权局发布的《2012 年全国知识产权发展状况报告》和《2012 年全国专利实力状况报告》显示,广东 2012 年地区知识产权综合发展指数和专利综合实力指数均位居全国第一。强有力的专利创造能力,为专利技术的转化应用和商用化奠定了坚实的基础。

二、知识产权运用与企业发展和产业升级的关系

知识产权是经济发展的战略资源,是知识经济时代的核心竞争力,蕴含着巨大的价值。知识产权的价值体现,最终需要运用于企业产品及产业发展。在经济结构战略性调整的大背景下,知识产权运用对企业的可持续发展和产业的升级,具有不可或缺的支撑和保障作用。

据统计,去年我国电子芯片的进口额为 1650 亿美元,远远超过石油进口额的 1200 亿美元。芯片是典型的知识产权密集型产品,其价值主要来源于知识产权。美国"MIT(麻省理工学院)林肯实验室"是世界顶级的研发机构,多年来利用其研发的专利技术,成立了 95 家高科技公司,有效维持了美国的产业竞争力并创造了大量的财富。这些公司的核心资产就是知识产权,公司的基本使命就是对核心知识产权进行有效的管理和高效的运营。

广东作为知识产权大省,目前正在推动向知识产权强省的跨越发展。加强知识产权运用,特别是实现高质量的知识产权的高水平运用,是广东建设知识产权强省、实现经济"创新驱动发展"的必由之路。因此,促进知识产权运用,将是未来广东"知识产权强省"目标建设的一大核心任务。

三、广东省推动知识产权运用的实践

近年来,广东省采取了一系列措施推动知识产权运用,取得了积极的成效。

(一)营造有利于知识产权运用的制度环境

2007 年 11 月,广东省政府颁布《广东省知识产权战略纲要》,将实施知识产权战略作为广东重要的发展战略,并将促进知识产权运用作为战略实施的核心

目标；2008年12月，广东省政府与国家知识产权局启动高层次战略合作，联手推动广东知识产权强省建设；2011年9月，首个北京以外的国家专利审查协作中心落户广州，计划到2015年，该中心专利审查员达2000人，年审查发明专利2万件；2012年1月，广东省委、省政府出台《关于加快建设知识产权强省的决定》，部署了一系列运用知识产权促进经济发展的新政策和新措施。

（二）推动知识产权产业化

广东省实施专利技术实施计划，鼓励企业和社会资本投资于专利产业化。同时，积极推进国家级专利产业化基地建设，2012年，进驻"广州数字家庭国家专利产业化试点基地"的企业达238家，数字家庭专利池容量达5000多件，实现年产值110亿元。广东还加强了"国家工业设计与创意产业（顺德）基地"建设，目前已发展成为国内最大的工业设计产业园区。据统计，2011年广东"高技术产业每件有效发明专利实现新产品销售收入"达1629万元，2012年广东"进入产业化阶段专利比例"达44.2%，位居全国第一。

（三）促进知识产权商品化

广东积极推进知识产权许可贸易。2011～2012年，全省专利许可合同备案量达2655件，许可合同金额达5.1亿元，同期，广东"专利权与专利申请权"转让数量达19418件，均位居全国第一。广东还积极建设广州、深圳、佛山、东莞4个国家专利技术展示交易中心，2008年至2012年，实现发明专利交易量2478件，交易额达5.2亿元。

（四）推进知识产权资本化

广东大力推动知识产权投融资发展。2010年，佛山市南海区创建"国家知识产权投融资（南海）综合试验区"，这是目前全国唯一的国家级试验区。2011年，广州、东莞两市完成"全国知识产权质押融资试点城市"建设，佛山市顺德区启动"国家知识产权投融资服务"试点。2012年，全省专利质押492件，融资总额达19.38亿元，位居全国第一，及时缓解了部分创新型中小企业融资难的问题。2012年12月，广东省知识产权局等九部门联合出台《关于加快推进我省知识产权质押融资工作的若干意见》，对推进全省质押融资工作进行了全面部署和规范。与此同时，广东还积极探索开展专利保险工作。2010年，佛山市禅城区在全国率先推出专利侵权保险。目前，广州、深圳、东莞、佛山4市正在开展"全国专利保险试点"。

（五）提升知识产权运用水平

一是助推新兴产业高端突破。2011年以来，实施"广东省战略性新兴产业专利信息资源开发利用计划",围绕重点培育的新兴产业,深度开发利用专利信息,建立专利数据库 7 个,面向 2500 多家企业发布专利分析及预警报告 16 份。

二是推进产业专利联盟建设。目前,全省产业专利联盟达 25 家,专利联盟示范培育单位有 3 家。深圳中国彩电专利联盟,深度分析国外数千项专利,与国外巨头谈判,使得国外专利收费从每台电视 41 美元降到 20 美元以下,为国内彩电行业节约了数亿美元的专利费。

三是加强企业知识产权能力建设。2010 年,由广东省知识产权局和香港生产力促进局联合研制的《创新知识企业知识产权管理通用规范》成为广东第一个企业知识产权管理推荐性地方标准。今年 3 月,国家《企业知识产权管理规范》颁布实施。目前,广东积极引导和推进企业贯标,截止目前,已有 10 家企业率先通过了省标。

四、广东省未来推动知识产权运用的思路

下一阶段,广东将不断创新措施和机制,进一步推动知识产权运用。

一是以建设知识产权强省为目标,着力营造知识产权运用环境。

二是以实现知识产权价值为导向,着力推进知识产权深度运用。

三是以优化知识产权服务为依托,着力集聚知识产权运营机构。广东将制定一批促进知识产权服务业发展、运用知识产权引领产业升级的新政策;启动创建"知识产权服务业发展示范省",加快建设"广东省知识产权服务业集聚中心",吸引和集聚一大批国内外高端知识产权服务机构和专业人才。

我们非常欢迎香港及世界各地的知识产权运营和服务机构到广东考察、投资和发展,相信大家一定会在广东这块投资和知识产权保护的热土上实现自身的发展梦想!

最后,衷心祝愿会议取得圆满成功!

在粤港保护知识产权合作专责小组第十二次会议新闻发布会上的致辞

（2013年8月6日）

今天，粤港双方知识产权部门齐聚一堂，在这里举行一年一度的粤港保护知识产权合作专责小组会议暨新闻发布会，共商粤港保护知识产权合作大计，并向社会发布两地保护知识产权合作的最新进展。在此，我谨代表粤港保护知识产权合作专责小组，向出席新闻发布会的各位记者和来宾表示诚挚的欢迎，向各位长期以来对粤港知识产权合作的关注和支持表示衷心的感谢！

粤港两地唇齿相依，亲如手足。特别是自2003年CEPA协议签署以来，两地经济贸易关系更为紧密。广东连续25年居内地第一经济和外贸大省的地位，与港资和粤港贸易的贡献密不可分，可以说粤港贸易已经成为两地经济社会发展的重要推动力量。

2003年，粤港保护知识产权合作成为粤港合作联席会议的重要议题，同年粤港保护知识产权合作专责小组正式成立。粤港知识产权合作开展10余年来，推进完成合作项目100余项，建立起知识产权跨境保护、创新促进、培训研讨、信息交流等多项合作机制，大大促进了两地的创新进步和经济社会的发展。

在刚刚结束的粤港保护知识产权合作专责小组第十二次会议上，粤港双方回顾了十一次会议以来的合作情况，并就下一阶段的合作计划进行了深入探讨。自2012年7月第十一次会议以来，粤港双方不仅完成了13个既定项目，还超额完成了2个新增项目，年度完成项目总数达15个，内容涉及研讨交流、跨境保护、宣传教育、服务引导等多个方面，具体包括：一是围绕"知识产权贸易与资本化"主题，在广东清远举办了"粤港知识产权与中小企业发展（清远）研讨会"；二是开展主题为"版权管理与版权贸易"的版权产业交流互访活动；三是广东省工商局率团参加香港"设计营商周—知识产权论坛"，开展商标品牌保护培训交流活动；四是广东知识产权相关单位积极参与在港举办的"广东省知识产权保护研讨会"，深化粤港知识产权交流研讨；五是进一步健全粤港知识产权案件协作处理机制,联手打击跨境知识产权违法犯罪行为;六是举办粤港两地海关人员交流活动,广东海关与广东省公安厅在"第一届欧洲地区知识产权保护及执法大会"上介绍广东省知识产权保护情况;七是开展打击跨境网络侵权合作,广东省公安厅联合香港海关交流调查取证经验,共同侦破跨境网络侵权案件;八是举行粤港"正版正货承诺"总结交流活动,进一步在广东全省推广"正版正货承诺"活动;九是持续更新"粤港澳知识产权资料库"与"粤港知识产权合作专栏";十是支持香港民间组织参加第十一届"广东省少年儿童发明奖",香港代表团共获得6个特别奖和1个优秀组织奖的佳绩;十一是支持在粤港资企业申请认定广东省著名商标,截至2013年7月,在粤港资企业拥有广东著名商标425件,占广东省有效著名商标总量的15.4%;十二是协助香港考生在粤参加2012年全国专利代理人资格考试,2012年,共有46名香港考生在粤报名参考,其中5人通过考试;十三是积极推动粤港知识产权贸易发展,大力提升粤港两地企业运用知识产权的能力和水平;十四是创新粤港知识产权人才培养方式,协助香港知识产权署官员参加审协广东中心第五期新任审查员培训,充分发挥国家知识产权局专利局专利审查协作中心落户广东的优势,体现了粤港合作与时俱进、互惠互利的美好愿景;十五是粤方代表团出席由香港知识产权署支持举办的"第二届香港国际知识产权产业化会议",我和香港知识产权署的张锦辉署长在会上分别作主题演讲,交流了粤港两地知识产权产业化的有关做法,推动了两地知识产权产业化的合作。所有这些合作项目的成功实施,有力地推动了两地知识产权事业的发展,为两地经济贸易的蓬勃发展营造了良好的市场竞争保护环境。

大家都知道,2013年3月,粤港两地政府在广州共同签署了《实施粤港合作框架协议2013年重点工作》,将"完善粤港保护知识产权合作专责小组机制,加强两地知识产权协作"确定为重点工作任务。下一阶段,粤港双方将结合新的发展形势,以推进"知识产权贸易"为重点,以强化"知识产权保护"为保障,不断巩固合作成果、提升合作层次、拓展合作领域、发挥辐射带动作用,努力推动粤港知识产权合作不断迈上新的台阶。新一年度的具体合作项目,将由张锦辉署长向各位进行详细介绍。

最后,我代表粤港保护知识产权合作专责小组,再次对新闻媒体的朋友们表示衷心的感谢!多年来,大家为宣传知识产权理念和营造知识产权氛围做了大量积极而有益的工作,有效提升了全社会的知识产权意识。我相信,在大家的支持下,粤港两地知识产权文化氛围一定会愈来愈好,知识产权事业发展一定会更好更快!

强化知识产权运用
推动经济发展及产业升级

——在 2013 年广州国际知识产权
商业化研讨会上的致辞

（2013 年 11 月 26 日）

  今天，由广东省知识产权研究会、国际知识产权商业化促进会和韩国知识产权保护协会共同主办的"2013 年广州国际知识产权商业化研讨会"，在广州隆重举行。在此，我谨代表广东省知识产权局，对会议的召开表示衷心的祝贺；对各位嘉宾和代表的出席表示热烈的欢迎；对香港知识产权署、韩国知识产权局对研讨会的大力支持，表示衷心的感谢！

  此次研讨会，是今年广东知识产权对外交流与合作的重要项目，是广东知识产权界的重大盛事。近年来，广东积极与我国的香港和台湾，以及美国、韩国等多个国家或地区开展知识产权交流与合作活动，以世界眼光积极谋求知识产权事业发展新格局，取得了丰硕的成果，有效地促进了广东经济社会的创新发展。

  今天研讨会的主题——"知识产权商业化"，非常切合目前广东经济社会发展的现实需要。从国家层面而言，刚刚出台的《中共中央关于全面深化改革若干重大问题的决定》要求"加强知识产权运用和保护"，首次将"知识产权运用"上升到突出的战略地位。从广东层面来看，实施创新驱动发展战略，加快经济发展方式转变，促进产业转型升级，已成为广东当前与未来发展的当务之急。在经济发展及产业升级过程中，知识产权能够发挥怎样的作用，怎样发挥应有的作用，是我们知识产权界需要思考的问题，也是产业界密切关注的问题。

  实践证明，知识产权是经济发展的战略资源，是知识经济时代的核心竞争力，蕴含着巨大的价值。而知识产权的价值体现，最终要通过知识产权运用和商业化得以实现。2012 年 3 月，美国商务部发布的《知识产权与美国经济》专题报告显示：美国经济整体依赖于某种形式的知识产权，知识产权密集型产业是美国经济的支柱，2010年创造了全美GDP的35%，就业机会的28%和出口额的61%。由此可见，知识产权运用和商业化对美国发展做出了巨大贡献。2013年9月，欧洲专利局（EPO）和欧洲内部市场协调局（OHIM）联合发布的专题报告《知识产权密集型产业对欧盟经济及就业的贡献》也显示：在2008~2010年，知识产权密集型产业（IPR-intensive industries）创造了欧盟GDP的39%，就业机会的35%，出口额的90%，进口额的88%。

广东作为内地改革开放的先行者，知识产权创造连续多年位居全国前列。2012年，广东省专利和发明专利申请量分别为22.9万件和6万件，同期，年度发明专利授权量、有效发明专利拥有量、PCT国际专利申请量均居全国第一，知识产权综合发展指数和专利综合实力指数均居全国之首。近年来，广东大力推进知识产权运用，取得显著成效。据统计，2012年广东"进入产业化阶段专利比例"达44%，位居全国第一。2012年，全省专利质押融资总额位居全国第一，专利许可合同备案金额也位居前列。广东还是国内专利保险的先行地区，广州、深圳、东莞、佛山4市正深入开展"全国专利保险试点"。全省形成产业专利联盟25家，专利联盟示范培育单位3家。

强化知识产权商业化，特别是实现高质量的知识产权的高水平运用，是广东加快建设知识产权强省、实现经济"创新驱动发展"的必由之路。因此，促进知识产权商业化运用，将是未来广东知识产权强省目标建设的核心和关键。

出席今天研讨会的演讲嘉宾，都是来自各有关国家和地区的知名专家，对知识产权商业化有着深入的研究和独特的见解。我相信，研讨会一定会为与会代表带来有益的信息和启示，引领大家不断提高知识产权商业化的理论与实践水平。

最后，衷心祝愿会议取得圆满成功！祝愿各位在金秋的广州有一个收获的时节！

07 社会工作

社会工作

在广东知识产权保护协会
第二次会员代表大会上的讲话

(2009年1月26日)

非常高兴应邀出席广东知识产权保护协会第二次会员代表大会。今天的大会，是在全省上下深入贯彻落实胡锦涛总书记视察广东重要讲话精神、贯彻落实省委十届六次全会精神的背景下召开的，我感觉到，这是一次凝聚人心的大会，是一次团结奋进的大会，是一次务实创新的大会。借此机会，我谈三点意见，供同志们参考。

一、五年来，省知识产权保护协会凝聚人心促发展，努力推进各项工作取得有目共睹的成绩

5年来，省知识产权保护协会在广大会员的支持下，取得了有目共睹的成绩，为会员企业提供了一个解决知识产权问题的良好平台，对进一步团结广大知识产权工作者、开创我省知识产权工作新局面产生了积极的推动作用。刚才唐会长在选举之前，作了关于协会第一届理事会的工作报告，介绍了保护协会5年多来，在开展知识产权专业培训、宣传普及、维权协助、整合资源、加强内部管理、促进民主办会等方面的做法和取得的成绩。协会在人员少、资金和资源不多的情况下，做了大量的工作。仅仅在专业培训方面，协会就建立了高级、中级和普及型的知识产权专业培训平台，连续举办了5届中国（广东）知识产权实务高层论坛、4届年度知识产权案例报告会和2届企事业单位知识产权维权经验交流会，都取得了非常好的效果。5年来累计培训4000多人次，组织了20多次知识产权案件庭审旁听，开展了大量卓有成效的宣传普及工作等，活动数量之多，种类之丰富，效果之良好，令人感佩。

今天的会议，也让我们感受到省保护协会的凝聚力。换届大会选择在今天召开，离传统的农历新年只有不到20天的时间，正是岁末年初的时候，许多单位都非常繁忙。但是，协会的绝大部分会员单位，都派出了代表参加今天的换届选

举。还有很多知识产权行政机关和法院知识产权庭的负责人，也一起来见证协会的换届选举。这充分说明，保护协会得到了广大会员单位的理解，得到了广大知识产权管理和保护机关的支持，是一个能够真正发挥作用，搭建政府机关、司法机关和企事业单位、知识产权权利人之间的沟通平台的社团组织。

在这里，我要为保护协会取得的成绩表示祝贺，对保护协会在积极开展知识产权社团工作、促进社会中介组织建设、完善我省知识产权服务体系方面作出的不懈努力表示衷心的感谢！

二、实践证明，我省企事业单位务实创新促转变，知识产权已成为应对金融危机、提高自主创新能力的有力武器

国际金融危机爆发以来，全球经济活动明显放缓，世界经济面临严峻考验，这是一个机遇和挑战并存的历史时期。实践证明，在金融危机背景下的市场竞争环境中，愈发凸显出知识产权的价值与作用，知识产权已经成为应对金融危机、提高自主创新能力的有力武器，成为寻求科学发展、提升核心竞争力的长远之策。

一方面，充分认识当前形势的"危"与"机"，发挥知识产权在保持竞争优势中的重要作用。2009年以来，在金融危机深度影响的背景下，省知识产权局深入全省各地开展了较大范围的调研，了解企事业单位运用知识产权抗击金融危机的情况。经我们对全省169家知识产权优势企业开展的调研发现，不少企业特别是高新技术企业，以知识产权作为支撑和保障，通过实施知识产权战略，在恶劣环境下参与市场竞争的能力不断提高，在金融危机中展现出较强的抗风险能力和强劲的发展势头。有些企业还乘机进行扩张，以自主知识产权为破局之策，实现了逆势增长，显示了知识产权的巨大功力，成为我省社会经济发展的亮点，成为了抗击金融危机的中流砥柱。这些企业，就包括我们广东知识产权保护协会的广大会员单位，如华为、中兴、比亚迪、创维、TCL、奥飞动漫、志成冠军、万和集团等，都是其中的典型代表。

去年6月，我们将有关调研情况，向省委、省政府主要领导汇报，得到了中共中央政治局委员、省委书记汪洋，省长黄华华的高度重视。汪洋同志还作出重要批示，要求大力宣传运用自主知识产权抵御金融危机的典型和经验。我们的调研材料上报国家知识产权局，国家知识产权局根据我省及江苏、浙江的情况上报国务院，受到了充分的肯定。

另一方面，积极提高知识产权的"质"与"量"，开创了我省知识产权事业

的崭新局面。在过去的 10 年中,我省知识产权事业取得了全面发展进步。2000 年 3 月,经省委、省政府批准,广东省知识产权局正式成立,这一年我省的专利申请量和授权量分别是 21123 件和 15799 件,其中发明专利的申请量和授权量分别只有 1760 件和 261 件。至 2009 年,我省专利申请量和授权量分别达到 125673 件、83620 件,其中发明专利申请 32247 件、授权 11354 件。10 年间,我省的 PCT 国际专利申请连续 8 年居于全国第一,发明专利申请连续 4 年居于全国第一,获得的中国专利金奖和优秀奖均居全国前列。10 年间,全省知识产权司法保护、行政保护、海关和刑事保护全面加强,企事业单位运用知识产权制度的能力进一步提升,区域知识产权合作稳步推进,公众知识产权意识普遍提高。我省还颁布和实施了知识产权战略,提出了建设知识产权强省的宏伟目标。一个充满活力、协调发展、全面进步的知识产权事业新局面已经形成。

回首过去,是为了更好地谋划未来、展望未来。2010 年作为 21 世纪第 2 个十年的开局之年,是我省知识产权事业继续发展的关键一年。国家知识产权战略纲要和广东省知识产权战略纲要的贯彻实施,都进入了关键时期。省委、省政府提出建设知识产权强省的目标要大力推进,省部知识产权高层次战略合作要深入开展。我们所面临的国际国内经济发展形势还非常严峻,金融危机的影响远未平息,我国和我省的经济发展还处于乍暖还寒的时候,这些都需要我们用科学发展观统领思想和行动,为促进自主创新、产业转型和现代产业体系建立作出更大的贡献,为实现从知识产权大省到知识产权强省的跨越作出积极努力。

三、认清形势,省知识产权保护协会和会员单位要团结奋进促和谐,为我省知识产权事业发展作出新贡献

为了适应我省经济社会发展新形势的需要,更好地完成省委、省政府交给我们的任务,推进知识产权强省的建设,在这里,我代表省知识产权局对保护协会的工作提几点要求和希望。

第一,保护协会要在发挥职能、强化服务上取得新进展。根据刚才唐会长的工作报告,保护协会现在的工作主要以培训、宣传为主,我个人认为这远远不够。保护协会开展知识产权工作具有得天独厚的优势,今后要利用已有的工作基础和有利的外部环境,努力创造更加优秀的业绩。一是要提升服务能力,以服务树立威信,继续探索符合市场要求的组织形式和工作方式,力争为广大会员单位的自主创新和知识产权保护提供更加高效和专业的服务。二是要拓展服务领域,以服务求得发展,在维权协助、法律援助、涉外知识产权应对、知识产权预警机

制建设、行业协会知识产权指导等方面努力探索新的服务方式和手段，为我省知识产权社团组织的工作开展作出新的探索。三是要发展壮大队伍，扩大协会的影响。协会现在已有会员单位130多家，数量不算少了，但我觉得，还要加大发展力度，进一步扩大会员单位群体，真正成为我省具备自主知识产权优势企业的联合体。

第二，保护协会要在组织广大会员单位做好知识产权工作上寻求新突破。保护协会要积极发挥专业优势和行业优势，组织会员单位紧紧围绕自主创新，做好知识产权工作，促进我省经济社会的科学发展。广大会员单位特别是企业会员是市场经济的主体，也是知识产权创造、运用、保护和管理的主体，是转变经济发展方式、增强经济核心竞争力的主要力量。各会员单位要勇于担当起时代赋予的历史使命，在完善内部知识产权工作制度、健全知识产权工作机构和人员队伍、组织拟定和实施知识产权战略等方面下工夫，不断为创新导航、为发展蓄势，迅速提高知识产权创造、运用、保护和管理水平，逐步将知识产权优势转化为产品优势、企业优势、产业优势和区域发展优势，为提升我省的自主创新能力、构建创新型广东作出自己的贡献。

第三，保护协会要在规范管理、提高水平上探索新举措。保护协会要严格按照章程、按照程序、按照相关规定来开展活动，进一步提高规范办会的水平。对以协会名义开展的主要活动以及会费收取、财务收支等涉及面广、影响较大的工作情况，要通过适当的渠道和方式及时报告省局，及时通报广大会员单位。要加强协会内部的管理，进一步健全工作制度、强化工作责任，不断提高服务会员的水平，真正发挥桥梁纽带作用，当好政府的参谋助手。

作为保护协会的业务主管部门，我在这里也代表省知识产权局表个态：对于保护协会依章依规开展的活动，省局将一如既往地给予支持。在今后的工作中，我们要继续强化业务指导，同时还要研究制定具体的工作措施，积极为协会创造良好工作条件。关于对我局包括保护协会在内的3个协会的管理和支持问题，目前省局已经明确这项职责统一归口到新成立的政策法规处负责，他们也正在考虑制定社团组织管理办法。我想，一个基本原则就是：有限的资源要向想干事、能干事和干成事的社团组织倾斜。只要我们的每一个社团组织都积极行动起来了，我们的力量就会更加强大，我们的事业发展将更加健康有序。在此，我衷心希望省知识产权保护协会在新一届协会领导班子和理事会的带领下，在规范内部管理、增强服务能力、提升服务水平等方面取得更大的成绩，为推动我省知识产权事业实现新的发展而不懈努力。

在 2010 年广东省知识产权宣传周活动方案发布会上的讲话

（2010 年 4 月 18 日）

在第 10 个世界知识产权日将要来临之际，为深入开展知识产权宣传普及工作，国家知识产权局、中宣部等 25 个部委联合成立了全国知识产权宣传周活动组委会，定于 4 月 20 日至 26 日组织开展主题为"创造·保护·发展"的"全国知识产权宣传周活动"。

我代表省政府知识产权办公会议办公室发布 2010 年全省知识产权宣传周活动方案。

在宣传周活动期间，省政府知识产权办公会议办公室和全省各级知识产权职能部门将开展 35 项内容丰富、形式多样的知识产权宣传活动，积极营造有利于创新发展的知识产权社会氛围。

其中，由省政府知识产权办公会议办公室主办的活动共有 5 项：一是今天与中国对外贸易中心联合举办"2010 年全省知识产权宣传周方案活动发布仪式暨'4·26 世界知识产权日'宣传活动"；二是 4 月 20 日与省府新闻办共同召开"广东省知识产权保护状况"新闻发布会；三是 4 月 22 日召开"广东省 2009 年十个知识产权典型案件"新闻发布会；四是 4 月 26 日在《南方日报》刊登"世界知识产权日"专版；五是开展 2010 年广东省公民知识产权意识调查。

由各知识产权职能单位组织开展的活动包括现场活动、媒体宣传、专项行动和集中销毁、座谈研讨以及其他活动。

现场活动包括：省知识产权局在广州科学城举办广东知识产权服务中心开放日活动；省法院与广州中院在广州正佳广场举办大型知识产权日宣传活动；省文化厅组织全省文化系统开展音像市场法制宣传周现场活动；省"扫黄打非"工作领导小组办公室组织保护知识产权和"扫黄打非"咨询活动，等等。

媒体宣传包括：省知识产权局在《中国知识产权报》和《广东科技报》上刊登知识产权专版，在广东卫视播出知识产权电视公益宣传短片；省法院在"金羊网"和"广东法院网"上同时开展在线访谈，在广东卫视"社会纵横"栏目中播放专题节目，连续5天在报纸上开设典型案例宣传专栏；省检察院在主流媒体上对保护知识产权典型案例进行宣传报道；省公安厅在报刊和互联网上发布侵犯知识产权犯罪典型案件；省工商局与广东商标协会联合刊登报刊宣传专版，等等。与此同时，各职能部门均将在本部门网站上开设知识产权宣传专栏，介绍工作进展情况，宣传知识产权法律知识。

专项行动和集中销毁活动包括：省知识产权局和惠州市政府联合开展省市区（县）知识产权联合执法活动；省文化厅组织全省文化市场专项执法行动；海关广东分署开展世博会和亚运会知识产权保护专项行动；省工商局组织全省工商行政管理部门开展保护商标专用权执法行动；省质监局组织全省质量监督部门开展保护知识产权专项行动和假冒伪劣产品销毁活动；省版权局组织全省版权行政管理部门开展打击著作权侵权盗版专项行动；省"扫黄打非"工作领导小组及成员单位等开展侵权盗版及非法出版物集中销毁活动，等等。

座谈研讨活动包括：省科协在科技三下乡、厂会协作活动以及院士专家企业工作站建设中开展知识产权法律咨询活动或讲座；省检察院举办全国检察院系统知识产权培训班；省工商局召开由行业协会和企业代表参加的专题座谈，等等。

其他活动包括：省教育厅组织全省高校面向师生开展各类知识产权宣传普及活动；海关广东分署组织省内海关开展宣传活动；省版权局制作并派发"版权知识笔记本"；省"扫黄打非"工作领导小组办公室开展"绿书签行动2010"推广活动；省林业局和省法制办组织专题宣传活动，等等。

四月，大地回春、鲜花初绽。在这个美好季节里，我们全省上下共同隆重而热烈地举行知识产权宣传周活动，深入传播知识产权文化理念，大力弘扬创新精神，必将有效地促进全社会形成尊重知识、崇尚创新、诚信守法的知识产权文化氛围，为我省建设知识产权强省、转变经济发展方式、当好科学发展观的排头兵作出更大的贡献！

在广东知识产权服务中心
开放日活动上的致辞

(2010年4月26日)

今天是4月26日,是第十个世界知识产权日,是全体知识产权工作者、发明者和创造者的节日。在这样一个具有十分重要纪念意义的日子里,我们举行"广东知识产权服务中心"开放日活动,目的主要有二,一是共同宣传和推广知识产权制度,二是让社会各界近距离地了解我局提供知识产权服务的情况。在此,我谨代表广东省知识产权局,向今天参加活动的各位来宾和朋友表示热烈的欢迎!向长期以来关心、支持我省知识产权工作的社会各界及新闻媒体表示诚挚的感谢!

广东知识产权服务中心是国家知识产权局与广东省人民政府知识产权高层次战略合作的重要内容。2008年12月,国家知识产权局田力普局长和广东省人民政府黄华华省长亲自为"广东知识产权服务中心"的成立揭牌,今年2月两位领导又再次为该中心的正式启用剪彩。这是国家知识产权局和我省共同推进知识产权高层次战略合作的重大举措,也是我省建设知识产权强省、提高自主创新能力的一件大事。

目前,广东知识产权服务中心内建成了包括中国(广东)知识产权维权援助中心、广东省知识产权维权援助中心、中国专利技术(广州)展示交易中心、国家知识产权局专利复审委员会第一巡回审理庭第二审理室及广东省知识产权研究与发展中心在内的五个服务机构,下一步还计划在该中心内建设广东区域专利信息服务中心、国家知识产权局专利局审查员实习基地等服务机构。作为广东首个综合性的知识产权公共服务平台,知识产权服务中心落户在世界500强企业云集的广州科学城,将充分发挥知识产权导向作用,为企业自主创新和有效运用知识产权提供更专业更全面的服务,为广东知识产权事业的健康协调发展、自主创新能力的提升、经济社会的科学发展提供重要支撑。同时,我们将致力于把广东知识产权服务中心打造成为我国华南地区知识产权综合服务中心、合作交流中心、文化培育中心、信息处理中心和全国知识产权聚集和辐射中心。

今天的"广东知识产权服务中心"开放日活动,是我省 2010 年"知识产权宣传周"系列活动之一。主要内容包括:观看反映我省知识产权发展历程的视频短片,为大家介绍服务中心进驻机构服务项目情况,演示专利信息检索和相关软件,进行知识产权业务现场咨询,组织旁听巡回审理庭的口审,开展专利信息利用有关讲座等内容。我们希望通过形式多样的开放活动,让大家近距离了解知识产权服务中心的职能、职责和为民服务的情况,搭建政府与各界的沟通桥梁,以便我们更好地为社会各界提供优质的知识产权服务。

广东知识产权服务中心的启用,为我省知识产权事业的发展开启了新的局面。今天,在全世界隆重纪念"世界知识产权日"之际,我们衷心希望广东知识产权服务中心能更好地为我省广大的发明创造者、企业和社会服务,为建设创新型广东服务。同时,我们也希望社会各界对我省的知识产权工作给予更多的关心和支持,共同推动我省早日实现从知识产权大省向知识产权强省的跨越!

在《广东省知识产权事业发展"十二五"规划》新闻发布会上的讲话

(2011年9月15日)

首先,请允许我代表《广东省知识产权事业发展"十二五"规划》编制工作领导小组、省知识产权局,对各新闻媒体长期以来对我省知识产权事业发展的关注和支持表示衷心的感谢!对参与《规划》编制工作并为此付出辛勤劳动的省经信委等14个部门,以及专家学者和社会各界人士表示由衷的敬意!在我省贯彻实施《珠江三角洲改革发展规划纲要(2008~2020年)》《广东省国民经济和社会发展第十二个五年规划纲要》、实现向知识产权强省跨越和经济社会科学发展的重要战略时期,我省发布了《广东省知识产权事业发展"十二五"规划》(以下简称《规划》)。这是我省第一个集专利、商标、版权、商业秘密、植物新品种和地理标识等知识产权于一体的五年发展规划,它的发布和实施对促进我省知识产权事业深入发展,具有重要的意义。下面,我就《规划》编制背景、编制情况、主要内容及亮点向大家进行简单介绍。

一、《规划》编制背景

《规划》的编制,是为了进一步整合我省知识产权资源,充分发挥知识产权制度在经济社会发展中的重要作用,加快转变经济发展方式,促进产业结构转型升级,建设幸福广东,保障我省未来五年国民经济和社会发展目标的实现。省委、省政府对知识产权工作的高度重视以及国内外环境的需求,是这次《规划》编制的重要基础,主要体现在以下几个方面:一是经济全球化、国际分工深入发展、基于知识产权的贸易摩擦和经济纠纷保持高发态势、国际竞争进一步加剧等国际环境变化,对知识产权发展提出了更高的要求。二是未来五年是我国全面建设小康社会的关键时期,是深化改革开放、加快转变经济发展方式的攻坚时期,是实施知识产权战略、建设创新型国家的重要时期,也是我省贯彻实施珠三角改革发展规划纲要、实现向知识产权强省跨越和经济社会科学发展的重要战略期,知识产权作为破解经济发展难题、加快经济发展方式转变、建设现代产业体系的着力点和切入点，将面临巨大压力。三是省委、省政府高度重视知识产权事业的长远发展，2008年在《关于争当实践科学发展观排头兵的决定》中明确提出"实现从知识产权大省向知识产权强省跨越"的奋斗目标，随后在《广东省建设创新型广东行动纲要》《广东省实践科学发展观重点行动纲要》《中共广东省委广东省人民政府关于贯彻实施〈珠江三角洲地区改革发展规划纲要（2008～2020年）〉的决定》等政策文件中提出了"建设知识产权强省"的相应举措，这些都为我省知识产权规划的编制打下了坚实基础。

二、《规划》编制情况

整个《规划》编制主要分为三个阶段。

第一个阶段是基本思路研究阶段：根据省委、省政府有关"十二五"规划编制工作的部署，作为《规划》编制组织牵头单位的省知识产权局开展大量前期研究工作，于2008年12月向省发改委报送了"广东省知识产权'十二五'发展战略和规划研究"前期研究题目，并于2009年11月，形成《广东省知识产权"十二五"发展战略和规划研究报告》及其《基本思路》。

第二阶段是省政府建议制定阶段：2010年3月，省政府批准了《规划》编制工作方案，成立由宋海副省长担任组长，成员单位包括省经济和信息化委、教育厅、科技厅、公安厅、农业厅、外经贸厅、文化厅、工商局、版权局、林业局、质监局、知识产权局、省法院、海关广东分署等14个相关单位的《规划》编制工作领导小组，同时成立由省知识产权局等8个知识产权职能部门参加的《规划》编制组。4月，省政府江海燕副秘书长受宋海副省长委托主持召开了规划编制领导小组会议，研究部署规划编制工作。此后，编制组各成员单位根据编制工作方案和写作提纲的要求，全面总结和分析了本系统"十一五"期间工作情况及面临的主要矛盾和挑战，研究提出了"十二五"发展目标、主要任务和政策措施。

第三阶段是《规划》编制阶段：2010年6月，编制组根据各单位报送的材料完成《规划》草案编制工作，反复征求成员单位意见并进行多次修改完善。7月至12月间，编制组就《规划》稿先后8次征求编制成员单位和领导小组成员的意见，对《规划》又进行2次较大规模修改和完善，最终形成送审稿，在编制工作领导小组第二次会议经认真研究讨论，获得原则通过。今年，根据会议意见和各单位补充修正数据，又对《规划》送审稿进行了3次修改和完善，经省政府审定，省政府办公厅于8月17日正式印发实施。

三、《规划》的编制原则及主要内容

（一）编制原则

在《规划》编制过程中，我们注意把握以下三个原则：一是坚持以科学发展观为指导。我们立足当前，着眼未来，认真总结知识产权"十一五"规划的实施情况，并深入研究"十二五"的发展思路。二是坚持继承与发展。着重处理好知识产权工作的阶段性和连续性关系，认真做好与珠三角规划纲要及国家和省知识产权战略纲要等政策文件的衔接。三是突出重点。针对"十二五"期间我省知识产权工作面临的国际国内新形势及挑战，重点围绕知识产权创造能力、运用效果、保护环境、管理和服务水平、意识和文化等方面提出发展目标、任务和措施。

（二）主要内容

《规划》由四大部分组成。第一部分"发展基础与形势"，主要是总结我省知识产权"十一五"期间取得的成就，分析"十二五"发展的战略机遇和制约因素，为制定"十二五"发展规划阐明自身起点和环境条件。第二部分"指导思想和发展目标"，重点明确"十二五"期间我省知识产权事业发展的指导思想和目标任务，并就知识产权涉及的各方面工作提出了拟达到的具体指标。第三部分"主要任务"，着重对我省"十二五"期间知识产权创造、运用、保护、管理、服务和文化六个方面分别作出发展规划，经过深入研究，我们将六方面主要任务，细化为31项具体任务，以确保各项工作能落到实处。第四部分"保障措施"，主要从加强组织领导、加大投入力度、强化政策导向、培养专门人才、构建评价体系等方面统筹规划实施，保障主要目标任务的顺利完成。

设置发展目标时，我们考虑了三个兼顾：一是兼顾全面与重点，在全面反映知识产权运用、管理、保护、服务和文化情况的同时，重点突出专利、商标、版权、技术标准等方面具有指导性意义的量化指标。二是兼顾连续性和阶段性，"十二五"规划既要对"十一五"期间取得的成果进行科学继承，又要与珠三角规划纲要、知识产权战略纲要及即将出台的《全国知识产权事业发展"十二五"规划》提出的目标相衔接。三是兼顾前瞻性与可行性，既要适度超前，又要实事求是、切实可行，确保经过努力可以实现预定目标。总的发展目标是，到2015年，我省知识产权发展指标和综合实力全国领先，为广东由知识产权大省到知识产权强省的跨越打下坚实的基础。

最后,根据《规划》中"主要任务"相应内容,我们设置了重点项目表,其编列顺序基本按照知识产权创造、管理、运用、保护与人才培养的逻辑关系排列。主要包括知识产权创造优化工程、企业商标国际注册促进工程、区域国际品牌试点工程等 15 项重点项目,对每个项目均明确了牵头部门和配合部门。15 项重点项目中,由省知识产权局牵头的项目 10 项,由省工商局牵头的项目 2 项,由省版权局牵头的项目 1 项,由省农业厅牵头的项目 1 项,由省质监局牵头的项目 1 项。

四、《规划》的主要亮点

《规划》与以往的专利、商标、版权等单项知识产权规划相比,主要有以下六个亮点。

一是紧扣我省"十二五"期间对知识产权事业发展的要求。相对我省"十五""十一五"规划,省委、省政府在省"十二五"规划中,将知识产权工作提升到前所未有的高度。今年初,省委在对省"十二五"规划建议中将知识产权建设单列成独立章节;省政府印发的《广东省国民经济和社会发展第十二个五年规划纲要》"第四章 优化创新发展环境"首次提出"实施知识产权战略",并首次将"每百万人口发明专利申请量"列为广东省"十二五"经济社会发展主要指标,与"居民消费率""城市化率""研究与发展经费支出占地区 GDP 比重"等 6 项指标共同构成类别排位第二的"经济结构"一级指标。我们《规划》紧紧围绕省规划纲要对"十二五"知识产权工作的部署,在主要任务第一大项中就强调了激励知识产权创造、增强自主创新能力,通篇都以知识产权创造、运用、保护、管理和服务全面发展为落脚点,并首次将每百万人口发明专利申请量指标作为重要发展目标,同时还设置了综合反映我省创新能力的专利指标体系,包括授权量指标、PCT 指标等,以确保我省"十二五"期间各项知识产权工作任务和发展目标的顺利完成。

二是体现知识产权工作的"整体性"。《规划》是在省的五年规划中首次将"知识产权"明确为一个集专利、商标、著作权、集成电路布图设计、商业(技术)秘密、植物新品种和地理标志等各类知识产权内容于一体的大知识产权概念,也首次将专利、商标、著作权等各类知识产权五年发展有机整合在一个规划中,这为广东知识产权事业整合发展提供了良好的基础。

三是强化宏观指导和具体实施的结合。《规划》围绕省委、省政府在《关于制定国民经济和社会发展第十二个五年规划的建议》《广东省国民经济和社会发展第十二个五年规划纲要》中提出的"加强知识产权建设""提高知识产权管理和服务水平""加大知识产权保护和市场监管力度"等具有指导性、前瞻性的内容，明确了专利、商标、版权、技术标准等方面发展目标的具体量化指标，并根据各项发展指标和主要任务，细化为31项具体措施和10项重点项目，以确保各项工作落到实处，为将来的评估、考核，增强针对性和指导性。

四是强调知识产权创造、运用、保护和管理全面发展。知识产权发展的最终目的就是要提高自主创新能力，其重点在于运用，关键在于保护和服务，创造、运用、保护和管理是知识产权工作的内容，亦是一个整体，缺一不可。"十一五"规划中，知识产权各项内容各自为政，各设规划，偏重知识产权保护，创造、运用和管理不够突出与明确。《规划》明确提出"加强知识产权的创造、运用、保护和管理"，将知识产权事业发展的最终落脚点放在了创新与运用上，为开展知识产权质押融资、重大经济活动知识产权特别审查制度及知识产权预警机制建设、战略性新兴产业专利信息资源开发、涉外应对和维权援助等知识产权运用工作，提供了一个更高的平台。

五是突出知识产权对战略性新兴产业的引导和扶持。战略性新兴产业是近几年国家提出的重大课题之一，根据国家提出的7项战略性新兴产业，结合广东社会经济发展的实际，我省提出重点突破高端新型电子信息、电动等新能源汽车、半导体照明等产业，大力培育太阳能光伏、生物医药、风电、新材料、节能环保、航空航天、海洋等产业。战略性新兴产业是现代产业体系中科技含量最高的产业，也是知识产权最密集的产业，发展过程中涉及大量的知识产权问题。《规划》明确提出要实施战略性新兴产业自主创新工程，推进战略性新兴产业专利信息资源开发利用，扶持高端新型电子信息、电动等新能源汽车、半导体照明等重点产业项目，形成一批具有自主知识产权的产业和产品，支撑引导战略性新兴产业的科学发展。

六是推动知识产权运用和服务向高端发展。《规划》突出了专利信息化建设和运用、知识产权市场建设、知识产权质押融资、知识产权标准化、知识产权预警应对等工作，从目标、任务、措施和重点项目几个层面，对上述几方面的工作作了进一步的描述。这些工作，本质是知识产权法律属性和财产的运用，都是知识产权的高端运用。可以看出，广东从"十一五"期间的知识产权实施、许可、转让、信息查询、申请代理等的低端运用，通过省和知识产权专项规划，引导和促进全省知识产权运用和服务向高端发展。为配合《规划》的贯彻落实，《规划》涉及的单位已经着手拟定相关配套文件，确保规划的各项内容落到实处。

2012 年致南方网网友新年贺辞

(2012 年 1 月 12 日)

在一元复始、万象更新、举国欢腾、合家团聚的美好时刻,我谨代表广东省知识产权局,向广大网民朋友致以诚挚的节日问候,向长期以来关心支持我省知识产权事业发展的社会各界人士表示衷心的感谢和崇高的敬意!

刚刚过去的 2011 年,是"十二五"规划开局的第一年。在省委、省政府的关心与领导下,我局紧紧围绕省委、省政府"加快转型升级、建设幸福广东"的战略目标,深入贯彻实施知识产权战略,在知识产权创造、运用、保护、管理方面不断取得新进展和新突破,助推经济发展方式转变的作用日见显著。截至 2011 年 11 月,我省专利申请量和授权量累计分别超过 107 万件和 68 万件,有效发明专利量 57139 件,均居全国首位,专利大省地位进一步巩固。

即将来临的 2012 年,是我省建设知识产权强省的关键一年。我局将继续坚持以科学发展为统领,以推动创新型广东建设为动力,以促进转型升级为主线,深入贯彻落实知识产权战略,全面加快知识产权强省建设步伐,努力推动知识产权事业迈上新台阶,为加快转型升级、建设幸福广东发挥出更加有力的支撑和保障作用。

长期以来,广大网友对知识产权事业发展给予极大的关注和支持,以自己的实际行动尊重知识产权、创造知识产权、保护知识产权,从各个方面为促进我省知识产权事业科学发展作出了积极贡献。值此壬辰新春来临之际,恭祝广大网友:龙马精神、工作顺利、万事如意、阖家幸福!

在《广东知识产权年鉴》出版十周年纪念大会上的致辞

(2012年3月16日)

今天,"广东知识产权年鉴出版十周年纪念大会"在东莞隆重举行。我谨代表《广东知识产权年鉴》编辑委员会向长期以来关心支持广东知识产权年鉴编辑出版工作的各有关单位和个人表示衷心的感谢!

《广东知识产权年鉴》是广东知识产权局主办的大型专业年鉴,创刊于2002年,至今已出版10本。《年鉴》快速成长的十年,也是知识经济和经济全球化快速发展的十年,更是广东省知识产权事业全面发展的十年。《年鉴》坚持"质量与特色"并重的办刊理念,紧跟时代步伐,强化服务意识,科学定位,精心编撰,不断创新,在服务广东经济和社会发展中发挥了重要作用。

十年来,《年鉴》立足宏观,把握大局,充分发挥了记录知识产权大事要事的作用。准确记录了省委、省政府领导对知识产权工作的发展决策和战略部署,客观见证了知识产权创新的工作思路和具体实践,生动反映了全省知识产权发展改革中的重大事件、重要进度。

十年来,《年鉴》不断充实专栏,丰富内容,充分发挥了传播知识产权信息的作用。按照实施知识产权战略的总体部署和要求,设置了"知识产权创造"、"知识产权保护"、"知识产权运用"、"知识产权管理与服务"等专栏中的目录,详细收录实施知识产权战略过程中的点点滴滴,全面反映推进知识产权强省建设的历史轨迹。

十年来,《年鉴》深入挖掘,精耕细作,充分发挥了典藏知识产权资料的作用。年鉴各有关单位在提供素材时,更加注重反映各级知识产权部门在开展知识产权工作中的做法和成功经验,更加注重发现和挖掘知识产权事业发展中涌现出的典型事例和经验。年鉴组稿编辑过程中,编辑人员注重对资料的进行认真比选和核对,仔细核查数据的权威性和可靠性,使年鉴刊载的内容做到权威、准确,大大提升了《广东知识产权年鉴》典藏知识产权史籍、传承知识产权文化的作用，也极大地丰富了《广东知识产权年鉴》的知识产权库的作用。

十年来，《年鉴》注重规范，寻求创新，充分发挥了指导知识产权服务宣传的作用。《年鉴》的编辑人员注重积极探索新形势年鉴发展演变的规律，注重面向行业、面向读者、面向市场，从提高服务行业、服务读者能力和水平出发，在加大信息容量的同时，注重规范栏目层次，不断完善版面结构，逐步创新年鉴内容，努力丰富彩插形式，有效地提升了《年鉴》的影响。

十年辛勤编撰笔耕不辍，十年探索追求激情满怀。翻开《年鉴》，或者打开《年鉴》光盘，你能清晰地看到我省知识产权事业发生的巨大变化和日新月异的成长历程。《年鉴》作为资料性文献工具书，通过其连续、准确、翔实的记录，让广大读者深切感受到知识产权事业蓬勃发展的脉动。

十年探索，十年跨越。《广东知识产权年鉴》从诞生之初的学习借鉴到初具风格；从十个篇章到十一个编目；从简单的篇章过渡到分类编辑，再到以编目、分目、条目组成主体框架结构，实行严格规范的条目化编写原则；从单一的文字表述到大量的图表运用，再到随刊赠送多媒体光盘，她经历了一次又一次的蜕变，日益走向成熟。

在广东省第一届年鉴编纂质量奖评奖中，《广东知识产权年鉴》（2009年版）获得专业年鉴三等奖，这是对我们年鉴编纂工作的一种肯定，更是对我们编纂工作的一种激励和鼓舞，使我们在年鉴编纂工作上不敢有丝毫懈怠。

十年倾情，十年责任。在《年鉴》健康成长的十年里，我们用责任和真情浇灌出呈献在大家面前的丰硕果实。这成果离不开各级领导、有关主管部门以及社会各界人士的关心和支持，更离不开各供稿单位的大力配合和通力合作，在此一并表示诚挚的谢意！

伴随着国家及广东省知识产权战略的深入实施和广东省知识产权强省建设的加速推进，知识产权在国家经济社会发展中将扮演越来越重要的角色，知识产权工作任务将更加艰巨。《年鉴》作为广东知识产权改革和发展的重要窗口，编纂任务也将更加艰巨，我们要继续秉承"质量与特色"并重的办刊理念，不断强化服务意识，精心编撰，使年鉴的编撰工作实现新的突破，也希望各级领导、有关主管部门及各供稿单位一如既往的关心、支持年鉴编纂工作。

"雄关漫道真如铁，而今迈步从头越"。站在新的起点上，我们要肩负起历史赋予的重任，全力以赴做好知识产权工作，恪尽职责全力编辑好每一本年鉴，更加全面反映广东省知识产权事业的新发展。

在 2012 年广东省知识产权宣传周活动方案发布会上的讲话

(2012 年 4 月 10 日)

在第 12 个世界知识产权日即将来临之际,为深入开展知识产权宣传普及工作,全国知识产权宣传周活动组委会定于 4 月 20 日至 26 日期间,组织开展主题为"培育知识产权文化,促进社会创新发展"的全国知识产权宣传周活动。

下面,我代表省政府知识产权办公会议办公室,发布 2012 年全省"4·26 知识产权宣传周"活动方案:

在宣传周活动期间,省政府知识产权办公会议办公室和全省各级知识产权职能部门将紧密结合"三打两建"和"打击侵权和假冒伪劣"专项工作,组织开展 50 项形式多样、内容广泛的宣传活动,积极营造知识产权事业发展的良好社会氛围。

其中,由省政府知识产权办公会议办公室主办的活动共 4 项:一是我们今天正在举行的《2012 年全省"4·26 知识产权宣传周"活动方案》发布仪式;二是 4 月 19 日与省府新闻办共同召开"广东省知识产权保护状况"新闻发布会;三是 4 月 25 日召开"广东省 2012 年十个知识产权典型案件"发布会;四是 4 月 26 日在《南方日报》刊登"世界知识产权日"专版。

由各知识产权职能单位组织开展的活动包括现场活动、新闻发布、媒体宣传、专项行动和集中销毁、培训研讨以及其他活动。

现场活动包括:省知识产权局举行国家知识产权局区域专利信息服务(广州)中心揭牌仪式暨泛珠三角区域内地九省(区)专利信息运用合作协议签署仪式;省文化厅开展文化市场知识产权宣传周活动;省法院组织"奇虎 360 诉腾讯"反垄断纠纷案件公开审理,等等。

新闻发布活动包括:省府新闻办与省工商局介绍落实《国家工商行政管理总局关于支持广东加快转型升级、建设幸福广东的意见》的具体措施;省公安厅通报公安机关打击侵犯知识产权犯罪工作情况和典型案例;省质监局通报省打击制假售假专项行动小组工作情况;海关广东分署发布海关查处侵权典型案件;省法院发布知识产权司法保护状况白皮书和十大知识产权审判典型案例；省检察院通报检察机关打击侵犯知识产权犯罪突出成效和典型案例，等等。

媒体宣传包括：省公安厅发布打击侵犯知识产权犯罪行动措施和主要成效；省广电局组织广东电台、广东电视台、广东卫视、南方电视台等开展专题宣传活动；省工商局在《南方日报》制作专题栏目；省版权局公布广东保护著作权十大事件和典型案例；省知识产权局在《中国知识产权报》刊登专版，支持《广东科技报》出版《广东知识产权周刊》；海关广东分署开展海关知识产权保护执法宣传；省检察院制作并播放专题宣传片，等等。与此同时，各职能部门均将在本部门网站上开设宣传专栏，一些部门还将通过官方微博及时通报重点工作进展情况。

专项行动和集中销毁活动包括：省文化厅开展集中销毁活动；省工商局组织开展商标执法专项行动；省版权局大力推进政府机关和企业使用正版软件工作，组织开展打击著作权侵权盗版行为专项行动；省质监局在食品、通讯产品等领域组织开展打击制售假冒伪劣商品专项执法行动；省知识产权局开展展会知识产权保护，并联合阳江市政府举行省市县联合执法暨集中销毁行动；海关广东分署公开销毁侵权货物，等等。

培训研讨活动包括：省委组织部在广东干部培训大讲坛举办"知识产权与经济发展方式转变"专题讲座；省工商局开展商标行政执法调研和品牌建设座谈会；省知识产权局开展《关于加快建设知识产权强省的决定》系列宣传活动和行政执法培训班；海关广东分署和广东出入境检验检疫局深化系统内交流培训，等等。

其他活动包括：省教育厅组织全省高校面向广大师生普及知识产权理念；省农业厅举办"农业科技促进年活动"启动仪式和"农业转基因公共宣传日"活动；省林业厅宣传林业知识产权法律法规；省卫生厅开展知识产权重大政策宣传；省知识产权局组织"百所千企知识产权服务对接活动"；海关广东分署开展"鼓励企业自主创新和支持企业走出去"主题宣传活动；省法院召开座谈会听取媒体意见；广东出入境检验检疫局努力提升进出口企业知识产权意识；省科协等组织举办第27届广东省青少年科技创新大赛，等等。

春回大地千山秀，日照神州百业兴。在春天这个美好季节里，全省上下隆重而热烈地举行知识产权宣传周活动，弘扬"尊重知识、崇尚创新、诚信守法"的知识产权文化理念，宣传社会主义核心价值理念和改革创新的时代精神，必将对提升全社会知识产权意识、推进知识产权强省建设产生积极和深远的影响，为我省切实当好推动科学发展、促进社会和谐的排头兵提供强有力的支撑。

在广东省知识产权研究会第四届会员代表大会上的讲话

(2012年12月28日)

今天,我们在这里召开广东省知识产权研究会第四届会员代表大会,进行广东省知识产权研究会换届工作,并产生第四届知识产权研究会理事会。在此,我谨代表省知识产权局向广东省知识产权研究会第四届会员代表大会的顺利召开表示热烈的祝贺!预祝会议取得圆满成功!并向今天参加会议的各位同志表示诚挚的欢迎和衷心的感谢!

后金融危机时代,世界经济结构进入调整期,世界经济治理机制进入变革期,创新和转型处于孕育期,新兴国家力量步入上升期,全球资源、市场争夺不断加剧。知识产权作为创新产品通向市场的"通行证"、企业参与国际竞争的"生命线"、社会创新的"晴雨表"和"倍增器",已成为抢占未来市场战略制高点、培育新的经济增长点的重要武器。

当前,全省正处于推动科学发展、促进社会和谐的关键时期和加快经济发展方式转变的重要时期,我省将进入一个必须更加注重创新驱动、内生增长、和谐发展的新阶段。全省上下加快调结构、转方式、谋幸福、促和谐的时代背景,必然要求更加凸显知识产权对产业发展的战略谋划、导向引领、核心驱动和服务支撑作用,我省未来经济社会的发展也将更加依赖知识产权制度作用的发挥。在这一发展阶段,加快知识产权发展,提高知识产权创造、运用、管理和保护能力,是适应经济社会发展要求的客观需要,是进一步推动创新、产业结构优化升级、经济发展方式转变的重要手段,是促进我省实现更长时间、更高水平、更好质量发展,进一步提升竞争力的必然选择。在这一进程中,进一步发挥非政府组织促进产业及知识产权事业发展的桥梁和纽带作用,既是加快转变政府职能、加强社会建设的迫切要求,也是建设法治化国际化营商环境、推动转型升级的现实需要。

近年来,广东省知识产权研究会为推动我省知识产权事业的进步和全省经济和产业的发展开展了富有成效的工作。尤其是在开展知识产权宣传、对外交流和服务产业发展方面，工作扎实，效果明显，有效地促进了创新型广东和知识产权强省建设，积极地推动了我省产业和经济的发展。希望研究会在新一届领导班子的带领下，一是要围绕全省的中心工作，积极响应省里的工作部署来开展活动，更好地服务广大会员；二是要围绕会员的需求，继续推进研究会的工作，搭建好交流平台、提升会员的水平和能力；三是要围绕提升能力和影响力，认真履行职责，加强规范管理，提高服务水平，为我省产业发展和知识产权工作作出积极贡献。

一、以提升能力为核心，着力加强机构内部管理

"内强"是谋求发展的根本，新的形势赋予新的机遇，不进则退，慢进也会退。一是要加强机构内部管理制度建设，强化管理手段、完善管理程序，保证研究会工作正常运转。二是要充分发挥会员大会和理事会的领导作用，建设一个有思想、善运营、组织到位、团结协作的研究会领导组织，进一步增强紧迫感、责任感和使命感，以良好的精神状态和求真务实的作风，为研究会的发展尽心尽力，不断推动工作发展。三是要围绕实现需求，认真思考如何拓展研究会的服务项目和深化沟通渠道。

二、以搭建平台为抓手，着力为会员提供优质服务

搭建沟通、学习、交流和互动的平台、为会员服务、促进会员成长是研究会义不容辞的职责所在。要结合实际，开拓创新，以灵活多样、行之有效的方式为会员提供服务。一是要通过座谈会、研讨会、沙龙等形式，为会员搭建学习和交流的平台，推动会员学习知识产权规则、分享知识产权理论和实践经验。二是要搭建国（境）外知识产权合作交流平台，开展国内外知识产权方面的联系和民间学术交流。三是要积极发挥桥梁和纽带的作用，为我省知识产权界、产业界和学术界的发展鼓与呼。发挥广大会员在各自领域的骨干作用，整合政产学研各界的资源，凝聚各界的认识和力量，为会员的成长和知识产权事业的发展创造新的格局。

三、以深化服务为重点，着力推动产业和知识产权事业发展

为产业创新发展和知识产权事业进步服务是研究会工作的重要使命。为推动产业发展和事业进步，一是要继续开展各类知识产权宣传培训和知识普及、知识

产权学术研究和交流活动，传播知识产权文化、培养知识产权人才，为知识产权强省建设和事业进步营造发展氛围、提供智力支撑。要注重开展内容新颖、针对性强的培训，打造知识产权界的"品牌"活动。二是要开展专利态势分析、协助行业开展知识产权维权、支持各类创新大赛的评选等工作，为创新型广东建设夯实发展之基。三是要探索开展专利预警机制研究。与产学研有关各方合作，探索建立产业专利信息收集、分析、发布和反馈的机制，帮助企业充分利用知识产权手段和策略参与国际竞争，为企业市场开拓服务。四是要出版研究会会刊。邀请对我省知识产权事业发展有重要贡献、具有较高学术威望、热心于知识产权学术交流活动的中外籍专家、学者开展知识产权研究，发表其研究成果，在刊物上发表知识产权优秀论文。五是要建立与中国知识产权研究会、兄弟省市区知识产权研究会以及地市知识产权研究会的良性沟通渠道，通过信息交流、资源共享，促进事业发展。

我省知识产权事业发展的光辉前景已经充分展现在我们的面前，推动知识产权制度运用和战略实施、促进产业转型升级和幸福广东建设的历史重任已经落在我们肩上。希望大家群策群力，为推进知识产权研究会的工作作出积极的努力，为我省知识产权事业的发展构筑新的支撑，为我省经济发展方式转变和知识产权强省建设作出更大的贡献！

2013 年致南方网网友新年贺辞

(2013 年 2 月 6 日)

"金龙含珠辞旧岁，银蛇吐宝贺新春。"值此辞旧迎新之际，我谨代表广东省知识产权局向长期以来关心、支持广东知识产权事业发展的网民朋友们，致以诚挚的新年问候和美好的新春祝愿！

2012 年是我省知识产权事业取得丰硕成果的一年。1 月，省委、省政府作出《关于加快建设知识产权强省的决定》，吹响了向知识产权强省进军的号角。一年来，我局紧紧围绕"实施知识产权战略，建设知识产权强省"的目标，不断加强知识产权创造、运用、保护、管理和服务，为加快转型升级和建设幸福广东发挥了积极作用。

截至 2012 年底，全省累计专利申请量和发明专利申请量分别达 133 万余件和 30 万余件，有效发明专利 7.8 万余件，PCT 国际专利申请量 9211 件，其中有效发明专利和 PCT 国际专利申请量继续居全国第一；55 项专利获得第 14 届中国专利奖，获奖数量再创历史新高；同时广东专利综合实力排名全国首位。这些成绩的取得，与广大网友一直以来的关心、支持、鼓励和监督是密不可分的。

2013 年，我局将深入学习贯彻十八大和习近平总书记视察广东重要讲话精神，围绕"三个定位"、"两个率先"的目标，以更加振奋的精神、更加昂扬的斗志、更加务实的作风，扎实推进各项工作的深入开展，努力推动知识产权事业不断迈上新的台阶。

"为川者，决之使导；为民者，宣之使言。"在多年的工作实践中，我们深切感到，倾听网络民声、汇聚民间智慧，对政府的民主决策和科学决策意义重大。在切实履行好各项工作职能的同时，我们将更加重视拓宽网络问政渠道，期待广大网友积极争当"智多星"，多谋"金点子"，让我们用辛勤的汗水和不竭的智慧，共同浇灌出我省知识产权事业的满园春色！

岭南春来早，粤海气象新！衷心祝愿网民朋友们蛇年吉祥、欢乐祥瑞！工作顺利、阖家幸福！

08 工作思考

工作思考

培育自主知识产权企业群体 实现中国经济在金融危机中的"弯道赶超"*

(2009年3月)

尽管世界金融海啸对我国，特别是对比较依赖外向型经济的广东经济发展产生了重大的、消极的影响，但是并非所有的企业都成为了经济严冬中的"寒蝉"，经过本人所在的广东省知识产权局近期对广州、深圳、东莞、佛山等地区的一些具有自主知识产权的企业进行调研后发现，在金融海啸肆虐蔓延并已严重影响实体经济的情况下，这些企业并没有遇到想象中的困难，一些企业还趁机进行扩张，为迎接新一轮的发展做好了准备。

我们先来看两个企业的例子：第一个企业就是我们熟知的深圳的华为技术有限公司。2008年度华为公司取得了合同销售金额233亿美元的佳绩，比上一年度增长了46%。其中，75%来自于海外市场，尤其需要强调的是，在此次金融危机的重灾区——欧洲和北美市场，华为的销售增长分别达到42%和58%，表现出强劲势头。这样的增长速度，足以让其他的国际通信巨头惊羡不已。第二家企业是位于东莞市的广东志成冠军集团有限公司。这是一家年销售额不到10亿元的中小型民营企业，2008年该公司销售收入为7.12亿元，而纯利润达到6100多万元，比2007年的5180多万元增长了近1000万元。近年来，该公司的利润增长率一直高于企业销售收入的增长率，增量部分主要来自于具有自主知识产权的新产品。目前，广东志成冠军集团公司正和美国通用电气公司洽谈合作事宜，有望成为通用电气在不间断电源（UPS）方面的全球合作伙伴。

华为和志成冠军是两个不同类型的企业，但都有其共同的地方，一是两家企业的销售规模虽然不同，但都有较高的国际市场化程度。华为2008年海外销售高达75%，志成冠军国内销售和国外销售基本各占一半。因此，两家企业都对国际市场具有较高的依赖度，但在这金融危机中，受到的冲击都不明显。两家企

---

* 此文系2009年3月向全国政协十一届二次会议提交的大会发言。

业另外一个共同之处就是，都是具有自主知识产权的企业，都是中国专利金奖的获得单位。华为公司已经申请了2.5万件国内外专利，而志成冠军虽然只有几十项专利，但在不间断电源（UPS）方面具有一定的知识产权优势。

华为和志成冠军的例子并非特例。从调研中我们发现，但凡在知识产权方面具备一定优势的企业，在这次金融危机中都有较好的表现。对于它们来说，金融危机不仅"危"中有"机"，更是"机"大于"危"。例如，位于佛山顺德的广东万和集团（国内生产规模最大的燃气具专业制造企业）2008年度销售增长了35%，2009年1月在受到元旦、春节长假期影响的情况下，增长仍达到11%。东莞的宏威数码机械有限公司（专业从事光盘生产设备制造的企业）今年的生产任务已经排到了下半年，在其他企业纷纷压缩投资的情况下，该公司去年增长扩产500万美元，用于技术研发和扩张生产。广州达意隆包装机械股份有限公司在这次金融危机中更有"意外"的收获：该公司最近接连拿到了几个原本没有希望的订单，原因就是客户出于压缩成本需要，转而选择了性价比更高和具备自主知识产权的达意隆产品。

根据我们的分析，这些企业之所以能够有较好的表现，原因主要有几个方面：其一，对技术研发的大力投入和对知识产权的高度重视。华为公司每年用于研发的资金都不低于当年销售额的10%，2008年超过了120亿元，该公司不但申请国内外专利达25000项，还参加了近100个国际标准组织。万和集团仅在JSQ40－24B非常节能全预混冷凝式燃气热水器就申请了10项专利，目前该公司累计申请国内外专利512项，成为中国拥有最多燃气具专利储备的企业，在燃气热水器、燃气灶具、消毒柜、电热水器等领域形成知识产权优势。宏威数码每年研发投入达到销售收入的20%，已在国内外申请专利107项，今年预计又将申请专利100多项，从而在光盘制造领域占据知识产权优势地位。其二，技术先进，产品新，受到市场欢迎。这些企业技术水平都达到国内领先和国际先进水平，容易被市场接受。其三，产品具有较高的利润率。由于这些企业很多产品都属于创新产品，市场上没有同类产品可以做为参照，企业具有较大的定价权，产品利润率较高。其四，知识产权保护是有力支撑。很多企业产品都出口到国际市场，由于具有自主知识产权并申请了国内外专利，加上价廉物美，这些企业的产品更容易被重视知识产权保护的国际买家所接受，成为价格昂贵的跨国企业产品的替代，也不容易被其他同行产品替代，在国外特别是发达国家，知识产权侵权是要付出沉重代价的。

对于具备自主知识产权对经济发展的意义，我们可以再举两个产业的例子。第一个是通讯产业。十几年前，我们使用的程控交换机、模拟移动系统等通讯设备，几乎都是引进的。随着3G时代的来临，这一点已经有了彻底的改变。数据显示：2008年第4季度，华为公司在电信设备制造业市场份额达到12%，排名居全球第四，另外一家通讯企业——深圳中兴通讯股份有限公司达到5%。两家企业合计超过了全球电信设备制造业市场份额的1/6，这是一个了不起的进步。而华为、中兴都申请了大量的专利技术，从2G时代的技术跟随者，成长为3G时代的技术同路人。反之，在影碟机产业方面，目前国际上的技术早已从VCD、DVD，发展到蓝光高清DVD，索尼、松下、飞利浦三家具有蓝光基础专利的技术创始企业，已经在美国成立了一家专门进行专利许可和收取专利费的公司。而我国由于在基础专利方面的缺失，企业再一次沦为"打工仔"，不得不缴纳高额专利费，赚取微薄的加工费。

虽然具备自主知识产权的企业在应对金融危机中表现突出，具有自主知识产权对产业经济发展意义重大，但是从目前看来，并不能成为扭转我国经济发展的决定因素，其原因是因为我国具有自主知识产权的企业太少，在很多产业特别是高新技术产业方面形成不了知识产权优势。以广东为例，截至2008年，广东省培育的省级知识产权示范企业、优势企业只有不到300家。虽然截至2008年全省累计专利申请已超过60万件，其中发明专利累计已超过10万件，但是拥有专利的企业只占全省企业总量的5%（全国的平均比例更低，只有2%），比例很低。

《国家知识产权战略纲要》颁布已经快一年了，经过大量的宣传推动，目前已经形成了良好的社会氛围。接下来的工作应该是进一步深化和细化国家知识产权战略纲要的贯彻实施，综合运用财政、金融、科技、税收等政策措施，引导企业积极发展自主知识产权，以培育我国的自主知识产权企业群体，争取在一些产业特别是高新技术产业形成知识产权优势。

为此，特提出以下建议：

1. 制定切实可行的政策措施，实现促进自主知识产权发展的预期目的。比如说，去年以来国家有关部委出台了《高新技术企业认定管理办法》，提高了我国高新技术企业认定门槛，对没有自主知识产权的企业实行"一票否决"，由于"高新技术企业"能给企业带来10个百分点的所得税减免，很多没有专利的企业，纷纷购买专利，以达到要求，其中不乏一些企业钻空子，搞虚假购买或虚假许可的形式，达到认定的目的。因此，在实施这样的政策时，就不能够搞一刀切，而是应该将税收优惠政策由针对整个企业，改为针对企业中真正具有核心知识产权的专利产品。又如，广东现在正在推行企业研发经费实施150%的税前扣除，是否也应该将真正能够获得核心知识产权的研发投入和一般性的研发投入进行区分，实施不同的优惠政策，以鼓励企业真正重视核心专利技术的研发。

2. 加大资金投入，通过多种方式，增强国家知识产权"软实力"。我国现在经济实力较强，具有较高的国际购买力，可以考虑除原创研发外，在一定程度上将资金向引进基础、核心专利技术方面倾斜。一些我们不具备核心技术，短期内靠自己研发也难达到国际领先或先进水平的技术领域，可以出台有关政策，鼓励企业实施海外购买，或并购企业，或购买技术和专利，最终将核心知识产权掌握到我们自己企业的手中。

3. 加强知识产权人才的培养和引进，为自主知识产权的创造、运用、保护和管理提供智力保障。我国从事知识产权中介代理服务及企事业知识产权工作的人员虽然为数不少，但缺乏科学系统的培训，知识产权高端人才尤其是能够应对国际知识产权纠纷的人才仍然十分匮乏。同时，那些多年从事企业知识产权管理和保护的人员，具有丰富的经验。但由于没有一个科学、合理的知识产权人才评价标准，缺乏上升空间和人才流动的空间，也很难得到企业管理阶层的认可和重视，人员流动频繁，稳定性差，给企业造成损失，不利于自主知识产权企业的形成和发展壮大。应积极探索建立科学系统的培训机制和科学、合理的知识产权人才评价标准，另外，要充分利用金融危机的机会，引进国际知识产权一流人才，包括技术研发人才、品牌推广人才、企业知识产权管理人才等高端人才，积极培育自有的知识产权高中端人才队伍。

4. 强化知识产权的宣传力度，形成促进自主知识产权发展的文化氛围和社会环境。党中央、国务院对发展自主知识产权非常重视，各级省委、省政府有关领导对知识产权工作也非常重视，但是到地方党政部门，特别是基层党政部门，有关领导更加注重的是能够带来直接经济效益的产业和企业，对知识产权没有更多的认识。绝大部分企事业单位负责人也非常缺乏知识产权意识。目前知识产权宣传教育工作仅靠各级知识产权部门来推动，非常费力费时，建议国家各有关部门加大这方面的宣传教育力度，促进知识产权文化传播。

应对金融危机，不仅仅要恢复经济，更要充分利用发达国家和跨国公司陷入困境的机会，加快发展。建议国家有关部门尽快研究深化、细化实施国家知识产权战略的具体办法，加强宏观管理和引导，从政策扶持、资金投入、人才培养、环境创造等各方面深入推进，积极培育自主知识产权企业和知识产权优势产业，加上我们现有的劳动力、土地资源、自然资源等优势，变"危"为"机"，促进我国经济平稳增长和又好又快发展，实现"弯道赶超"。

关于加快专利代理条例修订工作促进专利代理行业发展的建议[*]

(2009年3月)

专利代理行业是我国知识产权工作体系中的重要组成部分，所提供的专利代理服务是保障专利制度正常运行的重要支撑之一，贯穿于发明创造、专利申请、审批授权、专利保护和专利实施的全部过程。专利代理服务在切实维护广大申请人和专利权人的合法权益，提升我国企业自主知识产权创造、运用、保护和管理的能力，增强国际竞争力方面发挥着十分重要的作用。当前，实施国家知识产权战略、建设创新型国家的伟大历史任务，对专利代理行业的专业化、规模化和规范化发展提出了更高和更新的要求。

一、我国专利代理行业的发展现状

我国专利代理行业随着专利制度的建立而出现，并随着改革开放的日益深入、社会主义市场经济体制的建立发展而不断发展壮大。在过去二十多年的时间里，我国专利代理行业从无到有，取得了显著成绩，初步建立了规范专利代理行业健康发展的法律制度，基本形成了国家、地方两级行政监管和行业自律相结合的管理机制，专利代理行业市场竞争环境逐渐形成；专利代理人资格考试制度日益完善，社会影响不断扩大；专利代理行业的服务能力和水平不断提高，出现了一批具有较强实力的专利代理机构和具有较高业务水平的专利代理人。截至2009年1月底，我国共有10219人获得了专利代理人资格，执业人数为5845人，专利代理机构717家。

虽然我国专利代理行业在短短二十多年的快速发展过程中取得了显著成绩，但目前在人才队伍规模、行业整体素质、代理机构及人员地区分布等方面还远远不能适应建设创新型国家的战略需要，存在许多不足和欠缺，特别是在法律制

---

[*] 此文系2009年3月向全国政协十一届二次会议提交的提案。

度、诚信体系和市场监管机制等方面存在许多亟需解决的突出问题。

1. 专利代理法律制度的健全与完善严重滞后，不能适应形势发展的需要。现行《专利代理条例》颁布于1991年，在当时计划经济条件和体制下，对规范专利代理行业有序发展、切实维护委托人权益、保障我国专利制度顺利实施发挥了重要作用。然而，随着社会主义市场经济体制的建立与完善，特别是在专利代理机构实施脱钩改制，由原来的事业单位转为市场化发展的中介服务机构以后，现行《专利代理条例》的内容与现实情况严重脱节，已经成为制约专利代理行业健康有序发展的主要因素。

2. 由于法律规范的滞后和欠缺，因此专利代理行业诚信体系不够健全，市场环境不够规范。有些专利代理机构及其代理人严重缺乏诚信意识和职业道德，存在虚假宣传、不实承诺、欺骗客户等不正当竞争行为，扰乱了行业发展的正常秩序；社会上一些不具有执业资质的机构和人员钻取法律规范缺失的空子，恣意从事非法专利代理业务，粗制滥造，坑蒙拐骗，严重损害了我国专利代理行业乃至专利制度的声誉，影响了广大公众对专利制度的信赖。

3. 专利代理管理体制有待进一步理顺和完善。目前，我国对专利代理行业实行国家、地方两级行政管理和行业自律相结合的管理体制，但由于该管理体制本身在法律层面的定位不明确，特别是由于未赋予各级知识产权管理部门强有力的行业监管手段及对非法从事专利代理行为的处罚措施，再加上行业自律的力度十分有限，行政监管和行业自律都缺乏法律的保障和支撑，难以充分发挥作用。

二、建议

由于法律规范与现实严重脱节已经成为制约专利代理行业健康有序发展的关键问题，专利代理法律制度的健全与完善迫在眉睫，因此，建议国务院法制工作部门尽快完成《专利代理条例》的修订工作，完善专利代理执业资质审批条件和程序，明确专利代理违法行为的法律责任和处罚措施，建立规范的惩戒监管和行业自律工作体制，有效发挥各级知识产权管理部门和行业自律机制的作用，为专利代理行业加强诚信体系建设、营造公平竞争的市场环境、提升服务能力和水平、实现规范化和规模化发展提供充足的法律保障。

关于进一步完善我国展会知识产权保护立法的若干建议[*]

（2009 年 3 月）

展会业作为现代服务业的重要组成部分，在我国经济发展中占有重要地位。我国已基本形成北京、上海、广州为主导、逐步向中西部辐射的展会格局。但我国展会知识产权保护立法尚不健全，不利于优化展会环境，也不利于提高展会品质和竞争力，更不利于我国现代产业体系的构建，亟待进一步完善。

一、进一步完善我国展会知识产权保护立法的重要性和必要性

展会知识产权保护是影响展会业良性健康发展的重要因素。发达国家（如德国）和地区（如我国香港）展会业取得巨大成功，重要原因之一就是知识产权保护工作做得非常好。我国一些重要城市展会活动的经验和教训表明：从长期来看，知识产权保护水平与展会业发展呈"正相关"关系，知识产权保护工作做得好，能促进展会健康发展；反之，不注重展会知识产权保护，就会使展会质量不断降低，展会水平不断弱化，最终导致展会萎缩甚至消亡。

近年来，我国加大了对展会知识产权的保护力度。商务部、国家知识产权局、国家工商行政管理总局商标局和国家版权局制定、2006 年 3 月 1 日施行的《展会知识产权保护办法》（下称"四部局《办法》"），部分解决了展会知识产权保护立法缺位问题。在一些重要大型展会上（如中国进出口商品交易会）由展会主办方设立投诉站，知识产权相关主管部门工作人员应邀以专业人员身份参与投诉处理，及时妥善处理了多届展会知识产权纠纷。但也应看到，我国展会业知识产权保护还存在一些问题与不足，不能很好适应展会知识产权纠纷集中、处理时间短、证据难以固定、参展商流动性大等特点，不能很好化解展会知识产权保护存在的"时效性与准确性"、"保护有力与防止滥用"两对矛盾。

---

* 此文系 2009 年 3 月向全国政协十一届二次会议提交的提案。

当前情势下，我国进一步加强展会知识产权保护尤为必要。首先，在美国"金融海啸"引起的"金融危机"逐步演化成"全球经济危机"的情形下，知识产权人更注重知识产权的保护，更强调通过法律手段解决知识产权纠纷，展会知识产权纠纷有增多趋势；其次，我国一些城市展会（如中国进出口商品交易会）正面临从单一出口或国内交易导向到进出口交易兼具、从片面强调展会规模向注重展会品质的重大结构性调整，如不进一步加强展会知识产权保护，难以吸引更多注重知识产权保护的国家和地区的交易商，以及国内拥有自主知识产权的有实力交易商前来参展，从而阻碍我国展会结构调整的顺利实现；再次，我国展会业正面临来自区域（我国的香港、澳门）以及国际（德国汉诺威、法兰克福）展会的日益激烈竞争，我国若不通过进一步加强知识产权保护以提升展会业质量和水平，在展会业竞争中将逐渐丧失优势，失去竞争力。

二、我省展会知识产权保护立法存在的问题与不足

主要表现在以下五个方面：

一是法律依据效力层级偏低。目前，我国展会知识产权保护立法存在效力层级偏低的问题。四部局《办法》性质上属部门行政规章，效力层级较低。当其与行政法规、地方性立法等上位法冲突时，无法适用。甚至当四部局《办法》与其他行政规章等同位法冲突时，也难以适用。一些地方虽陆续出台了展会知识产权保护的规范性文件，如 2005 年广东省知识产权局颁布施行了《会展知识产权保护工作指引》《行业协会知识产权保护工作指引》两个规范性文件，上海市政府出台了《上海市展览业管理办法》，2007 年北京市政府出台了《北京市展会知识产权保护办法》，等等。但遗憾的是，我国还缺乏全国性的、层级较高的、统一的展会知识产权保护立法。

二是纠纷解决自律模式不能完全适应展会知识产权保护要求。以中国进出口商品交易会纠纷解决自律模式的依据《涉嫌侵犯知识产权的投诉及处理办法》为例，尚存在一些不足。一方面，该自律模式不利于权利人投诉以及其他救济途径作用的发挥。根据该处理办法第 10 条关于"持有参加当届广交会有效证件的与会人员，在展馆内发现展位上陈列摆放的展品、宣传品及任何展示部位涉嫌侵权，可到投诉站投诉"的规定，只有持有当届有效证件的与会人员方可到投诉站投诉，而大会发证有严格程序，一般限于参展商和采购商，若非参展商和采购商，即使知道其权利被侵害，也难以进场维权。另根据该处理办法第 17 条关于"为维护广交会的交易秩序，在投诉站按照本办法作出处理且被投诉方接受此处

理后至当届广交会结束前,投诉人不得在展馆内对被投诉方采取进一步的法律行动"的规定,展会期间采取投诉程序后,其他救济方式(如行政救济、司法救济)事实上已被排除采用。另一方面,该自律模式凸显了投诉人和被诉人权利义务不平衡。根据该处理办法第14条关于"投诉站处理涉嫌侵犯专利或版权的个案,适用举证责任倒置原则。被投诉方在被告知其展出的展品及宣传品或其他展示部位涉嫌侵权后,应当立即出示权利证书或其他证据以证明其拥有被投诉内容的合法权属,作出不侵权的举证,并协助投诉站工作人员对涉嫌侵权物品进行查验"的规定,在涉嫌侵犯专利或版权时,被投诉人负有不侵权的举证责任,若举证不能或不足,应承担举证不利责任,此与"谁主张、谁举证"的民事举证规则相悖,出现"投诉人一动嘴、被投诉人跑断腿"的局面,造成投诉人和被诉人权利义务的不平衡。

三是对外观设计允诺销售保护的认识和做法不一致。展会过程中,专利产品参展常态表现为允诺销售,而外观设计专利在参展专利产品中所占比例最大。但根据四部局《办法》,外观设计允诺销售并不受保护。该《办法》第25条第2款规定:"对涉嫌侵犯外观设计专利权的处理请求,被请求人在展会上销售其展品,地方知识产权局认定侵权成立的,应当依据专利法第11条第2款关于禁止销售行为的规定以及第57条关于责令侵权人立即停止侵权行为的规定作出处理决定,责令被请求人从展会上撤出侵权展品。"我国展会实践中,各地对外观设计允诺销售是否保护的做法和认识不一致,如广州的一些展会(如中国进出口商品交易会)予以保护,而深圳的一些展会则不予保护。

四是行政执法的法律依据不能完全适用展会周期短的特点。行政执法本是解决展会知识产权保护问题的快捷有效手段,但现行行政执法依据不合理,制约了行政执法效率的提高。根据四部局《办法》第13条关于"在处理侵犯知识产权的投诉或者请求程序中,地方知识产权行政管理部门可以根据展会的展期指定被投诉人或者被请求人的答辩期限"的规定,地方行政部门可以根据展会展期指定被投诉人或被请求的答辩期限。但与该《办法》效力层级相同的国家知识产权局《专利行政执法办法》第9条则规定:"管理专利工作的部门应当在立案之日起7日内将请求书及其附件的副本通过邮寄、直接送交或者其他方式送达被请求人,要求其在收到之日起15日内提交答辩书一式两份。被请求人逾期不提交答辩书的,不影响管理专利工作的部门进行处理。"展会期限短则2~3天,长也不过7天,若按《专利行政执法办法》,被请求人可在收到请求书后15日答辩,行政机关在答辩期届满后才能对纠纷作出最终处理,而展会已经结束,纠纷很难甚至无法得到及时解决。

五是司法救济作用未能有效发挥。与展会知识产权行政执法的依职权主动采取相比,展会知识产权纠纷的司法救济则是法院依当事人提请而被动采取。发达国家(如德国)展会经验表明,针对展会中的专利侵权行为,采取临时措施(包括禁令、财产保全、证据保全)是一种行之有效的方法。我国于2008年12月27日修订的《中华人民共和国专利法》第66条对诉前禁令作了规定,第67条对诉前证据保全作了规定。最高人民法院颁布实施的《关于对诉前停止侵犯专利权行为适用法律问题的若干规定》,对诉前临时禁令的适用也作了具体规定。但申请诉前临时措施有严格的条件,特别是要求申请人提供担保,而申请人又难以提供法院能够接受的担保,加上一些展会对司法救济手段存在某些事实上的限制,使得诉前临时措施在我国展会知识产权保护中很少发挥作用。

三、进一步完善我国展会知识产权保护立法的意见与建议

针对我国展会知识产权保护存在的问题与不足,建议我国应进一步加强展会知识产权立法,完善展会法治环境,提升展会质量和水平,提高展会业竞争力,促进我国现代服务业发展。为此提议:由国务院就展会知识产权保护立法进行立项,指定国家知识产权局牵头,组织国家工商行政管理总局商标局、版权局、工商行政管理局等相关部门以及国内各大展会主办方,邀请知识产权专家学者,成立我国展会知识产权保护立法起草小组,针对我国会展业知识产权保护存在的问题与不足,2009年起草完成我国展会知识产权保护行政法规(建议定名为《展会知识产权保护指导条例(草案)》,下称《指导条例》),2011年前通过实施。拟起草的《指导条例》应注意以下五方面问题:

一是要明确立法定位,强调服务与指导,注重原则性与灵活性。针对我国展会发展地区差异大、发展不平衡的特点,拟起草的《指导条例》应立足指导,强调服务,对各地展会知识产权保护提出一般性指导原则,给予各地结合其展会发展实际情况制定当地展会知识产权保护地方立法的灵活性。展会主办方必须设立投诉站,为展会知识产权纠纷提供解决平台;有条件的地方应成立"展会知识产权保护综合协调办公室",归口处理展会知识产权保护事宜;各地应根据本地实际情况,建立自律与他律并举的展会知识产权保护模式;应建立展会通告制度,主办方应将举办各类型展会信息告知"展会知识产权保护综合协调办公室"或知识产权行政主管部门;对恶意投诉应规定相应的处罚措施。

二是要完善自律制度,推行自律与他律并举的保护模式。针对我国展会自律保护模式存在的不足,政府主管部门可借鉴国内外成熟展会的做法,制定展会纠

纷自律解决办法指引，完善自律保护模式，供各地展会借鉴采用。当务之急要适当修改中国进出口商品交易会《涉嫌侵犯知识产权的投诉及处理办法》，逐步适当扩大投诉人范围，将投诉人扩大到涉嫌被侵犯知识产权的权利人；应建立行政执法、司法救济的"绿色通道"，为行政执法、司法救济创造便利条件，自律模式与他律模式并行不悖；此外，要按"谁主张、谁举证"的民事诉讼原则，确立投诉处理的基本原则，除方法专利实行举证责任倒置外，其他类型知识产权侵权应适用"谁主张、谁举证"原则，实现投诉人与被投诉人权利义务的平衡。

三是要完善参展商承诺制度，对外观设计允诺销售予以保护。我国新修订的《专利法》高于世界贸易组织（WTO）《与知识产权相关的贸易协定（TRIPS）》要求，对外观设计允诺销售予以保护。为保护创新，提升展会品质，我国展会应依新修订的《专利法》，对外观设计允诺销售予以保护。同时，要完善参展商承诺制度，要求参展商对包括外观设计在内的专利信息进行披露，并承诺不将侵犯他人知识产权的项目进行参展，包括不以允诺销售方式侵犯他人外观设计专利，如有违反，愿意撤出展会，接受展会举办方关于在一定时期内不得参展的限制性规定。

四是要设立展会知识产权行政执法简易程序，提高执法效率。为解决《专利行政执法办法》未能较好适应展会知识产权保护周期短的问题，拟起草的《指导条例》应考虑设立展会知识产权执法简易程序。具体思路是：知识产权相关行政主管部门接到申请人的诉请后，按适度降低的条件受理，在1日内立案，在立案之日起2日内将请求书及其附件送达被请求人，并到现场进行勘验，被请求人应在送达之后起24小时内进行答辩。被请求人逾期不答辩的，不影响行政主管部门的处理。

五是要完善展会知识产权纠纷司法救济机制，发挥司法保护作用。首先，应完善司法救济机制。允许请求人在展会期间通过向法院申请保全、起诉等方式维护自身权利，即使采取自律模式也是如此，不能以某些形式阻碍司法救济。其次，应保障投诉方取证的权利，展会主办方有协助取证的义务，为展后维权提供相关依据。再次，应设立担保机制。为使投诉人能提供法院能接受的申请临时措施的所需担保，以及被投诉人能提供法院能接受的申请解除临时措施的所需反担保，建议我国某些经济或知识产权行业组织承担展会担保服务职责，申请人可向这些组织申请出具担保，向人民法院提供，使得纠纷可按照"提供担保，申请人申请临时措施——提供反担保，被申请人申请解除临时措施——展期内，展会活动继续进行——展期后，实体纠纷通过司法程序解决"的方式进行。对于自律保护，不影响展会后寻求行政或司法救济。

充分发挥知识产权制度的作用
为加快实现经济发展方式转变
提供创新动力、制度保障和文化支撑[*]

（2011年3月）

中共十七届五中全会审议通过的《中共中央关于制定国民经济和社会发展第十二个五年规划的建议》，为"十二五规划"的制定指明了方向。"建议"提出，"十二五规划"的制定要以科学发展为主题，以加快转变经济发展方式为主线。经本次人大会议审议后即将公布实施的"十二五规划"，在此基础上进一步提出，今后五年，要确保科学发展取得新的显著进步，确保转变经济发展方式取得实质性进展，必须坚持把经济结构战略性调整作为加快转变经济发展方式的主攻方向，坚持把科技进步和创新作为加快转变经济发展方式的重要支撑。笔者认为，在实现经济结构战略性调整和推动科技进步与创新中，发挥知识产权制度的作用，至关重要。作为开发和利用知识资源的基本制度，知识产权制度的核心内涵是激励创新和保护创新。第一是它提供了一个公平合理的衡量标准：只有能够获得知识产权的创新成果，才能得到充分的保护；第二是它形成了一个便捷有效的市场机制：只要获得了知识产权，就有可能转化为巨大的市场价值；第三是它打造了一个秩序规整的竞争环境：被侵权者可以运用系列的法律制度，来保护自身的合法权益。

随着知识经济和经济全球化的深入发展，知识产权日益成为提高国际竞争力的战略性资源和决定各国、各地区经济社会发展态势和后劲的核心要素，其在经济社会发展中的作用不断提升，作用愈发凸显。在新的世界发展浪潮中，以知识产权制度的运用提升经济社会发展质量和效益已成为各国、各地区的战略选择。鼓励发明创造、保护知识产权、推动知识和智力资源从创造到运用的良性循环，

---

[*] 此文系2011年3月向全国政协十一届四次会议提交的大会发言。

正在成为各国、各地区追求的重要目标。实践表明，推动经济发展方式从要素驱动向创新驱动和知识驱动转变，有很多组成要素，其中至关重要的，就是建立并充分发挥知识产权制度的作用。知识产权为经济发展方式转变提供创新动力、制度保障和文化支撑。历史证明，一个地区经济、科技和对外贸易发展到广泛参与国际竞争的阶段，知识产权的导向和引领作用就越发凸显出来。对知识产权制度的准确把握和有效运用，对于激励创新、促进产业结构优化升级、推动经济发展方式转变，具有巨大、积极而不可替代的作用，是打好打赢经济发展方式转变这场硬仗必备的"粮草"。

一、加快经济发展方式转变对知识产权工作提出了日益强烈的内在需求

（一）**促进产业结构调整需要更广泛地利用全球知识资源和创新资源**。当前，我国的经济、科技和对外贸易已发展到日益广泛参与国际竞争的阶段，要实现经济发展方式从要素驱动向创新驱动转变，必然要求充分运用好开发和利用知识资源的知识产权这一基本制度。首先，战略性新兴产业的选择和发展要求我们必须更加关注全球的产业动态，而知识产权资源的发展趋势在很大程度上能够客观反映这一动态。其次，在先进制造业和现代服务业的发展过程中，知识产权制度使我们在全球范围内比较便捷地吸收创新要素成为可能。最后，为推进产业结构调整实施的重大经济活动和重大项目投资，甚至引进科研团队，也需要知识产权方面的审查和把关。

（二）**提高自主创新能力需要更有效的知识产权制度激励和保护创新**。首先，知识产权是创新产品进入市场的通行证。在目前我国以前所未有的投入强度大力推进自主创新的时刻，必须把研究开发取得的创新成果及时实现知识产权化，尤其在核心技术上形成自主知识产权，才能真正成为提升我国产业国际竞争力的有力武器。其次，知识产权是企业参与国际竞争的生命线。要促进企业成为技术创新的主体，并参与国际竞争，就必须支持和引导企业实施知识产权战略，激励企业提高技术创新的投资。再次，知识产权是自主创新的制度保障。在我国扎实推进省部、省院合作等产学研结合的工作中，知识产权将是保障各方紧密、持续、有效合作的利益纽带。

（三）**继续保持外需优势需要更加积极应对外贸中的知识产权纠纷**。在国际金融危机的冲击和影响下，知识产权再次成为美欧贸易保护主义的重要手段，我国的外贸出口企业受到较大影响。为保持我国外贸出口的优势和促进外需的增

长,必然要求我们更加积极地应对和处理对外贸易中面临的知识产权纠纷、摩擦。同时,积极开展知识产权预警,把握出口产品目的国的知识产权法律状态,成为支持外贸出口企业"走出去"的新课题。

二、知识产权制度在我国加快经济发展方式转变中有着不可或缺的重要作用

（一）**深度挖掘专利信息资源,可加速全球创新要素聚集,弥补自身创新能力的不足**。作为重要的知识资源,目前全球授权专利总量有5000多万件,其中在我国有效的只有70多万件,其余的或因未在我国申请,或因已过有效期,不受我国法律保护,在法律状态上是已经"公知"并可"公用"的技术,可供我国企业和个人免费使用。这些可供免费使用的技术信息资源,相当一部分具有很高的科技含量和良好的国内市场前景,像一座待开发的"金矿"。当前,一些跨国集团在美国和中国专利申请量之比为：英特尔10:1,NEC6:1,惠普10:1,IBM30:1,东芝4:1,三星和索尼为2:1。中国企业免费享用跨国集团最新专利的空间也不小。深度挖掘这座"金矿",并合理利用"公知公用"技术,可以大大加速这些创新资源在我国的聚集,对于创新能力仍比较薄弱的企业特别是中小企业来讲,不仅可以提高企业研究开发的起点和能力,而且可帮企业大大减少研究经费,节省研发时间,弥补我国创新能力的不足,是一条加速提升我国自主创新能力的"捷径"。同时,这些资源还是培育我国创新型中小企业的肥沃养料。

（二）**系统开展专利态势分析,可提高对产业发展趋势把握能力,减少转变经济发展方式的盲目性**。知识产权是技术开发活动的结果,专利文献记载着发明创造的丰富信息,反映了现代科技的最新水平。分析专利文献中某技术领域专利申请的变化情况,可明确该技术领域的发展历史、技术现状、研究重点或空白点,反映技术兴衰,预测发展趋势。分析专利文献,可以了解他人的技术专利,避免侵犯他人的知识产权；可以帮助企业追踪竞争对手或者合作伙伴的研发成果,分析、监视竞争对手的市场动向；可以帮助企业确定货物出口和技术贸易的目标地,指导进出口贸易。西方发达国家的企业十分善于利用专利信息制定其研发、竞争策略,获取竞争优势。我们的自主创新活动,无论是原始创新,还是集成创新或消化吸收再创新,都要充分利用全球发明创造成果,这就不可避免会碰到发达国家的技术封锁、专利保护,稍有不慎,还可能落入他人的"专利陷阱",造成投资的失误或失败,巨大的研发和产业投资也可能付诸东流。做好相关的研究跟踪,有针对性地开展专利态势分析和产业技术预警,可以有效增强自

主创新、产业升级甚至招商引资活动的科学性,减少转变经济发展方式的盲目性。

(三) 加快专利技术的产业化,可促进重点产品换代升级,引导产业链向高附加值延伸。目前,我国知识产权拥有量已位居世界前列,现实的或潜在的知识资源相当丰富。加速专利技术产业化,提高专利实施率,把这些专利技术转化为现实生产力,形成自主知识产权产品、产业,一方面可以形成新的经济增长点,推进高新技术产业的发展;另一方面可以提高传统优势产业和产品的技术含量,促进传统产业升级改造;同时还可以促进产业由低技术含量向高技术含量、由低附加值向高附加值方向演进。

(四) 全面加强知识产权保护,可优化激励创新的制度环境,推动招商引资、招才引智和外贸进出口。保护知识产权是激励创新的根本途径,是知识经济时代保障公平竞争、维护市场秩序的重要手段,是对外开放和知识资源引进的制度保障。我们必须改变过去比较熟悉的招商引资模式,通过优化保护知识产权的环境,提高招商引资质量,重视引进人才和智力成果。广交会保护知识产权的实践还表明,知识产权保护可以擦亮广交会的金字招牌,提高广交会的品格,促进外贸出口。

三、知识产权制度在转变经济发展方式中的作用还远远没有得到充分发挥

(一) 利用知识产权制度推动经济发展方式转变的政策导向不明确。客观上说,一是我国知识产权制度建立较晚,并一直被视作科技工作的一部分,其经济功能往往被忽视,缺乏系统而强有力的政策支持。二是全社会的知识产权意识依然淡薄,重视不够,各类资源投入不足,各项措施对全社会的引导和带动力较弱。三是知识产权部门在宏观决策和重大经济决策中参与度低,很多知识产权内容在我国的重大决策中体现不够充分。主观上讲,作为知识产权行政主管部门,对经济社会发展对知识产权的需求研究不够,对知识产权服务经济的切入点抓得不紧,缺乏示范性和显示度。

(二) 开发专利信息资源促进全球创新要素聚集的推进力度不够大。在主观上,我们对专利信息资源开发利用的认识有一个逐步深化的过程,对知识产权制度激励和保护创新的作用认识较深,对其鼓励"技术公开"的机制分析研究不够,认识有差距。客观上,我国虽然已经建立了包括美、英、日、德、法、瑞士、俄罗斯、韩国等大多数发达国家和WIPO(世界知识产权组织)、欧洲专利

局等重要组织的专利数据库,已经拥有专利信息4500万条。但由于专利信息开发力量不足,其中的大部分资源仍然待字"库"中且不对公众开放,有待深度开发和利用。另外,除部分大企业之外,大部分的大、中、小企业均没有独立的专利信息开发能力,亟待建立公共的专利信息开发服务平台。

(三) 知识产权在重大经济和创新活动中的激励和约束机制有待完善。在经济全球化和知识经济时代,包括重大经济活动知识产权特别审查制度、重大创新活动知识产权保护机制、重大产业的专利态势分析、重点出口产业知识产权预警机制、对外贸易中知识产权应对机制和维权援助等机制在内的制度和机制显得日益重要。

四、应努力做好推进经济发展方式转变的重点知识产权的工作

(一) **加速全球知识产权资源聚集,大力挖掘、开发和合理利用**。紧紧围绕支柱产业、战略性新兴产业和关键领域,建立包含全球专利技术信息的"重大产业专利信息数据库",引导创新要素和知识产权资源向企业聚集。建立"特色产业专利信息发布系统",及时向中小企业发布全球专利技术信息。

(二) **密切跟踪世界知识产权态势,深刻把握重点产业发展方向**。开展重点行业和重点产品专利态势分析,分类绘制知识产权地图,明晰创新路径,为企业和相关产业发展提供决策依据。加强创新与知识产权的协同作用,努力形成突破一项核心技术、形成一批知识产权、带动一片产业发展的格局。开展知识产权预警,提高知识产权保护的前瞻性和预告性。

(三) **建立健全重大经济活动知识产权特别审查制度,为自主创新提供体制机制保障**。在重大投资计划、重点研发项目实施前,全面评估涉及知识产权特别是专利的状况,防范重复研发、盲目引进、无效投入、创新成果流失或可能发生的知识产权侵权等问题。

(四) **加快知识产权转化,推进专利技术运用和产业化**。深入推进"专利技术实施计划",培育一批专利技术实施企业和专利产品,并逐步形成规模。开展"知识产权强县工程"和"专业镇知识产权专项行动",促进产业集群内企业的专利实施、运用和产业化。构建知识产权交易展示平台和机制,积极探索知识产权质押融资机制。

(五) **强化创新成果知识产权化能力,提高知识产权质量和效益**。实施"所企知识产权对接工程",组织专利代理机构与创新型中小企业及培育期的高新技术企业开展知识产权对口合作,全面提升企业运用知识产权制度的意识与水平。

加大国内发明专利申请、国（境）外专利申请、PCT 专利申请资助力度。

（六）**实施"战略性新兴产业知识产权战略"，全力支持企业抢占竞争制高点**。围绕战略性新兴产业发展，鼓励引导企业通过自主研发、委托研发、购买等方式增加知识产权积累，力争在产业链上游获得核心专利，并发挥产业链下游专利技术研发优势，构建政、产、学、研、金知识产权联盟。支持相应的行业协会或企业建立运营"专利池"、构筑专利联盟。

（七）**建立知识产权维权援助和涉外应对机制，促进外经贸稳定发展**。建立重点外贸出口企业联系制度，有效应对国外"知识产权伏击"、维护产业安全、促进产业可持续发展和进出口贸易健康发展。

（八）**加大知识产权保护力度，维护和规范市场经济秩序**。加强专利行政执法体制机制建设，加大执法力度，提升办案质量和水平。积极开展联合执法和执法协作。完善会展和行业协会知识产权保护。

（九）**大力培育发展知识产权服务业**。建设知识产权服务平台，整合资源，大力开展知识产权信息开发和推广运用，着力发展包括知识产权代理、登记、许可、转让、管理、鉴定、评估、认证、咨询、公证、诉讼、预警、培训、法律援助、市场调查、检索分析、战略研究等内容的知识产权服务业，逐步形成覆盖面广、形式多样，政府与市场协同推进的知识产权服务体系，发挥知识产权服务业对建设现代产业体系的战略支撑作用。

（十）**营造知识产权事业科学发展的大环境**。以专利奖励提高发明创造质量，有效激励自主创新，激发企业、科研机构和高等院校创新的积极性。培育和引进各类知识产权人才，为自主创新提供人才智力保障。持续开展广泛全面的知识产权宣传培训工作，形成"崇尚创新精神，尊重知识产权"的文化氛围。

关于要高度重视战略性新兴产业发展中的知识产权问题的建议*

（2012年3月）

培育和发展战略性新兴产业，是党中央、国务院全面分析当今世界经济格局大变革、大调整趋势，着眼于我国经济社会可持续发展而做出的重大战略部署。国务院2010年出台的《关于加快培育和发展战略性新兴产业的决定》中已经提出：到2015年，战略性新兴产业增加值占国内生产总值的比重要力争达到8%左右，到2020年，战略性新兴产业增加值占国内生产总值的比重要力争达到15%左右。

值得注意的是，培育发展战略性新兴产业，必须把增强自主创新能力作为战略基点，着力突破核心技术、关键技术，掌握核心知识产权。这是因为战略性新兴产业发展具有以下特点：一是从产业类型看，新的产业革命核心是能源革命；二是从产业支撑看，信息技术进一步驱动产业技术革命；三是从产业领域看，产业技术融合发展产生新的业态；四是从产业组织形态看，将从大企业主导向大、中、小企业建立联盟转变。在这四个特点中，知识产权将发挥越来越重要的作用。

一、培育和发展战略性新兴产业过程中存在的问题

在新的发展阶段，我国加快培育发展战略性新兴产业主要面临着企业技术创新能力不强，掌握的关键核心技术少，有利于新技术新产品进入市场的政策法规体系不健全，支持创新创业的投融资和财税政策、体制机制不完善等突出问题。从知识产权角度看，我国战略性新兴产业更存在一些突出问题，制约产业的加快发展和高端突破，必须引起高度重视。主要体现在三个方面：

一是产业发展中的知识产权风险日益积累。近年来，美日欧跨国企业在战略

---

* 此文系2012年3月向全国政协十一届五次会议提交的提案。

性新兴产业诸多领域控制了大量核心技术专利，而且正加紧进行专利战略布局。这使得我国战略性新兴产业发展的知识产权风险与日俱增，产业重大项目实施面临着潜在壁垒。例如 LED 领域，我国 LED 灯光音响领域企业正面临跨国巨头飞利浦等公司的专利许可压力及侵权指控风险；太阳能电池虽然产量世界第一，但高转换效率的太阳能薄膜电池等新一代光伏电池核心技术不掌握；新兴信息产业虽然在系统设备研发方面取得了明显进展，但在集成电路、光电、高性能计算等领域的基础性技术还有待突破；生物医药产业尽管快速发展，但缺乏创新药物和工程化技术与装备。因此，加快培育发展战略性新兴产业，必须着眼于突破和掌握一批关键核心技术和专利，加强前沿性、战略性产业技术集成创新，提升我国战略性新兴产业发展的质量和效益。

二是产业领域重大经济活动知识产权国际合作不够。战略性新兴产业发展是基于全球科技前沿领域的创新成果，呈现出在产业链高端共同投资、联合开发、加强分工与合作等新的特点和趋势，国际合作发展是其必然选择。但目前许多新兴产业领域的发展，企业开展国际合作的形式比较单一，不注重前期技术合作，也没有利用国际资本市场，国际合作发展渠道不畅。鉴于战略性新兴产业的特点和发展趋势，必须以更加开放的思维，推进智力、资本和市场的深度合作，促进共同发展。多年的实践中，不少重大项目因国际合作的缺失导致对国外知识产权发展趋势不了解，出现重复投入、因侵权风险而受挫、国有资产流失等重大损失。

三是产业发展中的专利信息开发利用能力依然偏弱。专利信息开发对于聚集创新资源、确定研发路径、弥补创新能力不足具有重要意义。但是，目前我国专利信息开发力量严重不足，除部分大企业之外，大部分的大、中、小企业均没有独立的专利信息开发能力，亟待政府扶持建立公共的专利信息开发服务平台；同时我国各省、市的专利信息资源开发工作，目前处于起步发展阶段，因缺乏持续的投入保障而尚未形成长效机制。

二、有关建议

一是上下联动，实施战略性新兴产业专利信息资源开发利用计划。

根据《国务院关于加快培育和发展战略性新兴产业的决定》，确定了七个战略性新兴产业，同时，各省、市根据自身产业发展的实际进行了调整和细化。在"十二五"期间，应当坚持"有所为，有所不为"，集中国家、省市政府和企业两个层面的资源、信息和人才等优势，联合开展重点专利信息资源开发工作，深入进行专利分析及预警,帮助企业建立一批重点产业专利信息数据库,发布一批重点产业专利分析及预警报告,公布一批业内全球最新专利技术,培养一批专利信息资源开发人才,明晰重点产业创新发展路径,在重点领域实现突破。

二是加强合作,建立战略性新兴产业重大项目知识产权评议机制。

要通过深化国际合作,多层次、多渠道、多方式推进国际科技合作与交流。同时,针对国家及各省、市战略性新兴产业领域的重大项目,特别是财政投入巨大的产业领域内重大项目,包括研发、产业化、对外合作、外资并购等活动项目,选择意义重大、风险较大的部分项目,协调财政、发改、经济、科技等主管部门构建一套重大项目知识产权评议机制,加快建设一批评议工作基础设施,培育扶持一批知识产权评议机构,提供知识产权评议服务,防范重复投入,发现并规避知识产权风险,保障项目顺利实施,维护产业发展安全,有效发挥知识产权对产业发展和重大经济活动的引领和保障作用。

三是加速培育,实施战略性新兴产业专利联盟试点示范工程。

构筑专利联盟是提升我国企业知识产权综合实力和反跨国公司技术压制能力的重要手段。"十二五"期间,应有计划地针对有条件的战略性新兴产业集群,每年扶植若干家知识产权联盟,通过支持联盟企业构筑专利池、制定实施行业知识产权战略、建立行业专利预警平台及涉外应对机制、推动专利技术产业化、商品化、标准化,提升产业创新发展水平,形成一批有影响力的战略性新兴产业创新企业群。

关于完善产、学、研协同创新体系的建议*

（2012年3月）

当今时代，协同创新已成为世界科技创新活动的一个突出特征。党的十七大报告明确指出，要"加快建立以企业为主体、市场为导向、产、学、研相结合的技术创新体系"。2011年4月，在清华大学成立100周年庆祝大会上，胡锦涛总书记首次提出了"要积极推动协同创新"，要求"通过体制机制创新和政策项目引导，鼓励高校同科研机构、企业开展深度合作，建立协同创新的战略联盟，促进资源共享，联合开展重大科研项目攻关，在关键领域取得实质性成果，努力为建设创新型国家作出积极贡献"。8月，在深圳举行的科技体制改革座谈会上，刘延东同志和万钢同志重点强调了要积极推进协同创新。

"十一五"期间，我国以技术创新体系建设为突破口，加快实施国家技术创新工程，不断加强产、学、研合作，聚集创新资源，推动产业升级发展，取得了明显成效。一是企业的主体地位显著提升。企业研发投入逐年高速增长，已成为研发投入的主体，其投入占全社会研发投入的70%以上。科研院所已成为行业技术创新的领头羊。高等院校主动深入企业、与企业合作研发，服务经济社会发展。一些高等院校获得来自企业委托的经费已经超过来自国家财政纵向科技经费的3倍。二是产、学、研合作模式不断创新。近年来，除了校企合作、院企对接等传统合作模式以外，针对国家重大科技专项、重大科技攻关项目等的实施，各级科技部门加大了与相应部门、地方、行业的统筹协调力度，形成了更加尊重市场规律、各具特色的产、学、研合作模式。其中广东省在这方面大胆尝试，2006年与教育部、科技部联合开展"两部一省产、学、研合作"，创建了多个产、学、研技术创新战略联盟和示范基地等创新载体和平台，开展了形式多样的产、学、研合作，引导企业投入超过800亿元，研发出具有自主知识产权的新产品

---

* 此文系2012年3月向全国政协十一届五次会议提交的提案。

6000多个，形成专利超过2万项，实现产值7000多亿元等。接着又开展了三部两院一省推进产、学、研合作。三是有利于产、学、研紧密结合的创新服务平台不断完善。国家在企业建立了一批国家重点实验室、国家工程技术研究中心和技术中心，促进了科技资源的整合、开放、共享。

但取得显著成绩的同时依然存在"两张皮"、短期性、缺乏共同长远目标等现象。从我国产、学、研合作的发展历程看，产、学、研合作要深入开展，仍面临不少需要进一步予以解决的问题。未来，继续积极推动协同创新，将对于我国深入开展产、学、研工作，进一步推进原始创新、集成创新、引进消化吸收再创新，有效解决科技条块分割、科技资源分散、科研活动封闭等问题，完善科技创新体系，提高自主创新能力，全力推进"创新性国家建设"具有重要的意义。

一、产、学、研工作存在的主要问题

1. 推动产、学、研协同创新的政策体系不完善

2006年党中央、国务院作出《关于实施科技规划纲要 增强自主创新能力的决定》，国务院颁布实施《国家中长期科学和技术发展规划纲要（2006～2020年）》，明确提出，把建立以企业为主体、产、学、研结合的技术创新体系作为国家创新体系建设的突破口。同年，科技部、财政部、教育部、国资委、全国总工会、国家开发银行等六部门成立了"推进产、学、研结合工作协调指导小组"。为促进产、学、研合作持续发展，各地相继出台了一系列科技计划、财税支持、创新环境及科技服务保障相关政策。如广东省省部、省院联合出台了《关于加强产、学、研合作提高广东自主创新能力的意见》《关于深化省部产、学、研结合工作的若干意见》以及《北京市中小企业创业投资引导基金实施暂行办法》等多项政策性文件。由于产、学、研协同创新涉及政、产、学、研、金、用等多个部门及国家到地方各级政府部门，单靠某一方或几方的努力，难以推动产、学、研协同创新的持续发展。目前在推动产、学、研协同创新的政策体系方面仍存在宏观政策多，可操作政策少；独立政策多，整合政策少，没有形成协同的政策推动力。主要表现在：

一是政策环境不完善。产、学、研结合的税收、投融资、知识产权保护、利益共享和责任分担等方面尚未形成比较完整的政策法规体系。例如，对知识产权保护力度不够，导致仿造和抄袭的机会成本很低，这使企业家觉得创新无利可图，也容易引起产、学、研各方的利益纠纷，直接影响到产、学、研结合的深入开展。

二是政策导向有偏差。高校、科研院所在办学考核评价指标体系和教师晋升、分配激励制度设计方面,往往以主持项目的级别性质、获奖多少、论文发表多少作为考核评价标准;而长期从事技术创新、成果推广、产业化的教师、科技人员,却得不到应有的承认和鼓励;甚至有的高校、科研院所对与企业合作的横向课题,计入工作量的分值都比纵向项目低得多,使科技人员对工程技术项目、企业技术创新项目以及成果转化无力关注,也缺乏动力。一些地方政府仍热衷于招商引资,铺新摊子,对依靠产、学、研吸引人才、技术、项目等创新要素的关注和投入不足。

2. 深化产、学、研合作的长效机制未形成

产、学、研协同创新制度创新滞后,系统内合作的长效机制未形成,相关产权关系和利益分配不明晰,激励机制不到位,风险管理机制不健全,新型合作模式的科学运行机制还未建立等。导致了:

产、学、研合作的层次仍不高、深度仍不够。主要还是停留在技术转让、合作开发和委托开发等较低层次的合作上,而共建研发机构及技术联盟、产、学、研一体化的经济实体等高层次的合作还比较少。调查表明,企业与大学、研究机构进行合作创新的类型主要是常规技术咨询(37%)和合同委托开发(33%)。注重"交钥匙"的合作模式方式。

产、学、研协同创新的链条不顺畅。科技成果转化率低,企业发展依靠科技进步的因素小,创新速度慢,大部分高校、科研院所没能真正找到与企业的结合点,导致技术市场发展虽快,却是"三多三少"。各地科技交流会、科技成果发布会多,而最终成交的少;高校、科研院所提供的科研成果、专利多,满足企业需要的少等。大量科技资源利用率低,一些发达国家的仪器设备利用率高达170%~200%,而我国大多利用率不到25%,甚至更低。

产、学、研协同创新动力不足。合作各方目标定位和利益机制不一致。高校、科研院所由于评价体制原因,长期以来一般以获得国家经费多少、发表论文数量、参与人学术地位高低、所获奖励级别和数量来评价科技成果的价值,忽视科技成果的推广和应用价值,导致科技成果难以直接满足企业需要。另一方面,企业对产、学、研合作项目能否形成企业的核心技术存在疑虑,担心核心技术受制于人,不愿承担合作开发的风险。

3. 产、学、研创新的投融资体系仍未形成,投入不足

目前产、学、研合作投入经费总额有限,存在"量少面广"的问题,且经费来源单一,过度依靠政府投入。2010年,我国共投入R&D经费7062.6亿元,

R&D 经费投入强度为 1.76%。一般认为，研发经费投入强度不到 1% 的国家是缺乏创新能力的，说明该国的研究发展活动仍处于初级阶段；在 1%~2% 之间，则说明该国的 R&D 正处于中级阶段；大于 2% 的，则说明这个国家创新能力比较强。数据显示 2003~2007 年，美国研发经费投入强度一直大于 2.5%，日本更是超过 3%。企业面对承担高风险的压力，往往对很多高新技术成果望而却步，或者对大多数科技成果的转化，只愿承担部分风险，希望政府通过有关政策或风险投资机构、金融机构介入共同承担风险。目前缺乏风险资金保障，由地方政府、风险投资机构、企业和金融机构等共同构成的多元化投资体系还未建立起来。这也是产、学、研协同创新能否成功的关键。

4. 促进产、学、研创新的思想不够解放

目前仍存在不少不符合产、学、研发展的思想观念。在高校、科研院所方面，瞧不起横向合作，轻视社会服务，关起门来培养人才，关起门来搞学科建设，把论文、职称和奖励当做科研目的等不利于产、学、研结合的思想观念还大量存在，对走产、学、研结合之路敢想不敢为。不少企业长期依靠技术和设备引进的"拿来主义"传统发展模式和路径的思维，注重眼前利益和追求短平快的思想，助长了企业的创新惰性，对自主创新缺乏紧迫感和长远规划。一竿子将所有产、学、研合作要求以企业为主导，也有些片面。要视项目的源头与需求，明晰项目的牵头方、主要责任方和风险主要承担方。在项目的支持上往往将高校、科研院所排次要的地位，一些研究型的项目资金流向往往会不到实处，未能收到预期效果。

二、有关建议

1. 加强产、学、研政策协同，完善科技创新政策体系

围绕《国家中长期科学和技术发展规划纲要》和《中华人民共和国科学技术进步法》，组织开展部门联合专项调研，深入分析国内产、学、研结合的现状和主要问题，总结"十一五"产、学、研工作的成功经验，结合"十二五"科技计划的实施，进一步研究制定促进产、学、研结合的配套政策和实施细则，完善机制和政策；引导地方结合区域经济发展战略和产业集群发展的特点，开展区域产、学、研结合的有关试点工作，共同完善推进产、学、研结合工作的指导性文件，完善科技创新政策体系。解决制约我国高校、科研院所、企业及金融等服务机构投身于产、学、研结合协同创新的瓶颈。在现有市场经济体制环境下，积极加快推动产、学、研立法，营造推动产、学、研协同创新相关的税制、政策等

外部环境。如在产、学、研合作中涉及的知识产权分配和保护，进行产、学、研合作的相关财税扶持和推动产业发展需求的创新型人才的培养等方面。推动全国及区域产、学、研发展的政策体系协同，完善科技创新的法律和政策体系。

2. 进一步深化产、学、研体制改革，完善科技创新体制

完善的科技体制，是促进形成完善的产、学、研协同创新机制的重要前提。进一步加快新一轮科技体制改革的进程，着力突破不利于自主创新的体制机制障碍，不断完善有利于创新资源流动、高端人才聚集的政策措施，为产、学、研合作奠定良好的体制机制保障。

构建协同创新的评价体系。当前，全国高等院校普遍存在"重理轻工"的现象，产、学、研项目在高等院校中不能得到与基础理论研究工作平等的地位将严重制约产、学、研工作长期有效的深入开展。高校、科研院所在制定各类考核与职称评聘等各项标准时，不能对获得省部级支持的产、学、研结合项目及技术含量高、应用效果好的企事业单位横向项目明显的弱化和忽略，应该平等对待，否则将严重影响产、学、研科技工作者的热情与积极性。加强高校、科研院所分类指导，政策上避免一刀切，尽快研究建立"以质量和贡献为导向的科研评价机制"。从评价体系上引导高校、科研院所将科技创新的指导思想从"以出成果为目的"转变为"以解决问题为目的"，坚决纠正重视论文、成果数量，忽视实际创新贡献，重视纵向课题轻视横向课题、科技成果转化推广的倾向，与现阶段国家、区域经济社会发展需求相适应。高校应构建基础理论研究与工程技术开发的和谐发展的机制，不能厚此薄彼，任何重理轻工或者重工轻理的政策都是应该予以纠正的，应该给予为国家为社会创造了价值的人们以公平公正的评价和平等的地位，如果我们培养的人才仅有满腹经纶而没有实际工程能力，将无力承担起建设国家未来的历史任务。

构建协同创新的人才培养模式。研究推进高校与企业共同培养创新性人才的培养模式。将行业高级技术人员引入为高校导师，在校学生培养实行双导师制。一方面推动高校人才培养质量，另一方面为企业及产业培养和储备技术人才。就如：上海交通大学与宝钢集团"植入式人才培养"合作模式。

加强科技中介服务体系建设。一是加强各类科技中介服务机构的建设，重点要培育和发展各类技术要素市场，为产、学、研合作创造充分的交流渠道和服务平台，进一步完善科技成果评估机构，形成以专业服务中介机构为主体的、服务社会化的知识传播和技术扩散体系。重点要发展各类孵化器、评估咨询机构、科技信息中心，以及有关技术、经济、法律等方面的咨询服务机构等。二是完善面

向全社会的产、学、研联合信息网,定期征集企业技术难题、高校和科研机构的科技成果、人才供求信息,及时做好高等院校、科研机构与企业之间的信息沟通、项目中介、咨询服务等工作,建立一条较为完整的服务链。

3. 加大产、学、研经费投入,构建多元化的投入体系和风险投资机制

进一步加大产、学、研经费投入,按照《国家中长期科学和技术发展规划纲要(2006~2020年)》规划,到2020年,全社会R&D/GDP提高到2.5%以上。同时,根据相关专家研究,要在2015年实现R&D/GDP的比值为2%的既定投入目标,必须把握好以下控制线:中央财政R&D投入占中央财政支出比由2008年的3%提高到2015年的4%;地方财政R&D经费投入占同级财政支出比值从2008年的1.53%增加到2015年的2.00%;企业R&D投入占销售收入比从2008年的0.9%增加到2015年的1.17%等。同时积极引导银行、保险、风险投资等金融资本支持产、学、研合作,努力建立以企业为主体、市场为导向、政府引导带动、社会金融资本相结合的多元化科技创新投入体系,努力解决目前产、学、研合作中试环节的资金瓶颈问题。同时,加快发展风险投资体系,弥补科技成果转化阶段企业、高校和科研机构筹资能力、国家财政支持、私人资金投入和银行贷款之间的空白。建立一套完整健全的投资机制,一方面要通过建立多渠道的风险投资融资体系。另一方面要建立风险投资的综合评价体系,完善产、学、研风险投资基金及有效的管理机构和投资操作制度以及优惠政策。

4. 加强产、学、研合作长效机制建设

引导推动创新模式加快由双向对接向多向合作转变,由短期零散式向战略联盟式转变,由企业单一技术研发向产业关键共性技术研发和全球技术标准制定转变,加强产、学、研合作长效机制建设。一是进一步探索产、学、研合作机构或平台的运行和利益分配机制,推动有条件的向实体化运营模式转变,鼓励以项目实体运营、合资建立公共研发平台、引入风险投资等多种形式捆绑利益,真正形成利益共享、风险共担、共同发展、长效合作的新机制。二是完善科技特派员制度创新,保障广大的科技特派员能真正深入企业和行业中开展工作,解决产业发展的实际问题,增强科研针对性和有效性,提高科技投入的效益,促进校企合作形成长效机制。

大力发展知识产权服务业
为加快经济发展方式转变提供支撑*

（2012年3月）

2011年12月12日，国务院办公厅《关于加快发展高技术服务业的指导意见》（国办发［2011］58号）指出，要重点推进包含知识产权服务业等八个领域的高技术服务加快发展，高技术服务业作为现代服务业的重要内容和高端环节，技术含量和附加值高，创新性强，发展潜力大，对于扩大内需、吸纳就业、培育壮大战略性新兴产业、促进产业结构优化升级具有重要意义。

知识产权服务集科技、法律、经济服务于一体，是提供知识产权"获权——用权——维权"相关服务，促进智力成果权利化、商用化、产业化的新兴产业。发展知识产权服务业，有利于提升自主创新的能力与水平，有利于提高经济发展的质量和效益，有利于形成结构优化、附加值高、吸纳就业能力强的现代产业体系，是提升我国产业核心竞争力，促进经济结构调整，加快转变经济发展方式的重要支撑。从知识产权服务业链条来说，知识产权服务业包含产业链前端的信息检索、获权与确权代理、技术合作服务；产业链中端的知识产权认证、许可和交易转让、出资拍卖、价值评估、知识产权抵押和投融资等中介服务以及产业链后端的知识产权咨询与维权保障和知识产权纠纷的法律服务等。

一、国内知识产权服务业发展现状及存在问题

根据国家知识产权局统计显示，截至2008年底，全国知识产权服务业共有法人单位3506家，占全国服务业单位数的0.3%，知识产权服务业年末从业人员总数为34359人，占全国服务业年末从业人员总数的0.1%，知识产权服务业法人单位拥有资产总计为138.9亿元，占全国服务业单位拥有资产总计的0.04%。目前，我国知识产权服务业迎来发展战略机遇期，经过多年的发展，我国的科技

---

* 此文系2012年3月向全国政协十一届五次会议提交的提案。

实力越来越强，科技对经济社会发展的作用越来越显著，越来越多的企业开始重视和利用知识产权，对知识产权人才和服务的需求也逐渐增加。

虽然我国知识产权服务业已经取得很大发展，但从总体上看，我国知识产权服务业发展与社会发展仍然不够协调，与发达国家相比，仍处在初级阶段。主要表现在：服务机构和从业人员数量不足，服务层次及服务质量较低，市场竞争层次低导致服务不规范等。目前，我国知识产权服务业在发展中仍存在以下突出问题，主要表现在：

（一）知识产权服务业前端总体规模小，范围窄

我国已经建立的部分专利信息服务平台，专利信息数据库大多存在数据不够完整和规范、缺乏深度加工、检索技术落后、共享资源与支撑条件差等问题，致使很多省市仍在不断购买国外专利数据库来满足大量创新型企业和公众日益增强的现实需求。

同时，我国现在知识产权服务业单位规模小，效益差，高层次人才匮乏，单位数量、从业人员数量仅占到全国服务业的0.3%及0.1%。行业人均资产与人均利润也仅有服务业总体水平的30.7%及72.8%。（出处：专利统计简报，2010年第22期）由于服务内容单一，竞相采取低价策略，部分导致服务机构降低服务档次，进而形成恶性循环。

（二）知识产权服务业中端尚处于起步阶段，服务能力不足

由于知识产权综合型服务人才能力和数量不足、政府对中介机构扶持政策力度不够等因素限制，大部分知识产权服务企业提供知识产权战略分析及产品市场战略、风险评估和预警等中端信息服务的能力和水平明显不足，有关知识产权认证、出资拍卖、价值评估、知识产权抵押和投融资等专门的中介服务仍处在探索试验阶段，与国外的成熟市场相比，发展严重滞后，难以满足经济社会和企业需求的发展。

（三）知识产权服务业后端仍处于提升阶段，体系不够完善

保护知识产权的有些法律规定比较原则，操作性不强，知识产权保护申诉和诉讼时间长、取证难、赔偿金额低，同时，执法体制不够完善，部门职能分割，监管交叉和真空并存，执法部门普遍面临着经费不足、执法手段落后等问题，导致很多拥有知识产权企业无法得到有效的保护，侵权企业没有得到有效的惩处，使企业对知识产权保护意愿不强，不利于权利人积极维权。

二、对知识产权服务业发展建议

（一）加大政策资金扶持，大力发展知识产权服务业

知识产权服务业作为国家鼓励发展的高技术服务业，一是应加大对知识产权

信息服务平台等基础设施的投入和整合力度,形成国家、省、市(县)知识产权信息公共服务平台体系,促进各级知识产权信息服务平台向大量创新型企业开放;二是应加大对知识产权服务企业发展的扶持力度,享受高技术服务业的相关税收优惠政策;三是加大财政投入,增加更多的知识产权投资融资试点城市,重点培育一批服务规范、诚实守信、专业化程度较高的知识产权服务骨干企业,鼓励知识产权服务行业向专业化和国际化方向发展。

(二)扩大现有知识产权服务业规模和层次

各级知识产权部门要联合科技、发改、经信、质监等部门,共同建立健全知识产权服务业一站式的服务平台,将知识产权服务业产业链上的企业进行整合,以做强、做好知识产权商业化为目标,制定促进知识产权商业化的政策及措施;进一步放宽限制,吸引社会资本有条件进入行业,提供优惠政策,扶持代理机构向规模化、集团化发展,促进现有知识产权服务行业进一步提高服务水平和服务质量,从知识产权服务的较低层次向高层次转化。

(三)加强知识产权服务业人才培养

各级政府设立知识产权服务人才培训专项资金,提升知识产权服务人才的专业素质水平,支持与高等院校建立联合培养人才模式。支持高等学校、服务机构与海外高水平教育、服务机构建立联合培养模式,积极支持知识产权服务业专业人才取得境外资格,积极支持和推荐优秀人才到国际组织任职。推进专业技术人才职业资格国际、地区间互认。

(四)完善知识产权保护体系

建立符合国际规则又切合中国国情的知识产权保护制度,一是针对存在的突出问题,完善相关法律规定,增强可操作性,严格执法,加大处罚力度,简化诉讼程序,降低维权成本,提高权利人维权的积极性;二是引导企业、科研院所、高等院校学习国际规则,完善知识产权管理制度,及时将科研成果、核心技术、商品和服务品牌申请相应的知识产权保护;三是在企业并购、技术交易等经济活动中强化知识产权审查机制;建立企业海外维权援助服务体系和专家库,组织企业应对涉外知识产权纠纷。

(五)建立独立的知识产权服务业统计指标体系

对行业的正确把握是做出正确决策的关键,有必要建立一个完整的行业统计系统,主要内容包括:知识产权信息检索服务业、知识产权代理服务业、知识产权培训服务业、知识产权交易服务业、知识产权运用转化服务业、知识产权维权服务业等相关内容及细化指标,全面掌握知识产权服务业的运行情况。

关于提升国家高新开发区自主创新能力的建议

(2013 年 3 月)

一、目前高新技术开发区发展现状

高新技术开发区已成为我国经济增长重要引擎。至 1991 年，自 26 个国家级高新技术开发区在上世纪 80 年代末、90 年代初经国务院相继批准成立，据 2011 年统计，目前国家高新区已达 88 个，有企业 57033 家，营业总收入 133425.1 亿元，工业增加值 27151.9 亿元，工业总产值 105679.6 亿元，净利润 8484.2 亿元，出口创汇 3180.6 亿美元，平均营业总收入、平均净利润分别同比增长 19.7%、18.3%，经济效益实现大幅提升，已经成为我国最具活力的投资热土，是我国推进科技产业化、高新技术孵化，带动和辐射区域传统产业的升级改造的生力军。

二、当前国家高新技术开发区发展存在问题

我国高新开发区科技创新能力建设虽然取得了较大的成效，但总的看来，仍存在发展水平不均衡、部分高新开发区创新能力薄弱、支撑发展能力有待大幅提高等问题。

1. 高效运行的体制、机制还未形成

目前有的高新技术开发区给予高新区市级经济管理权限和一级财政，仍有不少高新区所在市领导没有兼任高新区党政领导，以及科技部门领导没有兼任高新区领导班子成员，导致这些高新区办事不畅、发展不顺。

2. 创新创业环境滞后

有些高新区地处边远地区，发展基础相对薄弱，加之高新区综合配套不完善，园区企业白领或研发人员的居住和生活要求无法得以满足，有些园区白天集

---

* 此文系 2013 年 3 月向全国政协十二届一次会议提交的提案。

聚了数十万人，晚上就变成"空城"。

投入不足，投融资渠道不畅。政府财力有限，地方性财政支持资金不足，银行贷款难。

3. 土地资源问题突出

高新产业园区建设的土地制约问题明显，由于新增建设用地指标限制，征地难、农民维权意识增强及农民对土地征用的要价大幅提高导致高新区数量扩张受阻，很多优秀企业无法落地。但一些产业园区土地资源浪费惊人；一些引入的企业"圈地"，狮子大开口，就是奔着廉价的土地资源而来。而有些园区引入的企业处于产业链低端、生产方式粗放。

4. 企业聚集呈现出脆弱性

高新区是通过依靠提供土地和优惠政策来吸引企业进区而形成企业的空间聚集的，大多数产业集聚区遵循政府导向的模式，盲目跟风建设，集聚区内缺乏领军式的企业，缺乏特色。

产业聚集和带动能力不强，园区企业间相互支撑、相互依存的专业化分工协作关系没有建立，分工协作的产业网络尚未形成，产业整体竞争优势不强，技术、产品、信息、人才等带动效应也不强。

5. 创新能力有待增强

总体上看，高新区企业研发投入不足，技术创新和新产品开发、引进技术的消化吸收能力仍比较薄弱。部分高新技术企业技术主要是通过技术引进和设备的购买等途径来更新生产技术，属于模仿性的创新，缺乏原创性、独创性的技术。

6. 企业孵化器环境与能力建设不足

目前，我国高新区孵化器投资数量较偏少、投资功能和相应的公共技术服务平台较为薄弱，特色化、专业化不够明显。有些孵化器自身平台建设比较滞后。

三、加快我国高新技术开发区发展的对策建议

1. 完善高新区的管理体制与运行机制

高新区要坚持"科技特区"的办区理念，积极探索，大胆改革，在行政管理体制和服务运行机制上勇于创新，从国情出发，按照"精简、统一、效能"原则，建立了适应社会主义市场经济和高新技术产业发展需要的管理体制和运行机制。

2. 优化高新区产业发展环境

努力从软件、硬件两个方面全面优化高新技术开发区产业发展环境。软件

上，建立以项目推进体系为核心的项目服务体系；硬件上，高新技术开发区基础设施建设向工业园区倾斜，全面配套水、电、路等配套工程，实现项目零等待。

地市级政府要对高新区的认可和重视，在财政资金、税收返还等方面得到政府的倾斜性支持。政府要加大对高新区的科技资金投入。

3. 加速高新区的土地资源整合

不失时机地研究和实施园区整合、区位调整、扩区和升级工作。要通过整合土地资源、环境资源等，提升规划园区的建设水平，形成产业明晰、特色突出、优势互补的高新区发展格局。

4. 促使高新产业集群化发展

要增强园区优势，就必须率先实现高新技术产业高速、优质集聚。（1）要改变产业政策导向，以发展产业集群为目标，逐步调整入园企业的结构，提高园区的产业集中度。（2）建设一批高端中试转化基地、公共技术服务平台、产业企业孵化器和加速器，大力培育带动性强的龙头企业，促使具有全球竞争力的优势产业快速成长，推进产业集聚。

5. 增强产业园区的创新能力

要加强创新型、领军型、复合型创新创业高层次人才和团队引进；抢占高新核心技术研发先机和制高点，激励自主创新，强化集成创新。要鼓励企业创名牌、出精品，实现高新区经济增长向创新驱动模式转变。

6. 提升高新区孵化功能

要积极探索与创新孵化器建设体系，不断加强特色化、专业化、精细化增值服务，要全面提升高新区孵化器发展水平，通过完善孵化器管理运作机制，切实增强孵化器的孵化能力。要不断开拓创新，探索新型孵化培育模式，拓展功能，提升区域创新创业环境，引领带动全省高新区孵化集群快速发展。

关于建立国家知识产权人才评价体系的建议[*]

（2013 年 3 月）

当今世界，知识产权已经成为国家发展的战略性资源和国际竞争力的核心要素。特别是近年来随着全球金融危机、欧债危机等因素的影响，世界各国利益诉求分化明显，在国际贸易、科技创新等方面的竞争更加激烈，知识产权问题更加成为各国关注的焦点。作为一个迅速发展的新兴行业，知识产权人才是事业发展的关键性因素，也是服务经济社会发展和支撑创新型国家建设中不可或缺的重要因素。

自《国家知识产权战略纲要》颁布以来，在社会各界的共同努力下，我国知识产权人才队伍建设取得了长足的发展，特别是在《国家中长期人才发展规划纲要》中，专门将知识产权人才列为战略性急需紧缺人才。但目前，知识产权人才队伍建设仍然存在不少瓶颈性问题，尤为突出的是国家层面至今尚未建立知识产权人才评价体系，其造成的一系列问题亟待引起各方重视并采取措施尽快加以解决，主要表现在：

一是知识产权人才评价体系缺位，与知识产权事业迅速发展的现状极不适应。近些年，随着知识产权事业快速发展，知识产权人才队伍迅速壮大。据保守测算，目前，全国在企事业单位、社会中介服务组织中从事知识产权管理、专利信息服务、专利价值评估等业务的专业人才数量约有几十万人。而这只庞大的专业人才队伍却没有相应的人才评价体系加以管理和激励，直接影响了整个队伍的稳定性，并导致知识产权人才成长慢和流动难等诸多问题。

二是知识产权人才评价体系缺位，不利于人才队伍规范健康发展。由于缺乏国家统一的评价体系，社会公众普遍对知识产权专业技术人员缺少认同，从业人员缺少荣誉感。同时由于没有发展目标，缺少机制激励，知识产权专业人才培养

---

[*] 此文系 2013 年 3 月向全国政协十二届一次会议提交的提案。

和选拔难度较大。而与此同时，社会上的一些不规范的机构和组织，利用市场对知识产权专业人才的旺盛需求，举办所谓的、不规范的"国家统一职业培训"并颁发证书，对用人单位选才用才和人才的自身发展都造成了较大的负面影响。

三是知识产权人才评价体系缺位，严重制约了企事业单位知识产权工作的深入开展，进而直接影响到我国企业、产业和行业核心竞争力的形成和壮大。知识产权是企事业单位的核心竞争力之一。由于缺乏国家评价体系，企事业单位内的高端人才和优秀人才不愿意从事知识产权工作，熟悉知识产权工作的人才因无法得到认可，不愿意留在企事业单位而转入中介服务机构，企事业单位培养了人才，但留不住人才，这对加强企事业单位内部的知识产权管理工作造成了很大的不利影响。

四是知识产权人才评价体系缺位，给人才流动造成了障碍。由于缺乏具有公信力的国家评价体系，公众在选择知识产权服务时没有专业水平参考标准，难以及时找到合适的专业服务人员，有时甚至因此贻误时机造成损失。同时由于评价体系缺乏，企事业单位在选人过程中难以把握标准，造成知识产权专业人才流动困难，用人成本增加。

为了促进知识产权人才队伍的规范健康发展，加快知识产权人才培育和快速成长，不断优化知识产权人才培育的管理机制和环境，落实《国家知识产权战略纲要》中"建立和完善知识产权人才的专业技术评价体系"的要求，为实施创新驱动发展战略提供更加有力的人才支撑，特提出以下建议：

一、在国家专业技术职务任职资格评审中设立知识产权专业人员序列，使知识产权专业成为职称评审中的一个独立领域。将全国从事知识产权业务的专业技术人才纳入专业技术职务评审范围，并针对用人单位不同，将该专业人才序列分为管理系列和服务系列两大类，分别将企事业单位知识产权管理人才和中介机构服务人才纳入其中。自 2006 年以来，上海、河南、江苏、安徽、湖南、江西、深圳、武汉、杭州等省、市先后制订了知识产权专业技术资格评定办法，开展了专业职称制度试点工作，极大地调动了知识产权人才的积极性，为社会培养了一大批高素质的知识产权人才，获得了很好的社会反响，同时也为在国家层面开展此项工作积累了丰富的实践经验。

二、在企事业单位中推行全国统一的知识产权管理工程师职业水平评价制度。在国家层面建立统一的职业资格管理制度并组织开展职业水平资格考试，为企事业单位输送数量充足、结构合理的知识产权专业人才。日本自实施国家知识产权战略之后，面临企业对知识产权人才的需求不断增长的现实需要。这些人才既要熟悉企业内部管理，又要掌握知识产权专业知识，一般的专利代理人和律师都难以胜任。因此，自2008年起，日本正式建立了知识产权管理工程师国家资格制度，对人员进行分级资格评价。至2010年7月，资格考试已举行6次，参加考试的人数近7万人。这一做法得到了日本企业的普遍认可和欢迎，并引起了世界知识产权组织的高度关注。日本的制度实践，已经为我国建立相应职业制度提供了有益的经验，这一做法十分值得我国学习借鉴。

三、进一步加强专业技术人员知识产权普及教育。继续将知识产权知识纳入专业技术人员继续教育课程，规定授课时限和内容，建立课程体系和系列教材，同时将知识产权知识纳入专业技术人员职称晋升考试内容。通过继续教育，有效提升专业技术人员知识产权意识和运用知识产权制度的能力，及时挖掘高水平高质量的技术成果迅速形成自主知识产权，为创新驱动战略的深入实施提供强有力的创新人才队伍支撑。

关于加快建立重大经济活动知识产权审查机制的建议*

(2013年3月)

伴随经济全球化进程的加快，发达国家和跨国集团利用经济优势和技术优势，抢占知识产权的话语权，过度保护和滥用知识产权，构筑知识产权壁垒，对我国实施贸易保护、技术垄断和经济掠夺，导致我国许多企业国际纠纷缠身，一些重大经济活动陷入专利陷阱，损失巨大。国际金融危机后，这种现象呈愈演愈烈之势，直接影响我国经济安全与创新发展。

为规避重大项目投资、重点科技研发、重要涉外并购、核心技术转让等重大经济活动中知识产权冲突和风险，《国家中长期科学和技术发展规划纲要（2006~2020年）》《国家知识产权战略纲要》都提出建立重大经济活动知识产权审查机制的要求，各地也以不同形式开展试点并取得一定成效。

在美、日、欧等国家和地区，在政府及企业决策开展的经济科技活动中，对活动项目进行知识产权分析评估和尽职调查（Due Diligence），已是标准化、常规化、常识化的通行做法，并由此催化了知识产权服务业的繁荣发展。但是，目前我国重大经济活动知识产权审查机制仍未真正建立起来，未能为知识产权潜在风险的预警与规避提供制度保障。在国内的实践中，不少重大项目因知识产权评议制度缺失而出现重复投入、因侵权风险而受挫、国有资产流失等重大损失。

一、存在的主要问题

1. 法律依据不足。无论是《国家中长期科学和技术发展规划纲要》，还是《国家知识产权战略纲要》，都是纲领性、指导性文件，对重大经济活动知识产权审查工作缺乏强制力，各地制定地方性法规、规章没有上位法依据。

2. 管理部门分散。首先是审查的对象、内容、主体、程序、结论及采用、

---

* 此文系2013年3月向全国政协十二届一次会议提交的提案。

责任等，缺乏具体的制度规定，其次是审查主体及其责任不明确，知识产权分别由多个部门管理，执行中不易操作，部门间的协调难度大。

3. 工作流程缺失。审查的技术路径、组织规则，审查的依据、范围、标准，以及对审查机构的职责要求、人员结构、能力要求等，缺乏规范，难以把握，所得结论不易被相关各方认同。

4. 支撑体系不够完善。支撑审查工作的、熟悉国际知识产权法律、具有专业技术背景，能胜任审查工作的复合型人才、中介服务机构严重不足，审查工作难以到达应有的深度和广度。

二、意见和建议

1. 加快立法。尽早出台建立重大经济活动知识产权审查机制的行政法规或规章，将其列为政府项目投资审批的必需前置环节之一，明确审查的功能、对象、内容和责任主体。

2. 确立原则。在重大经济活动知识产权审查制度的设计上，坚持"政府统一领导、部门依法监管、单位组织实施、中介提供服务"的工作格局，明确政府投资项目组织单位、知识产权行政管理部门以及中介组织的职责与分工；坚持"重点审查与备案抽查相结合"的工作机制，通过审查，评估风险，认定经济活动可行性，建立"事前审查与动态跟踪相补充"的工作制度，事前提出有效规避风险措施，事中防范新的风险产生，维护重大经济活动安全。

3. 分类指导。国家相关部门、各省市遵照有关法律法规，结合自身经济活动特点和社会经济发展水平，根据重大经济活动的不同类别，明确各自的职责范围，制定具体的实施办法，逐步建立并完善全国重大经济活动知识产权审查机制。

4. 培育人才。重大经济活动知识产权审查不仅涉及知识产权的法律状态，还涉及知识产权价值、核心技术、攻防策略、技术路线的分析，需要大批高素质的中介服务机构和复合型人才。各省市要在行业（产业）学会、协会、技术委员会的基础上，集聚人才，进行复合培训，规范资格、资质管理，培养高素质的人才和培育高资质的中介服务机构。

大省的光荣·强省的梦想*

（2008年10月）

  《光荣与梦想》是美国威廉·曼彻斯特的一本很出名的著作，这本书在包括中国在内的世界各国都有很大的影响。用这个改造后的书名来命名广东知识产权界纪念改革开放30周年的画册，很贴切，因为我们同样拥有光荣与梦想。

  我们拥有光荣，是因为知识产权事业取得了实实在在的进展，知识产权大省的地位已经奠定：知识产权法制建设趋于完善；工作体系逐步健全；自主知识产权的数量正在快速增长，质量不断提升；知识产权运用能力和保护水平普遍提高；知识产权人才队伍不断扩大，工作水平正在提高；知识产权工作正从政府主导逐步向全社会共同推进转变……

  我们更拥有梦想，那就是要尽快实现知识产权大省向知识产权强省的跨越，这不仅是省委、省政府的英明决策，也是建设创新型广东的客观需要，是新时代对知识产权工作提出的新要求。

  重任在肩，时不我待。让我们以新一轮的思想大解放，促进知识产权工作新一轮的大发展，深入推动国家和我省知识产权战略的贯彻落实，让光荣延续，使梦想实现！

---

* 此文系作者2008年10月为《大省的光荣·强省的梦想——广东知识产权巡礼》画册所作的题词。

全面实施知识产权战略
努力建设知识产权强省[*]

(2008年12月23日)

去年11月6日,广东省人民政府颁布实施了《广东省知识产权战略纲要(2007~2020年)》,这是我省知识产权事业发展史上的一个重要的里程碑。今年6月5日,在改革开放30周年之际,《国家知识产权战略纲要》又由国务院颁布实施,这是关系国家前途和民族未来的一件大事。它标志着知识产权战略与科教兴国战略、人才强国战略和可持续发展战略一道,共同构成国家的重要发展战略,形成了"四轮驱动"的格局,具有重大的历史意义和战略意义。《纲要》为知识产权事业的进一步发展提供了前所未有的重大机遇,使知识产权工作得以高举旗帜,在更广阔的舞台上大展身手。

广东作为我国的经济大省,多年来在知识产权事业发展方面取得了令人瞩目的成绩:知识产权法制建设趋于完善;工作体系逐步健全;自主知识产权的数量正在快速增长,质量不断提升;知识产权运用能力和保护水平普遍提高;知识产权人才队伍不断扩大,工作水平正在提高;知识产权工作正从政府主导逐步向全社会共同推进转变……目前,我省专利申请量和授权量已连续13年位居全国第一。截至今年10月,全省累计专利申请量和授权量分别突破60万件和36万件,同期我省注册商标等其他各类知识产权总量也多年位居全国前列,有力地支撑了经济发展,奠定了广东在全国的知识产权大省地位。但与此同时,一些制约我省知识产权事业发展的重大问题也不容忽视:一是知识产权管理体制和运行机制亟待创新。二是知识产权人才队伍的数量以及结构与经济社会发展的要求相差甚远。三是知识产权信息资源不完整,信息运用能力不强,服务政府决策、产业发展和企业市场竞争的功能作用远未发挥。四是促进知识产权实施与产业化的措施有待进一步加强。五是统筹协调、涉外应对及对外宣传交流仍应持续改进。六是

---

[*] 本文刊载于《南方日报》2008年12月23日A10版。

全社会的知识产权意识还有待加强。这些问题已成为制约我省知识产权发展的瓶颈。特别是与我省经济社会发展的要求和国内外竞争的形势需要还有较大的差距。

我省与国家知识产权战略纲要的先后颁布，为我省知识产权事业发展提供了前所未有的机遇。今年6月，省委、省政府颁布《关于争当实践科学发展观排头兵的决定》，明确要求"实施知识产权战略，加强知识产权创造、运用、保护和管理，实现从知识产权大省向知识产权强省跨越"。这是省委、省政府在新的历史背景下，作出的英明决策，也是赋予给全省知识产权管理部门光荣而艰巨的任务。7月，省政府专门召开全省知识产权工作会议，省委副书记、省长黄华华要求全省各级党委、政府及各部门要从推动我省经济社会又好又快发展的战略高度，以全球视野深刻认识做好知识产权工作的极端重要性，要周密部署，扎实做好知识产权战略纲要的组织实施工作。目前，知识产权战略纲要已开始在全省全面贯彻实施。

深入贯彻实施知识产权战略，是破解我省知识产权工作发展难题、实现向知识产权强省跨越的根本途径。我们建设知识产权强省，实质就是要顺应知识经济与全球化时代发展要求，提高对知识产权的拥有和运用能力，对智力资源和智慧成果的培育、配置、调控能力，转变经济发展方式，促进现代产业体系建设，本质上是为了构建创新型广东，建设经济强省。

我省实施国家和省知识产权战略，要从三个层面、六个方面贯彻落实。

一是宏观层面，包括制度建设和专项措施两个方面。主要内容包括以提高发展质量、增强运用能力、优化区域布局、完善体系建设为战略重点，建立健全符合经济社会发展需要的自主知识产权创造体系、多层次全方位的知识产权保护体系、科学高效的知识产权管理体系、较为完备的知识产权法规政策体系和功能齐全的知识产权服务体系。同时，采取专项措施，加强知识产权基础设施建设，提高公共服务能力；强化行政执法保护与司法保护的协调运作机制，加强知识产权预警应急机制建设；加强外贸领域和海关知识产权工作，开展海外维权工作；加强知识产权价值评估、交易和转化网络平台建设，加强服务社会和专业部门的知识产权信息库和网络系统等基础设施建设；加强基层知识产权管理机构建设和布局合理的知识产权专业人才队伍建设。

二是中观层面，包括区域和行业两个方面。主要包括推动不同区域结合自身实际情况和发展需求，制定和实施适合区域特点的知识产权战略或实施方案，提升区域知识产权综合能力。充分发挥政府各行业主管部门和行业协会的作用，制定实施适应不同行业发展需要的知识产权战略，提升各行业创造、运用、保护和管理知识产权的综合能力，促进行业内部知识产权自律，联合应对国外竞争，合理构建知识产权联盟。

三是微观层面，包括企事业单位和社会公众两个方面，主要包括推动企事业单位结合自身特点，制定和实施企事业单位知识产权战略。建立健全企事业单位内部知识产权管理体制和机制；推动企事业单位按照知识产权导向要求，积极有效开展自主创新，合理有效引进外部知识产权资源，提升市场竞争能力。广泛开展知识产权宣传普及，针对不同群体和需求，开展多种多样的知识产权基础知识教育，大力提高全社会的知识产权意识，培育"尊重知识，崇尚创新、诚信守法"的知识产权文化，积极开展群众性发明创造和创作活动，促进知识产权运用。

广东要贯彻实施的国家与我省知识产权战略，是涵盖专利、商标、版权、集成电路布图设计等知识产权全领域的战略，是包含知识产权的创造、运用、保护和管理全过程的战略，是涉及经济、贸易、科技、文化和社会等全方位的战略。实施知识产权战略，实现我省向知识产权强省的跨越，任重而道远，仅靠知识产权职能部门的力量是远远不够的，需要各部门和全社会的共同努力。展望未来，随着周密的组织部署和各项政策措施的落实，我省知识产权战略实施将不断推进，广东将会延续知识产权大省的光荣，最终实现知识产权强省的梦想。

以优质高效的服务为知识产权的创造和运用提供有力支撑

（2009年4月10日）

2008年至2009年初，在金融寒流肆虐，实体经济趋于低迷的形势下，广东一批拥有自主知识产权的企业却表现不俗，这些企业宛如早春怒放的红棉，带来了信心与希望，充分显示了自主知识产权的力量。实践表明，积极发展自主知识产权，不仅是当前提振经济，应对困局的有效手段，也是进一步优化产业结构，推动广东经济可持续发展的重要措施，具有十分重要的意义。

经过20多年的发展，广东在知识产权的创造和运用方面已经奠定了较为坚实的基础：全省专利申请量和授权量、注册商标申请量和拥有量连续多年位居全国前列，PCT国际专利申请量连续7年领先全国；截至2008年底，全省累计专利申请量和授权量分别突破63万件和37万件，累计商标注册量超过47万件，均居全国第一位。与此同时，广东还建立了较为完善的知识产权激励机制和管理、保护体系，企业真正成为知识产权创造和运用的主力军。2008年，全省知识产权事业的发展又开启了新的起点、达到了新的高峰：这一年，《国家知识产权战略纲要》和《广东省知识产权战略纲要（2007～2020年）》在全省得以广泛宣传和深入贯彻；省委省政府提出了实现从知识产权大省向知识产权强省跨越的新目标；国家知识产权局与广东省政府建立了知识产权高层次战略合作关系；知识产权服务与支撑体系得以完善；对外交流与合作进一步拓展和深化……

建设知识产权强省，促进知识产权的创造和运用是目的，而对知识产权进行依法保护和科学管理则是手段。不激励知识产权的创造，知识产权的其他环节就成了无源之水、无本之木，而没有知识产权的有效运用，就体现不了知识产权的力量，就不能在市场经济这个"没有硝烟的战场"上所向披靡，就会变成"花

---

* 本文刊载于《中国知识产权报》2009年4月10日第10版。

拳绣腿"。作为政府的知识产权职能部门，应该充分运用知识产权的管理、保护等手段，以优质高效的服务为知识产权的创造和运用提供有力支撑。

2009年广东的知识产权工作，要以建设知识产权强省为目标，将贯彻国家和我省的知识产权战略纲要与珠三角改革发展规划纲要相结合，紧紧围绕全省经济社会发展大局和省委、省政府的中心工作，重点做好以下几方面的工作：

第一，进一步优化政策环境，强化政策的服务和引导作用。近年来，广东出台了一系列激励知识产权创造和运用的政策措施，如发明专利资助、国际专利申请资助、专利重奖制度、专利实施计划等等，这些政策有效地促进了知识产权的创造和运用。今后我们要对这些政策进行梳理和调整，并根据形势的发展变化，出台新的政策措施，使政策更加科学、全面和深入，将激励政策贯穿知识产权创造、运用、保护和管理的各个环节。

第二，进一步加强知识产权保护，以保护服务知识产权的创造和运用，使权利人敢于维权，善于维权，便于维权。要完善知识产权保护机制，营造良好的知识产权保护环境。今年的重点工作是推动《广东省专利条例》的制定，设立和建设"广东省知识产权维权援助中心"、"中国（广东）知识产权维权援助中心"、"国家专利局复审委第一巡回审理庭"等机构，以方便当事人，降低维权成本。此外，还要探索建立知识产权预警机制，协助企业应对涉外知识产权诉讼，以增强企业参与国际市场竞争的能力。

第三，进一步完善知识产权服务体系，为知识产权的创造和运用提供支撑。2009年的重点工作是，按照省部知识产权高层次战略合作2009年度工作安排，抓紧建设"广东知识产权服务中心"，落实省部知识产权高层次战略合作项目。通过"广东知识产权服务中心"的建成和运作，壮大服务机构，聚集服务功能，形成服务合力，提升知识产权服务质量和水平。

第四，进一步加强工作指导，整合知识产权资源，形成知识产权服务合力。要鼓励有条件的地区先行先试，因地制宜地出台有关政策。2009年的重点工作包括支持顺德承办中国国际工业设计创意博览会和建设工业设计与创意产业园，支持南海开展知识产权质押融资试点工作，支持国家在我省设立的四个专利技术展示交易平台的建设等等。

第五，进一步加大知识产权人才培养和引进，并为知识产权人才队伍的稳定和成长提供力所能及的服务。2009年要继续大力推进"百千万知识产权人才培育工程"，深入开展知识产权公共教育等。

"工欲善其事，必先利其器"。在经济全球化和知识经济不断深化的今天，企业要培育核心竞争力，就要全力打造知识产权这一"利器"。而作为政府的知识产权职能部门，为社会、为企业、为专利权人提供优质高效的服务，我们责无旁贷，我们定将全力以赴。

自主知识产权：应对金融危机的强大利器[*]

（2009年5月3日）

去年以来，国际金融危机在全球范围内大规模爆发和蔓延，广东经济由于国际化程度高，对外贸易依存度大，受到的冲击尤为严重。但就在金融危机爆发和蔓延并严重影响实体经济发展期间，广东一大批高新技术企业依靠自主创新和知识产权，有效地应对了危机，实现了逆势发展，显示了自主知识产权的强大力量。

2009年2月至3月，广东省知识产权局组织对全省172家知识产权优势企业进行了调研。调研发现，这些企业大多在金融危机中展现出较强的抗风险能力：华为技术有限公司2008年合同销售金额达233亿美元，同比增长46%，其中75%来自海外，在金融危机的重灾区——欧洲和北美市场，增长分别达到42%和58%；奥飞动漫公司以知识产权为核心进军动漫产业，创造性地开辟了全新产业模式，成功实现了产品升级和转型；朗科公司2008年开创了我国企业向美国企业和跨国公司收取专利费之先河，5年内可收取的专利费达几千万美元……

这些企业能够实现逆势发展壮大，依靠的不是运气，而是强大的自主知识产权：华为公司累计申请国内外专利达35000件，2008年PCT国际专利申请达1737项，首次位列全球企业排名第一；奥飞动漫公司是国内知识产权拥有量第一的玩具企业；朗科公司则是全球闪存盘技术的发明者和行业的开创者。

作为我国经济和外贸第一大省，广东省委、省政府历来重视知识产权工作。2007年11月6日，省政府颁布实施《广东省知识产权战略纲要（2007～2020年）》。2008年6月19日，省委、省政府在《关于争当实践科学发展观排头兵的决定》中明确提出"实现从知识产权大省向知识产权强省跨越"的发展目标。2008年11月17日，省政府办公厅印发《广东省知识产权战略纲要（2008～

---

[*] 本文刊载于《羊城晚报》2009年5月3日A8版。

2009年）实施方案》，确定 50 项年度具体工作任务及措施。2008 年 12 月 29 日，省政府和国家知识产权局签署《关于建立知识产权高层次战略合作关系的协定书》，省部联动，共同深入推进知识产权战略实施和知识产权强省建设。

近年来，广东省在发展自主知识产权方面成效显著，已成为我国的知识产权大省。主要表现在：全省专利申请量和授权量、有效专利拥有量及 PCT 国际专利申请量等多项指标多年位居全国第一位，注册商标拥有量、中国驰名商标拥有量、中国名牌产品拥有量等也一直位居全国第一。但是，总体看来，广东自主知识产权的数量和质量还有待于进一步提高，特别是拥有自主知识产权的企业数量还太少，全省九大支柱产业中拥有的基础专利和核心专利还很少，凭借自主品牌出口的企业也不多，产业总体上缺乏知识产权优势，亟待转型升级。

今年 4 月 10 日，省委、省政府颁布《关于贯彻实施〈珠江三角洲地区改革发展规划纲要（2008～2020 年）〉的决定》，提出珠三角地区今年要率先克服国际金融危机影响，"加快从参与国际低端竞争向参与国际高端竞争转变，提升在全球价值链中的地位"，这其中更离不开自主知识产权的保障和支撑。

企业是市场经济的主体，也是知识产权创造、运用、保护和管理的主体，是转变经济发展方式、增强经济核心竞争力的主要力量。实施知识产权战略，建设知识产权强省，必然要求广大企业的自主知识产权水平和拥有量能够有效支撑创新型广东的建设。在应对金融危机的背景下，广大企业尤其是高新技术企业应迅速提高知识产权创造、运用、保护和管理水平，逐步将知识产权优势转化为产品优势、企业优势、产业优势和区域发展优势，在经济低迷中把握新一轮机遇、谋划新一轮发展，在激烈的竞争中掌握发展的主动权。

自主知识产权：经济社会发展的稳定器和助力器[*]

（2009 年 9 月 29 日）

省委十届五次全会指出，要进一步把握和处理好五个重大关系。知识产权工作在其中应该担当重任，为构建现代产业体系，建设创新型广东发挥积极主动的作用。

应对全球金融危机，大部分知识产权优势企业实现逆势而上

我省是知识产权大省，截至 2008 年底，全省累计专利申请量突破 60 万件，专利授权量超过 35 万件，有效专利达 17 万余件，均位居全国首位。在国际金融危机爆发和蔓延之后，省知识产权局于今年 2～3 月对全省 253 家省级知识产权优势企业中的 169 家企业开展了"企业运用知识产权应对全球金融危机专项调研"，结果表明，我省的知识产权优势企业经受住了严峻考验，绝大部分企业实现了逆势而上，成为我省经济发展中的亮点，成为经济社会发展的稳定器和助力器。这些企业既包括华为、腾讯等立足于通信、IT 等高新技术产业的企业，也包括格力、万和等立足于传统制造业的高新技术企业，还包括奥飞动漫、志成冠军等从传统产业向现代产业转型的企业。

自主知识产权是进入国际市场和国内市场必不可少的通行证

第一，知识产权制度作为经济全球化和知识经济时代的国际通行规则，不但被国际广泛认可，也被我国政府所承诺和遵守。因此，自主知识产权是进入国际市场和国内市场必不可少的通行证。近年来，我省许多企业遭遇美国"337"知识产权调查，有的企业胜诉了，产品从此在国际市场畅通无阻，有的则惨遭"滑铁卢"，从此在市场中销声匿迹。

---

[*] 本文刊载于《南方日报》2009 年 9 月 29 日 A14 版。

第二，传统产业迈向现代产业的过程中，必须以拥有自主知识产权作为基础，否则就不可能摆脱"国际打工仔"的命运，始终在"微笑曲线"的底部挣扎。

第三，无论是就地转型还是异地转移，都要逐步实现自有技术和自有品牌，没有自主知识产权作为支撑，实现不了长足的发展。

第四，真正的先进技术是买不到的，也是引进不来的，没有自主创新，"拿来"的不能使其升级换代，永远需要去"拿"，就始终受制于人。

第五，扩大投资需要创造良好的创业和投资环境，需要强有力的知识产权保护，这已经成为国际共识。只有做好知识产权保护，才能使国际巨头的资金、技术真正进得来、留得住。

推进知识产权强省建设

现阶段和今后一段时间，我省知识产权工作的重点在于：

一是充分运用省政府和国家知识产权局建立的高层次战略合作关系这一平台，继续深入贯彻国家和省的知识产权战略纲要，并将战略实施和落实《珠江三角洲地区改革发展规划纲要（2008～2020年）》结合起来，力争将珠江三角洲地区打造成为全国知识产权创造的核心区、知识产权运用的密集区、知识产权保护的示范区和知识产权管理体系机制的创新区，将全省建设成知识产权强省。

二是进一步优化知识产权政策体系，运用资助高质量发明专利申请、实现自主创新和自主知识产权产品政府采购等政策杠杆，鼓励在自主创新过程中形成更多更好的自主知识产权。

三是继续推进企业知识产权战略工程和知识产权区域、企业试点示范工作，促使更多的知识产权产业集群和知识产权优势企业的形成。

四是加强知识产权保护，加快《广东省专利条例》等法规立法进程，做好知识产权法律法规宣传，开展知识产权维权援助，营造良好的知识产权保护环境。

五是加大知识产权中介体系建设，加大知识产权信息平台建设，探索知识产权融资质押，实施知识产权人才培育工程，为企事业单位知识产权的创造、运用和管理提供有力保障。

站在新的起点上[*]

——写在广东省知识产权局成立十周年之际

(2010 年 4 月 10 日)

弹指一挥间。2000 年 3 月，广东省知识产权局正式挂牌，至今，已走过了整整十年的历程。

十年来，广东知识产权事业发生了翻天覆地的变化，取得了有目共睹的成就。

十年间，全省自主知识产权的数量迅速增长，质量大幅提升：截至 1999 年底，全省累计专利申请总量和授权总量不过 8.5 万件和 5.5 万件，而截至 2009 年底，全省累计专利申请总量和授权总量已经增长到 75.8 万件和 45.5 万件，并均位列全国第一；1985～1999 年的 15 年间，全省发明专利申请总量和授权总量仅有 6400 多件和 689 件，而仅 2009 年一年，全省发明专利申请量和授权量已分别达到 3.2 万件和 1.1 万多件，且双双位居全国第一；2002～2009 年，广东省 PCT 国际专利申请量连续 8 年位居全国第一；2000～2009 年间，广东省还获得了 12 项中国专利金奖和数十项优秀奖，金奖数、优秀奖数和获奖总数均量位居全国第一。

十年间，全省知识产权创造、运用、保护和管理服务体系不断健全：知识产权优势企业茁壮成长，群体迅速扩大，水平不断提高，知识产权试点区域和优势产业正在凸现和成长；知识产权管理机构不断强化，激励政策体系进一步优化；知识产权保护深入开展，专利行政执法重心下移，会展和行业知识产权保护卓有成效；专利信息服务水平不断提高，知识产权人才培育力度加大，专利代理行业健康发展，专利代办业务求真务实，知识产权服务能力建设不断完善；通过广泛有效的宣传，社会各界对知识产权的认同和关注不断扩大，社会氛围朝着良性的方向深入发展；知识产权对外合作交流深入推进，与国内外知识产权界增进了了

---

[*] 本文刊载于《中国知识产权报》2010 年 4 月 16 日第 16 版。

解，扩大了共识，树立了良好形象。

在十年悠长而艰辛的岁月里，广东省知识产权局作为全省主管专利和协调知识产权事务的政府职能部门，在历任局领导班子的带领下，始终忠于职守，不负使命，有力促进了全省知识产权事业的深入发展，继续保持了广东作为全国知识产权事业发展排头兵的地位，为广东经济社会的发展作出了应有的贡献。

在盘点十年收获的同时，难忘历届省委、省政府的英明决策和正确领导，难忘国家知识产权局的精心指导和大力支持，难忘广大企事业单位和知识产权权利人的辛勤耕耘和勇于探索，难忘社会各界的热情关注和积极参与。这些来自四方八面的力量，最终汇聚成一股巨大的推动力，推动着广东知识产权事业的快速和健康发展。知识产权战略已经发展成为全省经济社会发展的重要战略，知识产权工作已经肩负起为创新型广东建设保驾护航的历史重任。

2008年以来，世界金融危机的蔓延，在严重影响广东外向型经济发展的同时，也给了自主知识产权展现力量的机会。我们欣喜地看到，一大批具备自主知识产权的企业，经受了严峻的考验，实现了逆势而上，成为了我省经济建设中的亮点。知识产权作为经济社会发展的稳定器和助力器的作用正在凸显，这大大鼓舞了我们大力发展自主知识产权的信心和决心。

十年过去了，我们又站在新的起点上。在新的起点上，我们有了更高的奋斗目标，那就是2008年6月，省委、省政府提出的实现由知识产权大省向知识产权强省的跨越。在新的起点上，我们有了实现新目标的纲领和路线，那就是2007年11月省政府颁布实施的《广东省知识产权战略纲要（2007～2020）》和2008年6月国务院颁布实施的《国家知识产权战略纲要》。深入贯彻国家和我省的知识产权战略纲要，加快知识产权强省建设，这是今后十年我们的光荣使命和神圣职责。

新的使命在召唤，我们义不容辞，我们责无旁贷。

让我们坚定信念，奋发前行。

加快转变经济发展方式
知识产权：转方式的创新引擎*

（2010年6月27日）

"专利制度给天才之火添加利益之油"。有针对性地开展专利态势分析和产业技术预警，可增强自主创新、产业升级甚至招商引资活动的科学性，减少转变经济发展方式的盲目性。

汪洋书记在省委十届六次全会上强调"自主创新是加快经济发展方式转变的核心推动力"，并引用美国前总统林肯"专利制度给天才之火添加利益之油"的名言，透彻阐明知识产权制度对于促进自主创新和加快经济发展方式转变的重要作用，体现了省委对知识产权在我省转变经济发展方式上发挥作用寄予厚望，也是我省知识产权工作今后一段时期的中心任务。

知识产权为转方式提供创新动力

深度挖掘专利信息资源，加速全球创新要素向广东聚集，弥补我省创新能力的不足。目前全球授权专利总量有5000多万件，在我国有效的仅70万件，其余的或因未在我国申请，或因已过有效期，不受我国法律保护，法律状态上已属于"公知"并可"公用"的技术，其中不少仍具有较高的科技含量和国内市场价值，像一座待开发的"金矿"。其深度挖掘和合理利用，可大大加速创新资源向广东聚集，并可帮助企业提高研发起点，减少研发经费，节省研发时间，弥补创新能力不足。

系统开展专利态势分析，提高对产业发展趋势把握能力，减少转方式的盲目性。知识产权是创新活动的结果，反映了现代科技最新水平。分析某技术领域专利情况，可明确技术发展历史、现状、重点或空白点，反映技术兴衰，预测发展趋势；可帮助企业了解他人专利要求，追踪竞争对手研发、市场动向，确定货物

---

* 本文刊载于《南方日报》2010年6月27日07版，作者：陶凯元、马宪民。

出口目标地。发达国家的企业十分善于利用专利信息制定其研发、竞争策略，获取竞争优势。有针对性地开展专利态势分析和产业技术预警，可增强自主创新、产业升级甚至招商引资活动的科学性，减少转变经济发展方式的盲目性。

加快专利技术的产业化，促进我省重点产品换代升级，引导产业链向高附加值延伸。目前，我国知识产权拥有量已位居世界前列，广东累积专利授权总量和有效专利量分别达到45万件和22万件，均居全国第一。加速专利技术产业化，把专利技术转化为现实生产力，一可推进我省高新技术产业的发展，形成新的经济增长点；二可提高传统优势产业和产品的技术含量，促进传统产业升级改造；三可促进产业由低技术含量向高技术含量、由低附加值向高附加值方向演进。

建立产业知识产权战略联盟，深化产、学、研合作机制，提升战略性新兴产业的核心竞争力。建立知识产权联盟，既可降低联盟各方获取知识产权的成本，也可增加获得知识产权的可能，使参加联盟的企业获得竞争上的优势地位。广东产业具有集群发展特征，建立联盟既有先天的聚集优势，又有来自市场竞争的后天需求。省部、省院产学研合作是广东转变经济发展方式的重要技术支撑，建立知识产权联盟，可促进各方长期合作，提升我省新兴战略性产业核心竞争力。

全面加强知识产权保护，优化激励创新的制度环境，推动我省招商引资、招才引智和外贸进出口。保护知识产权是激励创新的根本途径，是对外开放和知识资源引进的制度保障。广东必须改变过去比较熟悉的招商引资模式，通过优化保护知识产权的环境，提高招商引资质量，重视引进人才和智力成果。

我省大部分专利信息资源仍待字"库"中

一是利用知识产权制度推动经济发展方式转变的政策导向不明确。我国知识产权制度建立较晚，其经济功能往往被忽视，缺乏系统而强有力的政策支持。全社会的知识产权意识依然淡薄。知识产权资源投入不足，各项措施对全社会的引导和带动力较弱。二是开发专利信息资源促进全球创新要素聚集的推进力度不够大。我省虽已建立了包括美、日、欧大多数发达国家和重要知识产权组织的专利数据库，拥有专利信息3600万条，但由于专利信息开发力量不足，大部分资源仍待字"库"中，有待深度开发利用。另外，大部分企业没有专利信息开发能力，亟待建立公共专利信息开发服务平台。三是知识产权在重大经济和创新活动中的激励和约束机制有待完善。

激发创新热情,支持企业抢占竞争制高点

加速全球知识产权资源聚集,大力挖掘、开发和合理利用。紧紧围绕广东支柱产业、战略性新兴产业和关键领域,建立包含全球专利技术信息的"重大产业专利信息数据库",引导创新要素和知识产权资源向企业聚集。建立"特色产业专利信息发布系统",及时向中小企业发布全球专利技术信息。密切跟踪世界知识产权态势,深刻把握重点产业发展方向。建立健全重大经济活动知识产权评估制度,为自主创新提供体制机制保障。加快知识产权转化,推进专利技术运用和产业化。深入推进"专利技术实施计划",培育一批专利技术实施企业和专利产品,并逐步形成规模。构建知识产权交易展示平台和机制,积极探索知识产权质押融资机制。强化创新成果知识产权化能力,提高知识产权质量和效益。实施"百所千企知识产权对接工程",组织专利代理机构与创新型中小企业开展知识产权对口合作,提升企业运用知识产权制度的水平。实施"战略性新兴产业知识产权战略",全力支持广东企业抢占竞争制高点。建立知识产权维权援助和涉外应对机制,促进外经贸稳定发展。加强专利行政执法体制机制建设,加大执法力度,积极开展联合执法和执法协作。建设知识产权服务平台,着力发展知识产权服务业,发挥其对建设现代产业体系的战略支撑作用。以专利奖励激发企业、科研机构和高等院校创新热情。培育和引进各类知识产权人才,持续开展广泛的知识产权宣传培训,形成"崇尚创新精神,尊重知识产权"的文化氛围。

知识产权为加快实现经济发展方式转变提供创新动力、制度保障和文化支撑[*]

（2010年7月30日）

广东省委书记汪洋在广东省委十届六次全会上强调"自主创新是加快经济发展方式转变的核心推动力"，并引用美国前总统林肯"专利制度给天才之火添加利益之油"的名言透彻阐明知识产权制度对于促进自主创新和加快经济发展方式转变的重要作用，体现了广东省委、省政府对知识产权在加快广东省经济发展方式转变上发挥作用寄予的厚望，也是广东省知识产权工作今后一段时期的中心任务。

一、加快经济发展方式转变对广东省知识产权工作提出了日益强烈的内在需求

（一）促进广东省产业结构调整需要更广泛地利用全球知识资源和创新资源。当前，广东的经济、科技和对外贸易已经发展到广泛参与国际竞争的阶段，要实现经济发展方式从要素驱动向创新驱动转变，必然要求充分运用好开发和利用知识资源的知识产权这一基本制度。首先，广东省战略性新兴产业的选择和发展要求我们必须更加关注全球的产业动态，而知识产权资源的发展趋势在很大程度上能够客观反映这一动态。其次，在先进制造业和现代服务业的发展过程中，知识产权制度使我们在全球范围内比较便捷地吸收创新要素成为可能。第三，为推进产业结构调整实施的重大经济活动和重大项目投资，甚至引进科研团队，也需要知识产权方面的审查和把关。

---

[*] 本文刊载于《中国知识产权报》2010年7月30日第8版，作者：陶凯元、马宪民。

（二）提高广东省自主创新能力需要更有效的知识产权制度激励和保护创新。首先，知识产权是创新产品进入市场的通行证。在目前广东省以前所未有的投入强度大力推进自主创新的时刻，必须把研究开发取得的创新成果及时实现知识产权化，尤其在核心技术上形成自主知识产权，才能真正成为提升广东省产业国际竞争力的有力武器。其次，知识产权是企业参与国际竞争的生命线。要促进企业成为技术创新的主体，并参与国际竞争，就必须支持和引导企业实施知识产权战略，激励企业提高技术创新的投资。再次，知识产权是自主创新的制度保障。在广东省扎实推进省部、省院合作等产学研结合的工作中，知识产权将是保障各方紧密、持续、有效合作的利益纽带。

（三）继续保持广东省外需优势需要更加积极应对外贸中的知识产权纠纷。在国际金融危机的冲击和影响下，知识产权再次成为美欧贸易保护主义的重要手段，广东省的外贸出口企业受到较大影响。为保持广东省外贸出口的优势和促进外需的增长，必然要求我们更加积极地应对和处理对外贸易中面临的知识产权纠纷、摩擦。同时，积极开展知识产权预警，把握出口产品目的国的知识产权法律状态，成为支持外贸出口企业"走出去"的新课题。

二、知识产权制度在广东省加快经济发展方式转变中有着不可或缺的重要作用

（一）深度挖掘专利信息资源，可加速全球创新要素向广东聚集，弥补广东省创新能力的不足。作为重要的知识资源，目前全球授权专利总量有5000多万件，其中在我国有效的只有70多万件，其余的或因未在我国申请，或因已过有效期，不受我国法律保护，在法律状态上是已经"公知"并可"公用"的技术，可供我国企业和个人免费使用。这些可供免费使用的技术信息资源，相当一部分具有很高的科技含量和良好的国内市场前景，像一座待开发的"金矿"。当前，一些跨国集团在美国和中国专利申请量之比为：英特尔10∶1，NEC6∶1，惠普10∶1，IBM30∶1，东芝4∶1，三星和索尼为2∶1。中国企业免费享用跨国集团最新专利的空间也不小。深度挖掘这座"金矿"，并合理利用"公知公用"技术，可以大大加速这些创新资源在广东的聚集，对于创新能力仍比较薄弱的广东企业特别是中小企业来讲，不仅可以提高企业研究开发的起点和能力，而且可帮企业大大减少研究经费，节省研发时间，弥补广东省创新能力的不足，是一条加速提升广东省自主创新能力的"捷径"。同时，这些资源还是培育我国创新型中小企业的肥沃养料。

（二）系统开展专利态势分析，可提高对产业发展趋势把握能力，减少转变经济发展方式的盲目性。知识产权是技术开发活动的结果，专利文献记载着发明创造的丰富信息，反映了现代科技的最新水平。分析专利文献中某技术领域专利申请的变化情况，可明确该技术领域的发展历史、技术现状、研究重点或空白点，反映技术兴衰，预测发展趋势。分析专利文献，可以了解他人的技术专利，避免侵犯他人的知识产权；可以帮助企业追踪竞争对手或者合作伙伴的研发成果，分析、监视竞争对手的市场动向；可以帮助企业确定货物出口和技术贸易的目标地，指导进出口贸易。西方发达国家的企业十分善于利用专利信息制定其研发、竞争策略，获取竞争优势。就科技相对后发的广东而言，我们的自主创新活动，无论是原始创新，还是集成创新或消化吸收再创新，都要充分利用全球发明创造成果，这就不可避免会碰到发达国家的技术封锁、专利保护，稍有不慎，还可能落入他人的"专利陷阱"，造成投资的失误或失败，巨大的研发和产业投资也可能付诸东流。做好相关的研究跟踪，有针对性地开展专利态势分析和产业技术预警，可以有效增强自主创新、产业升级甚至招商引资活动的科学性，减少转变经济发展方式的盲目性。

（三）加快专利技术的产业化，可促进广东省重点产品换代升级，引导产业链向高附加值延伸。目前，我国知识产权拥有量已位居世界前列，现实的或潜在的知识资源相当丰富。截至2009年底，广东累积专利授权总量和有效专利量分别达到45万件和22万件，均居全国第一。加速专利技术产业化，提高专利实施率，把这些专利技术转化为现实生产力，形成自主知识产权产品、产业，一方面可以形成新的经济增长点，推进广东省高新技术产业的发展；另一方面可以提高广东省传统优势产业和产品的技术含量，促进传统产业升级改造；同时还可以促进产业由低技术含量向高技术含量、由低附加值向高附加值方向演进。

（四）建立产业知识产权战略联盟，可深化产学研合作机制，提升战略性新兴产业的核心竞争力。知识产权联盟是指组成联盟的各成员为了合作许可而将各自的知识产权转移到一个共同组成的联盟实体，它可以降低联盟各方获取知识产权的成本，也可以增加获得新的知识产权的可能性，进而使参加联盟的企业都获得竞争上的优势地位。一方面，广东省的产业（无论是传统产业还是高新技术产业、战略性新兴产业）具有集群发展的特征，建立产业知识产权联盟既有先天的聚集优势，又有来自市场竞争的后天需求；另一方面，省部、省院产学研合作是广东省聚集和利用全国创新资源的重要渠道，也是广东转变经济发展方式的重要技术支撑，建立产学研知识产权联盟，不仅能加速全国创新资源向广东的聚集，也能利用知识产权这一利益纽带促进各方长期合作，还可以提升广东省新兴战略性产业核心竞争力。

（五）**全面加强知识产权保护，可优化激励创新的制度环境，推动广东省招商引资、招才引智和外贸进出口**。保护知识产权是激励创新的根本途径，是知识经济时代保障公平竞争、维护市场秩序的重要手段，是对外开放和知识资源引进的制度保障。广东必须改变过去比较熟悉的招商引资模式，通过优化保护知识产权的环境，提高招商引资质量，重视引进人才和智力成果。广交会保护知识产权的实践还表明，知识产权保护可以擦亮广交会的金字招牌，提高广交会的品格，促进广东省外贸出口。

三、知识产权制度在转变广东省经济发展方式中的作用还远远没有得到充分发挥

（一）**利用知识产权制度推动经济发展方式转变的政策导向不明确**。客观上说，一是我国知识产权制度建立较晚，并一直被视作科技工作的一部分，其经济功能往往被忽视，缺乏系统而强有力的政策支持；二是全社会的知识产权意识依然淡薄，重视不够，各类资源投入不足，各项措施对全社会的引导和带动力较弱；三是知识产权部门在广东省委、省政府的宏观决策和重大经济决策中参与度低，很多知识产权内容在广东省的重大决策中体现不够充分。主观上讲，作为知识产权行政主管部门，对经济社会发展对知识产权的需求研究不够，对知识产权服务经济的切入点抓得不紧，缺乏示范性和显示度。

（二）**开发专利信息资源促进全球创新要素聚集的推进力度不够大**。在主观上，我们对专利信息资源开发利用的认识有一个逐步深化的过程，对知识产权制度激励和保护创新的作用认识较深，对其鼓励"技术公开"的机制分析研究不够，认识有差距。客观上，广东省虽然已经建立了包括美日欧大多数发达国家和世界知识产权组织、欧洲专利局等重要组织的专利数据库，已经拥有专利信息3600万条，同时，我们还正在积极争取国家知识产权局在广东建立我国首个"区域专利信息中心"，如果建成，专利数据将达到4500万条。但是，由于广东省专利信息开发力量不足，其中的大部分资源仍然待字"库"中，有待深度开发和利用。另外，除部分大企业之外，大部分的大、中、小企业均没有独立的专利信息开发能力，亟待建立公共的专利信息开发服务平台。

（三）**知识产权在重大经济和创新活动中的激励和约束机制有待完善**。在经济全球化和知识经济时代，包括重大经济活动知识产权特别审查制度、重大创新

活动知识产权保护机制、重大产业的专利态势分析、重点出口产业知识产权预警机制、对外贸易中知识产权应对机制和维权援助等机制在内的制度和机制显得日益重要，在经济外向程度比较高的广东省尤其如此。

四、努力做好推进广东省经济发展方式转变的重点知识产权的工作

（一）加速全球知识产权资源聚集，大力挖掘、开发和合理利用。紧紧围绕广东支柱产业、战略性新兴产业和关键领域，建立包含全球专利技术信息的"重大产业专利信息数据库"，引导创新要素和知识产权资源向企业聚集。建立"特色产业专利信息发布系统"，及时向全省中小企业发布全球专利技术信息。

（二）密切跟踪世界知识产权态势，深刻把握重点产业发展方向。开展重点行业和重点产品专利态势分析，分类绘制知识产权地图，明晰创新路径，为企业和相关产业发展提供决策依据。加强创新与知识产权的协同作用，努力形成突破一项核心技术、形成一批知识产权、带动一片产业发展的格局。开展知识产权预警，提高知识产权保护的前瞻性和预告性。

（三）建立健全重大经济活动知识产权特别审查制度，为自主创新提供体制机制保障。在重大投资计划、重点研发项目实施前，全面评估涉及知识产权特别是专利的状况，防范重复研发、盲目引进、无效投入、创新成果流失或可能发生的知识产权侵权等问题。

（四）加快知识产权转化，推进专利技术运用和产业化。深入推进"专利技术实施计划"，培育一批专利技术实施企业和专利产品，并逐步形成规模。开展"专业镇知识产权专项行动"，促进产业集群内企业的专利实施、运用和产业化。构建知识产权交易展示平台和机制，积极探索知识产权质押融资机制。

（五）强化创新成果知识产权化能力，提高知识产权质量和效益。实施"百所千企知识产权对接工程"，组织百家专利代理机构与千家创新型中小企业及培育期的高新技术企业开展知识产权对口合作，全面提升企业运用知识产权制度的意识与水平。加大国内发明专利申请、国（境）外专利申请、PCT专利申请资助力度。

（六）实施"战略性新兴产业知识产权战略"，全力支持广东企业抢占竞争制高点。围绕战略性新兴产业发展，鼓励引导企业通过自主研发、委托研发、购买等方式增加知识产权积累，力争在产业链上游获得核心专利，并发挥产业链下游专利技术研发优势，构建政、产、学、研、金知识产权联盟。支持相应的行业协会或企业建立运营"专利池"、构筑专利联盟。

（七）建立知识产权维权援助和涉外应对机制，促进外经贸稳定发展。建立重点外贸出口企业联系制度，有效应对国外"知识产权伏击"、维护产业安全、促进产业可持续发展和进出口贸易健康发展。

（八）加大知识产权保护力度，维护和规范市场经济秩序。加强专利行政执法体制机制建设，加大执法力度，提升办案质量和水平。积极开展联合执法和执法协作。完善会展和行业协会知识产权保护。

（九）大力培育发展知识产权服务业。建设知识产权服务平台，整合资源，大力开展知识产权信息开发和推广运用，着力发展包括知识产权代理、登记、许可、转让、管理、鉴定、评估、认证、咨询、公证、诉讼、预警、培训、法律援助、市场调查、检索分析、战略研究等内容的知识产权服务业，逐步形成覆盖面广、形式多样，政府与市场协同推进的知识产权服务体系，发挥知识产权服务业对建设现代产业体系的战略支撑作用。

（十）营造知识产权事业科学发展的大环境。以专利奖励提高发明创造质量，有效激励自主创新，激发企业、科研机构和高等院校创新的积极性。培育和引进各类知识产权人才，为自主创新提供人才智力保障，着力引进广东省急需的各类知识产权人才。持续开展广泛全面的知识产权宣传培训工作，形成"崇尚创新精神，尊重知识产权"的文化氛围。

知识产权制度是推动自主创新的持久动力与保障[*]

(2010年8月)

中国古代兵法有云:"兵马未动,粮草先行。"指出兵之前,先准备好粮食和草料。比喻在做某件事情之前,提前做好准备工作。这虽是自古以来的用兵之道,但用于说明当前转变经济发展方式的形式和任务,依然有效,易于理解。

在人类社会已经进入国际市场竞争激烈的知识经济时代,当转变经济发展方式已经成为新形势下一场刻不容缓的攻坚克难之战时,什么是我们应该备好的"粮草"?

毫无疑问,正如汪洋书记在广东省委第十届第六次全会上指出的那样:自主创新是加快转变经济发展方式的核心推动力。那么,自主创新的核心要素又是什么?毋庸置疑,是知识产权!随着知识经济和经济全球化的深入发展,知识产权日益成为提高国际竞争力的战略性资源和决定各国、各地区经济社会发展态势和后劲的核心要素,其在经济社会发展中的作用不断提升,作用愈发凸显。在新的世界发展浪潮中,以知识产权制度的运用提升经济社会发展质量和效益已成为各国、各地区的战略选择。鼓励发明创造、保护知识产权、推动知识和智力资源从创造到运用的良性循环,正在成为各国、各地区追求的重要目标。实践表明,推动经济发展方式从要素驱动向创新驱动转变,有很多组成要素,其中至关重要的,就是建立并充分发挥知识产权制度的作用。知识产权为经济发展方式转变提供创新动力、制度保障和文化支撑。历史证明,一个地区经济、科技和对外贸易发展到广泛参与国际竞争的阶段,知识产权的导向和引领作用就越发凸显出来。对知识产权制度的准确把握和有效运用,对于激励创新、促进产业结构优化升级、推动经济发展方式转变,具有巨大、积极而不可替代的作用,是打好打赢经

---

[*] 本文系作者于2010年8月为《创新与知识产权制度》一书所作序。该书由广东经济出版社于2010年8月出版,主编:陶凯元、马宪民。

济发展方式转变这场硬仗必备的"粮草"。

如何获得知识产权呢？别无他法，唯有依靠自主创新。如何才能获得大量的知识产权呢？也别无他法，唯有依靠源源不断的自主创新活动。怎样才能为自主创新提供持续动力和恒久保障呢？答案只有一个，那就是依靠知识产权制度。

作为开发和利用知识资源的基本制度，知识产权制度的核心内涵是激励创新和保护创新。首先是提供了一个公平合理的衡量标准：只有能够获得知识产权的创新成果，才能得到保护；其次是形成了一个便捷有效的市场机制：只要获得了知识产权，就有可能转化为巨大的市场价值；最后是打造了一个秩序规整的竞争环境：被侵权者可以运用系列的法律制度，来保护自身的合法权益。

当知识产权已经成为新的竞争武器和世界通行"护照"的时候，光是眼热发达国家和跨国公司拥有的东西，是没有意义的，关键就在于通过自主创新来获得自主的知识产权。只有这样，才能获得国际市场竞争中的平等话语权。

中华民族从来不缺少智慧和创造。当"天才之火"在"利益之油"的浇灌下熊熊燃烧时，难保没有人虎视眈眈，欲占为己有。在这种情况下，我们同样可以运用国际通行的知识产权制度，来为华夏文明的智慧成果提供强大保障。

因此，早在2006年5月26日，胡锦涛同志在中共中央政治局第三十一次集体学习时就指出，加强我国知识产权制度建设，大力提高知识产权创造、管理、保护、运用能力，是增强我国自主创新能力、建设创新型国家的迫切需要，是完善社会主义市场经济体制、规范市场秩序和建立诚信社会的迫切需要，是增强我国企业市场竞争力、提高国家核心竞争力的迫切需要，也是扩大对外开放、实现互利共赢的迫切需要。

对于知识产权制度建设对自主创新的推动作用，广东省省委、省政府早已有着清醒而深刻的认识。20多年来，在省委、省政府的英明决策和重视下，我省知识产权事业取得了长足的进步，为经济社会发展作出了积极贡献。2007年11月，省政府颁布实施了《广东省知识产权战略纲要（2007~2020年）》，2008年，省委、省政府更提出了实施知识产权战略，实现从知识产权大省向知识产权强省跨越这一宏伟目标。

2010年是我省巩固经济企稳向好势头的关键一年，也是全面实现"十一五"规划目标的决胜之年。今年省政府工作的总体要求是全面实施《珠三角地区改革发展规划纲要（2008~2020年）》，把转变经济发展方式作为今年经济工作的"头号工程"。以自主创新加快经济发展方式的转变，将成为我省今后相当长一段时期内经济发展的主攻方向。5月，省委、省政府出台了《关于加快经济发展方式转变的若干意见》，提出了加快经济发展方式转变的 40 条具体措施，其中重点提出要"突出推进自主创新"。而推进自主创新的重要工作就是要"深入实施知识产权、技术标准和名牌带动战略"。

这是知识产权工作的历史责任，也是知识产权工作者的光荣使命。

只有这样，我们的知识产权事业才能获得科学发展。

只有这样，我们的自主创新才会获得持久动力与保障。

只有这样，加快转变经济发展方式才具有核心推动力。

转变经济发展方式，进军的号角已经吹响了，我们准备好了吗？

是为序。

关键在于进一步优化环境[*]

(2011年6月10日)

经2011年3月14日第十一届全国人大第四次会议批准的《中华人民共和国国民经济与社会发展第十二个五年规划纲要》，首次明确了到2015年实现每万人口发明专利拥有量3.3件的指标。此举意义十分重大，它不仅提出了今后5年全国专利工作的奋斗目标，更重要的是具有风向标作用，即无论知识产权事业如何发展，都必须将提升发明专利拥有量作为最基础、最重要和最关键的指标来衡量。

2006年，《广东省专利工作"十一五"规划》要求，到2010年，全省每百万人口发明专利申请量达到200件。经过5年的努力和发展，2010年全省每百万人口发明专利申请达到396件，超额完成了预定的目标。截至2010年底，广东省有效发明专利总量达到4.1891万件，居全国第一。根据第六次全国人口普查公布的数据，广东全省常住人口为1.04亿人。据此，广东每万人发明专利拥有量已经达到4.016件，超过了国家"十二五"规划提出的每万人3.3件的目标。

提前实现国家"十二五"规划奋斗目标并不意味着广东可以高枕无忧。2007年11月颁布实施的《广东省知识产权战略纲要（2007～2010年）》要求，到2020年拥有一大批具有国际竞争力的知识产权，主要指标达到同期中等发达国家水平。就目前来看，广东还有不小的差距。因此，广东省政府办公厅即将颁布的《广东省知识产权"十二五"规划》提出，到"十二五"末，全省每百万人口发明专利申请量要达到700件，年增长率在13%以上。

提升发明专利拥有量的关键在于优化环境。首先是要优化发明专利的创造环境，形成从核心技术创造到获得专利授权的"金字塔"。要培育自主创新的源泉，千方百计鼓励企事业单位加大研发投入，并通过合理的财税制度减轻企业负担。要不断培育和扩大高端技术研发队伍，通过科学高效的激励制度，使其充分共享创新成果，这样才会使自主创新成为"有源之水"。

---

[*] 本文刊载于《中国知识产权报》2011年6月10日头版。

其次，要优化发明专利的转化环境，促进运用。专利的最大魅力在于其市场独占性，因此要努力提升发明专利的转化率，使发明专利真正成为提升企业核心竞争力、为企业和社会创造价值的强大武器。只有将专利转化为现实财富，才能够反哺技术研发，形成良性循环。为此，要继续推进知识产权质押融资、专利型企业上市等专利变现渠道建设，使专利权变成获得市场竞争优势的敲门"金砖"。

再次，要优化发明专利的保护环境。要通过完善知识产权法律制度，加大行政执法和司法保护力度，切实保护专利权人的合法权益。要通过加大知识产权保护来提升专利权人对法律制度的信任，调动其运用法律武器保护专利权的积极性，提高其维权的能力和水平。同时要依法对侵权行为予以严厉打击，坚决杜绝侵权者依靠侵犯他人专利权占领市场获得非法利益的路径。要通过深入广泛宣传，在全社会形成尊重知识产权的社会共识。

最后，还要优化发明专利的服务环境。要努力提高知识产权部门的管理能力和服务能力，使其真正成为企业专利工作可以依托的靠山。要提升企事业单位和发明人的技术鉴别能力，将真正具有价值的技术及时申请专利，获得保护。要继续提升知识产权中介行业的服务能力，努力提高专利申请质量。要加强专利数据库建设和分析利用，充分挖掘全球专利库的巨大宝藏并为我所用。

总之，提升发明专利拥有量是一个系统工程，它与我们实施国家知识产权战略是"目"与"纲"的关系。要实现这个目标，不能搞拔苗助长，更不能饮鸩止渴，需要的是科学规划、积极行动和广泛参与。

积极为广东建设知识产权强省鼓与呼[*]
——写在《中国知识产权报·广东专刊》创刊之际
（2013年1月4日）

值此2013年新春之际，《中国知识产权报》隆重推出广东专刊，这是广东乃至中国知识产权界的一件好事，更是一件喜事。

近年来，《中国知识产权报》对广东知识产权工作高度关注，每年都用大量的版面，介绍、宣传和推介广东知识产权工作的情况、进展、经验和成就，极大地提升了广东知识产权工作的显示度、知名度和影响力，为广东争当全国知识产权事业发展的排头兵奠定了良好的社会舆论基础。

广东专刊是《中国知识产权报》在全国率先推出的第一个地方专刊，作为《中国知识产权报》的有机组成部分，将以每月两个整版的篇幅，对广东知识产权工作进行深入宣传，将进一步提升对广东知识产权工作报道的高度、广度、深度和密度。从此，广东省知识产权宣传工作，首次在国家级的知识经济主流权威媒体上，拥有了固定的宣传报道阵地，这是难得的机遇。为此，专刊应该做到：

第一，重点突出，宣传强省建设。2008年6月，广东省委、省政府在《关于争当实践科学发展观排头兵的决定》中，在全国率先提出建设知识产权强省，至今已历时5年。2012年1月，省委、省政府又出台《关于加快知识产权强省建设的决定》，提出到2015年，将广东初步建成知识产权强省。这是目前广东知识产权事业发展的重中之重。广东专刊要肩负起在国内外为广东建设知识产权强省营造良好社会舆论环境的重任，积极为建设知识产权强省鼓与呼，勇挑宣传重担，切实推进落实。

第二，培养人才，建设宣传队伍。知识产权宣传工作是知识产权工作的重要内容，也是一项系统工程。由于知识产权工作的专业性较强，宣传工作不好开展，宣传人才相对紧缺。广东专刊要以版面为阵地，以稿件为载体，以通联为纽

---

[*] 本文刊载于《中国知识产权报》2013年1月4日第8版。

带，加快建立全省知识产权宣传人才网络，并通过培训等手段，培养高素质的知识产权宣传人才队伍，为提升全省知识产权宣传工作水平作出应有贡献。

第三，善用版面，提升报道水平。中国知识产权报社在版面非常紧张的情况下，给予广东专刊固定版位，这是非常宝贵的支持。作为专刊的承编部门，大家一定要做到策划先行，分清轻重缓急，做好宣传报道方案，既要宣传好广东省知识产权事业发展成就和经验，又要及时反映知识产权各系统、区域和事业单位在贯彻落实知识产权纲要过程中的新举措、新成就和新经验。

第四，广开言路，百花齐放。广东专刊虽然是广东省知识产权界支持举办的地方专刊，但决不应局限于知识产权局系统。事实上，近年来，广东知识产权事业发展已经形成了各系统、各部门和各地区齐心协力、共同推进的大好局面，广东专刊要积极深入行政管理、司法保护、社会中介、企事业单位、知识产权权利人中间，挖掘专利、商标、版权、商业秘密、地理标志、植物新品种、非物质文化遗产等各类知识产权的新闻题材，予以反映，以促成百花齐放的大好局面。

当前正是广东知识产权事业发展的大好时期，也是知识产权工作融入经济社会、科技、文化的全新时期，知识产权工作承担着促进广东产业转型升级，转变经济发展方式的重任。逆水行舟，不进则退。做好广东专刊的前提是继续大幅提升知识产权事业发展水平，否则报道工作就会变成无源之水、无本之木。因此，广东专刊存在的使命，不仅反映我们的进步，更能鞭策我们的发展。

让我们以广东专刊的创刊为新的起点，开创广东知识产权宣传工作新局面，进而开创知识产权事业发展新局面。

愿更多读者关注《中国知识产权报》，关注广东专刊，关注广东知识产权强省建设的发展！

让知识产权为"走出去"保驾护航

（2013年3月）

眼下正是世界经济最为困难的历史时期。一向被视为中国进出口晴雨表的广交会，迎来了近年来最大的一次成交降幅。2012年10月结束的第112届广交会，出口成交326.8亿美元，比上届下降9.3%。

国际市场的不断萎缩，意味着国际市场的"蛋糕"正在变小。"蛋糕"小了，想切到"蛋糕"的企业困难自然就加大了。于是，很多企业，特别是跨国企业，便纷纷举起知识产权武器，依靠知识产权的优势，打压竞争对手，从而获得市场优势地位。微软与摩托罗拉、苹果与三星等跨国企业之间的专利大战，此起彼伏，愈演愈烈。

尽管没有硝烟，一旦输了战争，结果同样惨烈。这就是摆在我国企业面前的严峻考验。如果没有自主知识产权作为实施"走出去"战略的有力支撑，我们走出去的道路就不会平坦，我们走出去的结果就难以预料。

开弓没有回头箭，对于已经实施对外开放政策30多年的中国，对于我国改革开放前沿阵地并一向以外向型经济带动为主的广东来说，现在需要的，不是讨论要不要"走出去"的问题，而是怎样为"走出去"保驾护航，为我们的企业和产业赢得优势国际市场竞争地位。

"走出去"需要"坚船利炮"。这种"坚船利炮"就是强大的知识产权实力。积极推进知识产权事业发展，打造广东企业和产业在国内外市场竞争中的优势地位，这是当前我省知识产权工作最为迫切的任务。

近年来，我省大力推进自主创新发展，将加快产业转型升级，促进经济发展方式转变作为我省经济建设的基本策略，出台了众多知识产权政策和措施，包括鼓励企业到国外获得自主知识产权，积极推进知识产权预警机制建设等。

效果是明显的。从2008年开始，广东省发明专利授权量连续4年位居全国

---

* 本文系作者2013年3月为《涉外知识产权制度研究汇编》一书所作序，该书由知识产权出版社于2013年8月出版。

第一，同时有效发明专利量也位居全国第一。2012 年，全省 PCT 国际专利申请受理量 9211 件，连续 11 年保持全国首位。中兴公司和华为公司的 PCT 专利申请公布量分别位居全球企业第一和第四。

2012 年，中共广东省委、省政府颁布了《关于加快建设知识产权强省的决定》，提出在 2015 年把广东省建成具有较强综合实力的知识产权强省，这其中自然就包括了在国外的知识产权综合实力。

孙子云，"知己知彼，百战不殆。"我们不但需要在国外拥有更多的自主知识产权，还应该更加了解和善用不同国家和地区的知识产权制度，避免在实施"走出去"战略中走弯路，大幅降低知识产权风险和管理成本。

这就是我们编辑《涉外知识产权制度研究汇编》的根本目的。广东省知识产权局在近年来的知识产权软科学研究计划项目中，组织开展了涉外知识产权制度的研究，这些成果汇编成册，为广大企事业单位和知识产权专业服务人员提供尽可能详尽的参考资料。

《涉外知识产权制度研究汇编》全面介绍了涉及的国家和地区的知识产权制度建设情况，包括知识产权战略实施，相关知识产权法律法规体系、知识产权管理体系和保护体系，以及相关国家和地区加入国际知识产权条约的情况。一册在手，相信对企事业单位、知识产权权利人和专业服务机构在相应国家和地区中寻求知识产权保护，应对知识产权纠纷有较大帮助。

熟悉规则才能占领市场先机。我们希望，《涉外知识产权制度研究汇编》能够为广东省企业成功实施"走出去"战略，依靠自主知识产权获取市场竞争优势地位提供帮助，同时也为广东省尽快建设成为知识产权强省作出更大贡献。

时不我待，让我们一起努力。

是为序。

中国梦　强省梦[*]

（2013 年 10 月）

2007 年 11 月 6 日，广东省政府颁布实施《广东省知识产权战略纲要（2007～2020 年）》；2008 年 6 月 5 日，国务院颁布实施《国家知识产权战略纲要》；2008 年 6 月 19 日，中共广东省委、省政府在《关于争当实践科学发展观排头兵的决定》中提出："实施知识产权战略，加强知识产权创造、应用、保护和管理，实现从知识产权大省向知识产权强省跨越"。

近年来，在省委、省政府的统一部署下，我省深入贯彻落实国家和省知识产权战略纲要，大力推动知识产权事业发展，全省知识产权政策法规环境全面完善，创造、运用、保护、管理和服务水平大幅提升，为我省加快产业转型升级，建设创新型广东提供了有力支撑。

为充分展现我省实施知识产权战略、建设知识产权强省所取得的显著成效，我们编辑了《数说强省——广东省知识产权战略实施纪事》，以数字为纽带，以事实为依据，将知识产权工作取得的积极进展串联起来，真实地展现在大家的面前。

党的十八大提出了实现"中国梦"这一伟大构想。对于我省知识产权事业而言，就是要将加快建设知识产权强省作为实现"中国梦"的有机组成部分，全方位、多领域、有计划、有步骤地大力推进，使知识产权真正成为实施创新驱动发展战略的强力支撑和有力保障，为经济社会发展发挥出独特和不可或缺的光和热。

数说强省倍欣慰，如今迈步从头越。让我们沿着深入实施知识产权战略的道路，朝着加快建成知识产权强省的战略目标，快马加鞭，勇往直前！

是为序。

---

[*] 此文系作者于 2013 年 10 月为《数说强省——广东推进知识产权战略实施纪实》画册所作序。

09 对话传媒

对话传媒

以新一轮思想大解放推动广东知识产权事业新一轮大发展[*]

——访广东省知识产权局局长陶凯元

（2008年4月25日）

4月的羊城，春意正浓。在第八个"世界知识产权日"即将来临的前夕，刚刚履新的广东省知识产权局局长陶凯元接受了中国知识产权报记者的专访，就过去5年广东知识产权事业取得的成就以及未来广东知识产权事业的发展方向和工作重点，谈了自己的看法和思路。

快速发展奠定知识产权大省的基础与地位

记者：今年年初，广东省召开了"两会"，对全省过去5年取得的发展成就予以了高度肯定，这其中也包括了知识产权工作。作为新上任的省知识产权局局长，您对过去5年广东知识产权事业的发展有着怎样的评价和看法？

陶凯元：在今年的政府工作报告中，黄华华省长用了"专利申请和授权量继续居全国首位，名牌带动战略成果丰硕，技术标准战略成效明显"等简短的几句话，高度概况了5年来我省在知识产权工作方面取得的成就。事实上，多年来我一直是知识产权工作战线中的一员，在担任省知识产权局局长之前，我在广东省高级人民法院担任副院长，多年分管知识产权审判工作，由于工作的关系，一直十分关注广东省知识产权工作的发展状况。到省知识产权局工作的时间虽然还很短，但还是利用一切机会和可能，对我省知识产权工作的情况作了进一步的了解。

5年来，广东的知识产权事业在省委、省政府的正确领导、国家知识产权局的直接指导和社会各界的大力支持下，获得了持续、健康、快速的发展，为全省

---

[*] 本文刊载于《中国知识产权报》2008年4月25日第8版，作者：顾奇志。

经济社会的发展进步作出了积极的贡献，也为今后的发展奠定了良好的基础。关于这一点，我想从"高度""厚度"和"广度"三个方面来加以说明。

"高度"首先体现在知识产权工作受到重视和关注的程度上。近年来，知识产权工作日益融入全省社会、经济、科技、文化、教育等多个领域，得到了省委、省政府的高度重视和支持。省委、省政府主要领导多次就知识产权工作作出重要批示，在省委、省政府出台的多项重大政策和措施中，均包括了推动知识产权事业发展的内容，如省财政知识产权专项资金的设立、省政府出台政策重奖获得中国专利奖的企事业单位等，都是在这个期间实现的。特别令人鼓舞的是，2007年11月，《广东省知识产权战略纲要（2007～2020年）》经省委常委会议审议通过，由省政府正式颁布实施，更使广东省知识产权工作提升到全省重要发展战略的高度，为今后较长时期全省知识产权事业又好又快发展指明了方向和道路。高度的另一方面，就是广东的知识产权拥有量达到了一个新的高度。仅就专利而论，2003年广东省年度专利申请为4.3万件，2007年突破10万件，达10.2449万件，专利申请及授权量连续13年位居全国首位，保持了较快速度的增长。2007年10月及11月，广东省累计专利申请总量及授权总量一举突破50万件和30万件，到年底累计分别达到52.9305万件和30.9416万件，成为全省专利发展史上新的里程碑。

再说"厚度"。5年来，广东省知识产权工作的"厚度"得到了进一步的积累，机构建设、队伍建设、能力建设等各个方面都得到了长足的发展。知识产权管理和保护体系不断完善，机构设置和管理职能得到加强，队伍进一步成熟和稳定，管理部门服务市场、服务企事业单位的能力更强、效率更高，知识产权保护力度不断加大，专利行政执法、会展知识产权保护、行业知识产权自律等均走在全国前列，专利信息化建设成效显著，省、市、行业（企业）三级专利信息应用系统初步建成。与此同时，广东省创新能力显著提高，企业逐步发展成为创新的主体。还是以专利为例，2003年广东省申请发明专利6181件，到2007年达到了2.6692万件，5年翻了两番，特别是从2005年开始，连续3年位居全国第一；在涉外专利申请方面，2003年，广东省通过PCT（专利合作条约）途径申请国外专利293件，2007年达到2646件，翻了三番多，连续6年保持全国首位；在第九届、第十届中国专利奖评奖中，广东获奖项目均为全国第一。这些都充分说明了广东自主知识产权的家底在"厚度"方面有了更多的提升。

最后说"广度"。广东在拓展知识产权工作面以及扩大与社会的关联度方面表现也比较突出。首先是深入开展知识产权试点示范工作，将企业、区域、会展、行业协会，以及高校、科研院所、中小学校等逐步纳入到知识产权工作中来，进行全面覆盖、逐步展开、分类指导，并形成了从试点到优势再到示范单位的不同工作层次。几年来，广东省共认定了知识产权优势企业203家、示范企业20家，确定了高校、科研单位知识产权试点单位20家；认定了知识产权试点区域47个，共有6个城市列入国家知识产权试点、示范城市；确定了41家会展和行业协会知识产权试点单位、1家会展知识产权保护示范单位、8家优势单位；在中小学知识产权教育方面，确定了两批共计65家省知识产权教育试点学校。另外，广东省举办了数量众多、针对性强、普及面广的宣传培训活动，打造了一批品牌宣传培训活动，如"广东省知识产权保护状况白皮书发布会""年度知识产权十大典型案例发布会""粤港中小企业知识产权研讨会""正版正货"承诺活动等，努力营造尊重知识产权、保护知识产权的社会氛围。

总的来说，从2003年到2007年的5年，是广东知识产权事业备受关注和重视的5年，也是发展最快的5年，这5年取得的成就，夯实了广东作为知识产权大省的地位，为今后的进一步发展奠定了良好的基础。

解放思想　推动知识产权事业新一轮大发展

记者：如您所述，在过去的5年间，广东在知识产权发展方面取得了骄人的成绩，提升了高度，增加了厚度，拓展了广度。那么，作为新一任知识产权局局长，您觉得广东应该怎样才能取得更大的发展呢？

陶凯元：去年年底，中共广东省委召开了十届二次全会，中共中央政治局委员、省委书记汪洋同志在会上作了重要讲话，他指出当前广东的发展已经站在了一个新的历史起点上，正处于经济社会发展全面转入科学发展轨道的关键时期，广东作为改革开放的先行区、科学发展观思想的提出地，要继续解放思想，坚持改革开放，以当年改革开放初期"杀开一条血路"的气魄，努力在实践科学发展观上闯出一条新路，争当实践科学发展观的排头兵。随后，中共广东省委决定在全省集中开展"继续解放思想，坚持改革开放，争当实践科学发展观的排头兵"学习讨论活动，目前这一活动正在全省包括知识产权系统深入开展。

解放思想，就是要以世界眼光来谋划知识产权工作。现代知识产权制度作为世界经济活动的游戏规则，在经济全球化和知识经济迅猛发展的过程中越来越被强化，专利、商标、版权等所有的知识产权国际条约，都要求其签约国共同遵守。广东是我国改革开放的前沿阵地，是外向型经济大省，市场化程度高，产业参与国际竞争充分，而且随着人民币升值，劳动法规日益完善，人工成本不断攀升,产业面临着巨大的升级优化的压力。因此,我们必须以世界的眼光来谋划我省的知识产权工作。所谓世界眼光,我的理解就是要站在全世界的高度考虑广东问题。广东不但要以国内知识产权工作先进省市为师,更要以发达国家和地区为师,学习他们的长处,结合广东的实际情况,制定有利于鼓励创新和保护知识产权的政策法规和激励措施,培育熟悉国际规则和国内情况、充分了解企事业单位需求的复合型人才队伍,营造良好的投资环境和创业环境,等等。

解放思想,就要对知识产权形势有清晰的认识。要对广东的知识产权发展现状作客观的分析,充分了解广东的优势和劣势。应该看到,尽管近年来广东知识产权事业发展很快,取得了有目共睹的成绩,积累了不少宝贵的经验,但是,广东的经济发展,特别是产业的优化升级,还需要知识产权工作作出更多更大的贡献。与这个艰巨而光荣的任务相比,我们还有不小的差距,还存在相当多的"短板",主要表现为:在专利申请方面,数量虽然较多,但质量还不高,发明专利的比例还偏低,特别是核心专利非常少;在企业培育方面,虽然我们已经有几百家知识产权试点、优势和示范企业,但这个群体的数量与我省拥有的数以十万计的企业数量相比,比例还是很小;在工作指导方面,还不能很好地解决企业在知识产权工作中遇到的难题,特别是在应对涉外诉讼、"337调查"等方面的难题;在中介机构建设方面,虽然知识产权代理队伍规模不小,但代理水平和涉外应诉能力亟待提高;在市场机制培育方面,还没有建立起信息畅通的知识产权交易市场,知识产权产业化的难度还很大,等等。这些问题的存在,制约了广东知识产权工作的深入发展,也难以适应当今广东社会、经济形势发展的需要。

解放思想,就是要以科学发展观来指导知识产权工作。我想,对于广东的知识产权工作来说,坚持科学发展观,第一,就是要彻底打破"数量就是政绩"的观念,树立"质量重于一切"的意识,狠抓知识产权工作的质量,包括专利申请的质量、人才队伍的质量、指导企事业开展知识产权工作的质量、市场转化机制的质量、知识产权保护的质量,等等。第二,要摈除"唯知识产权而知识产权"的观念,知识产权是一个综合性的领域,必须融于经济、科技、教育、文化等领域中,才能发挥其独特的作用。因此,在开展知识产权工作时,必须要有协同作战的大局意识,切实加强与各有关部门的合作。第三,要以企事业单位为中心。企业是创新的主体,高等院校和科研院所是科技创新的重要支撑力量,企事业单位是知识产权创造、管理、运用和保护的主战场。因此,我们必须做好对企事业单位的服务,及时为它们排忧解难,既要锦上添花,也要雪中送炭。第四,要以市场为导向,不搞越俎代庖。知识产权是市场经济的产物,我们在工作中,要充分尊重市场规律，要营造良好的市场竞争环境、创新环境和投资创业环境，建立健全和规范市场机制，不能搞"包办婚姻"。

总之，我们要充分解放思想，要以新一轮思想大解放推动我省知识产权事业新一轮的大发展，用科学发展观统领我们的思想和行动，实现从知识产权大省到知识产权强省的跨越。只有这样，知识产权工作才能真正适应广东当前和今后形势发展的要求，才能真正造福广东人民。

真抓实干　贯彻落实知识产权战略纲要

记者：这么说来，以思想大解放促进工作的大发展将是广东知识产权工作发展的指导思想。那么，您对当前广东的知识产权工作，有什么样的计划和期待呢？

陶凯元：今年是广东省全面贯彻落实知识产权战略纲要的第一年，也是非常关键的一年。黄华华省长在今年的政府工作报告中强调要实施知识产权战略，完善知识产权管理服务体系，加强知识产权保护和专利行政执法。2008年和今后一段时期，我局将以党的十七大和十七届二中全会及省第十次党代会和十届二次会议精神为指导，继续坚持"一手抓发展，一手抓保护"的工作思路，在完善政策、健全机构、扩充职能、创新机制、建立制度、广纳人才、加大宣传、提升服务、协调关系、均衡发展等方面力争有新的突破。当前，要重点做好以下几项工作：

第一，加强宏观协调，组织实施知识产权战略纲要。根据《广东省知识产权战略纲要（2007~2020年）》的发展目标和战略重点，省知识产权局已经组织协调、制定了《广东省知识产权战略纲要2008年实施计划》，分步骤、有重点地推进各项战略任务和措施的实施，落实知识产权战略工作责任制，促进各有关单位和各地级以上市的战略实施工作，同时建立知识产权战略实施评估指标体系，开展年度评估前期准备工作。同时，我们还要进一步完善省政府知识产权办公会议制度，并计划于6月或7月召开全省知识产权工作会议，全面部署和推进战略实施计划。

第二，完善广东省专利法制建设，推进知识产权保护。认真做好《广东省专利条例》的起草、论证和修改等工作，积极配合专利法第三次修改，继续推动执法工作重心下移，深入开展会展和行业协会知识产权保护试点工作。进一步加强对各市专利行政执法工作的指导、监督和重大执法活动的协调；开展"4·26"联合执法及宣传活动，继续探索广东省专利行政执法区域协调机制，进一步加强知识产权各部门间的横向联系,继续推进行政执法和刑事司法相衔接机制的有效运作,提高广东省专利行政执法的总体水平。

第三,拓展合作平台,深化知识产权区域合作与对外交流。今年我们将在知识产权政策研究、宣传培训、联合执法等方面,继续加强与各部门各区域的合作与交流,实现资源共享、优势互补;组织召开粤港保护知识产权合作专责小组第七次会议,落实粤港知识产权合作项目;加强知识产权国际合作,邀请国外知识产权专家学者来我省进行交流;加强对国外知识产权制度的研究,跟踪国外特别是主要发达国家的知识产权发展动态与趋势;加强知识产权工作的对外宣传,增进国外政府机构与工商企业界对广东省知识产权保护工作的了解。

第四,强化政策引导,深化企事业单位知识产权工作。继续推进各类试点示范工作,探索开展企业知识产权战略推进工作。出台《关于加强国有企业知识产权工作的意见》,深化国有企业知识产权工作;推动高校及科研院所的知识产权工作,指导和扶持省首批知识产权试点事业单位深入开展试点工作;继续开展对国内外专利申请的资助工作;建立企业知识产权数据采集系统,为知识产权重大决策提供依据。

第五,加快知识产权人才培养,营造良好的社会氛围。目前我们已经制定了《广东省"百千万知识产权(专利)人才培育工程"实施方案》,各项工作正在紧张有序地开展,包括加强全省知识产权培训体系建设,指导和支持各培训主体开展多层次知识产权培训;与省人事厅共同组织开展工程技术人员知识产权公需科目继续教育培训工作,等等。此外,我们还将组织好"4·26"知识产权宣传周系列活动;指导和支持全省各市广泛开展知识产权宣传工作;开展第三批中小学知识产权教育试点申报及评定工作,加强对试点学校知识产权教育工作的指导。

第六,加强基础建设,完善服务支撑体系。具体工作包括完善我省专利信息服务平台的各项功能,推进广东九大重点工业产业行业专题专利信息数据库建设,开展重点产业专利态势分析,推广企事业单位应用专利信息相关系统;以"广东省专利代理协会"为平台,加强专利代理行业自律及管理;开展专利代理人执业培训,提高代理人素质和水平;做好代理机构成立审核和年检、分支机构成立审批工作,认真组织完成全国专利代理人资格考试广州考点的考务工作,等等。

总之,当前和今后一个时期,作为主管知识产权工作和负责协调涉外知识产权事宜的职能部门,省知识产权局应以"十七大"精神为指针,紧紧围绕党和国家的工作重心，立足国际国内两个大局，坚定不移地贯彻执行国家有关知识产权的法律、法规、方针、政策。以实现知识产权战略纲要所确定的目标和我省知识产权事业又好又快发展为己任，着力推动和促进有关知识产权创造、管理、保护和运用的"四种能力"的提高，扮演好推动者、管理者、捍卫者、服务者"四重角色"，为建立健全我省适应社会主义市场经济发展规律的自主知识产权创造体系、多层次全方位的知识产权保护体系、科学高效的知识产权管理体系、较为完备的知识产权政策体系、功能齐全的知识产权服务体系，为实现我省自主知识产权和自主品牌的数量和质量与经济社会发展水平相适应、自主创新能力和产业竞争力显著提高的目标而努力奋斗。

记者手记：

第一次见到陶凯元局长是在2004年5月召开的广东法院知识产权审判工作座谈会上，那时她任广东省高级人民法院副院长，分管知识产权审判工作。在那次知识产权审判工作座谈会上，她提出，法院要注重加强与《中国知识产权报》、《人民法院报》和《人民司法》等报刊的联系，争取建立长期合作关系，通过以案说法等各种方式，进行经常性的知识产权法制宣传。

当时听了她的讲话，说实在话，记者心里既意外，又感动。由于我国报刊管理体制的原因，一般"中字号"的报刊，都隶属于各自的中央机关管理。强调与本系统的报刊加强合作关系是很正常的事情，但是能打破条条块块，主动提出要跟系统外的专业媒体建立长期合作关系，实属罕见和不易，这使记者深受鼓舞。

后来记者才逐步了解到，《中国知识产权报》在广东法院知识产权审判系统的"江湖地位"还真不低，几乎所有有知识产权审判职能的法院和业务庭，都订有《中国知识产权报》，好多法官都是本报的热心读者。再后来，在陶凯元副院长的直接关心下，在省高院知识产权庭原任的刘建强庭长、现任的林广海庭长的大力支持下，本报驻站记者逐步与广东法院知识产权系统建立了密切的联系，采写了大量的鲜活的知识产权法制新闻，累计发稿达到70多篇。"机场专利侵权案"等一大批案例报道，以及"知识产权司法审判在广东"的系列报道等，都产生了积极、重要的影响。现在，一有新颖、典型、疑难的案例判决，就通知《中国知识产权报》，已经成为广东绝大部分知识产权审判机构的习惯，这使记者获益匪浅。

一晃4年过去了，当年省高级法院的陶副院长成为了省知识产权局的陶局长。记者认为，这也许就是陶局长与知识产权事业的不解之缘吧。

贯彻落实纲要　向知识产权强省跨越[*]

——访广东省知识产权局局长陶凯元

(2008年9月5日)

《国家知识产权战略纲要》颁布后，广东省政府旋即召开全省知识产权工作会议，广东省知识产权局又及时召开全省知识产权局局长会议，全面部署贯彻实施国家和广东省知识产权战略纲要。近日，全国政协委员、广东省知识产权局局长陶凯元在接受中国知识产权报记者采访时表示，广东不但要以国内知识产权工作先进省市为师，更要以发达国家和地区为师，结合广东的实际情况，加强对纲要的宣传，提高民众的知识产权意识，制定有利于鼓励创新和保护知识产权的政策法规和激励措施，培育熟悉国际规则和国内情况、充分了解企事业单位需求的复合型人才队伍，营造良好的投资环境和创业环境，等等。

从知识产权大省向知识产权强省跨越

陶凯元说，随着广东和国家知识产权战略纲要的先后颁布实施，广东的知识产权工作迎来了最难得和最宝贵的发展时期。今年6月19日，中共广东省委、省人民政府颁布了《关于争当实践科学发展观排头兵的决定》，明确要求"实施知识产权战略，加强知识产权创造、运用、保护和管理，实现从知识产权大省向知识产权强省跨越"。

在全省知识产权工作会议上，省委副书记、省长黄华华要求全省各级党委、政府及各部门要从推动我省经济社会又好又快发展的战略高度，以全球视野深刻认识做好知识产权工作的极端重要性，要周密部署，扎实做好《纲要》的组织实施工作。分管知识产权工作的副省长宋海要求落实领导责任制，把知识产权工作纳入经济社会发展全局的重要日程，切实抓好落实。

《纲要》宣传成为当前知识产权工作重点

据陶凯元介绍，《纲要》颁布实施后，广东省知识产权局迅速开展了一系列

---

[*] 本文刊载于《中国知识产权报》2008年9月5日第3版，作者：顾奇志。

的宣传工作，在全省掀起了学习贯彻《纲要》的热潮。在全省知识产权工作会议上，国家知识产权局田力普局长向各地市分管知识产权工作的副市长和专利、商标、版权管理部门主要负责人及省直单位代表详细解读了《纲要》。在省知识产权局的积极建议下，7月16日，广东省委理论学习中心组举办了专题报告会，邀请田力普局长作了《实施知识产权战略，建设创新型国家》的专题报告，面向省四套班子及省直单位副厅级以上领导全面宣讲《纲要》。为了让广大社会公众认识了解《纲要》颁布实施的重大意义和主要内容，省知识产权局通过省内主要媒体进行了广泛深入的宣传报道，并在局政府网站上开设了《纲要》宣传专栏。为确保国家和省战略纲要的贯彻落实，省知识产权局有关负责人还将于近期到全省所有地级以上市开展《纲要》宣讲，并进行工作指导。

70多项具体措施确保纲要落到实处

据陶凯元介绍，为了贯彻实施战略纲要，广东省知识产权局牵头组织制定了《广东省知识产权战略纲要2008～2009年度实施方案》，内容包括努力创造自主知识产权、进一步加强对知识产权的保护、促进知识产权运用、强化知识产权宏观管理、建立健全知识产权公共服务体系、建设知识产权人才队伍、促进知识产权区域协调发展与对外交流合作、大力提高全社会知识产权意识和做好《纲要》的推进与考核等9个方面、共70多项具体措施，涉及30多个省直部门和全省各级知识产权、工商、版权等行政管理部门。实施方案将于近期颁布。

积极推动建立知识产权高层次战略合作关系

陶凯元还透露，广东省政府正在与国家知识产权局积极磋商建立知识产权高层次战略合作关系，拟在知识产权创造、运用、保护和管理等各方面开展全面合作，共同探索新形势下知识产权工作体制和机制的创新和以知识产权工作推动区域实现科学发展的新路子，推动广东省知识产权强省创建工作。

陶凯元强调，广东将紧紧围绕提高发展质量、增强运用能力、优化区域布局、完善体系建设四大战略重点，建立健全符合社会主义市场经济发展规律的自主知识产权创造体系、多层次全方位的知识产权保护体系、科学高效的知识产权管理体系、较为完备的知识产权法规政策体系和功能齐全的知识产权服务体系，促进广东自主知识产权和自主品牌的数量和质量与经济社会发展水平相适应，自主创新能力和产业竞争力显著提高，努力实现建设知识产权强省和创新型广东的战略目标。

粤高层次推进知识产权战略[*]

——与国家局携手合作共建两岸三地交流平台

（2009年3月12日）

全国政协委员、广东省知识产权局局长陶凯元在两会现场接受本报记者采访时表示，广东省委、省政府一直高度重视知识产权工作，在提高知识产权创造、运用、保护和管理水平方面做了大量工作。去年省政府更与国家知识产权局建立高层次战略合作关系，共同推进国家知识产权战略在粤的深入实施和广东知识产权强省的建设。

陶凯元介绍，改革开放30年，广东省知识产权事业取得了令人瞩目的成就，主要包括知识产权大省地位得以确立、知识产权战略纲要颁布实施、知识产权地方法规体系建设率先开展、知识产权工作体系基本建立、全方位的知识产权保护体系逐步建立、一批知识产权明星企业正在崛起、知识产权海外维权取得突破、知识产权区域合作成效卓著、知识产权服务体系建立完善、知识产权人才培养能力显著提升。

据了解，1995年，广东省专利申请量、授权量和商标申请、注册量均首次跃居全国第一位，之后连续13年保持第一。2008年，广东省专利授权量继续保持全国第一，发明专利授权量首次跃居全国第一，PCT国际专利申请量连续第七年位居全国第一。

高层战略合作助建知产强省

陶凯元强调，去年12月，广东省人民政府与国家知识产权局签署了《关于建立知识产权高层次战略合作关系的议定书》，确定了共同推动构建适应广东经济社会发展的知识产权管理体制、共建知识产权信息服务平台、共同构建广东知识产权培训体系、共同开展知识产权发展研究工作、共建知识产权转移及运用体

---

[*] 本文刊载于《文汇报》2009年3月12日B5版，作者：王陶、于滨。

系、支持广东建立完善知识产权国际交流合作机制、共同开展知识产权维权援助工作、共建国家知识产权局专利业务绿色通道、共建粤港澳台知识产权合作机制和支持广州高新技术产业开发区开展创建国家知识产权示范园区工作等十大合作内容,将广东实施知识产权战略推向更高层次,也对广东实现知识产权强省建设目标提供了有力的支撑。

日前,出席全国两会的广东省委副书记、省长黄华华,副省长宋海就进一步落实《议定书》的内容,确保年度战略合作工作的安排与国家知识产权局局长田力普进行了工作会晤。黄华华希望在落实工作机制、创新管理体制、健全服务体系、完善"绿色通道"、促进产业发展、拓展国际合作、强化宣传培训等方面继续得到国家知识产权局的大力支持和帮助。田力普表示,国家知识产权局将尽快确定2009年度双方合作工作安排,全力支持广东实现知识产权强省建设目标。

将创办粤国际知识产权论坛

广东因其地缘优势和外向型经济的特色,加强对外知识产权交流合作有着特殊而重要的战略意义。目前,广东已分别与香港和澳门以及泛珠三角区域建立了知识产权合作机制。陶凯元指出,在目前的国际国内形势下,提升对外合作层次,创新对外合作方式,扩大对外合作领域非常必要。她透露,在国家知识产权局的支持下,今年将在原有的粤港知识产权专责小组的基础上,启动对台交流合作,搭建两岸三地知识产权沟通交流平台,争取使全国专利代理人资格考试广州考点成为台湾居民参加考试的指定考场;此外,还将创办国际知识产权论坛—珠江论坛,并与美国全国商会建立合作关系。

广东：从知识产权大省向强省跨越[*]

（2009 年 8 月 12 日）

"《国家知识产权战略纲要》（以下简称《纲要》）颁布实施 1 年来，广东省通过大力宣传，制定实施计划，促进广东省政府和国家知识产权局建立高层战略合作关系等工作，有力推动了《纲要》的深入贯彻实施，并取得了一定的成效，朝着知识产权强省的目标迈出了坚实的一步。"近日，广东省知识产权局局长陶凯元就广东省贯彻实施《纲要》情况在广州接受了中国知识产权报记者的专访。上一次采访她是在今年两会期间，近半年的时间过去了，很多实施《纲要》的计划已化作实实在在的数字和企业老总们脸上洋溢的喜悦。

前瞻意识和持续创新

在采访中，本报记者充分地感受到从政府部门到企业乃至全社会对知识产权的重视和前瞻意识，听他们讲得最多的词汇就是"自主创新"。

2008 年，华为在知识产权方面捷报频出，让世界惊讶于深圳乃至中国广东这片热土的创新能力。2008 年华为 PCT 专利申请达 1737 件，首次超过日本松下电器公司和荷兰皇家飞利浦电子公司，位列 PCT 申请全球企业排名第一。世界知识产权组织（WIPO）在其网站上特别强调"第一次，有一家中国公司登上 2008 年 PCT 申请榜首位置"。

据陶凯元介绍，早在全球金融危机大规模爆发之前的 2007 年 11 月，广东省政府就颁布实施了《广东省知识产权战略纲要（2007～2020 年）》。2008 年 6 月，契合纲要的实施，广东省委、省政府在《关于争当实践科学发展观排头兵的决定》中明确提出，广东要实现从知识产权大省向知识产权强省的跨越。2008 年 7 月 2 日，广东省委、省政府又出台了《关于加快发展现代产业体系的决定》，并将大力推动自主创新放在构建现代产业体系保障措施的首位。

今年 1 月至 6 月，广东省专利申请量和授权量分别为 5.7107 万件和 3.5752

---

[*] 本文刊载于《中国知识产权报》2009 年 8 月 12 日第 2 版，作者：闫文锋、顾奇志、张海志。

万件，分别同比增长22.54%和20.97%。其中，发明专利申请量和授权量为1.4870万件和5879件，分别同比增长13.47%和81.96%。PCT专利申请量1769件，占国内总数的50%。全省专利授权量、发明专利申请量和授权量、PCT申请量均居全国第一位，发展势头良好。这些数字是广东省自主创新能力持续提高的最好证明。

从国家战略到企业战略

2009年7月中旬，广东省委十届五次会议通过了《中国共产党广东省第十届委员会第五次全体会议决议》，要求进一步处理五个重要关系：一是处理好国际市场与国内市场的关系；二是处理好传统产业和现代产业的关系；三要处理好就地转型和异地转型的关系；四要处理好"拿来主义"和自主创新的关系；五要处理好扩大投资与促进消费的关系。

"这五大关系的处理，都离不开自主知识产权的有力保障，都离不开深入贯彻国家和省的知识产权战略纲要，而这一切都需要体现在企业不断努力而获得的成绩单里。"陶凯元强调。

采访中，广东志成冠军集团有限公司（以下简称"志成冠军"）就将公司的知识产权战略概括为：以知识产权为企业发展的战略资源和重要支撑，坚持推动创新链和知识产权的互促发展，建立完善的知识产权战略规划，将知识产权贯穿到产品的研发、设计、制造、销售、服务等全过程，重点保护具有市场发展前景的自主知识产权产品，实现产品结构向高附加值产品的调整和优化。数据显示，2008年志成冠军出口额大幅增长，年销售收入同比增长30%，近9亿元，纯利润同比增长近20%，达6100多万元。志成冠军目前60%以上的销售收入和80%的利润源于拥有自主知识产权的新产品。

大力建设现代产业体系

2008年7月2日，在《纲要》颁布1个月后，广东省委、省政府出台了《关于加快发展现代产业体系的决定》（以下简称《决定》），提出要建设以高科技含量、高附加值、低能耗、低污染、自主创新能力强的有机产业群为核心，以技术、人才、资本、信息等高效运转的产业辅助系统为支撑，以环境优美、基础设施完备、社会保障有力、市场秩序良好的产业发展环境为依托，并具有创新性、开放性、融合性、集聚性和可持续性特征的新型产业体系。其中包括以现代服务业和先进制造业为核心的六大体系。

按照《决定》的设计，广东省建设现代产业体系的目标是：到 2012 年，三次产业结构趋于合理，服务业占三次产业的比重为 50% 左右，现代服务业快速发展，先进制造业规模壮大，农业综合效益明显提高，产业国际竞争力显著增强。到 2020 年，三次产业结构更加合理，现代服务业成为主导产业，在第三产业中比重超过 60%；先进制造业和现代农业分别成为第二、第一产业的主体，高新技术产业、优势传统产业和基础产业成为现代产业体系的支柱，形成产业结构高级化、产业布局合理化、产业发展集聚化、产业竞争力高端化的现代产业体系。

"任何技术的进步、文化产品的创造、品牌的形成都需要制度支撑，可以说，大力发展自主创新，实质上就是要大力发展拥有自主知识产权的科技成果、文化产品和知名品牌。因此，发展自主知识产权是加快建设现代产业体系，将《纲要》推向深入的重要保障。"在采访结束时，陶凯元一再强调。

广东局：推动普法执法立法齐头并进构建立体专利保护体系

（2010年1月20日）

"加大普法力度，加强执法强度，加快地方立法进度，推动构建广东立体的专利保护体系，是深入贯彻国家和广东省知识产权战略，促进知识产权强省建设的重要举措。"近日，广东省知识产权局局长陶凯元在接受本报记者采访时，谈了自己对新修改的《中华人民共和国专利法实施细则》的认识以及广东省的相应措施。

必须加大普法宣传力度

陶凯元表示，随着修改后的专利法实施细则的公布，加上此前已于2009年10月1日实施的专利法，以及不久前出台的《最高人民法院关于审理侵犯专利权纠纷案件应用法律若干问题的解释》，应该说，从国家层面来看，专利法律法规和司法解释已分别对授予专利权的条件、专利申请、审查和批准、专利权的行政保护、司法保护等进行了比较详尽的规定。鉴于这一批专利法律法规和司法解释出台的时间还不长，广大专利权申请人和权利人对新的规定还不是很了解，地方知识产权局有责任加大普法宣传力度，使他们尽快适应新的专利法律、行政法规要求，积极运用专利制度保护创新成果。

据陶凯元介绍，自从新修改后的专利法颁布后，为大力宣传和普及新专利法，确保专利法在广东得到贯彻执行，2009年3月19日，广东省知识产权局承办了国家知识产权局的专利法新修改广州宣讲会。来自广西、福建、湖南、海南、广东等地的知识产权管理部门、法院、企业、高校、科研机构和专利代理机构的代表约320人参加了会议，为专利法在广东顺利实施奠定了良好基础。此外，广东各级知识产权管理部门、中介代理机构、相关知识产权社团组织分别采取大会宣讲、专题培训、发放学习材料、举办论坛、研讨会等多种形式进行宣

---

* 本文刊载于《中国知识产权报》2010年1月20日第5版，作者：顾奇志。

传，促进了专利法在广东的普及宣传，保证了广东在 2009 年 10 月 1 日起适应新专利法的实施。国家知识产权专利局广州代办处、深圳代办处等窗口单位，还积极配合新修改的专利法实施，在专利申请的受理环节严格把关，提高了专利申请的质量。广东省知识产权局还积极配合国家局对专利法实施细则的修订工作，组织召开专利法实施细则征求意见座谈会，收集和反映广东知识产权管理部门、法院、企业、高校、科研机构和专利代理机构的意见和建议。下一步，广东局也将加大对专利法实施细则的宣传普及。

必须继续加强专利权的行政保护

陶凯元表示，修改后的专利法和专利法实施细则的相继颁布和实施，加强了对专利权的行政保护，特别是加大了对假冒专利的行政处罚力度，这是对专利行政保护的强化。但值得注意的是，广东目前累计授权专利达到了 45.5 万件，但其中有效专利不足 20 万件，如果宣传教育引导有误，有可能造成专利权人对专利产品的不恰当标注，甚至变成假冒专利问题。一旦被处罚，既造成了专利权人的经济损失，也会挫伤他们运用专利制度的积极性。因此，一方面需要加大宣传力度，教育和帮助专利权人在其产品上按照法律规定标明专利标识，另一方面要加强行政执法，对真正假冒专利，扰乱市场经济秩序的违法行为予以严厉打击。

陶凯元表示，为了保障新修改的专利法和专利法实施细则顺利实施，广东省知识产权局未雨绸缪，及时调整执法思路和措施。2009 年 11 月，该局召开了全省专利行政执法工作会议，研究和部署下一阶段的专利行政执法工作。会议还提出了《广东省专利行政执法操作指南（讨论稿）》，这也是全国第一个在省级行政区域统一专利行政执法的操作性文件。该局还积极推动区域专利行政执法协作，于 2009 年 12 月牵头组织签署了泛珠三角区域内地九省（区）专利行政执法协作协议。

必须加快广东地方性专利法规立法进程

陶凯元表示，随着国家层面专利法律、行政法规的建立健全，对地方专利法规提出了新的要求。随着国家法律、行政法规的修改和广东知识产权形势的变化，原来的《广东省专利保护条例》已经不能完全适应专利工作的要求，亟待及时修改和完善，以构建立体的专利保护体系。目前《广东省专利条例》的制定工作已经进入关键时期。陶凯元强调，新修改的专利法实施细则对国家、地方和专利权申请人、权利人都是一件大好事，对促进专利制度的完善具有十分重要的意义。广东将把深入贯彻修改后的专利法和专利实施细则，作为推动国家和省知识产权战略纲要的具体工作来抓，以促进该省知识产权事业的更大发展。

知识产权是产业结构升级的核心推动力[*]

——访全国政协委员、广东省知识产权局局长陶凯元

(2010年3月12日)

"在金融危机导致珠三角出口加工型企业普遍减产甚至倒闭的情况下,广东省知识产权优势企业的工业总产值、销售收入和出口创汇额等指标却普遍增长,许多企业还实现了逆势发展。广东的实践证明,知识产权不但是应对金融危机的利器,还是实现产业结构升级和加快转变经济发展方式的核心推动力。"全国政协委员、广东省知识产权局局长陶凯元在接受本报记者采访时表示。

陶凯元告诉记者,就广东而言,知识产权对经济社会发展的作用主要体现在三个方面:一是充当高新技术产业发展的保护伞;二是作为传统产业发展的倍增器;三是成为社会经济发展的稳定器和加速器。

据陶凯元介绍,早在《国家知识产权战略纲要》颁布之前,广东省就于2007年11月颁布了《广东省知识产权战略纲要(2007～2020年)》;2008年6月,广东省委、省政府在《关于争当实践科学发展观排头兵的决定》中明确提出"实施知识产权战略,加强知识产权创造、应用、保护和管理,实现从知识产权大省向知识产权强省跨越";2008年12月29日,国家知识产权局和广东省政府签署《关于建立知识产权高层次战略合作关系的议定书》,省部知识产权高层次战略合作关系得以建立;2009年初,广东省财政预算增设知识产权战略专项经费;2009年底,广东省知识产权局在机构改革中得到全面加强。

"近两年来,知识产权战略在广东得以有效实施,知识产权工作在《珠江三角洲地区改革发展规划纲要》的实施过程中大展宏图,在推进'三促进一保持'工作中大有作为,在战胜金融危机中大显身手。随着知识产权战略的深入实施,知识产权无疑还会为广东的产业结构升级及经济发展方式转变提供更强有力的支撑。"陶凯元强调,在工作实践中,不仅要认识到知识产权对自主创新的推动及保障作用,更要认识到知识产权是促进转变经济发展方式的重要动力之一。

---

[*] 本文刊载于《中国知识产权报》2010年3月12日第3版,作者:张海志。

广东：专利制度支撑经济发展方式转变[*]

（2010年3月31日）

"我国专利制度的确立和建设对广东社会经济发展影响深远，也必将为广东成功应对国际金融危机，促进产业升级和现代产业体系建设提供有力的支撑。"近日，就我国专利法实施25周年对广东发展的重要意义，中国知识产权报记者专访了广东省知识产权局局长陶凯元。

陶凯元表示，25年来，广东省专利事业凭借改革开放的东风，经历了起步、加速、腾飞的发展过程，最终进入科学发展的历史新阶段。

1985年，广东专利申请量为286件，仅居全国第15名。1995年，广东以7729件专利申请量和4611件专利授权量，双双跃居全国第一位，此后13年连续保持全国第一。2001年后，广东知识产权事业全面腾飞：2002年广东PCT国际专利申请量跃居全国第一，并连续8年保持第一；2005年，广东发明专利申请跃居全国第一；2009年，广东省发明专利申请和授权量双双跃居全国第一。在最近多届中国专利奖评选中，广东获得金奖、优秀奖的数量均居于全国前列。截至2009年12月底，广东全省累计专利申请总量、专利授权总量分别超过75.8万件和45.5万件，均居全国第一。

陶凯元表示，近年来，随着广东省和国家知识产权战略的相继颁布实施，广东专利事业发展从此进入了科学发展的历史新阶段，从重视数量转变到重视质量，从重视总量转变到重视结构。他表示，检验专利制度是否对社会经济建设具有积极意义，不仅在于其拥有的专利数量，关键是要看其是否能够真正提升企业和产业在国际市场中的核心竞争能力。

据陶凯元介绍，近年来，广东许多企业通过自主知识产权在国际市场获得了一定的竞争优势，华为、中兴通讯凭借大量的核心专利和标准技术，成为国际通讯设备领域的新生力量；深圳朗科公司凭借在移动存储领域的数百件国内外专利，开创了中国企业向跨国公司收取专利费之先河；深圳燕加隆公司等企业，在

---

[*] 本文刊载于《中国知识产权报》2010年3月31日第5版，作者：顾奇志。

美国 337 知识产权调查案中获胜。他强调，专利制度发挥作用的真谛在于"厚积薄发"，广东很多知识产权优势企业在这次国际金融危机中的突出表现，就充分证明了专利制度建设对广东社会经济发展具有的重大意义。

陶凯元表示，专利制度建设必须为社会经济建设服务。2009 年，广东省 GDP 达到 3.9082 万亿元，连续 21 年位居全国首位。同年，全省进出口贸易总额达到 6111.2 亿美元，连续 24 年位居全国首位。要巩固广东作为全国经济大省和对外经济大省的地位，就要积极推进专利制度建设，打造专利强省。专利强省包括打造专利质量强省、专利保护强省和专利转化强省。陶凯元表示，为了加快专利强省的建设，广东将深入贯彻国家和省的知识产权战略纲要，全力以赴推进专利强省建设，为促进自主创新发挥更加关键和重要的支撑和引领作用。

深入推动专利战略实施
争当专利强国建设排头兵[*]

——访广东省知识产权局局长陶凯元

（2010年11月12日）

在第四届中国专利周相关活动正如火如荼地进行时，国家知识产权局正式对外发布了《全国专利事业发展战略（2011~2020年）》（以下简称为"专利战略"），将活动推向了一个新的高潮。"专利战略的出台，是深入推动《国家知识产权战略纲要》贯彻落实的重要举措。国家知识产权战略推进两年多来，取得了积极的成就，有效地促进了我国知识产权事业的快速、科学发展，但也面临着如何向各领域、各地方纵深推进的问题。"近日广东省知识产权局局长陶凯元在接受中国知识产权报记者采访时表示。

为全国专利事业发展指明方向

陶凯元表示，专利战略的出台，从专利领域的角度，制定了全国专利事业发展的长远和总体规划，为全国专利战线继续深入推动国家知识产权战略纲要指引了路径，具有重大意义。

陶凯元认为，专利战略提出了将我国建设成为专利强国的长远目标，为全国专利事业发展指明了方向。专利战略指出，全国专利事业发展战略的长远目标是，大幅提升掌握和运用专利制度与专利资源能力，专利制度在创新型国家建设和经济社会发展中发挥强有力的支持作用，将我国建设成为专利强国。这个目标的提出，吹响了向专利强国进军的号角，是对《国家知识产权战略纲要》建设知识产权强国目标的具体细化，是全国专利战线对建设知识产权强国的庄严承诺，赋予了全国专利工作神圣的使命和光荣的责任。

---

[*] 本文刊载于《中国知识产权报》2010年11月12日第6版，作者：顾奇志。

推动地方专利事业快速发展

随着专利战略提出的12项战略重点和保障措施的积极推进,我国专利事业发展的宏观环境将得到极大的改善,从而为全国专利事业的快速发展提供强有力的支撑。陶凯元表示。

专利战略的实施将有力推动地方专利事业的快速健康发展。第一,专利战略实施将为地方专利事业营造良好的外部环境。战略重点和保障措施关系到专利事业发展的各个方面,很多都与地方专利工作息息相关。如完善专利法律制度,推进与专利相关的政策体系的构建,加强专利管理体制与机制建设,加强专利信息传播利用与信息化建设,加快发展专利服务业,加强专利人才队伍建设等。这些问题都是地方专利事业发展中亟待加强又难以仅靠地方的力量解决的重要问题,如果能够从国家的层面予以推进和逐步解决,将为地方专利事业发展创造更加良好的外部环境。第二,专利战略的实施同时也为地方专利事业发展提供了内在动力。专利战略对地方专利工作提出了具体的要求,包括完善地方专利政策体系,进一步推动省级、市(地)级知识产权管理机构建设,加强专利行政执法,开展地方重大经济活动知识产权审议试点工作,构建多层次的专利信息公共服务体系等。这些具体要求,为地方专利工作指引了方向,因而也增强了地方专利事业发展的内在动力。

争当建设专利强国排头兵

陶凯元表示,专利战略提出了我国要建设专利强国这一长远奋斗目标。在深入推进专利战略实施,实现我国从专利大国向专利强国目标跨越的过程中,广东省将坚定不移地推动国家和省知识产权战略纲要贯彻落实,加快知识产权强省建设,努力实现全省专利事业的科学发展,争当建设专利强国的排头兵。

《国家知识产权战略纲要》颁布以来,广东积极推动国家和省知识产权战略的贯彻落实,全省知识产权事业发展取得了积极的成效。主要表现为:推动知识产权战略实施的机制和保障措施逐步建立;知识产权数量和质量继续提升,知识产权大省地位得到巩固;知识产权运用能力明显增强,知识产权质押融资、专利转化等工作取得积极成效;知识产权保护力度加大,成效显著;知识产权服务水平不断提升,特别是专利信息化建设取得实效;知识产权社会氛围趋于良好;知识产权专业人才队伍不断壮大;知识产权区域合作与对外交流不断深化。

据陶凯元介绍,今年7月19日,中共中央政治局委员,广东省委书记汪洋视察广东知识产权服务中心时，发表了重要讲话，要求知识产权要成为全省转变经济发展方式的助推器，推进广东从知识产权大省向知识产权强省的跨越。今年9月29日，第11届广东省人大常委会第21次会议审议通过了《广东省专利条例》，该条例将于2010年12月1日起正式实施。这些都将有力促进全省知识产权事业的科学发展。

  陶凯元表示，专利战略出台后，广东将尽快研究并制定有关具体措施，确保全国专利事业发展战略在广东得以有效实施。同时，广东省知识产权局将在国家知识产权局的精心指导和大力支持下，深入推动从专利大省向专利强省的跨越，努力争当专利强国建设排头兵，为创新型国家建设做出广东应有的贡献。

让县域知识产权工作成为经济发展助推器*

——访广东省知识产权局局长陶凯元

（2010年11月17日）

10月下旬，广东省知识产权局在国内率先召开了该省的首次县域知识产权工作会议，开全国县域知识产权工作之先河。广东在此时召开全省县域知识产权工作会议是出于什么考虑？广东将如何推进县域知识产权工作发展？带着这些疑问，本报记者专访了全国政协委员、广东省知识产权局局长陶凯元。

县域工作事关发展大局

陶凯元表示，广东之所以在此时召开全省首次县域知识产权工作会议，就是要在总结近年来广东县域知识产权工作发展取得的成绩和经验的基础上，全面部署下一阶段的县域知识产权工作，推进全省县域知识产权工作的深入发展。

陶凯元说，推进县域知识产权工作首先是广东县域经济发展的迫切需要。目前广东经济社会发展正面临着重大历史机遇和挑战，省委、省政府要求大力推进经济发展方式转变，提高自主创新能力。而在这一方面，县域经济有着较大的发展潜力和空间，特别是县和县级市经济发展空间尤其巨大。根据最新出台的《2010广东县域经济综合发展力研究报告》研究结果，2009年，广东67个县（市）面积占全省81%，GDP却只占18%，县域经济总量占全省比重严重偏低，成为全省经济"短板"。而发展县域知识产权工作，就要为县域经济发展提供"抓手"，努力提升县域经济中的中小企业、集群产业的知识产权创造、运用、保护和管理水平，加快县域经济发展方式转变，使知识产权工作真正成为县域经济发展的助推器。

---

* 本文刊载于《中国知识产权报》2010年11月17日第4版，作者：顾奇志。

陶凯元还指出，推进县域知识产权工作同时也是知识产权战略实施的现实需要。广东实施省知识产权战略纲要已历三年，国家知识产权战略颁布也已经两年多时间了。为了推进战略的实施，2008年11月、2010年9月，省政府两度出台实施省知识产权战略纲要工作方案，其中2010~2011年度工作方案中包含了105项具体工作。同时，各地级以上市也纷纷出台自己的知识产权战略纲要或战略实施计划。要继续大力推进国家和省知识产权战略实施，县域知识产权工作就是下一阶段的重点和难点。

"六大问题"亟待着手解决

陶凯元介绍说，经过多年的发展，广东县域知识产权工作取得了较为突出的成就，主要体现在如下方面：落实国家知识产权强县建设工作成效显著；省级区域知识产权试点工作全面深化；县域知识产权管理机制不断健全；县域知识产权创造能力有效增强；县域知识产权运用水平全面提升；县域知识产权保护环境明显优化；县域知识产权宣传教育培训工作扎实推进；县域知识产权特色工作亮点纷呈。

陶凯元同时强调，虽然广东县域知识产权工作取得了一定的进步，但还存在诸多不足，主要有六大问题亟待解决，包括：县域知识产权工作与地方经济社会发展的结合度亟待强化；县域知识产权工作管理及政策体系亟待完善；县域知识产权工作专项经费亟待解决；县域知识产权工作队伍亟待加强；县域知识产权服务能力亟待提升；县域知识产权事业发展区域差距亟待缩小。如果这些问题不解决，就不能够有效促进县域知识产权工作的深入发展，建设知识产权强省就缺乏坚实基础。

推进关键在于战略实施

陶凯元表示，加快县域知识产权工作发展首先必须解决管理体制建设问题。广东将以贯彻落实省委书记汪洋视察广东知识产权服务中心时发表的重要讲话为契机，大力推动县域知识产权工作机构建设，充实基层管理队伍，真正形成上下对口、责权明晰、规范统一的知识产权管理体系，力争三年内，使全省县级知识产权局挂牌比例达到95%。同时还将积极推动各县（市、区）县级知识产权协调机构的设立。

陶凯元同时表示，加快县域知识产权工作发展的关键是深入推进国家和省知识产权战略的贯彻落实。只有以推动战略实施为"抓手"，通过加大知识产权经费投入，加强县域知识产权管理体系、政策体系、保护体系、服务体系建设，才能真正提升县域知识产权创造、运用、保护和管理能力。为此，广东省知识产权局将探索设立"推进县域实施知识产权战略专项资金"，建立省市县三级工作联动机制，为县域知识产权工作发展做好支撑和服务。

陶凯元特别指出，《广东省专利条例》日前经第 11 届省人大常委会第 21 次会议审议通过，将于今年 12 月 1 日起正式实施，这对广东发展县域知识产权工作是重大利好消息。条例明确要求，县级以上人民政府应当实施知识产权战略，这为推动国家和省知识产权战略纲要在县级区域实施提供了强大的法律保障。该条例还明确规定，县级以上人民政府专利行政部门负责本行政区域内的专利保护和管理工作，这也为推动县级知识产权管理机构的建立健全提供了有力的法律依据。

陶凯元最后说："大力推进县域知识产权工作将是一次攻坚战，县域知识产权事业发展基础薄弱，发展程度极不平衡，为此，广东局即将出台《关于加强县域知识产权工作的意见》，并探索建立省市县三级工作联动机制，为县域知识产权工作发展做好支撑和服务。相信在全省上下的共同努力下，用数年时间，一定能够开创广东县域知识产权工作发展新局面，使之为知识产权强省建设作出更大贡献！"

保护知识产权
培育和发展战略性新兴产业[*]

（2011年3月12日）

全国政协委员、广东知识产权局局长陶凯元12日在此间表示，要充分发挥司法保护知识产权的主导作用，并通过完善法律体系应对新型案件，为培育和发展战略性新兴产业提供司法保障。

最高人民法院院长王胜俊11日指出，2010年全国各级法院审结知识产权案件48051件，同比上升32.96%。

"这是我国司法机关以多种举措保护知识产权的成果。"陶凯元告诉记者，2008年颁布的《国家知识产权战略纲要》首次明确了知识产权保护中的司法主导作用，这为知识产权保护提供了有力的法律保障。

"由于知识产权案涉及面广、发展迅速，司法机关也在作出相应的探索与调整，对知识产权的保护日趋专业化。"陶凯元介绍说，为了适应知识产权案件审理的特殊性，司法机关开始试行"三审合一"，即把与知识产权有关的民事、刑事、行政案件集中在一个法庭审理，珠海就率先建立了全国第一家知识产权法庭，全国也有很多三审合一的试点。

同时，知识产权案起初只有少数中级人民法院才有权审理，但随着群众对知识产权保护要求的不断提高，此类案件迅速增加。为此，最高人民法院及时调整了知识产权民事案件级别管辖标准，现在全国有100多个基层法院都可以审理，这就更加高效及时地处理了大量知识产权纠纷案。

陶凯元说，知识产权案件的专业性强一直困扰着司法机关，仅凭法官自身的知识结构很难作出客观准确的判断。为解决这一难题，最高人民法院与中国科学技术协会签署知识产权司法保护合作备忘录，聘请"两院"院士、专家担任科学技术咨询顾问，为知识产权审判提供智力支持。

---

[*] 本文刊载于《中国新闻网》2011年3月12日，作者：张丹。

取得成绩的同时，陶凯元指出了当前司法保护知识产权中亟待完善的地方。"应当尽快加强对新类型案件的研究和审判能力。"她说，"例如网络的迅速发展给知识产权保护带来了许多新难题，著作权侵权的特点十分突出，传输速度快、匿名等因素导致网络侵权影响广泛。"

此外，陶凯元还建议尽量减少知识产权法官的流动。"培养一位优秀的知识产权法官至少要三年的时间，频繁地换岗交流会限制其专业素质的提升，影响办案质量。"

粤"十二五规划"知产战略提至新高度[*]

——今年与国家知识产权局共推十项重点工作

(2011年3月13日)

广东省"十二五规划"以大段笔墨阐述了深入实施知识产权战略等有关内容。日前在北京出席全国两会的全国政协委员、广东省知识产权局局长陶凯元接受香港文汇报记者专访，对规划中有关知识产权的内容进行了精辟解读，并对落实规划的工作措施作了介绍。

"十二五"重墨知产战略振奋人心

陶凯元在"十一五"期间执掌广东省知识产权工作，致力推动知识产权制度建设和机制创新，她上任以来广东知识产权事业迈上了新台阶。她表示，广东省的"十二五规划"非常振奋人心，规划在优化创新发展环境章节，以大段笔墨阐述了深入实施知识产权战略，及"十二五"时期知识产权的具体工作部署和目标。其主要内容为：深入实施知识产权战略，加强知识产权的创造、运用、保护和管理；深入开展省部知识产权合作，建设国家级区域专利信息服务中心和知识产权公共信息综合服务平台；大力发展知识产权优势和示范企业；实施知识产权战略与技术标准的结合等。陶凯元指出，规划中既有宏观的战略部署，又兼顾微观的具体工作安排，从中可以感受到广东省委、省政府对知识产权工作的高度重视，不仅强调了知识产权的经济功能，还对知识产权营造创新环境的作用认识到位，具有国际视野。

首个全省知产综合规划奠好开局

据了解，广东省知识产权局为了落实广东省"十二五规划"提出的工作目

---

[*] 本文刊载于《文汇报》2011年3月13日 A27版，作者：于滨。

标，在广东省委、省政府的大力支持下，由广东省知识产权局牵头，汇集广东省工商、版权、公安、海关、质监等14个部门参加，共同制定了广东省首个综合性的知识产权"十二五规划"，规划领导小组由广东省副省长宋海任组长，广东省政府副秘书长江海燕、广东省知识产权局局长陶凯元任副组长。

陶凯元指出，这是一部真正意义上的知识产权规划，由全省知识产权的各主要部门共同参与制定，非常具有实操性，将是今后一段时期内广东知识产权工作的指导性文件。她欣慰地表示，广东知识产权工作已经形成非常好的发展环境，有了良好的"十二五"开局。

率先全国开创性地推进知产工作

她还介绍说，广东知识产权工作一直以高标准来要求自己。除了在战略规划上一直走在全国前面，在政策法规方面也作了有益的探索。今年将出台"十二五规划"的年度推进计划，探索制定知识产权战略实施评估体系，对全省各部门、各市知识产权战略的实施情况进行评估；还要出台《广东省专利奖励办法》，将部门奖励上升至省政府奖励，形成对社会的有益引导和激励；还将开展《展会知识产权保护办法》的制定工作。另外，以广东省委、省政府名义出台的《加快建设知识产权强省的决定》也正在积极地推进之中。

省部合作迎来第三次会商　　着力推进十件大事

另悉，3月3日，广东省政府与国家知识产权局在北京举行第三次部省合作会商。自2008年底签订省部知识产权高层战略合作协议以来，这已经是第三次会商。双方总结了过去一年的工作，并制定了今年共同推进的十项重点工作内容，包括：共同推进知识产权战略和"十二五"规划的实施；全面加强知识产权人才培养和对外交流合作；着力推进战略性新兴产业专利产业化和信息资源开发利用；探索建立知识产权涉外应对和维权援助机制；积极推进国家知识产权投融资综合试验区建设；努力完成区域专利信息服务中心和传播利用基地的建设；大力推进中国中山（灯饰）知识产权快速维权中心建设；组织举办2011年顺德国际工业设计创意博览会；进一步拓展广东专利代办业务；全面推进广东省知识产权局与国家知识产权专利复审委员会的合作共建。

用心谋划广东知识产权发展大局*
——访全国政协委员、广东省知识产权局局长陶凯元

（2011年3月16日）

"为了充分发挥知识产权制度在经济社会发展中的重要作用，加快转变经济发展方式，建设创新型广东和幸福广东，目前，广东省正借力国家'十二五'规划和省'十二五'规划，编制省知识产权'十二五'规划，谋划广东知识产权发展大局。"近日，全国政协委员、广东省知识产权局局长陶凯元在接受中国知识产权报记者采访时表示。

陶凯元介绍，广东省委、省政府高度重视"十二五"期间全省知识产权事业的发展，今年1月，中共广东省委十届八次全体会议通过了广东省《关于制定国民经济和社会发展第十二个五年规划的建议》（下称"规划建议"），将知识产权和技术标准工作单独列为一节。随后，在提交广东省十一届人大四次会议讨论的《广东省国民经济和社会发展第十二个五年规划纲要（草案）》（下称"省规划纲要"）中将知识产权工作单列，纳入优化创新发展环境之中。根据总体部署，从去年开始，广东省知识产权局牵头组织14个有关部门，共同编制《广东省知识产权"十二五"规划》（下称"知识产权规划"），目前已完成送审稿。

"规划建议、省规划纲要和知识产权规划从不同角度和层面，对知识产权的创造、运用、保护和管理各方面提出了明确的发展目标、任务和措施，已经将知识产权工作作为加快转变经济发展方式、产业结构调整的重要推动力和有力保障。"陶凯元告诉记者，知识产权规划是广东省首个集专利、商标、著作权、商业秘密、植物新品种和地理标志等各类知识产权于一体的5年发展规划。

陶凯元介绍，知识产权规划围绕广东省委、省政府对知识产权工作的总体部署，明确了专利、商标、著作权、技术标准等方面发展目标的具体量化指标，并根据各项发展指标和主要任务，细化为31项具体措施和10项重点项目，充分体

---
* 本文刊载于《中国知识产权报》2011年3月16日第2版，作者：吴艳。

现了宏观与微观的结合。

"知识产权规划是根据广东省的经济、社会发展实际情况而制定的,具有'广东特色'。它提升了知识产权工作在广东经济社会发展中的地位,体现了知识产权工作的'整体性',强调知识产权创造、运用、保护和管理全面发展,更加注重省部知识产权高层次战略合作,推动知识产权运用和服务向高端发展,突出了知识产权对战略性新兴产业的引导和扶持。目前,广东正处于加快经济发展方式转变、提高自主创新能力和产业竞争力的关键时期,知识产权规划对广东'十二五'时期的知识产权工作进行了全面部署,为未来5年知识产权事业的发展指明了方向。可以预见,广东知识产权事业又将迎来一个全面发展的新阶段。"陶凯元对广东未来知识产权事业的发展充满信心。

唯冠阻击新 iPad

（2012 年 3 月 9 日）

昨日凌晨，苹果公司发布新一代 iPad，定于 3 月 16 日上市，首发包括中国香港，对此唯冠向苹果 iPad 产品全国供应商与经销商发表公开信，称唯冠公司是"IPAD"注册商标唯一合法权利人，依法享有禁止他人使用该商标的一切权利，声称将对侵权行为追究法律责任。这无疑给了苹果当头棒喝，唯冠的声明，是否会导致新一代 iPad"出师未捷身先死"呢？

唯冠与苹果的"iPad 商标权属纠纷"由来已久，而美国 NBA 球星乔丹也正在起诉中国乔丹体育，两起纠纷将知识产权纠纷推向了一个高潮。

对此，本报专访了全国政协委员、广东省知识产权局局长陶凯元，她表示知识产权纠纷是好事，通过解决纠纷可提升企业运用知识产权的能力、推动企业创新，同时，她还就产权纠纷的症结、应对之策作了一一解读。

iPad 商标纠纷：知识产权保护史上的典型

对于近期，备受关注的"iPad 商标权属纠纷"，陶凯元表示，目前仍在审理，但无论结果如何，该案都将会成为中国知识产权保护史上的一个典型案例，并有较强的启示意义。

"iPad 商标侵权案"说明商标权具有非常强的以小制大的杠杆效应，"每个企业都该重视商标和品牌的培育"；同时，她也表示，苹果被深圳唯冠科技"咬"，为我国企业提高知识产权意识敲响了警钟，提醒我国企业在开拓国际市场之时，一定要注意商标的国外注册和维护工作。她也"支招"在华外资企业和跨国公司，今后必须进一步加深对中国相关法律的了解，熟悉中国的知识产权规则，才能更好地在市场竞争中赢得有利地位。

---

* 本文刊载于《广州日报》2012 年 3 月 9 日 A14 版，作者：李华、李栋、肖欢欢。

症结：产权垄断与市场竞争的博弈

近年来知识产权纠纷频发，陶凯元认为，一是因为，国民知识产权保护意识不断增强；二是我国企业运用知识产权这把利器的能力正在逐步增强；三是随着经济全球化，我们面临经济转型升级，制造能力逐渐增强、竞争加剧。

"知识产权纠纷不是件坏事，反而是一件好事"，她指出，通过纠纷的解决，一方面提升了企业运用知识产权的能力，有效维护了市场的竞争秩序；另一方面也推动了企业自主创新，不断促进企业竞争能力的提升。

应对：及时申请专利和注册商标

同时，陶凯元给企业支招——及时申请专利和注册商标。在研发或新项目上马前，企业就要进行检索和查新，避免出现与他人在先权利的冲突。还有就是搜集资料，看市场上是否有类似的产品。在取得技术创新和突破的同时，要及时申请知识产权，有效地维护好企业的合法权益。

陶凯元认为，大多数专利纠纷案选择庭外和解，是明智的选择：一方面双方可以避免了后续的行政和司法程序，另一方面也降低了权利人的维权成本，而且有部分案件通过和解，还促成了双方当事人的合作，避免了矛盾的进一步激化。

知识产权是创新者的"佩剑"*

——对话省知识产权局局长陶凯元

（2012年5月15日）

2008年爆发的全球金融危机，给广东的企业上了生动一课：当年有多少中小企业因为"内功"不足而倒下？如果不能有效地保护知识产权，当劳动力、原材料等成本优势丧失以后，我省企业再难以在国际舞台中参与竞争。

没有知识产权的保护，就没有真正的创新意识。目前，广东在提升企业"知识产权"竞争力方面有何探索和经验？这给企业转型带来了怎样的影响和变化？政府又当如何破解知识产权难题，为企业提供良好的转型环境……本刊记者就此话题采访了省知识产权局局长陶凯元。

知识产权是创新活动的智慧结晶

《南方》：在今年的全国两会上，中共中央政治局委员、省委书记汪洋表示，5年、10年以前是外国人要求我们保护知识产权，现在是我们自己感受到要保护知识产权。请结合广东的经济发展，谈谈这种变化的背景和原因。

陶凯元：当前广东正站在新的发展起点，总体上由规模扩张主导的经济高速增长期转入结构调整和质量效益主导的平稳增长期。按照国际工业化理论，这个阶段最容易出现"中等收入陷阱"问题，一方面原来靠自身成本发展的优势不复存在，另一方面真正的高端技术又还主要掌握在西方发达国家手中。跨越"中等收入陷阱"，推动经济发展方式转变的关键环节就是建立并充分发挥知识产权制度的作用。

实践表明，知识产权为经济发展方式转变提供创新动力、制度保障和文化支撑，是转变经济发展方式的切入点、着力点和战略基点。

《南方》：目前，有的地方政府官员和企业对于知识产权保护存在误区。在

---

* 本文刊载于《南方》杂志（2012年5月15日），作者：郭芳。

他们看来，保护知识产权会扼杀中小企业的成长空间，影响其生存和发展。怎样看待这种观点的误区？知识产权保护对广东转型升级有何价值和意义？

陶凯元：没有知识产权的保护，就没有真正的创新意识。知识产权是创新活动的智慧结晶，是以创新思维划分的经济版图，是创新者的"佩剑"——即进攻的"矛"、防御的"盾"和荣誉的"勋章"。

知识产权保护是知识产权制度的一项核心功能。有效地知识产权保护，通过保护创新成果来保障创新者的权益，激励人们不断创新的热情，确保"利益之油"能激发和助燃"天才之火"，不断催化和聚集创新人才，激励企业技术革新，走上创新发展之路，是企业发展创新必不可少的游戏规则。一言以蔽之，在企业的创新发展过程中，知识产权扮演着特殊而关键的角色，发挥着巨大、积极、不可替代的重要作用。唯有尊重知识产权，遵守知识产权游戏规则，企业方能于激烈的市场竞争中立于不败之地，赢得长远创新发展。

知识产权竞争力推动转型升级

《南方》：知识产权正在成为一种经济竞争力。广东在提升企业知识产权竞争力方面有何探索和经验？

陶凯元：在以企业为主体的知识产权工作中，政府扮演着引导者、服务者和维护者的角色，即引导企业不断提高运用知识产权制度的意识与能力，服务于企业的知识产权创造和运用，维护企业的合法权益和公平的市场秩序。

在引导方面，广东大力实施知识产权战略、名牌带动战略，推进省政府与国家知识产权局知识产权高层次战略合作，施行专利奖励政策等工作。从宏观和微观两个层面，为企业营造知识产权发展环境，引导企业提升运用知识产权制度的意识和能力。

在服务方面，广东建设知识产权公共信息综合服务平台，专利数据总量达3800多万条；建设了12个省级重点行业和4个地方特色行业专利分类数据库，以专利信息资源开发提升企业的自主创新能力；打造知识产权展示交易平台，建成广州、深圳、东莞、佛山4个国家专利技术展示交易中心，等等。

在维护方面，广东不断加强法制建设，加大知识产权执法力度，维护市场秩序和企业的合法权益。早在1997年，广东就出台了国内第一部专利保护的地方法规——《广东省专利保护条例》。2010年9月，广东出台《广东省专利条例》，内容涵盖专利创造、运用、管理、服务等方面，为企业发展营造更全面、更优化的知识产权制度环境。

《南方》：提升企业"知识产权"竞争力，给企业转型带来了怎样的影响和变化？

陶凯元：目前，广东企业专利申请数量和质量不断提升。2011年，广东发明专利授权量18242件，继续位居全国第一；PCT国际专利申请受理量为8941件，占全国总量的55.57%，连续10年位居全国第一；广东专利密度（百万人口有效发明专利量）为562.3件/百万人，是全国专利密度的2.37倍。

目前，一批拥有自主知识产权的产业核心技术悄然涌现。比如，在数字家庭领域，广晟数码公司自主研发出DRA数字音频编解码技术规范，成为国家标准和国际蓝光光盘标准。这是全球信息产业领域的国际主流标准第一次采用中国自主研发的核心技术，不仅可以为国内企业节省10亿美元的专利费，而且可以为该公司每年带来20亿元的专利费。

同时，越来越多的企业拥有高质量的自主知识产权、善用知识产权战略提升核心竞争力以开拓市场空间。以华为、中兴通讯、金发科技、风华高科、比亚迪、腾讯、威创等为代表的创新企业纷纷涌现，并发展成为中国电子信息、改性塑料、电子元器件、电动汽车、软件、互联网等行业的龙头企业。

就华为公司而言，其产品和解决方案已经应用于全球100多个国家，服务45家全球前50强运营商及全球1/3的人口。在GSM领域，华为跻身于全球顶级GSM供应商之列。在3G（第三代移动通信）专利方面，华为目前拥有的基本专利数量排名全球前五位。

拓展企业知识产权发展空间

《南方》：目前，广东在提升企业"知识产权"竞争力方面还遇到哪些困难和问题？

陶凯元：遇到的困难和问题主要有：一是利用知识产权制度推动产业发展与加快转变经济发展方式的政策体系有待完善。我省目前仍缺乏系统、完整而强有力的、针对产业及经济发展的知识产权政策支持。

二是开发专利信息资源促进全球创新要素聚集的推进力度有待提升。大部分专利信息资源仍然有待深度开发和利用，我省大部分企业均没有独立的专利信息开发能力，亟待建立完善的公共专利信息开发服务平台。

三是知识产权在重大经济和创新活动中的激励和约束机制有待健全。在知识经济时代，知识产权特别审查制度、重大创新活动知识产权保护机制、培育知识产权服务业促进产业发展机制等在内的制度和机制显得日益重要，其建设仍有待加强。

四是财政经费投入不足。仅就建设战略性新兴产业专题专利信息数据库、开展专利态势分析及预警而言,每个具体行业都需要数百万元的经费投入。而目前的财政投入不足,导致许多重要的知识产权工作无法开展,已成为制约我省以知识产权推动产业科学发展的主要因素。

《南方》:政府如何破解知识产权难题,为企业提供良好的转型环境?

陶凯元:广东主要从政策引导、平台搭建、综合服务、财政投入等方面入手,着力拓展企业知识产权发展空间、推动企业运用知识产权加快转型升级。

政策引导方面,2012年1月,省委、省政府出台《关于加快建设知识产权强省的决定》。《决定》突出强调了知识产权对促进产业转型升级的重要作用,提到要发展重点产业自主知识产权、实施战略性新兴产业知识产权专项工程、实施重点产业(集群)专利联盟推进计划、推行重大经济和创新活动知识产权审查评估等。

平台搭建方面,继续深化与国家知识产权局携手建立的省部知识产权高层次战略合作关系,省部联手深入推进知识产权战略实施及知识产权强省建设。比如,在集聚资源方面,着力建设国家知识产权局专利局专利审查协作广东中心、广东省知识产权服务业园区等,让知识产权优质资源服务广东转型升级。

综合服务方面,开展专利资助及奖励,以推广《创新知识企业知识产权管理通用规范》、建设专利技术实施孵化基地和专利产业化试点基地、助力知识产权投融资、推动战略性新兴产业专利信息开发利用等手段,推动企业加强知识产权储备,不断提升企业知识产权制度运用水平。

财政投入方面,加大投入力度,逐步建立以政府投入为引导、金融信贷为支撑、企业投入为主体的多渠道、多元化的资金投入体系。

广东：励精图治
谱写强省建设新篇章[*]

（2013年3月8日）

2007年11月，广东省政府颁布实施了《广东省知识产权战略纲要（2007~2020年）》（下称《广东纲要》）。次年6月，《国家知识产权战略纲要（2008~2020年）》颁布实施，在两份纲领性文件的统领下，广东深入贯彻实施知识产权战略，积极落实《珠江三角洲地区改革发展规划纲要》，推动了知识产权事业又好又快发展，使广东大步从知识产权大省向知识产权强省迈进。

"从2008年到2012年的5年间，是广东知识产权事业发展由'大'逐步向'强'发展和转变的5年。"近日，广东省知识产权局局长陶凯元在就5年来全省知识产权事业建设成就和未来发展规划接受中国知识产权报记者的采访时发出感慨。

事业发展工作成效卓著

谈到5年间的变化，陶凯元一连用6个"更强了"的词汇概括其中的变化。

第一是"政策更强了"。自从2007年11月，广东省政府颁布《广东纲要》以来，全省知识产权政策不断加强。5年来，在省政府知识产权办公会议统筹下，全省多次制定知识产权战略年度实施方案，推动了近300个具体项目的落实。2011年，广东省政府办公厅印发《广东省知识产权事业发展"十二五"规划》，这是全省首部集专利、商标、版权、植物新品种等知识产权于一体的5年规划。2012年1月，广东省委、省政府联合出台《关于加快建设知识产权强省的决定》，将广东知识产权工作推到了一个全新的高度。

第二是"创造更强了"。近日，国家知识产权局发布了2012年我国发明专利授权情况，在排名前十位的省份中，广东以2.2153万件的总量，位居首位，这

---

[*] 本文刊载于《中国知识产权报》2013年3月8日第8版，作者：顾奇志。

也是广东连续5年位居全国年度发明专利授权量第一名。2012年,广东省的中国专利和发明专利申请量分别为22.9514万件和6.0448万件,分别是2008年的2.21倍和2.15倍,通过《专利合作条约》(PCT)途径提交的国际专利申请量为9211件,是2008年的2.95倍,连续11年位居全国第一。截至2012年底,全省有效发明专利达到7.8902万件,继续保持全国第一。目前,全省每万人口发明专利拥有量为7.51件,是全国平均值的2.33倍。华为技术有限公司、中兴通讯股份有限公司等企业多次进入全球企业PCT国际专利申请量前列。

第三是"运用更强了"。5年以来,广东省政府连续重奖获得中国专利奖等单位和个人,设立广东省政府质量奖,支持广东省专利奖评选活动。广东省知识产权局通过实施专利重大项目计划,开展战略性新兴产业知识产权工作,推动知识产权质押融资,培育知识产权优势和示范企业,引导和规范知识产权(专利)联盟建设,探索开展专利保险试点等系列工作,有力促进了全省知识产权运用水平的提升。在第14届中国专利奖评选中,广东获得2项金奖、53项优秀奖,再创历史新高。其间,全省有200多个企业通过知识产权质押融资获得贷款近10亿元。同时,顺德电压力锅专利联盟还牵头制定和修订了国际标准。

第四是"保护更强了"。首先是知识产权地方立法全面加强。2010年12月1日,《广东省专利条例》开始实施,这是我国首部全面规范专利创造、运用、保护和管理的地方性法规。2012年9月,广东省政府审议通过《广东省展会专利保护办法》,在国内率先以行政规章的形式规范展会知识产权保护。其次是知识产权执法全面加强。5年来,广东先后圆满完成上海世博会、广州亚运会、深圳大运会的知识产权保护任务,树立了良好的国际形象。全省深入开展了打击侵犯知识产权和制售假冒伪劣商品专项行动、"三打两建"等专项行动,查处了数以万计的知识产权侵权案件。广东法院深入开展知识产权"三审合一"试点工作,成功处理美国苹果公司诉深圳唯冠公司商标权属纠纷等一大批重大案件。

第五是"服务更强了"。5年来,广东省不断推进知识产权服务体系建设,国家知识产权局专利局专利审查协作广东中心、中国中山(灯饰)知识产权快速维权中心、国家知识产权区域专利信息服务中心和专利信息传播利用基地、国家知识产权培训基地等一批"国字号"机构相继落户广东,以及全省知识产权公共信息综合服务平台建设、"百所千企"知识产权服务对接工程推进、战略性新兴产业专利态势和预警报告发布等工作的不断深入,有力地提升了广东省知识产权服务能力。

第六是"平台更强了"。5年以来,广东省知识产权工作平台得到前所未有的拓展和加强。广东省政府和国家知识产权局建立的高层次战略合作平台发挥了强大作用,极大提升了知识产权工作的高度。省级和地级以上政府知识产权协调机制全面建立和加强,省市知识产权局行政管理专职人员近200人,创历史新高。95%的县(市、区)成立了知识产权局。深圳市实现了大知识产权管理格局,广州、深圳成为首批国家知识产权示范城市。以泛珠三角地区、粤港、粤澳、粤台合作等机制开展的区域知识产权合作深入推进,广东作为我国知识产权区域中心的优势更加明显。

补齐"短板"加快强省建设

2008年6月,广东省委、省政府在《关于争当实践科学发展观的排头兵的决定》中提出,要实现从知识产权大省向知识产权强省的跨越。5年以来,全省上下围绕建设知识产权强省而努力奋斗,全面推进了知识产权的创造、运用、保护、管理及服务,可以说,目前广东的知识产权强省建设已经初具规模。

陶凯元同时坦言,广东目前离真正的知识产权强省还有一定的差距,存在不少制约知识产权事业发展的"短板":

一是"政策与投入短板"。虽然宏观层面的重大政策基本完备,但在具体措施层面,部分现有举措功能发挥不到位,新的政策措施亟待完善,知识产权工作的政府投入亟待加强。

二是"创造与运用短板"。虽然目前广东累计提交专利申请达到133万多件,其中发明专利申请量超过30万件,但有效专利和有效发明专利数量还不多,除了个别产业和企业外,更多具有国际知识产权优势地位的产业和企业还有待形成。

三是"服务与人才短板"。广东的知识产权服务能力和人才队伍,与快速发展的知识产权事业形势需要相比较,还有较大差距。如在专利代理能力方面,截至2012年底,全省执业专利代理人不足900人,而同年广东省提交专利申请量突破22万件,企业和社会对专利代理行业高质量人才和高水平服务的需求越来越大。

"宝剑锋从磨砺出,梅花香自苦寒来。"陶凯元表示,建设知识产权强省,是当前广东省知识产权事业发展最根本的目标和最迫切的要求,但目标越是接近,困难就越大。克服困难的有效手段,就是继续解放思想,励精图治,深入实施知识产权战略,在广东《关于加快建设知识产权强省的决定》这一重大指导性文件统领下,继续完善各项政策,不断加大资金投入,全面提升广东知识产权创造、运用、保护、管理和服务能力。

2013年，广东将深入贯彻落实党的十八大精神，全力以赴抓好一系列重点工作。据陶凯元介绍，一是继续制定广东实施知识产权战略年度计划，大力实施知识产权战略；二是促进新一轮省部知识产权高层次战略合作，加强知识产权工作平台建设；三是加强知识产权创造和运用，充分尊重和发挥企业作为知识产权工作主力军作用；四是完善知识产权保护体系建设，不断提升知识产权保护力度；五是制定知识产权服务示范省规划，加快全省知识产权服务业集聚中心和国家知识产权局专利局专利审查协作广东中心建设；六是努力推进知识产权人才队伍建设，强化知识产权宣传工作，营造良好的知识产权社会氛围。

"这是知识产权工作的意义所在，更是全省知识产权工作者的责任所在。"陶凯元强调，知识产权强省建设是一个动态发展过程，其根本目的是使知识产权事业的发展适应和领先于全省经济社会的发展，推动知识产权与经济、科技、文化、社会发展的全面融合，真正发挥知识产权在推动产业升级、促进经济发展方式转变和建设创新型广东中的重要作用。

相关链接：

盘点广东省知识产权工作十大亮点（2008~2012年）

亮点一　战略实施　进展良好

2007年11月，广东省颁布《广东省知识产权战略纲要（2007~2020年）》。2008年6月，《国家知识产权战略纲要》颁布实施。这两份知识产权纲领性文件引领广东省知识产权事业进入重要的战略发展期。目前，全省21个地级以上市已全部出台本地区知识产权战略纲要或其实施方案，形成了以战略促进知识产权事业全面发展的良好格局。

亮点二　政策法规　措施得力

2010年12月，《广东省专利条例》经省人大常委会颁布后正式施行。2011年10月，第一个集专利、商标、版权等各知识产权门类的《广东省知识产权事业发展"十二五"规划》出台。2012年1月，省委、省政府颁布《关于加快建设知识产权强省的决定》；10月，《广东省展会专利保护办法》实施；12月，省知识产权局等9部门联合出台《关于加快推进我省知识产权质押融资工作的若干意见》。

亮点三　专利质量 实力提升

截至 2012 年底，全省累计专利申请量 133.6065 万件，发明专利申请量 30.2678 万件，有效发明专利量 7.8902 万件，位居全国第一。发明专利授权量连续 5 年位居全国第一。通过《专利合作条约》（PCT）途径提交的国际专利申请量连续 11 年居全国第一。根据国家知识产权局 2012 年 5 月 23 日发布的 2011 年全国地区专利综合实力排名，广东位居全国首位。

亮点四　战略合作 成效显著

广东省政府与国家知识产权局于 2008 年建立知识产权高层次战略合作关系，5 年来成效显著。2008 年，国家知识产权局在广东设立国家知识产权局专利复审委员会第一审理庭，2010 年设立第二审理室。2011 年，在北京地区之外设立第一个国家知识产权局专利局专利审查协作广东中心及第一个国家知识产权局（广东）专利信息传播利用基地。2010 年和 2012 年批准成立两个国家知识产权培训（广东）基地。2012 年，设立第一个国家知识产权局区域专利信息服务（广州）中心。2012 年，国家知识产权局同意广东创建全国首个知识产权服务业示范省。

亮点五　专利运用 取得突破

5 年来，广东积极探索实现知识产权价值的长效机制。国家工业设计与创意产业（顺德）基地建设稳步开展。国家专利产业化（广州数字家庭）试点基地建设快速推进。专利联盟专利标准化工作取得重大进展，顺德电压力锅专利联盟建成专利和标准"双联盟"。广州、深圳、东莞、佛山市禅城区先后获批开展全国专利保险试点。广州、东莞、佛山南海等地知识产权质押融资工作成效显著。截至 2012 年底，全省共拥有国家专利技术展示交易中心 4 家，国家专利产业化试点基地 1 个，国家专利工作交流站 4 家，全国企事业知识产权示范单位 8 家，全国企事业知识产权示范创建单位 8 家，国家知识产权试点园区 3 个，国家知识产权投融资综合试验区 1 个，国家知识产权投融资服务试点地区 1 个，国家专利保险试点地区 4 个，国家知识产权局专利巡回审查庭 1 个。

亮点六　保护体系 走向完善

5 年来，广东省坚持日常执法与专项行动相结合，知识产权保护力度不断加大。2008 年至 2012 年，全省共立案处理各类专利纠纷案件 1198 件，结案 950

件；立案查处假冒专利案件 745 件，结案 622 件；通过指导各类会展和行业协会解决专利纠纷 5720 宗。省打击侵犯知识产权和制售假冒伪劣商品专项行动成效得到国务院督查组和全国专项行动办公室高度评价。在全省"三打"专项行动全年绩效考评中，省知识产权局被评为优秀等级。在国家知识产权局开展的专利行政执法和知识产权维权援助举报投诉绩效考核中，广东省名列前茅。全省 6 个维权援助中心有效发挥服务作用，该省建成了全国第一个单一行业知识产权快速维权机构——中国中山（灯饰）知识产权快速维权中心。

亮点七　服务水平　持续提高

5 年来，广东省大力提升和发展知识产权服务能力。中介服务队伍不断发展壮大，专利代理机构和分支机构增长到 113 家和 109 家。2010 年，启动"百所千企知识产权服务对接工程"，构建更加高效的知识产权服务平台。专利代办工作职能不断拓展，专利电子申请推广工作成效显著。专利信息化服务建设快速推进，2011 年，实施战略性新兴产业专利信息资源开发利用计划深度开发专利信息，形成战略性新兴产业专利分析及预警系列报告平台及品牌。5 家知识产权服务机构入选国家知识产权局品牌服务机构培育单位。

亮点八　试点示范　蓬勃发展

5 年来，广东全面加强市县知识产权机构建设和工作发展，努力促进全省区域知识产权事业协调发展。2010 年召开全省首次县域知识产权工作会议，出台《关于加强县级知识产权工作的若干意见》。截至目前，全省共拥有国家知识产权示范城市 2 个、工作示范城市 2 个、示范城市创建市 1 个（已通过验收）、试点城市 3 个，6 个区被纳入国家知识产权强县工程，省级知识产权试点区域达 103 个，数量比 2007 年底翻了一番。通过实施区域知识产权发展计划，5 年共安排专项经费支持市县开展知识产权专项工作 330 余项。

亮点九　人才培养　不断深化

5 年来，广东深入开展知识产权宣传普及和教育培训活动，有效提高全社会知识产权意识。在每年"4·26"世界知识产权日活动中，打造了"广东省知识产权保护状况新闻发布会"、"知识产权联合执法"等系列品牌。全省成立了 4 所知识产权学院和 4 所知识产权研究院（所）。建成广东省知识产权远程教育分平台。认定中小学知识产权教育示范学校 30 所，试点学校 191 所，累计受教育学生达数十万人次。建设省知识产权培训基地 6 个。全省各类培训主体共组织举办培训班 500 余期，培训人数十万人次，培训对象覆盖各级党政机关、企事业单位、中介服务机构等多个行业和领域。全省 13 人入选国家知识产权专家库，11 人入选国家知识产权领军人才，24 人入选"百千万知识产权人才工程"百名高层次人才培养人选。

亮点十　区域合作　逐步加强

5 年来，广东不断深化知识产权国际交流与区域合作，广泛开展交流互访、国际研讨、境外培训等活动，与美、英、日、韩等 20 多个国家和地区的政府机构、社会团体、企业和服务机构建立合作关系，知识产权工作的国际认知度和影响力不断提升。

知识产权成为《粤港合作框架协议》和《粤澳合作框架协议》重要内容，粤港知识产权合作成效日益突出。对台知识产权合作不断加强，互访交流和培训教育活动深入开展。泛珠三角区域、粤哈及粤喀知识产权合作有效深化，16 省市、中南 5 省、粤闽沿海城市、粤渝、9 省市等区域专利行政执法协作不断加强。（本文由记者顾奇志整理）

以第二轮知识产权高层次战略合作助广东知识产权工作新发展

(2013年3月12日)

全国政协委员、广东省政协副主席、广东省知识产权局局长陶凯元在两会现场接受本报记者采访时透露,为了以实际行动贯彻十八大精神和习近平总书记视察广东重要讲话精神,深入实施《国家知识产权战略纲要》,充分发挥知识产权在广东实现"三个定位、两个率先"目标中的支撑和保障作用,国家知识产权局与广东省人民政府第二轮知识产权高层次战略合作关系议定书有望3月底在广东签署,与上一阶段的合作相比,本轮合作起点更高、内容更新、措施更实。

创新知识产权服务转型

陶凯元说:"过去五年广东知识产权工作迈上一个新台阶,实现了大提升、大跨越,这主要得益于省委、省政府的正确领导和国家知识产权局的大力支持、有关知识产权政策法规的不断出台和完善、企业作为创新主体的积极性的充分调动以及全社会知识产权意识的逐步提高等各方面的因素。此外,也得益于我们搭建了一个知识产权高层合作平台,即2008年底广东省政府与国家知识产权局签订的知识产权高层次战略合作协议,据此,国家知识产权资源和高端人才对广东的倾斜,使广东知识产权环境明显改善,高层合作取得明显实效。"

据了解,国家知识产权局对建立第二轮合作关系的审核非常严格,前一阶段合作项目必须全部落实,新合作必须要有突破和创新。目前双方已基本达成共识,正处于国家局和广东省对协议文本征求意见阶段,预计3月底或4月初在广东签署。陶凯元明确指出,新一轮的合作将围绕广东经济结构战略性调整的中心任务,以"服务转型升级、服务创新驱动、服务扩大内外需"为切入点,共同打造知识产权服务经济结构战略性调整的创新地。

---

* 本文刊载于香港《文汇报》2013年3月12日B3版,作者:于滨。

起点高　内容新　措施实

据她介绍，第二轮高层合作有三方面内容：首先，共同探索推动产业转型升级的新路径。包括：开展专利导航工程；实施企业贯标计划；探索知识产权高端运用；加强对知识产权服务经济结构战略性调整的工作机制及实现路径研究。其次，共同构建增强创新驱动发展能力新机制。包括以创建知识产权服务业发展示范省为主线，着力构建创新资源高效配置的有效模式；以营造良好的创新发展环境为要求，着力构建省际知识产权执法协作新机制；以建立适应企业创新发展的金融体系为目的，着力构建以知识产权为纽带有机融合科技、金融和产业的新机制；以国家重点知识产权项目为依托，着力构建吸引知识产权高端人才集聚的新机制。最后，共同培育促进开放型经济发展新优势。包括建设知识产权多元国际合作试验区；加强知识产权涉外应对和海外维权；开展华侨知识产权交流合作；加强粤港澳台知识产权交流合作。陶凯元强调，广东作为外向型依存度高达70%的外贸大省，无论国内外形势如何发展，也不能放弃海外市场。

为预警与规避知识产权风险提供制度保障[*]

——访全国政协委员、广东省政协副主席、广东省知识产权局局长陶凯元

(2013年3月15日)

作为对外开放时间较早、积极参与全球市场竞争的广东,目前正面临着产业发展由劳动密集型向知识密集型转型升级的挑战,在这一转型过程中,知识产权势必将成为不可回避的问题之一。"目前,伴随经济全球化进程的加快,发达国家和跨国集团利用经济优势和技术优势,抢占知识产权的话语权,对我国实施贸易保护、技术垄断和经济掠夺,这使得我国的一些重大经济活动频频落入专利'陷阱',直接影响我国经济安全与创新发展。"在今年全国两会期间,全国政协委员、广东省政协副主席、广东省知识产权局局长陶凯元敏锐地注意到了这一现象。这也是陶凯元此次带来的7个提案中备受关注的一个。

虽然自2006年以来,我国出台了一系列文件提出要建立重大经济活动知识产权审查机制的要求,各地也以不同形式开展试点并取得一定成效,但目前我国重大经济活动知识产权审查机制仍未真正建立起来。实践中,不少重大项目因知识产权评议制度缺失而出现重复投入、因侵权风险而受挫、国有资产流失等重大损失。陶凯元告诉本报记者,之所以未能真正推动这一机制建立并成为长效机制,不仅有法律依据不足、管理部门分散的原因,也与工作流程缺失和支撑体系不够完善有关。

实际上,广东省在探索建立重大经济活动知识产权审查机制方面可谓国内的"先行者"之一。2011年时,广东省知识产权局就与国家知识产权局签订了试点工作合作协议,成为全国首批5个先行先试探索知识产权评议与重大项目有效对

---

[*] 本文刊载于《中国知识产权报》2013年3月15日第2版,作者:崔静思。

接路径的试点省份之一。近年来，广东省已初步构建了知识产权评议机制，试点开展了重大技术标准与专利结合项目工作。

结合自身的工作实践并通过广泛调研，陶凯元为加快建立重大经济活动知识产权审查机制提出了四方面的意见和建议：一是加快立法，尽早出台建立重大经济活动知识产权审查机制的行政法规或规章，将其列为政府项目投资审批的必需前置环节之一，明确审查的功能、对象、内容和责任主体；二是确立原则，在重大经济活动知识产权审查制度的设计上，坚持"政府统一领导、部门依法监管，单位组织实施、中介提供服务"的工作格局，明确政府投资项目组织单位、知识产权行政管理部门以及中介组织的职责与分工等；三是分类指导，国家相关部门、各省市遵照有关法律法规，结合自身经济活动特点和社会经济发展水平，根据重大经济活动的不同类别，明确各自的职责范围，制定具体的实施办法，逐步建立并完善全国重大经济活动知识产权审查机制；四是培育人才，各地在行业（产业）学会、协会、技术委员会的基础上，集聚人才，进行复合培训，规范资格、资质管理，培养高素质的人才和培育高资质的中介服务机构。

"对重大经济活动进行知识产权审查，能够有效规避重大项目投资、重点科技研发、重要涉外并购、核心技术转让等重大经济活动中的知识产权冲突和风险。可以说，构建并完善这一机制，是为知识产权潜在风险的预警与规避提供了制度保障。"陶凯元强调。

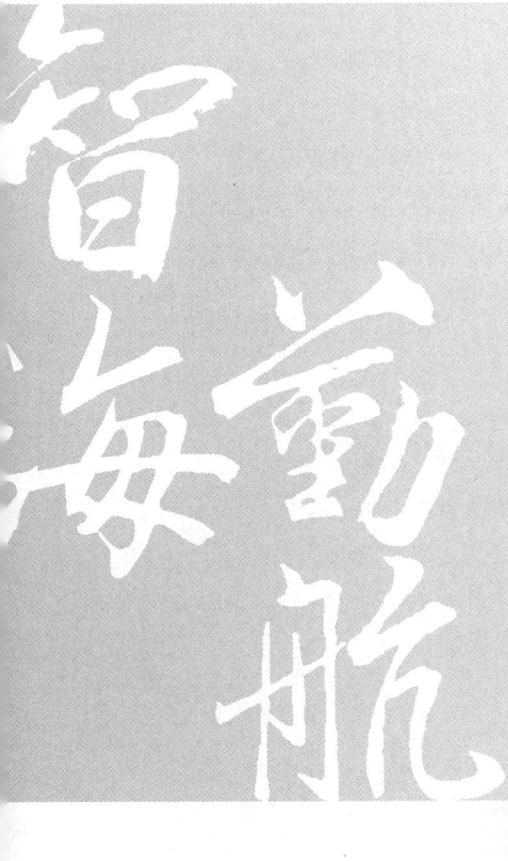

10
文化建设

文化建设

一次关于知识产权文化传播的大胆尝试

——《知识产权之歌》创作始末

(2009 年 12 月)

  随着知识产权战略与人才强国战略、科教兴国战略并列为国家三大重要战略之一,知识产权制度的建设愈来愈重要。但由于知识产权理论体系庞大,条文繁复难以理解,直接阻碍了社会公众对知识产权制度的理解和支持。

  加强知识产权文化的传播,已经成为当前知识产权工作的重要内容。正因为如此,在《国家知识产权战略纲要》中,培育知识产权文化和推进知识产权文化建设,被列在"五个战略重点"和"九项战略举措"中,处于举足轻重的位置。

  实践证明,一首好的歌曲,在带给人以身心愉悦、精神健康的同时,也给社会带来积极向上的影响,传播着先进的文化理念和思想。《满江红》《义勇军进行曲》《马赛曲》《国际歌》等一批知名古今中外歌曲,鼓舞着无数的热血青年为民族解放抛头颅,洒热血,前赴后继。

  因此,创作一首《知识产权之歌》,推动知识产权文化传播的念头,随着国家知识产权战略纲要的逐步推进,变得越来越强烈。

  2009 年 7 月,歌词的创作正式启动。将知识产权相对枯燥的理论性和歌曲的艺术性结合是一件非常困难的事情,必须寻找一个突破口。在经过一个多月的思索之后,我们决定避开介绍知识产权难懂的概念,从知识产权制度建设的目的和任务入手,强调知识产权制度建设对国家建设和民族崛起的重要意义。

  在创作的过程中,无意中想起当初入世时国务院副总理吴仪与美国代表关于"小偷与强盗"的一段对话,心中豁然开朗。于是歌词便集中在三个方面的主题思想:第一,中华民族的历史创造造福了整个世界,为人类文明的发展立下了卓越功勋,四大发明便是最为集中的表现;第二,知识产权制度是当今世界通行规则，我们必须尽快融合到世界潮流中，我们有信心接受知识产权制度的挑战；第三，发展知识产权事业，建设知识产权强国的最终目的是为了建设经济强国，是为了使中华民族再度崛起于世界之林。

主题思想有了，歌词的创作问题便容易多了，开始时歌词创作了三段，在广泛征求本领域专业人士和社会意见后，我们将歌词浓缩为两段，以更好地符合歌曲创作的艺术规律。

歌词最后定稿每一段的末句，即"易水而歌，再塑中华"和"知识产权，强我中华"，充分体现了我们想要表达的思想。前句表现了我们实施知识产权制度的决心和勇气，我们怀着"荆柯刺秦，易水而歌"的信念，大力推进知识产权制度建设，绝不退缩。后句表现了我们对知识产权所肩负着的历史重任的理解，知识产权的目的就是要强我中华。

最后将歌曲名称定为《知识产权之歌》，主要还是考虑了整个歌词的内容和形式而决定的，并没有垄断这一歌名的意思。

歌词确定后，已经是2009年年底了。著名歌唱家、作曲家宁林老师用了半个多月的时间，数易其稿，完成了歌词的谱曲和编曲。

歌以咏志。《知识产权之歌》的创作，寄托了我们对知识产权事业的由衷热爱，表达了我们为建设知识产权强国而奋斗的决心，同时也是我们为知识产权文化建设催开的一朵小小浪花。

祝福知识产权，愿智慧之神佑我中华！

附：

1. 歌词初稿

知识产权之歌

火药驱散黑暗，司南指引前行；纸张记录思想，印刷传播文明。惊天地，泣鬼神。昔我东方古国创造，人类为之着迷。啊，历史的辉煌让人沉醉，历史的苦难刻在心扉，易水而歌，再塑中华。试看未来世界，将是谁家之天下！

奔月震惊世界，奥运扬我国威；虽由他人创造，拿来胜似闲庭。全球化，我践行。实施知识产权制度，融入世界之林。啊，梦想的大门正在打开，梦想的世界已经呈现，智慧之神，佑我中华。试看未来世界，将是谁家之天下！

强国目标确立，战略催我前进；勇立海啸潮头，担当世界引擎。日月新，星斗移。巨龙已经冉冉升起，大地再露峥嵘。啊，创新的花朵依次绽放，创新的果实挂满枝头，知识产权，强我中华。试看未来世界，将是我们的天下！

2. 歌曲定稿

知识产权之歌*

火药驱散黑暗，司南指引前行；纸张记录思想，印刷传播文明。惊天地，泣鬼神。昔我东方古国创造，人类为之着迷。啊，历史的辉煌让人沉醉，历史的苦难刻在心扉。易水而歌，再塑中华。

战略催人奋进，制度激励创新；智慧之光璀璨，点亮华夏文明。日月新，星斗移。建设知识产权强国，屹立世界之林。啊，创新的花朵竞相绽放，创新的果实挂满枝头。知识产权，强我中华。

---

* 此歌为2010年6月广东省知识产权局制作的《崛起与奋进——广东知识产权事业发展历程》专题片的主题歌。

一首承载着粤港知识产权人智慧的友谊之歌

——《粤港携手 共创未来》创作始末

(2012年7月)

粤港两地同处南海之滨，一同面向着浩瀚的太平洋。1840年，英国的舰船跨洋而至，两地是古老的中土最早直接感受到近代化冲击的地区，从此也一直客观上成为我国对外开放的前沿。2002年，在中国加入世界贸易组织、加快转变经济发展方式的时代背景下，粤港两地携手开创了知识产权领域的合作，护航两地的创新发展。

粤港合作，共谱华章

粤港知识产权合作启动以来，政府间成立了粤港保护知识产权合作专责小组，专门推进知识产权交流合作。笔者于2008年就任广东省知识产权局局长以来，作为粤港知识产权合作的粤方负责人，直接见证了两地知识产权合作的有力推进，见证了两地知识产权事业的快速发展和两地知识产权合作成效的持续显现。近五年来，粤港保护知识产权合作专责小组召开了五次工作会议，在知识产权跨境保护、培训教育、研究服务方面开展合作项目达71项，知识产权被纳入广东省与香港特区政府《粤港合作框架协议》；同时，粤港民间机构的知识产权交流合作也如火如荼。两地的政府与社会力量齐心协力，精心营造两地共同的创新与发展环境，共同谱写了知识产权合作发展的华章。

2011年7月，在粤港保护知识产权合作专责小组第十次会议上，笔者与香港知识产权署新任署长张锦辉先生回顾粤港知识产权近十年来的合作及展望未来的合作前景，感慨万千，双方迅速达成共识，一致同意要创作一首歌曲，既纪念和庆祝知识产权合作十周年，又描绘美好的前景，激励未来的合作。我一直相信，一首好的诗歌未必是一首好的歌词，但一首好的歌词必然是一首好的诗歌。从诗经楚辞，到乐府诗集，从宋词元曲，到当今世界各地的知名歌曲，概莫能外。所以，当着手创作《粤港携手 共创未来》歌词的时候，我虽然不能肯定这将成为一首好的歌曲，但十分明确的是，自己必须至少以一首好的诗歌为目标，去构思创作。

一唱三叹，歌赋比兴

既然以一首好的诗歌为目标，同时这首诗歌要承载粤港两地知识产权合作这样较为宏大的主题，我不禁思考起诗歌作为人类文学的本源来，一是描述本源的诗论，一是作为本源的《诗经》。

《尚书·舜典》提出"诗言志，歌咏言"。两千多年前，先哲在《毛诗序》中对此作了精彩的发挥："诗者，志之所之也，在心为志，发言为诗。情动于中而形于言，言之不足，故嗟叹之；嗟叹之不足，故咏歌之。"我深知，这首歌曲必须要抒发心中的志，必须要创作于情动之际。我热切地期盼着创作一首粤港知识产权合作的歌曲，早已"情动于中"；可问题是，想起粤港两地的知识产权合作，顿觉领域不小，思绪不少，究竟应为哪些心志发言呢？

打开地图，看着蓝色水域边上的粤港两地，想起自己的角色、事业和使命，顿觉历史与现实交感，现实与未来交织，同时眼前浮现出两地街道上川流不息的人群，全诗的一个脉络顿时浮出脑海：这首诗就以人为本，从历史、现实、未来三个方面，描绘两地的人们在这三个不同时空场中的实践和精神。毕竟，知识产权就是人们的智力活动成果，知识产权就是人们生生不息的创新实践。

我想起《诗经》，其作品的一大特点就是一唱三叹，即一首诗常分三个小节，每个小节的节奏、句式互相呼应，如《蒹葭》"蒹葭苍苍……宛在水中央""蒹葭萋萋……宛在水中坻""蒹葭采采……宛在水中沚"。这种三节呼应的节奏是《诗经》的主流。从这种结构中得到启示，《粤港合作 共创未来》构思中的三个时空场，正好可借用《诗经》的一唱三叹之结构。《诗经》创作讲究"赋、比、兴"，我觉得历史、现在、未来人们的实践活动，正好可以"比兴"之，可以"赋"（铺陈）之。

具体到内容上，这首诗要描绘在三个不同的时空场里，人们在每个场中的实践和精神状态，同时要渗透知识产权在三个时空场中的作用。有了这样的总构思，思潮奔涌之下，全诗文字的创作就水到渠成了。

歌词用"比兴"手法，引入了三个时空场，分别为历史（"岭南山水千年粤绣，香江入海源远流长""海风吹拂的大地"之意象）、现在（"曙光破晓而出"

"紫荆遍开的土地"之意象)、未来("大潮奔流不息""携手乘风破浪""生机勃勃的土地"之意象)。同时,用"赋"(铺陈排比)的文学手段,描述了两地的人们,在不同的时空场中,共同的实践、共同的精神状态。过去,两地人们共同"历经沧桑、创造辉煌",共同的精神状态是"自强不息、放眼世界",而这种精神正是知识产权的深刻内涵和必然要求。现在,两地人们共同"培育知识的土壤,建造智慧的殿堂",共同怀有将家乡建为幸福魅力之乐土的追求,而知识、智慧,既是知识产权的本质特征,又正是在资源和环境压力下建设"幸福南粤、魅力香江"不可或缺的支撑。未来,两地的人们共同"踏上远航的征程,开创美好的明天",有着"创新之花"永绽、"智慧之光"永耀的共同心愿,而知识产权理论和实践上都正是实现这种心愿最有效、最有力的保障。

歌词以粤港知识产权合作为主题,但全篇之中,"知识产权"一词并未出现。然而,知识产权的深刻内涵、本质要求,却已通过"知识""智慧""自强不息""创新"等概念和意象,渗透到诗句之中了。这其实也是一种有意识的安排。笔者以为,关于粤港知识产权合作的歌曲,并不一定要打上"部门化""领域化"的标志或标签,这样歌曲的受众会更广,普世性会更强。毕竟,在我看来,粤港知识产权合作,绝不仅仅是"知识产权人"的事,而是实际上影响着两地的广大群众,身在"海风吹拂"之地、"紫荆遍开"之地的所有人们,都参与其中,为其贡献并从中受益。基于这种思考,歌词的标题确定为《粤港携手 共创未来》。

智慧无穷,创新不断

歌词写成后,送省内粤港知识产权合作各参与部门征求意见,得到了各部门的一致肯定;发给港方征求意见,港方也表示十分理解诗歌的创作思路,并对作品表示赞赏。

鉴于著名歌唱家、作曲家宁林老师对知识产权的深刻理解,我们特邀请他为歌词谱曲。宁老师精心创作的曲谱,得到粤港双方的广泛认同。2012 年 7 月,《粤港携手 共创未来》一歌作为粤港两地联合制作的知识产权合作专题片的主题曲,在粤港保护知识产权合作专责小组第十一次会议暨粤港知识产权合作十周年庆祝活动上,与《粤港知识产权合作十年巡礼》画册一并发布,引起两地的热烈反响。

粤港两地人们的智慧是无穷的,创新是不断的,这也注定了作为智力活动成果的知识产权,同样是生生不息的。目前,我国正在加快转变经济发展方式,世界范围内的技术和产业竞争日趋激烈,粤港两地面临着共同的土地、资源和环境压力,共同发展知识产权、实现创新驱动发展,是双方共同的战略选择。这首《粤港携手 共创未来》,就是粤港双方在知识产权合作的旅程中,共同培植的一棵开花的树,承载着两地在知识产权领域的情谊。粤港两地的知识产权合作,做到了互利互信、彼此真诚,可谓君子之交。正如《诗经》所云:"既见君子,云胡不喜?"

真诚祝愿:粤港两地知识产权合作不断发展,携手共创一个更美好的明天!

附:《粤港携手 共创未来》歌词

粤港携手 共创未来
——纪念粤港知识产权合作十周年
岭南山水千年粤秀
香江入海源远流长
在这海风吹拂的土地上
勤劳智慧的人们
历经了昨日的沧桑
创造了今天的辉煌
永恒不变的
是自强不息的意志
和放眼世界的目光

世纪曙光破晓而出
两地并肩开拓创新
在这紫荆遍开的土地上
意气风发的人们
培育了知识的土壤
建造了智慧的殿堂
齐心向往的
是幸福南粤的憧憬
和魅力香江的追求

时代大潮奔流不息
你我携手乘风破浪
在这生机勃勃的土地上
扬帆启航的人们
踏上了远航的征程
去开创美好的明天
同心不移的
是创新之花永远绽放
和智慧之光永耀粤港

知识产权之歌

（领唱与合唱）

作词：元苑 舒卷
作曲：宁　林

1=F 4/4
♩=80 深情 赞美

| 3 2 4 3 5 7 6 7 | 5 − − − | 6 7 1 5 4.3 1 | 2 − − − |

(独)火药驱　散黑　暗　　　　司南指引前　行
　　战略催人奋　　进　　　　制度激励创　新

| 3 4 5 6 5.1 | 4 3 2 3 6 − | 2 3 4 6 7.6 7 | 5 − − − :|

纸张记　录思　　想　　印刷传播文　明
智慧之　光璀　　璨　　点亮华夏文　明

|2. 2 3 4 6 5.4 3 | 1 − − − |

印刷传播文　　明
点亮华夏文　　明

速度稍加快 ♩=84

| 5. 5 6 5 − | 6. 4 3 5 − |

(合)惊　天　地　　泣　鬼　神
　　日　月　新　　星　斗　移

| 2.3 4 1 7.7 6 7 | 5 − − − | 6. 7 6 − | 2 1 7 1 6 − |

昔我东方古国创　造　　　　人　类　　为之着　迷
建设知识产权强　国　　　　屹　立　　世界之　林

| 7. 6 5 2 4.5 | 3 − − ∨0 1 | 6 4.1 1 5 | 4 3 4 6 5 5 − |

人　类为之着　迷　　　啊历史的辉　煌　让人沉　醉
屹　立世界之　林　　　啊创新的花　朵　竟相绽　放

| 6 6 7 1 5 4 1 6 4 3 | 2 − − − ∨0 1 | 6 4.1 1 | 5 |

历史的苦难 铭刻心　扉　　　　啊历　史的辉　煌
创新的果实 挂满枝　头　　　　啊创　新的花　朵

| 4 3 4 5 6 − | 2 2 3 2 2 1 7 6 | 5 − − − | 2.3 4 6 5 4 3 |

让人沉　醉　　历史的苦难铭刻心　扉　　　　易水而歌再塑中
竟相绽　放　　创新的果实挂满枝　头　　　　知识产权强我中

```
1 - - - | 2. 3 4 6 7 7 2 1 | 1 - - - ‖
华                易 水 而 歌 再 塑 中   华
华

2. 3 4 6 7 7. | 7 - - ∨ 7 5 2 | 1 - - -
知 识 产 权 强 我        强 我 中   华
```

粤港携手共创未来

（合唱）

元 苑 词
宁 林 曲

1=C 3/4
热情、朝气

（女声）岭南山水千年粤秀香江入海源远流长
（男声）世纪曙光破晓而出两地并肩开拓创新
（男女声）时代大潮奔流不息你我携手乘风破浪

在这海风吹拂的土地上　勤劳
在这紫荆遍开的土地上　意气
在这生机勃勃的土地上　扬帆

智慧的人们　　　历经了昨日的沧
风发的人们　　　培育了知识的土
启航的人们　　　踏上了远航的征

智海勤航——关于知识产权的思与行

乐谱：

5 2. #1 2 | 5 2. #1 2 | 2. #1 2 3 4 3 | 1 − − ‖

来 来 来来 来 来 来来 来 来来来 来来 来
来 来 来来 来 来 来来 来 来来来 来来 来

[3.]
2 3 4 | 4 3. 2 | 1 − − | 1 − − | 2 3 4 |

永 耀 粤 港 永 耀

4 3. 2 | 1 − − | 1 − − | 2 3 4 | 4 5 4 3 |

粤 港 永 耀 粤

fff
1 − − | 1 − − | 1 − − | 1 − − | 1 0 0 ‖

港

附录

广东省知识产权主要法规政策文件目录（2008~2014年）

附录

2008年以来,广东省知识产权局大力加强知识产权法规政策建设,限于篇幅,本书只将主要的和有代表性的法规政策目录附表。

广东省知识产权主要法规政策汇总表

序号	名称	类别	文号	公布时间	印发机关
1	广东省专利条例	地方性法规		2010年9月29日	广东省人大常务委员会
2	广东省展会专利保护办法	地方政府规章	粤府令第173号	2012年9月12日	广东省政府
3	广东省专利奖励办法	地方政府规章			广东省政府
4	广东省知识产权局软科学研究计划项目管理办法	规范性文件	粤知协〔2008〕56号	2008年7月17日	广东省知识产权局
5	广东省知识产权优势示范企业认定办法	规范性文件	粤知〔2011〕41号	2011年3月21日	广东省知识产权局
6	广东省知识产权举报投诉工作规定(试行)	规范性文件	粤知〔2011〕208号	2011年11月28日	广东省知识产权局、广东省高级人民法院、检察院,广东省公安厅、农业厅、外经贸厅、文化厅、工商局、版权局、林业局、质监局、食品药品监管局,海关广东分署、广东省出入境检验检疫局
7	关于加快推进广东省知识产权质押融资工作的若干意见	规范性文件	粤知〔2012〕207号	2012年12月7日	广东省知识产权局、发改委、经信委、科技厅、财政厅、工商局、版权局、金融办、银监会广东监管局
8	广东省知识产权局关于行政处罚自由裁量权适用规则	规范性文件	粤知〔2013〕177号	2013年9月24日	广东省知识产权局

续表

序号	名称	类别	文号	公布时间	印发机关
9	印发广东省知识产权战略纲要（2008~2009年）实施方案的通知	政策性文件	粤府办〔2008〕67号	2008年11月17日	广东省政府办公厅
10	广东省专利行政执法档案管理办法	政策性文件	粤知法〔2008〕91号	2009年10月1日	广东省档案局、广东省知识产权局
11	关于促进我省专利申请工作的意见	政策性文件	粤知规〔2010〕128号	2010年8月31日	广东省知识产权局
12	印发2010~2011年实施广东省知识产权战略纲要（2007~2020年）工作方案的通知	政策性文件	粤办函〔2010〕649号	2010年9月20日	广东省政府办公厅
13	关于加强县级知识产权工作意见的通知	政策性文件	粤知〔2011〕1号	2011年1月10日	广东省知识产权局
14	广东省知识产权事业发展"十二五"规划	政策性文件	粤府办〔2011〕52号	2011年8月10日	广东省政府办公厅
15	中共广东省委、广东省人民政府关于加快建设知识产权强省的决定	政策性文件	粤发〔2012〕4号	2012年1月20日	广东省委办公厅
16	关于印发《关于进一步做好打击侵犯知识产权和制售假冒伪劣商品工作的任务分工的通知》	政策性文件	粤双打领〔2012〕26号	2012年7月6日	广东省打击侵犯知识产权和制售假冒伪劣商品工作领导小组
17	关于印发《广东省打击侵犯知识产权和制售假冒伪劣商品工作领导小组工作规则》的通知	政策性文件	粤双打领〔2012〕27号	2012年7月6日	广东省打击侵犯知识产权和制售假冒伪劣商品工作领导小组
18	关于印发《广东省打击侵犯知识产权和制售假冒伪劣商品工作领导小组办公室工作制度》的通知	政策性文件	粤双打领〔2012〕28号	2012年7月6日	广东省打击侵犯知识产权和制售假冒伪劣商品工作领导小组
19	印发2012年实施广东省知识产权战略纲要工作方案的通知	政策性文件	粤办函〔2012〕440号	2012年7月9日	广东省政府办公厅

续表

序号	名称	类别	文号	公布时间	印发机关
20	广东省专利申请资助专项资金管理办法	政策性文件	粤财教〔2012〕197号	2012年7月25日	广东省财政厅、广东省知识产权局
21	全省知识产权局系统社会信用体系建设实施方案、全省专利行政保护监管体系建设实施方案	政策性文件	粤知〔2012〕195号	2012年9月18日	广东省知识产权局
22	广东省加快建设知识产权强省重点任务分工方案	政策性文件	粤办函〔2012〕704号	2012年10月31日	广东省政府办公厅
23	广东省知识产权局关于印发《全省知识产权局系统市场监管体系建设实施方案》的通知	政策性文件	粤知协〔2012〕264号	2012年12月19日	广东省知识产权局
24	关于印发五年来广东省知识产权工作十大亮点的通知	政策性文件	粤知〔2013〕38号	2013年2月25日	广东省知识产权局
25	印发2013年实施广东省知识产权战略纲要工作方案的通知	政策性文件	粤府知〔2013〕1号	2013年7月19日	广东省知识产权局
26	关于加强全省专利申请工作的意见	政策性文件	粤知规〔2013〕160号	2013年8月20日	广东省知识产权局
27	广东创建知识产权服务业发展示范省规划（2013~2020年）	政策性文件	粤知〔2013〕244号	2013年12月31日	广东省知识产权局
28	关于促进广东省知识产权服务业发展的若干意见	政策性文件	粤府办〔2014〕3号	2014年1月22日	广东省政府办公厅
29	国家知识产权局 广东省人民政府关于建立知识产权高层次战略合作关系的议定书	其他文件		2008年12月29日	国家知识产权局、广东省人民政府
30	国家知识产权局 广东省人民政府关于建立第二轮知识产权高层次战略合作关系的议定书	其他文件		2013年4月11日	国家知识产权局、广东省人民政府
31	广东省重大经济和科技活动知识产权审查评议暂行办法	规范性文件			提请省政府印发

后　记

　　经过近一年的收集、整理和编辑，《智海勤航：关于知识产权的思与行》一书终于付梓出版了。这个过程，犹如六年工作历程的一次重旅，既跌宕起伏，也风光绮丽。之所以选定这个书名，是因为"知识产权"（Intellectual Property Rights）一词，作为舶来品，又称智力成果权或智慧财产权，是指人们基于自己的智力创作活动而依法享有的权利。"智海"蕴涵之深之广，一如我们通常所描述的"学海"一般。同时，从这六年的工作中，我最大的体会和感受乃是"天道酬勤"，可以说，所有成绩的取得，皆归因于辛勤的思考与持之以恒的行动。于是，《智海勤航》的书名便油然而生了。为使读者对全书的内容有一个直观的了解，又添加了一个副标题：关于知识产权的思与行。

　　准确地说，书中所有的思想、观点和记载这些思想、观点与历史时刻的文字、图片都是广东知识产权人的共识、理想和奋斗史，而我，不过是这些思想和观点的阐述者、传递者和有关活动的倡导者、组织者及参与者。所以，《智海勤航》乃是广东知识产权人集体智慧和劳动成果的结晶，能够代表与我朝夕相处六年的智海勤航者出版这本书，我无上荣光。

　　在本书的编辑过程中，知识产权出版社的编辑卢海鹰女士、王祝兰女士、《中国知识产权报》广东记者站站长顾奇志先生、广东省知识产权局办公室副主任傅蕾女士付出了辛勤的劳动，广东省知识产权局各有关部门给予了鼎力支持，在此一并致以诚挚的感谢！

陶凯元

2014 年 4 月